面向21世纪课程教材
Textbook Series for 21st Century

理论力学

（第4版）

陈建平 范钦珊 主编

浦奎英 李明成 唐静静 陈建平 范钦珊 编著

中国教育出版传媒集团
高等教育出版社·北京

内容简介

本书是面向21世纪课程教材，第1版于2000年作为教育部工科力学“九五”规划教材出版，第2版、第3版分别于2010年和2018年出版。第4版在保持前三版特色的基础上，为适应新时代我国高等教育的发展和新质生产力对拔尖创新人才的培养需求，结合作者近年来在国家一流课程建设等方面的教学改革成果，以及前版教材使用过程中收到的反馈意见和建议修订而成。

本书共分15章，第1—第4章为静力学部分，第5—第7章为运动学部分，第8—第14章为动力学部分，第15章为计算机辅助分析部分。

本书可作为高等学校工科各专业的理论力学课程教材，也可供有关工程技术人员参考。

图书在版编目（CIP）数据

理论力学 / 陈建平，范钦珊主编. -- 4版. -- 北京：高等教育出版社，2025. 8. --（面向21世纪课程教材）.
ISBN 978-7-04-064665-8

Ⅰ. O31

中国国家版本馆CIP数据核字第2025BE1422号

LILUN LIXUE

策划编辑 葛 心　责任编辑 葛 心　封面设计 裴一丹　版式设计 董思含 于 婕
责任绘图 于 博　责任校对 高 歌　责任印制 赵 佳

出版发行 高等教育出版社
社 址 北京市西城区德外大街4号
邮政编码 100120
印 刷 人卫印务（北京）有限公司
开 本 787mm×1092mm 1/16
印 张 25
字 数 560千字
购书热线 010-58581118
咨询电话 400-810-0598
网 址 http://www.hep.edu.cn
http://www.hep.com.cn
网上订购 http://www.hepmall.com.cn
http://www.hepmall.com
http://www.hepmall.cn
版 次 2000年7月第1版
2025年8月第4版
印 次 2025年8月第1次印刷
定 价 58.00元

物 料 号 64665-00

新形态教材网使用说明

理论力学

(第4版)

陈建平　范钦珊　主编

浦奎英　李明成　唐静静
陈建平　范钦珊　编著

1 计算机访问https://abooks.hep.com.cn/64665或手机微信扫描下方二维码进入新形态教材网。

2 注册并登录后，计算机端进入“个人中心”，点击“绑定防伪码”，输入图书封底防伪码（20位密码，刮开涂层可见），完成课程绑定；或手机端点击“扫码”按钮，使用“扫码绑图书”功能，完成课程绑定。

3 在“个人中心”→“我的学习”或“我的图书”中选择本书，开始学习。

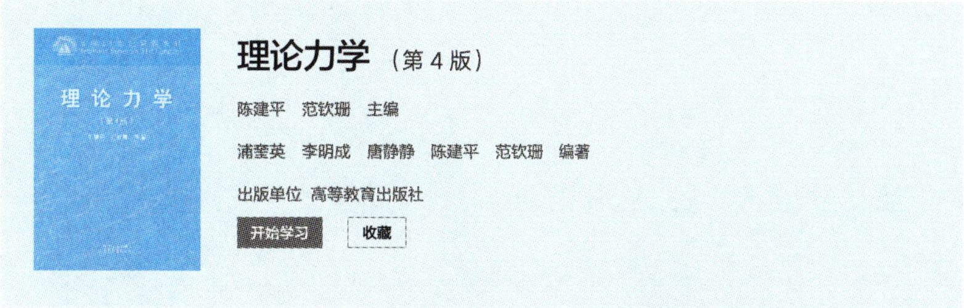

受硬件限制，部分内容可能无法在手机端显示，请按照提示通过计算机访问学习。如有使用问题，请直接在页面点击答疑图标进行咨询。

https://abooks.hep.com.cn/64665

第 4 版序

本书是面向 21 世纪课程教材，第 1 版于 2000 年作为教育部工科力学“九五”规划教材出版，第 2 版、第 3 版分别于 2010 年和 2018 年出版。为适应新时代我国高等教育的发展、新质生产力对拔尖创新人才的培养需求，本版在保持原教材知识体系和特色的基础上，根据教育部高等学校工科基础课程教学指导委员会颁布的《高等学校工科基础课程教学基本要求》中的“理论力学课程教学基本要求（A 类）”，结合作者近年来开展理论力学课程教学改革、建设国家级一流课程等方面的成果，以及相关高校师生在教材使用过程中提出的宝贵意见和建议修订而成。主要修订工作如下：

1. 将第 4 章改为“静力学专题”，第 14 章改为“动力学专题”，并根据工程应用需求增补变质量质点动力学相关内容。

2. 点的速度合成定理和加速度合成定理的证明过程不再区分牵连运动为平移和转动的情况，证明方法更加简明，概念更加清晰，逻辑更加严谨，便于学生理解掌握。

3. 补充定轴转动刚体轴承附加动约束力分析相关内容，结合航空航天工程应用充实刚体定点运动描述。

4. 根据教学实际，删除“质点系动力学普遍定理在定常质量流中的应用”的内容。为节省篇幅，将“附录 A　MATLAB/Simulink 应用基础”“附录 B　习题参考答案”以二维码形式呈现。

5. 更正了第 3 版中的错误和不妥，增加了部分二维码资源，便于读者通过扫描二维码获取相应的教学资源，加深对相关概念和问题的理解。

本书在修订过程中参考了大量国内外的优秀教材，并得到了高等教育出版社和相关高校许多同仁的大力支持和帮助，在此表示衷心的感谢。

由于作者水平有限，书中不妥之处在所难免，恳请读者批评指正。

编著者

2024 年秋

于南京航空航天大学

第 3 版 序

本书是面向21世纪课程教材，第1版于2000年作为教育部工科力学“九五”规划教材出版，第2版于2010年出版。承蒙全国讲授理论力学的老师和学习理论力学的同学以及工程界朋友们的厚爱，本教材自第2版出版以来，累计印刷5次，累计发行近1.2万册。借此改版之际，作者谨向读者们致以诚挚的谢意！

根据作者近十年来开展学生工程能力、创新能力培养的教学改革实践与教学研究成果，结合兄弟院校教师对本教材提出的宝贵意见和建议，第3版在保持前两版特色的基础上作了较大幅度的修订，坚持培养学生对工程实际问题的建模能力、力学分析能力和判断分析结果正确与否的能力的教学目标，重组课程体系与教学内容。本次修订主要做了以下几个方面的工作：

1. 进一步突出矢量工具在理论力学中的应用，不仅使理论力学基本概念和基本理论的数学描述变得简洁清晰，而且可以帮助学生更好地理解和掌握这些基本概念和基本理论。

2. 根据学生已经具备的力学基础，适当提高了起点，删除与大学物理重复的内容，如点的一般运动的矢径法与直角坐标法、刚体平移和定轴转动的运动学、惯性参考系中的质点动力学等，将“质点系动量定理”“动量矩定理和动能定理”合并为“质点系动力学普遍定理”一章，篇幅有较大幅度缩减。

3. 充实完善了刚体空间运动学的内容，补充了刚体作定点运动和空间一般运动时其上各点的速度和加速度分析。

4. 将刚体动力学专列一章，内容包括刚体定轴转动动力学、刚体平面运动动力学、简单刚体系统动力学和陀螺近似理论。更加突出了刚体在理论力学中的重要地位，与大学物理中力学部分的研究对象主要为质点区别开来。

5. 增加了数字化教学资源，读者可以通过扫描书中的二维码链接观看相关的数字化教学资源，更便于读者学习参考。

为了保持教材建设的可持续发展，从第3版开始，由陈建平教授担任第一主编，范钦珊教授作为第二主编。在健康许可的情形下，范钦珊教授仍将参与改版的讨论。同时唐静静副教授将负责静力学部分的编写。

全书共分15章，1~4章为静力学部分，5~7章为运动学部分，8~14章为动力学部分，15章为计算机辅助分析部分。

本书可作为高等学校工科各专业的理论力学课程教材，也可供有关工程技术人员参考。

本书在编写过程中参考了大量国内外的优秀教材，并得到了南京航空航天大学航空宇航学院和许多同仁的大力支持与帮助，在此表示衷心感谢。

科学技术的迅猛发展，对理论力学的教学改革和教材编写提出了新的、更高的要求，这些方面我们将会给予关注并努力适应新时代的要求。

由于作者水平有限，书中不足和疏漏之处，恳请读者批评指正。

编著者

2017 年 3 月 13 日

于南京

第 2 版序

本书第 1 版作为面向 21 世纪课程教材，出版至今已经近 10 年了，这期间高等学校的教育教学改革出现了一些新的情况。

最近几年，著者在全国 30 余所高校讲学的同时，对我国高等学校“理论力学”的教学状况以及对“理论力学”教材的需求进行了调研，与全国 500 多名基础力学老师以及近 2 000 名同学交换关于“理论力学”教材使用和修改的意见。在此基础上，形成了第 2 版《理论力学》编写的基本思路。

全国普通高等学校新一轮培养计划中，课程的教学总学时数大幅度减少。理论力学课程的教学学时数也要相应压缩。怎样在有限的教学时间内，使学生既能掌握理论力学的基本知识，又能了解一些理论力学的最新进展；既能培养学生的理论力学素质，又能加强工程概念？这是很多力学教育工作者关心的事情。

从力学素质教育的要求出发，本书更注重基本概念，而不追求繁琐的理论推导与繁琐的数字运算。

工科院校的“理论力学”教学内容与很多工程领域密切相关。理论力学教学不仅可以培养学生的力学素质，而且可以加强学生的工程概念。这对于他们向其他学科或其他工程领域扩展是很有利的。基于此，本书与以往的同类教材相比，工程概念有所加强，引入了大量涉及广泛领域的工程实例以及与工程有关的例题和习题。

本书第 2 版在保持第 1 版特色的基础上，作了以下一些调整和补充：

（1）根据教育部高等学校力学基础课程教学指导分委员会 2009 年制订的“理论力学课程教学基本要求（A 类）”，将全书内容分为基础部分和专题部分，以便任课老师更加方便地组织教学；

（2）根据工程实际的要求，应用现代计算技术和计算工具，在运动学和动力学中引入过程分析，新增“运动学和动力学计算机辅助分析”一章；

（3）在每章习题中增加概念题，以强化学生对理论力学基本概念的理解和掌握；

（4）补充和更新了部分例题，每章最后一节改为“本章讨论与小结”，便于读者学习和总结。

第 2 版反映了著者近年来开展启发式和研究型教学改革与实践的成果。

全书共分 18 章，1～13 章为基础部分，14～18 章为专题部分，可供工科院校不同专业、不同层次教学选用。

本书可作为高等学校工科各专业的理论力学课程教材，也可供有关工程技术人员参考。

本书稿由北京航空航天大学王琪教授审阅，提出了许多宝贵意见，在此表示衷心的感谢。

著者

2009 年 6 月 28 日

于南京

第 1 版序

（一）

理论力学所涉及的是牛顿力学的主要基本原理及其对宏观离散力学系统的应用。它是经典力学三大分支（固体力学、流体力学和一般力学）中一般力学的组成部分，又称动力学、振动与控制。

理论力学的研究方法是，首先建立研究对象的力学模型和基本概念，然后以反映物体机械运动最基本原理或定律为依据，运用数学演绎方法建立有关定理与方程。此即演绎法。

理论力学课程对理工科的学生既有基础性又具有应用性。

基础性是指理论力学以一般质点系为力学模型，所建立的牛顿力学主要基本原理及由此导出的有关动力学定理与方程具有普遍意义。本课程中，将这些原理及有关定理与方程主要应用于简单刚体系统。上述普遍规律也可以直接应用或经过适当变换应用于其他动力学系统，如固体动力学和流体动力学等。

应用性是指动力学基本规律在工程实际中的广泛应用性。现代科技的发展业已证明，无论是历史较久的土木工程、建筑工程、水利工程、机械工程、船舶工程等，还是后起的航空航天工程、核技术工程、生物医学工程等，都愈来愈多地需要动力学的支持。理论力学讲授的动力学基本概念、理论和方法，成为对现代工程对象进行动力分析的基础以及为读者学习现代工程动力学等后续课程、分析和解决复杂工程中的动力学问题的基础。

总之，理论力学的基础性使之具有很强的理论系统（包括必要的严密数学推导）；理论力学的应用性又使课程注重动力学的分析方法，包括受力分析方法、运动分析方法和动力学建模方法。读者对理论力学基本概念的掌握是在分析和研究一些典型的工程实际问题（也包括一定数量的习题）中完成的，而不只是依赖于记住这些概念的定义。

本书分为静力学、运动学和动力学三篇。其中主要内容是动力学篇。这是因为静力学是动力学的特例，运动学除其运动分析的独立意义外，是动力分析的基础。

（二）

本书是教育部《面向 21 世纪高等教育教学内容和课程体系改革计划》中“力学系列课程教学内容和课程体系改革的研究与实践”项目的研究成果之一，也是作者多年来从事力学系列课程教学内容与课程体系改革以及力学科学研究的结晶。力学系列课程是指高等院校有关专业必修的三门相关的力学课程,即理论力学、材料力学和结构力学。

本书内容已在清华大学讲授 2 年,大部分内容还在北方交通大学、上海大学、北京建筑工程学院、石家庄铁道学院等院校中试用。

根据我国面向 21 世纪高等教育改革的要求,理论力学教学内容和课程体系的改革包括以下几方面:

首先根据现代科技的发展,对原有教学内容进行适当的调整,增加了部分新内容。

理论力学所涉及的动力学规律一方面是有较大的相对稳定性;另一方面,现代动力学又以前所未有的方式,将经典动力学规律与计算机分析相结合,解决了仅靠这些规律无法解决的现代工程力学问题。经典动力学各部分内容的重要程度也发生了相应地变化;例如某些动力学方程现在可以应用计算机进行数值仿真。

为此,本书在编写过程中注意将点和刚体的五种运动形式(主要为突出三维运动形式)定义集中在一起,结合工程实例予以叙述;适当加强分析力学,使分析力学与矢量力学并重;在矢量力学中加强动量与能量两个概念、两种方法;以人工参与工作量少和数值处理方便作为选择现代动力学建模方法的标准。

其次突破一门课程的封闭体系,实行相关课程内容贯通。

理论力学与相关课程内容的贯通、融合和渗透,不仅减少了有关课程之间不必要的重复,有利于减少学时数,提高课程的教学效率,而且有利于使学生学会寻找不同事物之间的内在联系,掌握课程的精华,培养学生的创新精神。

书中与相关课程贯通内容主要有:刚体(矢量)静力学与矢量动力学,刚体模型与变形体模型,理论力学与材料力学、结构力学中的虚位移原理和势能原理;静荷载、静内力、静应力与动荷载、动内力、动应力;碰撞与冲击初步知识;理论力学与物理中力学部分(如质点动力学、力矩、动力学普遍定理等);矢量力学与分析力学等。

第三,用现代动力学的观点、方法、语言和实例,改进叙述经典理论力学教学内容。

静力学中,以物体间接触性质和连接方式的理想化叙述约束,将约束作为一种力学模型。在各有关章节突出力学模型的简化。

运动学中,突出变矢量的变化图像及其变化率,即变矢量分析方法。

动力学中,明确提出对现代动力学建模有重要应用意义的三种方法:质点系动量与动量矩定理、达朗贝尔-拉格朗日原理和拉格朗日方程及其变形。

希望能够激发读者的学习兴趣;使读者深入体会力学概念的物理本质,启发和提高思维能力;增大了知识信息量。

第四,注重广泛联系工程实际,从不同的角度提出问题,揭示矛盾,培养读者发现问题、分析问题和解决问题的能力。

为此,书中用富有启发性的工程实例提出基本理论或基本概念问题;在动力学篇中,几乎每章都开设专节,进行定性的工程实例分析;精选例题和习题,特别是反映近代科学技术和工程实际发展,又具有启发性的题目;通过每章最后的“结论与讨论”开设窗口,介绍基本内容的现代发展，加深读者对基本内容的理解。

总之，及时反映与动力学有关的现代科技发展状况，更新理论力学的例题、习题，加强工程实例分析，是本课程内容更新的重要方面。

（三）

在面向 21 世纪高等教育教学内容和课程体系改革的实践中，改革教学方法和教学手段对于培养学生的创新精神，提高教育质量，也是十分重要的。因此，本书既重视教师在教学活动中的主导作用，又重视学生在学习过程中的主体地位，实行启发式教学，给学生留有充分的思维时间和空间。同时，积极采用多媒体技术，改革陈旧的教学手段。通过这些措施，力求使理论力学课程做到内容新、体系新、方法新、手段新。

为了给学生积极思维创造必要的条件，启发学生有问题可想，有问题可研究，本书采用以下方法：

一是在对典型例题进行分析、计算，得出结果后，一般都安排“小结”部分。在这部分中，或结合工程实际拓展该例题的其他工程应用，或围绕例题的求解过程提出深入的思考问题，引导学生讨论。

二是提倡学生在演算习题，得出结果后，进行讨论。用研究的方法演算习题，这是因为理论力学习题涉及的力学概念强，可研究的余地大。

三是每章最后，设立“结论与讨论”专节，其中编写了一定数量的具有思考性或研究性的内容。这些内容中，既有对前面已讲述过的结论的进一步提炼，也有推理过程中没有详细论及的部分，还有关于已讲授内容的可扩展性和可延伸性问题。

四是改进课外学习方法与训练方法，组织学生撰写学习研究报告，这样，可以引导学生对所学知识加以综合和扩展，学有特点，学有创见，并培养他们撰写论文和报告的能力。

培养学生的创新精神，关键是要他们养成独立思考、自己研究问题的习惯和勇气。逐步做到在学习中研究，在研究中学习。

书稿承蒙北京理工大学梅凤翔教授和北京航空航天大学王琪教授认真仔细地审阅，提出宝贵意见。

借本书出版之际，谨向所有关心和支持力学系列课程改革的人们，致以谢忱。

著者

1999 年教师节

于清华大学

主要符号表

符号	量的名称
$\boldsymbol{a}$	加速度
$\boldsymbol{a}_a,\boldsymbol{a}_e,\boldsymbol{a}_r$	绝对加速度,牵连加速度,相对加速度
$\boldsymbol{a}_C$	科里奥利加速度(科氏加速度)
$\boldsymbol{a}_t$	切向加速度
$\boldsymbol{a}_n$	法向加速度
$\boldsymbol{a}_{BA}^{t}$	平面图形上点 B 相对于基点 A 的切向加速度
$\boldsymbol{a}_{BA}^{n}$	平面图形上点 B 相对于基点 A 的法向加速度
A	面积
c	黏滞系数
C	质心,重心
d	力偶臂,直径,距离
e	恢复因数,偏心距
E	机械能
f	频率,动摩擦因数
f_s	静摩擦因数
$\boldsymbol{F}$	力
$\boldsymbol{F}_N$	法向约束力
$\boldsymbol{F}_R$	合力
$\boldsymbol{F}_R'$	主矢
$\boldsymbol{F}_{Ax},\boldsymbol{F}_{Ay}$	A 处的约束力分量
$\boldsymbol{F}_I$	达朗贝尔惯性力(惯性力)
$\boldsymbol{F}_{Ie}$	牵连惯性力
$\boldsymbol{F}_{IC}$	科里奥利力(科氏力)
$\boldsymbol{g}$	重力加速度
$\boldsymbol{I}$	冲量
I_x,I_y,I_z	冲量在 x、y、z 轴上的投影

J_z	刚体对 z 轴的转动惯量
k	弹簧刚度系数
$\boldsymbol{L}_O$	质点系对点 O 的动量矩
L_x, L_y, L_z	质点系对 x、y、z 轴的动量矩
m	质量
m_{eq}	等效质量
$\boldsymbol{M}_O$	力系对点 O 的主矩
$\boldsymbol{M}_O(\boldsymbol{F})$	力 $\boldsymbol{F}$ 对点 O 之矩
$\boldsymbol{M}$	力偶矩
M_x, M_y, M_z	力系对 x、y、z 轴的主矩
M_{f}	滚动阻力偶
n	转速
$\boldsymbol{p}$	动量
q	分布载荷
$q_1, q_2, \cdots, q_n$	广义坐标
$F_{Q1}, F_{Q2}, \cdots, F_{Qn}$	广义主动力
R, r	半径
$\boldsymbol{r}$	位置矢量（位矢）
s	路程，弧长，弧坐标
t	时间
T	周期，动能
T_{d}	衰减振动周期
$\boldsymbol{v}$	速度
$\boldsymbol{v}_{\mathrm{a}}, \boldsymbol{v}_{\mathrm{e}}, \boldsymbol{v}_{\mathrm{r}}$	绝对速度，牵连速度，相对速度
$\boldsymbol{v}_{BA}$	平面图形上点 B 相对于基点 A 的速度
V	势能，体积
W	功，重量
α	角加速度
δ	滚动阻碍系数（滚动摩擦系数）
ρ	曲率半径，回转半径，密度
ξ	阻尼比
λ	频率比
ω	角速度，角频率
ω_0	固有频率
$\omega_x, \omega_y, \omega_z$	角速度沿 x、y、z 轴的分量

目　录

绪论 …………………………………………… 1
第 1 章　静力学概念与物体受力分析 …………………………………… 3
§1-1　静力学模型概述……………… 3
§1-2　静力学公理…………………… 5
§1-3　工程常见约束与约束力…… 8
§1-4　受力分析 …………………… 11
§1-5　本章讨论与小结 ………… 14
习题 ……………………………………… 16
第 2 章　力系的等效与简化 …………… 20
§2-1　力矩概念的扩展和延伸 ……………………… 20
§2-2　力偶及其性质 …………… 23
§2-3　力系的简化 ……………… 26
§2-4　本章讨论与小结 ………… 30
习题 ……………………………………… 33
第 3 章　力系的平衡 …………………… 39
§3-1　力系的平衡条件 ………… 39
§3-2　一般力系的平衡方程 …… 39
§3-3　单个刚体的平衡问题 …… 41
§3-4　简单多刚体系统的平衡问题 ………………… 43
§3-5　承受空间力系的刚体平衡问题 ………………… 46
§3-6　超静定平衡问题 ………… 48
§3-7　本章讨论与小结 ………… 50
习题 ……………………………………… 55
第 4 章　静力学专题 …………………… 64
§4-1　平面静定桁架的静力分析 ………………… 64
§4-2　考虑摩擦的平衡问题 …… 68
§4-3　本章讨论与小结 ………… 84
习题 ……………………………………… 87
第 5 章　点的复合运动学 ……………… 94
§5-1　点的一般运动描述 ……… 94
§5-2　点的复合运动的概念…… 100
§5-3　点的速度合成定理……… 103
§5-4　点的加速度合成定理…… 105
§5-5　本章讨论与小结………… 110
习题 …………………………………… 113
第 6 章　刚体平面运动学 …………… 118
§6-1　刚体平面运动方程……… 118
§6-2　平面运动分解为平移和转动………………………… 121
§6-3　平面图形上各点的速度分析…………………… 122
§6-4　平面图形上各点的加速度分析…………………… 128
§6-5　平面运动分解为转动和转动………………………… 132
§6-6　本章讨论与小结………… 135
习题 …………………………………… 136
第 7 章　刚体空间运动学 …………… 141
§7-1　刚体定点运动的描述…… 141

§7-2 刚体定点运动的角速度和角加速度 …… 143
§7-3 刚体绕相交轴转动的角速度合成 …… 145
§7-4 定点转动刚体上各点的速度和加速度分析 …… 147
§7-5 刚体空间一般运动学 …… 149
§7-6 本章讨论与小结 …… 151
习题 …… 152
第 8 章 质点系动力学普遍定理 …… 155
§8-1 引言 …… 155
§8-2 质点系动量定理 …… 158
§8-3 质点系对定点的动量矩定理 …… 164
§8-4 质点系对质心的动量矩定理 …… 166
§8-5 质点系动能定理 …… 168
§8-6 质点系动力学普遍定理综合应用 …… 180
§8-7 本章讨论与小结 …… 184
习题 …… 190
第 9 章 刚体动力学 …… 196
§9-1 刚体定轴转动动力学方程 …… 196
§9-2 刚体平面运动动力学方程 …… 198
§9-3 简单刚体系统动力学 …… 203
§9-4 陀螺近似动力学 …… 208
§9-5 本章讨论与小结 …… 212
习题 …… 213
第 10 章 刚体碰撞问题 …… 219
§10-1 碰撞的力学特征与模型 …… 219
§10-2 恢复因数 …… 221
§10-3 动力学普遍定理在碰撞问题中的应用 …… 225
§10-4 突加约束问题与撞击中心 …… 230
§10-5 本章讨论与小结 …… 233
习题 …… 235
第 11 章 达朗贝尔原理 …… 239
§11-1 质点的达朗贝尔原理 …… 239
§11-2 质点系的达朗贝尔原理 …… 241
§11-3 刚体惯性力系的简化 …… 242
§11-4 定轴转动刚体的轴承附加动约束力 …… 249
§11-5 本章讨论与小结 …… 252
习题 …… 256
第 12 章 分析静力学 …… 259
§12-1 刚体静力学与分析静力学比较 …… 259
§12-2 分析力学的基本概念 …… 261
§12-3 虚位移原理 …… 266
§12-4 势能驻值定理与最小势能原理 …… 271
§12-5 本章讨论与小结 …… 274
习题 …… 277
第 13 章 分析动力学基础 …… 281
§13-1 引言 …… 281
§13-2 动力学普遍方程 …… 282
§13-3 拉格朗日第一类方程 …… 285
§13-4 拉格朗日第二类方程 …… 287
§13-5 本章讨论与小结 …… 295
习题 …… 298
第 14 章 动力学专题 …… 301
§14-1 变质量质点动力学 …… 301
§14-2 非惯性系质点动力学 …… 304
§14-3 振动的概念与振动微分方程 …… 309

§ 14-4　单自由度线性系统的自由振动 …… 313
§ 14-5　单自由度线性系统的受迫振动 …… 319
§ 14-6　本章讨论与小结 …… 326
习题 …… 331
第 15 章　运动学和动力学计算机辅助分析 …… 337
§ 15-1　瞬时分析与过程分析 …… 337
§ 15-2　单个刚体的加速度分析通用子模型 …… 338
§ 15-3　两个相互约束刚体的加速度分析通用子模型 …… 342
§ 15-4　基于 MATLAB/Simulink 的运动学过程分析示例 …… 347
§ 15-5　单个刚体的动力学分析通用子模型 …… 351
§ 15-6　两个相互约束刚体的动力学分析通用子模型 …… 356
§ 15-7　基于 MATLAB/Simulink 的动力学过程分析示例 …… 367
§ 15-8　本章讨论与小结 …… 371
习题 …… 373
附录　习题参考答案 …… 375
参考文献 …… 376

绪　论

运动是物质存在的形式，是物质的固有属性，它包括了物质世界中所发生的一切变化与过程，因此物质的运动形式是多种多样的。在物质的各种运动形式中，机械运动是一种最基本、最普遍的运动形式。所谓**机械运动，是指物体在空间的位置和形状随时间的变化。力学是研究物体机械运动规律的科学。**

力学来源于人类生活和工程实际，又服务于人类生活和工程实际。在远古时代，人类就制造和使用了杠杆、滑轮、辘轳、风车和水车，并在制造和使用这些工具的过程中积累了大量的经验，逐渐形成了初步的力学知识。18 世纪至 20 世纪初，随着西方工业革命的兴起，在力学知识积累、应用和完善的基础上，逐步形成和发展了蒸汽机、内燃机、铁路、桥梁、舰船、兵器等大型工业，推动了近代科学技术和社会的进步。20 世纪以来，航空航天器、高速车辆、机器人、大型水利设施等高科技的发展与应用，无不与力学理论的指导密不可分。

一、理论力学的研究对象和内容

作为力学的一个非常重要的分支，**理论力学是研究物体机械运动一般规律的一门学科**，它不仅是其他各门力学学科的基础，也是与机械运动密切相关的各门工程技术学科的基础。

理论力学属于经典力学的范畴。近代物理学的发展指出了经典力学的局限性：经典力学仅适用于运动速度远小于光速的宏观物体的运动。当物体运动的速度接近光速时，其运动应当用相对论力学来研究；当物体的大小接近微观粒子时，其运动应当用量子力学来研究。那么，人类社会进入 21 世纪后，是否还需要经典力学呢？回答是肯定的。事实上，在绝大多数工程实际问题中，所处理的对象都是宏观物体，而且其速度也远低于光速，因此其力学问题仍然属于经典力学研究的范围。同时，计算机的广泛应用和计算技术的不断发展也大大促进了经典力学的发展和应用。

理论力学的内容通常分为**静力学**、**运动学**和**动力学**三个部分：静力学主要研究力系的简化及物体在力系作用下的平衡规律；运动学从几何的角度来研究物体的运动，但不涉及引起物体运动的物理原因；动力学主要研究物体的受力和运动之间的关系。虽然静力学可以视为动力学的一种特殊情形，但静力学本身在工程技术中的重要应用，使其发展成为一个相对独立的部分。

二、理论力学的研究方法

与一切科学相同，对力学规律的研究起源于对实际现象的观察和归纳。牛顿在伽利略和开普勒等人工作的基础上，于 1687 年出版了《自然哲学的数学原理》。牛顿在这本书中提出了万有引力定律和动力学三大基本定律，从而奠定了**牛顿力学**的基础。鉴于牛顿力学中所讨论的许多力学概念，如力和力矩、速度和加速度等，都是以矢量表示的物理量，因此牛顿力学也称为**矢量力学**。1788 年，拉格朗日发表了名著《分析力学》。书中拉格朗日以虚位移原理和达朗贝尔原理为基础，用纯粹数学的分析方法叙述力学问题，导出了拉格朗日方程，从而产生了与牛顿力学相提并论的新的力学体系，称为**拉格朗日力学**。由于这种体系完全摆脱了以矢量为特征的几何方法，故也称为**分析力学**，以区别于牛顿的矢量力学。

0-1 矢量运算基础

矢量力学与分析力学是理论力学的两个重要组成部分。矢量力学是物理学中力学知识的拓宽与延伸。在矢量力学中，力学概念的建立、基本规律的叙述直观清晰，便于理解接受，因此矢量力学一直是理论力学课程的重要内容。同时，对于复杂工程对象的动力学分析和计算已经越来越多地采用分析力学的方法，分析力学在近代计算力学中日益重要，因此分析力学同样是理论力学课程的重要内容。

一般说来，应用力学原理解决工程问题的基本步骤可概括为：

（1）建立工程问题的力学模型，这些力学模型既要能够反映问题的主要方面，又要便于求解；

（2）应用力学原理建立上述力学模型的数学模型；

（3）运用有关的数学工具进行求解，在无法获得解析解或解析求解非常复杂的情况下，可以借助计算机进行数值求解；

（4）对所获得结果进行必要的分析讨论，以便解释有关现象，指导工程实际。

三、学习理论力学的目的

理论力学是航空航天、机械、车辆、土木等工程科学与技术的一门重要的基础课程。理论力学的基本概念和解决问题的方法均可以直接为解决工程对象的力学问题服务，如各种飞行器、机器人、机构、结构的设计与控制，都必须以理论力学为基础。同时，对于日常生活和工程实际中出现的许多力学现象，也需要利用理论力学的知识去认识和解释，从而加以利用或消除。因此，理论力学是工程技术人员必须掌握的一门学科。

通过本课程的学习，应掌握物体机械运动的基本规律，初步学会应用这些规律分析和解决工程实际中的力学问题，为学习后续的有关课程，如材料力学、结构力学、流体力学、空气动力学、飞行力学、机械振动、机械设计等做好准备。

此外，理论力学课程具有内容丰富、问题灵活多变、应用领域广阔等特点，因此理论力学课程的学习还有助于强化学生的工程概念，激发学生的创新意识，训练学生的创新思维，培养学生的创新能力，为今后从事工程技术和科学研究工作奠定良好的基础。

第1章

静力学概念与物体受力分析

本章主要介绍静力学的基础知识：静力学模型——载荷与力的模型、物体的模型、连接与接触方式的模型；静力学基本公理；受力分析的基本方法。关于受力分析，大多数读者在物理学中都有所接触，但处理的问题比较简单，与复杂问题，特别是工程问题还有一定的距离。读者学习本章内容时应特别注意工程问题中受力分析的基本方法。

§1-1 静力学模型概述

所谓模型是指实际物体与实际问题的合理抽象与理想化。静力学模型包括三个方面：

- 受力的理想化。
- 物体的理想化。
- 接触与连接方式的理想化。

1-1-1 力的两种效应

力是物体间的相互作用。这种作用对物体产生两种效应：

- 运动效应(effect of motion)——力使物体的运动状态发生变化的效应，也称为力的外效应。
- 变形效应(effect of deformation)——力使物体发生变形的效应，也称为力的内效应。

物体的平衡是一种特殊的运动状态——相对于惯性参考系静止或作匀速直线平移的状态。

1-1-2 物体受力的抽象与理想化

物体受到的力大都是通过物体间直接或间接接触而产生的。接触处多数情形下并不是一个点，而是具有一定面积的一个面。因此，无论是施力或是受力的物体，其接触处所受的力都是作用在接触面上的分布力(distributed force)，而且在很多情形下，分布的情况是比较复杂的。当力沿着一个方向连续分布时，则用单位长度的力表示沿长度方向上的分布力的强弱程度，称为载荷集度，用符号 q 表示，单位为 N/m 或 kN/m。

当分布力作用的面积很小时，为了分析计算方便起见，可以将分布力理想化为作用于一点的合力，称为**集中力**(concentrated force)。

例如，静止的汽车通过轮胎作用在桥面上的力可视为集中力(图 1-1a)；而桥面施加在桥梁上的力则为分布力(图 1-1b)。

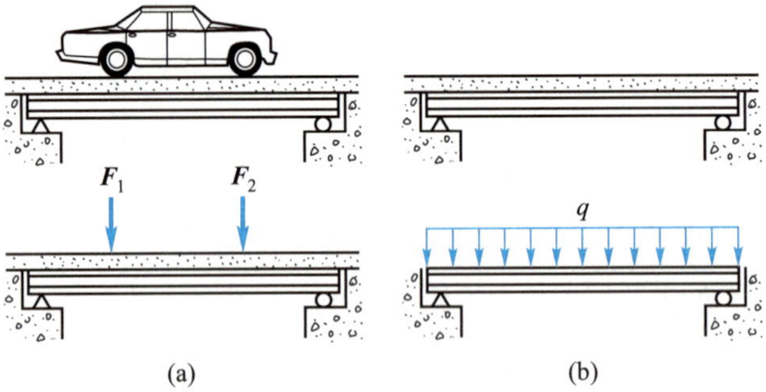

图 1-1　集中力与分布力

作用在物体上的所有的力就构成一个**力系**。力系是力的集合，其空集称为**零力系**。若两个力系对物体的作用效果相同，则称这两个力系为**等效力系**。

如果一个力与一个力系等效，则称这个力为该力系的**合力**，而该力系中的力称为此合力的**分力**。

如果物体在一个力系的作用下保持平衡，则称此力系为**平衡力系**。

1-1-3　物体的抽象与理想化

物体受力时，其内部各点间的相对位置会发生改变，这种改变称为**变形**。

在研究力的运动效应时，物体的变形对运动和平衡的影响甚微，因而可以忽略不计，这时的物体便可以抽象为**刚体**。可以说，刚体就是受力作用时不变形的物体。也可以说，刚体内任意两点之间的距离保持不变。显然，刚体是一种理想化的物体的模型。

刚体可以是抽象的物体，也可以是具体的物体；可以是单个的工程构件，也可以是工程结构整体。例如，对于建筑工地上常见的塔式吊车，当设计其各部件或零件时，都不能看成刚体，而必须视为变形体，这时的零件或部件就是变形体模型(图 1-2a)。但是，当需要确定保证塔式吊车在各种工作状态下都不发生倾覆所需的配重时，整个塔式吊车又可以视为刚体(图 1-2b)。

如果物体的大小和形状在所研究的问题中可以忽略不计，则可抽象为**质点**。质点是具有一定质量但其大小和形状可以忽略的物体。质点也是一种理想模型。一个物体能否理想化为质点，取决于所研究的问题。例如，在研究地球绕太阳的公转时，可以将地球作为质点；而在研究地球的自转时，就不能将地球抽象为质点，而可以将其抽象为刚体。

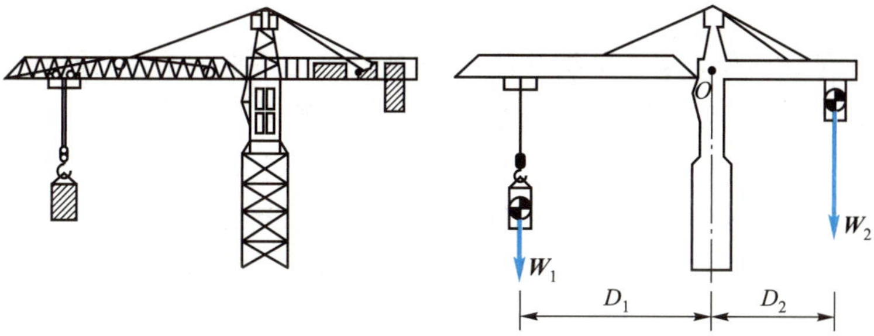

(a) 塔式吊车的变形体模型 (b) 塔式吊车的刚体模型

图 1-2 塔式吊车的两种不同模型

两个或两个以上具有某种联系的质点称为**质点系**。若质点系内各质点之间的距离可以变化,则称为**可变质点系**。若质点系内各质点之间的距离保持不变,则称为**不变质点系**。刚体可以看作由无穷多个质点组成的不变质点系。

1-1-4 接触与连接方式的抽象与理想化——约束

实际物体中的一类,其运动没有受到其他物体预加的直接制约,诸如飞行中的飞机、火箭、人造卫星等,这类物体称为**自由体**(free body)。实际物体的另一类,其运动则受到其他物体预加的直接制约,诸如在地面上行驶的车辆受到地面的制约,桥梁受到桥墩的制约,各种机械中的轴受到轴承的制约等,这类物体称为非自由体或**受约束体**(constrained body)。

对其他物体的运动起制约作用的物体称为**约束**(constraint)。地面是车辆的约束,桥墩是桥梁的约束,轴承是轴的约束等。

对于工程问题中常见的约束,将在 § 1-3 中详细讨论。

1-1-5 物体受力分类

作用在物体上的力大致可分为两大类:主动力和约束力。

约束施加于被约束物体上的力称为约束反力,简称为**约束力**(constraint force)。约束力以外的力均称为**主动力**(active force)或**载荷**(load),重力、风力、水压力、弹簧力、电磁力等均属此类。

§ 1-2 静力学公理

这一节介绍作为静力学理论基础的五个基本公理。公理是为反复的实践所证实的、被广泛认为是符合客观实际的普遍规律。

公理 1 二力平衡公理

作用于刚体上的两个力,使刚体保持平衡的充分必要条件是:这两个力大小相等,方向相反，并且作用在同一直线上。

公理 1 给出了最简单力系的平衡条件，是研究复杂力系平衡条件的基础。

在工程问题中，有一些构件可简化为只在两点处各受到一个力作用的刚体，这样的构件称为二力构件。当二力构件平衡时，由公理 1 可知，这两个力必定大小相等，方向相反，作用线共线，如图 1-3 所示。由于工程上的二力构件大多数是杆件，所以二力构件常被简称为二力杆。

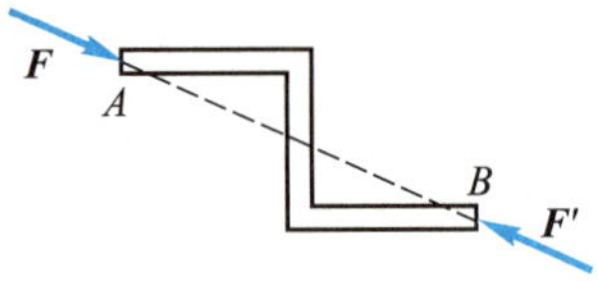

图 1-3 二力构件

公理 2 加减平衡力系公理

在作用于刚体的任何一个力系上，加上或除去一个平衡力系，不改变原力系对刚体的作用效应。

由上面的两个公理，可以导出如下有用的结论。

力的可传性定理

作用于刚体上一点的力，可以沿其作用线移到刚体内任意一点，而不改变它对刚体的作用效应。

证明： 设 $\boldsymbol{F}$ 作用于刚体上的点 A，点 B 为 $\boldsymbol{F}$ 作用线上的任意点，且点 B 在刚体内，如图 1-4a 所示。由公理 2，在点 B 加上一对平衡力 $\boldsymbol{F}_1$ 和 $\boldsymbol{F}_2$，且 $\boldsymbol{F}_1$ 和 $\boldsymbol{F}_2$ 的大小与 $\boldsymbol{F}$ 相等，$\boldsymbol{F}_2$ 的方向与 $\boldsymbol{F}$ 相同。现在，刚体上作用的三个力与原来的 $\boldsymbol{F}$ 等效，如图 1-4b 所示。而由公理 1，$\boldsymbol{F}_1$ 和 $\boldsymbol{F}$ 构成一对平衡力。由公理 2，将平衡力系 $\boldsymbol{F}_1$ 和 $\boldsymbol{F}$ 除去。这样，刚体上只剩下 $\boldsymbol{F}_2$ 作用在点 B，且 $\boldsymbol{F}_2=\boldsymbol{F}$，如图 1-4c 所示。这样，就将原来作用在点 A 的 $\boldsymbol{F}$ 沿着作用线移到了刚体内的点 B 处。

作用于刚体上的力具有可传性，力的三要素，即：大小、方向和作用点就转化为大小、方向和作用线。可以沿作用线移动的矢量称为滑移矢量。

公理 3 力的平行四边形法则

作用于物体上同一点的两个力，可以合成为一个合力，合力的作用点仍在该点，合力的大小和方向由以这两个力为边构成的平行四边形的对角线确定，如图 1-5 所示。也就是说，合力矢量为两个力的矢量和，可用矢量式表示为

$$\boldsymbol{F}_1+\boldsymbol{F}_2=\boldsymbol{F}_\mathrm{R}$$

力的平行四边形法则是力系简化和合成的理论基础，对刚体和变形体均成立。

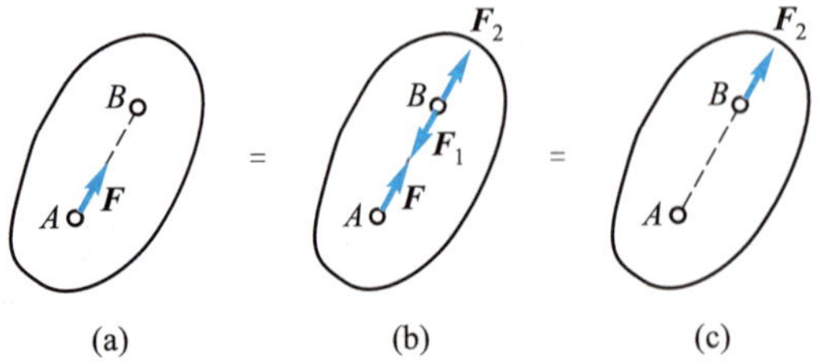

图 1-4 力的可传性

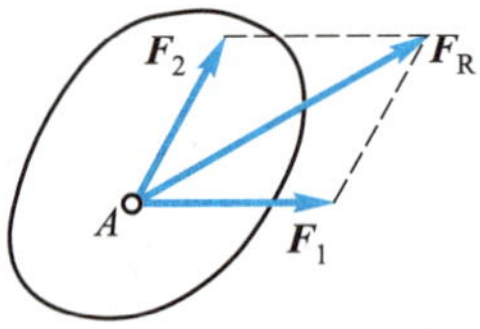

图 1-5 力的平行四边形法则

三力平衡汇交定理

刚体受三个力作用而平衡，若其中两个力的作用线汇交于一点，则此三个力必在同一平面内，且第三个力的作用线通过汇交点。

证明：设刚体受 $\boldsymbol{F}_1$、$\boldsymbol{F}_2$ 和 $\boldsymbol{F}_3$ 三个力的作用而平衡，其中 $\boldsymbol{F}_1$ 和 $\boldsymbol{F}_2$ 的作用线汇交于点 O，如图 1-6a 所示。由力的可传性定理，将 $\boldsymbol{F}_1$ 和 $\boldsymbol{F}_2$ 沿各自的作用线移至汇交点 O。再根据力的平行四边形法则，将作用于同一点的 $\boldsymbol{F}_1$ 和 $\boldsymbol{F}_2$ 合成，得到它们的合力 $\boldsymbol{F}_{12}$，如图 1-6b 所示。用合力 $\boldsymbol{F}_{12}$ 代替 $\boldsymbol{F}_1$ 和 $\boldsymbol{F}_2$ 的作用后，刚体只受两个力的作用，即：作用于点 O 的 $\boldsymbol{F}_{12}$ 和作用于点 A_3 的 $\boldsymbol{F}_3$。由二力平衡公理，$\boldsymbol{F}_{12}$ 和 $\boldsymbol{F}_3$ 的作用线必共线，由此，$\boldsymbol{F}_3$ 的作用线必通过点 O；又，$\boldsymbol{F}_{12}$ 是 $\boldsymbol{F}_1$ 和 $\boldsymbol{F}_2$ 构成的平行四边形的对角线，所以 $\boldsymbol{F}_{12}$ 与 $\boldsymbol{F}_1$ 和 $\boldsymbol{F}_2$ 共面，也即：$\boldsymbol{F}_3$ 与 $\boldsymbol{F}_1$ 和 $\boldsymbol{F}_2$ 共面。

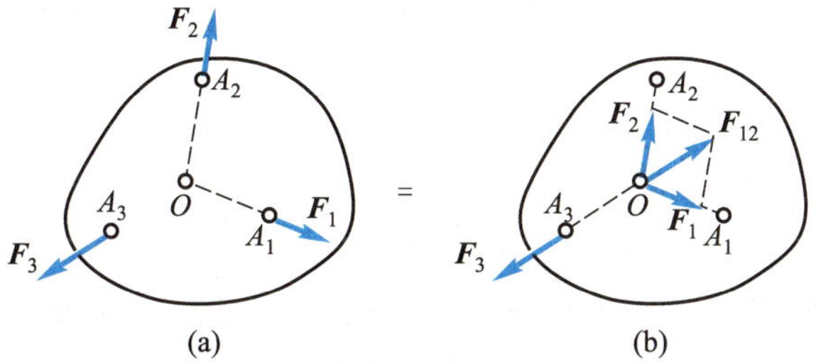

图 1-6 三力平衡汇交定理

公理 4 作用和反作用定律

作用力与反作用力总是同时存在，它们大小相等，方向相反，作用线共线，同时并分别作用在两个相互作用的物体上。

这就是牛顿第三定律，它对刚体和变形体都成立，在静力学和动力学中也都成立。通常，如果作用力用 $\boldsymbol{F}$ 表示，则它的反作用力用 $\boldsymbol{F}'$ 表示。

公理 5 刚化原理

变形体在某一力系作用下处于平衡时，如将此变形后的变形体刚化为刚体，则平衡状态保持不变。

也就是说，如果变形体在某一力系作用下是平衡的，那么刚体在该力系作用下一定也是平衡的。换句话说，刚体平衡应满足的条件，是变形体平衡应满足的必要条件。只要变形体是平衡的，它就必定满足刚体的平衡条件。

刚化原理建立了变形体平衡与刚体平衡的联系。它的重要性体现在两个方面。一方面，静力学中研究工程结构的平衡问题时，所选取的研究对象可以是单个刚体，但大多数情况下是解除了外部约束的由若干个刚体组成的刚体系统。这样的刚体系统作为一个整体，一般不满足刚体的定义，即不满足系统中任意两点之间的距离保持不变。如果没有刚化原理，则静力学对单个刚体推导出的力系的平衡条件，要应用于上述的刚体系统上，就没有理论依据。根据刚化原理，只要已知上述的刚体系统是平衡的，它就一定满足对刚体导出的力系平衡条件。另一方面，材料力学研究变形体，根据刚化原理，就可以将静力学中对刚体得到的力系平衡条件，应用于已知是平衡的变形体上。从这个意义上说，刚化原理建立了理论力学与材料力学的联系。

§1-3 工程常见约束与约束力

工程中的约束种类很多。根据约束物体与被约束物体接触面之间有无摩擦，约束可分为：

- 理想约束(ideal constraint)——指接触面绝对光滑的约束(接触面不光滑的约束也可能为理想约束)。
- 非理想约束(non-ideal constraint)——接触面之间存在摩擦时，一般为非理想约束。

本章将主要讨论理想约束。

根据约束物体的刚性程度，约束又可以分为：

- 柔性约束(flexible constraint)。
- 刚性约束(rigid constraint)。

不论是什么样的约束，其约束力都具有一些共同的特点。约束力是一种被动的力，它是随着主动力的变化而变化的，主动力不变的时候，约束力自己不会变化，所以约束力又称为约束反力。在工程问题中，约束力的大小通常是未知的，对于静力学问题需要通过平衡条件来求解。通过接触产生的约束力，其作用点就在接触点处。约束力的方向与该约束所能限制的被约束物体的运动方向相反。

下面介绍几种工程中常见的约束及其约束力的确定。

1-3-1 柔性约束

绳索、带、链条等都可以理想化为柔性约束，统称为柔索(cable)。这种约束所能限制的运动是被约束体沿柔索伸长方向的运动，所以其约束力与此方向相反，即沿着柔索的方向背离被约束体。即柔性约束的约束力只能是拉力，不能是压力。图1-7a所示的是绳索对物体的约束力。

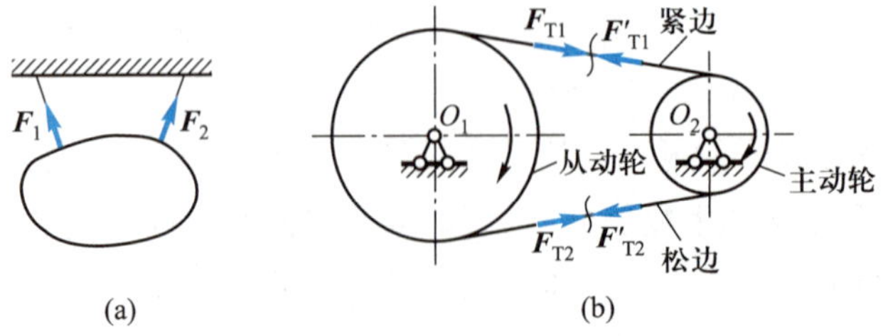

图1-7 柔性约束

再如图1-7b所示的带轮传动机构中，带虽然有紧边和松边之分，但两边的带所产生的约束力都是拉力，只不过紧边的拉力要大于松边的拉力。

1-3-2　刚性约束

约束体与被约束体都是刚体，因而二者之间为刚性接触。下面介绍几种常见的刚性约束。

- **光滑接触面约束**（smooth surface constraint）

两个物体的接触面处光滑无摩擦时，约束物体只能限制被约束物体沿二者接触面公法线方向进一步靠近的运动，因此，其约束力沿着接触面的公法线方向，指向与进一步靠近的方向相反，即指向被约束物体。此约束力也称为法向约束力，用 $\boldsymbol{F}_{\mathrm{N}}$ 表示。另外，它不能限制沿接触面切线方向的运动，所以在公切线方向没有约束力。图 1-8a 和 b 所示分别为光滑曲面对刚体球的约束力和齿轮传动机构中齿轮的约束力。

- **光滑圆柱铰链**

光滑圆柱铰链（smooth cylindrical pin）简称为铰链、柱铰或销。它的实际结构简图如图 1-9a 所示，被铰链约束的两个构件并不直接接触，而是通过铰链连接。

现分析铰链对其中一个构件的约束力。它们的接触情况如图 1-9b 所示。可以看出它们之间为线（铰链圆柱体的母线）接触，在图示的平面上则为点接触。而这个接触点的位置随构件所受的外载荷的变化而改变。所以，虽然从接触的情况看，这种约束与光滑接触面约束相同，但由于接触点无法事先确定，故它又与光滑接触面约束不同。

约束力的方向应沿着接触点处的公法线方向，而由于接触点无法事先确定，因此约束力的方向是未知的。工程上通常用两个正交分量来表示大小、方向均未知的约束力。在平面问题中这些分量分别为 $\boldsymbol{F}_x$、$\boldsymbol{F}_y$，即 $\boldsymbol{F}_{\mathrm{R}}=(\boldsymbol{F}_x,\boldsymbol{F}_y)$，如图 1-9b 所示。铰链约束的力学简图如图 1-9c 所示。

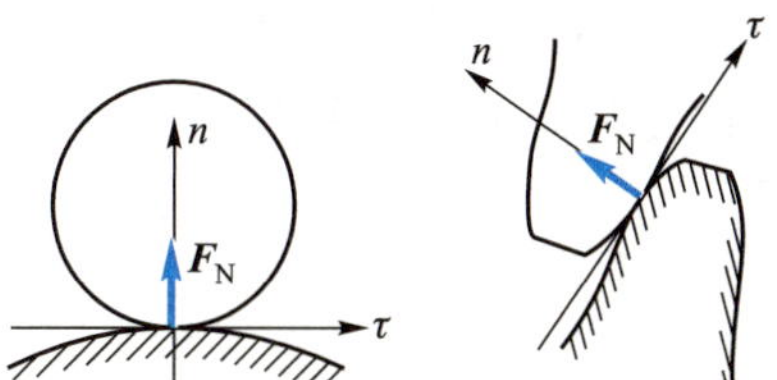

(a)　(b)

图 1-8　光滑接触面约束

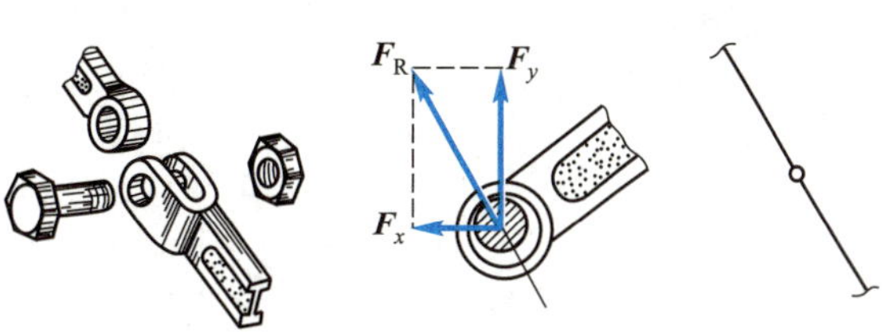

(a)　(b)　(c)

图 1-9　铰链约束

- **固定铰链支座**

若将铰链连接的两个物体中的一个固定在地面或机架上，则构成固定铰链支座约束，简称为固定铰支座或固定支座，其结构简图如图 1-10a 所示。这种连接方式的特点是限制了被约束物体只能绕铰链轴线转动，而不能有移动。其约束力的表示与铰链相同。图 1-10b 或 c 所示为固定铰支座的力学简图和约束力。

- **可动铰链支座**

为了解决桥梁、屋架结构等工程结构由于温度变化而使得其跨度伸长或缩短的问题，在固定铰链支座中,解除其对某一方向运动的限制,这就构成了可动铰链支座(roller support),简称为可动铰支座或可动支座,其结构简图如图 1-11a 所示。

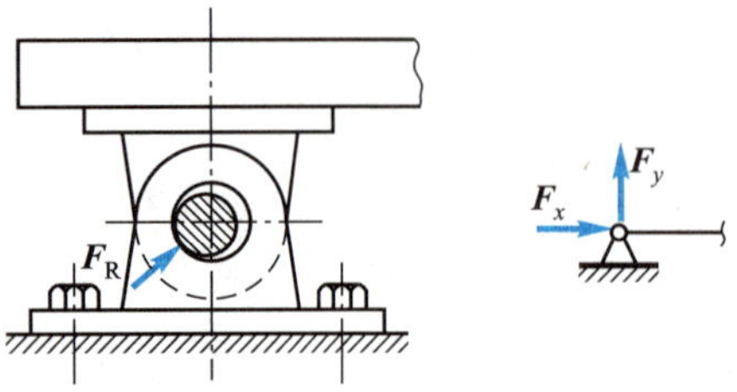

(a) (b)

图 1-10 固定铰链支座

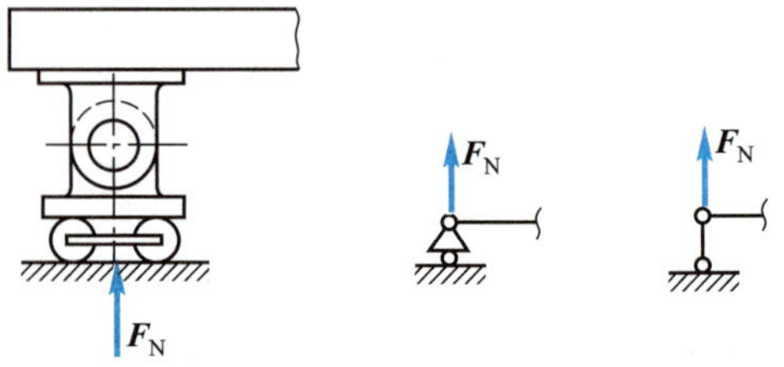

(a) (b) (c)

图 1-11 可动铰链支座

这样,在固定铰支座中的两个约束力分量,对于可动铰支座就只剩下一个,即与可移动方向垂直的分量 $\boldsymbol{F}_N$。图 1-11b 或 c 所示为可动铰支座的力学简图和约束力。

需要指出的是,某些工程结构中的可动铰支座,既限制被约束物体向下运动,也限制向上运动。因此,约束力 $\boldsymbol{F}_N$ 垂直于接触面,可能指向上,也可能指向下。

只限制物体沿某一方向的运动,而不限制沿其相反方向的运动的约束,称为**单面约束**。如柔性约束和光滑接触面约束都是单面约束。既能限制物体沿某一方向的运动,又能限制沿其相反方向的运动的约束,称为**双面约束**。可动铰支座为双面约束。单面约束的约束力的指向是确定的,而双面约束的约束力的指向需要根据平衡条件来确定。

- **向心轴承**

如果将固定铰支座中的圆柱铰链的长度延长,使它成为一根轴,则固定铰支座就限制该轴只能绕其轴线转动。这样,固定铰支座对于被约束体来说,就构成了向心轴承约束。实际的向心轴承的简图如图 1-12a 所示。其对轴的约束力与固定铰支座相同,即在与轴线垂直的平面内,用两个正交分量表示。图 1-12b 所示为向心轴承的力学简图和约束力。

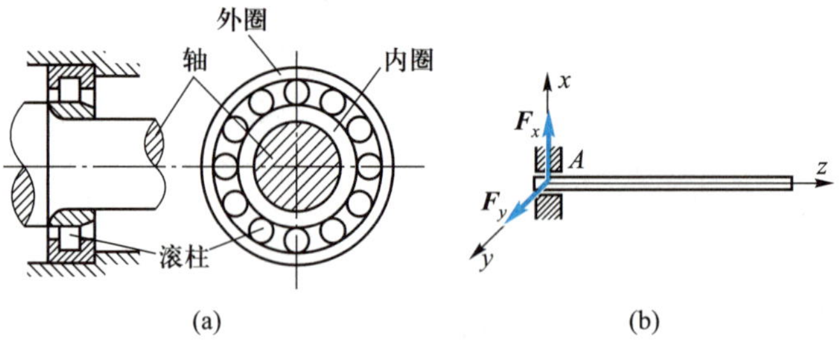

(a) (b)

图 1-12 向心轴承

- **向心止推轴承**

如果在向心轴承上再增加对沿轴线方向运动的限制,则成为向心止推轴承,简称**止推轴承**。其结构简图如图 1-13a 所示。它的约束力就是在向心轴承的两个约束力分量基础上增加一个沿轴线方向的分量 $\boldsymbol{F}_z$,如图 1-13b 所示。图 1-13c 所示为它的力学简图。

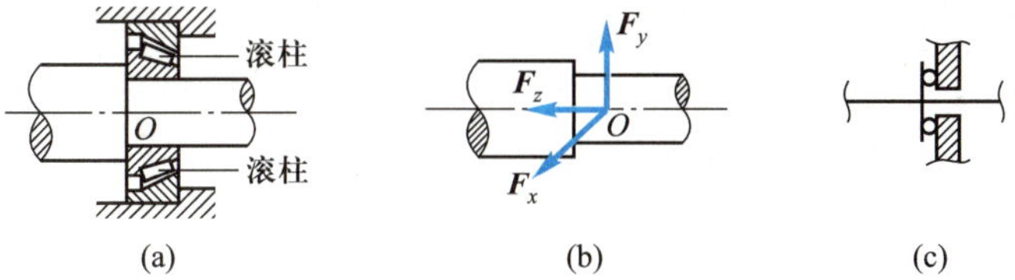

图 1-13 向心止推轴承

- **球形铰链**

球形铰链(ball-socket joint)简称**球铰**。与一般铰链相似,球铰也有固定球铰与活动球铰之分。其结构简图如图 1-14a 所示,被约束物体上的球头与约束物体上的球窝接触。

这种约束的特点是被约束物体只可绕球心作空间转动,而不能有空间任意方向的移动。因此,球铰的约束力为空间力,一般用三个分量 $\boldsymbol{F}_x$,$\boldsymbol{F}_y$,$\boldsymbol{F}_z$ 表示,如图 1-14b 所示。其力学简图如图 1-14c 所示。

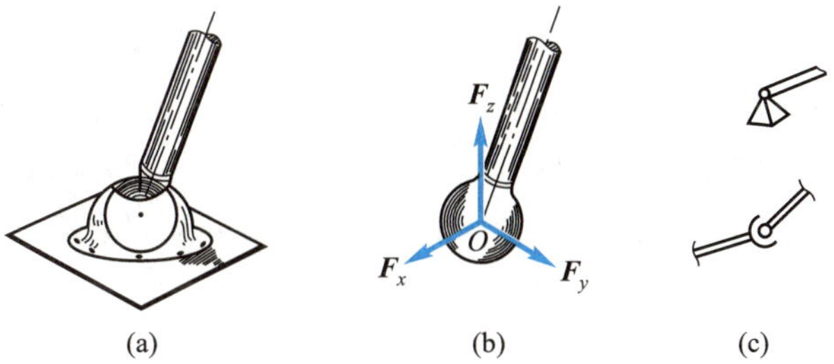

图 1-14 球形铰链

§1-4 受力分析

受力分析是静力学问题的分析计算中最重要的步骤,也是动力学问题的分析计算中的重要环节。

受力分析的步骤如下:

- 确定研究对象,即明确是对哪个物体(或物体组合)进行受力分析。
- 将该研究对象受到的外部约束全部解除,画出它的简图,称为取**分离体**或**隔离体**(isolated body)。
- 画出分离体所受到的所有的主动力和约束力。

这样完成的图称为**受力图**(free-body diagram)。

受力分析时要注意:① 画约束力时,应根据上一节介绍的约束类型来确定约束力。即先判定是什么约束,然后根据这种约束的约束力的表示方法,将其画在受力图上。初学者常会根据自己的想象来确定约束力,这是应当特别注意避免的。② 要注意正确表示出作用力与反作用力之间的关系。③ 内力,即该研究对象内部各物体之间的相互作用力,不必画出。

[例题 1-1] 水平简支梁 AB 如图 1-15a 所示。在梁的中点受一铅垂向下的集中力作用,梁的自重不计。画出梁 AB 的受力图。

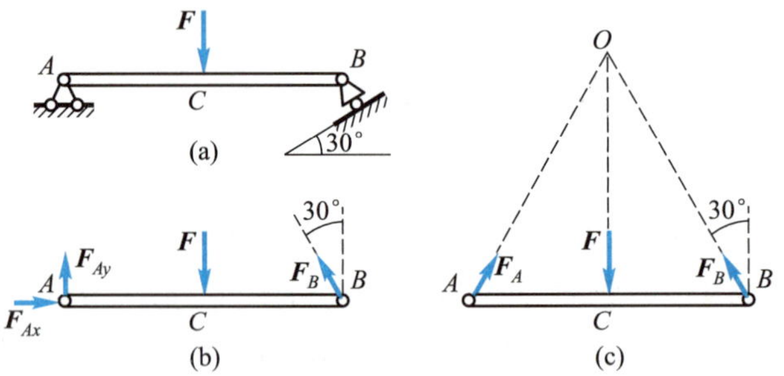

图 1-15 例题 1-1 图

解:(1) 取梁 AB 为研究对象,画出它的简图,如图 1-15b 所示。

(2) 画出主动力 $\boldsymbol{F}$。

(3) 分析 A 处约束力。A 处为固定铰支座,它的约束力可用两个正交的分量表示,即 $\boldsymbol{F}_{Ax}$ 和 $\boldsymbol{F}_{Ay}$。这里,它们的指向是假设的,以后可以由平衡条件确定。在受力分析时,对于指向无法预先确定的约束力,不必去判定它们的实际指向,可以假设指向。这是因为,在较复杂的情况下,无法判断,而以后很容易由平衡条件来确定。

(4) 分析 B 处约束力。B 处为可动铰支座,它的约束力应垂直于支承面,即应垂直于倾角为 30°的斜面。所以,画出 $\boldsymbol{F}_B$ 如图 1-15b 所示。这里它的指向也是假设的。

然而,对于本题,还可以进一步将受力图画得更简洁些。虽然固定铰支座 A 处的约束力现在是用两个分量表示的,但实际上 A 处只有一个约束力,只是因为它的大小和方向均未知,才用两个分量表示。梁 AB 上受到三个力的作用而平衡。其中,主动力 $\boldsymbol{F}$ 和 B 处约束力 $\boldsymbol{F}_B$ 的作用线为已知,设它们的作用线交于点 O。根据三力平衡汇交定理,A 处的约束力的作用线也必交于点 O。据此,可以确定 A 处约束力 $\boldsymbol{F}_A$ 的作用线,画出的受力图如图 1-15c 所示。

[例题 1-2] 简易吊车如图 1-16a 所示。A、C 处为固定铰支座,B 处为铰链约束。起吊重量为 $\boldsymbol{W}$,各构件自重不计。分别画出杆 BC、水平梁 AB 和整体的受力图。

解:(1) 取杆 BC 为研究对象,画出它的简图,如图 1-16b 所示。在不计自重时,杆 BC 只在 B、C 两点受力且平衡,所以是二力杆。由此可以确定 $\boldsymbol{F}_B$ 和 $\boldsymbol{F}_C$ 必沿 BC 连线的方向,这里假设它们为拉力。其受力图如图 1-16b 所示。

(2) 取梁 AB 为研究对象,画出它的简图,如图 1-16c 所示。梁 AB 受到的主动力为重物的重力 $\boldsymbol{W}$;B 处为铰链约束,受到的约束力与杆 BC 在 B 处的受力为作用力与反作用力关系,杆 BC 在 B 处受力的作用线已确定,所以根据作用和反作用定律可以确定梁 AB 在 B 处受力 $\boldsymbol{F}'_B$的作用线和指向;A 处为固定铰支座,约束力用两个正交的分量表示。其受力图如图 1-16c 所示。

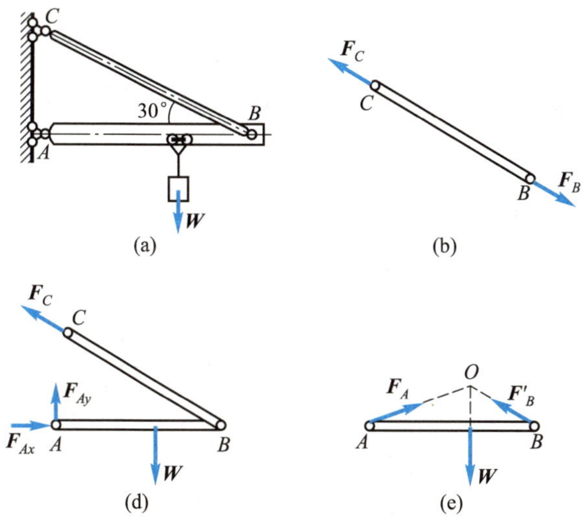

图 1-16 例题 1-2 图

（3）取整体为研究对象，画出它的简图，如图 1-16d 所示。画出主动力 $\boldsymbol{W}$，A 处和 C 处的约束力如图所示。B 处的约束力对所取的研究对象来说是内力，所以不必画出。

梁 AB 的受力图，还可以运用三力平衡汇交定理进一步简化，如图 1-16e 所示。这样整体受力图中 A 处受力的表示也应与这里的 A 处受力一致，如图 1-16f 所示。

画受力图时需要注意，在不同的受力图中同一点处的受力的表示应一致。例如，在梁 AB 的受力图中 A 处的受力的表示，应与整体受力图中 A 处的受力一致。在此，对 A 处受力的表示，可以根据约束的性质，对其约束力的指向作出假设。而在画整体的受力图时，对 A 处受力的表示，就不能再作出不同的假设，必须与前面的假设一致。类似地，在杆 BC 和梁 AB 的两个受力图中，在先画杆 BC 受力图时，B 处受力的指向可以假设（作用线根据二力杆确定）。而再画梁 AB 的受力图时，B 处受力的指向必须按作用力与反作用力关系确定，不能再作假设。

[例题 1-3] 三铰拱所受主动力和约束如图 1-17a 所示，其中 $\boldsymbol{F}_3$ 作用在铰链 C 上，各构件自重不计。分别画出构件 AC、铰链 C 和构件 BC 的受力图。

解：（1）取构件 AC，其中不包括铰链 C，如图 1-17b 所示。它受到的力有：主动力 $\boldsymbol{F}_1$ 和 $\boldsymbol{F}_2$；固定铰支座 A 处的约束力 $\boldsymbol{F}_{Ax}$ 和 $\boldsymbol{F}_{Ay}$；铰链 C 对 AC 的约束力 $\boldsymbol{F}_{Cx1}$ 和 $\boldsymbol{F}_{Cy1}$。

（2）取构件 BC，其中不包括铰链 C，如图 1-17d 所示。它受到力有：主动力 $\boldsymbol{F}_4$ 和 $\boldsymbol{F}_5$；固定铰支座 B 处的约束力 $\boldsymbol{F}_{Bx}$ 和 $\boldsymbol{F}_{By}$；铰链 C 对 BC 的约束力 $\boldsymbol{F}_{Cx2}$ 和 $\boldsymbol{F}_{Cy2}$。

（3）取铰链 C，如图 1-17c 所示。它受到力有：主动力 $\boldsymbol{F}_3$；构件 AC 对它的作用力，即 $\boldsymbol{F}_{Cx1}$ 和 $\boldsymbol{F}_{Cy1}$ 的反作用力，用 $\boldsymbol{F}'_{Cx1}$ 和 $\boldsymbol{F}'_{Cy1}$ 表示；构件 BC 对它的作用力，即 $\boldsymbol{F}_{Cx2}$ 和 $\boldsymbol{F}_{Cy2}$ 的反作用力，用 $\boldsymbol{F}'_{Cx2}$ 和 $\boldsymbol{F}'_{Cy2}$ 表示。

在很多问题中，一般不需要单独分析铰链的受力。通常是将铰链与它所连接两个（或几个）构件中的某一个构件连在一起进行受力分析。

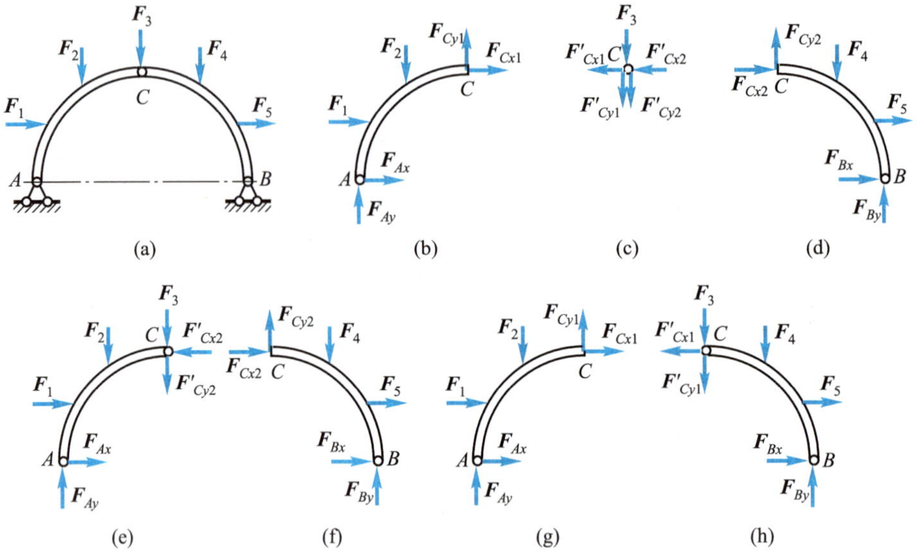

图 1-17　例题 1-3 图

在本题中，如果将铰链 C 与构件 AC 连在一起分析，则构件 AC 和 BC 的受力图如图 1-17e 和 f 所示。因为力 $\boldsymbol{F}_3$ 是作用在铰链 C 上的，现在铰链 C 在构件 AC 的点 C 处，所以力 $\boldsymbol{F}_3$ 就作用在构件 AC 的点 C 上。另外，这时对构件 AC 来说，$\boldsymbol{F}_{Cx1}$、$\boldsymbol{F}_{Cy1}$、$\boldsymbol{F}'_{Cx1}$ 和 $\boldsymbol{F}'_{Cy1}$ 就成了内力，不应画出。这时，构件 AC 的点 C 处受到的约束力 $\boldsymbol{F}'_{Cx2}$ 和 $\boldsymbol{F}'_{Cy2}$，是构件 BC 上点 C 受到的约束力 $\boldsymbol{F}_{Cx2}$ 和 $\boldsymbol{F}_{Cy2}$ 的反作用力。

如果将铰链 C 与构件 BC 连在一起分析，则构件 AC 和 BC 的受力图就如图 1-17g 和 h 所示。这时，力 $\boldsymbol{F}_3$ 就应该作用在构件 BC 的点 C 上。构件 BC 的点 C 处受到的约束力 $\boldsymbol{F}'_{Cx1}$ 和 $\boldsymbol{F}'_{Cy1}$，是构件 AC 上点 C 受到的约束力 $\boldsymbol{F}_{Cx1}$ 和 $\boldsymbol{F}_{Cy1}$ 的反作用力。

以后遇到铰链处受到集中力的作用的情况，都可以认为这个集中力是作用在铰链上的，用本题的方法来分析受力，可按图 1-17e 和 f 或图 1-17g 和 h 来画受力图。

如果铰链连接的构件有三个，甚至更多，则铰链处的受力就更复杂，但分析的方法与这里是相同的。

§1-5　本章讨论与小结

1-5-1　整体平衡与局部平衡

整体平衡，则组成整体的每一个局部也必然平衡。所谓整体可以是由若干刚体组成的系统（例如结构），也可以是单个刚体。所谓局部，就是组成系统的每一个刚体，或者由其中的部分刚体组成的子系统。

例如，在例题 1-2 中，所考察的对象可以是整体，也可以是拉杆 BC 或梁 AB。只要整体是平衡的，则拉杆 BC 和梁 AB 就一定也是平衡的。

1-5-2　关于二力构件

实际结构中，若不计构件的自重，只要构件的两端是铰链连接，两端之间无其他外力作用，则这一构件必为二力构件。对于图 1-18 所示各种结构，请读者判断哪些是二力构件，哪些不是二力构件。

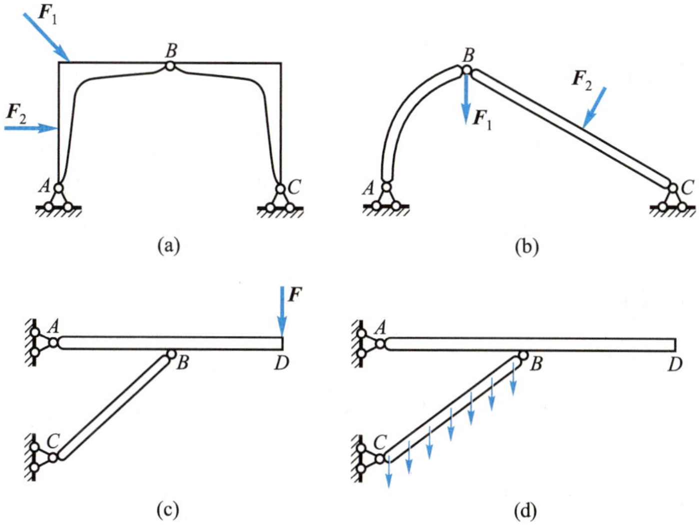

图 1-18　二力构件的判别

1-5-3　静力学原理的适用性

静力学的某些原理，例如力的可传性、平衡的充要条件，对于柔性体是不成立的，而对于弹性体则是在一定的前提下成立。

图 1-19a 中所示的绳索平衡时 $\boldsymbol{F}_1=-\boldsymbol{F}_2$；但 $\boldsymbol{F}_1=-\boldsymbol{F}_2$ 时，绳索不一定能平衡，如图 1-19b 所示。

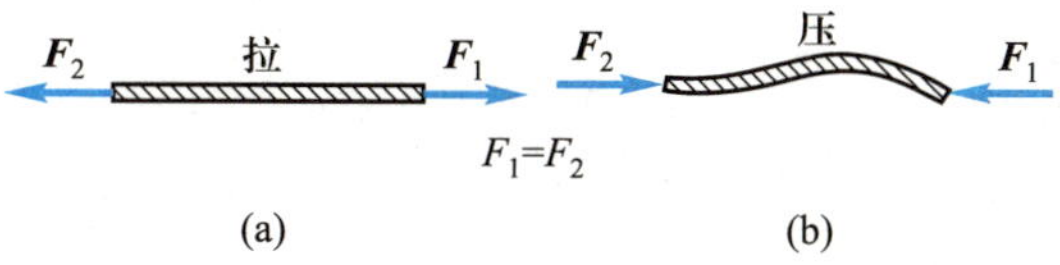

图 1-19　平衡原理的适用性

如果将图 1-19 中的绳索改为弹性杆件，请读者思考平衡的充要条件是否成立。

结合图 1-20a 和 b 中所示刚性圆环与弹性圆环，读者可自行分析：力的可传性应用于弹性体时又会遇到什么问题？

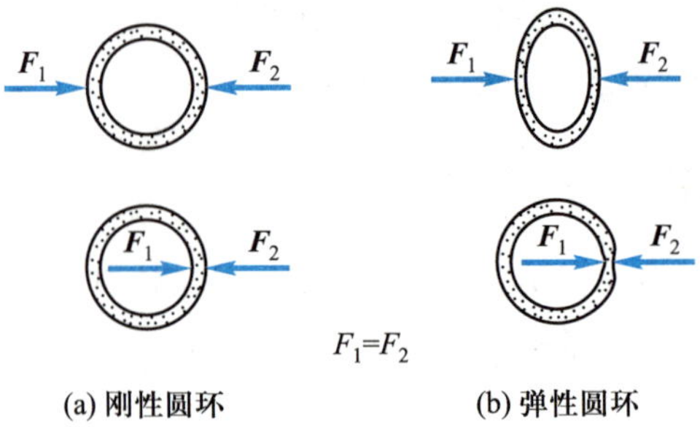

图 1-20　力的可传性的适用

1-5-4　关于约束

根据约束性质分析约束力，是受力分析的重要内容。本章只介绍了几种常见的工程约束模型。工程中还有一些约束，其约束力为复杂的分布力系，对于这些约束需要将复杂的分布力加以简化，得到简化的约束力。这类问题将在下一章详细讨论。

1-5-5　本章小结

本章主要内容有：

(1) 理论力学的一些基本概念，包括：刚体、质点、质点系、平衡、力、集中力、分布力、力系、等效力系、合力及约束等。

(2) 静力学公理：二力平衡公理，加减平衡力系公理，力的平行四边形法则，作用和反作用定律及刚化原理。

(3) 约束类型与约束力，包括：柔性约束，光滑接触面约束，光滑圆柱铰链，固定铰链支座，可动铰链支座，向心轴承，向心止推轴承，球形铰链等。

(4) 受力分析和受力图。

习　　题

选择填空题

1-1　在下述公理、法则、定律及原理中，只适用于刚体的有(　　)。

① 二力平衡公理　　② 力的平行四边形法则　　③ 加减平衡力系公理

④ 力的可传性定理　　⑤ 作用与反作用定律

1-2　作用在一个刚体上的两个力 $\boldsymbol{F}_A$、$\boldsymbol{F}_B$，如果满足 $\boldsymbol{F}_A=-\boldsymbol{F}_B$ 的条件，则该二力可能是(　　)。

① 作用力和反作用力或一对平衡力　　② 一对平衡力或一个力偶

③ 一对平衡力或一个力和一个力偶　　④ 作用力与反作用力或一个力偶

1-3　如图所示的系统受主动力 $\boldsymbol{F}$ 作用而平衡，欲使支座 A 的约束力的作用线与 AB 成 30°角，则倾斜面的倾角 θ 应为(　　)。

① 0°　　② 30°　　③ 45°　　④ 60°

1-4　如图所示的楔形块 A、B，自重不计，$F=F'$，接触处光滑，则(　　)。

① A 平衡，B 不平衡　　② A 不平衡，B 平衡

③ A、B 均不平衡　　④ A、B 均平衡

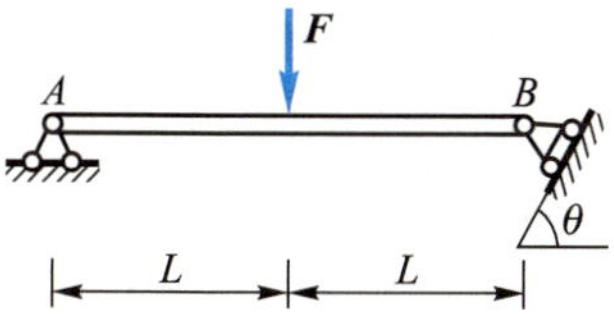

习题 1-3 图

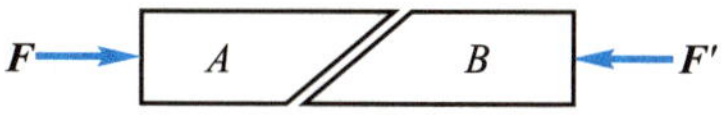

习题 1-4 图

1-5　考虑力对物体作用的外效应和内效应，力是(　　)。

① 滑动矢量　　② 自由矢量　　③ 定位矢量

1-6　在图示的三种情况中，当力 $\boldsymbol{F}$ 沿其作用线移到点 D 时，并不改变 B 处受力的情况是(　　)。

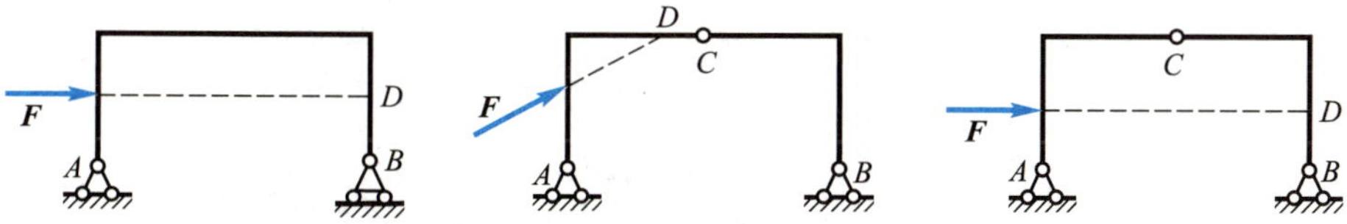

①　　②　　③

习题 1-6 图

1-7　图示刚体受两个作用在同一直线上，指向相反的力 $\boldsymbol{F}_1$ 和 $\boldsymbol{F}_2$ 作用，它们之间的大小关系为 $F_1=2F_2$，则该力系的合力矢 $\boldsymbol{F}_R$ 可表示为(　　)。

① $\boldsymbol{F}_R=\boldsymbol{F}_1-\boldsymbol{F}_2$　　② $\boldsymbol{F}_R=\boldsymbol{F}_2-\boldsymbol{F}_1$

③ $\boldsymbol{F}_R=\boldsymbol{F}_1+\boldsymbol{F}_2$　　④ $\boldsymbol{F}_R=\boldsymbol{F}_2$

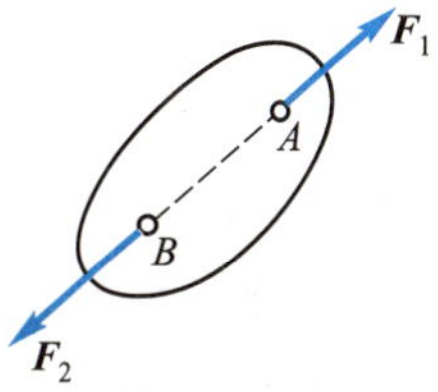

习题 1-7 图

1-8　刚体受三力作用而处于平衡状态，则此三力的作用线(　　)。

① 必汇交于一点　　② 必互相平行

③ 必皆为零　　④ 必位于同一平面内

1-9　作用在刚体上的力可沿其作用线任意移动，而不改变力对刚体的作用效应。所以，在静力学中，力是(　　)矢量。

分析计算题

1-10　如图所示，Ox_1y_1 与 Ox_2y_2 分别为正交与斜交坐标系。试将同一力 $\boldsymbol{F}$ 分别对两坐标系进行分解和投影，并比较分力与力的投影。

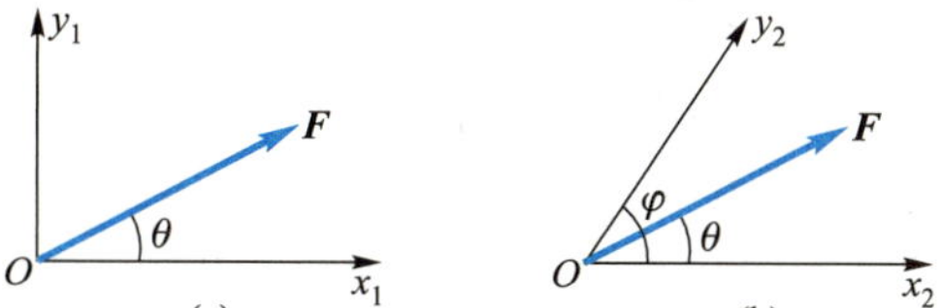

(a)　　(b)

习题 1-10 图

1-11　试画出图 a 和图 b 两种情形下各物体的受力图，并进行比较。

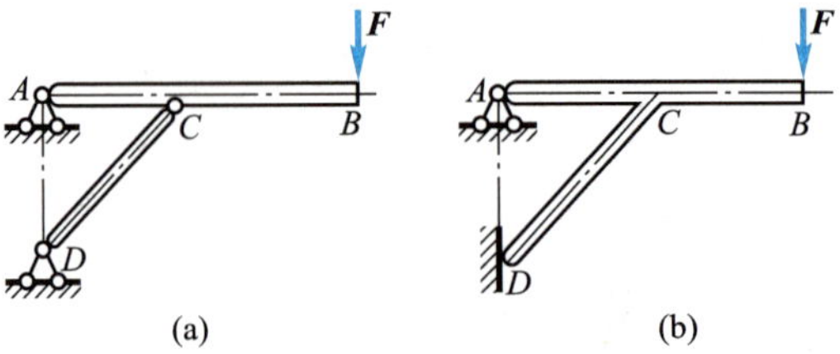

习题 1-11 图

1-12　试画出图示各物体的受力图。

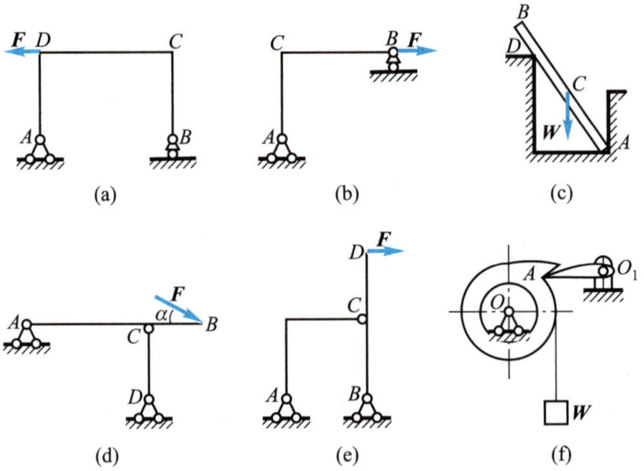

习题 1-12 图

1-13　图 a 所示为三角架结构。荷载 $\boldsymbol{F}_1$ 作用在铰 B 上。杆 AB 不计自重，杆 BD 自重为 $\boldsymbol{W}$。试画出图 b、c、d 所示的隔离体的受力图，并加以讨论。

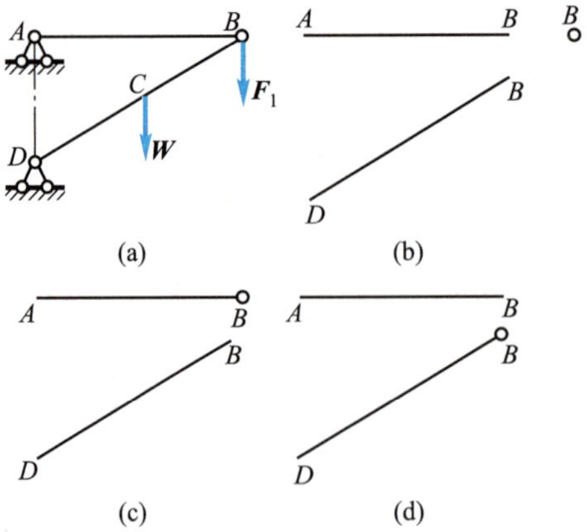

习题 1-13 图

1-14　试画出图示结构中各杆的受力图。

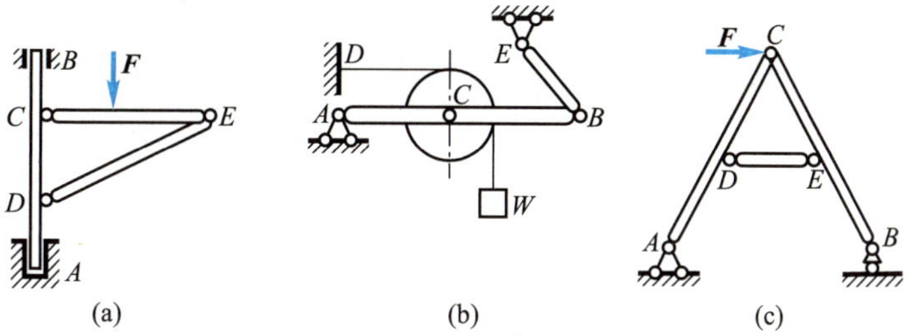

习题 1-14 图

1-15　图示刚性构件 *ABC* 由销 *A* 和拉杆 *D* 支撑，在构件的点 *C* 作用有一水平力 ***F***。试问如果将力 ***F*** 沿其作用线移至 *D* 或 *E*（如图示），是否会改变销 *A* 的受力状况。

1-16　试画出图示连续梁中的梁 *AC* 和 *CD* 的受力图。

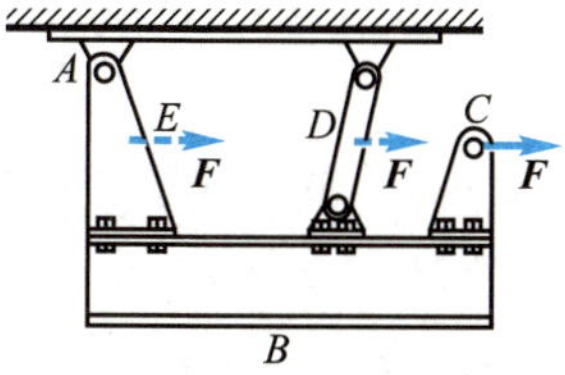

习题 1-15 图

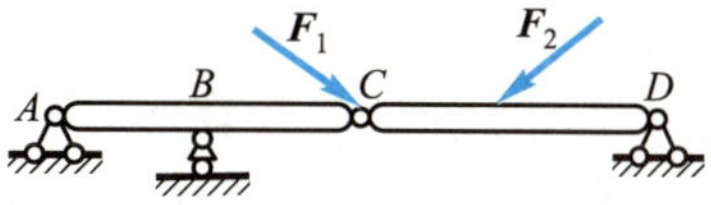

习题 1-16 图

第 2 章

力系的等效与简化

某些力系形式上(比如组成力系的力的个数、大小和方向)不完全相同,但其所产生的运动效应却可能是相同的。这时,可以称这些力系为等效力系。

为了判断力系是否等效,必须首先确定表示力系基本特征的最简单、最基本的量——力系基本特征量。这需要通过力系的简化方能实现。

本章首先在物理学的基础上,对力矩的概念加以扩展和延伸,同样在物理学的基础上引出力系基本特征量,然后应用力向一点平移定理对力系加以简化,进而导出力系等效定理,并将其应用于简单力系。

§2-1　力矩概念的扩展和延伸

人们用工具拧紧螺母时,实际上应用了力矩的概念;在推门或拉门时,也应用了力矩的概念。这两种情形下,力矩的概念虽然有联系,但却并不完全相同。

2-1-1　力对点之矩及其矢量表示

读者大都知道,力矩是力使物体绕某一点转动效应的量度。因为是对一点而言,故又称为**力对点之矩**(moment of a force about a point);这一点称为**力矩中心**(center of moment),简称为**矩心**。

考察空间任意力 $\boldsymbol{F}$ 对点 O 之矩,如图 2-1 所示。设力 $\boldsymbol{F}=(F_x,F_y,F_z)$;点 O 到力 $\boldsymbol{F}$ 作用点的矢量称为矢径(position vector),在三维坐标系中,矢径 $\boldsymbol{r}=(x,y,z)$。定义:力对点 O 之矩等于矢径 $\boldsymbol{r}$ 与力 $\boldsymbol{F}$ 的叉积,即

$$\boldsymbol{M}_O(\boldsymbol{F})=\boldsymbol{r}\times\boldsymbol{F}=\begin{vmatrix}\boldsymbol{i} & \boldsymbol{j} & \boldsymbol{k}\\ x & y & z\\ F_x & F_y & F_z\end{vmatrix}$$

$$=(yF_z-zF_y)\boldsymbol{i}+(zF_x-xF_z)\boldsymbol{j}+(xF_y-yF_x)\boldsymbol{k} \tag{2-1}$$

上述定义表明，力对点之矩为一矢量。

- 矢量的模即为力对点之矩的大小：

$$|\boldsymbol{M}_O(\boldsymbol{F})| = Fd = 2A_{\triangle AOB} \tag{2-2}$$

其中，d 为力臂；$A_{\triangle AOB}$ 为 $\boldsymbol{r}$ 和 $\boldsymbol{F}$ 组成的三角形 $\triangle AOB$ 的面积。

- 矢量的方向由叉积 $\boldsymbol{r}\times\boldsymbol{F}$ 确定，即按右手定则：右手的四指与矢径方向一致；握拳方向与力绕力矩中心的转向一致；拇指指向即为力矩矢量的正方向。

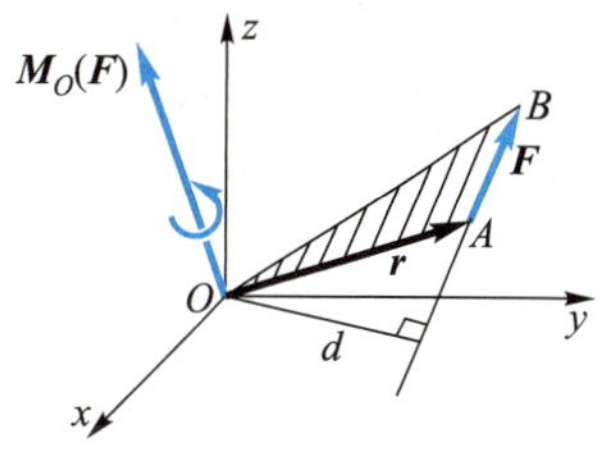

图 2-1　力对点之矩

- 力矩矢量作用在力矩中心。这表明，力矩矢量为**定位矢量**。

2-1-2　力对轴之矩

设力对点之矩矢量 $\boldsymbol{M}_O(\boldsymbol{F})$ 在 $Oxyz$ 坐标系中的投影分别为 $M_{Ox}(\boldsymbol{F})$、$M_{Oy}(\boldsymbol{F})$、$M_{Oz}(\boldsymbol{F})$，则

$$\boldsymbol{M}_O(\boldsymbol{F}) = (M_{Ox}(\boldsymbol{F}), M_{Oy}(\boldsymbol{F}), M_{Oz}(\boldsymbol{F})) \tag{2-3}$$

其中，$M_{Ox}(\boldsymbol{F})$、$M_{Oy}(\boldsymbol{F})$、$M_{Oz}(\boldsymbol{F})$ 称为力对轴之矩（moment of a force about an axis）。

力对轴之矩是力使物体绕某一轴转动效应的量度（图 2-2）。

力对轴之矩为代数量，其正负号由右手定则确定：右手的四指握拳方向与力使物体绕轴转动的方向一致，若拇指指向坐标轴正方向，则力对轴之矩为正；反之为负。图 2-3 中所示之 $M_{Ox}(\boldsymbol{F})$、$M_{Oy}(\boldsymbol{F})$、$M_{Oz}(\boldsymbol{F})$ 均为正。

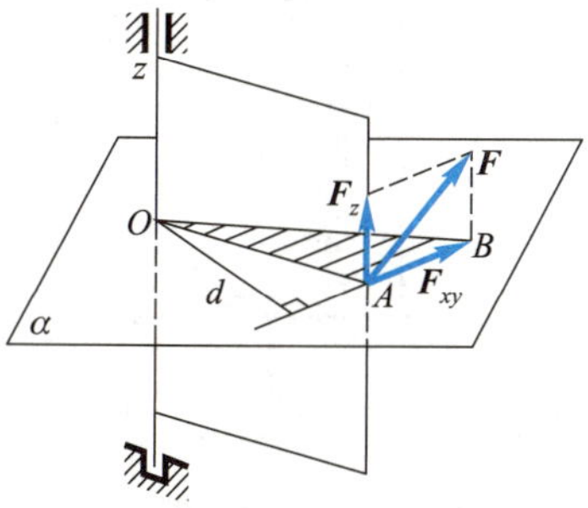

图 2-2　力使物体绕轴的转动效应

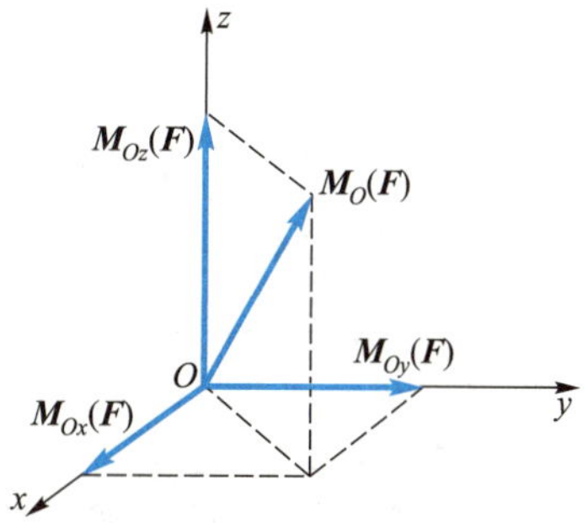

图 2-3　力对轴之矩

根据上述定义，当力的作用线与轴相交或平行时，力对该轴之矩为零。

2-1-3　合力矩定理

如果力系存在合力，则合力对于某一点之矩，等于力系中所有力对同一点之矩的矢量和。此即**合力矩定理**（theorem of the moment of a resultant）：

$$\boldsymbol{M}_O(\boldsymbol{F}_R) = \sum_{i=1}^{n} \boldsymbol{M}_O(\boldsymbol{F}_i) = \sum \boldsymbol{M}_O(\boldsymbol{F}_i)\text{①} \tag{2-4}$$

其中，$\boldsymbol{F}_R = \sum \boldsymbol{F}_i$ 为力系的合力。对于汇交力系，上述定理不难证明，建议读者自行证明。对

① 本书在不致混淆时均省略求和符号的上下标。

于非汇交力系，读者也可以应用将要介绍的力系简化理论加以证明，此处不再赘述。

需要指出的是，对于力对轴之矩，合力矩定理则为：合力对某一轴之矩，等于力系中所有力对同一轴之矩的代数和，即

$$\left.\begin{aligned} M_{Ox}(\boldsymbol{F}_{\mathrm{R}}) &= \sum M_{Ox}(\boldsymbol{F}_i) \\ M_{Oy}(\boldsymbol{F}_{\mathrm{R}}) &= \sum M_{Oy}(\boldsymbol{F}_i) \\ M_{Oz}(\boldsymbol{F}_{\mathrm{R}}) &= \sum M_{Oz}(\boldsymbol{F}_i) \end{aligned}\right\} \tag{2-5}$$

因此，力对轴之矩不仅可以通过力对点之矩在坐标轴的投影求得(图 2-3)，也可以先将空间力向直角坐标系的各坐标轴投影，将这些投影视为分力，分别确定这些分力对同一坐标轴之矩，然后取其代数和，如图 2-4 所示。读者若将式(2-1)的展开式与式(2-3)比较，不难发现上述结论的正确性，即

$$M_{Ox}(\boldsymbol{F}) = yF_z - zF_y,\qquad M_{Oy}(\boldsymbol{F}) = zF_x - xF_z,\qquad M_{Oz}(\boldsymbol{F}) = xF_y - yF_x \tag{2-6}$$

[例题 2-1]　如图 2-5 所示支架受力 $\boldsymbol{F}$ 作用，图中 l_1、l_2、l_3 与 θ 角均为已知。求 $\boldsymbol{M}_O(\boldsymbol{F})$。

解：本例若直接由力 $\boldsymbol{F}$ 对点 O 取矩，即

$$|\boldsymbol{M}_O(\boldsymbol{F})| = Fd$$

其中，d 为力臂，如图中所示。显然，在图示情形下，确定 d 的过程比较麻烦。

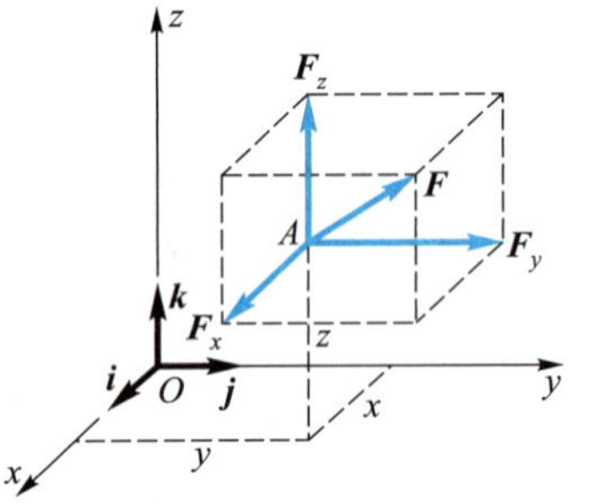

图 2-4　确定力对轴之矩的另一方法

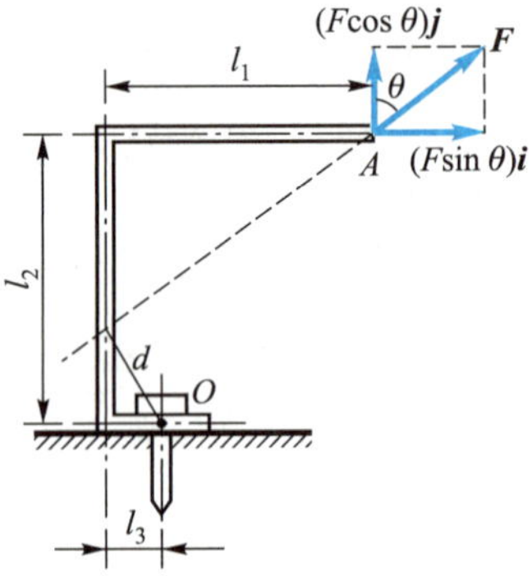

图 2-5　例题 2-1 图

若先将力 $\boldsymbol{F}$ 分解为两个分力 $\boldsymbol{F}_x = (F\sin\theta)\boldsymbol{i}$ 和 $\boldsymbol{F}_y = (F\cos\theta)\boldsymbol{j}$，再应用合力矩定理，则较为方便。于是，有

$$\begin{aligned} \boldsymbol{M}_O(\boldsymbol{F}) &= \boldsymbol{M}_O(\boldsymbol{F}_x) + \boldsymbol{M}_O(\boldsymbol{F}_y) \\ &= -(F\sin\theta)l_2\boldsymbol{k} + (F\cos\theta)(l_1 - l_3)\boldsymbol{k} \\ &= F[(l_1 - l_3)\cos\theta - l_2\sin\theta]\boldsymbol{k} \end{aligned}$$

$$|\boldsymbol{M}_O(\boldsymbol{F})| = M_O(\boldsymbol{F}) = F[(l_1 - l_3)\cos\theta - l_2\sin\theta]$$

显然，根据这一结果，还可算得力 $\boldsymbol{F}$ 对点 O 的力臂为

$$d = (l_1 - l_3)\cos\theta - l_2\sin\theta$$

上述分析与计算结果表明，应用合力矩定理，在某些情形下将使计算过程简化。

§2-2　力偶及其性质

2-2-1　力偶的定义

大小相等、方向相反、作用线互相平行但不共线的两个力所组成的力系，称为力偶（couple）。力偶中两个力所确定的平面称为**力偶作用面**（acting plane of a couple）。

力偶中两个力作用线之间的垂直距离称为**力偶臂**（arm of couple）。

工程中力偶的实例是很多的。人们驾驶汽车，双手施加在方向盘上的两个力，若大小相等、方向相反、作用线互相平行，则二者组成一力偶，通过传动机构，带动前轮转向。

图 2-6 所示为用于拧紧汽车车轮上螺母的工具。加在其上的两个力 $\boldsymbol{F}_1$ 和 $\boldsymbol{F}_2$，若满足大小相等、方向相反、作用线互相平行的条件，则这两个力构成一力偶。这一力偶通过工具施加在螺母上，使螺母拧紧。

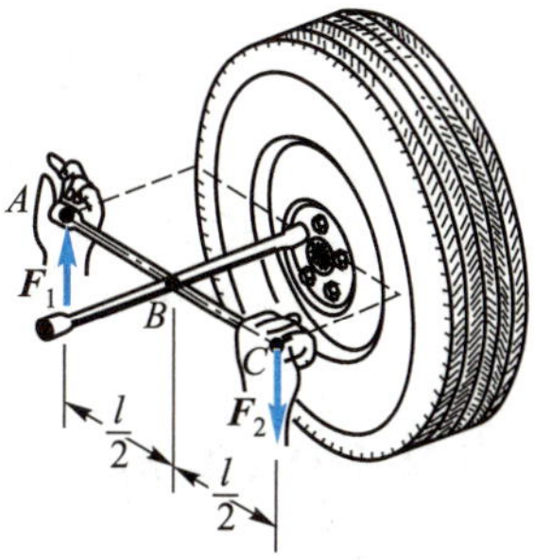

图 2-6　力偶实例

2-2-2　力偶的基本性质

力偶将使物体产生什么样的运动效应？这种效应又如何量度？这些都是由力偶的性质决定的。

性质 1　力偶没有合力。

力偶虽然是由两个力所组成的力系，但这种力系没有合力。

力偶的这一性质很容易由反证法得到证明：假设力偶有合力，则组成力偶的力系的主矢不为零，即 $\boldsymbol{F}_R \neq \boldsymbol{0}$。但是，根据力偶的定义，读者可以证明，组成力偶的力系的主矢必为零，即 $\boldsymbol{F}_R = \boldsymbol{0}$。因此，假设不成立，即力偶没有合力。

力偶的这一性质表明，力偶不能与单个力平衡。后面通过力偶系的平衡条件可知力偶只能与力偶平衡。

性质 2　力偶对刚体的运动效应，是使刚体转动。力偶矩矢量是力偶使刚体产生转动效应的量度。

考察图 2-7 所示由 $\boldsymbol{F}$ 和 $\boldsymbol{F}'$ 组成的力偶（$\boldsymbol{F},\boldsymbol{F}'$），其中 $\boldsymbol{F}=-\boldsymbol{F}'$。点 O 为空间的任意点。应用合力矩定理，力偶（$\boldsymbol{F},\boldsymbol{F}'$）对点 O 之矩为

$$
\begin{aligned}
\boldsymbol{M}_O(\boldsymbol{F}) &= \boldsymbol{r}_A\times\boldsymbol{F}+\boldsymbol{r}_B\times\boldsymbol{F}' \\
&= (\boldsymbol{r}_A-\boldsymbol{r}_B)\times\boldsymbol{F}=\boldsymbol{r}_{BA}\times\boldsymbol{F}
\end{aligned}
\tag{2-7}
$$

其中，$\boldsymbol{r}_{BA}$ 为自 B 至 A 的矢径。读者可以任取其他点，也可以得到同样结果。这表明：力偶对点之矩与点的位置无关。于是，不失一般性，式（2-7）写成

$$\boldsymbol{M}=\boldsymbol{r}_{BA}\times\boldsymbol{F} \tag{2-8}$$

其中的 $\boldsymbol{M}$ 称为**力偶矩矢量**(moment vector of couple)。

上述分析过程表明,力偶矩矢量只有大小和方向,没有作用点,故为**自由矢量**。

此外,力偶可以用组成力偶的两个力($\boldsymbol{F}$,$\boldsymbol{F}'$)表示,也可以用力偶矩矢量(图 2-7 中矢量 $\boldsymbol{M}$)和力偶作用面内的旋转箭头(图 2-8 中的 M)表示。

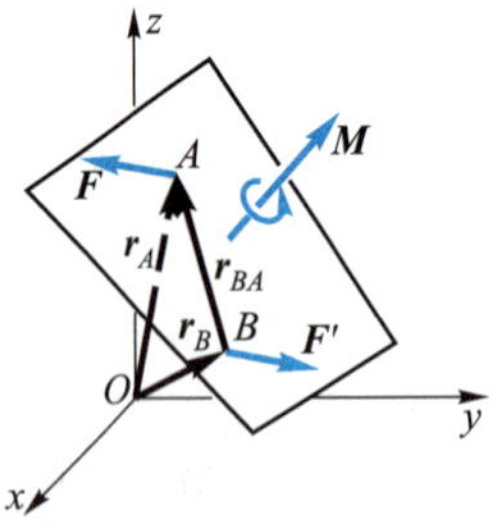

图 2-7 力偶矩矢量

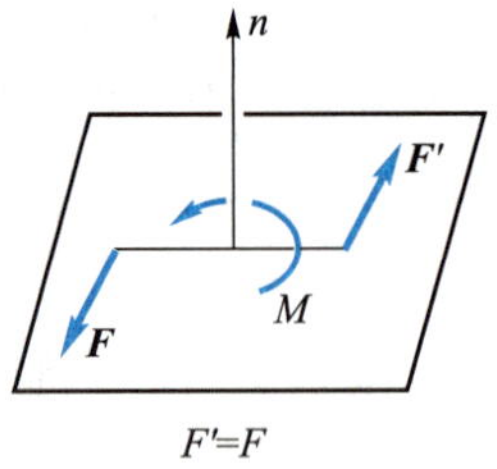

图 2-8 力偶在平面内的表示

2-2-3 推论

根据上述力偶的性质,应用等效力系定理,可以得到下列推论。

推论 1 只要保持力偶矩矢量不变,力偶(图 2-9a)可以在其作用平面内任意移动或转动(图 2-9b,c),也可以连同其作用平面一起平行移动(图 2-9d),而不改变力偶对刚体的运动效应。

推论 2 只要保持力偶矩矢量不变,可以同时改变组成力偶的力和力偶臂的大小,而不改变力偶对刚体的运动效应(图 2-9e)。

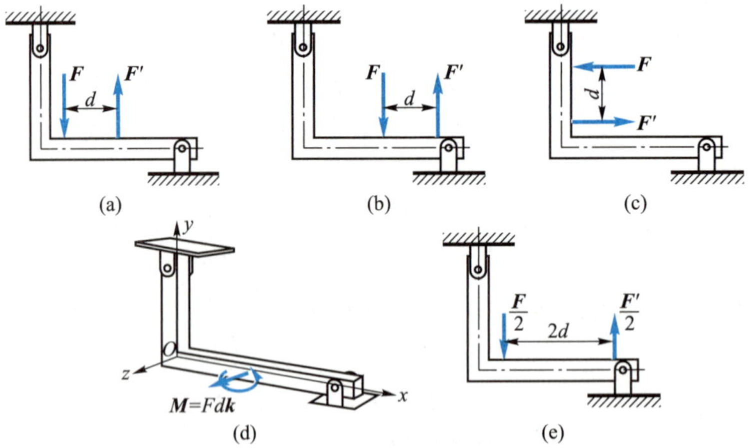

图 2-9 关于力偶的推论

2-2-4 力偶系及其合成

两个或两个以上力偶组成的力系,称为力偶系(system of couples)。应用矢量加法,可以

将力偶系中的诸个力偶合成一个合力偶,其力偶矩矢量为

$$\boldsymbol{M}=\sum \boldsymbol{M}_i \tag{2-9}$$

因为力偶系合成的结果只能是一个合力偶,所以力偶系平衡的条件是:合力偶矩矢量等于零,即

$$\boldsymbol{M}=\sum \boldsymbol{M}_i=\boldsymbol{0} \tag{2-10}$$

由此可以得到,一个力偶可以用另一个力偶矩矢量与它大小相等、方向相反的力偶来平衡。

若力偶系中所有力偶都处于同一平面内,即为平面力偶系。这时所有力偶及合力偶的力偶矩矢量互相平行,且垂直于诸力偶的共同作用面。于是,式(2-10)可以写成

$$\sum M_i=0 \tag{2-11}$$

其中,M_i 为力偶矩在其所在平面法线上的投影,为代数量,由下式计算:

$$M_i=F_i d_i \tag{2-12}$$

式中,F_i 为组成 M_i 的一个力,d_i 为力偶臂。

式(2-12)表明:平面力偶系的平衡条件是,力偶系中所有力偶的力偶矩代数和等于零。

[例题 2-2]　刚体 $ABCDO$ 的 ABC 面和 ACD 面上分别作用有力偶 $\boldsymbol{M}_1$ 和 $\boldsymbol{M}_2$,如图 2-10 所示。若已知 $M_1=M_2=M_0$,刚体各部分尺寸示于图中,试求作用在刚体上的合力偶。

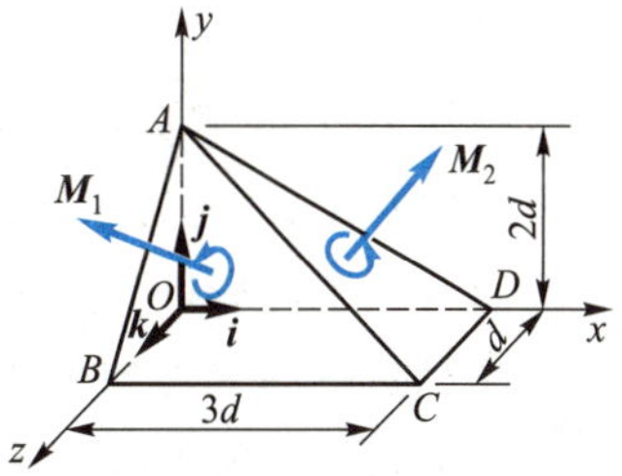

图 2-10　例题 2-2 图

解:应用式(2-10)计算合力偶矩矢量,可以将已知的力偶 $\boldsymbol{M}_1$ 和 $\boldsymbol{M}_2$ 写成矢量表达式。为此,应先写出力偶作用面法线的单位矢量表达式,再乘以已知力偶矩矢量的模 M_1 和 M_2。

设 $\boldsymbol{r}_1$ 和 $\boldsymbol{r}_2$ 分别为 $\boldsymbol{M}_1$ 和 $\boldsymbol{M}_2$ 作用面的法线矢量,$\boldsymbol{n}_1$ 和 $\boldsymbol{n}_2$ 为沿法线方向的单位矢量。二者关系为

$$\boldsymbol{n}_1=\frac{\boldsymbol{r}_1}{|\boldsymbol{r}_1|},\qquad \boldsymbol{n}_2=\frac{\boldsymbol{r}_2}{|\boldsymbol{r}_2|} \tag{a}$$

其中

$$\boldsymbol{r}_1=\boldsymbol{r}_{CA}\times\boldsymbol{r}_{CB}=(-3d\boldsymbol{i}+2d\boldsymbol{j}-d\boldsymbol{k})\times(-3d\boldsymbol{i})=3d^2(\boldsymbol{j}+2\boldsymbol{k}) \tag{b}$$

$$\boldsymbol{r}_2=\boldsymbol{r}_{CD}\times\boldsymbol{r}_{DA}=(-d\boldsymbol{k})\times(-3d\boldsymbol{i}+2d\boldsymbol{j})=d^2(2\boldsymbol{i}+3\boldsymbol{j}) \tag{c}$$

将式(b)、式(c)代入式(a),求得

$$\boldsymbol{n}_1=\frac{1}{\sqrt{5}}(\boldsymbol{j}+2\boldsymbol{k})$$

$$\boldsymbol{n}_2=\frac{1}{\sqrt{13}}(2\boldsymbol{i}+3\boldsymbol{j}) \tag{d}$$

由此得

$$\boldsymbol{M}_1=M_1\boldsymbol{n}_1=\frac{M_0}{\sqrt{5}}(\boldsymbol{j}+2\boldsymbol{k})$$

$$\boldsymbol{M}_2=M_2\boldsymbol{n}_2=\frac{M_0}{\sqrt{13}}(2\boldsymbol{i}+3\boldsymbol{j})$$

进而求得合力偶的力偶矩矢量为

$$\boldsymbol{M}=\boldsymbol{M}_1+\boldsymbol{M}_2=M_0(0.555\boldsymbol{i}+1.279\boldsymbol{j}+0.899\boldsymbol{k})$$

［例题 2-3］ 圆弧杆 AB 与折杆 BDC 在 B 处铰接，A、C 二处均为固定铰支座，结构受力如图 2-11a 所示，图中 $l=2r$。若 r、M 为已知，不计各杆自重和各处摩擦，试求 A、C 二处的约束力。

解：(1) 受力分析

圆弧杆两端 A、B 均为铰链，中间无外力作用，因此圆弧杆为二力杆。A、B 两处的约束力 $\boldsymbol{F}_A$ 和 $\boldsymbol{F}_B$ 大小相等、方向相反并且作用线与 AB 连线重合。其受力图如图 2-11b 所示。

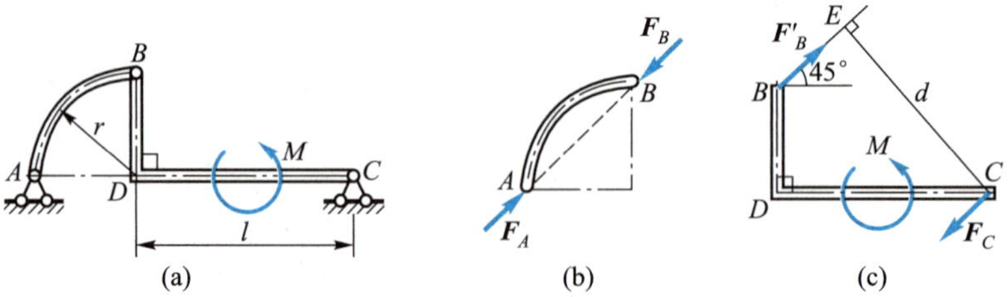

图 2-11 例题 2-3 图

折杆 BDC 在 B 处的约束力 $\boldsymbol{F}'_B$ 与圆弧杆上 B 处的约束力 $\boldsymbol{F}_B$ 互为作用力与反作用力，故二者方向相反；C 处为固定铰支座，本有一个方向待定的约束力，但由于作用在折杆上的主动力只有一个力偶，因此，为保持折杆平衡，约束力 $\boldsymbol{F}_C$ 和 $\boldsymbol{F}'_B$ 必须组成一力偶，与主动力偶平衡。于是折杆的受力如图 2-11c 所示。

(2) 建立平衡方程求解未知力

根据平面力偶系平衡条件式(2-11)，对于折杆有

$$M+M_{BC}=0 \tag{a}$$

其中 M_{BC} 为力偶$(\boldsymbol{F}'_B,\boldsymbol{F}_C)$的力偶矩代数值：

$$M_{BC}=-F_C d=-F_C CE \tag{b}$$

根据图 2-11c 所示的几何关系，有

$$CE=\frac{\sqrt{2}}{2}r+\frac{\sqrt{2}}{2}l=\frac{3\sqrt{2}}{2}r \tag{c}$$

将式(c)代入式(b)，再代入式(a)，求得

$$F_C=F_B=F_A=\frac{\sqrt{2}}{3}\frac{M}{r}$$

§2-3 力系的简化

所谓力系的简化，就是将由若干力和力偶所组成的力系，变为一个力，或一个力偶，或一

个力与一个力偶的简单但是等效的情形，这一过程称为力系的简化(reduction of a force system)。力系简化的基础是力向一点平移定理(theorem of translation of a force)。

2-3-1 力向一点平移定理

作用在刚体上的力若沿其作用线平移，并不会影响其对刚体的运动效应。但是，若将作用在刚体上的力从一点平行移动至另一点，其对刚体的运动效应将发生变化。

怎样才能使作用在刚体上的力从一点平移至另一点，而其对刚体的运动效应相同呢？

考察图2-12a所示作用在刚体上点A的力$\boldsymbol{F}_A$，为使这一力等效地从点A平移至点B，先在点B施加平行于作用在点A力$\boldsymbol{F}_A$的一对大小相等、方向相反、沿同一直线作用的力$\boldsymbol{F}_A'$和$\boldsymbol{F}_A''$，其中$\boldsymbol{F}_A'=\boldsymbol{F}_A$，如图2-12b所示。这时，由三个力组成的力系与原来作用在点A的一个力等效。

图2-12b中所示作用在点A的力$\boldsymbol{F}_A$与作用在点B的力$\boldsymbol{F}_A''$组成一力偶，其力偶矩矢量为$\boldsymbol{M}=\boldsymbol{r}_{BA}\times\boldsymbol{F}_A$，如图2-12c所示。这时作用在点$B$的力$\boldsymbol{F}_A'$和力偶$\boldsymbol{M}$与原来作用在点$A$的一个力$\boldsymbol{F}_A$是等效的。读者不难发现，这一力偶的力偶矩等于原来作用在点A的力$\boldsymbol{F}_A$对点B之矩。

上述分析结果表明：作用在刚体上的力可以向刚体内任一点平移，平移后需附加一力偶，此力偶的力偶矩等于原力对平移点之矩。这一结论称为**力向一点平移定理**。

实际工程与实际生活中与力向一点平移有关的例子是很多的。例如，驾船划桨，若双桨同时以相等的力量划，船在水面只前进不转动(图2-13a)；若单桨划，船不仅有向前的运动，而且有绕船质心的转动(图2-13b)。此外，乒乓球运动中的各种旋转球也都与力向一点平移有关。

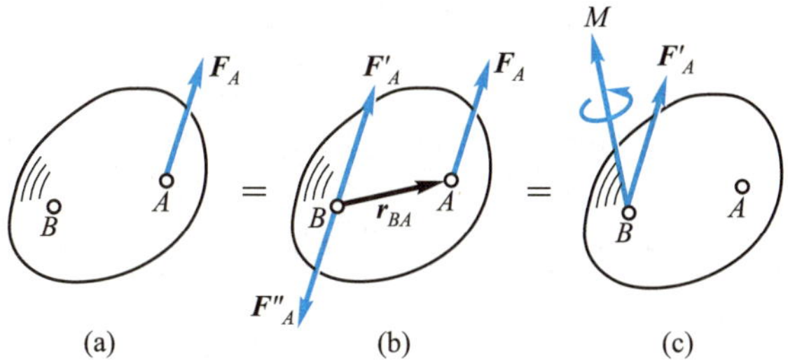

图2-12 力向一点平移定理

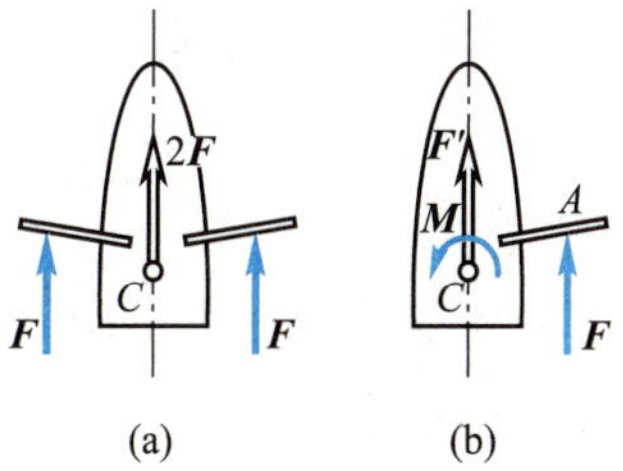

图2-13 力向一点平移实例

2-3-2 一般力系的简化

考察作用在刚体上的一般力系($\boldsymbol{F}_1,\boldsymbol{F}_2,\cdots,\boldsymbol{F}_n$)，如图2-14a所示。在刚体上任取一点，例如点$O$，这一点称为简化中心。

应用力向一点平移定理，将力系中所有的力$\boldsymbol{F}_1,\boldsymbol{F}_2,\cdots,\boldsymbol{F}_n$逐个向简化中心平移，最后得到汇交于点$O$、由$\boldsymbol{F}_1',\boldsymbol{F}_2',\cdots,\boldsymbol{F}_n'$组成的汇交力系，以及由$\boldsymbol{M}_1,\boldsymbol{M}_2,\cdots,\boldsymbol{M}_n$组成的力偶系，如图2-14b所示。

平移后的汇交力系和力偶系,可以分别合成一个作用于点 O 的合力 $\boldsymbol{F}_R$,以及一个合力偶 $\boldsymbol{M}$,如图 2-14c 所示。

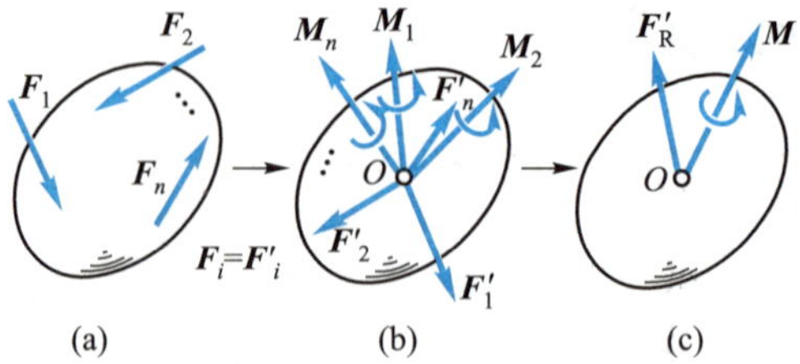

图 2-14 一般力系的简化

力系($\boldsymbol{F}_1,\boldsymbol{F}_2,\cdots,\boldsymbol{F}_n$)中所有力的矢量和,称为力系的**主矢量**(principal vector),简称为**主矢**,用 $\boldsymbol{F}'_R$ 表示。即

$$\boldsymbol{F}'_R=\sum \boldsymbol{F}_i \tag{2-13}$$

力系中所有力对于同一点之矩的矢量和,称为力系对这一点的**主矩**(principal moment),用 $\boldsymbol{M}_O$ 表示。即

$$\boldsymbol{M}_O=\sum \boldsymbol{M}_i=\sum \boldsymbol{M}_O(\boldsymbol{F}_i) \tag{2-14}$$

其中,$\boldsymbol{M}_O(\boldsymbol{F}_i)$ 为平移前力 $\boldsymbol{F}_i$ 对简化中心点 O 之矩。

需要指出的是,主矢只有大小、方向,并未涉及作用点;主矩却是对于确定点的。因此,对于一个确定的力系,主矢是唯一的;主矩并不是唯一的,同一个力系对于不同的点,主矩一般不相同。

上述结果表明:

- 一般力系向任意简化中心简化,得到一个力和一个力偶。因此可以说,力和力偶是组成一般力系的基本单元;汇交力系和力偶系二者均为基本力系,是一般力系的特殊情形。
- 力系向简化中心简化所得之力的大小和方向与这一力系的主矢相同(请注意合力与主矢的区别)。
- 力系向简化中心简化所得之力偶的力偶矩矢量,其大小和方向与这一力系对简化中心的主矩相同(请注意主矩与合力偶矢量的区别)。
- 力系的主矢不随简化中心的改变而改变(合力呢?),故称为力系的不变量。主矩则随简化中心的改变而改变。有兴趣的读者可以证明,力系对于不同点(例如点 O 和点 A)的主矩存在下列关系:

$$\boldsymbol{M}_O=\boldsymbol{M}_A+\boldsymbol{r}_{OA}\times\boldsymbol{F}'_R \tag{2-15}$$

2-3-3 力系等效定理

等效力系是指对物体所产生的运动效应相同的力系。

力系等效定理(theorem of equivalent force systems)——两不同力系对刚体运动效应相等的条件是这两力系的主矢及对于同一点的主矩对应相等。

2-3-4　力系简化在固定端约束力分析中的应用

如果约束物体既限制了被约束物体的移动（平面问题为两个方向，空间问题为三个方向），又限制了被约束物体的转动，这种约束称为**固定端约束**或**插入端约束**（fixed end support）。

工程中的固定端约束是很常见的，例如机床上装夹工件的卡盘对工件的约束（图 2-15a）、大型机器中立柱对横梁的约束（图 2-15b）、房屋建筑中墙壁对雨篷的约束（图 2-15c）、飞机机身对机翼的约束（图 2-15d）等。

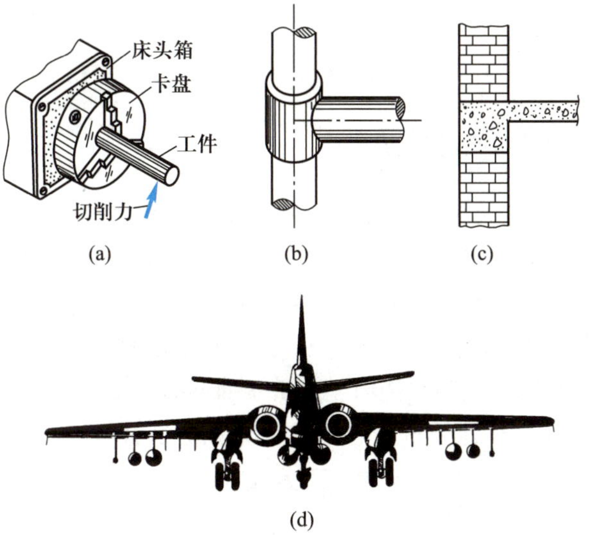

图 2-15　工程中的固定端约束

大多数工程问题中，为了分析计算简便，需对固定端约束的复杂分布力系加以简化。

应用力系简化理论，固定端的约束力都可以简化为作用在约束处的一个约束力和一个约束力偶。在平面问题中，可用约束力的两个分量和一个约束力偶表示（图 2-16a）；在空间问题中，用约束力的三个分量和约束力偶矩的三个分量表示（图 2-16b）。

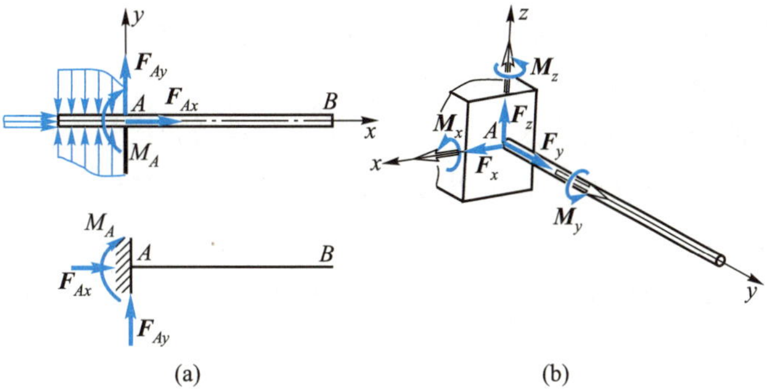

图 2-16　固定端约束力

§2-4 本章讨论与小结

2-4-1 关于力矢、主矢、力偶矩矢及主矩的矢量性质

本章所涉及的矢量比较多,因而比较容易混淆。根据这些矢量对刚体所产生的运动效应,以及这些矢量的大小、方向、作用点或作用线,可以将其归纳为三类:定位矢量、滑动矢量、自由矢量。

请读者判断力矢、主矢、力偶矩矢及主矩分别属于哪一类矢量。

2-4-2 关于合力矩定理及其应用

应用力系等效定理及主矢与主矩的概念可以证明,合力矩定理对于任意有合力的力系均成立,有兴趣的读者不妨一试。

应用合力矩定理及微积分方法,可以确定工程中一些复杂载荷的合力作用线位置。例如,图2-17所示为单位厚度水坝承受静水侧向压力的模型,静水侧向压力自水面起为零,至坝基处取最大值,中间呈线性分布。应用微积分方法及合力矩定理不难求得其合力 $\boldsymbol{F}_R$ 的大小及作用线位置:

$$F_R=\frac{1}{2}\rho g d^2 \tag{2-16}$$

$$d_1=\frac{2}{3}d \tag{2-17}$$

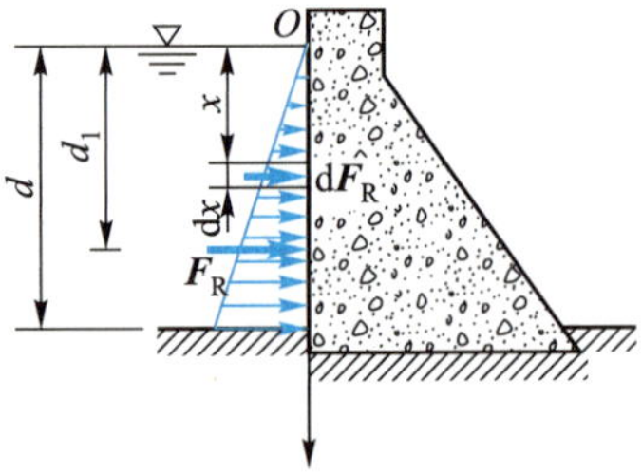

图2-17 合力矩定理的工程应用

其中,ρ 为水的密度;g 为重力加速度;d 为水深;d_1 为合力作用线至水面的距离。

2-4-3 关于力系简化的最后结果

本章介绍了力系简化的理论及一般力系向某一确定点的简化结果。但在很多情形下,这并不是力系简化的最后结果。

所谓力系简化的最后结果,是指力系在向某一确定点简化所得到的主矢和对这一点的主矩的基础上再进一步简化(向该确定点以外的点简化),最后得到一个合力或合力偶(特殊情况二者均为零);或者一个力和一个矢量与力矢共线的力偶,这一种特殊的力和力偶所组成的系统称为**力螺旋**(wrench of force system)。使用螺丝刀拧紧螺钉时,施加在螺丝刀上的就是力螺旋(图2-18)。

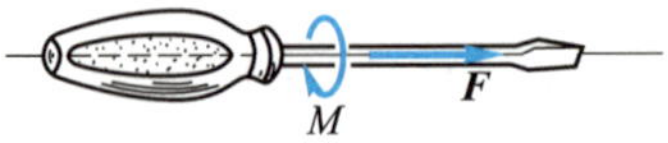

图2-18 力螺旋实例

图 2-19a,b 所示分别为两个力系向确定点 O' 的简化结果。请读者分析,这两种情形下力系简化的最后结果。

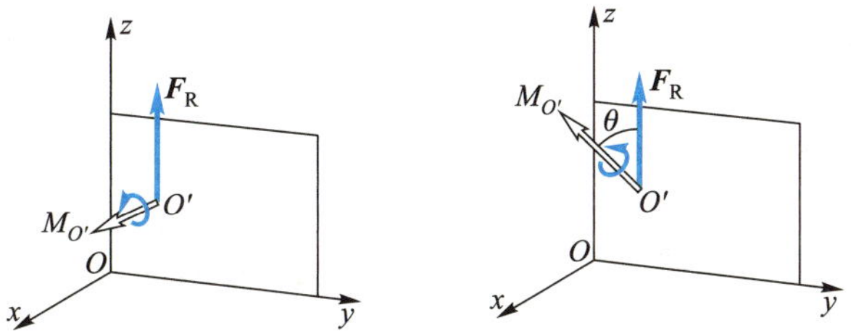

(a)　(b)

图 2-19　力系简化的最后结果

2-4-4　关于实际约束与简化模型

第 1 章和本章分别介绍了铰链约束与固定端约束。这两种约束的差别就在于前者允许被约束物体转动,后者则不允许。因此,固定端约束与铰链约束相比,增加了一个约束力偶。实际结构中的约束,有时可能既不属于铰链,也不属于固定端。这时,可以简化为铰链上附加一扭转弹簧(简称扭簧),表明被约束物体既不能自由转动,又不是完全不能转动。

如果用刚度系数 k 表示转动扭簧所需施加力偶的大小,当 $k=0$ 时得到的是铰链约束;当 $k=\infty$ 时即为固定端约束。表 2-1 中所示为 3 种约束模型。

表 2-1　3 种约束模型

约束	$k=0$	$0<k<\infty$	$k=\infty$
1		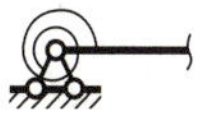	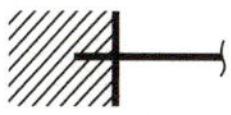
2			

实际结构中两个构件之间的相互连接,其连接方式及连接处的刚度决定了它们属于哪一种约束,但很难一次确定,有时还需要用实验来验证。

2-4-5　关于力偶性质推论的适用性

本章中关于力偶性质及其推论,在力系简化与平衡中是非常重要的,但这仅适用于刚体。对于变形体则有一定的限制。

请读者结合图 2-20a,b 所示实例,分析力偶性质的推论在弹性体中应用时,将会受到什么限制。

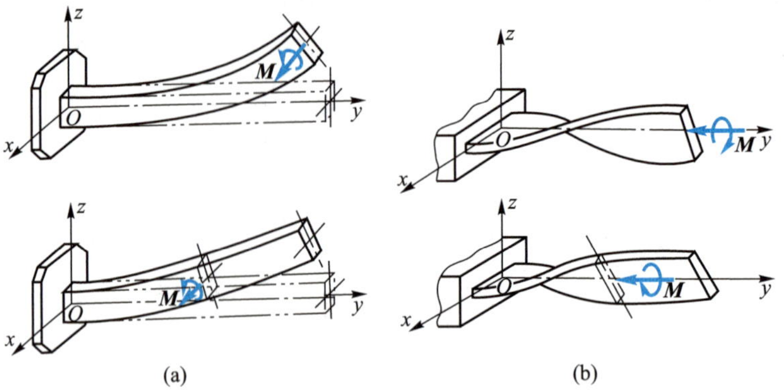

图 2-20 力偶性质推论的限制性

2-4-6 本章小结

1. 力矩

(1) 力对点的矩是定位矢量

$$\boldsymbol{M}_O(\boldsymbol{F})=\boldsymbol{r}\times\boldsymbol{F}$$

解析表达式：

$$\boldsymbol{M}_O(\boldsymbol{F})=(yF_z-zF_y)\boldsymbol{i}+(zF_x-xF_z)\boldsymbol{j}+(xF_y-yF_x)\boldsymbol{k}$$

(2) 力对轴的矩是代数量

$$M_{Ox}(\boldsymbol{F})=yF_z-zF_y,\qquad M_{Oy}(\boldsymbol{F})=zF_x-xF_z,\qquad M_{Oz}(\boldsymbol{F})=xF_y-yF_x$$

(3) 力对点的矩与力对通过该点的轴的矩之间的关系

$$\boldsymbol{M}_O(\boldsymbol{F})=M_{Ox}(\boldsymbol{F})\boldsymbol{i}+M_{Oy}(\boldsymbol{F})\boldsymbol{j}+M_{Oz}(\boldsymbol{F})\boldsymbol{k}$$

即：力对点 O 的矩在过点 O 的任一轴上的投影，就等于力对该轴的矩。

(4) 合力矩定理

对点的合力矩定理：

$$\boldsymbol{M}_O(\boldsymbol{F}_{\mathrm{R}})=\sum\boldsymbol{M}_O(\boldsymbol{F}_i)$$

对轴的合力矩定理：

$$M_{Ox}(\boldsymbol{F}_{\mathrm{R}})=\sum M_{Ox}(\boldsymbol{F}_i)$$
$$M_{Oy}(\boldsymbol{F}_{\mathrm{R}})=\sum M_{Oy}(\boldsymbol{F}_i)$$
$$M_{Oz}(\boldsymbol{F}_{\mathrm{R}})=\sum M_{Oz}(\boldsymbol{F}_i)$$

2. 力系的主矢和主矩

主矢：

$$\boldsymbol{F}'_{\mathrm{R}}=\sum\boldsymbol{F}_i$$

对点 O 的主矩：

$$\boldsymbol{M}_O=\sum\boldsymbol{M}_O(\boldsymbol{F}_i)$$

3. 力偶及其性质

力偶是由大小相等、方向相反、不共线的两个力组成的特殊力系。

力偶矩矢量：

$$\boldsymbol{M}=\boldsymbol{r}_{BA}\times\boldsymbol{F}$$

力偶没有合力，力偶不能与一个力相平衡，力偶只能与力偶平衡。

力偶矩矢量是力偶对刚体的作用效应的唯一度量。

4. 力偶系的合成与平衡

力偶系可以合成为一个合力偶，合力偶矩矢量为各分力偶矩矢量的矢量和：

$$\boldsymbol{M}=\sum\boldsymbol{M}_i$$

作用于刚体上的力偶系平衡的充分必要条件为合力偶矩矢量为零：

$$\boldsymbol{M}=\boldsymbol{0}$$

5. 力系的简化

（1）力向一点平移定理：作用在刚体上的力可以向刚体内任一点平移，平移后需附加一力偶，此力偶的力偶矩等于原力对平移点之矩。

（2）一般力系向任意简化中心简化的结果，一般可得到一个力和一个力偶，该力的大小和方向与力系的主矢相同，作用线通过简化中心，该力偶的力偶矩矢量的大小和方向与力系对简化中心的主矩相同。

（3）力系简化的最后结果可能出现四种情况：合力、合力偶、力螺旋或平衡。

习　题

选择填空题

2-1　如图所示，将大小为 100 N 的力 $\boldsymbol{F}$ 沿 x、y 方向分解，若 $\boldsymbol{F}$ 在 x 轴上的投影为 86.6 N，而沿 x 方向的分力的大小为 115.47 N，则 $\boldsymbol{F}$ 沿 y 轴上的投影为（　　）。

① 0　　② 50 N　　③ 70.7 N　　④ 86.6 N

2-2　已知长方体的边长为 a、b、c，顶点 A 的坐标为(1,1,1)，如图所示。则力 $\boldsymbol{F}$ 对 z 轴的矩 $M_z(\boldsymbol{F})$ 为（　　）。

① $\dfrac{a(b+1)}{\sqrt{a^2+c^2}}F$　　② $-\dfrac{a(b+1)}{\sqrt{a^2+c^2}}F$　　③ $\dfrac{ab}{\sqrt{a^2+c^2}}F$　　④ $-\dfrac{ab}{\sqrt{a^2+c^2}}F$

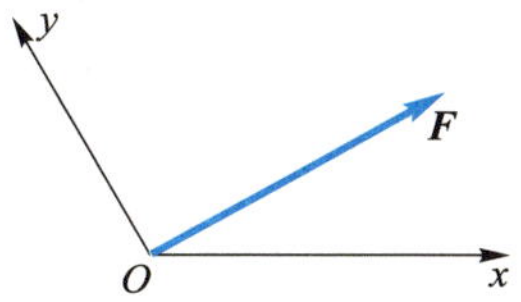

习题 2-1 图

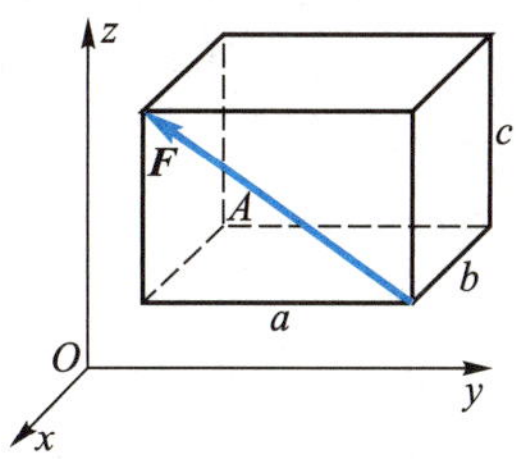

习题 2-2 图

2-3　图示立方体的前侧面沿对角线 AB 方向作用一力 $\boldsymbol{F}$，则该力(　　)。

① 对 x、y、z 轴之矩全相等　　② 对 x、y、z 轴之矩全不相等

③ 对 x、y 轴之矩相等　　④ 对 y、z 轴之矩相等

2-4　如图所示，构件 OA 上作用一矩为 M_1 的力偶，BC 上作用一矩为 M_2 的力偶，若不计各处摩擦，则当系统平衡时，两力偶矩应满足的关系为(　　)。

① $M_1=4M_2$　　② $M_1=2M_2$　　③ $M_1=M_2$　　④ $M_1=M_2/2$

2-5　如图所示的机构中，在构件 OA 和 BD 上分别作用力偶矩为 M_1 和 M_2 的力偶使机构在图示位置平衡。若把 M_1 移至构件 AB 上使系统仍能在图示位置保持平衡，则应该(　　)。

① 增大 M_1　　② 减小 M_1

③ 保持 M_1 不变　　④ 不可能在图示位置上平衡

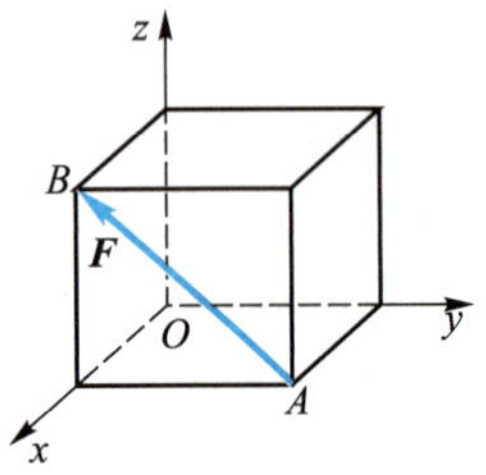

习题 2-3 图

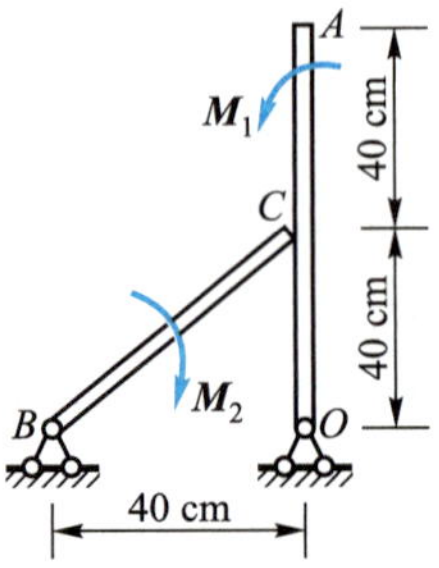

习题 2-4 图

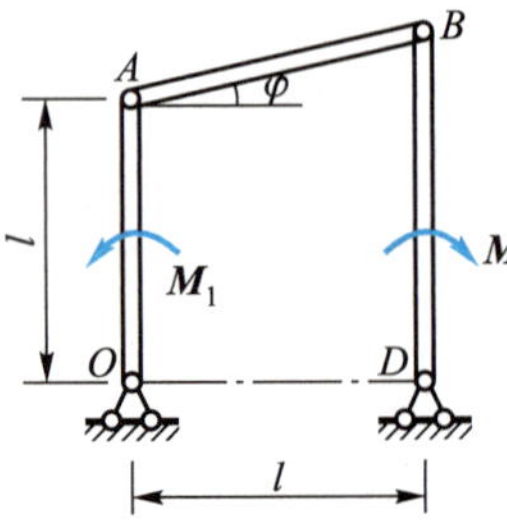

习题 2-5 图

2-6　已知 $\boldsymbol{F}_1$、$\boldsymbol{F}_2$、$\boldsymbol{F}_3$、$\boldsymbol{F}_4$ 为作用于刚体上的平面共点力系，其力矢关系如图所示为平行四边形，因此可知(　　)。

① 力系可合成为一个力偶

② 力系可合成为一个力

③ 力系简化为一个力和一个力偶

④ 力系平衡

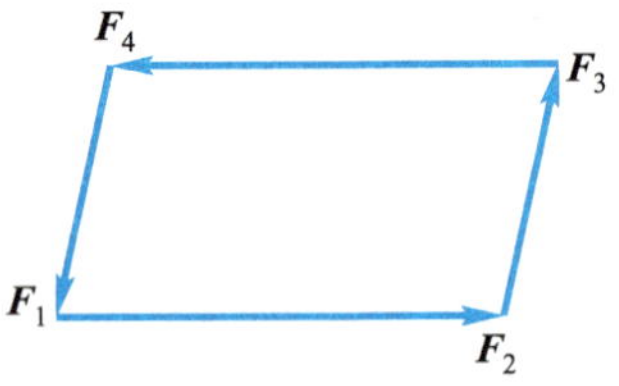

习题 2-6 图

2-7　平面内一非平衡共点力系和一非平衡力偶系最后可能合成的情况是(　　)。

① 一合力偶　　② 一合力　　③ 相平衡　　④ 无法进一步合成

2-8　将两个等效力系中的一个向点 A 简化，另一个向点 B 简化，得到的主矢和主矩分别记为 $\boldsymbol{F}'_{R1}$、$\boldsymbol{M}_1$ 和 $\boldsymbol{F}'_{R2}$、$\boldsymbol{M}_2$(主矢与 AB 不平行)，则有(　　)。

① $\boldsymbol{F}'_{R1}=\boldsymbol{F}'_{R2}, \boldsymbol{M}_1=\boldsymbol{M}_2$　　② $\boldsymbol{F}'_{R1}=\boldsymbol{F}'_{R2}, \boldsymbol{M}_1\neq\boldsymbol{M}_2$

③ $\boldsymbol{F}'_{R1}\neq\boldsymbol{F}'_{R2}, \boldsymbol{M}_1=\boldsymbol{M}_2$　　④ $\boldsymbol{F}'_{R1}\neq\boldsymbol{F}'_{R2}, \boldsymbol{M}_1\neq\boldsymbol{M}_2$

2-9　某平面平行力系诸力与 y 轴平行，如图所示。已知：$F_1=10$ N，$F_2=4$ N，$F_3=8$ N，$F_4=8$ N，$F_5=10$ N，长度单位以 cm 计，则力系的简化结果与简化中心的位置(　　)。

① 无关

② 有关

③ 若简化中心选择在 x 轴上，与简化中心的位置无关

④ 若简化中心选择在 y 轴上，与简化中心的位置无关

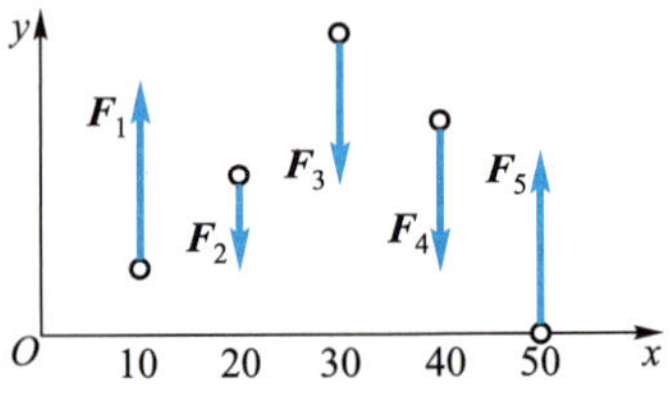

习题 2-9 图

2-10　图示立方体的顶角上作用着 6 个大小相等的力，各力的方向如图所示，此力系向任一点简化的

结果为(　　)。

① 主矢等于零,主矩不等于零　　② 主矢不等于零,主矩也不等于零

③ 主矢不等于零,主矩等于零　　④ 主矢等于零,主矩也等于零

2-11　在一个立方体上沿棱边作用 6 个力,各力的大小都为 F,如图所示,则此力系简化的最后结果为(　　)。

① 合力　　② 平衡　　③ 合力偶　　④ 力螺旋

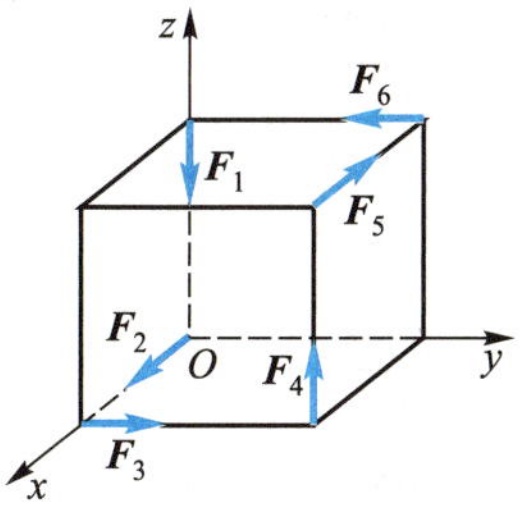

习题 2-10 图

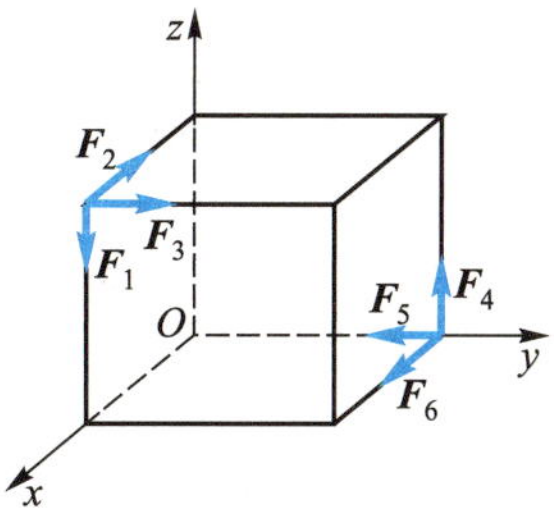

习题 2-11 图

2-12　一空间力系向某点 O 简化后的主矢和主矩分别为 $\boldsymbol{F}'_R=8\boldsymbol{j}+8\boldsymbol{k}$,$\boldsymbol{M}_O=24\boldsymbol{k}$(力以 N 计,力矩以 N·m 计)。则该力系可进一步简化的最后结果为(　　)。

① 合力　　② 合力偶　　③ 力螺旋　　④ 平衡力系

2-13　如图所示力系中,$F_1=F_2=F_3=F_4=F$,此力系向点 A 简化的结果是(　　),此力系向点 B 简化的结果是(　　)。

2-14　直角刚架受三角形分布力和一力偶的作用,如图所示。其中,$q_0=2$ kN/m,$M=2$ kN·m,则该力系向点 A 简化的结果为(　　)。

2-15　沿长方体的不相交且不平行的棱边作用三个大小相等的力,如图所示。要使这个力系简化为一个力,则边长 a、b、c 应满足的条件为(　　)。

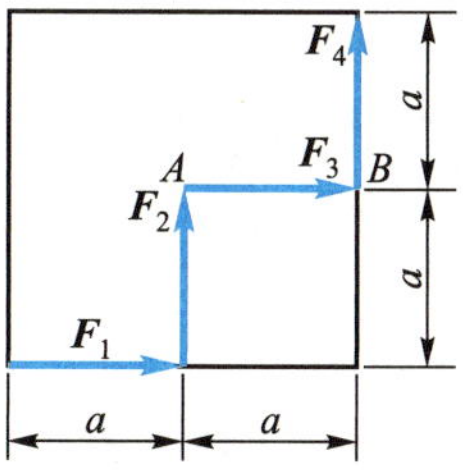

习题 2-13 图

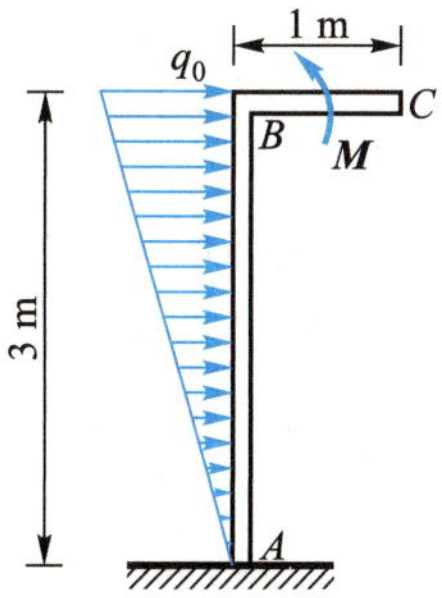

习题 2-14 图

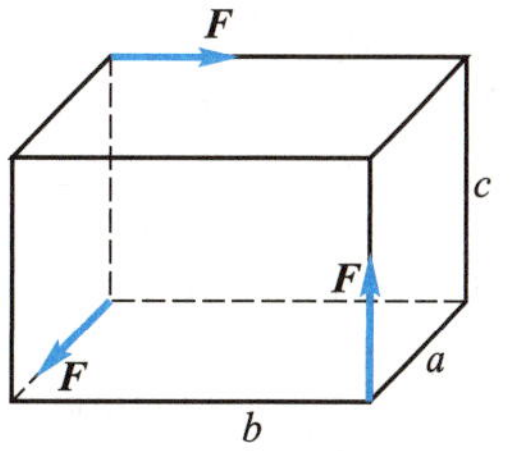

习题 2-15 图

2-16　通过点 $A(3,0,0)$、点 $B(0,1,2)$,由 A 指向 B 的力 $\boldsymbol{F}$,在 z 轴上的投影为(　　),对 z 轴的矩为(　　)。

分析计算题

2-17　如图所示,脊柱上低于腰部的部位 A 是脊椎骨最易受损的部位。因为它可以抵抗由力 $\boldsymbol{F}$ 对点 A

之矩引起的过大弯曲效应。已知力 $\boldsymbol{F}$、d_1 和 d_2，试求产生最大弯曲变形的角度 θ。

2-18 作用于铣刀上的力系可以简化为一个力和一个力偶。已知力的大小为 1 200 N，力偶矩的大小为 240 N · m，方向如图所示。试求此力系对刀架固定端点 O 之矩。

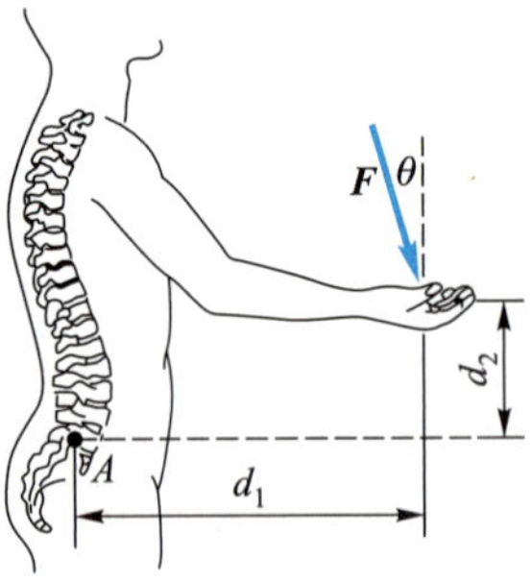

习题 2-17 图

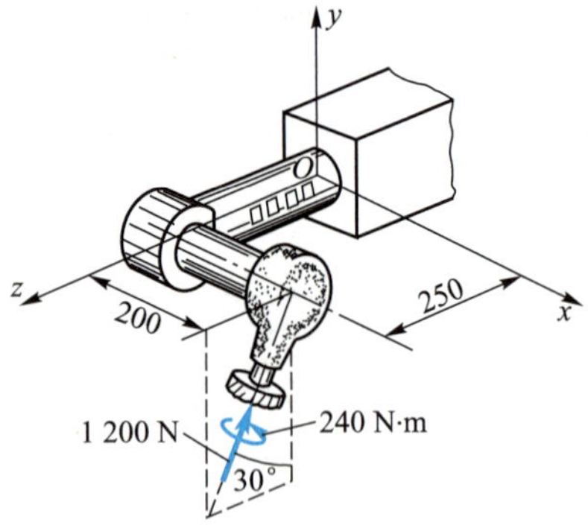

习题 2-18 图

2-19 如图所示，试求力 $\boldsymbol{F}$ 对点 A 之矩。

2-20 作用于管扳子手柄上的两个力构成一力偶，试求其力偶矩矢量。

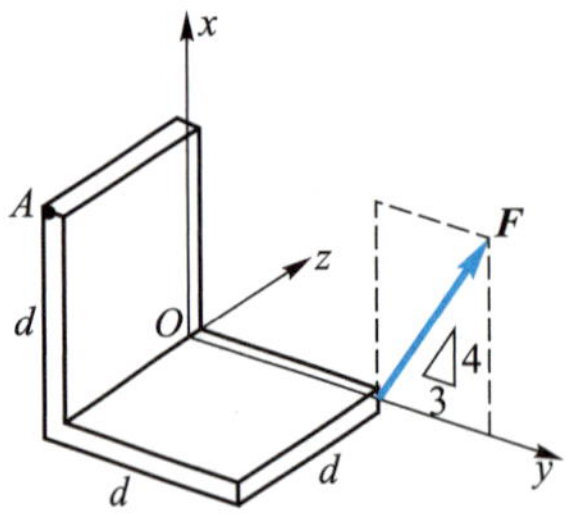

习题 2-19 图

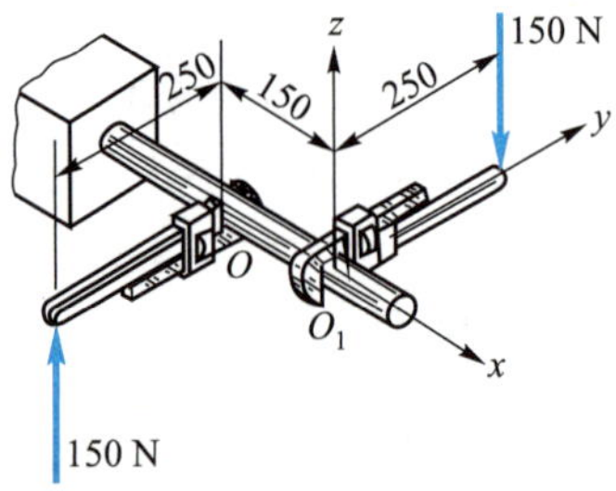

习题 2-20 图

2-21 齿轮箱有三个轴，其中 A 轴水平，B 轴和 C 轴位于铅垂平面内，轴上作用的力偶如图所示。试求合力偶。

2-22 图示平行力（$\boldsymbol{F}$，$2\boldsymbol{F}$）间距为 d，试求其合力。

2-23 已知图示平面力系对 $A(3,0)$、$B(0,4)$ 和 $C(-4.5,2)$ 三点的主矩分别为：$M_A = 20$ kN · m，$M_B = 0$，$M_C = -10$ kN · m。试求该力系合力的大小、方向和作用线。

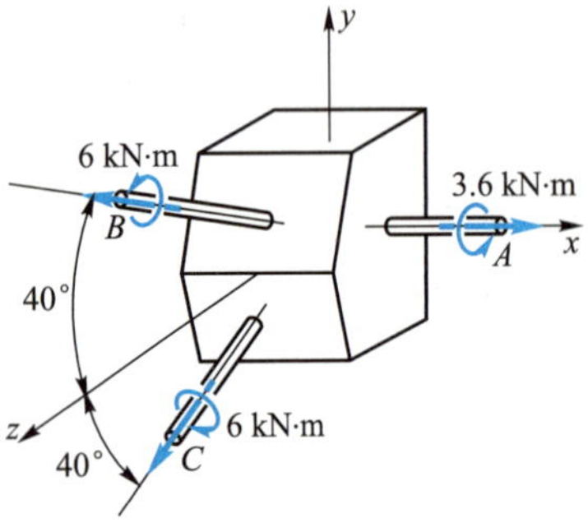

习题 2-21 图

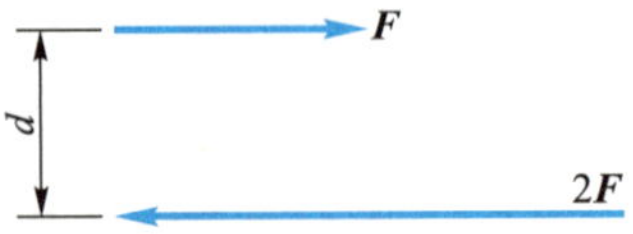

习题 2-22 图

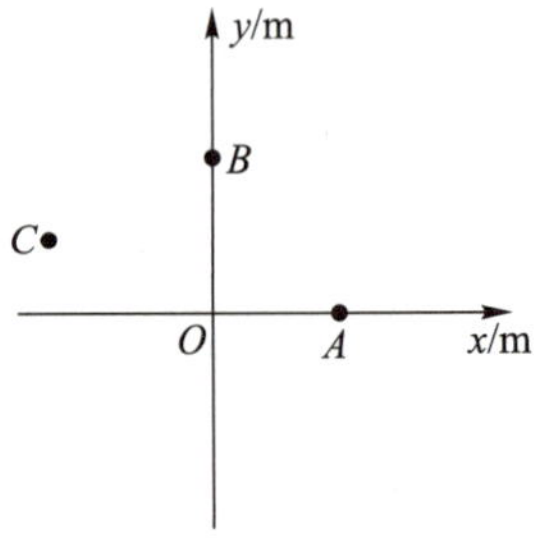

习题 2-23 图

2-24　空间力系如图所示，其中力偶作用在 Oxy 平面内，力偶矩 $M=24\ \text{N}\cdot\text{m}$。试求此力系向点 O 简化的结果。

2-25　电动机固定在支架上，它受到自重 160 N、轴上的力 120 N 及力偶矩为 $25\ \text{N}\cdot\text{m}$ 的力偶的作用。试求此力系向点 A 简化的结果。

2-26　三个大小均为 F_0 的力分别与三轴平行，且在三个坐标平面内。试问 l_1、l_2、l_3 需满足何种关系，此力系才可简化为一合力。

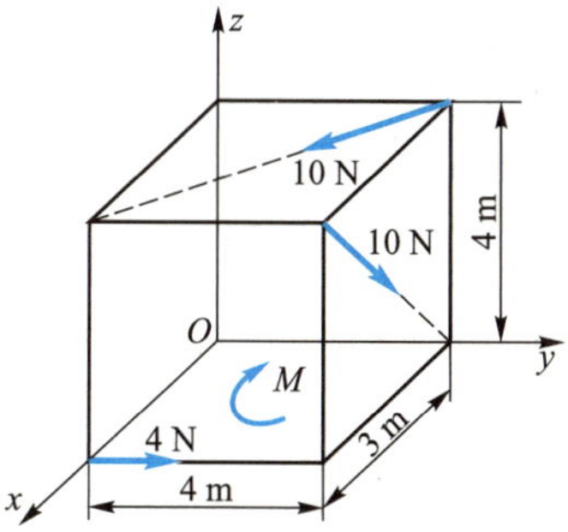

习题 2-24 图

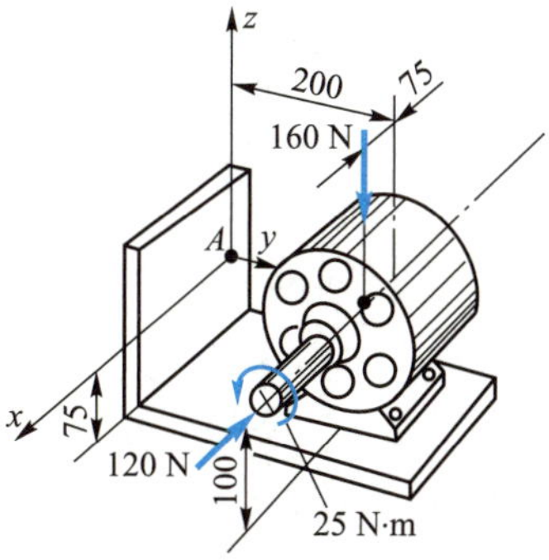

习题 2-25 图

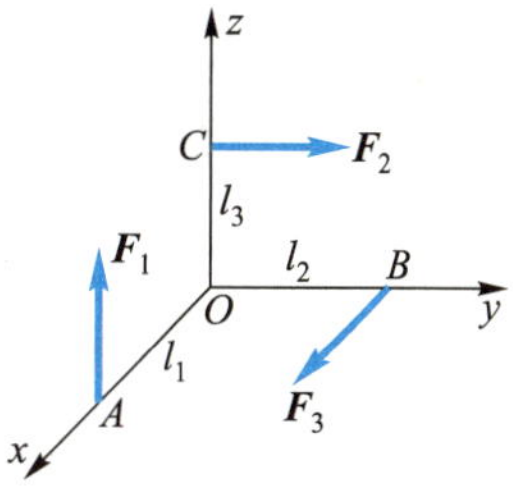

习题 2-26 图

2-27　折杆 AB 的三种支承方式如图所示，设有一力偶矩为 M 的力偶作用在折杆 AB 上。折杆自重不计，试求支承处的约束力。

2-28　图示的结构中，各构件的自重略去不计。在构件 AB 上作用一力偶，其力偶矩 $M=800\ \text{N}\cdot\text{m}$。试求支承 A 和 C 处的约束力。

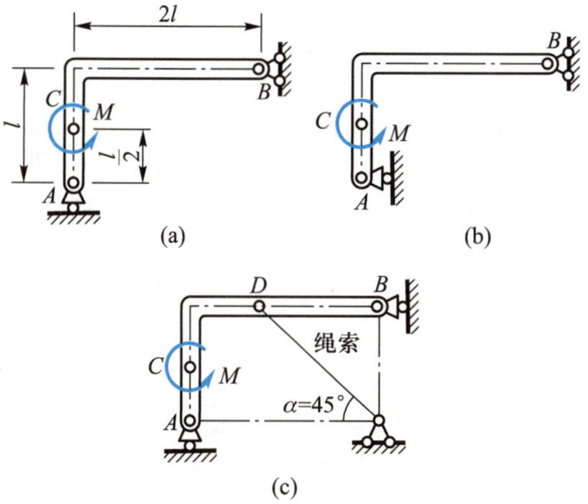

习题 2-27 图

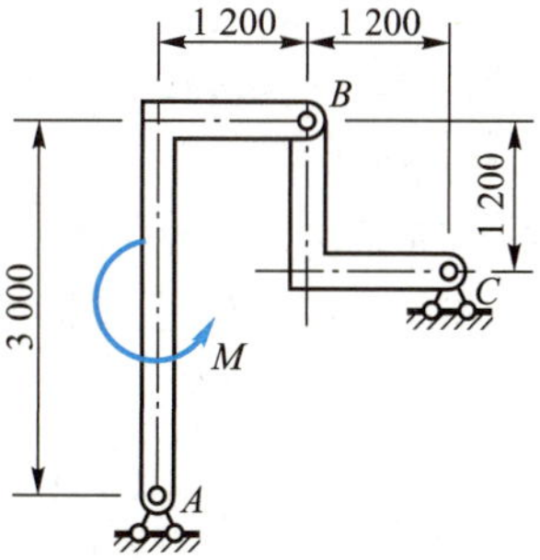

习题 2-28 图

2-29　齿轮箱两个外伸轴上作用的力偶如图所示。为保持齿轮箱平衡，试求螺栓 A、B 处所提供的约束力的铅垂分力。

2-30　卷扬机结构如图所示。物体放在小台车 C 上，小台车上装有 A、B 轮，可沿铅垂导轨 ED 上下运动。已知物体重 2 kN。试求导轨对 A、B 轮的约束力。

2-31　图示结构中，各构件自重忽略不计。试求图示结构中杆 1、2、3 所受的力。

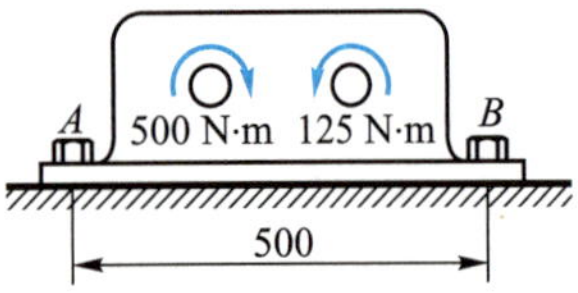

习题 2-29 图

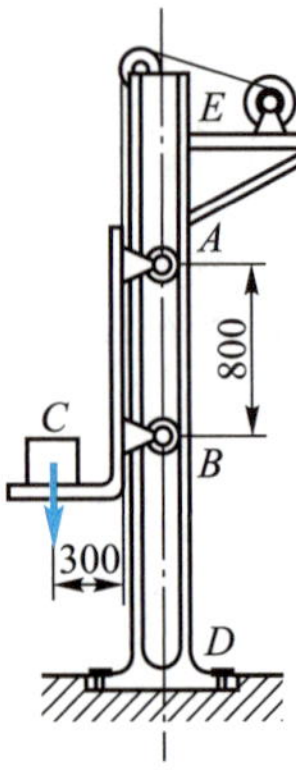

习题 2-30 图

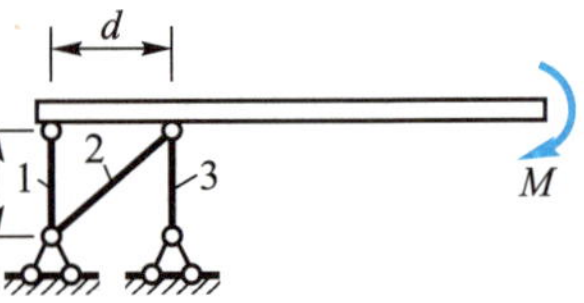

习题 2-31 图

2-32 为了测定飞机螺旋桨所受的空气阻力偶,可将飞机水平放置,其一轮搁置在地秤上,如图所示。当螺旋桨未转动时,测得地秤所受的压力为 4.6 kN;当螺旋桨转动时,测得地秤所受的压力为 64 kN。已知两轮间距离 l=2.5 m。试求螺旋桨所受的空气阻力偶的力偶矩大小。

2-33 试求图示两种结构的约束力 $\boldsymbol{F}_{RA}$、$\boldsymbol{F}_{RC}$。

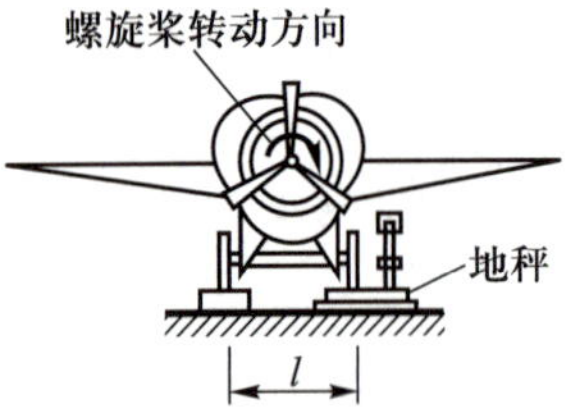

习题 2-32 图

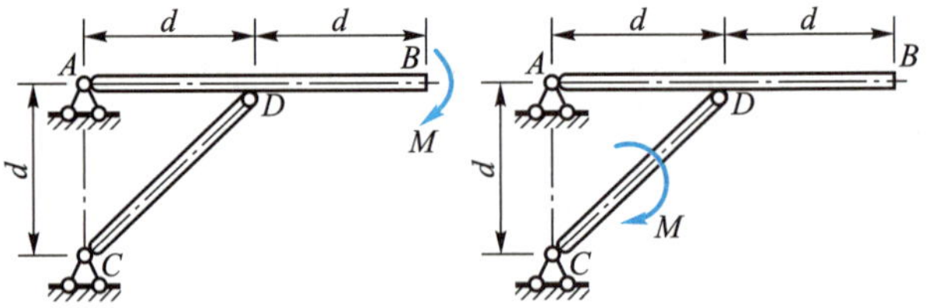

(a) (b)

习题 2-33 图

2-34 图示结构中,各构件自重忽略不计。试求机构在图示位置保持平衡时两主动力偶的关系。

2-35 图示结构中,各构件自重忽略不计。试求机构在图示位置保持平衡时主动力系的关系。

2-36 图示结构中,各构件自重忽略不计。在三铰拱结构的两半拱上,各作用等值反向的两力偶 M。试求约束力 $\boldsymbol{F}_{RA}$、$\boldsymbol{F}_{RC}$。

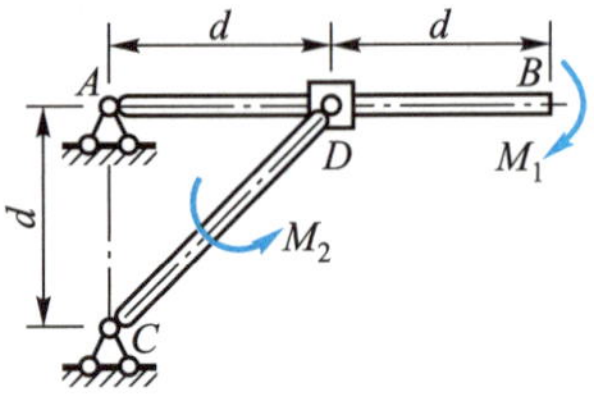

习题 2-34 图

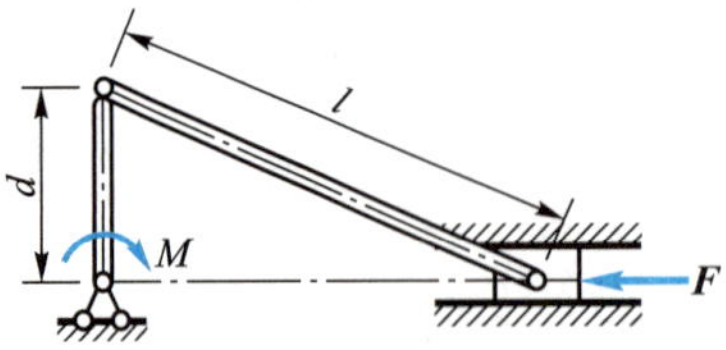

习题 2-35 图

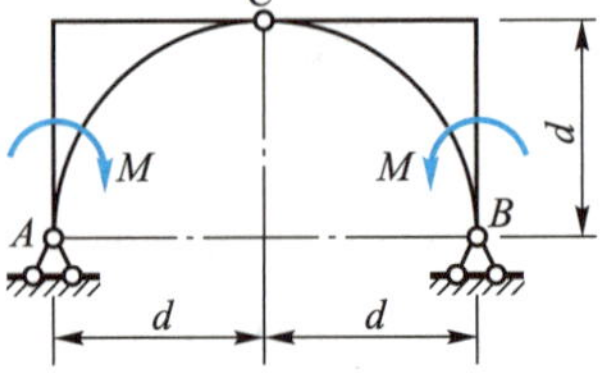

习题 2-36 图

第3章

力系的平衡

本章应用等效力系定理，导出一般力系的平衡条件和平衡方程，并分别应用于研究单个刚体和简单的多刚体系统。

§3-1　力系的平衡条件

应用力系等效定理，可得到力系**平衡的充要条件**(conditions both of necessary and sufficient for equilibrium)：

$$\left.\begin{array}{l}\boldsymbol{F}'_{\mathrm{R}}=\mathbf{0}\\ \boldsymbol{M}_O=\mathbf{0}\end{array}\right\}\tag{3-1}$$

这表明：力系平衡的充要条件是，力系的主矢和力系对任一点的主矩同时等于零。

§3-2　一般力系的平衡方程

3-2-1　平衡方程的一般形式

考察由 $\boldsymbol{F}_1,\boldsymbol{F}_2,\cdots,\boldsymbol{F}_n$ 组成的任意力系，根据第 2 章中所得到的力系主矢与主矩的表达式(2-13)和式(2-14)：

$$\boldsymbol{F}'_{\mathrm{R}}=\sum\boldsymbol{F}_i$$

$$\boldsymbol{M}_O=\sum\boldsymbol{M}_O(\boldsymbol{F}_i)$$

将其写成分量式，则有

$$\begin{array}{ll}F'_{\mathrm{R}x}=\sum F_{ix}, & M_{Ox}=\sum M_{Ox}(\boldsymbol{F}_i)\\ F'_{\mathrm{R}y}=\sum F_{iy}, & M_{Oy}=\sum M_{Oy}(\boldsymbol{F}_i)\\ F'_{\mathrm{R}z}=\sum F_{iz}, & M_{Oz}=\sum M_{Oz}(\boldsymbol{F}_i)\end{array}$$

应用平衡条件式(3-1),由上式得到一般力系的平衡方程:

$$\left.\begin{array}{ll}\sum F_x=0, & \sum M_{Ox}(\boldsymbol{F})=0\\ \sum F_y=0, & \sum M_{Oy}(\boldsymbol{F})=0\\ \sum F_z=0, & \sum M_{Oz}(\boldsymbol{F})=0\end{array}\right\} \tag{3-2}$$

为简单起见,式(3-2)已将力 $\boldsymbol{F}$ 中的下标省略,但求和仍为自 $i=1$ 至 $i=n$。

式(3-2)表明,力系中所有力在直角坐标系中各轴上投影的代数和分别等于零;力系中所有力对各轴之矩的代数和分别等于零。

3-2-2 平面一般力系的平衡方程

当力系中所有力的作用线都处于同一平面时,这样的力系称为**平面一般力系**(arbitrary force system in a plane)。这时,若将 Oxy 坐标平面取为力系的作用面,则力系中所有的力在 z 轴(垂直于 Oxy 坐标平面)上的投影,以及所有的力对 x 轴和 y 轴之矩均为零。而且所有的力对于 z 轴之矩便退化为对坐标原点(O)之矩的代数量(图 3-1)。于是,方程(3-2)退化为

$$\left.\begin{array}{l}\sum F_x=0\\ \sum F_y=0\\ \sum M_O(\boldsymbol{F})=0\end{array}\right\} \tag{3-3}$$

其中的第 1 式和第 2 式称为投影式,第 3 式则称为力矩式。

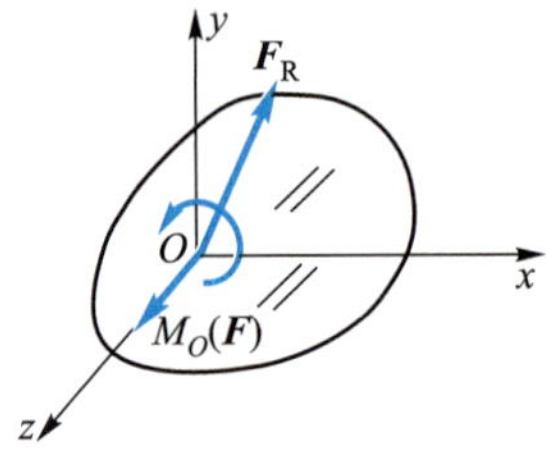

图 3-1 平面力系平衡方程的推演

3-2-3 平面一般力系平衡方程的其他形式

上述平面力系平衡方程(3-3)中的 $\sum F_x=0$ 和 $\sum F_y=0$,还可以部分或全部地用力矩式代替,但所选的投影轴与取矩点之间应满足一定的条件:

$$\left.\begin{array}{l}\sum F_x=0\\ \sum M_A(\boldsymbol{F})=0\\ \sum M_B(\boldsymbol{F})=0\end{array}\right\} \tag{3-4}$$

AB 连线与 x 轴不垂直。

$$\left.\begin{array}{l}\sum M_A(\boldsymbol{F})=0\\ \sum M_B(\boldsymbol{F})=0\\ \sum M_C(\boldsymbol{F})=0\end{array}\right\} \tag{3-5}$$

A、B、C 三点不共线。

式(3-4)和式(3-5)中的方程,只有满足所限定的条件,才是相互独立的。否则,就是不独立的。式(3-4)和式(3-5)分别称为平面力系平衡方程的二矩式和三矩式。

为什么力系平衡,方程(3-4)或(3-5)一定满足(必要性)? 反之,方程(3-4)和(3-5)得以满足,对于刚体,力系必然是平衡的(充分性)? 应用等效力系定理和力系平衡条件式(3-1)不难回答这些问题。

以式(3-4)为例,当力系平衡时,必有 $\boldsymbol{F}'_{\mathrm{R}}=\boldsymbol{0}$ 和 $\boldsymbol{M}_O=\boldsymbol{0}$,则此力系与零力系等效。于是,力系在任意轴上投影的代数和等于零。所谓任意轴,当然包括 x 轴;同时零力系对任意两点(例如 A、B 两点)之矩都等于零。必要性得证。

反之,如果方程(3-4)中的第 2 式和第 3 式得以满足,则该力系简化所得之主矢可能有两种情形:$\boldsymbol{F}'_{\mathrm{R}}=\boldsymbol{0}$ 或 $\boldsymbol{F}'_{\mathrm{R}}\neq\boldsymbol{0}$。若 $\boldsymbol{F}'_{\mathrm{R}}\neq\boldsymbol{0}$,则必有 $\boldsymbol{F}'_{\mathrm{R}}$过 AB 连线,如图 3-2 所示。因为 AB 连线与 x 轴不垂直,且 $\sum F_x=0$,故不可能有 $\boldsymbol{F}'_{\mathrm{R}}\neq\boldsymbol{0}$。此外,应用力系对于不同点的主矩之间的关系式(2-15),即 $\boldsymbol{M}_O=\boldsymbol{M}_A+\boldsymbol{r}_{OA}\times\boldsymbol{F}'_{\mathrm{R}}$,因为 $\boldsymbol{F}'_{\mathrm{R}}\equiv\boldsymbol{0}$,故 $\boldsymbol{M}_O=\boldsymbol{M}_A$,而 $M_A=\sum M_A(\boldsymbol{F})=0$,故 $\boldsymbol{M}_O=\boldsymbol{0}$。$\boldsymbol{F}'_{\mathrm{R}}=\boldsymbol{0}$、$\boldsymbol{M}_O=\boldsymbol{0}$ 的力系,必为平衡力系。充分性得证。

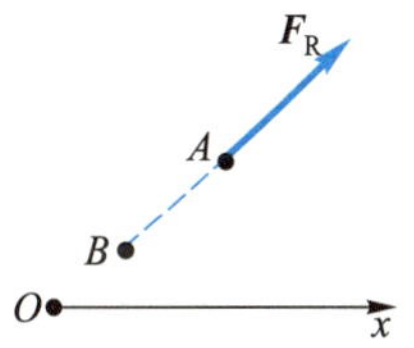

图 3-2　投影轴与取矩点的关系

采用类似的方法可以证明式(3-5)的必要性与充分性,有兴趣的读者可以体验一下这一过程。

§ 3-3　单个刚体的平衡问题

应用第 1 章中关于受力分析的基本方法及平衡方程,不难确定大多数情形下作用在单个刚体上的已知力与未知力之间的关系,从而确定未知力。此即单个刚体的平衡问题。本节以平面问题为例,说明处理这类平衡问题的方法。

[例题 3-1]　图 3-3a 所示结构中,A、D 为固定铰支座约束。横杆 AB 在 B 处承受集中载荷 $\boldsymbol{F}_{\mathrm{P}}$。结构各部分尺寸均示于图中,若已知 F_{P} 和 l,各杆件自重不计,且忽略各处摩擦,试求撑杆 CD 的受力及 A 处的约束力。

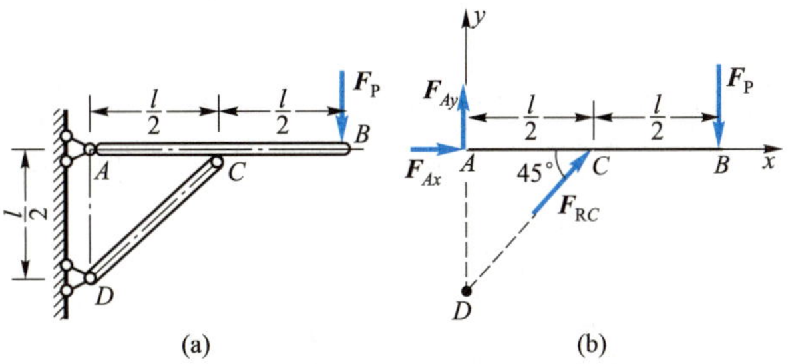

图 3-3　例题 3-1 图

解:(1) 受力分析

撑杆 CD 的两端均为铰链约束,中间无其他力作用,故 CD 为二力杆。

因为撑杆 CD 为二力杆,横杆 AB 在 C 处的约束力与撑杆在 C 处的受力互为作用力与反作用力,其方向沿 CD。此外,横杆在 A 处为固定铰支座,可提供一个大小和方向均未知的约束力。于是横杆 AB 受 3 个力作用。根据三力平衡条件,不难确定 A、C 二处的约束力。

为了应用平面力系的平衡方程，现将 A 处的约束力分解为相互垂直的两个分力 $\boldsymbol{F}_{Ax}$ 和 $\boldsymbol{F}_{Ay}$。C 处的约束力 $\boldsymbol{F}_{RC}$ 沿着撑杆 CD 的方向。于是，横杆 AB 的受力如图 3-3b 所示。

(2) 确定平衡对象求解未知力

本例所要求的是撑杆 CD 的受力和 A 处的约束力，若以撑杆 CD 为平衡对象，只能确定两端约束力大小相等、方向相反，不能得到所需结果。

以横杆 AB 为平衡对象，其上作用有 $\boldsymbol{F}_{P}$、$\boldsymbol{F}_{Ax}$、$\boldsymbol{F}_{Ay}$、$\boldsymbol{F}_{RC}$，4 个力中有 3 个是所要求的，因而可以由平面力系的 3 个独立平衡方程求得。

对于横杆 AB，应用三矩式平衡方程，有

$$\sum M_{A}(\boldsymbol{F})=0,\qquad -F_{P}l+F_{RC}\times\frac{l}{2}\sin 45^{\circ}=0$$

$$\sum M_{C}(\boldsymbol{F})=0,\qquad -F_{Ay}\times\frac{l}{2}-F_{P}\times\frac{l}{2}=0$$

$$\sum M_{D}(\boldsymbol{F})=0,\qquad -F_{Ax}\times\frac{l}{2}-F_{P}\times l=0$$

上述 3 个方程中分别包含 1 个未知力，故可独立求得

$$F_{RC}=2\sqrt{2}F_{P}$$

$$F_{Ax}=-2F_{P}\quad（实际方向与图设方向相反）$$

$$F_{Ay}=-F_{P}\quad（实际方向与图设方向相反）$$

(3) 本例讨论

前已分析，横杆 AB 承受汇交于一点的 3 个力作用，因而既可以用汇交力系平衡方程（$\sum F_{x}=0, \sum F_{y}=0$），也可以用力多边形方法求解未知力。

将 A 处的约束力分解为 $\boldsymbol{F}_{Ax}$ 和 $\boldsymbol{F}_{Ay}$ 后，原来的汇交力系变为平面力系。平面力系平衡方程还有其余两种形式可供选用。

建议读者通过本例自行练习，对上述各种方法加以比较。

[例题 3-2]　平面刚架的受力及各部分尺寸如图 3-4a 所示，A 端为固定端约束。若图中 q、$\boldsymbol{F}_{P}$、M、l 均为已知，试求 A 端的约束力。

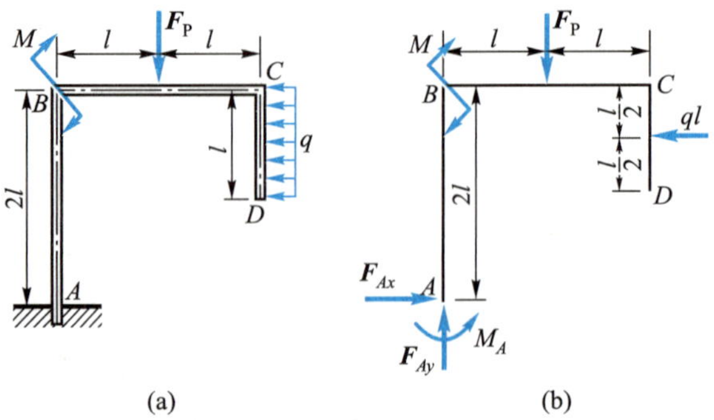

图 3-4　例题 3-2 图

解：(1) 受力分析

A 端为固定端约束，因为是平面问题，故有 3 个约束力，分别用 $\boldsymbol{F}_{Ax}$、$\boldsymbol{F}_{Ay}$ 和 M_A 表示。刚架为唯一的平衡对象，其受力图如图 3-4b 所示。其中作用在杆 CD 部分的均布载荷已简化为一集中力 ql 作用在杆 CD 的中点。

(2) 建立平衡方程求解未知力

应用平衡方程

$$\sum F_x=0,\qquad F_{Ax}-ql=0$$

$$\sum F_y=0,\qquad F_{Ay}-F_{\mathrm{P}}=0$$

$$\sum M_A(\boldsymbol{F})=0,\qquad M_A-M-F_{\mathrm{P}}l+ql\times\frac{3l}{2}=0$$

求得

$$F_{Ax}=ql,\qquad F_{Ay}=F_{\mathrm{P}},\qquad M_A=M+F_{\mathrm{P}}l-\frac{3}{2}ql^2$$

为了验证上述结果的正确性，可以将作用在平衡对象上的所有的力（包括已经求得的约束力），对任意点（包括刚架上的点和刚架外的点）取矩。若这些力矩的代数和为零，则表示所得结果是正确的，否则就是不正确的。

§ 3-4　简单多刚体系统的平衡问题

由两个或两个以上的刚体所组成的系统，称为**多刚体系统**（rigid multibody system）。工程中的各类机构或结构，当研究其运动效应时，其中的各个构件或部件均被视为刚体，这时的结构或机构即属于多刚体系统。

多刚体系统平衡问题的特点是：仅仅考察系统的整体或某个局部（单个刚体或局部刚体系统），不能确定全部未知力。

为了解决多刚体系统的平衡问题，需将平衡的概念加以扩展，即：**系统若整体是平衡的，则组成系统的每一个局部及每一个刚体也必然是平衡的。**

应用这一重要理论及平衡方程即可求解多刚体系统的平衡问题。下面举例说明。

[例题 3-3]　图 3-5a 所示结构由杆 AB 与杆 BC 在 B 处铰接而成，A 处为固定端，C 处为辊轴支座。DE 段结构上承受均布载荷作用，载荷集度为 q；E 处作用有外加力偶，其力偶矩为 M。若 q、M、l 均为已知，试求 A、C 二处的约束力。

解：(1) 受力分析

对于结构整体，在固定端 A 处有 3 个约束力，设为 $\boldsymbol{F}_{Ax}$、$\boldsymbol{F}_{Ay}$ 和 M_A；在辊轴支座 C 处有 1 个竖直方向的约束力 $\boldsymbol{F}_{RC}$。这些约束力称为系统的**外约束力**（external constraint force）。

若将结构从 B 处拆开成两个刚体，则铰链 B 处的约束力可以用相互垂直的两个分量表示，但作用在两个刚体上同一处的约束力互为作用力与反作用力，这种约束力称为系统的**内**

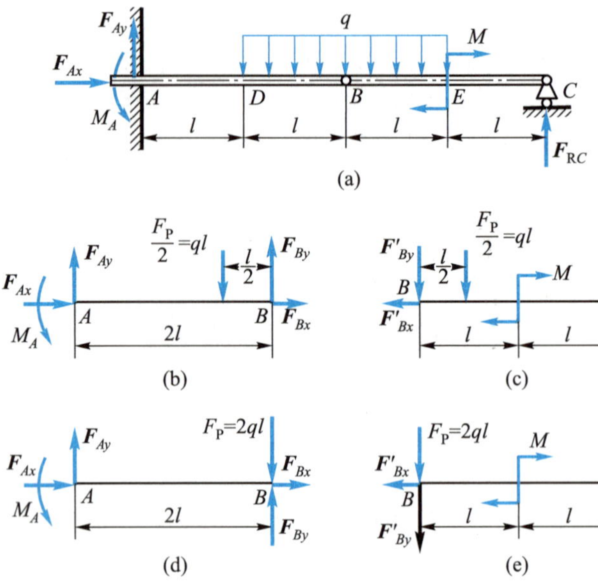

图 3-5 例题 3-3 图

约束力(internal constraint force)。这些力在考察结构整体平衡时并不出现。

因此,整体结构的受力如图 3-5a 所示;*AB*、*BC* 两个刚体的受力如图 3-5b,c 所示。其中$\frac{F_P}{2}=ql$为均布载荷简化的结果。

(2) 整体平衡

考察整体结构的受力图(图 3-5a),其上作用有 4 个未知约束力,而平面问题独立的平衡方程只有 3 个,因此,仅仅考察整体平衡不能求得全部未知约束力,但是可以求得某些未知力。例如,由平衡方程$\sum F_x=0$,可以确定 $F_{Ax}=0$。

(3) 局部平衡

杆 *AB* 的 *A*、*B* 二处作用有 5 个约束力,其中已求得 $F_{Ax}=0$,尚有 4 个约束力是未知的,故杆 *AB* 不宜最先选作平衡对象。杆 *BC* 的 *B*、*C* 二处共有 3 个未知约束力,可由 3 个独立平衡方程确定。因此,先以杆 *BC* 为平衡对象,求得其上的约束力后,再应用 *B* 处两部分约束力互为作用力与反作用力的关系,考察杆 *AB* 的平衡,即可求得 *A* 处的约束力。也可以在确定了 *C* 处的约束力之后再考察整体平衡,同样可以求得 *A* 处的约束力。

先考察杆 *BC* 的平衡,由

$$\sum M_B(\boldsymbol{F})=0,\qquad F_{RC}\times 2l-M-ql\times\frac{l}{2}=0$$

求得

$$F_{RC}=\frac{M}{2l}+\frac{ql}{4}\tag{a}$$

再考察整体平衡,将 *DE* 段的分布载荷简化为作用于 *B* 处的集中力,其值为 $2ql$,由平衡方程

$$\sum F_y = 0, \qquad F_{Ay} - 2ql + F_{RC} = 0$$

$$\sum M_A = 0, \qquad M_A - 2ql\times 2l - M + F_{RC}\times 4l = 0$$

将式(a)代入后，解得

$$F_{Ay} = \frac{7}{4}ql - \frac{M}{2l}, \qquad M_A = 3ql^2 - M \tag{b}$$

(4) 结果验证

为了验证上述结果的正确性，建议读者再以杆 AB 为平衡对象，应用已经求得的 $\boldsymbol{F}_{Ay}$ 和 M_A，确定 B 处的约束力，与考察杆 BC 平衡求得的 B 处约束力互相印证。

对于学习者，上述验证过程显得过于繁琐，但对于工程设计，为了确保安全可靠，这种验证过程是非常必要的。

(5) 本例讨论

本例中关于均布载荷的简化，有两种方法：考察整体平衡时，将其简化为作用在 B 处的集中力，其值为 $2ql$；考察局部平衡时，先将整体拆开为局部，再将作用在各个局部的均布载荷分别简化为集中力。

在将系统拆开之前，能不能先将均布载荷简化？这样简化得到的集中力应该作用在哪一个局部上？如图 3-5d，e 所示，将集中力 $\boldsymbol{F}_{\mathrm{P}}$ 同时作用在两个局部的 B 处，这样的处理是否正确？请读者应用等效力系定理自行分析研究。

[例题 3-4]　如图 3-6a 所示为房屋和桥梁结构中常见的**三铰拱**(three pin arch, three hinged arch)模型。这种结构由两个构件通过铰接而成：A、B 二处为固定铰支座；C 处为中间铰。各部分尺寸均示于图中。拱的顶面承受集度为 q 的均布载荷。若已知 q、l、h，且不计拱结构的自重，试求 A、B 二处的约束力。

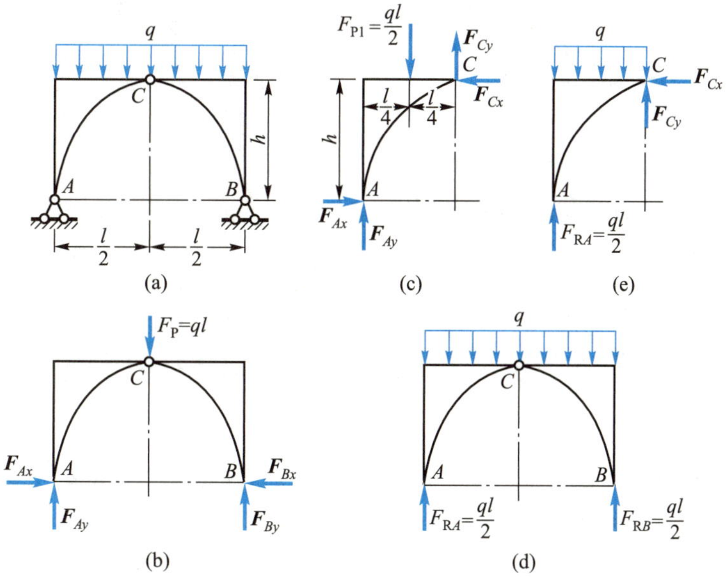

图 3-6　例题 3-4 图

解:(1) 受力分析

固定铰支座 A、B 二处的约束力均用两个相互垂直的分量表示。中间铰 C 处亦用两个分量表示其约束力。但前者为外约束力,后者为内约束力。内约束力仅在系统拆开时才会出现。

(2) 整体平衡

将作用在拱顶面的均布载荷简化为过点 C 的集中力,其值为 $F_P=ql$,考虑 A、B 二处的约束力,整体结构的受力如图 3-6b 所示。

从图中可以看出,4 个未知约束力中,分别有 3 个约束力的作用线通过 A、B 两点。这表明,应用对 A、B 二处的力矩式平衡方程,可以各求得一个未知力。于是,由

$$\sum M_A(\boldsymbol{F})=0,\qquad F_{By}l-F_P\times\frac{l}{2}=0$$

$$\sum M_B(\boldsymbol{F})=0,\qquad F_{Ay}l-F_P\times\frac{l}{2}=0$$

$$\sum F_x=0,\qquad F_{Ax}-F_{Bx}=0$$

求得

$$F_{Ay}=F_{By}=\frac{ql}{2},\qquad F_{Ax}=F_{Bx} \tag{a}$$

方向与图 3-6b 中所设相同。

(3) 局部平衡

将系统从 C 处拆开,考察左边或右边部分的平衡,由图 3-6c 所示受力图,其中 $F_{P1}=ql/2$ 为作用在左边部分顶面均布载荷的简化结果。于是可以写出

$$\sum M_C(\boldsymbol{F})=0,\qquad F_{Ax}h+\frac{ql}{2}\times\frac{l}{4}-F_{Ay}\times\frac{l}{2}=0$$

将式(a)中的 $F_{Ay}=ql/2$ 代入后解得

$$F_{Ax}=F_{Bx}=\frac{ql^2}{8h} \tag{b}$$

怎样验证上述结果式(a)和式(b)的正确性?请读者自行研究。同时请读者分析图 3-6d,e 中的受力分析是否正确。

§3-5 承受空间力系的刚体平衡问题

前面两节所讨论的都是平面力系作用下单个刚体或简单刚体系统的平衡问题。分析空间力系作用下刚体的平衡问题的方法和过程与平面问题大体相似,所不同的是约束性质、未知力个数及平衡方程数目等。此外,灵活运用空间力系的平衡方程,常可使计算过程大为简化。

［例题 3-5］　如图 3-7 所示结构中，AB、AC、AD 三杆由球铰连接于 A 处；B、C、D 三处均为固定球铰支座。若在 A 处悬挂重物的重量 W 为已知，试求三杆的受力。

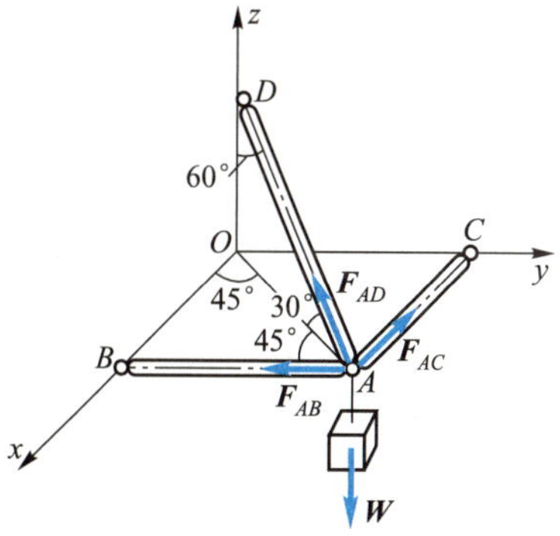

图 3-7　例题 3-5 图

解：以 A 处的球铰为研究对象。由于 AB、AC、AD 三杆都是两端铰接，杆上无其他外力作用，故都是二力杆。因此，三杆作用在 A 处球铰上的力 $\boldsymbol{F}_{AB}$、$\boldsymbol{F}_{AC}$、$\boldsymbol{F}_{AD}$ 的作用线分别沿着各杆的轴线方向，假设三者的指向都是背向点 A 的。

由于铰 A 所受的三个力不同面，因此铰 A 平衡时，$\boldsymbol{F}_{AB}$、$\boldsymbol{F}_{AC}$、$\boldsymbol{F}_{AD}$ 和主动力 $\boldsymbol{W}$ 所组成的汇交力系应满足空间汇交力系的平衡方程。根据受力图中的几何关系，列出平衡方程。由

$$\sum F_z=0,\qquad F_{AD}\sin 30°-W=0$$

可得

$$F_{AD}=2W$$

由

$$\sum F_x=0,\qquad -F_{AC}-F_{AD}\cos 30°\sin 45°=0$$

可得

$$F_{AC}=-\frac{\sqrt{6}}{2}W$$

由

$$\sum F_y=0,\qquad -F_{AB}-F_{AD}\cos 30°\cos 45°=0$$

可得

$$F_{AB}=-\frac{\sqrt{6}}{2}W$$

在以上分析中，计算 $\boldsymbol{F}_{AD}$ 在 x、y 方向的投影时，是先将其投影到 Oxy 坐标面上，然后再分别向 x、y 坐标轴投影。

［例题 3-6］　图 3-8 中重 W 的均质矩形板 $ABCD$ 在 A、B 两处分别用球铰和蝶形铰固定于墙上；在 C 处用缆索 CE 与墙上 E 处相连。板的尺寸 l_1 和 l_2 为已知，求 A、B 两处的约束力。

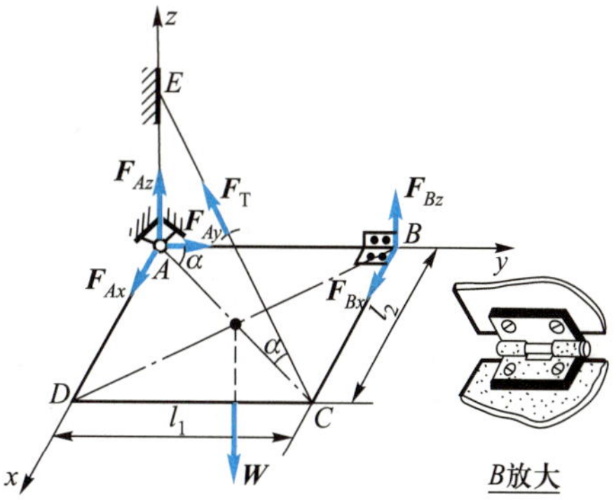

图 3-8　例题 3-6 图

解：(1) 受力分析

球铰 A 处的约束力可以用 $Axyz$ 坐标系中的 3 个分量 $\boldsymbol{F}_{Ax}$、$\boldsymbol{F}_{Ay}$、$\boldsymbol{F}_{Az}$ 表示。蝶形铰 B 处的约束力，由其所限制的运动确定，假定只限制平板沿 x 和 z 方向的运动，而不限制沿 y 方向的运动，故 B 处只有 x 和

z 方向的约束力,用 $\boldsymbol{F}_{Bx}$ 和 $\boldsymbol{F}_{Bz}$ 表示。此外,在 C 处平板还受缆索的拉力 $\boldsymbol{F}_{\mathrm{T}}$。

(2) 建立平衡方程求解未知力

平板共受 6 个未知约束力,其中 $\boldsymbol{F}_{Ax}$、$\boldsymbol{F}_{Ay}$、$\boldsymbol{F}_{Az}$、$\boldsymbol{F}_{Bx}$、$\boldsymbol{F}_{Bz}$ 均为所要求的约束力。而空间一般力系有 6 个平衡方程,足以求解所需要的未知量。根据平板的受力,可以建立如下的平衡方程:

$$\begin{aligned}
&\sum M_x(\boldsymbol{F})=0, && -W\cdot\frac{l_1}{2}+F_{\mathrm{T}}\sin\alpha\cdot l_1+F_{Bz}\cdot l_1=0\\
&\sum M_y(\boldsymbol{F})=0, && W\frac{l_2}{2}-F_{\mathrm{T}}\sin\alpha\cdot l_2=0\\
&\sum M_z(\boldsymbol{F})=0, && F_{Bx}l_1=0\\
&\sum F_x=0, && F_{Ax}-F_{\mathrm{T}}\cos\alpha\sin\alpha+F_{Bx}=0\\
&\sum F_y=0, && F_{Ay}-F_{\mathrm{T}}\cos\alpha\cos\alpha=0\\
&\sum F_z=0, && F_{Az}-W+F_{Bz}+F_{\mathrm{T}}\sin\alpha=0
\end{aligned}$$

由此解出

$$F_{\mathrm{T}}=\frac{W}{2\sin\alpha}$$

$$F_{Bx}=0,\qquad F_{Bz}=0$$

$$F_{Ax}=\frac{1}{2}W\cos\alpha,\qquad F_{Ay}=\frac{1}{2}W\frac{\cos^2\alpha}{\sin\alpha},\qquad F_{Az}=\frac{W}{2}$$

(3) 本例讨论

上述求解过程涉及含多个未知力的联立方程,因而计算过程比较复杂。

为避免求解联立方程,最好能使一个平衡方程只包含一个未知力。为此,建立对轴之矩的平衡方程时,对轴要加以选择。

本例中,若选 z 轴和 AC 线作为取矩轴,则由 $\sum M_z(\boldsymbol{F})=0$ 和 $\sum M_{AC}(\boldsymbol{F})=0$,可直接求得 $F_{Bx}=0$ 和 $F_{Bz}=0$。这是因为 $\sum M_z(\boldsymbol{F})=0$ 时,除 F_{Bx} 外,其余所有力的作用线与 z 轴或相交或平行,建立 $\sum M_{AC}(\boldsymbol{F})=0$ 时,亦有类似情形。

此外,若将 $\boldsymbol{F}_{\mathrm{T}}$ 分解为 $\boldsymbol{F}_z$ 和 $\boldsymbol{F}_{AC}$,也可以使计算过程简化。

§3-6 超静定平衡问题

前面几节所讨论的平衡问题中,未知力的个数正好等于独立平衡方程的数目,因而能由平衡方程解出全部未知数。这类问题,称为**静定问题**(statically determinate problem),相关的结构称为**静定结构**(statically determinate structure)。

工程上为了提高结构的强度和刚度,常常在静定结构上再附加一个或几个约束,从而使未知约束力的个数大于独立平衡方程的数目。因而,仅仅由平衡方程无法求得全部未知约束力。这时的平衡问题称为**超静定问题或静不定问题**(statically indeterminate problem),相应的结构称为**超静定结构或静不定结构**(statically indeterminate structure)。

本节主要介绍与超静定问题有关的若干概念,至于超静定问题的基本解法将在下一节中作简单介绍。

3-6-1 刚体自由度概念

确定不同运动形式(静止是其特例)的物体在空间的位置,所需要的独立坐标数各不相同。以 Oxy 坐标平面内运动的刚体为例(图 3-9),若刚体平移(图 3-9a),则可以用刚体上任意一点(例如 A 点)的坐标(x_A,y_A)确定刚体在空间的位置。

若刚体绕定轴转动(图 3-9b),则角坐标 φ 即可确定其在空间的位置。

若刚体作平面一般运动(既有平移又有转动)(图 3-9c),则需要有 3 个独立的坐标(x_A,y_A,φ)才能确定刚体在空间的位置。

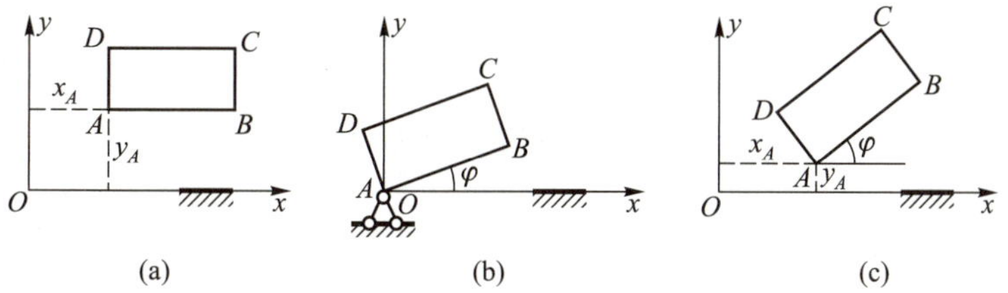

图 3-9 运动刚体的自由度

确定刚体在空间的位置,所需的独立坐标或独立变量数称为刚体的**自由度**(degree of freedom)。

所谓约束状态是指刚体在空间运动所受的限制状况。显然,约束状态与自由度有关:自由度大于零者称为不完全约束,自由度等于零者称为完全约束。

若令:

N——自由度;

N_r——未知约束力个数;

N_e——独立平衡方程数目。

则

当 $N_e>N_r$ 时,为不完全约束;

当 $N_e=N_r$ 时,为完全约束,且为静定问题;

当 $N_e<N_r$ 时,为完全约束,但为超静定问题。

工程上,将自由度 $N>0$ 的力学系统称为**机构**(mechanism);将 $N=0$ 的系统称为**结构**(structure)。

图 3-10a 所示为不完全约束;图 3-10b 所示为完全约束,且为静定结构;图 3-10c 所示亦为完全约束,但为超静定结构。

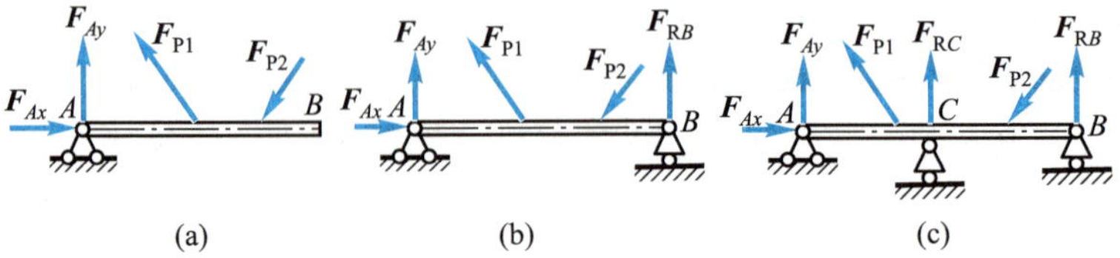

图 3-10 刚体的完全约束与不完全约束

3-6-2 超静定次数

超静定问题中,未知约束力的个数与独立的平衡方程数目之差,称为**超静定次数**(degree of statically indeterminate problem)。与超静定次数对应的约束对于结构保持静定是多余的,故称为多余约束。

超静定次数或多余约束个数用 i 表示,由下式确定:

$$i=N_r-N_e \tag{3-6}$$

§3-7 本章讨论与小结

3-7-1 受力分析的重要性

读者从本章关于单个刚体与简单刚体系统平衡问题的分析中可以看出,受力分析是决定分析平衡问题成败的重要部分,只有当受力分析正确无误时,其后的分析才能取得正确的结果。初学者常常不习惯根据约束的性质分析约束力,而是根据不正确的直观判断确定约束力,例如"根据主动力的方向确定约束力及其方向"就是初学者最容易犯的错误方法。对于图 3-11a 所示承受水平载荷 $\boldsymbol{F}_P$ 的平面刚架 ABC,应用上述错误方法,得到如图 3-11b 所示的受力图。请读者分析这一受力图错在哪里。

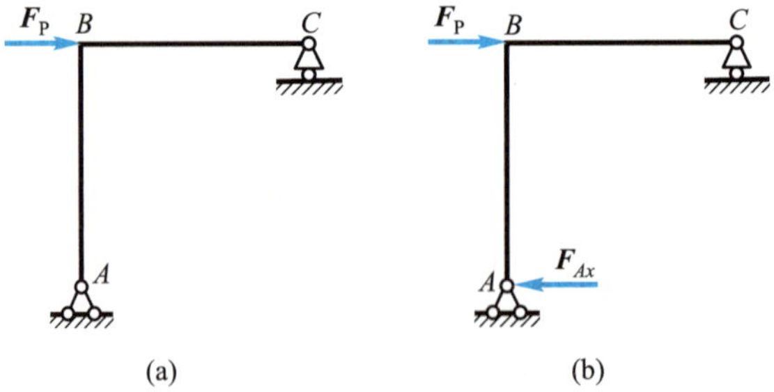

图 3-11 不正确的受力分析之一

又如,对于图 3-12a 所示三铰拱,当考察其总体平衡时,得到图 3-12b 所示受力图。这一受力图又错在哪里呢?这不是也能平衡吗?

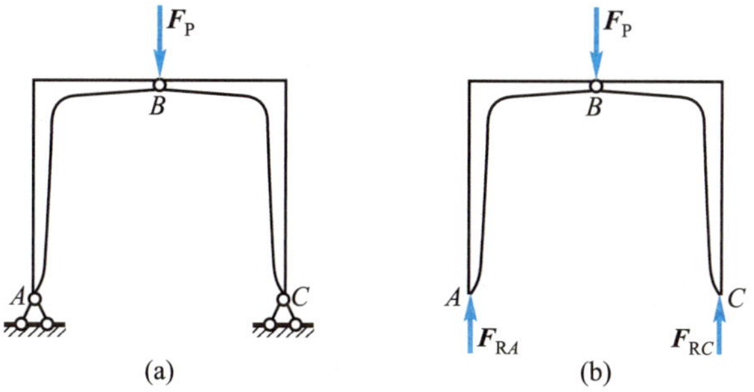

图 3-12　不正确的受力分析之二

3-7-2　关于简单多刚体系统平衡问题的讨论

根据刚体系统的特点,分析和处理刚体系统平衡问题时注意以下几方面是很重要的。

- **认真理解、掌握并能灵活运用“系统整体平衡,组成系统的每个局部必然平衡”的重要概念**

某些受力分析,从整体上看可以使整体平衡,似乎是正确的,但从局部看却是不平衡的,因而是不正确的,图 3-12b 所示受力即属此例。

- **灵活选择平衡对象**

所谓平衡对象包括系统整体、单个刚体及由两个或两个以上刚体组成的子系统。灵活选择其中之一或之二作为平衡对象,一般应遵循:尽量使一个平衡方程中只包含一个未知约束力,不解或少解联立方程。

- **注意区分内约束力与外约束力、作用力与反作用力**

内约束力只有在系统拆开时才会出现,故而在考察整体平衡时无须考虑内约束力。

当同一约束处有两个或两个以上刚体相互连接时,为了区分作用在不同刚体上的约束力是否互为作用力与反作用力,必须逐个刚体进行分析,分清哪一个是施力体,哪一个是受力体。

以图 3-13a 所示系统为例,系统在固定铰支座 A 处由销将刚体 AF 和刚体 AD 连接在一起。请读者分析,图 3-13b 所示刚体 AD 和 AF 的受力图中,A 处的约束力是否互为作用力与反作用力。

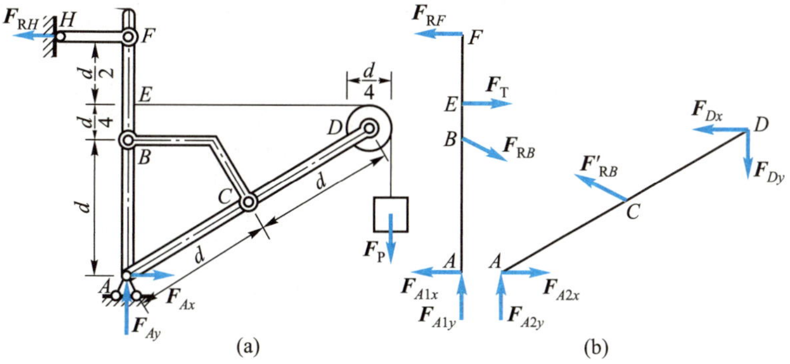

图 3-13　作用力与反作用力的判断

- **主动分布载荷的等效简化**

求解平衡问题时，可以对分布载荷进行等效简化，用合力代替分布力的作用，以简化计算。考察局部平衡时，分布载荷在拆开之后简化。这一问题请读者结合例题 3-3 中图 3-5d，e 所示的受力图加以分析。

3-7-3　关于特殊力系的平衡问题

一般力系中，如果所有力的作用线互相平行，这种力系称为平行力系；如果力系中只有力偶作用，则称为力偶系；如果力系中只有力而无力偶，而且所有力的作用线都交于同一点，则称为汇交力系。

请读者根据力系简化理论及力系的平衡条件，写出下列特殊力系的平衡方程：

平面汇交力系；空间汇交力系。

平面力偶系；空间力偶系。

平面平行力系；空间平行力系。

请读者分析，对于图 3-14 所示汽车吊，若 $\boldsymbol{F}_{P1}$、$\boldsymbol{F}_{P2}$ 及各部分尺寸均为已知，要求最大起吊重量 $\boldsymbol{F}_{P3}$ 及两轮之间的最小距离，可以采用的平衡方程有哪几种形式。

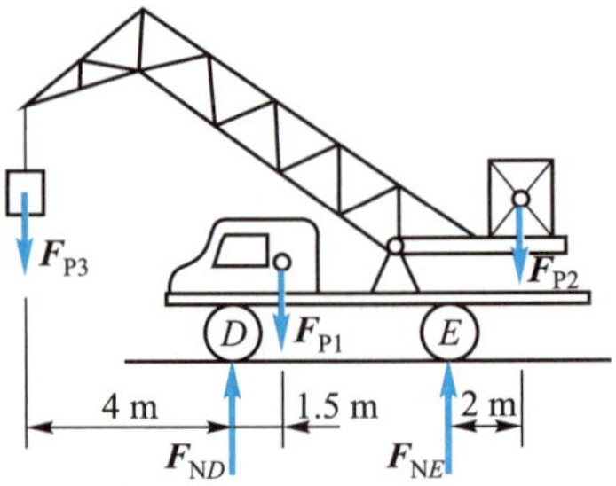

图 3-14　特殊力系的平衡方程

3-7-4　几种空间约束的约束力

除了球铰外，工程中还有一些实际约束属于空间约束。这些约束及其约束力列于表 3-1 中。

表 3-1　几种实际结构的约束分析

圆轴的滑动轴承	方轴的滑动轴承	蝶形铰(合页)	圆轴的止推轴承
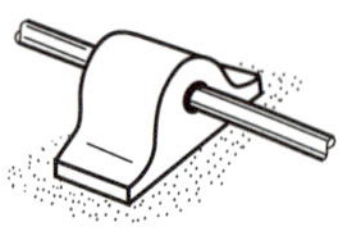		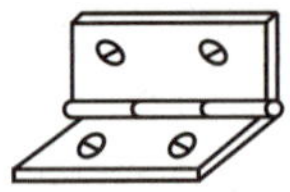	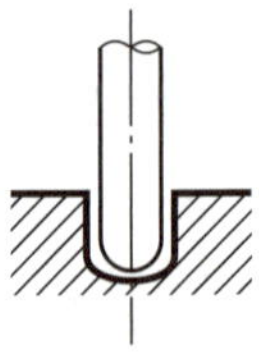
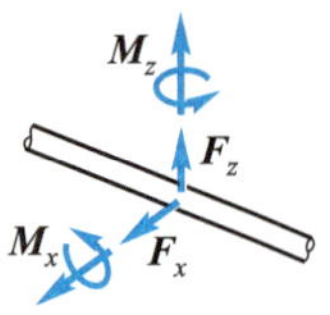	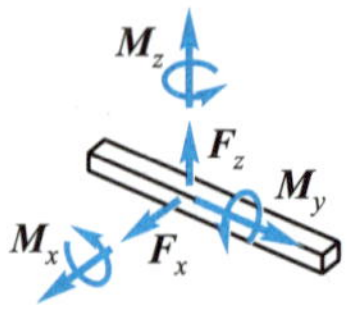	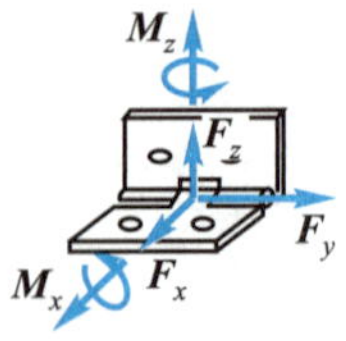	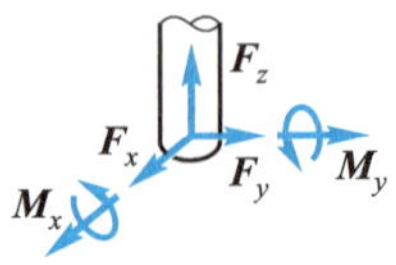
两约束力与 两约束力偶	两约束力与 三约束力偶	三约束力与 两约束力偶	三约束力与 两约束力偶

3-7-5　正确的直观判断

正确地进行直观判断,有时可以不通过建立平衡方程,而直接确定某些未知力,甚至全部约束力。这在工程中,特别是现场工程分析中,是很重要的。同时,正确的直观判断有利于保证理论分析与计算结果的正确性。

正确的直观判断必须以平衡概念为基础,同时正确应用对称性和反对称性。

所谓对称性和反对称性,是指如果结构存在对称轴(平面问题)或对称面(空间问题),则称为对称结构。对称结构若承受对称载荷,则其约束力必然对称于对称轴;对称结构若承受反对称载荷,则其约束力必然是反对称的。

以图 3-15 所示的三种结构为例。图 3-15a 所示为静力平面刚架,固定铰支座 A 处有铅垂和水平方向两个约束力 $\boldsymbol{F}_{Ax}$ 和 $\boldsymbol{F}_{Ay}$;D 处为辊轴支座,只有铅垂方向的约束力 $\boldsymbol{F}_{RD}$。根据 x 方向的平衡条件可得 $\boldsymbol{F}_{Ax}=0$,于是由对称性和 y 方向的平衡条件得到 $F_{Ay}=F_{RD}=F_{P}$。

对于图 3-15b,c 所示三铰拱和超静定刚架,也都可以作出类似的分析,A、D 二处的水平约束也是对称的,但二者都不等于零。

有兴趣的读者,可以将图 3-15a,b 所示静定结构上的对称载荷改为反对称载荷,再分析其约束力是否具有反对称性。

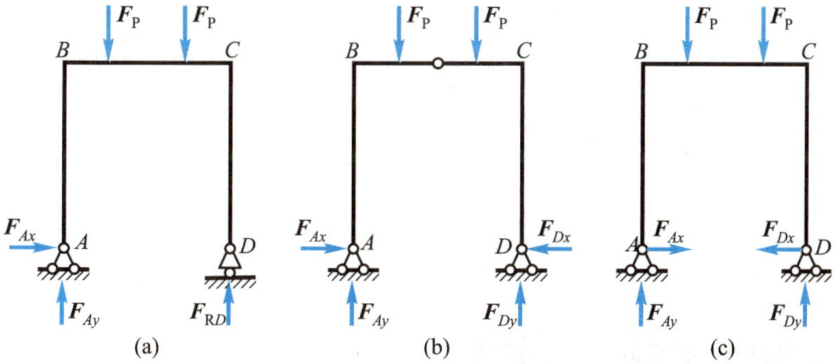

图 3-15　对称性分析

3-7-6　关于完全约束与不完全约束的讨论

在不完全约束的刚体或刚体系统上,再加上若干约束就可将其变为完全约束,但不是施加任何形式的约束都可以达到这一目的。

例如,图 3-16a 所示为不完全约束。图 3-16b~f 所示均为在上述不完全约束上再附加 1 个或几个约束。请读者分析其中哪些是完全约束,哪些是不完全约束,并研究完全约束的必要条件。

3-7-7　关于自由度

前面关于自由度的定义,对于刚体和变形体模型都是正确的。只是对于同一物体,涉及的研究内容不同,故模型不相同,自由度便有很大差异。

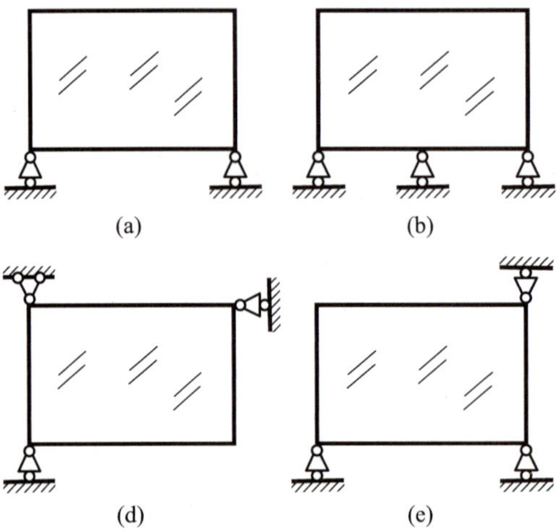

图 3-16 完全约束与不完全约束

例如图 3-17a 所示静定梁,当变形很小时,计算 A、B 二处的约束力,将其视为刚体,这时梁的自由度为零(完全约束)。图 3-17b 所示静定梁,当研究梁受力后的变形时,其变形后的位置,由梁上各点的铅垂位移 $w(x)$ 决定,这时的梁便具有无穷多个自由度。

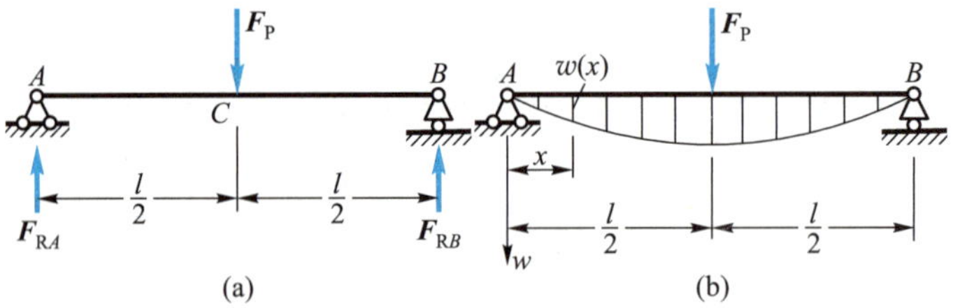

图 3-17 同一物体不同的自由度

3-7-8 求解超静定问题的方法简述

以刚体为模型,仅仅由平衡方程无法求得超静定结构的全部未知约束力。但是,如果采用变形体模型,则问题便变为可解的。

以图 3-18a 所示两端固定的直杆为例,由于外加载荷 $\boldsymbol{F}_{\mathrm{P}}$ 沿着杆的轴线作用,故 A、B 端分别有一沿轴线的约束力 $\boldsymbol{F}_{\mathrm{R}A}$ 和 $\boldsymbol{F}_{\mathrm{R}B}$。独立的平衡方程只有 $\sum F_x=0$,据此无法求得两个未知约束力。但是,实际上杆在外加载荷和约束力作用下是要变形的:AC 段被压缩;CB 段被拉伸。由于 A、B 两端均为固定端,故杆的总变形量必须等于零。因此,若能知道受力与变形

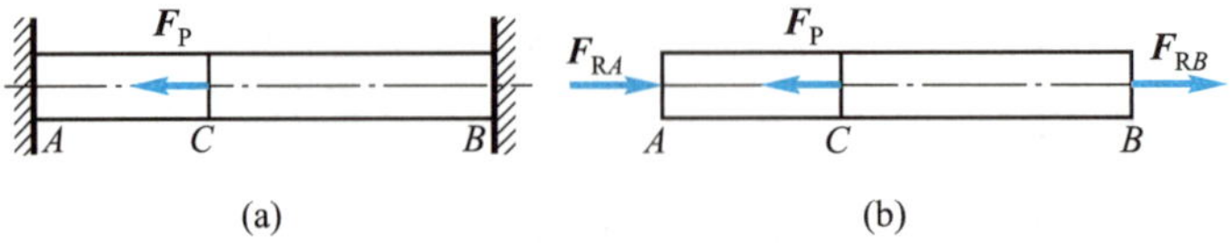

图 3-18 采用变形体模型求解超静定问题

之间的关系，即可由总变形为零这一条件建立 $\boldsymbol{F}_{\mathrm{P}}$、$\boldsymbol{F}_{\mathrm{R}A}$ 和 $\boldsymbol{F}_{\mathrm{R}B}$ 之间的另一个方程。这一方程与平衡方程联立，即可求得 $\boldsymbol{F}_{\mathrm{R}A}$ 和 $\boldsymbol{F}_{\mathrm{R}B}$。

上述分析过程表明，求解超静定问题，必须综合考虑物体的受力与变形，因而刚体模型不再适用。读者不难发现，满足平衡方程的约束力有无穷多种组合，而既满足平衡方程又满足变形限制条件的方程的约束力只能有唯一解。

关于超静定问题的解法将在材料力学课程中详细介绍。

3-7-9　本章小结

1. 作用于刚体上的力系平衡的充分必要条件

力系的主矢和力系对任一点的主矩同时为零。

2. 平衡方程的一般形式

$$\begin{cases}\sum F_x=0, & \sum M_x(\boldsymbol{F})=0\\ \sum F_y=0, & \sum M_y(\boldsymbol{F})=0\\ \sum F_z=0, & \sum M_z(\boldsymbol{F})=0\end{cases}$$

3. 平面一般力系的平衡方程

（1）基本形式

$$\sum F_x=0,\qquad \sum F_y=0,\qquad \sum M_O(\boldsymbol{F})=0$$

（2）二矩式

$$\sum F_x=0,\qquad \sum M_A(\boldsymbol{F})=0,\qquad \sum M_B(\boldsymbol{F})=0$$

（AB 连线不与 x 轴垂直）

（3）三矩式

$$\sum M_A(\boldsymbol{F})=0,\qquad \sum M_B(\boldsymbol{F})=0,\qquad \sum M_C(\boldsymbol{F})=0$$

（A、B、C 三点不共线）

4. 静定问题

系统中的未知量个数等于独立平衡方程的个数，可由静力学平衡方程求出全部未知量的问题。

5. 超静定问题

系统中的未知量个数多于独立平衡方程的个数，无法仅由静力学平衡方程求出全部未知量的问题。

习　　题

选择填空题

3-1　如平面力系平衡，则关于它的平衡方程，下列表述正确的是(　　)。

① 任何平面力系都具有三个独立的平衡方程

② 任何平面力系只能列出三个平衡方程

③ 在平面力系的平衡方程的基本形式中,两个投影轴必须互相垂直

④ 该平衡力系在任意选取的投影轴上投影的代数和必为零

3-2 如图所示空间平行力系中,设各力作用线都平行于 Oz 轴,则此力系独立的平衡方程为(　　)。

① $\sum M_x(\boldsymbol{F})=0$, $\sum M_y(\boldsymbol{F})=0$, $\sum M_z(\boldsymbol{F})=0$

② $\sum F_x=0$, $\sum F_y=0$, $\sum M_x(\boldsymbol{F})=0$

③ $\sum F_z=0$, $\sum M_x(\boldsymbol{F})=0$, $\sum M_y(\boldsymbol{F})=0$

④ $\sum F_x=0$, $\sum F_y=0$, $\sum F_z=0$

3-3 水平梁 AB 由三根直杆支承,载荷和尺寸如图所示。为了求出三根直杆的约束力,可采用(　　)所示的平衡方程。

① $\sum M_A(\boldsymbol{F})=0$, $\sum F_x=0$, $\sum F_y=0$

② $\sum M_A(\boldsymbol{F})=0$, $\sum M_C(\boldsymbol{F})=0$, $\sum F_y=0$

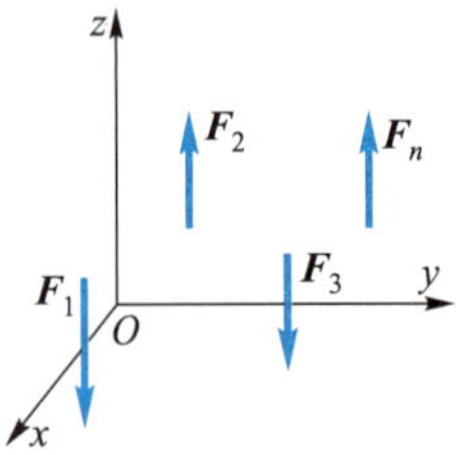

习题 3-2 图

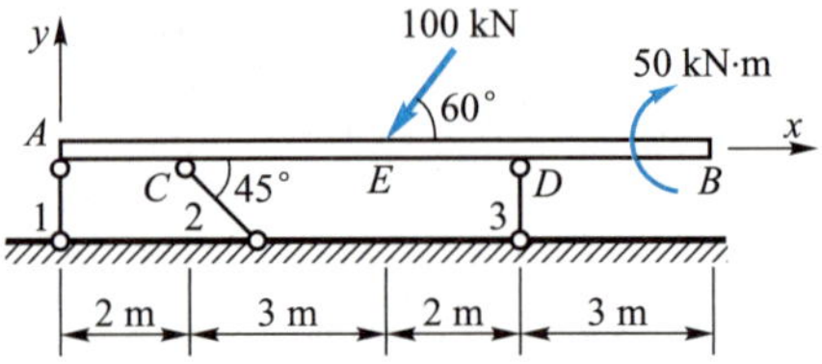

习题 3-3 图

③ $\sum M_A(\boldsymbol{F})=0$, $\sum M_C(\boldsymbol{F})=0$, $\sum M_D(\boldsymbol{F})=0$

④ $\sum M_A(\boldsymbol{F})=0$, $\sum M_C(\boldsymbol{F})=0$, $\sum M_B(\boldsymbol{F})=0$

3-4 图示机构受力 $\boldsymbol{F}$ 作用,各杆重量不计,则支座 A 处约束力的大小为(　　)。

① $\dfrac{F}{2}$　② $\dfrac{\sqrt{3}}{2}F$　③ F　④ $\dfrac{\sqrt{3}}{3}F$

3-5 图示杆系结构由相同的细直杆铰接而成,各杆重量不计。若 $F_A=F_C=F$,且 F_A 和 F_C 垂直于杆 BD,则杆 BD 的内力为(　　)。

① $-F$　② $-\sqrt{3}F$　③ $-\dfrac{\sqrt{3}}{3}F$　④ $-\dfrac{\sqrt{3}}{2}F$

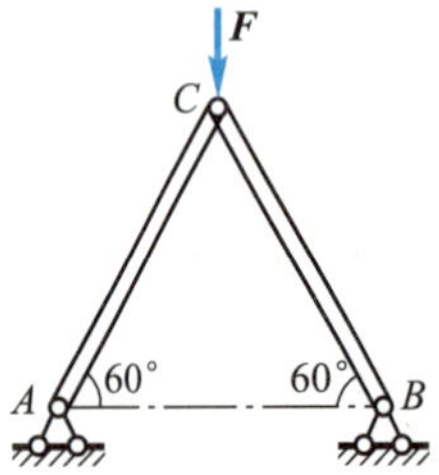

习题 3-4 图

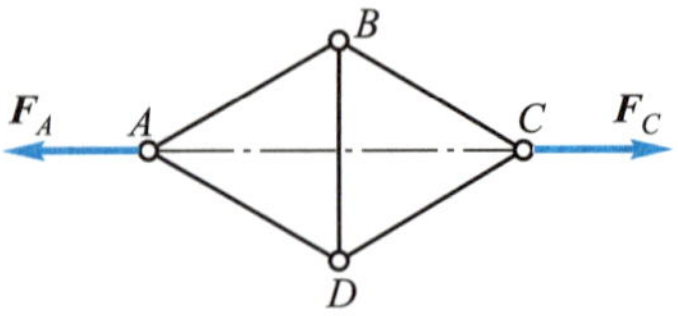

习题 3-5 图

3-6 杆 AF、BE、CD、EF 相互铰接,A、B 处为固定铰支座,如图所示。在杆 AF 上作用一力偶$(\boldsymbol{F},\boldsymbol{F}')$,

若不计各杆自重，则支座 A 处约束力的作用线（　　）。

① 过 A 点平行于力 $\boldsymbol{F}$　　② 过 A 点平行于 BG 连线

③ 沿 AG 直线　　④ 沿 AH 直线

3-7　图示长方体为刚体，仅受两力偶作用，已知其力偶矩矢满足 $\boldsymbol{M}_1=-\boldsymbol{M}_2$。则该长方体（　　）。

① 不平衡　　② 平衡　　③ 平衡与否无法确定

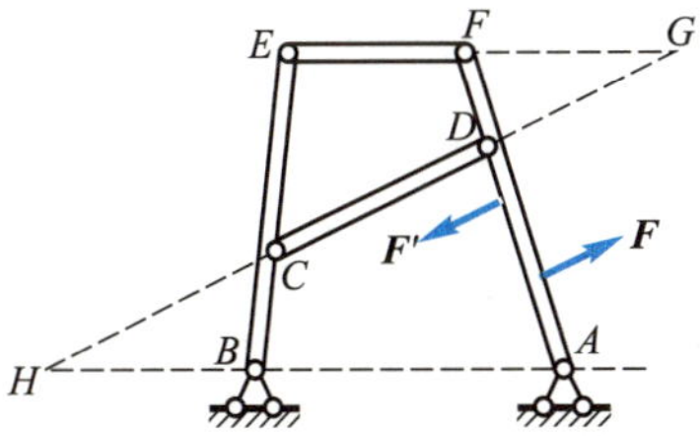

习题 3-6 图

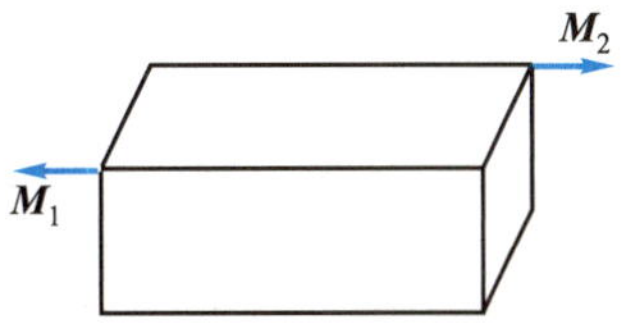

习题 3-7 图

3-8　图示结构中，静定结构是（　　），超静定结构是（　　）。

① 图(a)　　② 图(b)　　③ 图(c)　　④ 图(d)

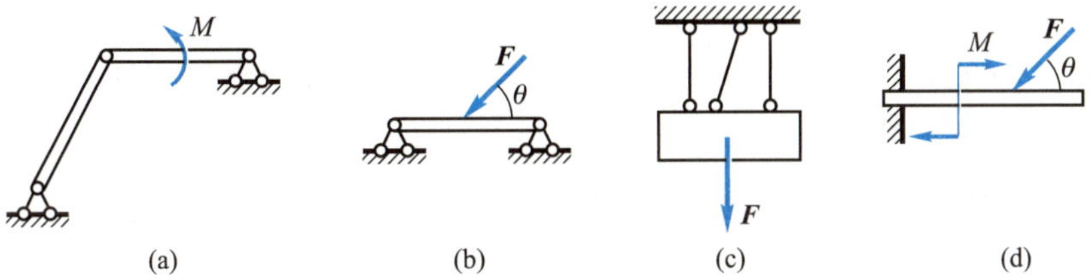

习题 3-8 图

3-9　在刚体的两个点上各作用一个空间共点力系（即汇交力系），刚体处于平衡。利用刚体的平衡条件可以求出的未知量（即独立的平衡方程）个数最多为（　　）。

① 3 个　　② 4 个　　③ 5 个　　④ 6 个

3-10　平面力系平衡方程的二矩式应满足的附加条件是（　　）。平面力系平衡方程的三矩式应满足的附加条件是（　　）。

3-11　若空间力系各力作用线都平行于某一固定平面，则其最多的独立平衡方程有（　　）个；

若空间力系各力作用线都垂直于某一固定平面，则其最多的独立平衡方程有（　　）个；

若空间力系各力作用线分别在两个平行的固定平面内，则其最多的独立平衡方程有（　　）个。

3-12　试写出各类力系所具有的最大的独立平衡方程数目。

(1) 平面汇交力系（　　）　　(5) 空间汇交力系（　　）

(2) 平面力偶系（　　）　　(6) 空间力偶系（　　）

(3) 平面平行力系（　　）　　(7) 空间平行力系（　　）

(4) 平面任意力系（　　）　　(8) 空间任意力系（　　）

3-13　不计重量的直角杆 CDA 和 T 字形杆 DBE 在 D 处铰接，如图所示。若系统受力 $\boldsymbol{F}$ 作用，则支座 B 处约束力的大小为（　　），方向为（　　）。

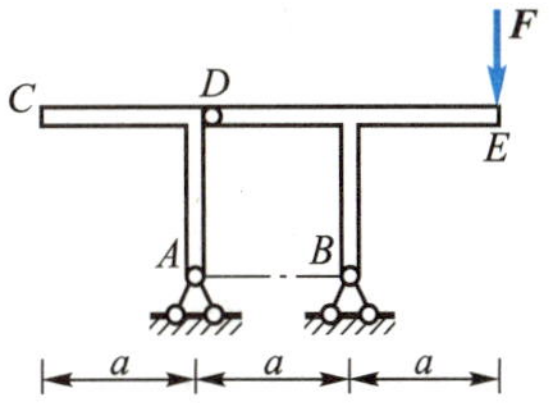

习题 3-13 图

3-14　由 n 个刚体组成的平衡系统，其中有 n_1 个刚体受到平面力偶系作用，n_2 个刚体受平面共点力系作用，n_3 个刚体受到平面平行力系作用，其余的刚体受平面任意力系作用,则该系统所能列出的独立平衡方程的最大总数是(　　)。

分析计算题

3-15 图示两种正方形结构所受载荷 $\boldsymbol{F}$ 均已知。试分析两种情形下杆 1、2、3 的受力情况。

3-16 图示为一绳索拔桩装置。绳索的 E、C 两点拴在架子上,点 B 与拴在桩 A 上的绳索 AB 连接,在点 D 加一铅垂向下的力 $\boldsymbol{F}$,AB 为铅垂,DB 为水平。已知 $\theta=0.1\ \text{rad}$,$F=800\ \text{N}$。试求绳 AB 中产生的拔桩力(当 θ 很小时,$\tan\theta\approx\theta$)。

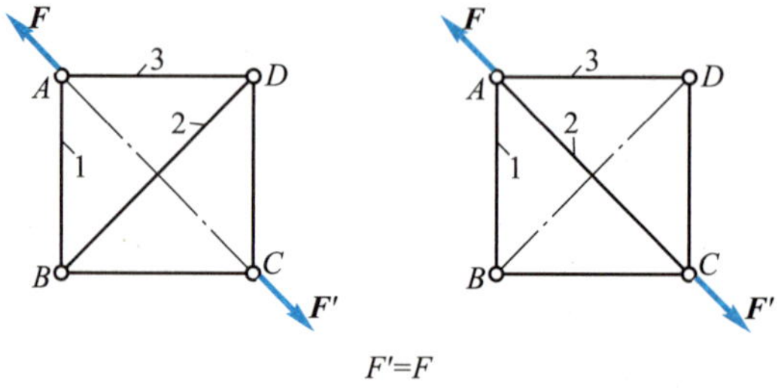

习题 3-15 图

3-17 杆 AB 及其两端滚子的整体重心在点 G,滚子搁置在倾斜的光滑刚性平面上,如图所示。对于给定的 θ 角,试求平衡时的 β 角。

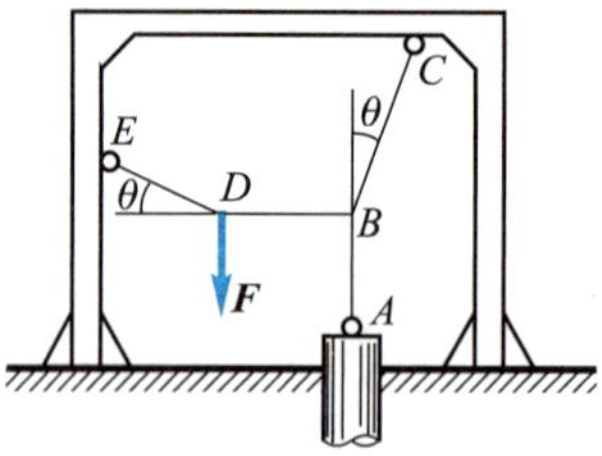

习题 3-16 图

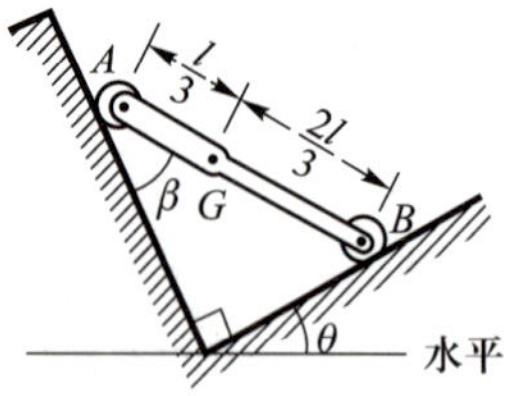

习题 3-17 图

3-18 试求图示两外伸梁的约束力,其中:(a) $M=60\ \text{kN}\cdot\text{m}$,$F_{\text{P}}=20\ \text{kN}$;(b) $F_{\text{P}}=10\ \text{kN}$,$F_{\text{P1}}=20\ \text{kN}$,$q=20\ \text{kN/m}$,$d=0.8\ \text{m}$。

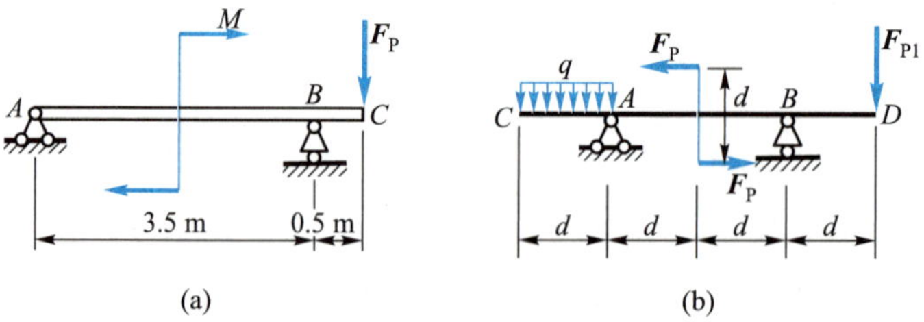

习题 3-18 图

3-19 直角折杆所受载荷、约束及尺寸均如图示。试求 A 处全部约束力。

3-20 图示拖车重 $W=20\ \text{kN}$,汽车对它的牵引力 $F=10\ \text{kN}$。试求拖车匀速直线行驶时,车轮 A、B 对地面的正压力。

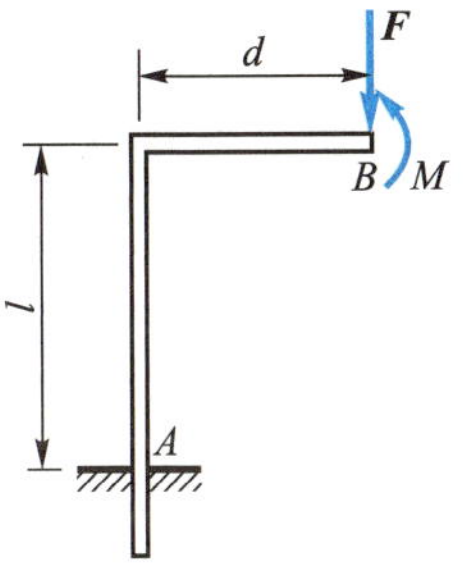

习题 3-19 图

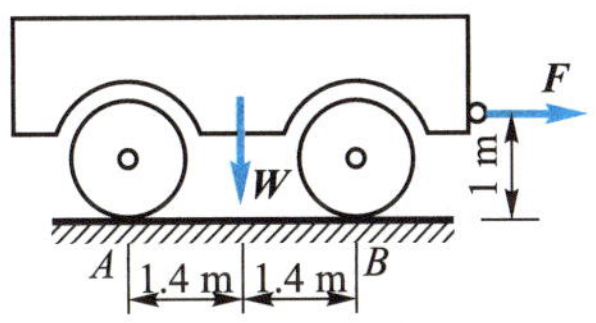

习题 3-20 图

3-21　起重机 ABC 具有铅垂转动轴 AB，起重机重 $W=3.5$ kN，重心在 D。在 C 处吊有重 $W_1=10$ kN 的物体。试求滑动轴承 A 和止推轴承 B 的约束力。

3-22　图示钥匙的截面为直角三角形，其直角边 $AB=d_1$，$BC=d_2$。设在钥匙上作用一个力偶矩为 M 的力偶。试求其顶点 A、B、C 对锁孔边的压力。不计摩擦，且钥匙与锁孔之间的隙缝很小。

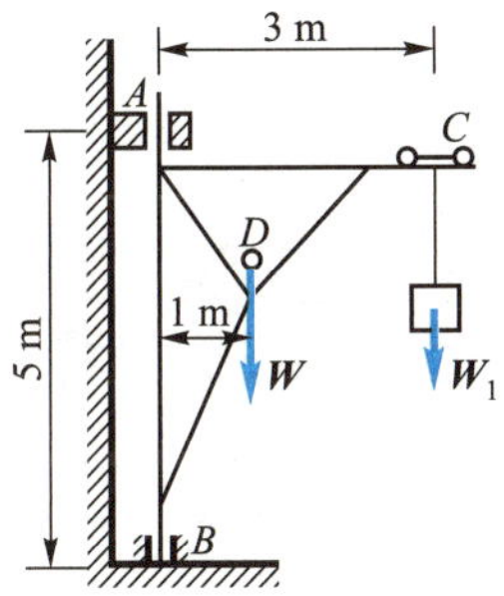

习题 3-21 图

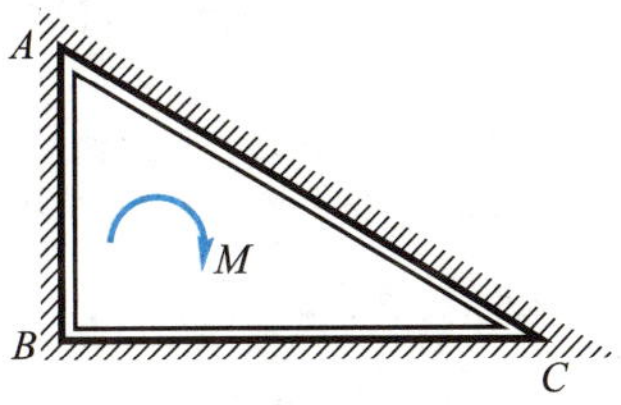

习题 3-22 图

3-23　图示一便桥自由地放置在支座 C 和 D 上，支座间的距离 $CD=2d=6$ m。桥面重 $\frac{5}{3}$ kN/m。试求当汽车从桥上面驶过而不致使桥面翻转时桥的悬臂部分的最大长度 l。设汽车的前后轮的负重分别为 20 kN 和 40 kN，两轮间的距离为 3 m。

3-24　图示起重机装有轮子，可沿轨道 A、B 移动。起重机桁架下弦 DE 的中点 C 上挂有滑轮（图未画出），用来提起挂在索链 CG 上的重物。从材料架上提起的物料重 $W=50$ kN。当此重物离开材料架时，索链与铅垂线成 $\alpha=20°$角。为了避免重物摆动，又用水平绳索 GH 拉住重物。设索链张力的水平分力仅由右轨道 B 承受，试求当重物离开材料架时轨道 A、B 的受力。

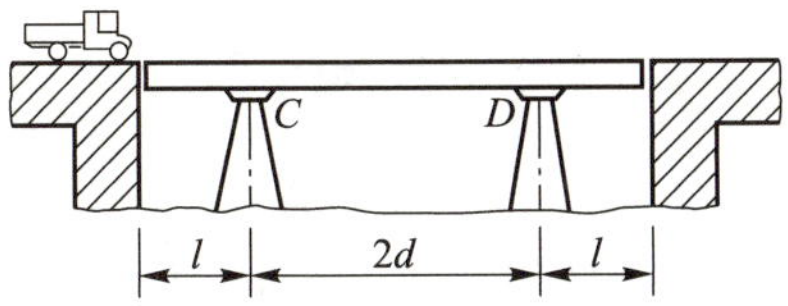

习题 3-23 图

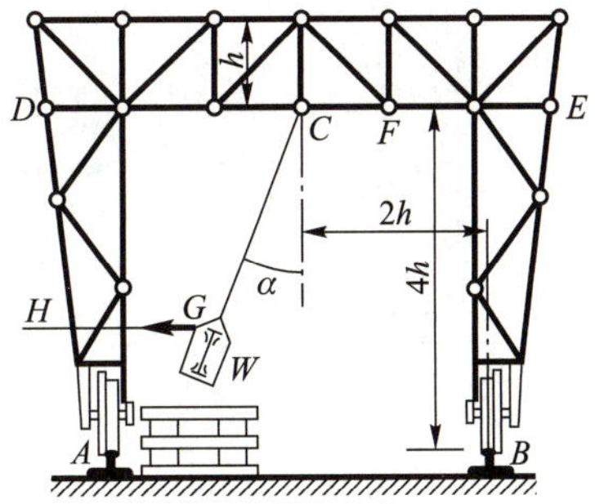

习题 3-24 图

3-25 试求图示静定梁在 A、B、C 三处的全部约束力。已知 d、q 和 M。注意比较和讨论图 a、b、c 三梁的约束力及图 d、e 两梁的约束力。

3-26 题图上部为小腿的骨架。通过附着在髋部 A 和膝盖骨 B 上的股四头肌使小腿抬起。膝盖骨可在膝关节的软骨上自由滑动。股四头肌进一步延伸，并与胫骨 C 相附着。小腿的力学模型示于题图的下部。试求股四头肌的拉力 $\boldsymbol{F}_{\mathrm{T}}$ 和股骨关节(铰)D 受到的合力大小。小腿质量为 3.2 kg，质心为 G_1，脚的质量为 1.6 kg，质心为 G_2。

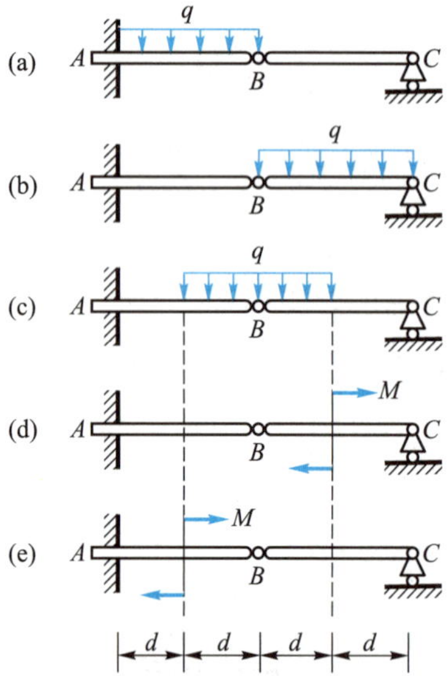

习题 3-25 图

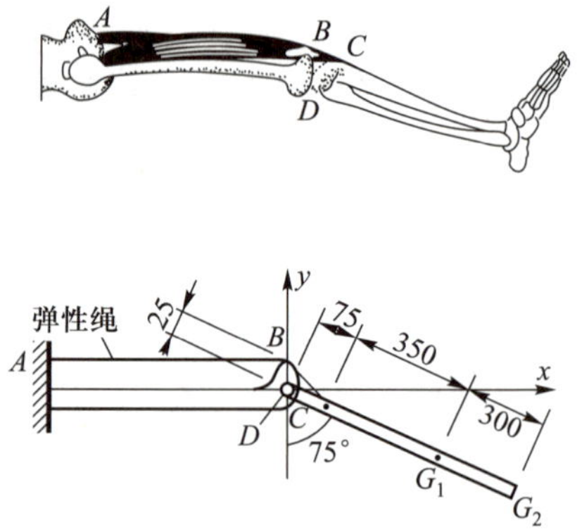

习题 3-26 图

3-27 木支架结构的尺寸如图所示，各杆在 A、D、E、F 处均以螺栓连接，C、G 处用铰链与地面连接。在水平杆 AB 的 B 端挂一重物，其重 $W=5$ kN。若不计各杆的重，试求 C、G、A、E 各处的约束力。

3-28 图示一活动梯子放在光滑水平的地面上，梯子由 AC 与 BC 两部分组成，每部分的重量均为 150 N，重心在杆的中点，彼此用铰链 C 与绳子 EF 连接。今有一重为 600 N 的人，站在 D 处，试求绳子 EF 的拉力和 A、B 两处的约束力。

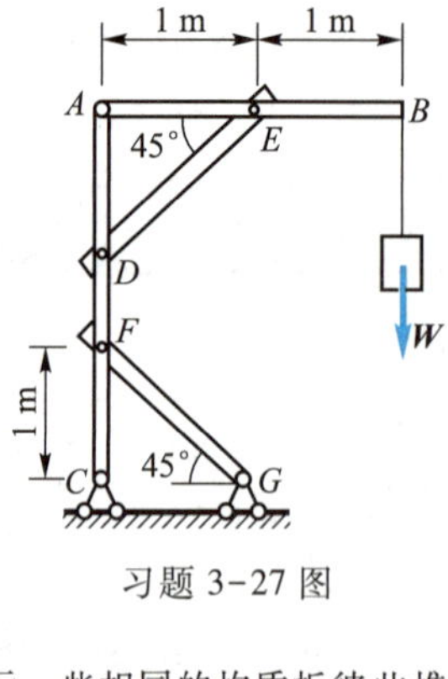

习题 3-27 图

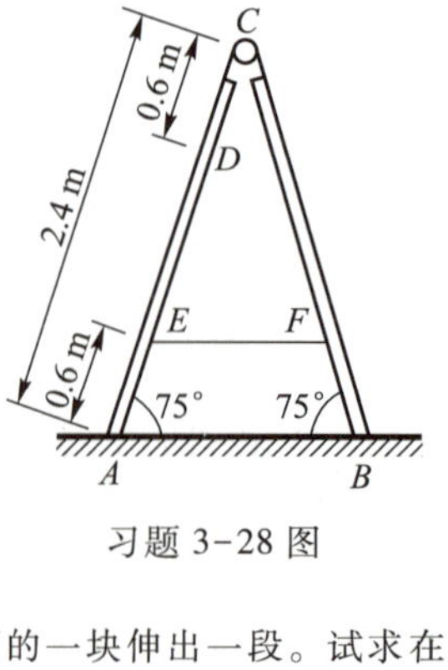

习题 3-28 图

3-29 图示一些相同的均质板彼此堆叠，每一块板都比下面的一块伸出一段。试求在这些板能处于平衡的条件下各伸出段的极限长度。已知板长为 $2l$。

提示:在解题时,逐一地把从上开始的各板重量相加。

3-30　飞机起落架由弹簧液压杆 AD、油缸 D 及两个绕枢轴转动的连杆 OB 和 CB 组成,如图所示。假设飞机起飞或降落时以匀速沿着跑道运动,轮子所支承的载荷为 24 kN。试求 A 处销所受的力。

3-31　承重装置如图所示,A、B、C 三处均为铰链连接,各杆和滑车的重量略去不计。试求 A、C 二处的约束力。

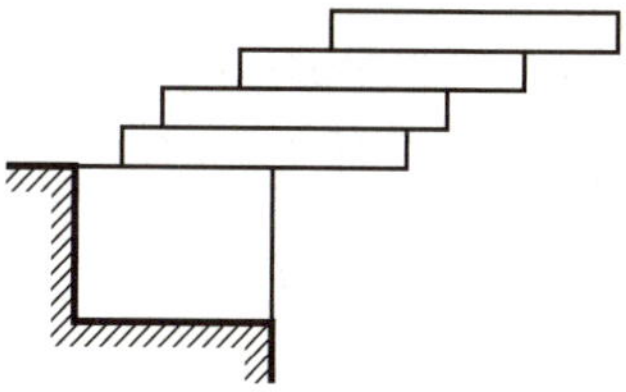

习题 3-29 图

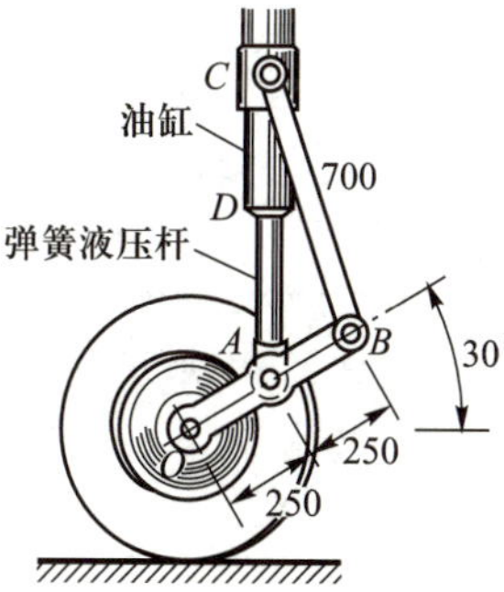

习题 3-30 图

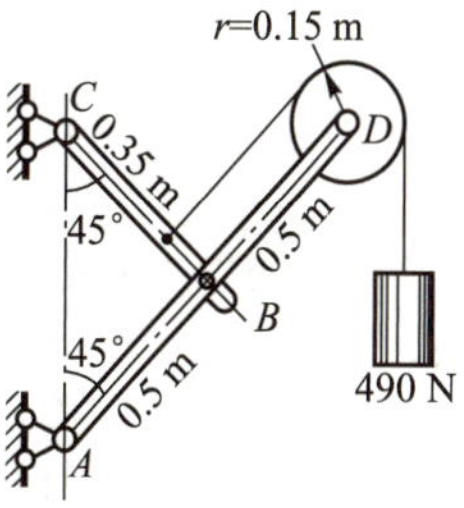

习题 3-31 图

3-32　图示厂房构架为三铰拱架。桥式吊车顺着厂房(垂直于纸面方向)沿轨道行驶,吊车梁的重量为 $W_1=20$ kN,其重心在梁的中点。吊车和起吊重物的重量为 $W_2=60$ kN。每个拱架的重量为 $W_3=60$ kN,其重心在点 D、E,正好与吊车梁的轨道在同一铅垂线上。风压的合力为 10 kN,方向水平。试求当吊车位于离左边轨道的距离等于 2 m 处时,铰支座 A、B 二处的约束力。

3-33　图示为汽车台秤简图,BCF 为整体台面,杠杆 AB 可绕轴 O 转动,B、C、D 三处均为铰链,杆 DC 处于水平位置。试求平衡时砝码重 W_1 与汽车重 W_2 的关系。

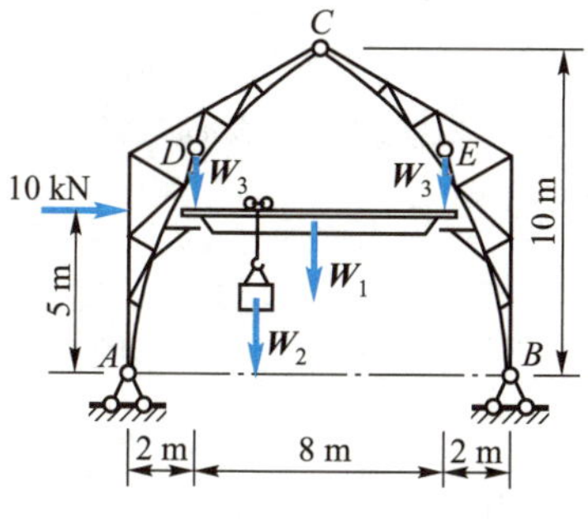

习题 3-32 图

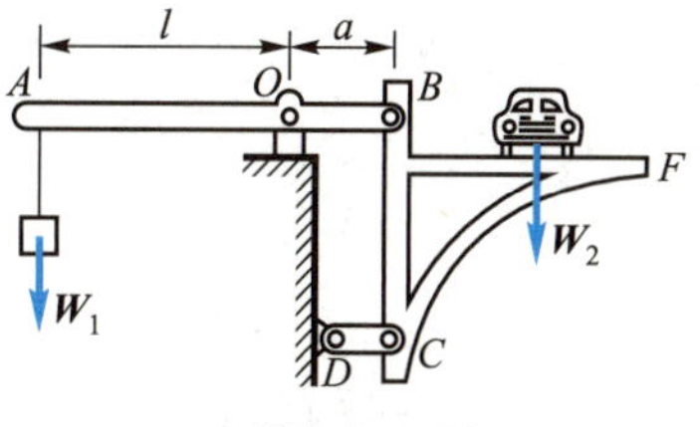

习题 3-33 图

3-34　图示体重为 W 的体操运动员在吊环上做十字支撑。已知 l、θ、d(两肩关节间距)、W_1(两臂总重)。假设手臂为均质杆,试求肩关节受力。

3-35　图示圆柱形的杯子倒扣着两个重球,每个球重为 W,半径为 r,杯子半径为 R,$r<R<2r$。若不计各接触面间的摩擦,试求杯子不致翻倒的最小杯重 P_{min}。

3-36　厂房屋架如图所示,其上承受铅垂均布载荷。若不计各构件重,试求杆 1、2、3 的受力。

3-37　结构由 AB、BC 和 CD 三部分组成,所受载荷及尺寸如图所示。试求 A、B、C 和 D 处的约束力。

3-38　图示圆柱体的质量为 100 kg,由三根绳子支承,其中一根与弹簧相连接,弹簧的刚度系数为 $k=1.5$ kN/m。试求各绳中的拉力与弹簧的伸长量。

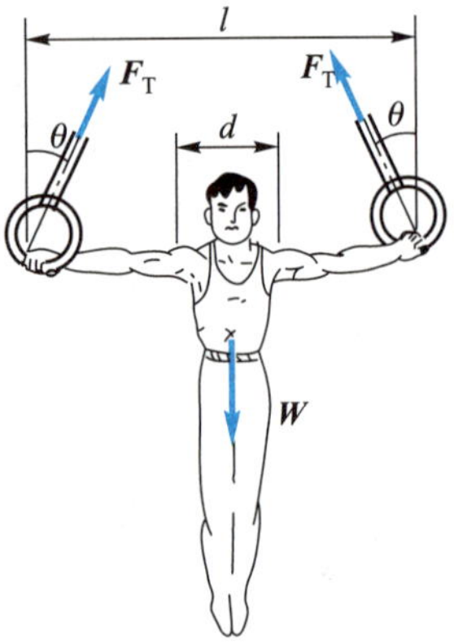

习题 3-34 图

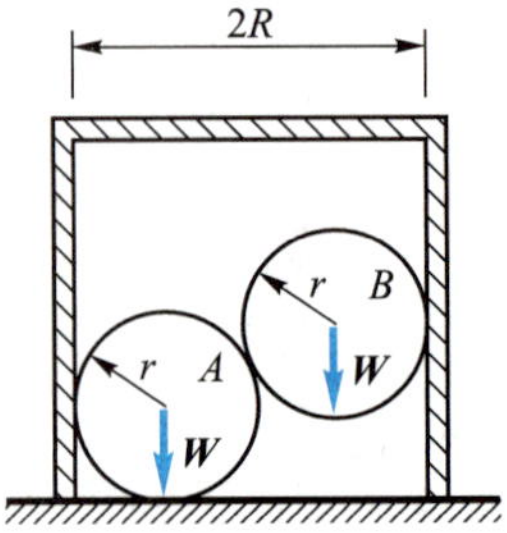

习题 3-35 图

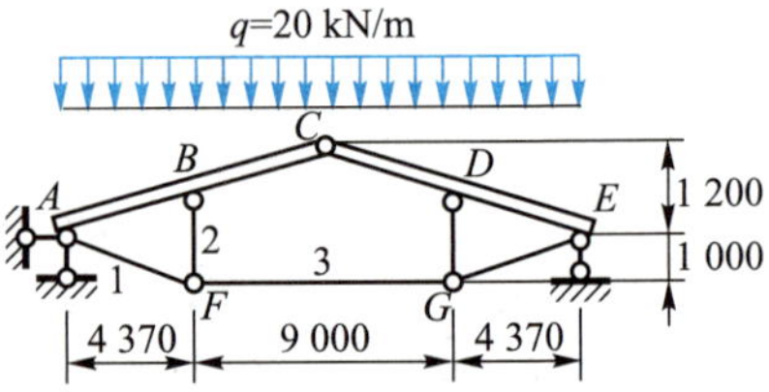

习题 3-36 图

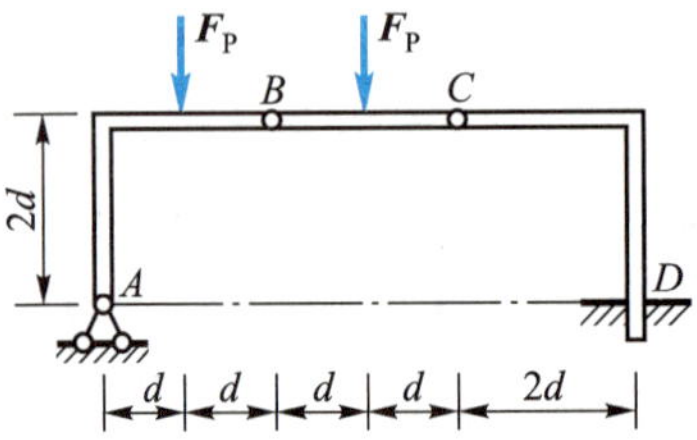

习题 3-37 图

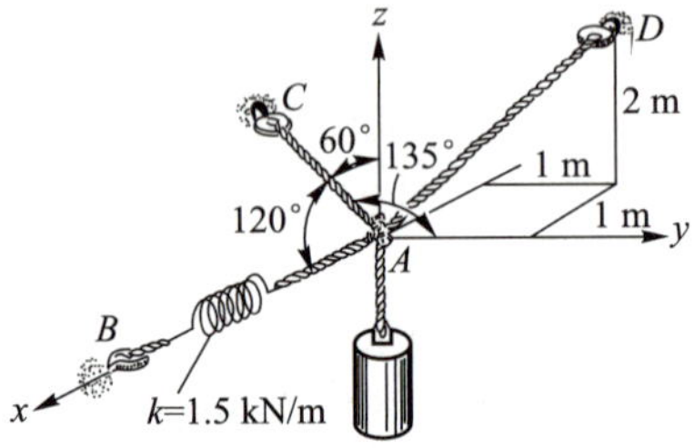

习题 3-38 图

3-39 由三脚架 $ABCD$、绞车 E 和滑轮 D 组成的提升机构，从矿井中吊起重量为 $W=30$ kN 的重物，如图所示。若俯视图中 ABC 为等边三角形，各杆和绳索 DE 与水平面都成 60°角，试求当重物被匀速吊起时各杆的内力。

3-40 图示均质光滑球的重量为 W，半径为 r，绳子 AB 的长度为 $2r$，绳子的 B 端固定在相互垂直的两铅垂墙壁的交线上。试求绳子 AB 的拉力 F_T 和墙壁对球的约束力 F_R。

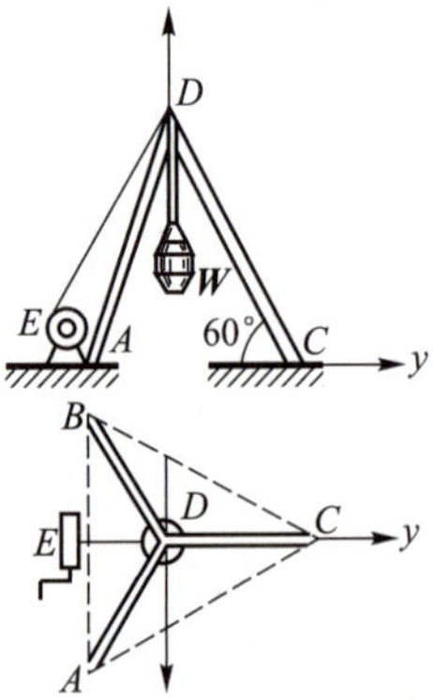

习题 3-39 图

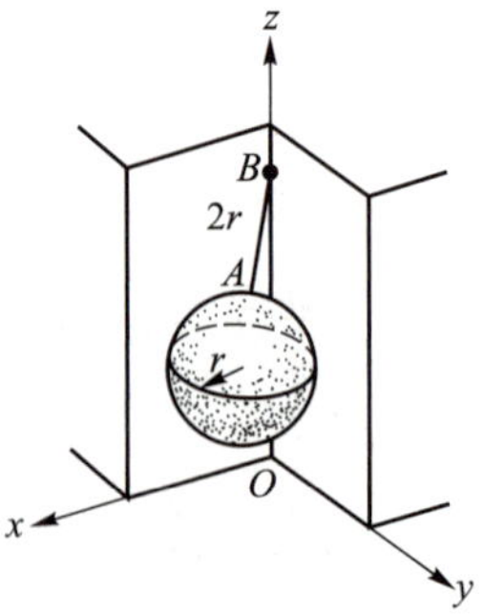

习题 3-40 图

3-41 作用在齿轮上的啮合力 F 推动带绕水平轴 AB 作匀速转动。已知带紧边的拉力为 200 N，松边的拉力为 100 N，尺寸如图所示。试求力 F 的大小和轴承 A、B 的约束力。

3-42　作用在踏板上的铅垂力 $\boldsymbol{F}_P$ 使得位于铅垂位置的连杆上产生拉力 $F_T=400$ N，图中尺寸均已知。试求轴承 A、B 的约束力。

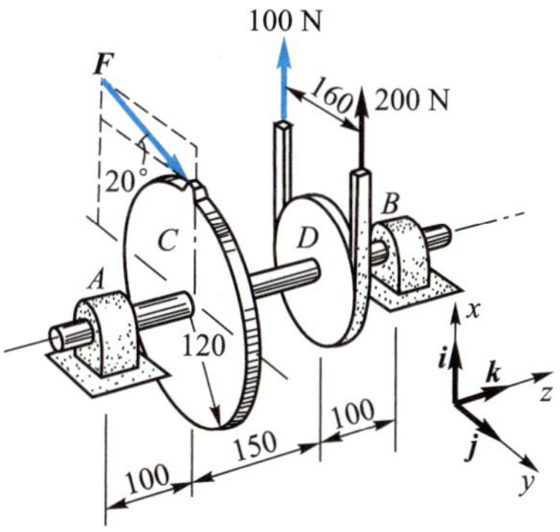

习题 3-41 图

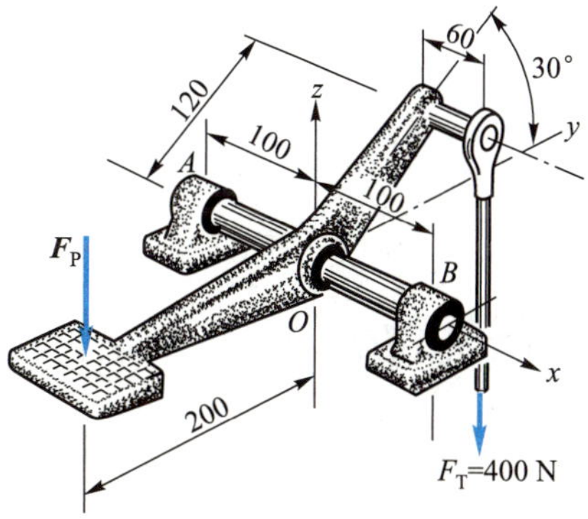

习题 3-42 图

3-43　正方形板 $ABCD$ 由六根直杆支撑于水平位置，若在点 A 沿 AD 方向作用水平力 $\boldsymbol{F}$，尺寸如图所示，不计板重和杆重。试求各杆的受力。

3-44　两均质杆 AB 和 BC 分别重为 W_1 和 W_2，其端点 A 和 C 处用固定球铰支撑在水平面上，另一端 B 用活动球铰相连接，并靠在光滑的铅垂墙上，墙面与 AC 平行，如图所示。如杆 AB 与水平线成 45°角，$\angle BAC=90°$，试求支座 A 和 C 的约束力及墙在 B 处的支承力。

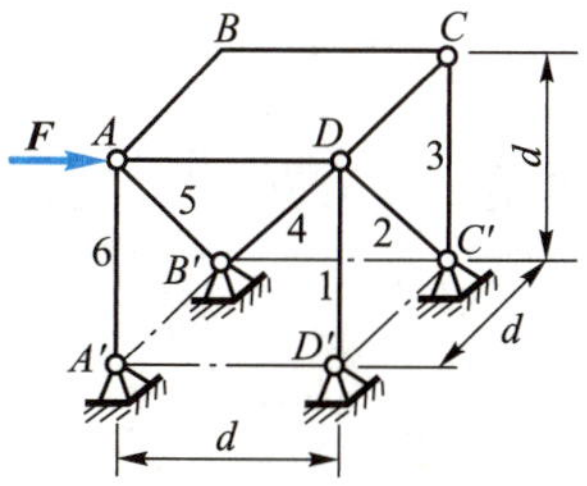

习题 3-43 图

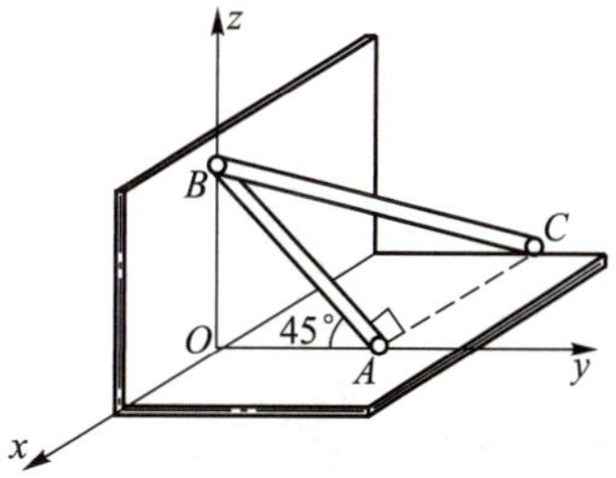

习题 3-44 图

3-45　图示三个相同的钢球，每个质量为 m，堆放在一段圆管内。圆管静置在水平面上，其高度略大于球的半径，其直径恰好使三个球轻微地相互接触。若在三球的上面再放上第四个相同的球，试求下面的三个球对圆管的作用力。

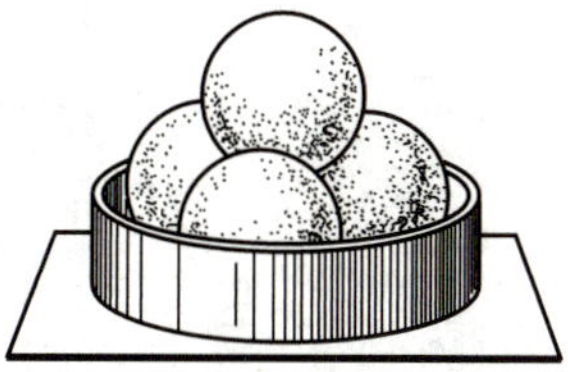

习题 3-45 图

第 4 章

静力学专题

本章介绍两个静力学专题:桁架与考虑摩擦时的平衡问题。

平面静定桁架的静力分析是桁架设计的基础。关于复杂桁架的静力分析,在“结构力学”课程中有专门而且更为详尽的论述,本书只着重讨论平面静定桁架的力学模型及其基本分析方法。

关于摩擦问题,本书主要讨论工程中常见的一类摩擦——干摩擦。重点是根据库仑定律,分析具有滑动摩擦或滚动阻碍时的平衡问题。

§4-1　平面静定桁架的静力分析

4-1-1　桁架及其工程应用

4-1　南京机场屋顶

桁架是一种常见的工程结构,特别是在大跨度建筑物或大型机械中,诸如屋架、铁路桥梁、油田井架、起重设备、飞机结构、雷达天线、导弹发射架、输电线路铁塔及某些电视发射塔等均属于桁架结构。图 4-1 与图 4-2 所示分别为屋顶桁架和桥梁桁架。

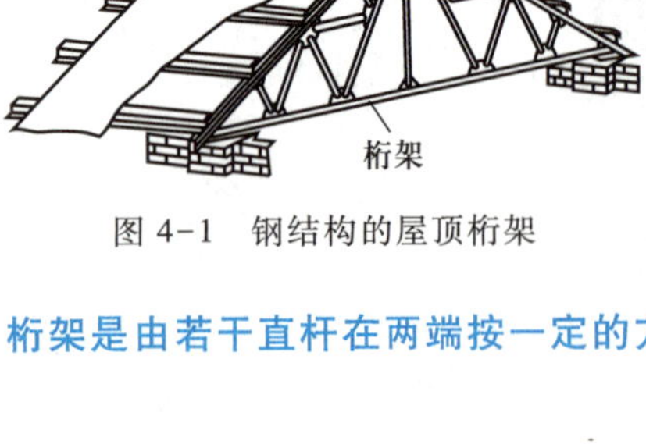

图 4-1　钢结构的屋顶桁架

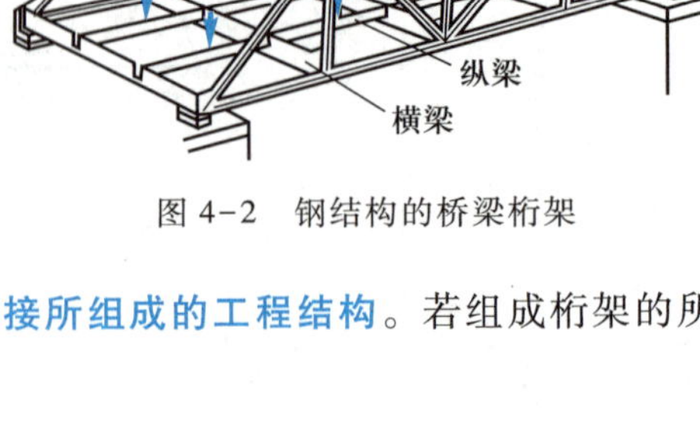

图 4-2　钢结构的桥梁桁架

桁架是由若干直杆在两端按一定的方式连接所组成的工程结构。若组成桁架的所有杆件均处在同一平面内，且载荷作用在相同的平面内，则称为**平面桁架**(planar truss)；如果这些杆件不在同一平面内，或者载荷不作用在桁架所在的平面内，则称为**空间桁架**(space truss)。某些具有对称平面的空间结构，当载荷均作用在对称面内时，对称面两侧的结构也可以视为平面桁架加以分析。图4-1所示为房屋结构中的平面桁架；图4-2所示则为桥梁结构中的空间桁架，当载荷作用在对称面内时，可视为平面桁架。

工程中桁架结构的设计涉及结构形式的选择、杆件几何尺寸的确定及材料的选用等。所有这些，都与桁架杆件的受力有关。本节主要研究简单的平面静定桁架杆件的受力分析。若将组成桁架的杆件视为弹性体，则这种分析又可称为桁架杆件的内力分析。

4-1-2　桁架的力学模型

桁架中各杆的连接点称为节点，节点处的实际结构比较复杂，需要加以简化，才便于进行受力或内力分析。

1. 杆件连接处的简化模型

桁架杆件端连接方式一般有铆接(图4-3a)、焊接(图4-3b)或螺栓连接(图4-3c)等，即将有关的杆件连接在一角撑板上，或者简单地在相关杆端部用螺栓直接连接。

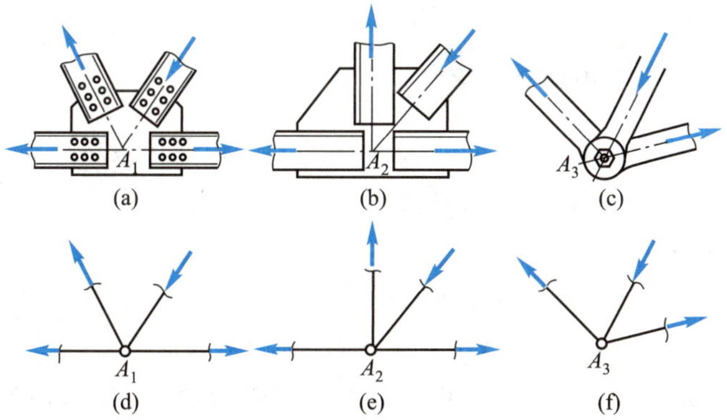

图4-3　桁架杆端连接方式及简化模型

实际上，桁架杆件端部并不能完全自由转动，因此每根杆的杆端均作用有约束力偶。这将使桁架分析过程复杂化。

理论分析和实测结果表明，如果连接处的角撑板刚度不大，而且各杆轴线又汇交于一点(如图4-3中的点 A_1、A_2、A_3)，**则连接处的约束力偶很小。这时，可以将连接处的约束简化为光滑铰链(图4-3d、e、f)，从而使分析和计算过程大大简化**。当要求更加精确地分析桁架杆件的内力时，才需要考虑杆端约束力偶的影响。这时，桁架将不再是静定的，而变为超静定的。但是，如果采用计算机分析，这类问题也不难解决。

2. 节点与非节点载荷的简化模型

理想桁架模型要求载荷都必须作用在节点上，这一要求对于某些屋顶和桥梁结构是能够满足的。图4-1所示屋顶桁架，屋顶的载荷通过檩条(梁)作用在桁架节点上；图4-2所示桥板上的载荷先施加于纵梁上，然后再通过纵梁对横梁的作用，由后者施加在两侧桁架上。这两种桁架简化模型分别如图 4-4、图 4-5 所示。

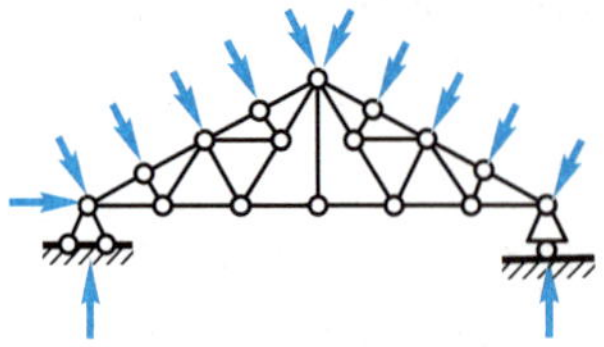

图 4-4 屋顶桁架模型

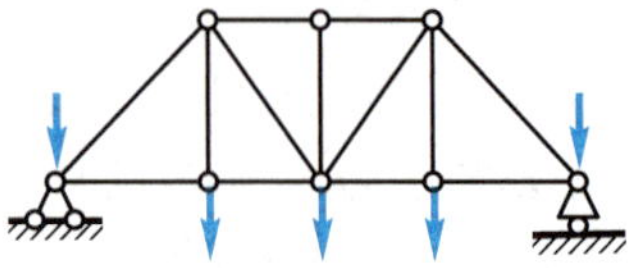

图 4-5 桥梁桁架模型

对于载荷不直接作用在节点上的情形（图 4-6），可以对承载杆作受力分析、确定杆端受力，再将其作为等效节点载荷施加于节点上。

此外，对于桁架杆件自重，一般情形下由于其引起的杆件受力要比载荷引起的小得多，因而可以忽略不计。在特殊情形下，亦可采用非节点载荷的简化方法。

根据上述简化模型，桁架所有杆件都是二力杆，即桁架杆件内力或为**拉力**（tensile force），或为**压力**（compressive force）。

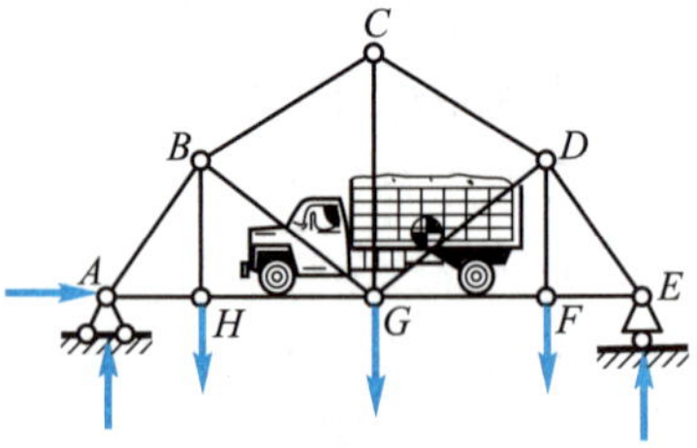

图 4-6 载荷不直接作用在节点上的桁架

4-1-3 桁架静力分析的基本方法

若桁架处于平衡，则它的任何一局部，包括节点、杆，以及用假想截面截出的任意局部都必须是平衡的。据此，产生分析桁架内力的“节点法”和“截面法”。

1. 节点法（method of joints，or pins）

以节点为研究对象，逐个考察其受力与平衡，从而求得全部杆件的受力的方法称为节点法。由于作用在节点上各力的作用线汇交于一点，故为平面汇交力系。因此，每个节点只有两个独立的平衡方程。通过逐个求解每个节点的平衡方程，可以求得静定桁架所有杆的内力。

［例题 4-1］ 平面桁架如图 4-7a 所示。若尺寸 d 和载荷 $\boldsymbol{F}_{\mathrm{P}}$ 均为已知，试求各杆的受力。

解： 首先考察整体平衡，求出支座 A、D 二处的约束力。桁架整体受力示于图 4-7a 中。根据整体平衡，列平衡方程：

$$\sum M_D=0,\qquad -F_{Ay}\cdot 3d+F_{\mathrm{P}}d=0$$
$$\sum F_y=0,\qquad F_{Ay}+F_{RD}-F_{\mathrm{P}}=0$$
$$\sum F_x=0,\qquad F_{Ax}=0$$

解得

$$F_{Ay}=\frac{1}{3}F_{\mathrm{P}},\qquad F_{RD}=\frac{2}{3}F_{\mathrm{P}},\qquad F_{Ax}=0$$

再以节点 A 为研究对象，假设杆件均受到拉力，其受力如图 4-7b 所示。由平衡方程

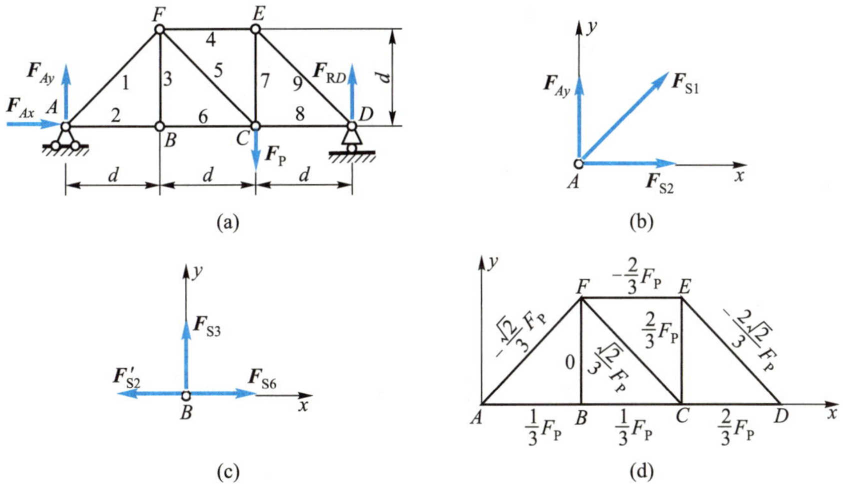

图 4-7　例题 4-1 图

$$\sum F_y=0,\qquad F_{Ay}+F_{S1}\sin 45^\circ=0$$

$$\sum F_x=0,\qquad F_{S2}+F_{S1}\cos 45^\circ=0$$

解得

$$F_{S1}=-\frac{\sqrt{2}}{3}F_P(\text{压}),\qquad F_{S2}=\frac{1}{3}F_P(\text{拉})$$

考察节点 B 的平衡,其受力图如图 4-7c 所示。由平衡方程 $\sum F_y=0$,得到

$$F_{S3}=0$$

这表明,杆 3 的内力为零。工程上将桁架中不受力的杆称为**零力杆或零杆**(zero-force member)。

以下可继续从左向右,也可从右向左,或者二者同时进行,考察有关节点的平衡,求出各杆内力。现将最后计算结果标注于图 4-7d 中。其中,"+"表示受拉(拉杆);"-"表示受压(压杆);"0"表示零杆。

读者可以注意到,本例所考察的节点是从 A 或 B 开始的,那么能否从考察节点 C 开始呢? 这个问题留给读者去思考,并从中归纳出"节点法"的要点。

2. 截面法(method of sections)

用假想截面将桁架截开,考察其中任一部分平衡,应用平衡方程,可以求出被截杆件的内力,这种方法称为截面法。截面法对于只需要确定部分杆件内力的情形,比较简便。

[例题 4-2]　试用截面法求例 4-1 中杆 4、5、6 的内力。

解:首先取整体,求出约束力,这一步与例 4-1 相同。然后用图 4-8 所示的假想截面将桁架截为两部分,假设截开的所有杆件均受拉力。考察左边部分的受力与平衡。写出平面力系的 3 个平衡方程,有

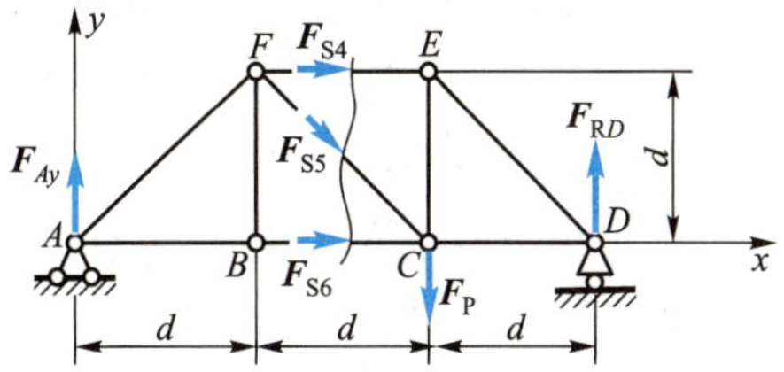

图 4-8　例题 4-2 图

$$\sum M_F(\boldsymbol{F})=0,\qquad -F_{Ay}d+F_{S6}d=0$$
$$\sum M_C(\boldsymbol{F})=0,\qquad -F_{Ay}\times 2d-F_{S4}d=0$$
$$\sum F_y=0,\qquad F_{Ay}-F_{S5}\times\frac{\sqrt{2}}{2}=0$$

由此解得

$$F_{S6}=F_{Ay}=\frac{1}{2}F_P(\text{拉}),\qquad F_{S4}=-2F_{Ay}=-\frac{2}{3}F_P(\text{压}),\qquad F_{S5}=\frac{\sqrt{2}}{3}F_P(\text{拉})$$

§4-2 考虑摩擦的平衡问题

前面几章所涉及的平衡问题,都没有考虑摩擦力,实际上是一种简化。这种简化,对于那些摩擦力较小(接触面光滑或有润滑剂时)的情形,是合理的。

工程中有一类问题,摩擦力不能忽略。例如车辆的制动、螺旋连接与锁紧装置、楔紧装置、缆索滑轮传动系统等。这类平衡问题统称为摩擦平衡问题。

分析摩擦平衡问题,需要应用摩擦的基本概念与有关定律,正确分析有摩擦力存在时物体的几种可能运动趋势,在此基础上建立包含摩擦力的平衡方程。

本节先介绍最常见的滑动摩擦平衡问题,涉及摩擦角、自锁等重要概念。然后介绍滚动阻碍。

4-2-1 摩擦与摩擦类型

相互接触的物体或介质在有相对运动(包括滑动与滚动)或有相对运动趋势的情形下,接触表面(或层)会产生阻碍相对运动或相对运动趋势的机械作用,这种现象称为**摩擦**(friction),相应的,阻碍相对运动的力称为**摩擦力**(friction force)。

根据相互接触的物体或介质,摩擦可分为**干摩擦**(dry friction)和**湿摩擦**,以及**流体摩擦**(fluid friction)。

干摩擦和湿摩擦——两固体相互接触且有相对滑动或滑动趋势时,二者接触面便会产生阻碍相对滑动的机械作用,通常称之为滑动摩擦。若接触面间没有润滑,则这种摩擦称为干摩擦;若接触面间有润滑,则这种摩擦称为湿摩擦。

流体摩擦——液体或气体流动过程中相邻层面之间产生的摩擦,以及液体或气体流过固体表面时二者接触面之间的摩擦,统称为流体摩擦。

需要指出的是,变形固体受力后,其内部各部分发生相对运动,这时相对运动部分之间也会产生摩擦,这种摩擦称为**内摩擦**(internal friction)。例如,置于真空环境中的弹性梁或弹簧(如图 4-9),振动后没有使振动衰减的外界阻尼

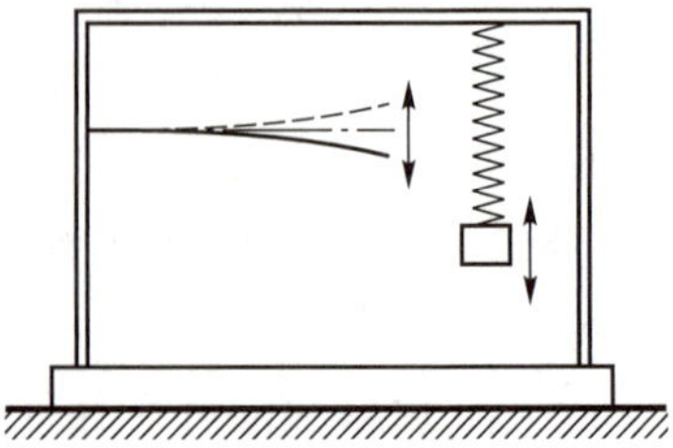

图 4-9 内摩擦引起真空环境中弹性振动的衰减

(例如空气),振动也会逐渐衰减直至完全停止,其原因就是弹性梁或弹簧材料的内摩擦。

这里仅讨论干摩擦。

4-2-2 滑动摩擦力 库仑定律

1. 静滑动摩擦力

当两接触面之间仅有相对运动趋势,尚未发生相对运动时的摩擦称为静滑动摩擦,简称静摩擦,这时的摩擦力称为**静滑动摩擦力**,简称**静摩擦力**。

考察质量为 m 的物块静止地置于水平面上,设二者接触面都是非光滑面。现在物块上施加水平力 $\boldsymbol{F}_P$,如图 4-10a 所示,并令其自零开始连续增大,物块的受力图如图 4-10b 所示。因为是非光滑面接触,故作用在物块上的约束力除法向力 $\boldsymbol{F}_N$ 外,还有切向摩擦力 $\boldsymbol{F}$。

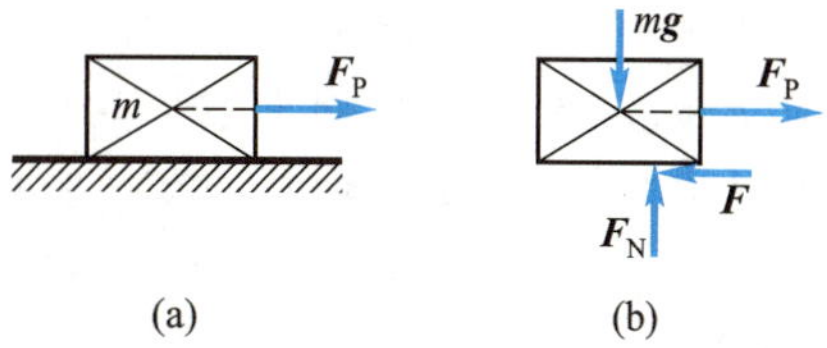

图 4-10 非光滑面约束及其约束力

当 $F_P=0$ 时,由于二者无相对滑动趋势,故静摩擦力 $F=0$。当 $\boldsymbol{F}_P$ 开始增加时,静摩擦力 $\boldsymbol{F}$ 随之增加,连续有 $F=F_P$,当 $\boldsymbol{F}_P$ 较小时,物块仍然保持静止。$\boldsymbol{F}_P$ 再继续增加,达到某一临界值 $\boldsymbol{F}_{Pmax}$ 时,摩擦力达到最大值,$F=F_{max}$(即 F_{smax},因以下主要研究静摩擦,故简记为 F_{max}),物块开始沿力 $\boldsymbol{F}_P$ 方向滑动。与此同时,F_{max} 突变至动滑动摩擦力 $\boldsymbol{F}_d$(F_d 略小于 F_{max})。此后,F_P 值若再增加,则 $\boldsymbol{F}$ 基本上保持为常值 F_d。若速度更高,则 F_d 值下降。上述过程中 F_P-F 关系曲线如图 4-11 所示。

F_{max} 称为**最大静摩擦力**(maximum static friction force),其大小与法向约束力 F_N 成正比,而与接触面积的大小无关,即

$$F_{max}=f_sF_N \tag{4-1}$$

式中,f_s 称为**静摩擦因数**(static friction factor),f_s 主要与材料和接触面的粗糙程度有关,可在机械工程手册中查到,但由于影响摩擦因数的因素比较复杂,所以如需较准确的 f_s 数值,则应由实验测定。式(4-1)即为**库仑摩擦定律**(Coulomb law of friction)。

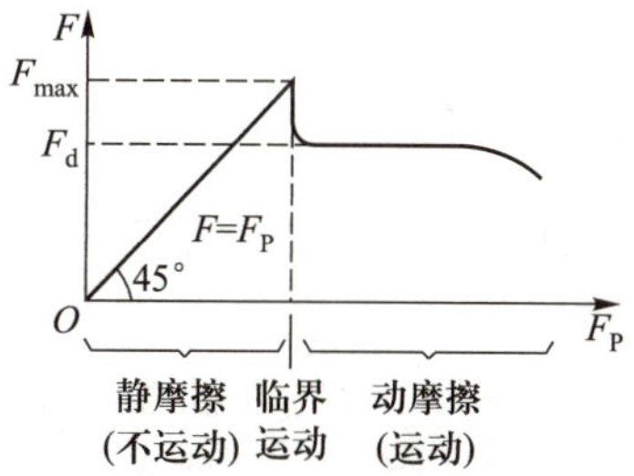

图 4-11 滑动摩擦力随外力增加而变化

上述分析表明,静摩擦力的方向与相对运动趋势的方向相反,静摩擦力的大小在零与最大静摩擦力之间,即

$$0\leqslant F\leqslant F_{max} \tag{4-2}$$

当摩擦力等于最大静摩擦力时,称为临界状态。在摩擦力没有达到临界状态时,静摩擦力的大小由平衡方程确定。

从约束的角度看,静摩擦力是有最大限定值的切向约束力。

2. 动滑动摩擦

当两接触面之间已经发生相对运动时的摩擦称为动滑动摩擦,这时的摩擦力称为**动滑动摩擦力**,简称**动摩擦力**(dynamic friction force),其方向与两接触面的相对速度方向相反,

其大小与正压力成正比，即

$$F_d = fF_N \tag{4-3}$$

式中，f 称为**动滑动摩擦因数**，简称**动摩擦因数**（dynamic friction factor），经典摩擦理论认为 f 与 f_s 均只与接触物体的材料和表面粗糙程度有关。一般有 $f<f_s$。

4-2-3 摩擦角与自锁现象

1. 摩擦角

考察图 4-12 所示的物块受力，当 $F_P<F_{max}$ 时，$\boldsymbol{F}_N+\boldsymbol{F}=\boldsymbol{F}_R$ 称为**全约束力**。全约束力 $\boldsymbol{F}_R$ 与法向约束力 $\boldsymbol{F}_N$ 的夹角用 φ 表示。由于 $F_N=mg$，其值为常量，故 $\boldsymbol{F}_R$ 与 φ 将随摩擦力 $\boldsymbol{F}$ 的增大而增大，同时由于三力（$\boldsymbol{F}_P$、$m\boldsymbol{g}$、$\boldsymbol{F}_R$）应汇交于点 O，$\boldsymbol{F}_R$ 增加时，摩擦力 $\boldsymbol{F}$ 随之增加，因而合力 $\boldsymbol{F}_R$ 的作用点 A 将向右移动。当 $\boldsymbol{F}=\boldsymbol{F}_{max}$ 时，全约束力达到最大值：$\boldsymbol{F}_R=\boldsymbol{F}_{Rmax}$，其作用点由 A 移至 A_m。这时夹角 φ 取最大值 φ_m，φ_m 称为摩擦角（angle of friction）。即：当静摩擦力达到最大值时，全约束力与法向约束力的夹角称为摩擦角。一般情形下：

$$0 \leqslant \varphi \leqslant \varphi_m \tag{4-4}$$

该式表示全约束力 $\boldsymbol{F}_R$ 的作用线在二维空间的变化范围。式（4-2）和式（4-4）分别为静摩擦力有最大限定值 F_{max} 这一概念的解析与几何表达式，因而二式等价。

当 $F=F_{max}$ 时，得到静摩擦因数与摩擦角的关系式：

$$\tan\varphi_m = \frac{F_{max}}{F_N} = f_s$$

故

$$\varphi_m = \arctan f_s \tag{4-5}$$

它表明，摩擦角的正切等于静摩擦因数。因此，φ_m 与 f_s 都是表示两物体间干摩擦性质的物理量。

在图 4-12 中，若连续改变作用线过点 O 的力 $\boldsymbol{F}_P$ 在水平面内的方向，则全约束力 $\boldsymbol{F}_R$ 的方向也随之改变。假设两物体接触面沿任意方向的静摩擦因数均相同，这样，当物体处于临界平衡状态时，全约束力 $\boldsymbol{F}_R$ 的作用线将在空间组成一个顶角为 $2\varphi_m$ 的正圆锥面，称之为**摩擦锥**（cone of static friction）（图 4-13）。摩擦锥是全约束力 $\boldsymbol{F}_R$ 在三维空间内的作用范围。

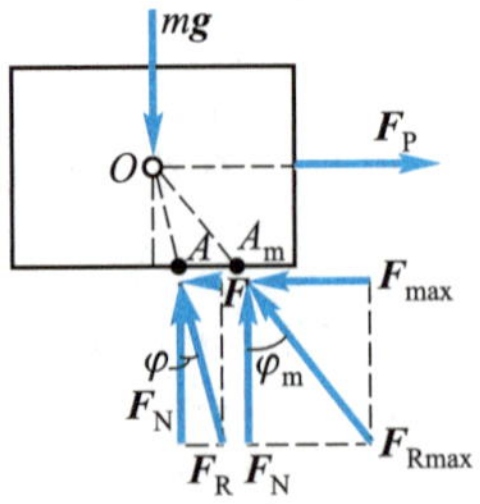

图 4-12 摩擦角的形成

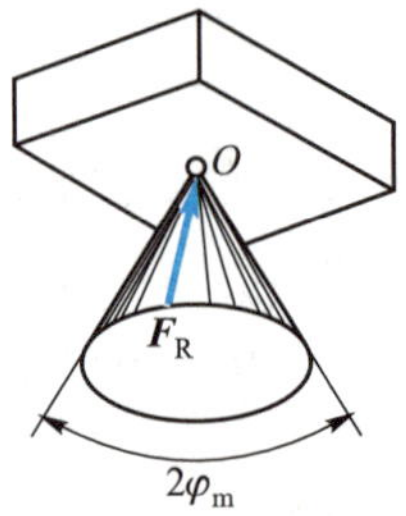

图 4-13 摩擦锥

2. 自锁

考察图 4-14 中所示物块在有摩擦力存在时的运动与平衡的可能性。设主动力合力 $\boldsymbol{F}_Q=\boldsymbol{W}+\boldsymbol{F}_P$，其中 $\boldsymbol{F}_P$ 为对物块的推力，采用几何法不难证明，当 $\boldsymbol{F}_Q$ 的作用线与接触面法线矢量 $\boldsymbol{n}$ 的夹角 θ 取不同值时，物块将存在三种可能状态。

- $\theta<\varphi_m$ 时，物块保持静止（图 4-14a）。
- $\theta>\varphi_m$ 时，物块发生运动（图 4-14b）。
- $\theta=\varphi_m$ 时，物块处于平衡与运动的临界状态（图 4-14c）。

读者不难看出，在以上的分析中，只涉及了主动力合力 $\boldsymbol{F}_Q$ 的作用线方向，而与其大小无关。

当主动力合力的作用线处于摩擦角（或锥）的范围内时，无论主动力有多大，物体必定保持平衡。这种力学现象称为自锁。

当主动力合力作用线处于摩擦角（或锥）的范围外时，无论主动力有多小，物体必定不能保持平衡。这种现象称为**不自锁**。

注意，在滑动摩擦力达到最大值的所有问题中，都存在自锁或不自锁问题。

4-2　自动门铰

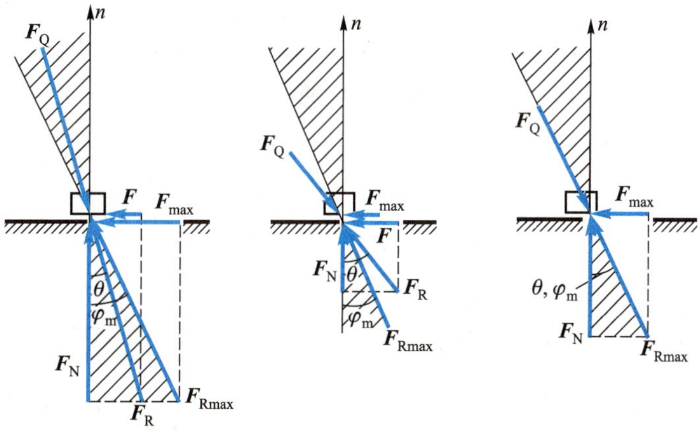

(a) $\theta<\varphi_m$　(b) $\theta>\varphi_m$　(c) $\theta=\varphi_m$

图 4-14　自锁现象的力学分析

对于图 4-15 中所示存在摩擦力的斜面-物块系统，在斜面坡度小到一定程度后，物块总能在主动力 $\boldsymbol{F}_Q$ 与全约束力 $\boldsymbol{F}_R$ 二力作用下保持平衡；而在坡度增大到一定程度后，则得到相反结果。读者应用几何法，不难得出自锁时斜面倾角 θ 必须满足

$$\theta\leqslant\varphi_m \tag{4-6}$$

这称为斜面-物块系统的自锁条件。

3. 螺旋器械的自锁条件

螺旋器械实际上由斜面-物块系统演变而成。以图 4-16a 所示的螺旋夹紧器为例，其支架上的阴螺纹在平面上展开后，即为一斜面。具有阳螺纹的螺杆，即可视为物块，如图 4-16b 所示。工程上对这种器械的要求是：当撤去作用在螺杆上使其上升的主动力矩时，螺杆必然

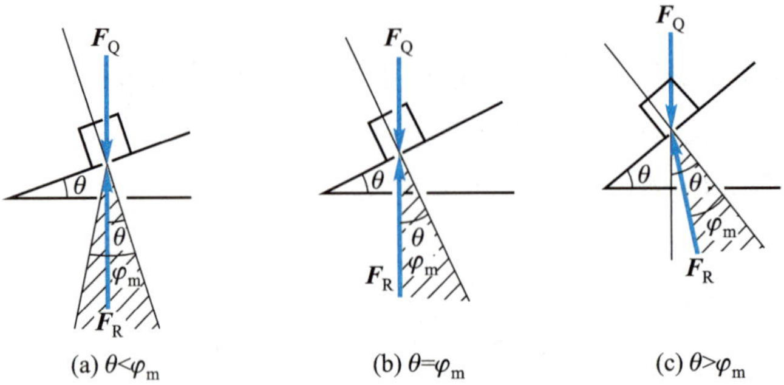

图 4-15 变化的斜面倾角 θ 与摩擦角 φ_m 的关系

保持静止，使所举重物能够停留在此时的高度上，而不致反向转动使重物下降，这就是自锁要求。为此，要求螺纹的螺旋角 θ 必须满足自锁条件式(4-6)。于是有

$$\theta=\arctan\frac{l}{2\pi r}\leqslant\varphi_m \tag{4-7}$$

4. 楔块与尖劈的自锁条件

楔块与尖劈也是一种类似斜面-物块系统的简单器械，可以用于将较小的主动力 $\boldsymbol{F}_P$ 变为更大的力 $\boldsymbol{F}_Q$，同时改变力的方向（图 4-17a）；可以通过它输出较小的位移，以调整重载荷 $\boldsymbol{W}_1$、$\boldsymbol{W}_2$、$\boldsymbol{W}_3$ 的位置（图 4-17b）；还可以用于连接两个有孔的零件（图 4-17c）。此外，桩和钉子的尖端也大都做成楔块或尖劈状。

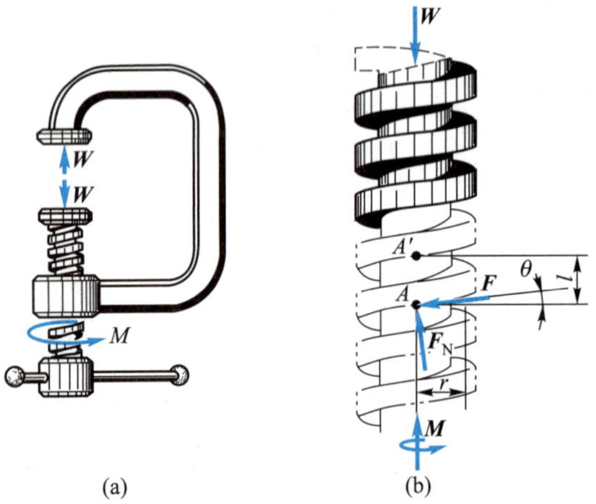

图 4-16 螺旋器械及其简化模型

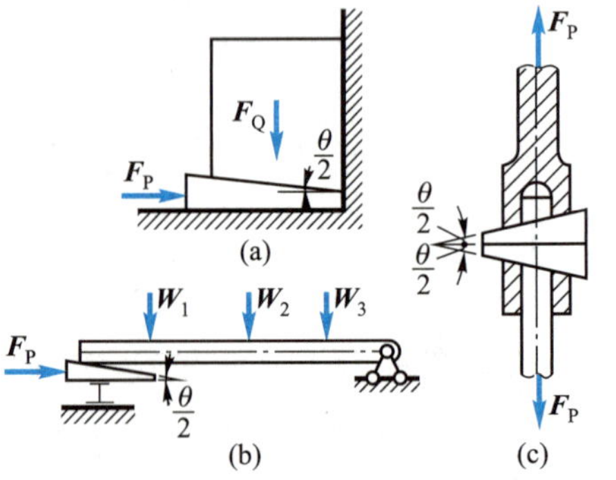

图 4-17 楔块与尖劈及其应用

楔块被楔入两物体后，要求当外加力除去时楔块不被挤压出来，亦即要求自锁。图 4-18a 所示为楔块受力的一般情形，其上两个侧面受有分布的法向约束力和摩擦力，全约束力为 $\boldsymbol{F}_R$。临界状态下，两侧的全约束力构成二力平衡，即楔块为二力构件。根据图中几何关系，得到自锁条件为

$$\theta\leqslant 2\varphi_m$$

显然，当 $\theta>2\varphi_m$ 时(图 4-18b)，楔块将不能保持平衡，在施加于其上的主动力除去后，楔块将从被楔入的物体中挤出，或者根本无法被楔入。

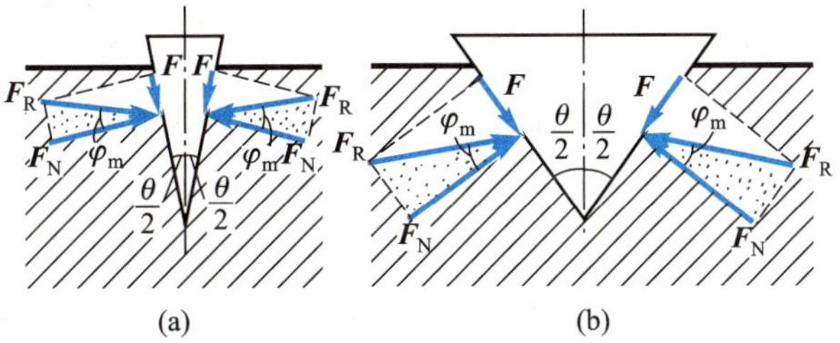

图 4-18 楔块与尖劈的自锁

4-2-4 摩擦平衡问题

1. 工程中常见的几类摩擦平衡问题

工程中常见的摩擦平衡问题有以下三类:

- **第一类问题**

在这类问题中，所有外加力都是已知的，摩擦因数亦已知，要求确定物体处于静止还是运动状态。

由于保持平衡所需的摩擦力是未知的，且摩擦力是否已达到最大值也是未知的，因而这类问题中摩擦力需要用平衡方程确定。

首先通过建立包括未知摩擦力在内的平衡方程，求得摩擦力 $\boldsymbol{F}$ 和法向约束力 $\boldsymbol{F}_N$(即正压力)。

再由库仑定律求得最大摩擦力 $\boldsymbol{F}_{max}$。

最后将 $\boldsymbol{F}$ 与 $\boldsymbol{F}_{max}$ 值相比较，若 $F<F_{max}$，则物体保持静止；若 $F>F_{max}$，则物体发生运动；若 $F=F_{max}$，则物体处于临界状态。

- **第二类问题**

这一类问题中，已知静摩擦因数，且物体处于临界状态，要求确定所加某个外力的大小和方向。

因为是临界状态，这时的摩擦力达到最大值即 $F_{max}=f_sF_N$，其方向与可能运动方向相反。将库仑定律(又称物理方程)与平衡方程联立即可求得未知的外加力。

- **第三类问题**

这类问题与第二类问题有相似之处，即物体亦处于临界状态，而且全部外加力都是已知的，所要求的却是静摩擦因数。

这时，由平衡方程可以确定法向约束力(即正压力)$\boldsymbol{F}_N$ 和临界状态时的最大摩擦力 $\boldsymbol{F}_{max}$，进而由库仑定律求得静摩擦因数 f_s。

2. 求解摩擦平衡问题的基本方法

与无摩擦平衡问题相似，求解摩擦平衡问题，依然是从受力分析入手，画出研究对象的

受力图,然后根据力系的特点建立平衡方程。但是摩擦平衡问题也有一些特殊之处,主要有以下几点:

- 分析受力时,摩擦力的方向一般不能任意假设(第一类问题除外),要根据相关物体接触面的相对滑动趋势预先判断确定。若系统的相对滑动趋势超过一种,则要分别求解。
- 作用于物体上的力系,包括摩擦力在内,除必须满足刚体的平衡条件外,摩擦力还必须满足摩擦的物理条件,即 $F\leqslant f_sF_N$。对于第一类问题取其中的不等号;对于第二、三类问题取其中的等号。
- 由于物理条件为不等式,故所求得的平衡条件不是一个定值,而是一个范围。但在计算过程中一般先采用等式 $F_{max}=f_sF_N$,得出结果后再根据判断采用不等号。

[例题 4-3]　图 4-19a 所示梯子 AB 一端靠在铅垂的墙壁上,另一端搁置在水平地面上。假设梯子与墙壁间为光滑约束,而与地面之间存在摩擦。已知静摩擦因数为 f_s,梯子重为 $\boldsymbol{W}$。试:

(1) 若梯子在倾角 θ_1 的位置保持平衡,求约束力 $\boldsymbol{F}_{NA}$、$\boldsymbol{F}_{NB}$ 和摩擦力 $\boldsymbol{F}_A$;

(2) 若使梯子不致滑倒,求其倾角 θ 的范围。

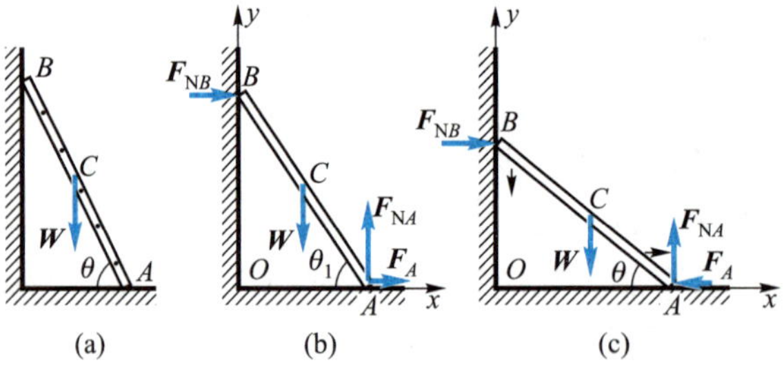

图 4-19　例题 4-3 图

解:本例的 1、2 两问,分别属于第一类和第二类问题。为简化计算,将梯子看成均质杆,设 $AB=l$。

(1) 梯子的受力图如图 4-19b 所示,其中将摩擦力 $\boldsymbol{F}_A$ 作为一般的约束力,设其方向如图示。于是有

$$\sum M_A(\boldsymbol{F})=0,\qquad W\frac{l}{2}\cos\theta_1-F_{NB}l\sin\theta_1=0$$

$$\boldsymbol{F}_{NB}=\frac{W\cos\theta_1}{2\sin\theta_1}\tag{a}$$

$$\sum F_y=0,\qquad F_{NA}=W\tag{b}$$

$$\sum F_x=0,\qquad F_A+F_{NB}=0,\qquad F_A=-\frac{W}{2}\cot\theta_1\tag{c}$$

与前几章求约束力相类似,$F_A<0$ 的结果表明图 4-19b 中所设的 $\boldsymbol{F}_A$ 方向与实际方向相反。

(2) 这是第二类问题,因此,摩擦力 $\boldsymbol{F}_A$ 的方向必须根据梯子在地上的滑动趋势预先确

定。这种情形下，梯子的受力图如图 4-19c 所示，于是平衡方程和物理条件分别为

$$\sum M_A(\boldsymbol{F})=0,\qquad W\frac{l}{2}\cos\theta-F_{NB}l\sin\theta=0 \tag{d}$$

$$\sum F_y=0,\qquad F_{NA}-W=0 \tag{e}$$

$$\sum F_x=0,\qquad F_A-F_{NB}=0 \tag{f}$$

物理方程

$$F_A=f_sF_{NA} \tag{g}$$

据此不仅可以解出 A、B 二处的约束力，而且可以确定保持平衡时梯子的临界倾角：

$$\theta=\operatorname{arccot}(2f_s) \tag{h}$$

由常识可知，θ 越大，梯子越易保持平衡，故平衡时梯子对地面的倾角范围为

$$\theta\geqslant\operatorname{arccot}(2f_s) \tag{i}$$

[例题 4-4]　图 4-20a 所示为攀登电线杆时所采用的脚套钩。已知套钩的尺寸 l、电线杆直径 D、静摩擦因数 f_s。试求套钩不致下滑时脚踏力 $\boldsymbol{F}_P$ 的作用线与电线杆中心线的距离 d。

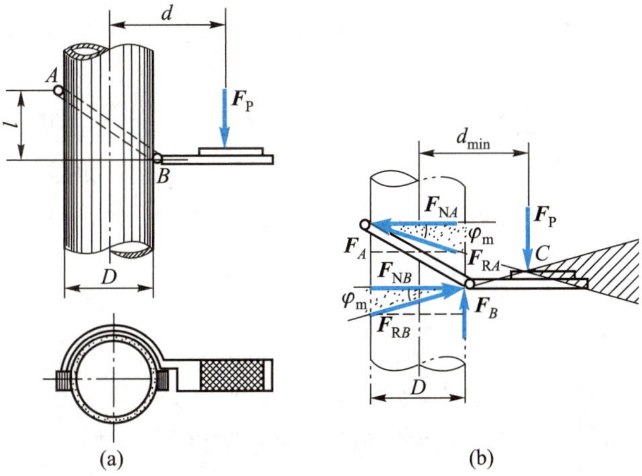

图 4-20　例题 4-4 图

解：本例已知静摩擦因数及外加力方向，求保持静止和临界状态的条件，因此需用平衡方程与物理条件联合求解，现用解析法与几何法分别求解。

(1) 解析法

以套钩为研究对象，其受力图如图 4-20b 所示。注意到，套钩在 A、B 两处都有摩擦，两处将同时达到最大摩擦力。应用平面力系平衡方程和 A、B 两处摩擦力的物理方程，有

$$\sum F_x=0,\qquad F_{NA}=F_{NB} \tag{a}$$

$$\sum F_y=0,\qquad F_A+F_B=F_P \tag{b}$$

$$\sum M_A(\boldsymbol{F})=0,\qquad F_{NB}l+F_BD=F_P\left(d+\frac{D}{2}\right) \tag{c}$$

$$F_{Am}=f_sF_{NA},\qquad F_{Bm}=f_sF_{NB} \tag{d}$$

联立求解得出套钩不致下滑的临界时的 d 为

$$d=\frac{l}{2f_s} \tag{e}$$

经判断,套钩不致下滑的范围为

$$d\geqslant\frac{l}{2f_s}$$

(2) 几何法

分别作出 A、B 两处的摩擦角,相应得到两处的全约束力 $\boldsymbol{F}_{RA}$ 和 $\boldsymbol{F}_{RB}$ 的方向(图 4-20b)。其中 $\boldsymbol{F}_{RA}=\boldsymbol{F}_A+\boldsymbol{F}_{NA}$,$\boldsymbol{F}_{RB}=\boldsymbol{F}_B+\boldsymbol{F}_{NB}$。于是,套钩应在 $\boldsymbol{F}_{RA}$、$\boldsymbol{F}_{RB}$、$\boldsymbol{F}_P$ 三个力作用下处于临界平衡状态,故三力必相交于一点 C。根据图 4-20b 的几何关系,有

$$\left(d-\frac{D}{2}\right)\tan\varphi_m+\left(d+\frac{D}{2}\right)\tan\varphi_m=l$$

$$\left(d-\frac{D}{2}\right)f_s+\left(d+\frac{D}{2}\right)f_s=l$$

由此解出

$$d=\frac{l}{2f_s}$$

现在的问题是,如何用几何法确定保持平衡时 d 的变化范围。根据库仑摩擦定律,$\boldsymbol{F}_{RA}$、$\boldsymbol{F}_{RB}$ 只能位于各自的摩擦角内;同时,由三力平衡条件,力 $\boldsymbol{F}_P$ 必须通过 $\boldsymbol{F}_{RA}$ 和 $\boldsymbol{F}_{RB}$ 两力的交点 C。为同时满足这两个条件,力 $\boldsymbol{F}_P$ 作用点必须位于图 4-20b 所示的三角形阴影线区域内。即

$$d\geqslant\frac{l}{2f_s}$$

[例题 4-5] 轴的摩擦制动装置简图如图 4-21a 所示,轴上外加的力偶矩 $M=1\ 000\ \text{N}\cdot\text{m}$,制动轮半径 $r=250\ \text{mm}$,制动轮与制动块间的静摩擦因数 $f_s=0.25$。试求制动时制动块加在制动轮上正压力的最小值。

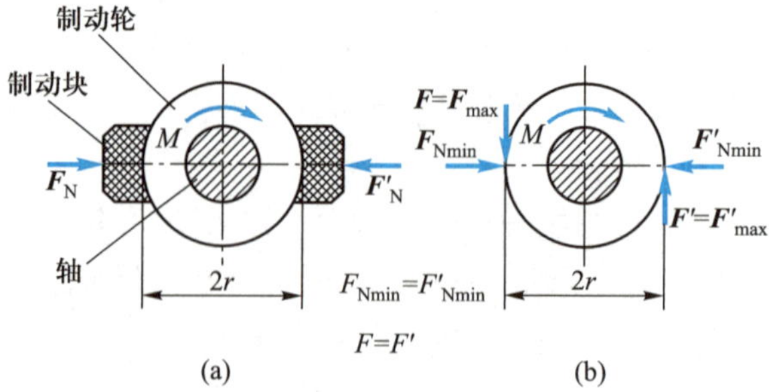

图 4-21 例题 4-5 图

解:制动块与制动轮之间的摩擦力与正压力有关,正压力太小,产生的摩擦力不能形成足够大的力偶矩以平衡外加力偶矩,因而达不到制动的目的。

现假设正压力的最小值为 F_{Nmin}，这时加在轴上的主动力偶矩和摩擦力偶矩正好使系统达到转动的临界状态。轴和制动轮组成的系统的受力图如图 4-21b 所示。根据对轴心的力矩平衡方程

$$\sum M(\boldsymbol{F})=0,\qquad F\cdot 2r-M=0 \tag{a}$$

而这时的摩擦力达到最大值。即

$$F_{\max}=f_{\mathrm{s}}F_{\mathrm{Nmin}} \tag{b}$$

将式(b)代入式(a)，得

$$F_{\mathrm{Nmin}}=\frac{M}{2f_{\mathrm{s}}r}=\left(\frac{1\ 000}{2\times 0.25\times 250\times 10^{-3}}\right)\mathrm{N}=8\ 000\ \mathrm{N}$$

[例题 4-6]　图 4-22a 所示起重用抓具，由弯杆 ABC 和 DEF 组成，两根弯杆由杆 BE 在 B、E 两处用铰链连接，抓具各部分的尺寸如图示。这种抓具是靠摩擦力抓取重物的。试求为了抓取重物，抓具与重物之间的静摩擦因数应为多大。

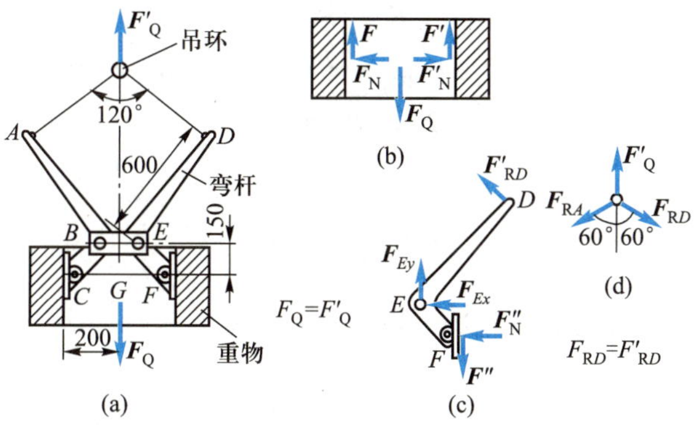

图 4-22　例题 4-6 图

解：这是一个具有摩擦的刚体系统平衡问题。只考虑整体或某个局部是不能求得问题的解答的。例如考虑重物的平衡，只能确定重量 $\boldsymbol{F}_{\mathrm{Q}}$ 与摩擦力 $\boldsymbol{F}$ 之间的关系，而摩擦力与正压力有关，在正压力未知的情形下，无法从重物的平衡求得所需的静摩擦因数。为求静摩擦因数，还必须考虑其他部分的平衡，以确定正压力与已知力 $\boldsymbol{F}_{\mathrm{Q}}$ 之间的关系。

设抓具与重物之间所需的最小静摩擦因数为 f_{s}，重物正好达到下滑临界状态。这时摩擦力达到最大值，即

$$F=F_{\max}=f_{\mathrm{s}}F_{\mathrm{N}} \tag{a}$$

将系统拆开，分别以重物、弯杆 DEF（或 ABC）、吊环为平衡对象，其受力分别如图 4-22b、c、d 所示。先考虑重物平衡，求得 f_{s} 与 $\boldsymbol{F}_{\mathrm{Q}}$、$\boldsymbol{F}_{\mathrm{N}}$ 的关系，再考虑弯杆 DEF 和吊环的平衡，求得 $\boldsymbol{F}_{\mathrm{N}}$ 与 $\boldsymbol{F}_{\mathrm{Q}}$ 的关系，最后便可求得 f_{s}。

(1) 考虑重物平衡，由图 4-22b 可以写出：

$$\sum F_y=0,\qquad 2F-F_{\mathrm{Q}}=0$$

$$F=\frac{F_{\mathrm{Q}}}{2} \tag{b}$$

将式(a)代入,得

$$2f_s F_N = F_Q$$

$$f_s = \frac{F_Q}{2F_N} \tag{c}$$

其中 F_N 尚未知。

(2) 考虑弯杆 DEF 的平衡,确定 $\boldsymbol{F}_N$。由图 4-22c 可以写出:

$$\sum M_E = 0, \quad F'_{RD}\times600\times10^{-3}\ \text{m} - F''\times200\times10^{-3}\ \text{m} - F''_N\times150\times10^{-3}\ \text{m} = 0$$

将式(b)代入,得

$$F''_N = \frac{600\times10^{-3}\ \text{m}\cdot F'_{RD} - 100\times10^{-3}\ \text{m}\cdot F_Q}{150\times10^{-3}\ \text{m}} \tag{d}$$

(3) 考虑吊环的平衡,确定 $\boldsymbol{F}_{RD}$。由图 4-22d 可以写出:

$$\sum F_x = 0, \quad F_{RD}\sin 60° - F_{RA}\sin 60° = 0$$

$$F_{RA} = F_{RD}$$

$$\sum F_y = 0, \quad -F_{RD}\cos 60° - F_{RA}\cos 60° + F_Q = 0$$

$$F_{RD} = F_{RA} = F_Q$$

将此式代入式(d)解出

$$F''_N = F_N = \frac{50}{15}F_Q$$

将这一结果代入式(c)便得到需要的最小静摩擦因数为

$$f_s = \frac{F_Q}{2F_N} = 0.15$$

[例题 4-7]　图 4-23a 所示结构中,上方为悬挂着的支架,其重为 $\boldsymbol{W}$,重心位于 C 处;下方为一圆轮,轮与轴重为 $\boldsymbol{W}_1$。图中几何尺寸 $2r_1 = r_2 = 2r, l_1 = l_2 = 3l_3 = 3l$。$A$、$B$ 二处的静摩擦因数均为 f_s。$\boldsymbol{F}_{Q1}$ 和 $\boldsymbol{F}_{Q2}$ 分别单独作用于轮轴上。试求机构平衡时水平拉力 $\boldsymbol{F}_{Q1}$ 和 $\boldsymbol{F}_{Q2}$ 的最大值。

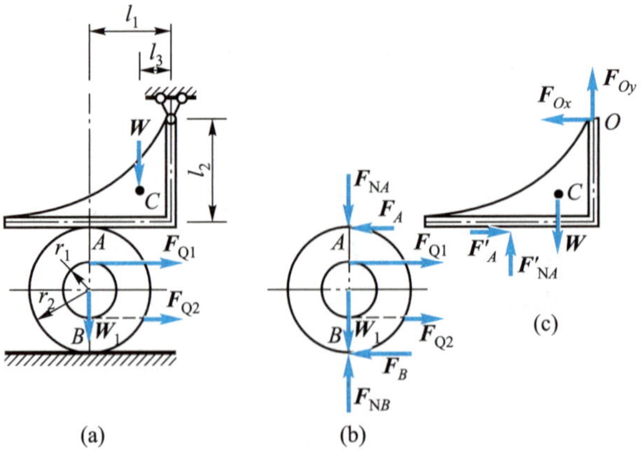

图 4-23　例题 4-7 图

解:分析轮和支架的受力(图 4-23b、c)时,需要正确判断 A、B 二处接触面滑动趋势,以确定二处的摩擦力 $\boldsymbol{F}_A$ 和 $\boldsymbol{F}_B$ 的方向,这一过程往往很困难,而且容易出错。

这时,若借助于平衡方程作定性分析则可正确确定 $\boldsymbol{F}_A$ 和 $\boldsymbol{F}_B$ 的方向。例如对轮应用 $\sum M_A(\boldsymbol{F})=0$ 和 $\sum M_B(\boldsymbol{F})=0$,即可确定 $\boldsymbol{F}_A$、$\boldsymbol{F}_B$ 的方向均自右向左。

(1) 单独施加 $\boldsymbol{F}_{Q1}$ 的情形

这种情形下,$\boldsymbol{F}_A$ 和 $\boldsymbol{F}_B$ 不相等。因此需要正确判断 $\boldsymbol{F}_A$ 和 $\boldsymbol{F}_B$ 中,二者"谁"先达到最大值。为此,一般采用**综合比较法**。根据

$$\sum F_y=0,\qquad F_{NB}=F_{NA}+W_1,\qquad F_{NB}>F_{NA} \tag{a}$$

又因为已知 $f_{sA}=f_{sB}$,故有

$$F_{A\max}=f_sF_{NA}<F_{B\max}=f_sF_{NB} \tag{b}$$

根据

$$\sum M_A(\boldsymbol{F})=0,\qquad F_B=\frac{1}{4}F_{Q1}$$

$$\sum M_B(\boldsymbol{F})=0,\qquad F_A=\frac{3}{4}F_{Q1}$$

故有

$$F_A>F_B \tag{c}$$

由式(b)、式(c)可知,平衡破坏时

$$F_A=F_{A\max}=f_sF_{NA},\qquad F_B<F_{B\max}=f_sF_{NB} \tag{d}$$

A 处滑动,B 处不滑动,即圆轮在水平地面上开始作**无滑动的滚动**(rolling without slipping),或称**纯滚动**(pure rolling)。

进而可确定 $F_{Q1\max}$。考虑图 4-23c 所示的支架受力图,有

$$\sum M_O(\boldsymbol{F})=0,\qquad F'_{NA}\times 3l=F'_A\times 3l+Wl \tag{e}$$

将式(d)代入式(e),又根据式(c),有

$$F_A=\frac{W}{3}\frac{f_s}{1-f_s}=\frac{3}{4}F_{Q1} \tag{f}$$

$$F_{Q1\max}=\frac{4}{9}\frac{Wf_s}{1-f_s} \tag{g}$$

(2) 单独施加 $\boldsymbol{F}_{Q2}$ 的情形

这种情形仍需判断 $\boldsymbol{F}_A$ 和 $\boldsymbol{F}_B$ 中哪一个先达到最大值。但综合比较的方法已不可行。这是因为虽然式(b)仍成立,但

$$F_B=\frac{3}{4}F_{Q2},\qquad F_A=\frac{1}{4}F_{Q2},\qquad F_A<F_B \tag{h}$$

不能确定哪一处先开始滑动。

这种情形下,需要采用**假设比较法**,即先假设 A 处滑动、B 处不滑动;再作相反的假设,最后将两种假设条件下所得的 $F_{Q2\max}$ 加以比较。

先设 A 处滑动、B 处不滑动。这种情况与前面单独施加 $\boldsymbol{F}_{Q1}$ 的情况相同，式(d)仍成立，所以可以利用上面的结果，所不同的是，现在有 $F_A=\frac{1}{4}F_{Q2}$，$F_B=\frac{3}{4}F_{Q2}$。式(f)变为

$$F_A=\frac{W}{3}\frac{f_s}{1-f_s}=\frac{1}{4}F_{Q2} \tag{i}$$

$$F_{Q2\max}=\frac{4f_s}{3(1-f_s)}W \tag{j}$$

再设 B 处滑动、A 处不滑动。有

$$F_B=f_sF_{NB} \tag{k}$$

在此式中，代入式(a)中的 F_{NB}，式(h)中的 F_A、F_B，有

$$\frac{3}{4}F_{Q2}=\left(\frac{1}{4}F_{Q2}+\frac{W}{3}+W_1\right)f_s$$

解得

$$F_{Q2\max}=\frac{4f_s(W+3W_1)}{3(3-f_s)} \tag{l}$$

最后的结果应取式(j)和式(l)中 $F_{Q2\max}$ 较小者。

上述分析过程表明：当结构中有多处存在摩擦，而平衡破坏时，各处摩擦力不一定同时达到最大值，这类问题称为**多点(处)摩擦问题**。求解这类摩擦问题的难点是，正确判断何处摩擦力最先达到最大值。这需要对摩擦平衡问题的有关概念和方法有深入的理解和灵活应用。

4-2-5 滚动阻碍概述

用滚动代替滑动，可以明显地提高效率，因而被广泛地采用。搬运沉重的物体，可在重物下安放一些小滚子(图4-24a)；轴在轴承中转动，用滚动轴承要比滑动轴承好(图4-24b)等。阻碍轮子滚动的机械作用是什么？滚动代替滑动为什么会省力？这是本节要解决的问题。为此，需要建立滚动时轮-轨约束的正确力学模型。

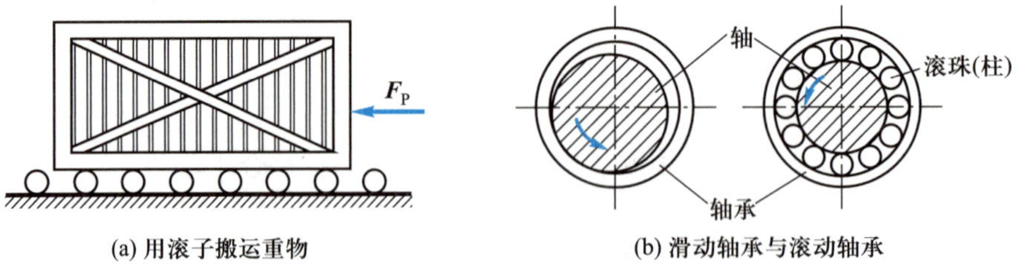

图4-24 滚动代替滑动的实例

1. 绝对刚性约束模型

考察置于路轨(或地面)上的轮子，如图4-25所示，设轮重为 $\boldsymbol{W}$。如将轮-轨间视为绝对刚性约束，则二者仅在点 A 接触。现在轮心 C 处施加拉力 $\boldsymbol{F}_T$。轮上除受法向约束力 $\boldsymbol{F}_N$

作用外，还受因阻碍轮缘上点 A 与轨发生相对滑动而产生的摩擦力 $\boldsymbol{F}$ 作用。不难看出，轮上作用的力系为不平衡力系，即只要施加微小的拉力 $\boldsymbol{F}_{\mathrm{T}}$，不管轮重 $\boldsymbol{W}$ 多大，轮都会在力偶（$\boldsymbol{F}_{\mathrm{T}}$，$\boldsymbol{F}$）作用下发生滚动。这显然与实际情况不符。

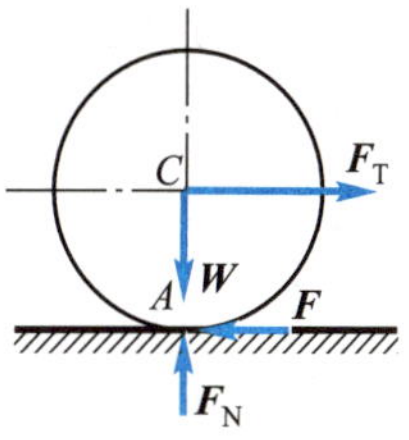

图 4-25　轮-轨的绝对刚性模型

事实是，只有当拉力 $\boldsymbol{F}_{\mathrm{T}}$ 达到一定数值时，车轮才开始滚动，否则仍保持静止。

产生这一矛盾的原因是，实际上轮-轨并不是绝对刚体，二者在重力 $\boldsymbol{W}$ 作用下，一般会产生少量的接触变形，从而影响约束力的分布。这表明，这种情况下必须考虑变形影响，因此绝对刚性的约束模型不适用。

2. 考虑接触变形的柔性约束模型

作为一种简化，仍将轮视为绝对刚体，而将轨视为具有接触变形的柔性约束，如图 4-26a 所示。

当轮受到较小的水平拉力 $\boldsymbol{F}_{\mathrm{T}}$ 作用后，轮-轨间约束力将不均匀地分布在小接触面上（图 4-26b）。可求此分布约束力系的合力 $\boldsymbol{F}_{\mathrm{R}}$（必汇交于点 C），将 $\boldsymbol{F}_{\mathrm{R}}$ 分解为 $\boldsymbol{F}_{\mathrm{N}}$ 和 $\boldsymbol{F}$，$\boldsymbol{F}_{\mathrm{R}}=\boldsymbol{F}_{\mathrm{N}}+\boldsymbol{F}$。这时 $\boldsymbol{F}_{\mathrm{N}}$ 已偏离线 AC 一微小距离 δ_1（图 4-26c），连续增加拉力 $\boldsymbol{F}_{\mathrm{T}}$，$\boldsymbol{F}_{\mathrm{N}}$ 的作用点与线 AC 之间的距离也随之增加，当增加到某一 δ 值时，轮开始滚动。

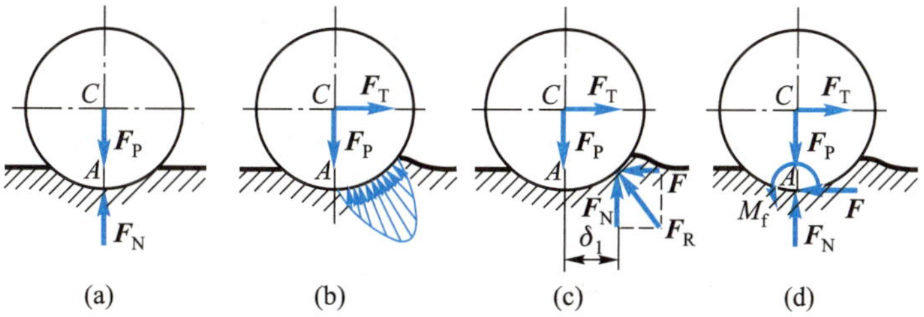

图 4-26　柔性约束模型与滚动阻碍分析

3. 滚动阻碍

在上述过程中将 $\boldsymbol{F}_{\mathrm{N}}$、$\boldsymbol{F}$ 向点 A 简化（图 4-26d），得 $\boldsymbol{F}_{\mathrm{N}}$、$\boldsymbol{F}$ 及一力偶 M_{f}，这个力偶称为**滚动阻碍**（rolling resistance）或**滚动阻力偶**，是由于轮-轨接触变形而形成的一个阻力偶，它的转向与相对滚动的转向相反，其力偶矩的大小与滑动摩擦力类似，在零到一个最大值的范围内变化

$$0 \leqslant M_{\mathrm{f}} \leqslant M_{\max} \tag{4-8}$$

$M_{\max}$ 称为最大滚动阻力偶。一旦发生滚动后，滚动阻力偶矩的大小近似等于 $M_{\max}$。最大滚动阻力偶的力偶矩与法向约束力成正比

$$M_{\max}=\delta F_{\mathrm{N}} \tag{4-9}$$

上式称为**滚动阻碍定律**，其中，δ 称为**滚动阻碍系数**（coefficient of rolling resistance），是二者接触变形区域大小的一种量度，具有长度量纲。例如，低碳钢车轮在钢轨上滚动时，$\delta \approx 0.5$ mm；硬质合金钢球轴承在钢轨上滚动时，$\delta \approx 0.1$ mm 等。

滚动阻力偶 M_f 数值与滚动阻碍系数 δ 的大小有关。火车车轮必须在钢轨上行驶，骑自行车时要把轮胎充足气，同样的自行车在柏油路上、一般土路上或沙滩上骑行的感觉大不相同，都与此有关。

4. 滑动摩擦力在滚动运动中的作用

上述分析结果表明，物体滚动前后，除存在滚动阻力偶 M_f 外，还存在滑动摩擦力 $\boldsymbol{F}$，这种力阻碍轮与轨在接触处发生相对滑动，但不阻碍滚动，相反还是轮产生滚动的条件。如图 4-26d 所示，只有足够大的 $\boldsymbol{F}$ 与拉力 $\boldsymbol{F}_T$ 形成足够大的主动力偶才能克服滚动阻力偶 M_f。这就是为什么车辆轮胎上要刻上花纹，雪地行车要在轮胎上系上链条，火车爬坡时要在钢轨上撒上沙子的原因。

物体在主动力作用下克服滚动阻力偶产生滚动时，其滑动摩擦力远远小于最大摩擦力，即

$$F \ll F_{max}$$

这表明轮可以在较小的主动力作用下滚动而不滑动，因而滚动比滑动省力。

如图 4-27a 所示，欲使重 $\boldsymbol{W}$ 的物块滑动所需拉力为

$$F_{T1} = F_{max} = f_s F_N = f_s W$$

而在图 4-27b 中，使同样重 $\boldsymbol{W}$ 的轮子滚动所需拉力则为

$$F_{T2} = F = \frac{F_N \delta}{r} = W\frac{\delta}{r}$$

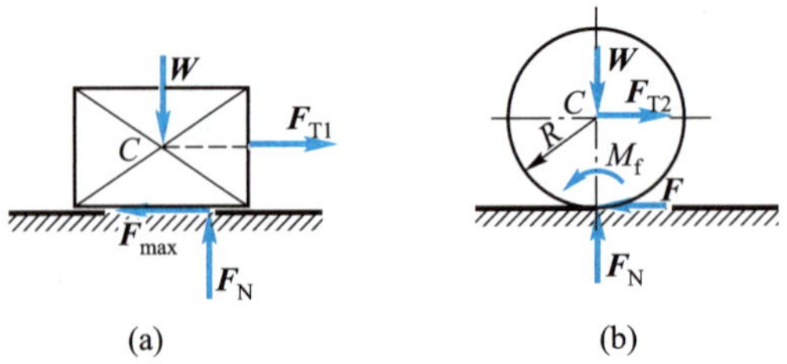

图 4-27　滑动与滚动受力比较

一般情形下，$\delta/r \ll f_s$，故有

$$F_{T2} \ll F_{T1}, \qquad F \ll F_{max}$$

以半径为 450 mm 的充气橡胶轮胎在混凝土路面上滚动为例，若 $\delta \approx 3.15$ mm，而 $f_s = 0.7$，则有

$$\frac{F_{T1}}{F_{T2}} = \frac{F_{max}}{F} = \frac{f_s}{\delta/r} \approx 100$$

这表明使轮滑动的力约为使轮滚动的力的 100 倍。

[例题 4-8]　总重为 $\boldsymbol{W}$ 的拖车，沿倾斜角为 θ 的斜坡上行。车轮半径 r，轮胎与路面的滚动阻碍系数 δ，以及 $\boldsymbol{W}$、θ 等均为已知。其他尺寸如图 4-28a 所示。试求拖车匀速上行时所需的牵引力。

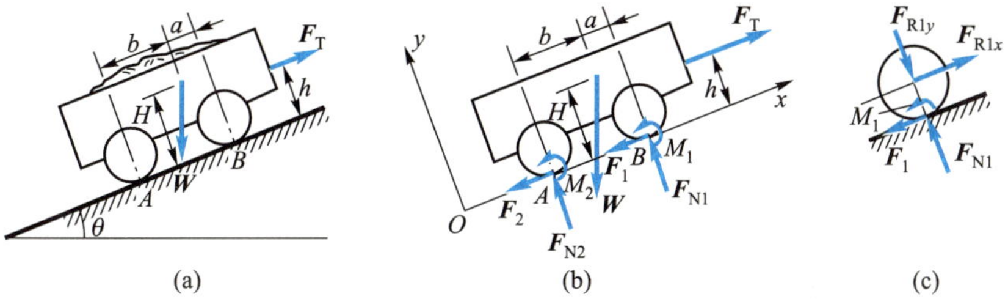

图 4-28 例题 4-8 图

解:(1) 以整个拖车为平衡对象

除受主动力 $\boldsymbol{W}$、$\boldsymbol{F}_T$ 外,前后轮分别受法向力 $\boldsymbol{F}_{N1}$、$\boldsymbol{F}_{N2}$;滑动摩擦力 $\boldsymbol{F}_1$ 和 $\boldsymbol{F}_2$,因为二轮均为从动轮,故 $\boldsymbol{F}_1$ 和 $\boldsymbol{F}_2$ 方向均与运动方向相反;此外前后轮所受的滚动阻力偶矩分别为 M_1 和 M_2,转向与轮子转动方向相反。于是整个拖车的受力如图 4-28b 所示。

因为拖车匀速上行可视为平衡状态,故由平面力系的平衡方程有

$$\sum M_A(\boldsymbol{F})=0,\qquad F_{N1}(a+b)-Wb\cos\theta+WH\sin\theta-F_Th+M_1+M_2=0$$

$$\sum F_x=0,\qquad F_T-F_1-F_2-W\sin\theta=0$$

$$\sum F_y=0,\qquad F_{N1}+F_{N2}-W\cos\theta=0$$

这三个方程中共有 F_T、F_{N1}、F_{N2}、F_1、F_2、M_1 和 M_2 7 个未知力,无法求解,故仍需考虑别的平衡对象。

(2) 以前轮为平衡对象

前轮 B 受力图如图 4-28c 所示,由对轮心 O_1 的力矩平衡方程有

$$\sum M_{O_1}(\boldsymbol{F})=0,\qquad M_1-F_1r=0$$

同样,还可以后轮为平衡对象,由平衡方程得

$$M_2-F_2r=0$$

(3) 应用滚动阻碍定律

要解出 7 个未知力尚需两个方程,这就要借助滚动阻碍定律,即

$$M_1=F_{N1}\delta,\qquad M_2=F_{N2}\delta$$

(4) 解联立方程

解上述 7 个方程,求得牵引力

$$F_T=W\left(\sin\theta+\frac{\delta}{r}\cos\theta\right)$$

其中,第一项 $W\sin\theta$ 为用以克服重力的牵引力;第二项 $W\cos\theta(\delta/r)$ 为用以克服滚动阻碍的牵引力。如代入具体数值,可以发现后一项在牵引力中所占的比例是很小的。

例如,当 $\delta=2.40$ mm,$r=440$ mm,$\theta=15°$时,

$$\frac{W\dfrac{\delta}{r}\cos\theta}{F_T}=\frac{W\left(\dfrac{\delta}{f}\right)\cos\theta}{W\left(\sin\theta+\dfrac{\delta}{r}\cos\theta\right)}=0.02$$

即克服滚动阻碍所需的牵引力只占总牵引力的 2%。

§4-3　本章讨论与小结

4-3-1　关于桁架的几点讨论

1. 关于桁架的坚固性条件和静定性条件

桁架在确定载荷作用下，保持初始几何形状不变的特性，称为坚固性。这不仅仅是因为组成桁架的每根杆件均被视为刚体，还因为结构的几何组成，在载荷作用下不能发生变化（坍塌是这种变化的特殊情形）。图 4-29a，b 所示分别为几何可变的**机构**（mechanism）和几何不可变的**结构**（structure）。前者不具有坚固性，后者则是坚固的。

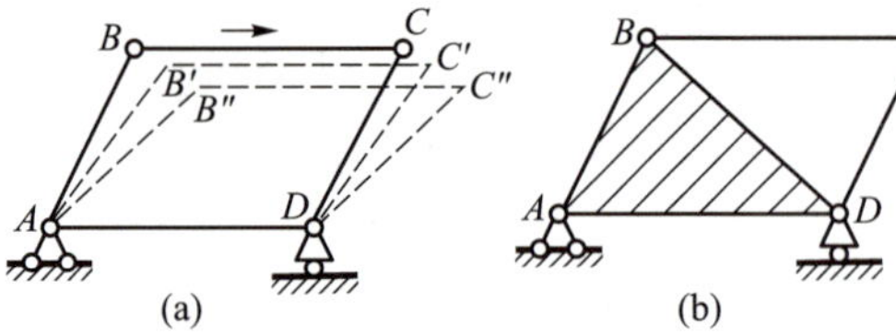

图 4-29　机构与结构

设桁架杆件总数为 m，节点数为 n。平面桁架基本单元由 3 根杆和 3 个节点组成，每增加 2 根杆和 1 个节点，即增加 1 个单元。这表明，所有新增单元中，杆数均为节点数的 2 倍。于是桁架静定性条件可写成

$$m-3=2(n-3)$$

即

$$m=2n-3 \tag{4-10}$$

这种情形下，桁架不但是坚固的，而且是静定的。

读者可自行分析，当 $m<2n-3$ 或 $m>2n-3$ 时，问题的性质将会发生怎样的改变。

2. 关于零力杆

桁架中的零力杆虽然不受力，但却是保持结构坚固性所必需的。

分析桁架内力时，如有可能应该首先确定其中的零力杆，这对后续分析有利。确定零力杆的方法是，观察桁架中的每个节点。若在一个节点上有两根杆件，且无载荷或约束力作用，则此二杆均为零力杆（图 4-30a）；若一个节点上有三根杆件，且其中有两杆共线，在节点上同样无载荷或约束力作用，则不共线的杆必为零力杆（图 4-30b）。

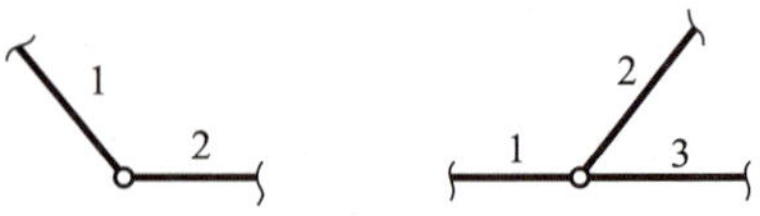

(a) $F_{S1}=F_{S2}=0$　　(b) $F_{S2}=0$

图 4-30　存在零力杆的两种节点

3. 关于桁架内力的计算机分析

读者不难发现，在桁架结构比较复杂，杆件总数和节点总数都比较大的情形下，若采用

本书所介绍的节点法或截面法，计算都特别繁杂。而采用计算机分析方法，则要方便得多。目前一些工程力学应用软件中，都包含有分析静定和超静定桁架内力的程序。有兴趣的读者不妨从简单的桁架入手，研究怎样将桁架各杆和节点处的受力写成矩阵的形式，编写出计算程序。

4-3-2　摩擦平衡问题的特点

存在摩擦力的情形下，平衡包含两种状态：静止状态和临界状态。前者摩擦力尚未达到最大值，且不是一定值，即 $F<F_{max}=f_sF_N$ 或 $M_f<M_{max}=\delta F_N$；摩擦力达到最大值，即 $F=F_{max}$ 或 $M_f=M_{max}$ 时的摩擦力为定值。

一般情形下的摩擦平衡问题的平衡方程中所包含的摩擦力是在一定的范围内取值，即 $0\leqslant F\leqslant F_{max}=f_sF_N$，或 $0\leqslant M_f\leqslant M_{max}=\delta F_N$。故由平衡方程所得到的计算结果也是在一定的范围取值。

如果只涉及临界状态，则参与平衡的摩擦力为定值，$F=F_{max}=f_sF_N$，或 $M_f=M_{max}=\delta F_N$，则所求得的结果也必然为定值。

4-3-3　摩擦平衡参数取值范围的确定

本章在例题 4-3 关于梯子的平衡问题，以及例题 4-4 关于电工脚套钩的摩擦平衡问题中，都是根据人们的生活常识和工作经验判断有关参数的取值范围的。例如，梯子与地面的夹角太小，梯子便要滑倒；电工加在脚套钩上的力如果距电线杆太近，套钩便要沿电线杆向下滑动。

在一些复杂问题中，仅凭常识和经验并不能确定平衡参数的取值范围。为解决这一问题，可对临界状态与非临界状态分别予以考察并加以比较，也可以确定所要求量的取值范围。

先考察临界状态，由平衡方程和物理方程（$F=F_{max}=f_sF_N$）联立求解，并将求得的结果表示成摩擦因数 f_s 的函数 $F(f_s)$。

再考察非临界状态，并将摩擦力表示成 $F=f_s'F_N$，其中 f_s' 仅为摩擦力 F 与正压力 F_N 的比例系数，且不是定值，即 $f_s'<f_s$。将平衡方程与物理方程 $F=f_s'F_N$ 联立求解，同样将所得结果表示成 f_s' 的函数 $F(f_s')$。

通过比较 f_s' 与 f_s，以及 $F(f_s')$ 与 $F(f_s)$，即可得到平衡参数的取值范围。

读者不妨以例题 4-4 中的参数 d 为例，应用上述方法可以得到临界状态下 $d=l/(2f_s)$；而非临界状态下 $d'=l/(2f_s')$。由于 $f_s'<f_s$，因而有 $d'>1/(2f_s)$，综合两种状态下的结果，得

$$d\geqslant\frac{l}{2f_s}$$

4-3-4　自锁与不自锁

当作用在物体上的主动力合力作用线处于摩擦角（平面问题）或摩擦锥（空间问题）范

围内时，无论主动力多大，物体都处于平衡状态，这就是自锁条件。

当作用在物体上的主动力合力作用线处于摩擦角或摩擦锥范围以外时，则无论主动力多小，物体都不能保持平衡，这就是不自锁。

可见，自锁与不自锁在同一问题中同时存在，只不过条件不同。但是，无论自锁还是不自锁条件，都与主动力合力的大小无关。

据此，请读者分析例题 4-3 中的梯子和例题 4-4 中的电工脚套钩，有没有自锁与不自锁问题。如果有，二者的条件又是什么？

4-3-5 分析摩擦平衡问题要点

- **正确判断摩擦力或滚动阻碍是否达到最大值**

当有两处或两处以上存在摩擦力或滚动阻碍时，要正确判断哪一处的摩擦力或滚动阻碍最先达到最大值，这时可采用例题 4-7 中所介绍的综合比较法与假设比较法。

- **根据可能的运动趋势，正确判断滑动摩擦力的方向**

对于第一类问题，因为与一般平衡问题无异，故摩擦力的方向可以任意假设，当计算结果为负值时，说明实际摩擦力与假设的相反。例题 4-3 中的第 1 个问题即属此例。

对于第二类或第三类问题，摩擦力不仅要与作用在物体上的其余力一起满足平衡方程，而且要满足与摩擦有关的物理方程。

物理方程（$F_{max}=f_s F_N$）中，正压力 $\boldsymbol{F}_N$ 一般沿真实方向（大都为已知），所以有 $F_N>0$。由于静摩擦因数为正值，即 $f_s>0$，故必然有 $F>0$。

如果在平衡方程中，任意假设摩擦力 $\boldsymbol{F}$ 的方向，而且假设方向与实际方向相反，则将出现 $F<0$ 的情形。从而使包含同一摩擦力的平衡方程与物理方程相矛盾，从而导致错误的计算结果，而不只是正负的差异。

请读者分析例题 4-3 中的第 2 个问题，如果梯子下端的摩擦力方向假设反了，将会产生怎样的结果。

4-3-6 本章小结

1. 平面静定桁架的内力分析有两种基本方法：

（1）节点法。逐个取各个节点为研究对象，用平面汇交力系的平衡方程求出各个杆的内力。

（2）截面法。用假想截面将桁架完全截开为两个部分，取其中一个部分为研究对象，用平面一般力系的平衡方程，求出被截断杆件的内力。

2. 滑动摩擦力

静滑动摩擦力的方向与接触处的相对运动趋势的方向相反，其大小在一个范围内取值

$$0\leqslant F\leqslant F_{max}$$

在没有达到最大静摩擦力时，静摩擦力的大小由平衡方程确定。

最大静摩擦力为

$$F_{max}=f_s F_N$$

动摩擦力的方向与接触处的相对运动的方向相反，其大小为

$$F_d=f F_N$$

3. 摩擦角与自锁

摩擦角 φ_m 为静摩擦力达到最大静摩擦力时，全约束力与法线间的夹角

$$\varphi_m=\arctan f_s$$

平衡时，全约束力与法线间夹角 φ 满足

$$0\leqslant\varphi\leqslant\varphi_m$$

自锁：当主动力合力的作用线处于摩擦角的范围以内时，无论主动力有多大，物体一定保持平衡。

4. 滚动阻碍

滚动阻碍（滚动阻力偶）的转向与相对滚动的转向相反，平衡时其大小在一个范围内取值

$$0\leqslant M_f\leqslant M_{max}$$

在没有达到最大滚动阻力偶时，滚动阻力偶的力偶矩的大小由平衡方程确定。

最大滚动阻力偶为

$$M_{max}=\delta F_N$$

一旦发生滚动后，滚动阻力偶矩的大小近似等于 M_{max}。

习　题

选择填空题

4-1　桁架受到大小均为 F 的三个力的作用，如图所示。则杆 1 内力的大小为(　　)；杆 2 内力的大小为(　　)；杆 3 内力的大小为(　　)。

① F　　② $\sqrt{2}F$　　③ 0　　④ $\dfrac{F}{2}$

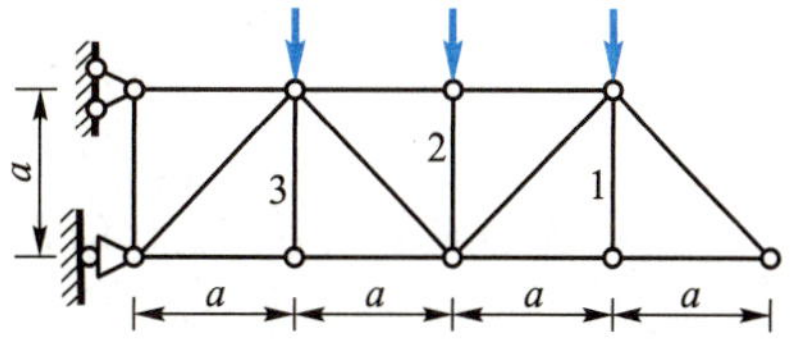

习题 4-1 图

4-2　不经计算，试判断图示各桁架中的零力杆。

图 a 中的(　　)号杆是零力杆；

图 b 中的(　　)号杆是零力杆；

图 c 中的(　　)号杆是零力杆。

4-3　物块重量为 G，置于倾角为 30°的粗糙斜面上，如图所示，物块上作用一力 $\boldsymbol{F}$。斜面与物块间的摩擦角为 $\varphi_m=25°$。物块能平衡的情况是(　　)。

4-4　一均质圆盘重量为 G，半径为 R，置于粗糙的水平面上，如图所示。已知 $M=FR$，在不计滚动阻力偶的情况下，受力分析如下（圆盘并不一定处于平衡）。其中摩擦力 $\boldsymbol{F}_s$ 方向正确的是(　　)。

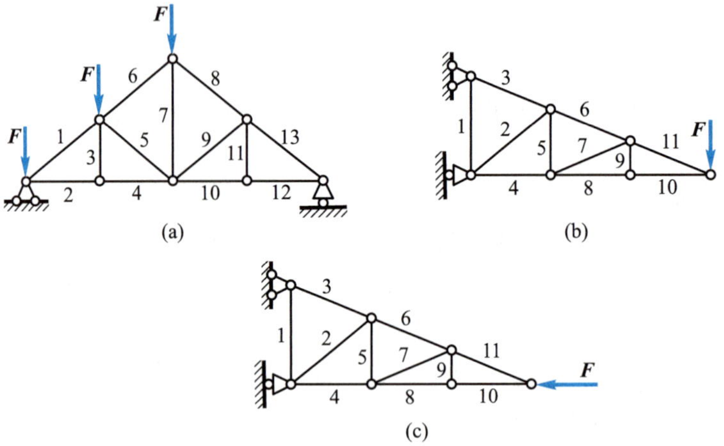

习题 4-2 图

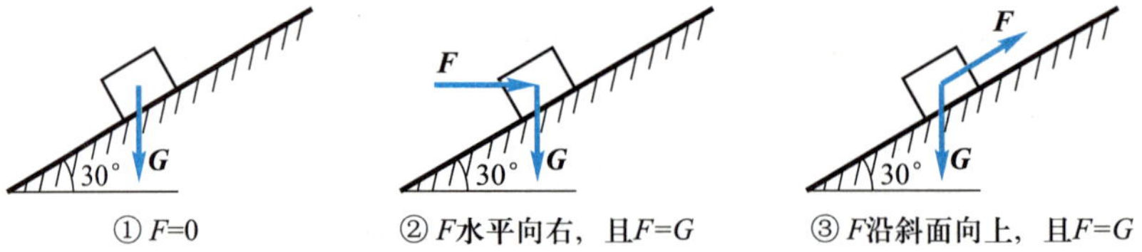

习题 4-3 图

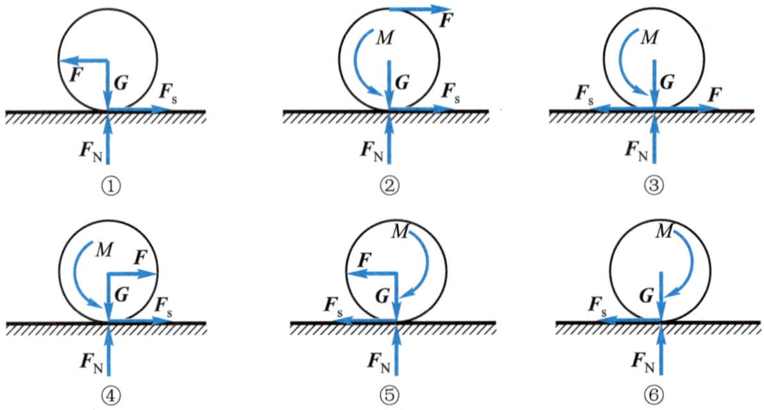

习题 4-4 图

4-5 如图所示，重量分别为 G_A 和 G_B 的物体重叠地放置在粗糙的水平面上，水平力 $\boldsymbol{F}_P$ 作用于物体 A 上，设 A、B 间的摩擦力的最大值为 $\boldsymbol{F}_{A\max}$，B 与水平面间的摩擦力的最大值为 $\boldsymbol{F}_{B\max}$，若 A、B 能各自保持平衡，则各力之间的关系为（　　）。

① $F_P>F_{A\max}>F_{B\max}$　　② $F_P<F_{A\max}<F_{B\max}$　　③ $F_{B\max}>F_P>F_{A\max}$　　④ $F_{B\max}<F_P<F_{A\max}$

4-6 如图所示，物体 A 重为 100 kN，物体 B 重为 25 kN，A 与地面间的静摩擦因数为 0.2，滑轮处摩擦不计。则物体 A 与地面间的摩擦力大小为（　　）。

① 20 kN　　② 16 kN　　③ 15 kN　　④ 12 kN

4-7 如图所示，当左右两木板所受的压力均为 $\boldsymbol{F}$ 时，物体 A 夹在木板中间静止不动。若两端木板所

受压力增加到各为 $2\boldsymbol{F}$，则物体 A 所受到的摩擦力为(　　)。

① 与原来相等　　② 是原来的 2 倍　　③ 是原来的 4 倍

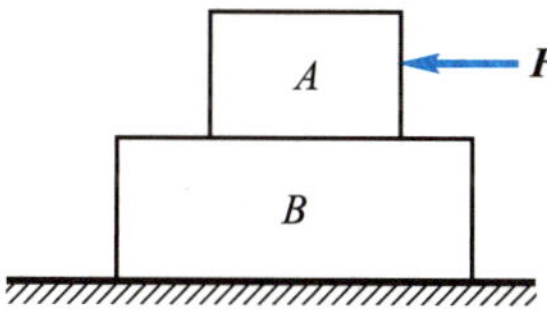

习题 4-5 图

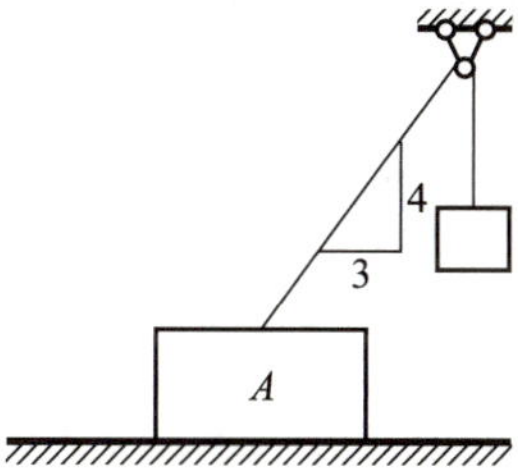

习题 4-6 图

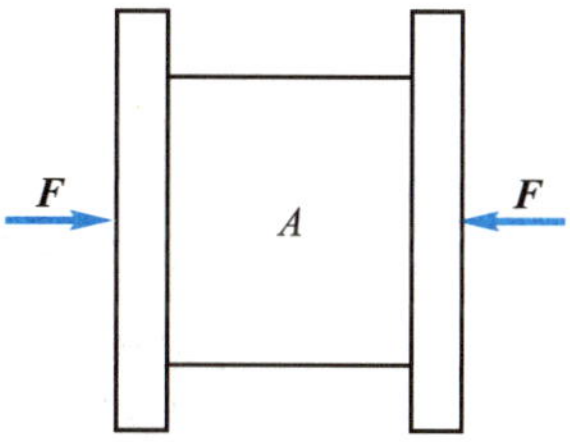

习题 4-7 图

4-8　如图所示，已知重物重量为 $G=100$ N，用力 $F=500$ N 的压力压在一铅垂面上，其静摩擦因数 $f_s=0.3$，则重物受到的摩擦力大小为(　　)。

① 150 kN　　② 100 kN　　③ 500 kN　　④ 30 kN

4-9　一物块重量为 G，放在倾角为 θ 的斜面上，如图所示，斜面与物块间的摩擦角为 φ_m，且 $\varphi_m>\theta$。今在物块上作用一大小也等于 G 的力，则物块能在斜面上保持平衡时力 $\boldsymbol{F}$ 与斜面法线间的夹角 β 的最大值应是(　　)。

① $\beta_{max}=\varphi_m$　　② $\beta_{max}=\theta$　　③ $\beta_{max}=\varphi_m-\theta$　　④ $\beta_{max}=2\varphi_m-\theta$

4-10　均质立方体重 $\boldsymbol{G}$，置于 30°倾角的斜面上，如图所示。静摩擦因数 $f_s=0.25$，开始时在拉力 $\boldsymbol{F}_T$ 作用下物体静止不动，然后逐渐增大力 $\boldsymbol{F}_T$，则物体先(　　)(滑动或翻动)；又，物体在斜面上保持平衡静止时，F_T 的最大值为(　　)。

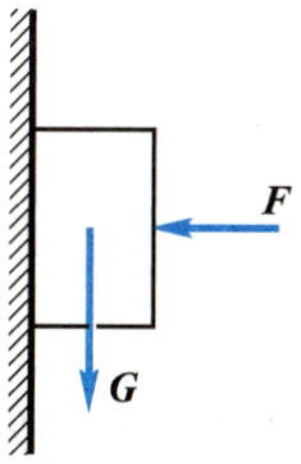

习题 4-8 图

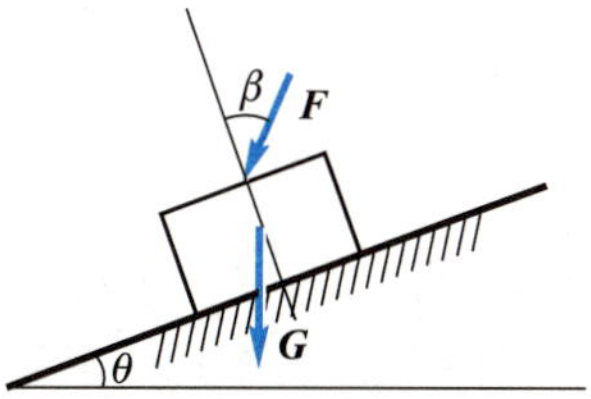

习题 4-9 图

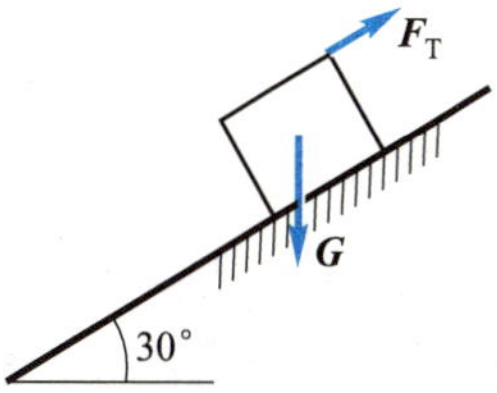

习题 4-10 图

4-11　试比较用同样材料制作、在相同的粗糙度和相同的带压力 $\boldsymbol{F}_P$ 作用下，平带与 V 带的最大静摩擦力。由图 a 和图 b，根据平面力系的平衡方程，可得 $F_{N1}=$(　　)，$F_{N21}=F_{N22}=$(　　)。设接触面间的静摩擦因数为 f_s，则平带的最大静摩擦力 $F_{1m}=$(　　)，V 带的最大静摩擦力 $F_{2m}=$(　　)，故 F_{1m}(　　)F_{2m}(比较 F_{1m} 与 F_{2m} 的大小)。

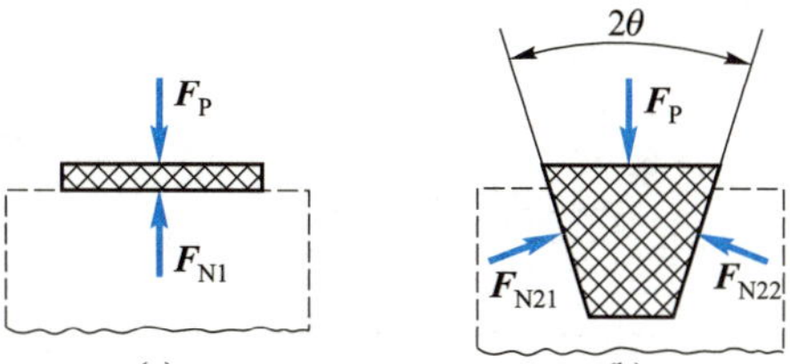

(a)　(b)

习题 4-11 图

分析计算题

4-12　塔式桁架如图所示，已知载荷 $\boldsymbol{F}_{\mathrm{P}}$ 和尺寸 d、l。试求杆 1、2、3 的受力。

4-13　图示构件 *AE* 和 *EQ* 铰接在一起做成一个广告牌，承受给定的分布风载。试求每个二力杆件的受力。

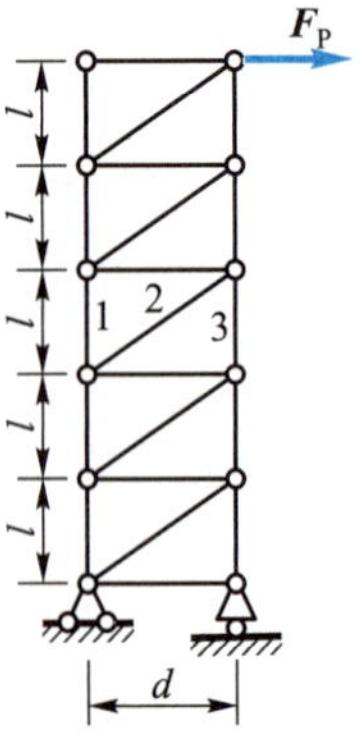

习题 4-12 图

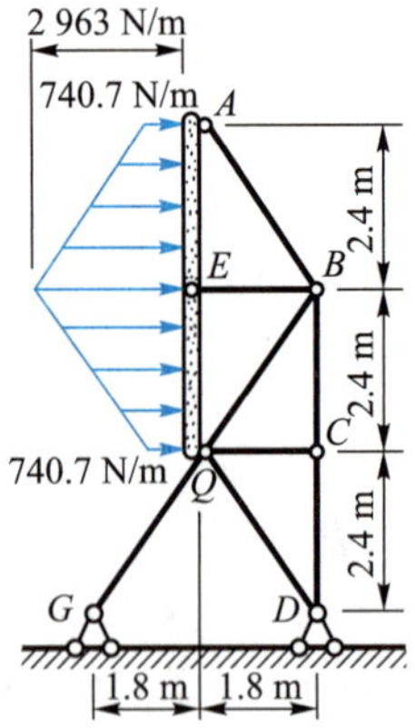

习题 4-13 图

4-14　桁架的尺寸及所受的载荷如图所示。试求杆 *BH*、*CD* 和 *GD* 的受力。

4-15　图示桁架所受的载荷 $\boldsymbol{F}_{\mathrm{P}}$ 和尺寸 d 均为已知。试求杆件 *FK* 和 *JO* 的受力。

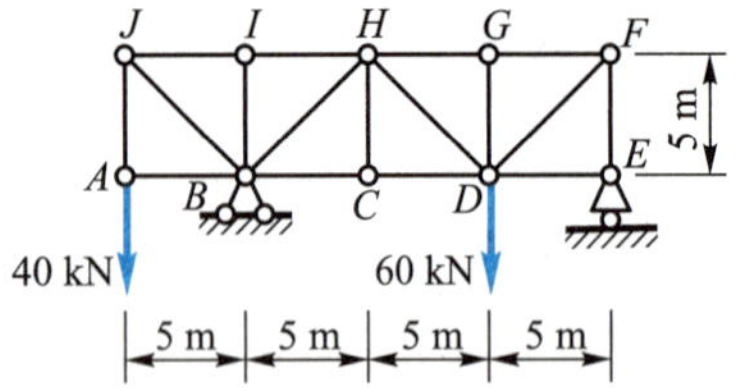

习题 4-14 图

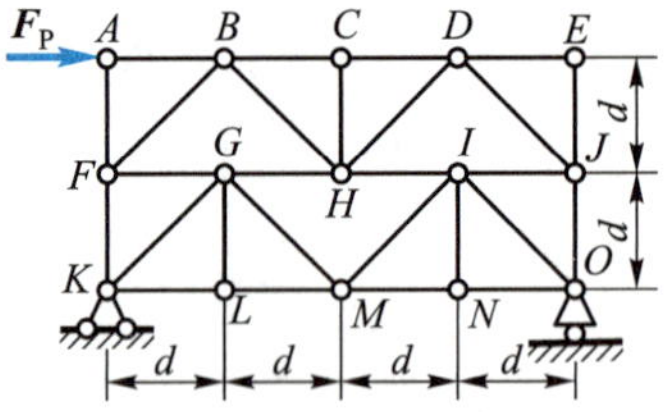

习题 4-15 图

4-16　图示桁架所受的载荷 $\boldsymbol{F}_{\mathrm{P}}$ 和尺寸 d 均为已知。试求杆 1、2、3 的受力。

4-17　一叠纸片按图示形状堆叠，其露出的自由端用纸粘连，成为两叠彼此独立的纸本 *A* 和 *B*。每张纸重 0.06 N，纸片总共有 200 张，纸片与纸片之间及纸片与桌面之间的摩擦因数都是 0.2。假设其中一叠纸是固定的，试求拉出另一叠纸所需的水平力 $\boldsymbol{F}_{\mathrm{P}}$。

4-18　尖劈起重装置如图所示。尖劈 *A* 的顶角为 α，*B* 块上受力 $\boldsymbol{F}_{\mathrm{Q}}$ 的作用。*A* 块与 *B* 块之间的静摩擦因数为 f_{s}（有滚珠处摩擦力忽略不计）。如不计 *A* 块和 *B* 块的重量，试求保持平衡时主动力 $\boldsymbol{F}_{\mathrm{P}}$ 的范围。

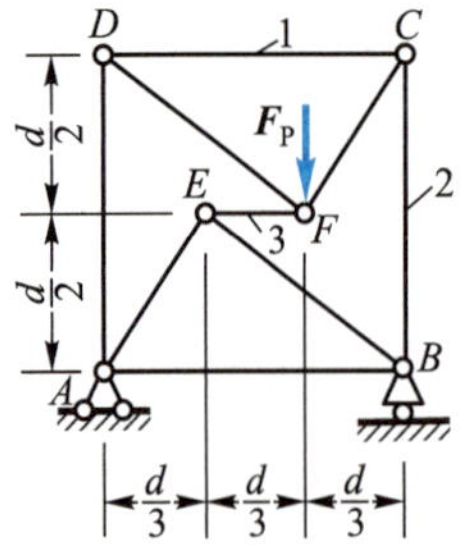

习题 4-16 图

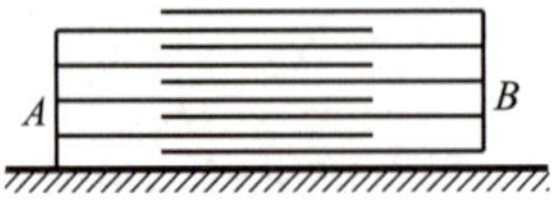

习题 4-17 图

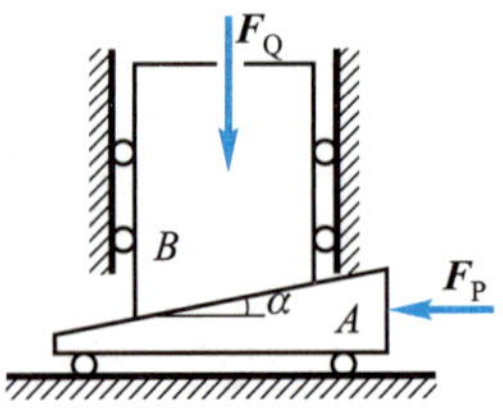

习题 4-18 图

4-19　砖夹的宽度为 250 mm，杆件 AGB 和 $GCED$ 在点 G 铰接。砖重为 $\boldsymbol{W}$，提砖的合力 $\boldsymbol{F}_{\mathrm{P}}$ 作用在砖夹的对称中心线上，尺寸如图所示。如砖夹与砖之间的静摩擦因数 $f_s=0.5$，试问 d 应为多大才能将砖夹起（d 是点 G 到砖块上所受正压力作用线的距离）。

4-20　图示购物车因受到某一水平力作用产生运动。试求能够制动其车轮不转的圆形障碍物的最小半径 r。设不计障碍物重，A、B 两接触点的静摩擦因数均为 $f_s=0.4$。

4-21　图示为凸轮顶杆机构，在凸轮上作用有力偶，其力偶矩为 M，顶杆上作用有力 $\boldsymbol{F}_{\mathrm{Q}}$。已知顶杆与导轨之间的静摩擦因数为 f_s，偏心距为 e，凸轮与顶杆之间的摩擦可忽略不计。要使顶杆在导轨中向上运动而不致被卡住，试问滑道的长度 l 应为多少。

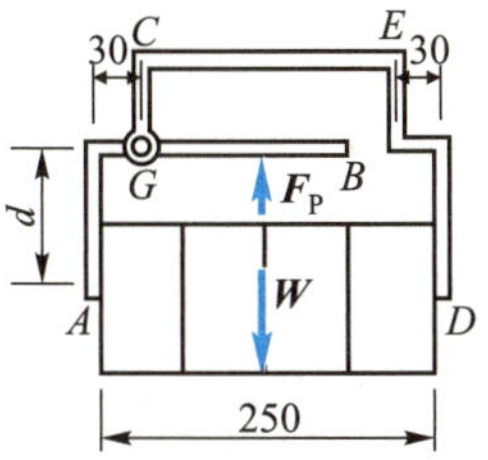

习题 4-19 图

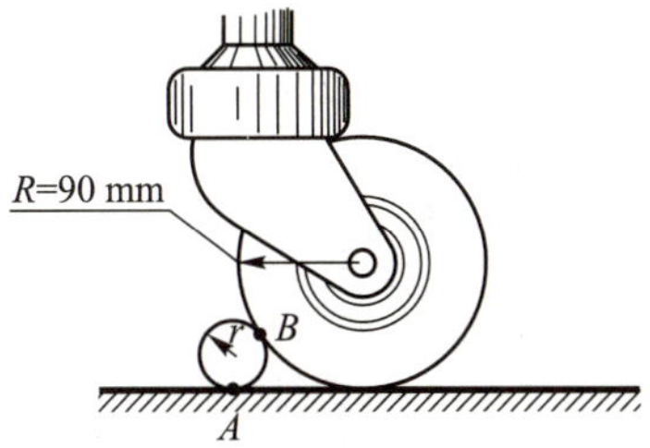

习题 4-20 图

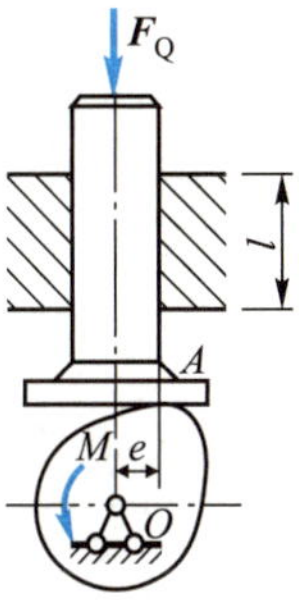

习题 4-21 图

4-22　图示矩形钢箍用以防止受拉伸载荷作用的两块木料的相对滑动，设钢箍与木料、木料与木料之间的静摩擦因数均为 0.3，且所有接触面同时产生相对滑动，$F_{\mathrm{P}}=800$ N。试求能够阻止滑动的钢箍最大尺寸 h 及相应的正压力。

4-23　将电气开关插头插入插座时，施加的水平力为 $\boldsymbol{F}$。插头与插座初始接触的情形如图所示。当 $F=13.3$ N 时，插头完成插入动作。试问开始插入时，垂直于插座中每个簧片上的接触力分量是多少。假设摩擦因数为 0.25。

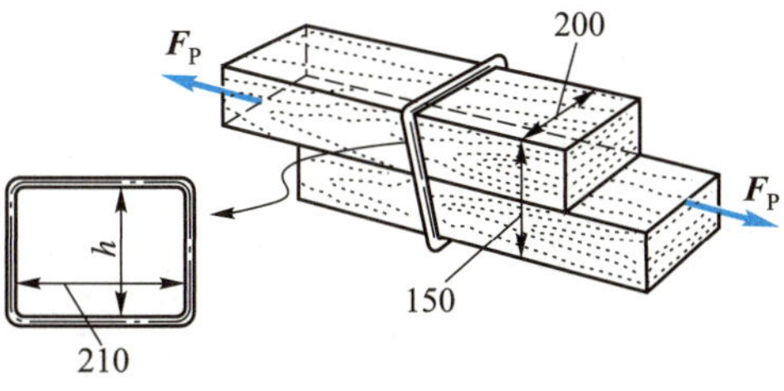

习题 4-22 图

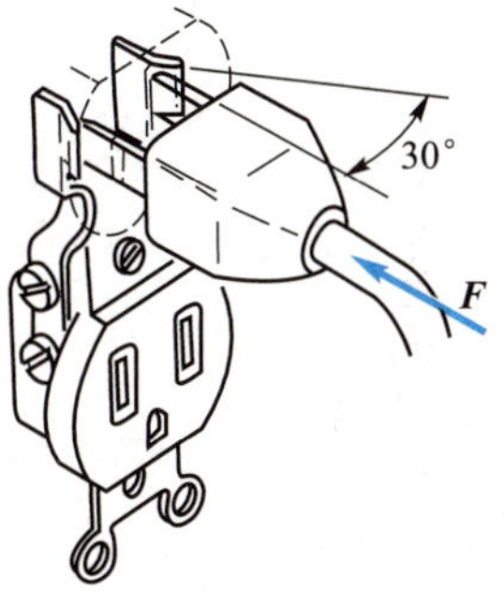

习题 4-23 图

4-24　图示二人用特制夹具搬运厚 50.8 mm 的板材。二人用右手分别在 C 处施加一斜向板面右上方的倾斜力，同时又分别用左手给平板施加一垂直于板材的水平力，以使板材保持铅垂方向。若二人左手施加的水平力相等，且每人负担板材的一半重，试求板材与夹具间的静摩擦因数至少应为多少？

4-25　图示均质杆重 $\boldsymbol{W}$，长 l，置于粗糙的水平面上，二者间的静摩擦因数为 f_s。现在杆一端施加与杆垂直的力 $\boldsymbol{F}_{\mathrm{P}}$，试求使杆处于平衡时 $\boldsymbol{F}_{\mathrm{P}}$ 的最大值。设杆的高度忽略不计。

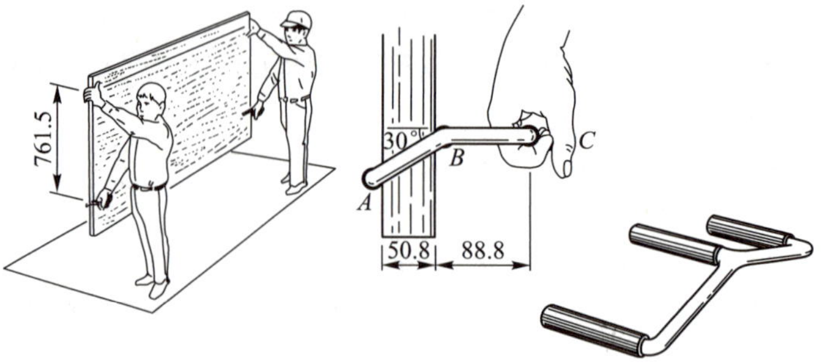

习题 4-24 图

4-26 图示三个相同的均质圆柱堆放在水平面上，所有接触处的静摩擦因数均为 f_s。为使上面的圆柱体保持平衡，则 f_s 值至少应为多大？

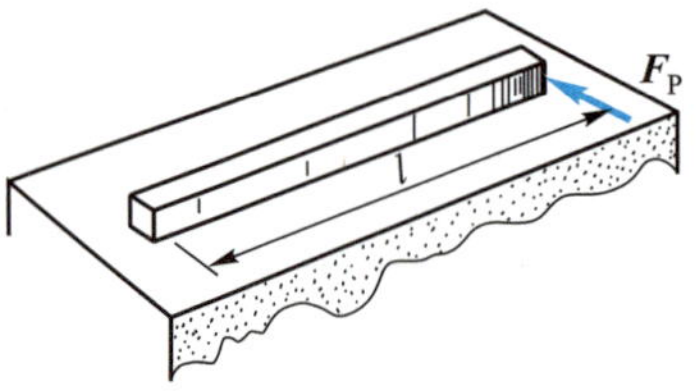

习题 4-25 图

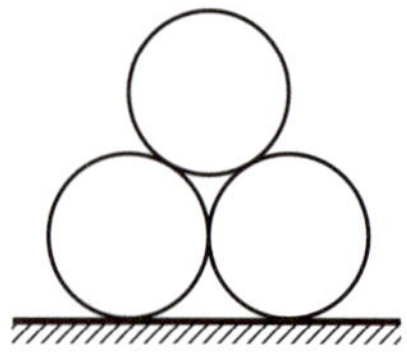

习题 4-26 图

4-27 图示为螺旋拉线装置。两个螺旋中一个为左旋，另一个为右旋，因而当转动中间的眼状螺母时，两端钢丝绳可拉紧或松开。已知螺纹是矩形的，螺旋平均半径为 6.35 mm，螺距为 2.54 mm，该装置现承受拉力 $F_T = 5$ kN。为松开拉线，克服阻力转动螺母，需作用力矩 $M = 30.2$ N · m。试求在螺旋中的有效摩擦因数。

4-28 图示螺旋将两平板连接在一起，螺纹为矩形，螺栓的平均直径 $d = 20$ mm，螺距为 3 mm，螺栓与螺母间的静摩擦因数 $f_s = 0.15$，螺栓中的拉力 $F_T = 40$ kN。试求松开螺栓所需施加的最小力矩。

4-29 图示均质杆重 22.2 N，B 端放置于地面，A 端靠在墙上。设 B 端不滑动，试求 A 端不滑动时的最小静摩擦因数。

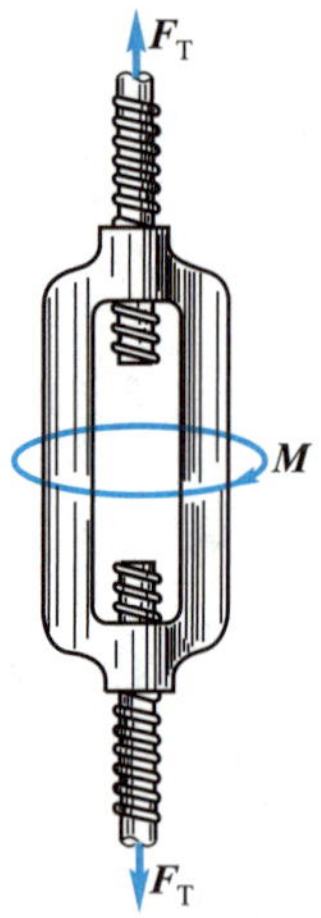

习题 4-27 图

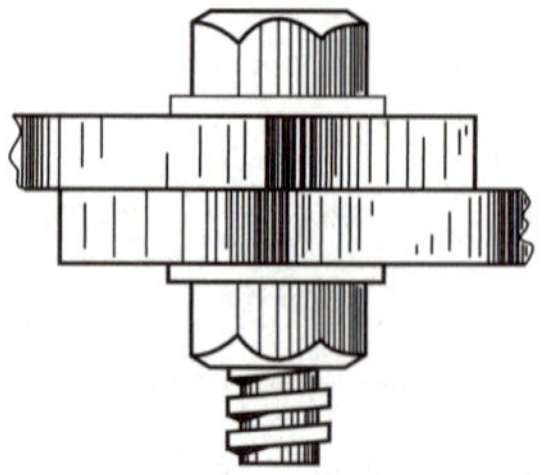

习题 4-28 图

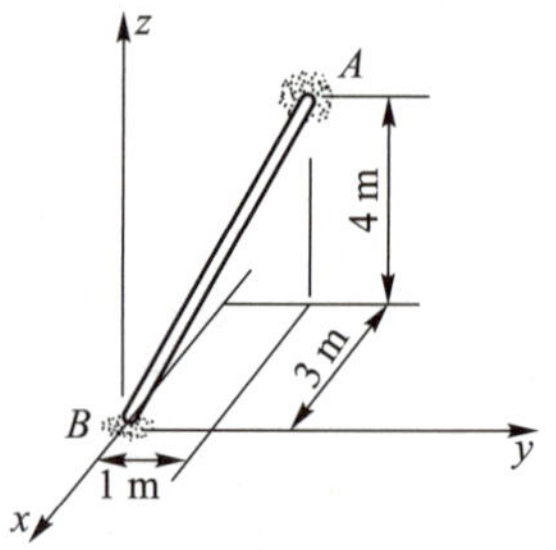

习题 4-29 图

4-30　为了在较软的地面上移动一重为 1 kN 的木箱，可先在地面上铺上木板，然后在木箱与木板间放进钢管作为滚子，如图所示。若钢管直径 $d=50$ mm，钢管与木板或木箱间的滚动阻碍系数均为 2.5 mm，试求推动木箱所需的水平力 $\boldsymbol{F}_{\mathrm{P}}$；若不用钢管，而使木箱直接在木板上滑动，已知木箱与木板间静摩擦因数为 0.4，试求推动木箱所需的水平力 $\boldsymbol{F}_{\mathrm{P}}$。

4-31　图示平板闸门长度（垂直于图面方向）$l=12$ m，高 $h=8$ m，重为 400 kN，安置在铅垂滑槽内。A、B 为滚轮，半径为 100 mm，滚轮与滑槽间的滚动阻碍系数 $\delta=0.7$ mm，C 处为光滑接触。闸门由起重机启闭，试求：

（1）闸门未启动时（即 $F_{\mathrm{T}}=0$ 时），A、B、C 三处的约束力；

（2）开启闸门所需的力 F_{T}（力 F_{T} 通过闸门重心）。

4-32　在图示机构中，已知两轮半径均为 $r=100$ mm，各重 $W=9$ N，杆 AC 和 BC 重量不计。已知轮-地间的动摩擦因数 $f=0.2$，滚动阻碍系数 $\delta=1$ mm。今在杆 BC 中点加一垂直力 $\boldsymbol{F}_{\mathrm{P}}$，试求：

（1）平衡时 F_{Pmax}；

（2）当 $F_{\mathrm{P}}=F_{\mathrm{Pmax}}$ 时，两轮在 D、E 两处所受到的滑动摩擦力和滚动阻力偶。

习题 4-30 图

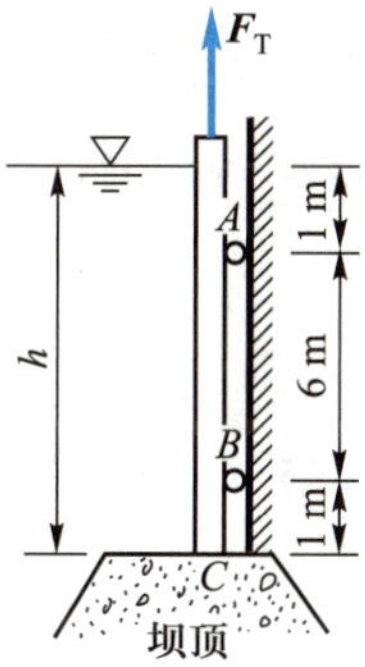

习题 4-31 图

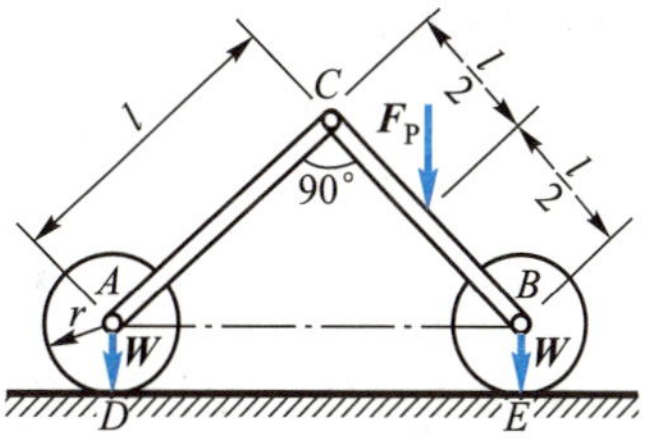

习题 4-32 图

第 5 章

点的复合运动学

本章首先研究点的一般运动的描述方法，然后采用定、动两种参考系，描述同一动点的运动；分析两种运动之间的关系，并建立点的速度合成定理与加速度合成定理。

点的运动复合是运动分析方法的重要内容，在工程运动分析中有着广泛的应用；同时，可为相对运动动力学提供运动分析的理论基础；点的运动复合的分析方法还可推广应用于分析刚体的复合运动。

§5-1　点的一般运动描述

研究点的一般运动，即研究点相对某一个参考系的几何位置随时间变化的规律，包括点的运动方程、运动轨迹、速度和加速度等，描述方法主要有变矢量法、直角坐标法和弧坐标法。其中，变矢量法和直角坐标法已在物理中介绍，这里仅介绍描述点的运动的弧坐标法。

5-1-1　运动方程

若点 P 的运动轨迹已知，例如火车在铁轨上的运动，则可用轨迹上随时间 t 变化的一段弧长 s 来描述点的运动，s 称为点 P 的**弧坐标**（arccoordinate of a directed curve），如图 5-1 所示。

弧坐标 s 同样具有一般坐标系的特征，即：具有坐标原点，可在轨迹上任选一参考点 O 作为坐标原点；具有正、负方向，可设原点 O 的某一侧为正向，则另一侧为负向，分别用 s^+、s^- 表示；此外，弧坐标 s 也具有坐标轴和单位矢量，这将在本节后面加以讨论。

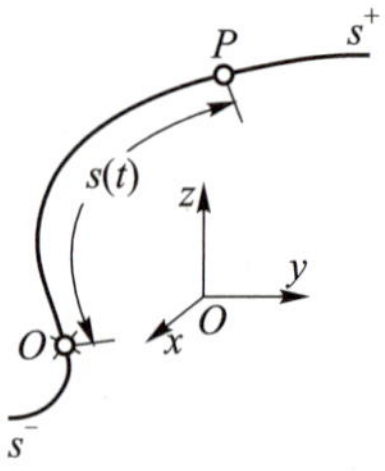

图 5-1　点运动的弧坐标

点 P 用弧坐标描述的运动方程为

$$s=f(t) \tag{5-1}$$

请读者分析用弧坐标描述的动点的自由度数。

5-1-2　自然轴系

加速度不仅反映了速度矢大小的变化，还反映了其方向的变化。后者显然与轨迹的曲率变化程度有关。为此，需要建立弧坐标的自然轴系。

设有任意空间曲线，如图 5-2 所示。它在点 P 的切线为 PT，在其邻近一点 P'的切线为 $P'T_1'$。一般情形下，这两条切线不在同一平面内。若过点 P 作直线 PT_2'平行于 $P'T_1'$，则 PT 与 PT_2'决定一平面 α_1。当点 P'无限趋近于点 P 时，则平面 α_1 趋近于某一极限平面 α，即

5-1　曲线在点 P 的密切面形成

$$\lim_{P'\to P}\alpha_1=\alpha \tag{5-2}$$

平面 α 称为曲线在点 P 的**密切面**（osculating plane）。

显然，对于平面曲线，其所在的平面就是曲线在各点的密切面。

利用密切面概念，可以定性地说明空间曲线的一些几何性质：

（1）空间曲线在任一点都存在一个密切面。

（2）空间曲线上任一点附近的一段无限小的弧长，在略去高阶微量以后，可以看成位于过该点密切面内的平面曲线。

（3）曲率 $1/\rho$（ρ 为曲率半径）反映了曲线在密切面内的弯曲程度。

如图 5-3 所示，沿曲线上点 P 的**切线** PT 取单位矢量 $\boldsymbol{e}_t$，并规定指向弧坐标的正向；过点 P 在密切面内作 PT 的垂线 PN，称为**主法线**，其单位矢量 $\boldsymbol{e}_n$ 指向曲线的曲率中心；过点 P 且垂直于切线 PT 及主法线 PN 的直线 PB 称为**副法线**，其单位矢量 $\boldsymbol{e}_b$ 由 $\boldsymbol{e}_b=\boldsymbol{e}_t\times\boldsymbol{e}_n$ 决定。显然，$\boldsymbol{e}_t$、$\boldsymbol{e}_n$ 均处于密切面内，而 $\boldsymbol{e}_b$ 垂直于密切面。

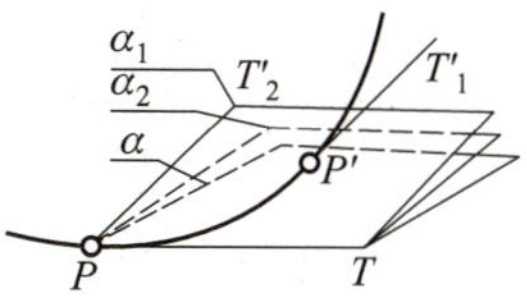

图 5-2　曲线在点 P 的密切面形成图像

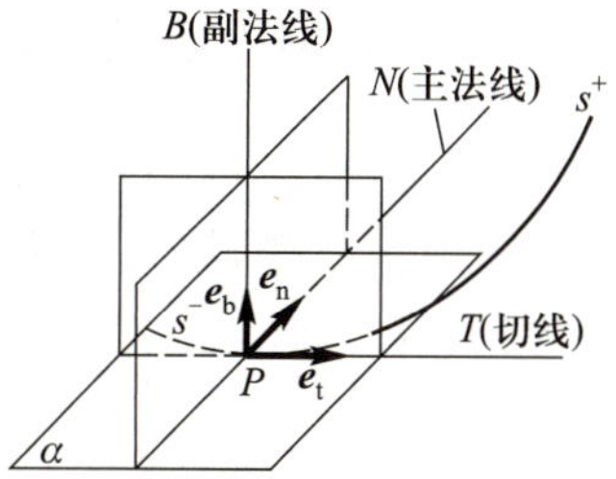

图 5-3　自然轴系及其单位矢量

以动点 P 为原点，由该点切线 PT、主法线 PN 和副法线 PB 所确定的，随点 P 位置而改变方向的正交坐标系，称为曲线在点 P 的**自然轴系**（trihedral axes of a space curve）。自然轴系就是弧坐标的坐标轴，其单位矢量 $\boldsymbol{e}_t$、$\boldsymbol{e}_n$ 和 $\boldsymbol{e}_b$ 称为自然轴系的**基矢量**。

请读者思考：自然轴系和定直角坐标系有何共同点与不同点？

5-1-3　速度

如图 5-4 所示，将点的速度 $\boldsymbol{v}$ 用它在切线轴上的投影 v_t 与该轴的单位矢量 $\boldsymbol{e}_t$ 表示，即

$$\boldsymbol{v}=v_{\mathrm{t}}\boldsymbol{e}_{\mathrm{t}} \tag{5-3}$$

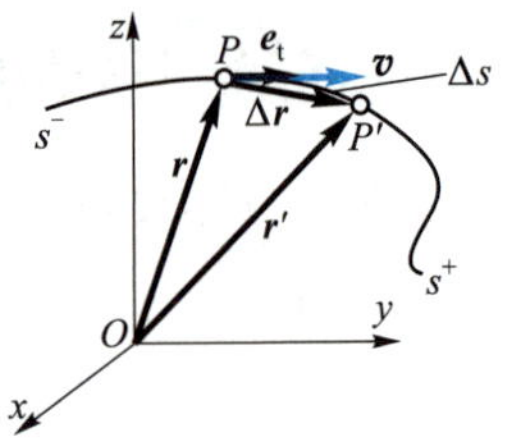

图 5-4 用弧坐标法分析速度

又因为

$$\left|\frac{\mathrm{d}\boldsymbol{r}}{\mathrm{d}s}\right|=\lim_{\Delta t\to 0}\left|\frac{\Delta \boldsymbol{r}}{\Delta s}\right|=1$$

且 $\Delta\boldsymbol{r}$ 的极限方向与 $\boldsymbol{e}_{\mathrm{t}}$ 一致,故速度矢又可写成

$$\boldsymbol{v}=\frac{\mathrm{d}\boldsymbol{r}}{\mathrm{d}t}=\frac{\mathrm{d}\boldsymbol{r}}{\mathrm{d}s}\frac{\mathrm{d}s}{\mathrm{d}t}=\dot{s}\boldsymbol{e}_{\mathrm{t}} \tag{5-4}$$

比较式(5-3)与式(5-4),得

$$v_{\mathrm{t}}=\dot{s} \tag{5-5}$$

此式表明,点的速度在切线轴上的投影等于弧坐标对时间的一阶导数。

式(5-3)中,v_{t} 为代数量。若 $\dot{s}>0$,则 $v_{\mathrm{t}}>0$,该点沿弧坐标的正向运动;反之,沿负向运动。

需要特别指出的是,式(5-3)中,因为 $|v_{\mathrm{t}}|=|\boldsymbol{v}|$,单位矢量 $\boldsymbol{e}_{\mathrm{t}}$ 与 $\boldsymbol{v}$ 始终共线,所以 $v_{\mathrm{t}}\boldsymbol{e}_{\mathrm{t}}$ 将 $\boldsymbol{v}$ 的大小和方向分开表示。这对于进一步研究这两方面的变化即加速度,具有重要意义。

5-1-4 加速度

将点的加速度分别投影到三个自然轴上,有

$$\boldsymbol{a}=(a_{\mathrm{t}},a_{\mathrm{n}},a_{\mathrm{b}})=a_{\mathrm{t}}\boldsymbol{e}_{\mathrm{t}}+a_{\mathrm{n}}\boldsymbol{e}_{\mathrm{n}}+a_{\mathrm{b}}\boldsymbol{e}_{\mathrm{b}} \tag{5-6}$$

再将式(5-3)对时间 t 求一阶导数,注意到 $v_{\mathrm{t}},\boldsymbol{e}_{\mathrm{t}}$ 都是变量,有

$$\boldsymbol{a}=\dot{\boldsymbol{v}}=\dot{v}_{\mathrm{t}}\boldsymbol{e}_{\mathrm{t}}+v_{\mathrm{t}}\dot{\boldsymbol{e}}_{\mathrm{t}} \tag{5-7}$$

式中,等号右边第一项为速度矢大小的变化率,第二项为速度矢方向的变化率。

$\mathrm{d}\boldsymbol{e}_{\mathrm{t}}/\mathrm{d}t$ 一定与反映曲线弯曲程度的量(曲率 $1/\rho$)有关。如图 5-5 所示,动点 P 在时间间隔 Δt 内,沿轨迹走过弧长 $\Delta s=\overset{\frown}{PP'}$,为了比较点在两个不同瞬时的切线单位矢量的方向变化,过点 P 作 $\boldsymbol{e}_{\mathrm{t}}'$,使之平行于点 P' 上的 $\boldsymbol{e}_{\mathrm{t}}'$,并令 $\boldsymbol{e}_{\mathrm{t}}'$与 $\boldsymbol{e}_{\mathrm{t}}$ 的夹角为 $\Delta\varphi$。点 P 的曲率为

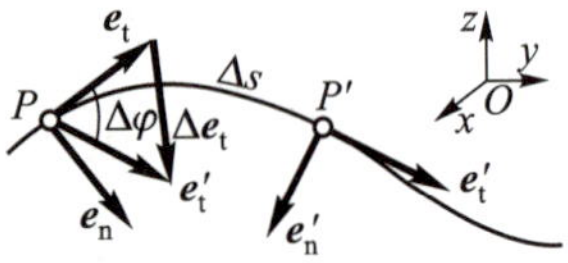

图 5-5 切线单位矢量 $\boldsymbol{e}_{\mathrm{t}}$ 的改变量

$$\frac{1}{\rho}=\frac{\mathrm{d}\varphi}{\mathrm{d}s} \tag{5-8}$$

将 $\mathrm{d}\boldsymbol{e}_{\mathrm{t}}/\mathrm{d}t$ 分离变量,并将式(5-8)代入,有

$$\frac{\mathrm{d}\boldsymbol{e}_{\mathrm{t}}}{\mathrm{d}t}=\frac{\mathrm{d}\boldsymbol{e}_{\mathrm{t}}}{\mathrm{d}\varphi}\frac{\mathrm{d}\varphi}{\mathrm{d}s}\frac{\mathrm{d}s}{\mathrm{d}t}=\frac{\mathrm{d}\boldsymbol{e}_{\mathrm{t}}}{\mathrm{d}\varphi}\frac{1}{\rho}\dot{s} \tag{5-9}$$

现在问题转化为求 $\mathrm{d}\boldsymbol{e}_{\mathrm{t}}/\mathrm{d}\varphi$。由矢量导数和极限的关系,其大小为

$$\left|\frac{\mathrm{d}\boldsymbol{e}_{\mathrm{t}}}{\mathrm{d}\varphi}\right|=\lim_{\Delta\varphi\to 0}\left|\frac{\Delta\boldsymbol{e}_{\mathrm{t}}}{\Delta\varphi}\right|=\lim_{\Delta\varphi\to 0}\frac{2\,|\boldsymbol{e}_{\mathrm{t}}|\sin\dfrac{\Delta\varphi}{2}}{\Delta\varphi}=\lim_{\Delta\varphi\to 0}\frac{\sin\dfrac{\Delta\varphi}{2}}{\dfrac{\Delta\varphi}{2}}=1 \tag{5-10}$$

又因 $\boldsymbol{e}_{\mathrm{t}}$ 与 $\boldsymbol{e}_{\mathrm{t}}'$ (包括 $\Delta\boldsymbol{e}_{\mathrm{t}}$)构成的平面在 $\Delta\varphi\to 0$ 时,便是曲线在点 P 的密切面,且 $\Delta\boldsymbol{e}_{\mathrm{t}}$ 的极限

方向垂直于 $\boldsymbol{e}_t$，指向曲线的曲率中心，即沿着曲线在该点处的主法线方向，于是有

$$\frac{\mathrm{d}\boldsymbol{e}_t}{\mathrm{d}\varphi}=\boldsymbol{e}_n \tag{5-11}$$

将上式代入式(5-9)，再代入式(5-7)，并因 $\dot{s}=v_t$，可得

$$\boldsymbol{a}=\dot{v}_t\boldsymbol{e}_t+\frac{v_t^2}{\rho}\boldsymbol{e}_n \tag{5-12}$$

比较式(5-12)与式(5-6)，有

$$\boldsymbol{a}=(a_t,a_n,a_b)=\left(\dot{v}_t,\frac{v_t^2}{\rho},0\right)$$

或

$$\boldsymbol{a}=\boldsymbol{a}_t+\boldsymbol{a}_n=\ddot{s}\boldsymbol{e}_t+\frac{v_t^2}{\rho}\boldsymbol{e}_n \tag{5-13}$$

第一项 $\boldsymbol{a}_t$ 反映速度大小的变化率，称为**切向加速度**(tangential acceleration)。$a_t=\ddot{s}$ 是代数量，若 $a_t>0$，则 $\boldsymbol{a}_t$ 沿 $\boldsymbol{e}_t$ 正向，否则沿其负向。

第二项 $\boldsymbol{a}_n$ 反映速度方向的变化率，称为**法向加速度**(normal acceleration)。$\boldsymbol{a}_n$ 沿主法线方向，始终指向曲率中心。

第三项 $\boldsymbol{a}_b=\boldsymbol{0}$，说明加速度在副法线上没有投影。因此，加速度也位于密切面内。

[例题 5-1]　如图 5-6 所示，单摆的摆长 $OA=l$，运动规律 $\varphi=\varphi_0\cos\omega t$，式中 ω 为单摆摆动的角频率。试求摆锤 A 的速度和加速度。

解：摆锤 A 作圆周运动，轨迹已知，故采用弧坐标法。

选点 O_1 为弧坐标的原点，取其正向 s^+ 与角 φ 的正向相一致。于是，摆锤 A 的运动方程为

$$s=l\varphi=l\varphi_0\cos\omega t$$

其速度和加速度为

$$v_t=\dot{s}=-l\varphi_0\omega\sin\omega t$$

$$a_t=\ddot{s}=-l\varphi_0\omega^2\cos\omega t$$

$$a_n=\frac{\dot{s}^2}{l}=l\varphi_0^2\omega^2\sin^2\omega t$$

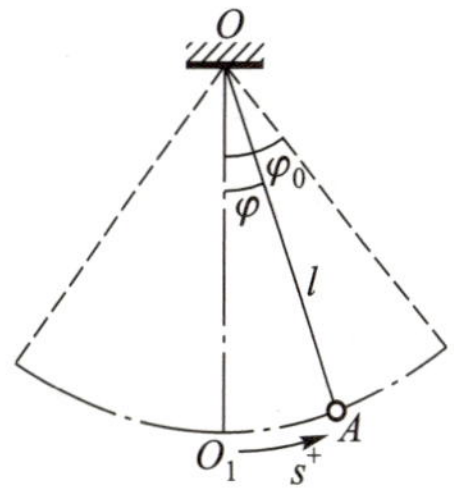

图 5-6　例题 5-1 图

为了分析摆锤的运动性质，分别求出其在以下五个特定瞬时的速度和加速度，其大小列于表 5-1 中，而方向示于图 5-7 上。

表 5-1　摆锤 A 在五个特定瞬时的 v_t、a_t、a_n

t	0	$\frac{\pi}{4\omega}$	$\frac{\pi}{2\omega}$	$\frac{3\pi}{4\omega}$	$\frac{\pi}{\omega}$
v_t	0	$-\frac{\sqrt{2}}{2}l\varphi_0\omega$	$-l\varphi_0\omega$	$-\frac{\sqrt{2}}{2}l\varphi_0\omega$	0

续表

a_t	$-l\varphi_0\omega^2$	$-\frac{\sqrt{2}}{2}l\varphi_0\omega^2$	0	$\frac{\sqrt{2}}{2}l\varphi_0\omega^2$	$l\varphi_0\omega^2$
a_n	0	$\frac{1}{2}l\varphi_0^2\omega^2$	$l\varphi_0^2\omega^2$	$\frac{1}{2}l\varphi_0^2\omega^2$	0

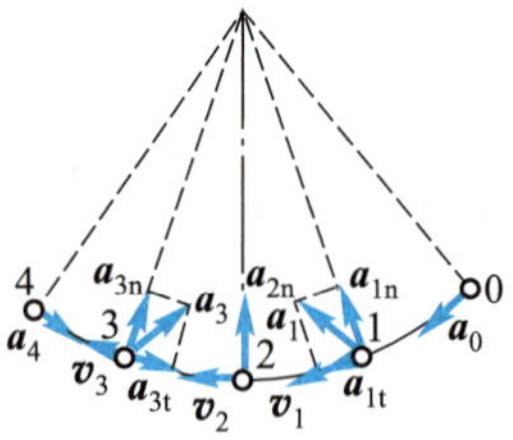

图 5-7 单摆运动中几个特定瞬时的 $\boldsymbol{v}$、$\boldsymbol{a}$ 图像

在图 5-7 中：点 0 为运动起始点，$v_t=0$，故 $a_n=0$。因为，下一瞬时有速度，故 $a_t\neq0$。

点 1 为加速运动点，$0<\angle(\boldsymbol{v}_1,\boldsymbol{a}_1)<\frac{\pi}{2}$，从 $t=0$ 至 $t=\frac{\pi}{2\omega}$ 均作加速运动。

点 2 为速度大小的极值点，$t=\frac{\pi}{2\omega}$ 时，$a_t=0$，但 $a_n\neq0$，因速度方向还在变化。

点 3 为减速运动点，$\frac{\pi}{2}<\angle(\boldsymbol{v}_3,\boldsymbol{a}_3)<\pi$，从 $t=\frac{\pi}{2\omega}$ 至 $t=\frac{\pi}{\omega}$ 均作减速运动。

点 4 为运动的“反向点”，运动性质同点 0。

[例题 5-2] 图 5-8a 所示为两齿轮传动系统。大齿轮绕定轴 O_1 沿顺时针方向转动，带动小齿轮绕定轴 O_2 沿逆时针方向转动。两齿轮的节圆半径分别为 r_1 和 r_2。试分析两齿轮啮合点 P_1 与 P_2 的速度和加速度。

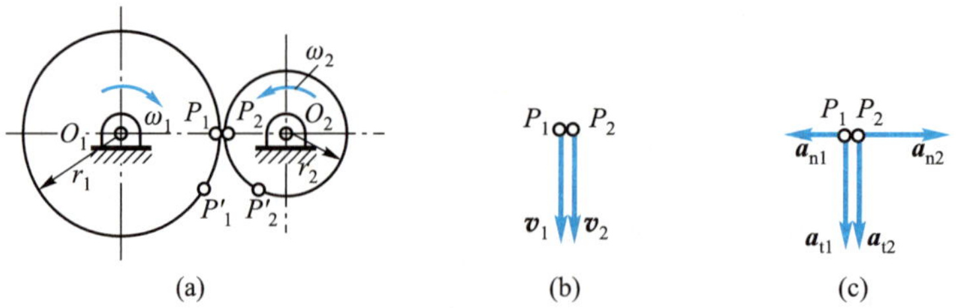

图 5-8 例题 5-2 图

解：两齿轮啮合转动时，节圆上的啮合点不发生相对滑动。在任意时间间隔内，两齿轮节圆上滚过的弧长相等，有 $\overset{\frown}{P_1P_1'}=\overset{\frown}{P_2P_2'}$，即弧坐标

$$s_1=s_2 \tag{a}$$

将式(a)对时间 t 求一阶导数，得

$$v_1=\dot{s}_1=\dot{s}_2=v_2 \tag{b}$$

虽然两齿轮的转向相反，但两齿轮啮合点 P_1 与 P_2 在啮合瞬时的速度方向却相同（图 5-8b），所以有

$$\boldsymbol{v}_1=\boldsymbol{v}_2 \tag{c}$$

将式（b）对时间 t 求一阶导数，有

$$a_{t1}=\ddot{s}_1=\ddot{s}_2=a_{t2} \tag{d}$$

同理，两齿轮啮合点的切向加速度方向也相同，故有

$$\boldsymbol{a}_{t1}=\boldsymbol{a}_{t2} \tag{e}$$

而法向加速度

$$a_{n1}=\frac{\dot{s}_1^2}{r_1},\qquad a_{n2}=\frac{\dot{s}_2^2}{r_2} \tag{f}$$

且 $a_{n1}<a_{n2}$，其方向分别指向各自的轴，如图 5-8c 所示。

小结：节圆半径不等的两齿轮啮合点的速度相等、切向加速度相等，但法向加速度不相等，且大齿轮啮合点速度的方向变化比小齿轮的要缓慢。

［例题 5-3］　如图 5-9a 所示，点 P 沿螺旋线的运动方程为 $x=r\cos\ \omega t, y=r\sin\ \omega t, z=ct$，其中，$r$、$\omega$、$c$ 均为常量。试求：

（1）点的速度 $\boldsymbol{v}$、速度端图、切向加速度 $\boldsymbol{a}_t$、法向加速度 $\boldsymbol{a}_n$；

（2）轨迹的密切面和曲率半径。

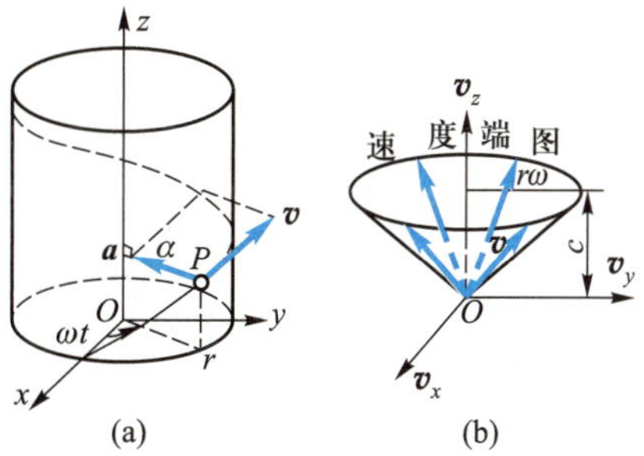

图 5-9　例题 5-3 及点 P 的速度端图

解：（1）将已知的运动方程对时间分别求一阶和二阶导数，得点的速度与加速度为

$$\boldsymbol{v}=(-r\omega\sin\ \omega t, r\omega\cos\ \omega t, c)$$

$$\boldsymbol{a}=(-r\omega^2\cos\ \omega t, -r\omega^2\sin\ \omega t, 0)$$

其大小分别为

$$v=\sqrt{v_x^2+v_y^2+v_z^2}=\sqrt{r^2\omega^2+c^2}=\text{常量}$$

$$a=\sqrt{a_x^2+a_y^2+a_z^2}=r\omega^2$$

由于 v 为常量，所以有

$$a_t=0,\qquad a_n=r\omega^2$$

速度 $\boldsymbol{v}$ 沿轨迹切线方向，加速度 $\boldsymbol{a}$ 沿由点 P 向 z 轴所作垂线的方向。速度端图为 $v_z=c$ 的圆，圆半径 $R=r\omega$，如图 5-9b 所示。

（2）密切面 α 由 $\boldsymbol{v}$ 和 $\boldsymbol{a}$ 确定，如图 5-9a 所示。

曲率半径为

$$\rho=\frac{v^2}{a_n}=\frac{r^2\omega^2+c^2}{r\omega^2}=r+\frac{c^2}{r\omega^2}$$

描述点的一般运动还有极坐标法、柱坐标法、球坐标法等，在 §5-5“本章讨论与小结”中将给出极坐标法的速度、加速度公式。

§5-2 点的复合运动的概念

5-2-1 两种参考系

一般工程问题中,通常将固连在地球或相对地球不动的机架上的坐标系称为**定参考系**(fixed reference system),简称**定系**,用 $Oxyz$ 坐标系表示;固连在其他相对于地球运动的参考体上的坐标系称为**动参考系**(moving reference system),简称**动系**,用 $O'x'y'z'$ 坐标系表示。例如,图 5-10 所示为沿直线轨道作纯滚动的车轮与车身。可以地球为定系(Oxy),车身为动系($O'x'y'$),分析轮缘上点 P(称为**动点**)的运动。又如,图 5-11 所示为夹持在车床三爪卡盘上的圆柱体工件与切削车刀。卡盘-工件绕轴 y' 转动,车刀向左作直线平移,运动方向如图所示。可以车床床身(固连于地球)为定系($Oxyz$),卡盘-工件为动系($O'x'y'z'$),分析刀尖点 P 的运动。

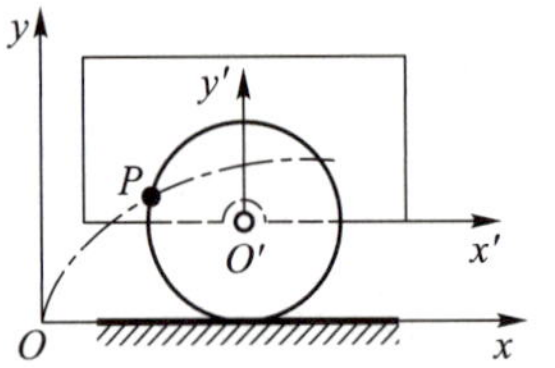

图 5-10 车辆轮缘上点 P 的运动分析

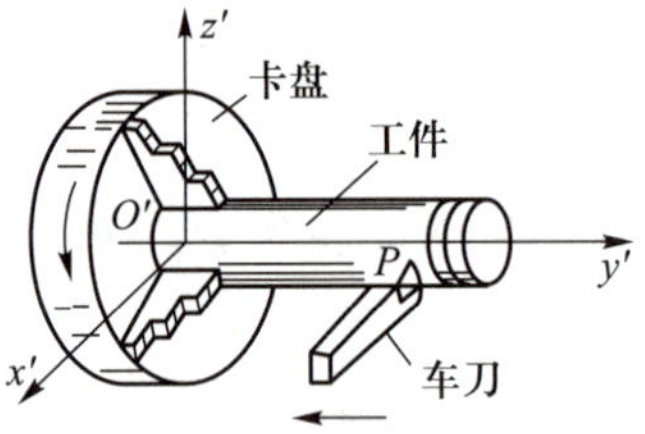

图 5-11 车刀刀尖点 P 的运动分析

5-2-2 三种运动

动点相对于定系的运动,称为动点的**绝对运动**(absolute motion);动点相对于动系的运动,称为动点的**相对运动**(relative motion);动系相对于定系的运动称为**牵连运动**(convected motion)。图 5-10 中轮缘上点 P 的绝对运动是沿旋轮线(摆线)的曲线运动,相对运动是以 O' 为圆心、轮半径为半径的圆周运动,牵连运动是直线平移。图 5-11 中刀尖点 P 的绝对运动为直线运动,相对运动是圆柱面上的螺旋线运动,牵连运动是定轴转动。

请读者注意:动点的绝对运动和相对运动均指点的运动(直线运动或曲线运动);而牵连运动则指刚体的运动(平移、定轴转动或其他较复杂的刚体运动)。

5-2-3 三种速度和三种加速度

动点相对于定系运动的速度和加速度,分别称为动点的**绝对速度**(absolute velocity)和**绝对加速度**(absolute acceleration),分别用符号 $\boldsymbol{v}_a$ 和 $\boldsymbol{a}_a$ 来表示。

动点相对于动系运动的速度和加速度,分别称为动点的**相对速度**(relative velocity)和**相**

对加速度(relative acceleration),分别用符号 $\boldsymbol{v}_r$ 和 $\boldsymbol{a}_r$ 来表示。

动系上与动点相重合之点(称为牵连点)相对于定系运动的速度和加速度,分别称为动点的牵连速度(convected velocity)和牵连加速度(convected acceleration),分别用符号 $\boldsymbol{v}_e$① 和 $\boldsymbol{a}_e$ 表示。由于动点相对于动系是运动的,因此,在不同的瞬时,牵连点是动系上的不同点。

5-2-4 绝对运动方程与相对运动方程

1. 变矢量法

考察如图 5-12 所示的一般情形。其中,$Oxyz$ 是定系,$O'x'y'z'$是动系,牵连运动为刚体一般运动。动点 P 对于定系原点 O 的位矢 $\boldsymbol{r}(t)$ 称为绝对位矢,表示动点 P 的绝对运动;动点 P 对于动系原点 O'的位矢 $\boldsymbol{r}'(t)$ 称为相对位矢,表示动点 P 的相对运动。于是有

$$\boldsymbol{r}(t)=\boldsymbol{r}_{O'}(t)+\boldsymbol{r}'(t) \tag{5-14}$$

式中,$\boldsymbol{r}_{O'}(t)$ 为动系原点 O'在定系中的位矢。式(5-14)即是矢量形式的绝对运动方程与相对运动方程关系式。

2. 直角坐标法

为了简便,以平面问题为例说明。如图 5-13 所示,Oxy 为定系,$O'x'y'$为在定系所在平面中运动的动系,其原点坐标为$(x_{O'},y_{O'})$,轴 $O'x'$与定轴 Ox 之间的夹角为 φ,且设 φ 以逆时针方向为正。动点 P 也在该平面中运动,其绝对位矢 $\boldsymbol{r}$ 与相对位矢 $\boldsymbol{r}'$仍有式(5-14)所示关系。不难写出点 P 的绝对坐标(x_P,y_P)与相对坐标(x'_P,y'_P)之间的关系式

$$\left.\begin{aligned} x_P&=x_{O'}+x'_P\cos\varphi-y'_P\sin\varphi \\ y_P&=y_{O'}+x'_P\sin\varphi+y'_P\cos\varphi \end{aligned}\right\} \tag{5-15a}$$

写成矩阵形式,为

$$\begin{pmatrix} x_P \\ y_P \end{pmatrix}=\begin{pmatrix} x_{O'} \\ y_{O'} \end{pmatrix}+\begin{pmatrix} \cos\varphi & -\sin\varphi \\ \sin\varphi & \cos\varphi \end{pmatrix}\begin{pmatrix} x'_P \\ y'_P \end{pmatrix} \tag{5-15b}$$

式中,方阵

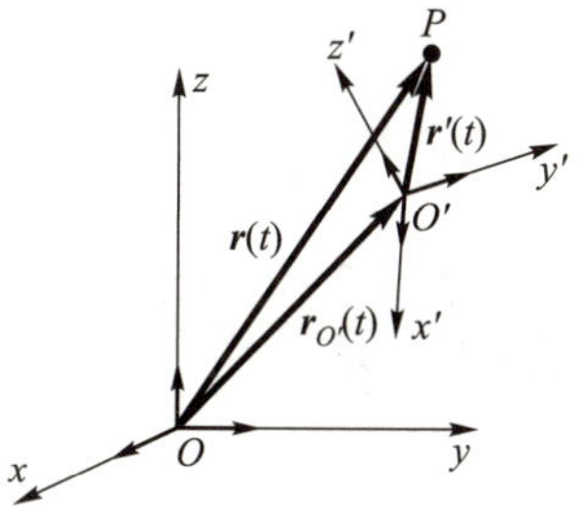

图 5-12 绝对与相对位矢的一般关系

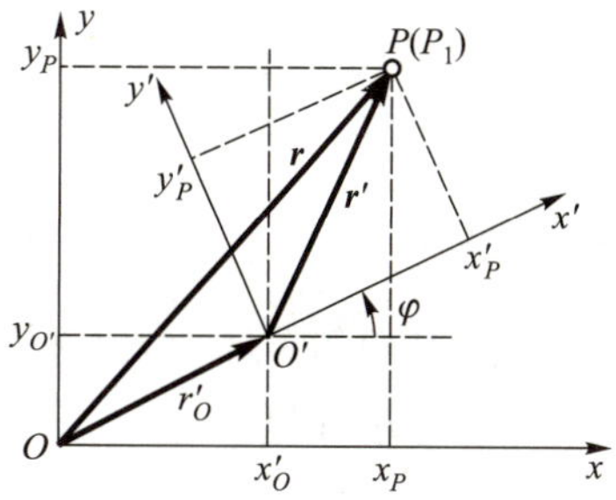

图 5-13 动点与动系均在同一平面中运动的情形

---

① $\boldsymbol{v}_e$ 的下角标 e 为法文 entrainement 的首字母。

$$\boldsymbol{C}=\begin{pmatrix} C_{11} & C_{12} \\ C_{21} & C_{22} \end{pmatrix}=\begin{pmatrix} \cos\varphi & -\sin\varphi \\ \sin\varphi & \cos\varphi \end{pmatrix} \tag{5-15c}$$

称为**变换矩阵**(transformation matrix),也称为**方向余弦矩阵**(direction cosine matrix),其中元素要根据变换前、后坐标系的关系具体写出。

式(5-15a)或式(5-15b)中的各量均为时间 t 的单值连续函数,它们即为平面运动情形下,直角坐标形式的绝对运动方程与相对运动方程关系式。而列阵$(x_{O'},y_{O'})^{\mathrm{T}}$表示动系原点 O'的运动,方阵 $\boldsymbol{C}$ 代表动系绕点 O'的转动。所以,它们表示牵连运动。式(5-15a)或式(5-15b)也定量地说明了牵连运动对绝对运动与相对运动差别的影响。

[例题 5-4]　如图 5-14 所示,切削刀具上点 P 按规律 $x=a\sin\omega t$ 沿定系的轴 Ox 在圆盘所在平面内作往复运动,被加工的圆盘以等角速度 ω 绕轴 O 转动。试求刀具上点 P 在圆盘上切削出的曲线。

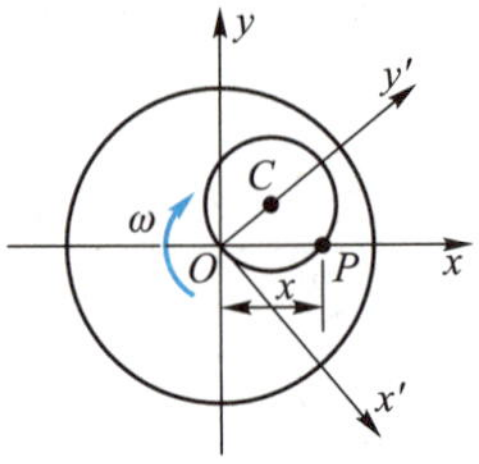

图 5-14　例题 5-4 图

解:根据题意,需求刀具上点 P 相对于圆盘的轨迹方程。

(1) 选择动点与动系。

动点:点 P;动系:圆盘($Ox'y'$)。

(2) 分析三种运动。

绝对运动:直线简谐运动;

相对运动:未知的平面曲线运动;

牵连运动:绕定轴 O 的转动。

(3) 列写变换矩阵 $\boldsymbol{C}$,并应用式(5-15b)求解

$$\begin{pmatrix} a\sin\omega t \\ 0 \end{pmatrix}=\begin{pmatrix} \cos\omega t & \sin\omega t \\ -\sin\omega t & \cos\omega t \end{pmatrix}\begin{pmatrix} x' \\ y' \end{pmatrix} \tag{a}$$

将上式展开,得

$$\left.\begin{aligned} a\sin\omega t&=x'\cos\omega t+y'\sin\omega t \\ 0&=-x'\sin\omega t+y'\cos\omega t \end{aligned}\right\} \tag{b}$$

解式(b),得

$$\left.\begin{aligned} x'&=a\sin\omega t\cos\omega t=\frac{a}{2}\sin 2\omega t \\ y'&=a\sin^2\omega t=\frac{a}{2}(1-\cos 2\omega t) \end{aligned}\right\} \tag{c}$$

该式即为刀具上点 P 的相对运动方程,较其绝对运动方程稍复杂。从中消去时间 t,得刀具上点 P 的相对运动轨迹方程

$$(x')^2+\left(y'-\frac{a}{2}\right)^2=\left(\frac{a}{2}\right)^2 \tag{d}$$

可见,刀具上点 P 在圆盘上切削出的曲线为一个圆心在点 C,半径为 $CO=\dfrac{a}{2}$的圆,如图 5-14 所示。

§5-3　点的速度合成定理

下面研究点的绝对速度、相对速度和牵连速度三者之间的关系。

如图 5-15 所示,设动点 P 相对定系 $Oxyz$ 和动系 $O'x'y'z'$ 运动,则动点 P 的相对运动可表示为

$$\boldsymbol{r}'=x'\boldsymbol{i}'+y'\boldsymbol{j}'+z'\boldsymbol{k}' \tag{5-16}$$

动点 P 的绝对运动可表示为

$$\boldsymbol{r}=\boldsymbol{r}_{O'}+\boldsymbol{r}'=\boldsymbol{r}_{O'}+x'\boldsymbol{i}'+y'\boldsymbol{j}'+z'\boldsymbol{k}' \tag{5-17}$$

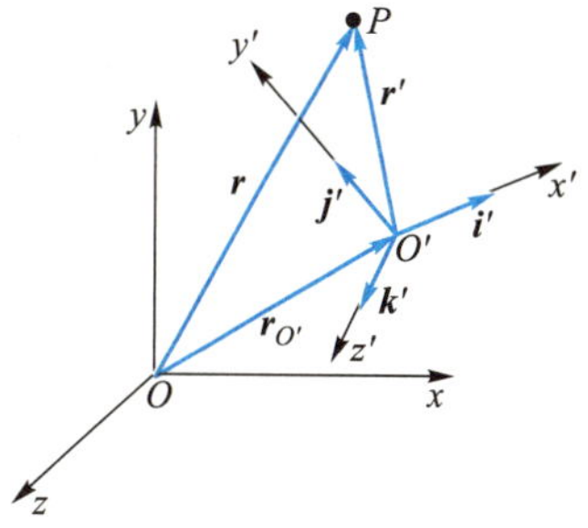

图 5-15　点的复合运动模型

根据相对速度和牵连速度的定义,有

$$\boldsymbol{v}_{\mathrm{r}}=\left(\frac{\mathrm{d}\boldsymbol{r}'}{\mathrm{d}t}\right)_{i'、j'、k'\text{为常矢量}}=\dot{x}'\boldsymbol{i}'+\dot{y}'\boldsymbol{j}'+\dot{z}'\boldsymbol{k}' \tag{5-18}$$

$$\boldsymbol{v}_{\mathrm{e}}=\left(\frac{\mathrm{d}\boldsymbol{r}}{\mathrm{d}t}\right)_{x'、y'、z'\text{为常量}}=\frac{\mathrm{d}\boldsymbol{r}_{O'}}{\mathrm{d}t}+\left(x'\frac{\mathrm{d}\boldsymbol{i}'}{\mathrm{d}t}+y'\frac{\mathrm{d}\boldsymbol{j}'}{\mathrm{d}t}+z'\frac{\mathrm{d}\boldsymbol{k}'}{\mathrm{d}t}\right) \tag{5-19}$$

由式(5-17)得动点 P 的绝对速度为

$$\boldsymbol{v}_{\mathrm{a}}=\frac{\mathrm{d}\boldsymbol{r}}{\mathrm{d}t}=\frac{\mathrm{d}\boldsymbol{r}_{O'}}{\mathrm{d}t}+\left(x'\frac{\mathrm{d}\boldsymbol{i}'}{\mathrm{d}t}+y'\frac{\mathrm{d}\boldsymbol{j}'}{\mathrm{d}t}+z'\frac{\mathrm{d}\boldsymbol{k}'}{\mathrm{d}t}\right)+(\dot{x}'\boldsymbol{i}'+\dot{y}'\boldsymbol{j}'+\dot{z}'\boldsymbol{k}')$$

将式(5-18)和式(5-19)代入上式得

$$\boldsymbol{v}_{\mathrm{a}}=\boldsymbol{v}_{\mathrm{e}}+\boldsymbol{v}_{\mathrm{r}} \tag{5-20}$$

式(5-20)称为点的**速度合成定理**(theorem for composition of velocities),即点的绝对速度等于牵连速度与相对速度的矢量和。

速度合成定理是瞬时矢量式,由此可以写出两个投影式,求解两个未知量。

需要说明的是,在推导速度合成定理时,并未限制动系作何种运动,因此本定理适用于牵连运动为任何运动形式的情况。

[例题 5-5]　图 5-16 所示的直管以等角速度 ω 绕轴 O 转动。管内质点 P 以常速率 u 沿管运动。试求点 P 离圆心 O 为 $R/3$ 和 R 时,相对于地面的速度。

解: 动点由 P 到达 P' 位置的过程中,既沿管运动,又被管携带一起运动。因此,可用速度合成定理求解。

动点:P 与 P';动系:直管。

绝对运动:平面曲线运动。

相对运动:沿管的匀速直线运动。

牵连运动:绕轴 O 的定轴转动。

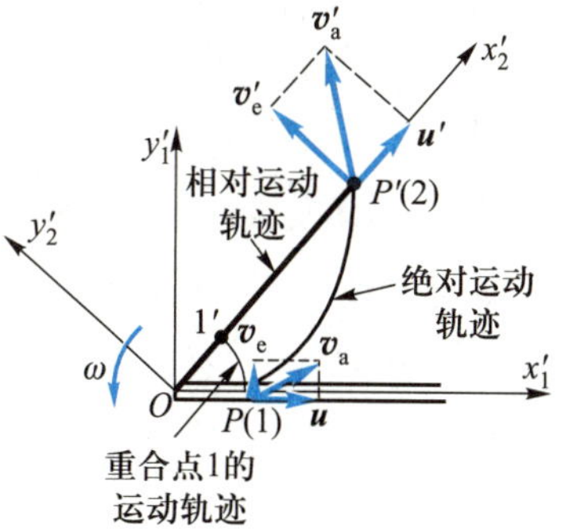

图 5-16　例题 5-5 图

分析点 P:动系 $Ox_1'y_1'$ 如图示位置。由式(5-20),有

$$\boldsymbol{v}_{\mathrm{a}}=\boldsymbol{v}_{\mathrm{r}}+\boldsymbol{v}_{\mathrm{e}}=\boldsymbol{u}+\boldsymbol{v}_{\mathrm{e}}=u\boldsymbol{i}_1'+\frac{1}{3}R\omega\boldsymbol{j}_1'$$

式中，$\boldsymbol{i}_1'$、$\boldsymbol{j}_1'$为动系 $Ox_1'y_1'$沿两坐标轴的单位矢量。

分析点 P'：动系 $Ox_2'y_2'$如图示位置。同理，有

$$\boldsymbol{v}_a'=\boldsymbol{v}_r'+\boldsymbol{v}_e'=\boldsymbol{u}'+\boldsymbol{v}_e'=u\boldsymbol{i}_2'+R\omega\boldsymbol{j}_2'$$

式中，$\boldsymbol{i}_2'$、$\boldsymbol{j}_2'$为动系 $Ox_2'y_2'$沿两坐标轴的单位矢量。

点运动至 P 位置时，与管上点 1 相重合，此瞬时的牵连速度为点 1 的绝对速度，$\boldsymbol{v}_e=\boldsymbol{v}_{1a}$；而运动至 P'位置时，点与管上点 2 相重合，$\boldsymbol{v}_e'=\boldsymbol{v}_{2a}'$。在此运动过程中，点不断变化着与管上的重合点，牵连速度也在不断变化，其绝对运动和相对运动轨迹，以及重合点 1 的运动轨迹均示于图 5-16 中。

[例题 5-6]　如图 5-17a 所示，仿形机床中半径为 R 的半圆形靠模凸轮以匀速 $\boldsymbol{v}_0$ 沿水平轨道向右运动，带动顶杆 AB 沿铅垂方向运动。试求 $\varphi=30°$时顶杆 AB 的速度。

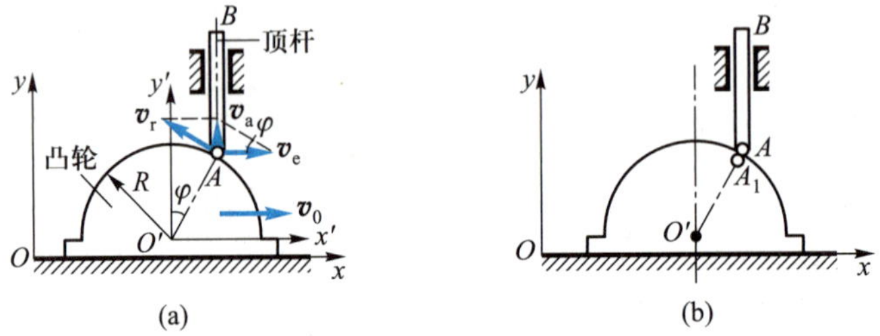

图 5-17　例题 5-6 图

解：由于顶杆 AB 作平移，所以要求顶杆 AB 的速度，只要求其上任一点的速度即可。

原动件（凸轮）的运动是通过它和顶杆的连接点 A 传递到从动件（顶杆）的，且顶杆上的点 A 永被约束在凸轮的轮廓上运动。故选顶杆 AB 上的点 A 为动点，动系固结于凸轮。

绝对运动：沿铅垂方向的直线运动。

相对运动：沿凸轮轮廓的圆周运动。

牵连运动：水平直线平移。

根据速度合成定理：

$$\boldsymbol{v}_a=\boldsymbol{v}_e+\boldsymbol{v}_r$$

其中，$\boldsymbol{v}_a$、$\boldsymbol{v}_e$ 和 $\boldsymbol{v}_r$ 的方向已知，分别沿铅垂、水平及凸轮轮廓上点 A 的切线方向，且 $\boldsymbol{v}_e$ 的大小为 $v_e=v_0$。据此，作速度的平行四边形，如图 5-17a 所示。

由平行四边形的几何关系，求得

$$v_a=v_e\tan\varphi=v_0\tan 30°=0.577v_0$$

此即顶杆 AB 在 $\varphi=30°$时的速度，方向向上。

请读者思考：本题的动点和动系有无其他选择？例如图 5-17b 所示，将凸轮上与顶杆上点 A 相重合之点（记为 A_1）选为动点，顶杆 AB 选为动系，是否可行？此时，赖以决定 $\boldsymbol{v}_r$ 方向的相对运动轨迹是什么？

[例题 5-7]　图 5-18a 所示为曲柄-摇杆机构，曲柄 OA 以等角速度 ω_0 绕轴 O 转动，通过滑块 A 带动摇杆 O_1B 绕轴 O_1 转动。已知：$OA=r$，$\angle AO_1O=30°$。试求该瞬时摇杆 O_1B 的

角速度。

解:与原动件 OA 铰接的滑块被约束在摇杆 O_1B 上滑动,所以,选滑块 A 为动点、摇杆 O_1B 为动系,则相对运动轨迹就是直线 O_1B,既简单又直观。

绝对运动:以点 O 为圆心,r 为半径的等速圆周运动。

相对运动:沿 O_1B 的直线运动。

牵连运动:绕轴 O_1 的定轴转动。

根据速度合成定理

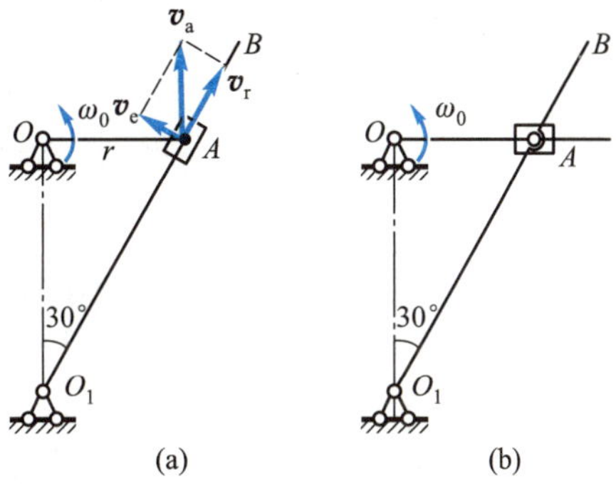

图 5-18　例题 5-7 图

$$\boldsymbol{v}_a=\boldsymbol{v}_e+\boldsymbol{v}_r$$

其中,绝对速度 $\boldsymbol{v}_a$ 的方向铅垂向上,大小为 $v_a=r\omega_0$;牵连速度 $\boldsymbol{v}_e$ 的方向垂直于杆 O_1A,大小未知;相对速度 $\boldsymbol{v}_r$ 的方向沿杆 O_1B,大小未知。据此,作速度平行四边形如图 5-18a 所示。

由平行四边形的几何关系,求得

$$v_e=v_a\sin 30°=\frac{1}{2}r\omega_0,\quad v_r=v_a\cos 30°=\frac{\sqrt{3}}{2}r\omega_0$$

则摇杆 O_1B 的角速度为

$$\omega=\frac{v_e}{O_1A}=\frac{1}{4}\omega_0\qquad(\text{逆时针})$$

本例讨论:若将图 5-18a 所示的曲柄-摇杆机构改为图 5-18b 所示的形式,即摇杆上点 A 铰接滑块,而滑块被约束在曲柄 OA 上滑动。则选滑块 A 为动点、曲柄 OA 为动系,这样相对运动轨迹即是直线 OA,既简单又直观。请读者自己对其进行运动分析和速度分析。

综合以上例题,请读者总结动点、动系的选择原则。

§5-4　点的加速度合成定理

5-4-1　一个反例

将式(5-20)对时间求一阶导数,能否得出一般情形下三种加速度的如下关系:

$$\boldsymbol{a}_a=\boldsymbol{a}_e+\boldsymbol{a}_r$$

即点的绝对加速度是否等于牵连加速度与相对加速度的矢量和?

以图 5-19a 所示的以等角速度 ω 绕轴 O 转动的圆盘为例。设圆盘半径为 R,在邻近其边缘的上方,静止地悬挂一个小球 P。若以 P 为动点,圆盘为动系,验证上述关系是否正确。

对点 P 的运动分析如下:

绝对运动:静止。

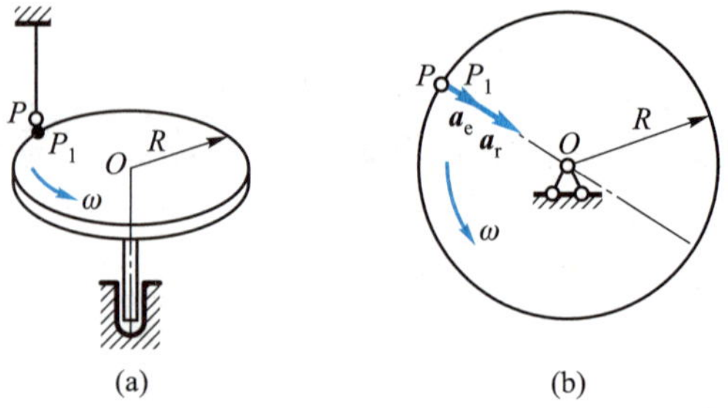

图 5-19 验证加速度关系式的一个实例

相对运动:以点 O 为圆心、R 为半径,与盘上重合点 P_1 反向的等速圆周运动。

牵连运动:绕轴 O 的定轴转动。

绝对加速度 $\boldsymbol{a}_a=\mathbf{0}$。牵连加速度的方向指向点 O,大小为 $a_e=R\omega^2$,相对加速度的方向也指向点 O,大小为 $a_r=R\omega^2$,如图 5-19b 所示。显然

$$a_a\neq a_e+a_r=2R\omega^2$$

可见,上述关系式在一般情形下是不正确的。

5-4-2 加速度合成定理

下面研究一般情形下点的各个加速度之间的关系。如图 5-15 所示,根据相对加速度的定义和式(5-16),有

$$\boldsymbol{a}_r=\left(\frac{\mathrm{d}^2\boldsymbol{r}'}{\mathrm{d}t^2}\right)_{\boldsymbol{i}',\boldsymbol{j}',\boldsymbol{k}'\text{为常矢量}}=\ddot{x}'\boldsymbol{i}'+\ddot{y}'\boldsymbol{j}'+\ddot{z}'\boldsymbol{k}' \tag{5-21}$$

根据牵连加速度的定义和式(5-17),有

$$\boldsymbol{a}_e=\left(\frac{\mathrm{d}^2\boldsymbol{r}}{\mathrm{d}t^2}\right)_{x',y',z'\text{为常量}}=\frac{\mathrm{d}^2\boldsymbol{r}_{O'}}{\mathrm{d}t^2}+\left(x'\frac{\mathrm{d}^2\boldsymbol{i}'}{\mathrm{d}t^2}+y'\frac{\mathrm{d}^2\boldsymbol{j}'}{\mathrm{d}t^2}+z'\frac{\mathrm{d}^2\boldsymbol{k}'}{\mathrm{d}t^2}\right) \tag{5-22}$$

由式(5-18)可得

$$\frac{\mathrm{d}\boldsymbol{v}_r}{\mathrm{d}t}=(\ddot{x}'\boldsymbol{i}'+\ddot{y}'\boldsymbol{j}'+\ddot{z}'\boldsymbol{k}')+\left(\dot{x}'\frac{\mathrm{d}\boldsymbol{i}'}{\mathrm{d}t}+\dot{y}'\frac{\mathrm{d}\boldsymbol{j}'}{\mathrm{d}t}+\dot{z}'\frac{\mathrm{d}\boldsymbol{k}'}{\mathrm{d}t}\right) \tag{5-23}$$

根据泊松公式:

$$\frac{\mathrm{d}\boldsymbol{i}'}{\mathrm{d}t}=\boldsymbol{\omega}_e\times\boldsymbol{i}',\qquad \frac{\mathrm{d}\boldsymbol{j}'}{\mathrm{d}t}=\boldsymbol{\omega}_e\times\boldsymbol{j}',\qquad \frac{\mathrm{d}\boldsymbol{k}'}{\mathrm{d}t}=\boldsymbol{\omega}_e\times\boldsymbol{k}'$$

式中,$\boldsymbol{\omega}_e$ 为动系相对定系的角速度矢量,式(5-23)可改写为

$$\frac{\mathrm{d}\boldsymbol{v}_r}{\mathrm{d}t}=(\ddot{x}'\boldsymbol{i}'+\ddot{y}'\boldsymbol{j}'+\ddot{z}'\boldsymbol{k}')+\boldsymbol{\omega}_e\times(\dot{x}'\boldsymbol{i}'+\dot{y}'\boldsymbol{j}'+\dot{z}'\boldsymbol{k}')$$

再代入式(5-21)和式(5-18),可得

$$\frac{\mathrm{d}\boldsymbol{v}_r}{\mathrm{d}t}=\boldsymbol{a}_r+\boldsymbol{\omega}_e\times\boldsymbol{v}_r \tag{5-24}$$

由式(5-24)可见,相对速度对时间的一阶导数并不等于相对加速度,这是需要特别注意的。

由式(5-19)可得

$$\frac{\mathrm{d}\boldsymbol{v}_{\mathrm{e}}}{\mathrm{d}t}=\frac{\mathrm{d}^2\boldsymbol{r}_{O'}}{\mathrm{d}t^2}+\left(x'\frac{\mathrm{d}^2\boldsymbol{i}'}{\mathrm{d}t^2}+y'\frac{\mathrm{d}^2\boldsymbol{j}'}{\mathrm{d}t^2}+z'\frac{\mathrm{d}^2\boldsymbol{k}'}{\mathrm{d}t^2}\right)+\left(\dot{x}'\frac{\mathrm{d}\boldsymbol{i}'}{\mathrm{d}t}+\dot{y}'\frac{\mathrm{d}\boldsymbol{j}'}{\mathrm{d}t}+\dot{z}'\frac{\mathrm{d}\boldsymbol{k}'}{\mathrm{d}t}\right) \tag{5-25}$$

根据泊松公式,上式可改写为

$$\frac{\mathrm{d}\boldsymbol{v}_{\mathrm{e}}}{\mathrm{d}t}=\frac{\mathrm{d}^2\boldsymbol{r}_{O'}}{\mathrm{d}t^2}+\left(x'\frac{\mathrm{d}^2\boldsymbol{i}'}{\mathrm{d}t^2}+y'\frac{\mathrm{d}^2\boldsymbol{j}'}{\mathrm{d}t^2}+z'\frac{\mathrm{d}^2\boldsymbol{k}'}{\mathrm{d}t^2}\right)+\boldsymbol{\omega}_{\mathrm{e}}\times(\dot{x}'\boldsymbol{i}'+\dot{y}'\boldsymbol{j}'+\dot{z}'\boldsymbol{k}') \tag{5-26}$$

再代入式(5-22)和式(5-18),可得

$$\frac{\mathrm{d}\boldsymbol{v}_{\mathrm{e}}}{\mathrm{d}t}=\boldsymbol{a}_{\mathrm{e}}+\boldsymbol{\omega}_{\mathrm{e}}\times\boldsymbol{v}_{\mathrm{r}} \tag{5-27}$$

同样需要特别注意的是,牵连速度对时间的一阶导数并不等于牵连加速度。将速度合成定理(5-20)对时间求一阶导数,有

$$\frac{\mathrm{d}\boldsymbol{v}_{\mathrm{a}}}{\mathrm{d}t}=\frac{\mathrm{d}\boldsymbol{v}_{\mathrm{e}}}{\mathrm{d}t}+\frac{\mathrm{d}\boldsymbol{v}_{\mathrm{r}}}{\mathrm{d}t}$$

注意到$\dfrac{\mathrm{d}\boldsymbol{v}_{\mathrm{a}}}{\mathrm{d}t}=\boldsymbol{a}_{\mathrm{a}}$,代入式(5-24)和式(5-27),并引入

$$\boldsymbol{a}_{\mathrm{C}}=2\boldsymbol{\omega}_{\mathrm{e}}\times\boldsymbol{v}_{\mathrm{r}} \tag{5-28}$$

最后得

$$\boldsymbol{a}_{\mathrm{a}}=\boldsymbol{a}_{\mathrm{e}}+\boldsymbol{a}_{\mathrm{r}}+\boldsymbol{a}_{\mathrm{C}} \tag{5-29}$$

这就是点的**加速度合成定理**(theorem for composition of accelerations)。其中,$\boldsymbol{a}_{\mathrm{C}}$称为**科里奥利加速度**(Coriolis acceleration,简称**科氏加速度**)①,等于动系的角速度与动点相对速度矢量积的2倍。

5-2 科氏加速度

上述定理表明,**点的绝对加速度等于牵连加速度、相对加速度与科氏加速度的矢量和。**由上述分析可以看出,科氏加速度既与牵连转动(动系的角速度$\boldsymbol{\omega}_{\mathrm{e}}$)有关,又与相对运动(相对速度$\boldsymbol{v}_{\mathrm{r}}$)有关,是牵连转动和相对运动相互影响的结果。

当$\boldsymbol{\omega}_{\mathrm{e}}/\!/\boldsymbol{v}_{\mathrm{r}}$时,$a_{\mathrm{C}}=0$;当$\boldsymbol{\omega}_{\mathrm{e}}\perp\boldsymbol{v}_{\mathrm{r}}$时,$a_{\mathrm{C}}=2\omega_{\mathrm{e}}v_{\mathrm{r}}$,方向按右手法则确定。当牵连运动为平移时,$\boldsymbol{\omega}_{\mathrm{e}}=\mathbf{0}$,因此$\boldsymbol{a}_{\mathrm{C}}=\mathbf{0}$。

[例题 5-8] 在图5-20所示的特例中,杆AB以等角速度ω绕轴A转动。在t瞬时,套筒至轴A的距离为d,相对于杆AB的速度和加速度分别为$\boldsymbol{v}_{\mathrm{r}}$、$\boldsymbol{a}_{\mathrm{r}}$。试求套筒的绝对加速度,并分析科氏加速度产生的动力学原因。

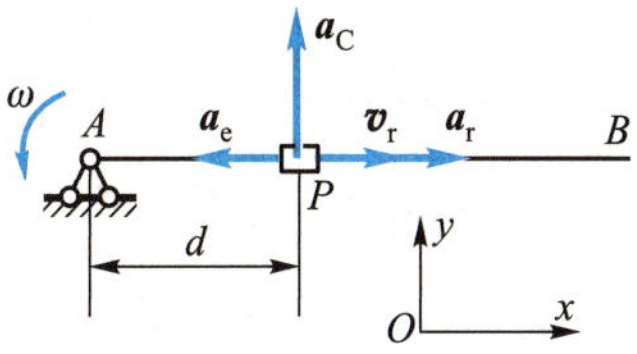

图5-20 例题5-8图

解:在本小节中,已对套筒P的运动和速度作了分析。

现分析其加速度:

$a_{\mathrm{e}}=d\omega^2$,方向由P指向A;

a_{r}已知,方向由P指向B;

① 科氏加速度是法国力学家科里奥利(G. G. Coriolis,1792—1843)于1835年提出,1843年给予证明的。

$a_C=2\omega v_r$，方向垂直向上。

根据加速度合成定理，有

$$\boldsymbol{a}_a=\boldsymbol{a}_e+\boldsymbol{a}_r+\boldsymbol{a}_C=(a_r-d\omega^2)\boldsymbol{i}+2\omega v_r\boldsymbol{j}$$

根据牛顿第二定律 $m\boldsymbol{a}=\sum \boldsymbol{F}$，绝对加速度及其分量是与力及其分量相对应的。套筒跟随杆 AB 运动中，杆对套筒必有作用力。若不计套筒与杆间的摩擦，此作用力应垂直于杆。这就是使套筒产生垂直于杆方向加速度的力的分量，是产生科氏加速度 $\boldsymbol{a}_C$ 的原因。因此，$\boldsymbol{a}_C$ 在实际中确实存在。

请读者自己用加速度合成定理正确地分析图 5-19 中点 P 的各加速度分量。

[例题 5-9]　图 5-21a 所示导杆机构。滑块在水平滑槽中运动，与滑槽固结在一起的导杆在固定的铅垂滑道中运动。已知：曲柄 OA 转动的角速度为 ω_0，角加速度为 α_0（转向如图），设曲柄长为 r。试求：当曲柄与铅垂线之间的夹角 $\theta<90°$时导杆的速度和加速度。

解：动点：滑块 A；动系：导杆。

绝对运动：以 O 为圆心，r 为半径的圆周运动。

相对运动：沿滑槽的水平直线运动。

牵连运动：铅垂方向的平移。

根据速度合成定理

$$\boldsymbol{v}_a=\boldsymbol{v}_e+\boldsymbol{v}_r$$

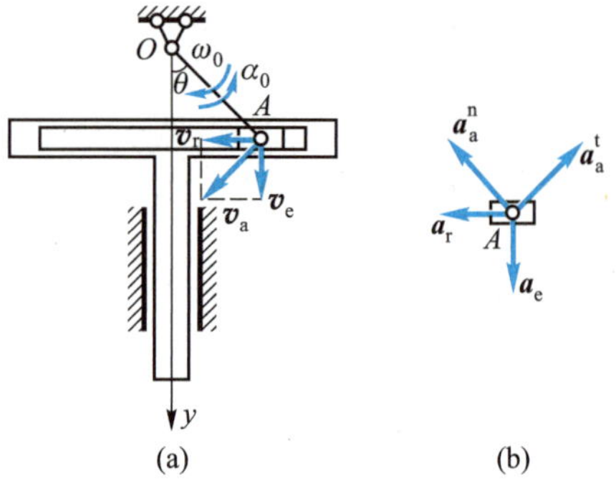

图 5-21　例题 5-9 图

其中，绝对速度 $\boldsymbol{v}_a$ 的方向垂直曲柄 OA 指向左下方，大小为 $v_a=r\omega_0$；牵连速度 $\boldsymbol{v}_e$ 的方向铅垂，大小待求；相对速度 $\boldsymbol{v}_r$ 的方向水平，大小未知。据此，作速度平行四边形如图 5-21a 所示。

由几何关系，解得

$$v_e=v_a\sin\theta=r\omega_0\sin\theta$$

此即导杆的速度，方向为铅垂向下。

牵连运动为平移时，加速度合成定理为

$$\boldsymbol{a}_a=\boldsymbol{a}_e+\boldsymbol{a}_r$$

其中，绝对加速度 $\boldsymbol{a}_a$ 有切向和法向两个分量，即 $\boldsymbol{a}_a=\boldsymbol{a}_a^t+\boldsymbol{a}_a^n$。绝对切向加速度 $\boldsymbol{a}_a^t$ 的方向垂直曲柄 OA 指向右上方，大小为 $a_a^t=r\alpha_0$，绝对法向加速度 $\boldsymbol{a}_a^n$ 的方向沿 OA 指向 O，大小为 $\boldsymbol{a}_a^n=r\omega_0^2$；牵连加速度 $\boldsymbol{a}_e$ 的方向铅垂，大小待求；相对加速度 $\boldsymbol{a}_r$ 的方向水平，大小未知。各加速度方向如图 5-21b 所示。

将加速度合成定理的矢量方程沿 y 方向投影，有

$$-a_a^t\sin\theta-a_a^n\cos\theta=a_e$$

解得

$$a_e=-r(\alpha_0\sin\theta+\omega_0^2\cos\theta)$$

此即导杆的加速度，负号表示其实际方向与假设方向相反，为铅垂向上。

［例题 5-10］ 试求例题 5-7 中摇杆 O_1B 在图示瞬时的角加速度。

解:动点、动系的选择及速度分析同例题 5-7。现进行加速度分析。

根据加速度合成定理:

$$\boldsymbol{a}_a=\boldsymbol{a}_e^t+\boldsymbol{a}_e^n+\boldsymbol{a}_r+\boldsymbol{a}_C$$

其中,绝对加速度 $\boldsymbol{a}_a$ 的方向水平向左,大小为 $a_a=r\omega_0^2$;牵连加速度 $\boldsymbol{a}_e$ 有切向和法向两个分量,牵连切向加速度 $\boldsymbol{a}_e^t$ 的方向垂直杆 O_1A,大小待求;牵连法向加速度 $\boldsymbol{a}_e^n$ 的方向沿杆 O_1A 并指向 O_1,大小为

$$a_e^n=O_1A\cdot\omega^2=\frac{1}{8}r\omega_0^2$$

相对加速度 $\boldsymbol{a}_r$ 的方向沿摇杆 O_1B,但大小未知;科氏加速度 $\boldsymbol{a}_C$ 的方向垂直于摇杆 O_1B 指向左上方,大小为

$$a_C=2\omega v_r=\frac{\sqrt{3}}{4}r\omega_0^2$$

各加速度方向如图 5-22 所示。

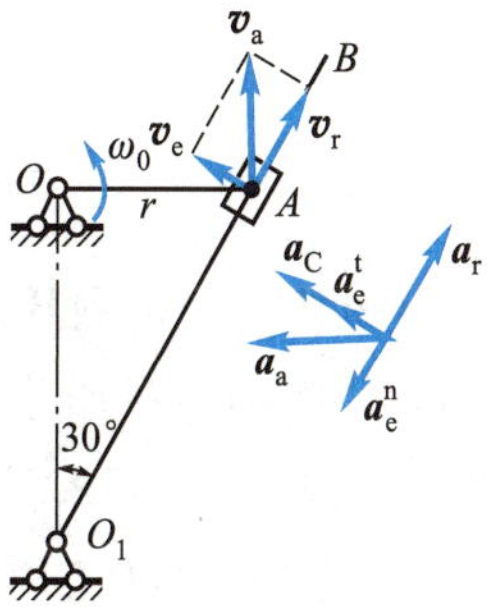

图 5-22 例题 5-10 图

将加速度合成定理的矢量方程沿 $\boldsymbol{a}_C$ 方向投影,有

$$a_a\cos 30°=a_e^t+a_C$$

解得

$$a_e^t=r\omega_0^2\cdot\frac{\sqrt{3}}{2}-\frac{\sqrt{3}}{4}r\omega_0^2=\frac{\sqrt{3}}{4}r\omega_0^2$$

则摇杆 O_1B 的角加速度为

$$\alpha=\frac{a_e^t}{O_1A}=\frac{\sqrt{3}}{8}\omega_0^2\qquad(逆时针)$$

［例题 5-11］ 如图 5-23a 所示,将火车看成点 P 以匀速 v_r 沿子午线自南向北行驶。为了考虑地球自转的影响,设定系为地心系(以地心为原点,坐标轴分别指向不同恒星的直角坐标系)。地球的平均半径为 R。试求:火车 P 在北纬 φ 度处的绝对加速度。

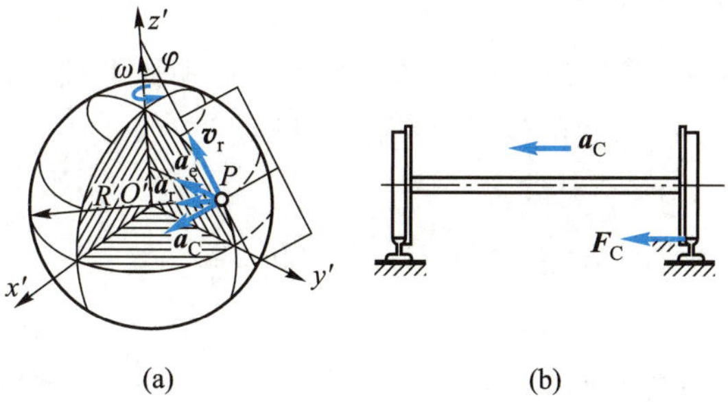

图 5-23 例题 5-11 及铁轨的受力

解:动点:火车;动系:地球(固结动坐标系 $O'x'y'z'$,其中,原点 O' 与地心重合,坐标面 $O'y'z'$ 与铁轨所在的子午面重合,$O'y'$ 轴与地轴重合)。

绝对运动：在地球自转时由其表面形成的回转曲面上运动。

相对运动：在子午面内的地球表面上作等速圆周运动。

牵连运动：地球绕 $O'z'$ 轴以其自转角速度 ω 作等角速度转动。

根据加速度合成定理

$$\boldsymbol{a}_{\mathrm{a}}=\boldsymbol{a}_{\mathrm{e}}+\boldsymbol{a}_{\mathrm{r}}+\boldsymbol{a}_{\mathrm{C}}$$

其中，牵连加速度 $\boldsymbol{a}_{\mathrm{e}}$ 的方向垂直于轴 $O'z'$，并指向该轴，大小为 $a_{\mathrm{e}}=(R\cos\varphi)\omega^2$；相对加速度 $\boldsymbol{a}_{\mathrm{r}}$ 的方向指向地心 O'，大小为 $a_{\mathrm{r}}=\dfrac{v_{\mathrm{r}}^2}{R}$；科氏加速度 $\boldsymbol{a}_{\mathrm{C}}$ 的方向沿点 P 纬度线的切线，并指向西（即平行于 $O'x'$ 轴），大小为 $a_{\mathrm{C}}=2\omega v_{\mathrm{r}}\sin\varphi$。各加速度方向如图 5-23a 所示。

设沿 $O'x'$、$O'y'$ 和 $O'z'$ 的单位矢量分别为 $\boldsymbol{i}'$、$\boldsymbol{j}'$、$\boldsymbol{k}'$，则火车的加速度可表示为

$$\begin{aligned}\boldsymbol{a}_{\mathrm{a}}&=-R\omega^2\cos\varphi\boldsymbol{j}'+\left(-\frac{v_{\mathrm{r}}^2}{R}\cos\varphi\boldsymbol{j}'-\frac{v_{\mathrm{r}}^2}{R}\sin\varphi\boldsymbol{k}'\right)+2\omega v_{\mathrm{r}}\sin\varphi\boldsymbol{i}'\\&=2\omega v_{\mathrm{r}}\sin\varphi\boldsymbol{i}'-\left(R\omega^2+\frac{v_{\mathrm{r}}^2}{R}\right)\cos\varphi\boldsymbol{j}'-\frac{v_{\mathrm{r}}^2}{R}\sin\varphi\boldsymbol{k}'\end{aligned}$$

本例中火车的科氏加速度 $\boldsymbol{a}_{\mathrm{C}}$ 沿纬度线的切线且指向西，即若顺着运动的方向看，指向左侧。因点的绝对加速度中有 $\boldsymbol{a}_{\mathrm{C}}$ 的分量，根据牛顿第二定律，火车必受到来自铁轨的向左的侧向推力，如图 5-23b 所示。根据作用和反作用定律，右侧铁轨也要受到向右的侧压力。因此，在北半球自南向北行驶的火车将使右侧铁轨磨损得厉害，而同在北半球，行驶方向相反的火车，其对铁轨磨损的情形则正好相反。对于在北半球上由北向南流的河流（例如我国黄河河套地区）就有类似情形，请读者自己分析哪岸被冲刷得较为厉害。

§5-5 本章讨论与小结

5-5-1 描述点的运动的极坐标形式

工程中，对于某些问题，采用极坐标形式描述点的运动更方便些。例如，图 5-24 中，(ρ,φ) 为极坐标，$(\boldsymbol{e}_\rho,\boldsymbol{e}_\varphi)$ 为极坐标的单位矢量（基矢量）。其运动方程为

$$\rho=f_1(t),\qquad \varphi=f_2(t)\tag{5-30}$$

速度为

$$\boldsymbol{v}_\rho=\dot{\rho}\boldsymbol{e}_\rho+\rho\dot{\varphi}\boldsymbol{e}_\varphi\tag{5-31}$$

加速度为

$$\boldsymbol{a}_\rho=(\ddot{\rho}-\rho\dot{\varphi}^2)\boldsymbol{e}_\rho+(\rho\ddot{\varphi}+2\dot{\rho}\dot{\varphi})\boldsymbol{e}_\varphi\tag{5-32}$$

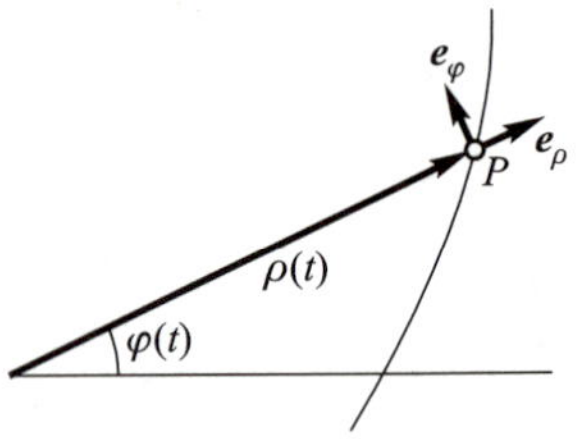

图 5-24 用极坐标描述点的运动

有兴趣的读者可以用矢量导数方法推导上述公式。

5-5-2 正确选择动点和动系，是应用点的复合运动理论的重要步骤

动点和动系选择的两条基本原则：一是动点、动系应分别选在两个不同的刚体上；二是应使相对运动轨迹简单或直观。其中，第二条是选择的关键。这是因为，在一般情形下，加速度合成定理中的绝对、牵连和相对加速度都能分解为切向和法向两个分量，即

$$\boldsymbol{a}_a^t+\boldsymbol{a}_a^n=\boldsymbol{a}_e^t+\boldsymbol{a}_e^n+\boldsymbol{a}_r^t+\boldsymbol{a}_r^n+\boldsymbol{a}_C$$

其中，相对切向加速度 $\boldsymbol{a}_r^t$ 的大小往往是未知的，若相对运动轨迹的曲率半径 ρ_r 未知，则相对法向加速度的大小（$a_r^n=v_r^2/\rho_r$）也必未知，这样就已经有了两个未知量。例如对平面问题，已无法再求其他未知量。因此，选择动点和动系时，只有使与相对运动轨迹有关的几何性质已知，才能使问题得以求解。

怎样选择动点和动系才能使相对运动轨迹简单或直观？主要是根据主动件与从动件的约束特点加以确定。图 5-25 所示为一些机构中常见的约束形式。这些约束的特点是：构件 AB 上至少有一个点 A 被另一构件 CD 所约束，使之只能在构件上或滑道内运动。若将被约束的点作为动点，约束该点的构件作为动系，则相对运动轨迹就是这一构件的轮廓线或滑道。这样相对运动轨迹必然简单或直观。

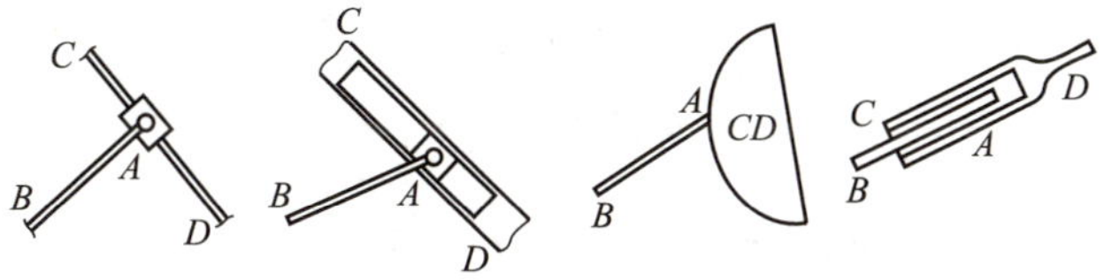

图 5-25 机构中几种有关的约束形式

5-5-3 牵连运动与牵连速度的概念

牵连运动是动系相对于定系的运动，而牵连速度则是指动系上与动点相重合之点即牵连点相对于定系运动的速度。两者的联系是牵连点，是动系上的瞬时重合点。

如图 5-26 所示，滑块 B 沿杆 OA 滑动的速度为 $\boldsymbol{v}$，而杆 OA 又以角速度 ω 绕轴 O 转动。图上几何尺寸均为已知，可根据需要自行假设。现以杆 OA 为动系，计算滑块上点 P 的绝对速度为

$$\boldsymbol{v}_P=\boldsymbol{v}_e+\boldsymbol{v}, \qquad v_e=OC\cdot\omega$$

其中，点 C 为“杆 OA 与滑块的一个重合点”。

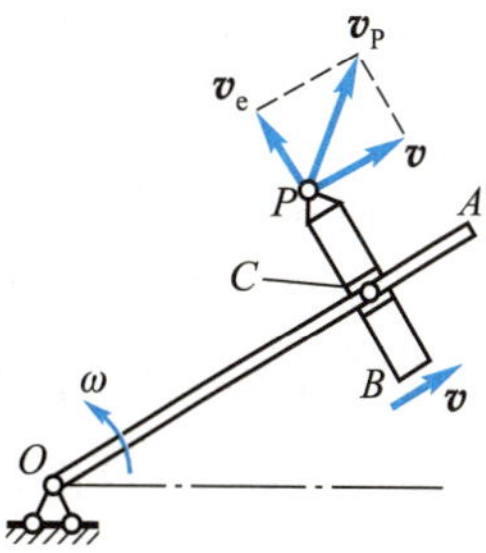

图 5-26 牵连速度概念

请读者分析上述计算是否正确。说“牵连运动是圆周运动”，对吗？

5-5-4 科氏加速度概念与正确应用加速度合成定理的投影式

图 5-27 所示曲柄-摇杆机构中，曲柄 OA 以角速度 ω_0、角加速度 α_0 绕轴 O 转动，从而带动

摇杆 O_1B 绕轴 O_1 作往复转动。若以滑块 A 为动点，摇杆 O_1B 为动系，则各项加速度如图所示。

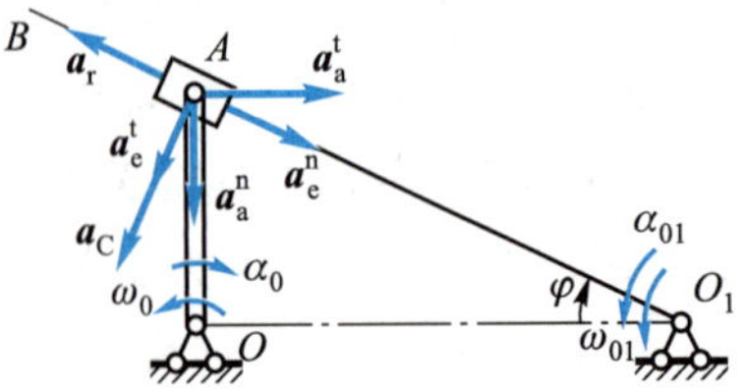

图 5-27　曲柄-摇杆机构中的加速度分析

试问：(1) 科氏加速度 $\boldsymbol{a}_C=2\boldsymbol{\omega}\times\boldsymbol{v}_r$，此 $\boldsymbol{\omega}$ 应是曲柄 OA 的角速度 $\boldsymbol{\omega}_0$，还是杆 O_1B 的角速度 $\boldsymbol{\omega}_{01}$？

(2) 为求摇杆 O_1B 的角加速度 α_{01} 和滑块 A 的相对加速度 $\boldsymbol{a}_r$，写出的以下投影式正确吗？

$$\begin{cases} a_a^n\cos\varphi-a_a^t\sin\varphi+a_e^t+a_C=0 \\ a_a^n\sin\varphi+a_a^t\cos\varphi+a_e^n-a_r=0 \end{cases}$$

5-5-5　本章小结

1. 描述点的运动的弧坐标法

$$s=f(t)$$

$$\boldsymbol{v}=v_t\boldsymbol{e}_t,\qquad v_t=\dot{s}$$

$$\boldsymbol{a}=a_t\boldsymbol{e}_t+a_n\boldsymbol{e}_n,\qquad a_t=\dot{v}_t=\ddot{s},\qquad a_n=\frac{v_t^2}{\rho}$$

2. 点的绝对运动为点的牵连运动和相对运动的合成结果

绝对运动：动点相对于定系的运动；

相对运动：动点相对于动系的运动；

牵连运动：动系相对于定系的运动。

3. 点的速度合成定理

$$\boldsymbol{v}_a=\boldsymbol{v}_e+\boldsymbol{v}_r$$

绝对速度 $\boldsymbol{v}_a$：动点相对于定系运动的速度；

相对速度 $\boldsymbol{v}_r$：动点相对于动系运动的速度；

牵连速度 $\boldsymbol{v}_e$：动系上与动点相重合之点（牵连点）相对于定系运动的速度。

4. 点的加速度合成定理

$$\boldsymbol{a}_a=\boldsymbol{a}_e+\boldsymbol{a}_r+\boldsymbol{a}_C$$

绝对加速度 $\boldsymbol{a}_a$：动点相对于定系运动的加速度；

相对加速度 $\boldsymbol{a}_r$：动点相对于动系运动的加速度；

牵连加速度 $\boldsymbol{a}_e$：动系上与动点相重合之点（牵连点）相对于定系运动的加速度；

科氏加速度 $\boldsymbol{a}_C$：牵连运动为转动时，牵连运动和相对运动相互影响而出现的一项附加的加速度。

$$\boldsymbol{a}_C = 2\boldsymbol{\omega}_e \times \boldsymbol{v}_r$$

当动系作平移，或 $\boldsymbol{v}_r = \boldsymbol{0}$，或 $\boldsymbol{\omega} /\!/ \boldsymbol{v}_r$ 时，$\boldsymbol{a}_C = \boldsymbol{0}$。

习　　题

选择填空题

5-1　图示绳子的一端绕在滑轮上，另一端与置于水平面上的物块 B 相连，若物块 B 的运动方程为 $x=kt^2$（其中 k 为常数，x 以 m 计，t 以 s 计）。轮子半径为 R，则轮缘上点 A 的加速度大小为(　　)。

① $2k$　　② $(4k^2t^2/R^2)^{\frac{1}{2}}$

③ $(4k^2+16k^4t^4/R^2)^{\frac{1}{2}}$　　④ $2k+4k^2t^2/R$

5-2　动点 M 在空间作螺旋运动，其运动方程 $x=2\cos t, y=2\sin t, z=2t$，其中 x、y、z 以 m 计，t 以 s 计。则点 M 的切向加速度大小 $a_t=$(　　)，法向加速度大小 $a_n=$(　　)，轨迹的曲率半径 $\rho=$(　　)。

5-3　两曲柄-摇杆机构分别如图 a,b 所示。取套筒 A 为动点，则动点 A 的速度平行四边形(　　)。

① 图 a,b 所示的都正确　　② 图 a 所示的正确，图 b 所示的不正确

③ 图 a 所示的不正确，图 b 所示的正确　　④ 图 a,b 所示的都不正确

5-4　在图示机构中，已知 $s=a+b\sin\omega t$，且 $\varphi=\omega t$（其中 a、b、ω 均为常数），杆长为 L，若取小球 A 为动点，动系固连于物块 B，定系固连于地面，则小球 A 的牵连速度 $\boldsymbol{v}_e$ 的大小为(　　)；相对速度 $\boldsymbol{v}_r$ 的大小为(　　)。

① $L\omega$　　② $b\omega\cos\omega t+L\omega\cos\omega t$

③ $b\omega\cos\omega t$　　④ $b\omega\cos\omega t+L\omega$

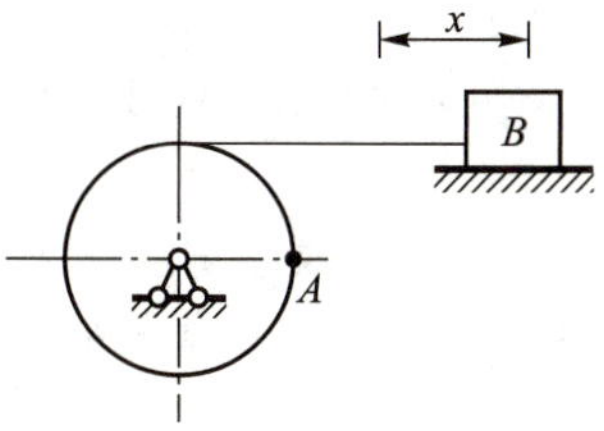

习题 5-1 图

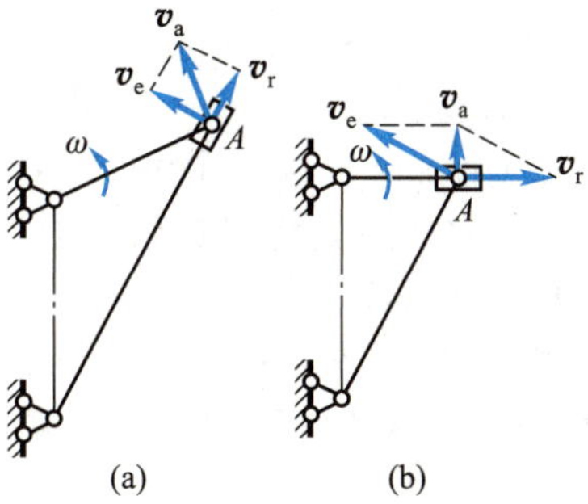

习题 5-3 图

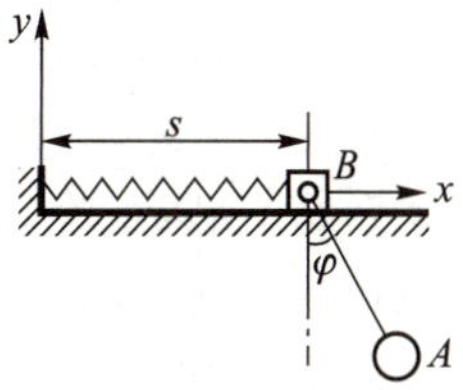

习题 5-4 图

5-5　如图所示，直角曲杆以等角速度 ω 绕 O 轴转动，套在其上的小环 M 沿固定直杆滑动。取 M 为动点，直角曲杆为动系，则 M 的(　　)。

① $\boldsymbol{v}_e \perp CD, \boldsymbol{a}_C \perp CD$　　② $\boldsymbol{v}_e \perp OM, \boldsymbol{a}_C \perp CD$

③ $\boldsymbol{v}_e \perp OM, \boldsymbol{a}_C \perp OM$　　④ $\boldsymbol{v}_e \perp CD, \boldsymbol{a}_C \perp OM$

5-6　平行四边形机构如图所示。曲柄 O_1A 以等角速度 ω 绕轴 O_1 转动。动点 M 沿 AB 杆运动的相对速度为 $\boldsymbol{v}_r$。若将动坐标系固连于 AB 杆，则动点的科氏加速度的大小为(　　)。

① ωv_r　　② $2\omega v_r$　　③ 0　　④ $4\omega v_r$

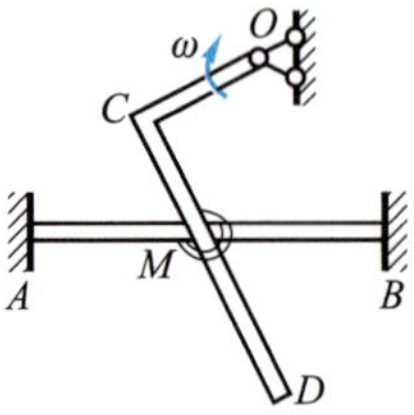

习题 5-5 图

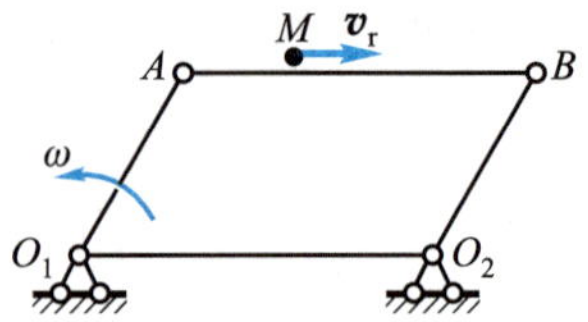

习题 5-6 图

5-7　半径为 R 的圆盘，以等角速度 ω 绕 O 轴转动，如图所示。动点 M 相对圆盘以等速率 $v_r=R\omega$ 沿圆盘边缘运动。设将动坐标系固连于圆盘，则在图示位置时，动点的牵连加速度大小为(　　)，方向为(　　)；动点的相对加速度大小为(　　)，方向为(　　)。

5-8　图示曲柄-连杆机构中，已知曲柄的长 $OA=r$，连杆长 $AB=l$，曲柄 OA 以等角速度 ω 绕轴 O 逆时针转动，图示瞬时夹角 φ 与 θ 均已知，若选滑块 B 为动点，动系与曲柄 OA 固连，定系与机座固连，则动点 B 的牵连速度大小为(　　)，方向为(　　)；牵连加速度大小为(　　)，方向为(　　)。

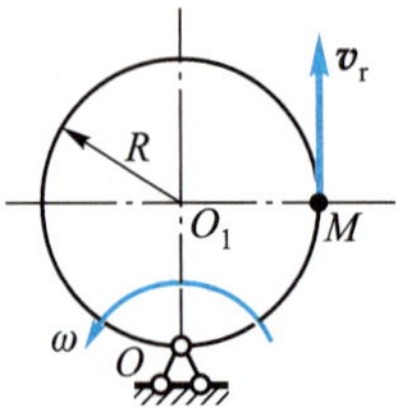

习题 5-7 图

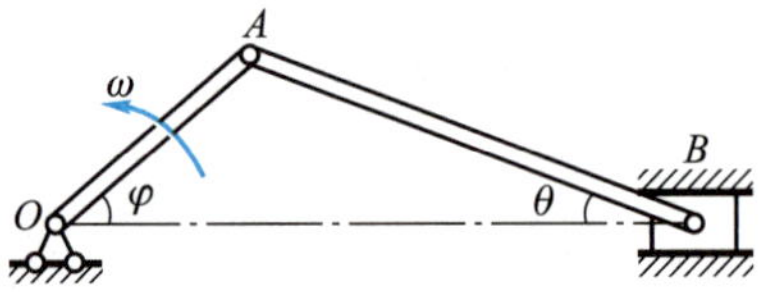

习题 5-8 图

分析计算题

5-9　绕在半径为 R 的固定圆轮上的不可伸长的绳子，在始终保持拉紧状态下展开，如图所示。由圆心 O 至绳的脱离点 A 引半径 OA，OA 与水平线夹角为 φ，$\varphi>0$。试求绳上在初瞬时与轮上点 P_0 相重合之点的运动方程（分别用直角坐标和弧坐标表示）。

5-10　图示滑块 M 同时在固定的圆弧槽 BC 和摇杆 OA 的滑道中滑动。如弧 BC 的半径为 R，摇杆 OA 的轴 O 在弧 BC 的圆周上。摇杆绕轴 O 以等角速度 ω 转动，当运动开始时，摇杆在水平位置。试用弧坐标法给出点 M 的运动方程，并求其速度和加速度。

5-11　为设置滑雪比赛用的路障，先用小汽车进行试验。假设汽车的轨迹为正弦曲线，其最大侧向加速度（即 a_n）为 0.7 g，g 为重力加速度。试验希望设置的路障能通过的最大速度为 80 km/h。试求锥形路障的间距 d 为多大。

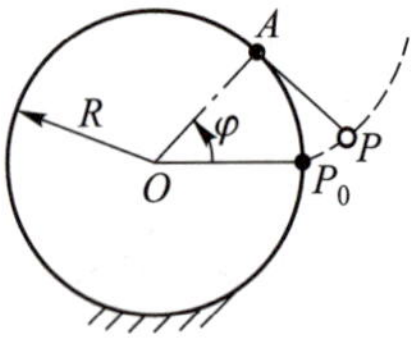

习题 5-9 图

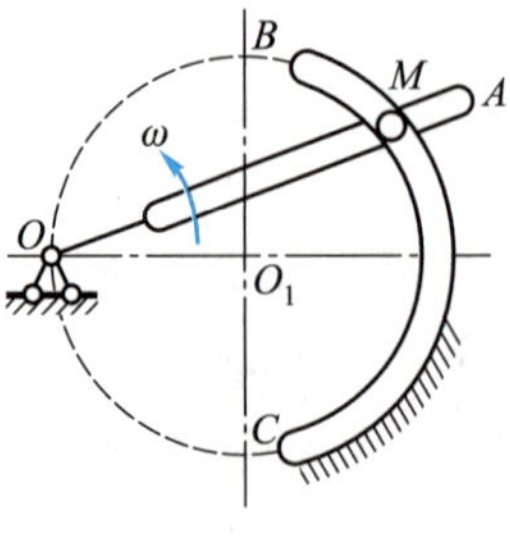

习题 5-10 图

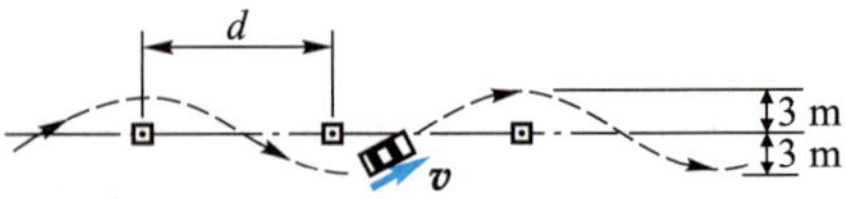

习题 5-11 图

5-12　图示车 A 沿半径为 R 的圆弧轨道运动，其速度为 $\boldsymbol{v}_A$。车 B 沿直线轨道行驶，其速度为 $\boldsymbol{v}_B$。则坐在车 A 中的观察者所看到车 B 的相对速度 $\boldsymbol{v}_{BA}$，与坐在车 B 中的观察者看到车 A 的相对速度 $\boldsymbol{v}_{AB}$，是否有 $\boldsymbol{v}_{BA}=\boldsymbol{v}_{AB}$？（试用矢量三角形加以分析。）

5-13　图 a，b 所示两种情形下，物块 B 均以速度 $\boldsymbol{v}_B$、加速度 $\boldsymbol{a}_B$ 沿水平直线向左作平移，从而推动杆 OA 绕点 O 作定轴转动，$OA=r$，$\varphi=40°$。若应用点的合成运动方法求解杆 OA 的角速度与角加速度，其计算方案与步骤应当怎样？将两种情形下的速度与加速度分量标注在图上，并写出计算表达式。

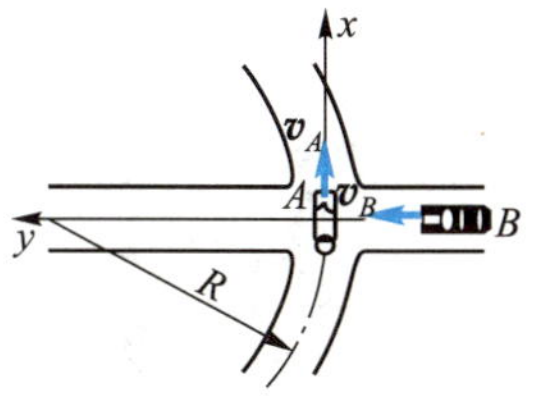

习题 5-12 图

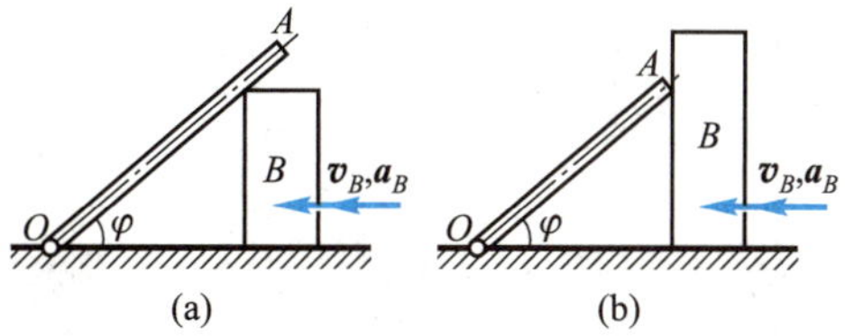

习题 5-13 图

5-14　图示记录装置中的鼓轮以等角速度 ω_0 转动，鼓轮的半径为 r。自动记录笔连接在沿铅垂方向并按 $y=a\sin\omega_1 t$ 规律运动的构件上。试求记录笔在纸带上所画曲线的方程。

5-15　图示刨床的加速机构由两平行轴 O 和 O_1、曲柄 OA 和滑道摇杆组成。曲柄 OA 的末端与滑块铰接，滑块可沿摇杆 O_1B 上的滑道滑动。已知曲柄 OA 长为 r，以等角速度 ω 转动，两轴间的距离 $OO_1=d$。试求滑块在滑道中的相对运动方程，以及摇杆的转动方程。

5-16　图示正弦机构的曲柄 OA 长 200 mm，以转速 $n=90$ r/min 绕轴 O 转动。曲柄一端用销与在滑道 BC 中滑动的滑块 A 相连，以带动滑道 BC 作往返运动。试求当曲柄与轴 Ox 的夹角为 30°时滑道 BC 的速度。

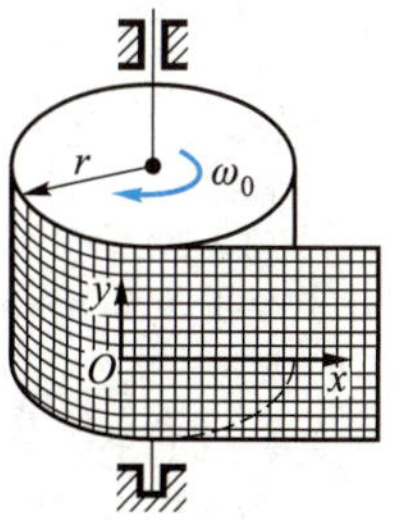

习题 5-14 图

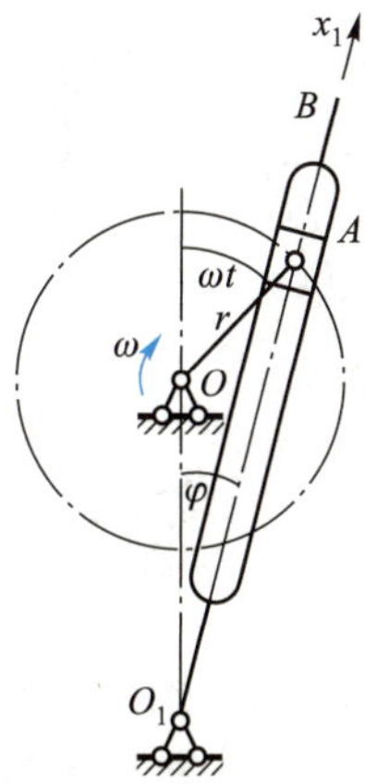

习题 5-15 图

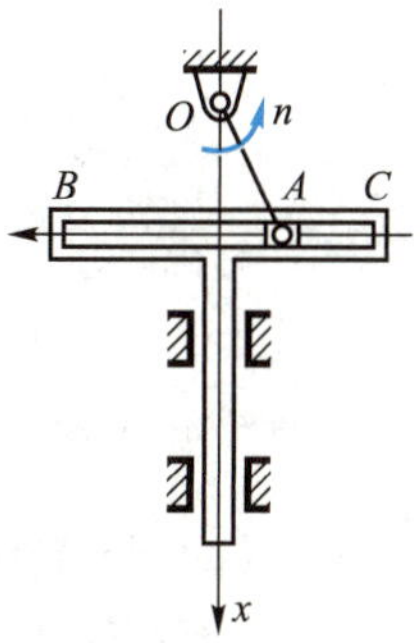

习题 5-16 图

5-17　图示瓦特离心调速器以角速度 ω 绕铅垂轴转动。由于机器负荷的变化，调速器重球以角速度 ω_1 向外张开。已知：$\omega=10$ rad/s，$\omega_1=1.21$ rad/s；球柄长 $l=0.5$ m；悬挂球柄的支点到铅垂轴的距离 $e=0.05$ m；球柄与铅垂轴夹角 $\alpha=30°$。试求此时重球的绝对速度。

5-18　图示铰接四边形机构中，$O_1A=O_2B=100$ mm；$O_1O_2=AB$，杆 O_1A 以等角速度 $\omega=2$ rad/s 绕轴 O_1 转动。AB 杆上有一套筒 C，此套筒与杆 CD 相铰接，机构的各部件都在同一铅垂面内。试求当 $\varphi=60°$时，杆

CD 的速度和加速度。

5-19 圆盘以等角速度 $\omega=0.5\ \mathrm{rad/s}$ 绕固定点 O 转动，如图所示。盘上有一小孩由点 A 相对圆盘等速行走，其相对速度 $v_r=0.75\ \mathrm{m/s}$。若（1）小孩沿 ADC 方向到达点 D，$d=1\ \mathrm{m}$；（2）沿 ABC 方向到达点 B，$r=3\ \mathrm{m}$。试求小孩的加速度 $\boldsymbol{a}_D$ 与 $\boldsymbol{a}_B$。

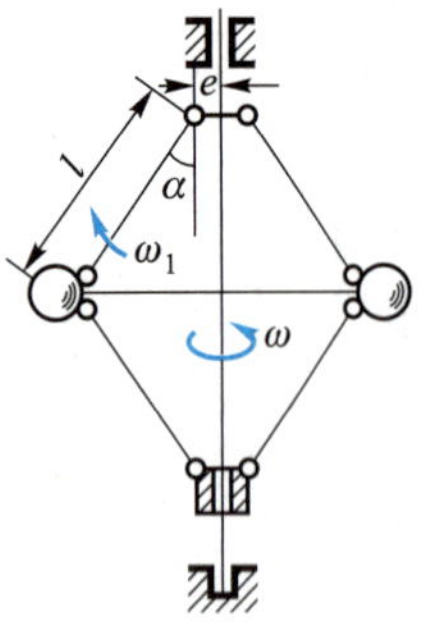

习题 5-17 图

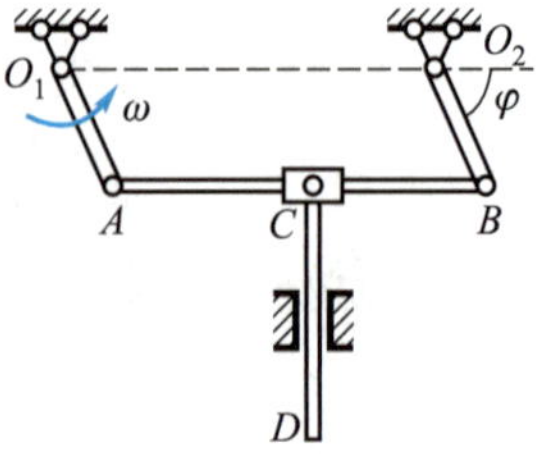

习题 5-18 图

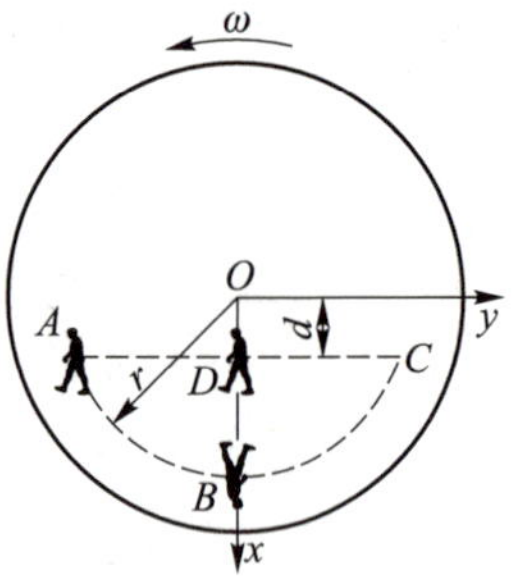

习题 5-19 图

5-20 图示曲杆 OBC 绕 O 轴转动，使套在其上的小环 M 沿固定直杆 OA 滑动。已知：$OB=0.1\ \mathrm{m}$；OB 与 BC 垂直；曲杆的角速度 $\omega=0.5\ \mathrm{rad/s}$。试求当 $\varphi=60°$时小环 M 的速度和加速度。

5-21 图示圆环以角速度 $\omega=4\ \mathrm{rad/s}$、角加速度 $\alpha=2\ \mathrm{rad/s^2}$ 绕点 O 转动。圆环上的套管 A 在图示瞬时相对圆环有速度 5 m/s，速度数值的增长率 8 m/s。试求套管 A 的绝对速度和加速度。

5-22 图示偏心凸轮的偏心距 $OC=e$，轮半径 $r=\sqrt{3}e$。凸轮以等角速度 ω_0 绕 O 轴转动。设某瞬时 OC 与 CA 成直角。试求该瞬时从动杆 AB 的速度和加速度。

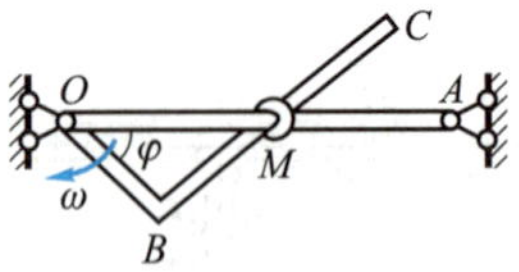

习题 5-20 图

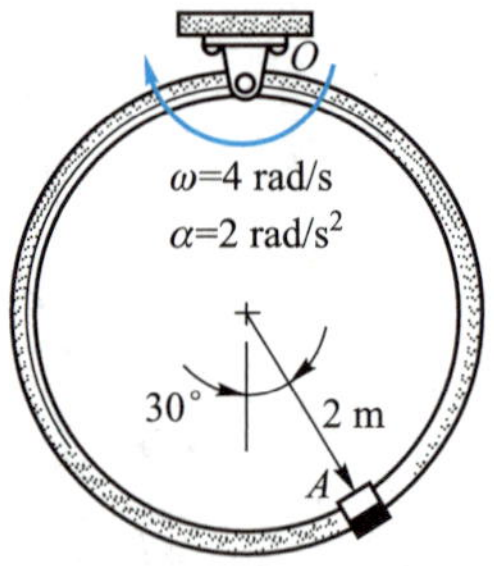

习题 5-21 图

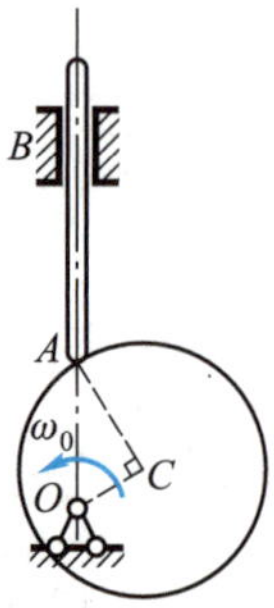

习题 5-22 图

5-23 图示偏心轮摇杆机构中，摇杆 O_1A 借助弹簧压在半径为 R 的偏心轮 C 上。偏心轮 C 绕轴 O 往复摆动，从而带动摇杆绕轴 O_1 摆动。设 $OC\perp OO_1$ 时，轮 C 的角速度为 ω，角加速度为零，$\theta=60°$。求此时摇杆 O_1A 的角速度 ω_1 和角加速度 α_1。

5-24 机械式钟表上的曲柄 AOD 可绕轴 O 摆动，A 端销可在滑块 B 的滑槽内相对滑动。滑块 B 可在固定轴上水平滑动。活塞杆 CE 的 C 端为一销，可在曲柄 AOD 的滑槽内相对滑动。现已知滑块 B 以匀速 $v_B=1\ \mathrm{m/s}$ 向右运动，$\theta=30°$，尺寸如图所示。试求活塞杆 CE 的加速度 $\boldsymbol{a}$。

5-25 图示点 P 以不变的相对速度 $\boldsymbol{v}_r$ 沿圆锥体的母线 OB 向下运动。此圆锥体以角速度 ω 绕 OA 轴作等速转动。如 $\angle POA=\alpha$，且当 $t=0$ 时点在 P_0 处，此时距离 $OP_0=b$。试求点 P 在瞬时 t 的绝对加速度。

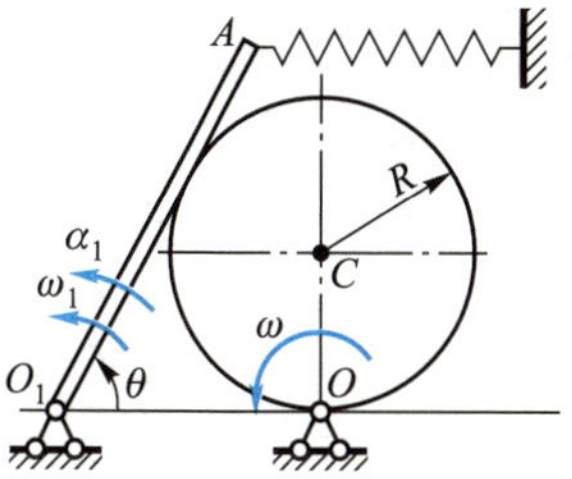

习题 5-23 图

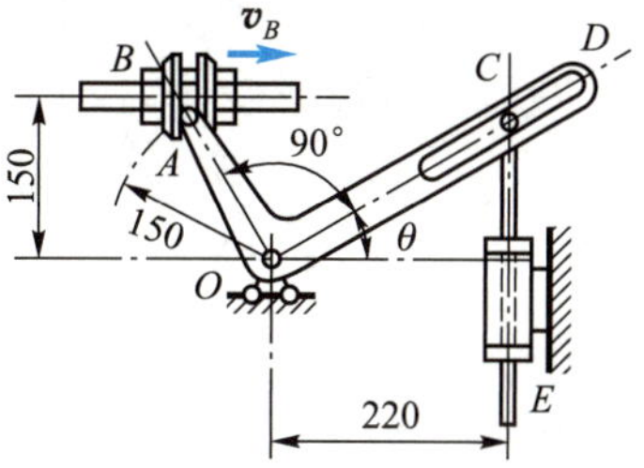

习题 5-24 图

5-26　图示直升机以速度 $v_H=1.22\ \mathrm{m/s}$ 和加速度 $a_H=2\ \mathrm{m/s^2}$ 向上运动。与此同时，机身（不是旋翼）绕铅垂轴 z 以等角速度 $\omega_H=0.9\ \mathrm{rad/s}$ 转动。若尾翼相对机身转动的角速度为 $\omega_{BH}=180\ \mathrm{rad/s}$，试求位于尾翼叶片顶端的点 P 的速度和加速度。

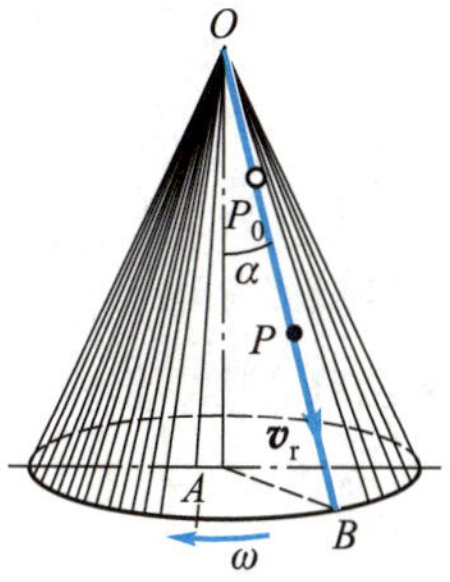

习题 5-25 图

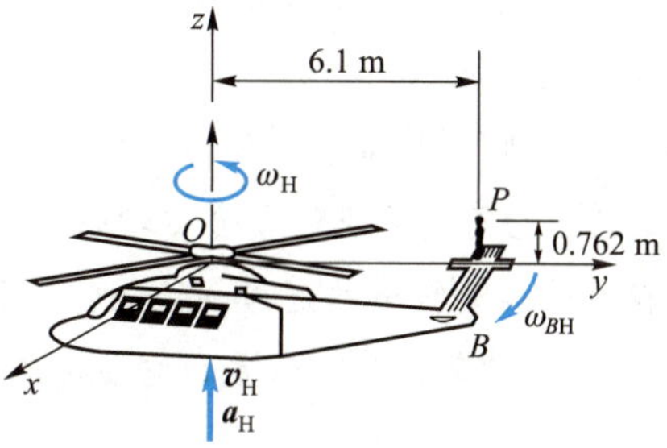

习题 5-26 图

第 6 章

刚体平面运动学

本章首先研究刚体平面运动的整体运动描述和性质，然后以此为基础，研究其上一点的运动性质。二者既有联系，又有区别。

与点的复合运动相似，考察刚体运动也可以同时在两个参考系（定系与动系）中进行，称为刚体的复合运动。它是研究点的复合运动的延伸和扩展。由此将刚体平面运动进行分解。

对物体在时间和空间中的连续运动，可以建立和分析它的运动方程，直接描述运动的过程，也可以分析几个特定瞬时和位置的运动性质，以掌握连续的运动形象。本章主要采用后者。

§6-1　刚体平面运动方程

6-1-1　刚体平面运动力学模型的简化

6-1　曲轴-连杆-活塞机构的运动

刚体在运动过程中，其上任意点到某一固定平面的距离始终保持不变，这种运动称为刚体的**平面运动**（planar motion）。例如，发动机的曲轴-连杆-活塞机构可简化为图 6-1 所示的曲柄-滑块机构，其中连杆 AB 的运动；图 6-2 所示行星齿轮机构中三个行星齿轮 B 的运动等。

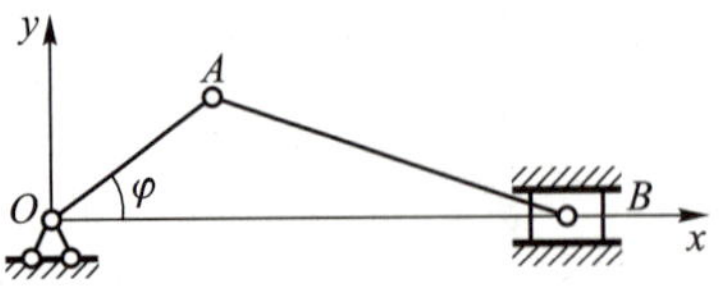

图 6-1　曲柄-滑块机构

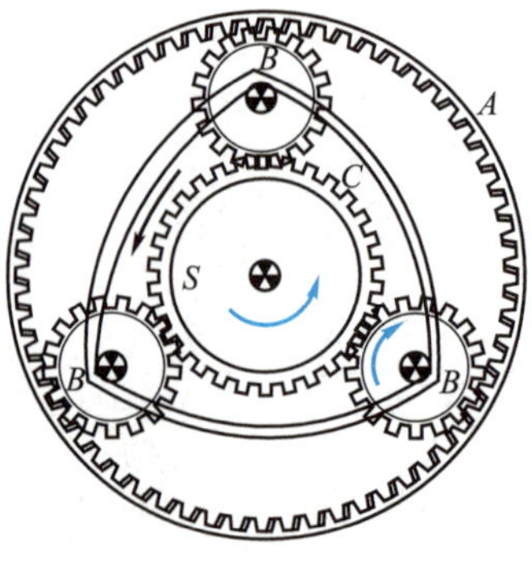

图 6-2　行星齿轮机构

设图 6-3 所示为作平面运动的一般刚体,刚体上各点至平面 α_1 的距离保持不变。过刚体上任意点 A,作平面 α_2 平行于平面 α_1,显然,刚体上过点 A 且垂直于平面 α_1 的直线上 $A_1,A_2,A_3,\cdots$ 各点的运动与点 A 是相同的。因此,平面 α_2 与刚体相交所截取的**平面图形**(section)S,就能完全表示该刚体的运动。进而,平面图形 S 上的任意线段 AB 又能代表该图形的运动,如图 6-4 所示。于是,研究刚体的平面运动可以简化为研究平面图形 S 或其上任一线段 AB 的运动。

6-2 行星齿轮机构的运动

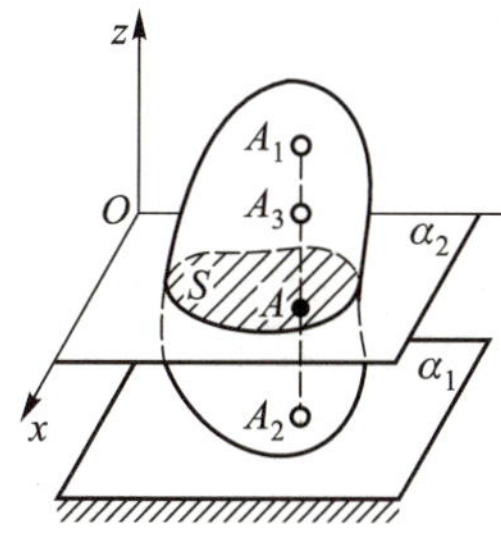

图 6-3 作平面运动的一般刚体

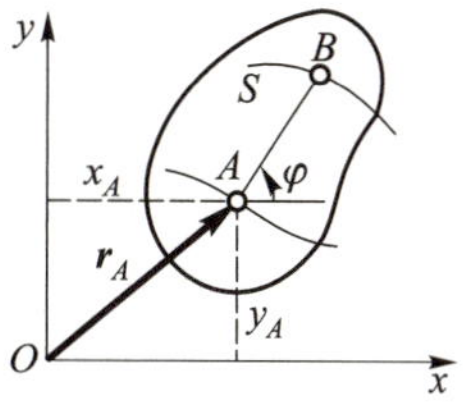

图 6-4 作平面运动的平面图形

6-1-2 刚体平面运动方程

为了确定线段 AB 在平面 Oxy 上的位置,需要三个独立变量,一般选用广义坐标 $q=(x_A, y_A, \varphi)$(图 6-4)。其中,线坐标 x_A、y_A 确定点 A 在该平面上的位置,角坐标 φ 确定线段 AB 在该平面中的方位。所以,作平面运动的刚体有三个自由度,即 $N=3$。

刚体平面运动方程为

$$\left.\begin{aligned} x_A &= f_1(t) \\ y_A &= f_2(t) \\ \varphi &= f_3(t) \end{aligned}\right\} \tag{6-1}$$

式中,x_A、y_A 和 φ 均为时间 t 的单值连续函数。式(6-1)只在一个参考系(定系)中描述了平面运动刚体的整体运动性质。该式完全确定了平面运动刚体的运动规律,也完全确定了该刚体上任一点的运动性质(轨迹、速度和加速度等)。

[例题 6-1] 图 6-5 所示的曲柄-滑块机构中,曲柄 OA 长为 r,以等角速度 ω 绕轴 O 转动,连杆 AB 长为 l。试:

(1) 写出连杆的平面运动方程;

(2) 求连杆上一点 $P(AP=l_1)$ 的轨迹、速度和加速度。

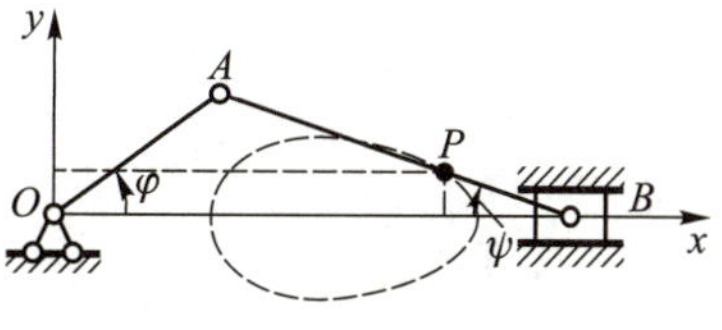

图 6-5 例题 6-1 图

解:机构组成的三角形 AOB 中,有

$$\frac{l}{\sin\varphi}=\frac{r}{\sin\psi}$$

即

$$\sin\psi=\frac{r}{l}\sin\omega t \tag{a}$$

式中，$\varphi=\omega t$。连杆平面运动的运动方程为

$$\left.\begin{aligned}x_A&=r\cos\omega t\\y_A&=r\sin\omega t\\\psi&=\arcsin\left(\frac{r}{l}\sin\omega t\right)\end{aligned}\right\}\tag{b}$$

根据约束条件，写出点 P 的运动方程为

$$\left.\begin{aligned}x_P&=r\cos\omega t+l_1\cos\psi\\y_P&=(l-l_1)\sin\psi\end{aligned}\right\}\tag{c}$$

将式(a)代入式(c)，有

$$\left.\begin{aligned}x_P&=r\cos\omega t+l_1\sqrt{1-\left(\frac{r}{l}\sin\omega t\right)^2}\\y_P&=\frac{r(l-l_1)}{l}\sin\omega t\end{aligned}\right\}\tag{d}$$

式(d)即为点 P 的运动方程，也是以时间 t 为参变量的轨迹方程（据此画出图 6-5 中的卵形线）。

考虑到实际的曲柄-滑块机构中，往往有 $\frac{r}{l}<\frac{1}{3.5}$，因此，可利用泰勒公式将 x_P 表达式等号右边的第二项展开，并略去 $\left(\frac{r}{l}\right)^4$ 以上的高阶量，得

$$\sqrt{1-\left(\frac{r}{l}\sin\omega t\right)^2}=1-\frac{1}{2}\left(\frac{r}{l}\right)^2\sin^2\omega t+\cdots\tag{e}$$

再以 $\frac{1-\cos 2\omega t}{2}$ 代替 $\sin^2\omega t$，最后得点 P 的近似运动方程：

$$\left.\begin{aligned}x_P&=l_1\left[1-\frac{1}{4}\left(\frac{r}{l}\right)^2+\frac{r}{l_1}\cos\omega t+\frac{1}{4}\left(\frac{r}{l}\right)^2\cos 2\omega t\right]\\y_P&=\frac{r(l-l_1)}{l}\sin\omega t\end{aligned}\right\}\tag{f}$$

点 P 的速度为

$$\left.\begin{aligned}v_x&=\dot{x}_P=-r\omega\left(\sin\omega t+\frac{1}{2}\frac{rl_1}{l^2}\sin 2\omega t\right)\\v_y&=\dot{y}_P=\frac{r(l-l_1)\omega}{l}\cos\omega t\end{aligned}\right\}\tag{g}$$

点 P 的加速度为

$$\left.\begin{aligned}a_x&=-r\omega^2\left(\cos\omega t+\frac{rl_1}{l^2}\cos 2\omega t\right)\\a_y&=-\frac{r(l-l_1)}{l}\omega^2\sin\omega t\end{aligned}\right\}\tag{h}$$

分别描述刚体 AB 和点 P 运动的式(b)与式(f)是只对定系 Oxy 得到的。对该两式求绝对导数,可以全面了解它们的连续运动性质。在上例中,已对式(f)作了分析。读者自己可以对式(b)加以分析。这是一种适宜于用计算机进行计算的方法。

§ 6-2　平面运动分解为平移和转动

本节将用复合运动方法,对平面运动进行再研究,将比较复杂的平面运动视为两个简单运动的合成。

以沿直线道路行驶的车辆为例,如图 6-6 所示。上一章曾分析过轮缘上一点 P 的复合运动,现在则分析车轮整体的复合运动。以地面为定系 Oxy,动系 $O'x'y'$固连于车架上,则车轮的绝对运动为平面运动,相对运动为绕轴 O'的转动,而牵连运动为平移。因此,车轮的平面运动可以视为跟随动系 $O'x'y'$的平移与相对于动系的转动的合成。

设有平面图形 S 在定系 Oxy 平面中运动,如图 6-7 所示。S 从 t 瞬时的位置 Ⅰ 运动到 $t+\Delta t$ 瞬时的位置 Ⅱ,S 上任选两点 A、B 的运动轨迹为图中的两条曲线 AA'和 BB'。以点 A 为原点,建立平移参考系 $Ax'y'$,注意与前述车轮运动问题不同的是,此平移系不再固连于某一实体(例如车架)上,而是为造成可以利用的约束条件,人为设置的抽象平移系。该平移系的坐标原点称为**基点**(base point)。

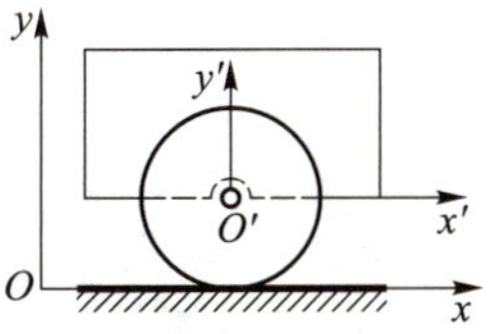

图 6-6　车轮的运动分解

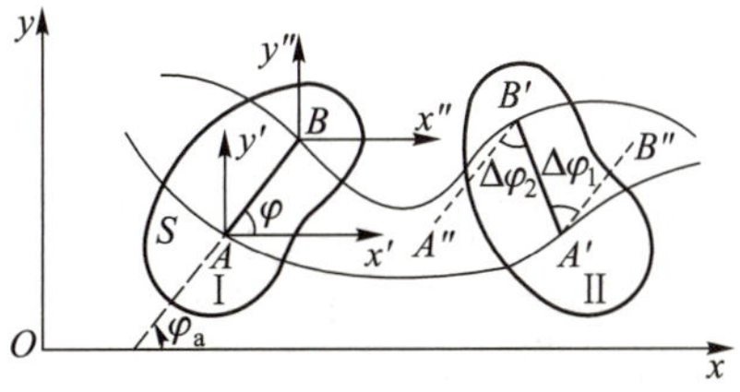

图 6-7　一般刚体平面运动的分解

分析刚体从位置 Ⅰ 到位置 Ⅱ 的运动过程,可以得出以下结论:

(1) 刚体平面运动(绝对运动)可以分解为跟随在任选基点上建立的平移系的平移(牵连运动),和相对此平移系的转动(相对运动)。从图 6-7 可以看出,S 上的线段 AB 从 Ⅰ 到达 Ⅱ 的 $A'B'$,可以先跟随 $Ax'y'$平移至 $A'B''$($AB/\!/A'B''$),然后再相对它转过角度 $\Delta\varphi_1$。

(2) 将平面运动分解为平移和转动时,平移规律与基点的选择有关,而转动规律却与基点的选择无关。如图 6-7 所示,若选点 B 为基点,由于它与点 A 的轨迹、速度和加速度均不相同,牵连运动自然不同。但相对运动所转过的角度不仅大小还有方向也是相同的,即

$$\Delta\varphi_1=\Delta\varphi_2=\Delta\varphi$$

(3) 平面图形相对于平移系转过的角度对时间的变化率称为平面图形的**角速度**,即

$$\omega=\lim_{\Delta t\to 0}\frac{\Delta\varphi_1}{\Delta t}=\lim_{\Delta t\to 0}\frac{\Delta\varphi_2}{\Delta t}=\lim_{\Delta t\to 0}\frac{\Delta\varphi}{\Delta t}=\frac{\mathrm{d}\varphi}{\mathrm{d}t}\tag{6-2}$$

平面图形的角速度与基点的选择无关。

(4) 平面图形相对于平移系的角速度就是它的绝对角速度。由图 6-7 可以看出,在 t 瞬时,S 上线段 AB 相对于平移系 $Ax'y'$ 的方位用角度 φ 表示,而在同一瞬时,AB 相对于定系 Oxy 的方位是角度 φ_{a},且有

$$\varphi(t)=\varphi_{\mathrm{a}}(t), \qquad \omega(t)=\omega_{\mathrm{a}}(t) \tag{6-3}$$

这一结论是由于平移系相对定系无方位变化所致。

对于平面图形的角加速度 $\alpha(t)$,也有与(3)、(4)相对应的结论,这里不再赘述。

总之,平面图形 S 上任选基点 A 的速度 $\boldsymbol{v}_A$ 和 S 的角速度 ω 是表征平面图形运动的物理量。前者表征平面图形随基点的平移;后者表征相对基点(平移坐标系)的转动。在某瞬时,若平面图形的这两个物理量已知,则其上各点的运动即可确定。

请读者对图 6-8 所示的曲柄-滑块机构加以分析,当分别选 A、B 为基点,并建立平移系 $Ax_1'y_1'$ 与 $Bx_2'y_2'$ 时,证明:作平面运动的连杆 AB 的角速度 ω_{AB} 与基点选择无关,此 ω_{AB} 即为连杆 AB 的绝对角速度。

注意到,刚体平面运动是二维运动,其角速度 ω 一般为代数量,即包含大小和转向二要素。在平面图形 S 上可用弯箭头表示,如图 6-9 所示。但是,有时为了把刚体的二维与三维运动统一起来,或简练地表示各运动量间的关系,需将平面图形的角速度作为矢量 $\boldsymbol{\omega}$。这时,其大小由式(6-3)确定;其方向按右手法则定义,即右手弯曲的四指表示平面图形的转向,拇指表示 $\boldsymbol{\omega}$ 的方向;其作用线通过基点 A,与图形垂直。在图 6-9 中,设 S 在坐标面 Oxy 内,则 $\boldsymbol{\omega}$ 应平行于轴 z。

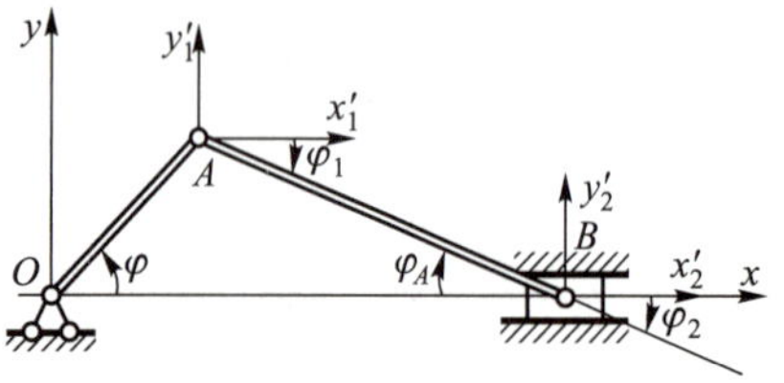

图 6-8 对连杆 AB 选择不同基点分解运动

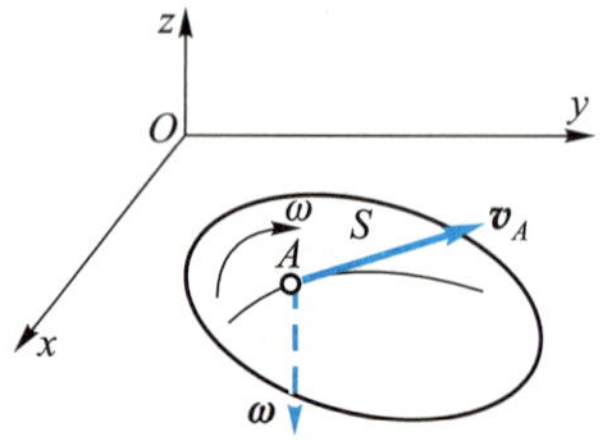

图 6-9 平面图形的角速度作为矢量 $\boldsymbol{\omega}$

对于平面图形的角加速度亦可同样用矢量表示为 $\boldsymbol{\alpha}$。

§6-3 平面图形上各点的速度分析

6-3-1 基点法

考察图 6-10 所示平面图形 S。已知在 t 瞬时,S 上点 A 的速度 $\boldsymbol{v}_A$ 和 S 的角速度 ω,为求 S 上点 B 在该瞬时的速度,可以点 A 为基点,建立平移系 $Ax'y'$,将 S 的平面运动分解为跟随

$Ax'y'$的平移和相对它的转动。这样，点 B 的绝对运动（平面曲线运动）也就被分解成牵连运动为平移和相对运动为圆周运动。根据速度合成定理，并沿用刚体运动的习惯符号，有

$$\boldsymbol{v}_B=\boldsymbol{v}_a=\boldsymbol{v}_e+\boldsymbol{v}_r=\boldsymbol{v}_A+\boldsymbol{v}_{BA} \tag{6-4}$$

式中，牵连速度即基点的速度 $\boldsymbol{v}_e=\boldsymbol{v}_A$；点 B 相对平移系 $Ax'y'$的速度 $\boldsymbol{v}_r$ 记为 $\boldsymbol{v}_{BA}$，且 $\boldsymbol{v}_{BA}=\boldsymbol{\omega}\times\boldsymbol{r}_{AB}$，$\boldsymbol{r}_{AB}$ 为自基点 A 引向点 B 的位矢。几何上，由以 $\boldsymbol{v}_A$ 和 $\boldsymbol{v}_{BA}$ 为边的速度平行四边形，可求得点 B 的速度 $\boldsymbol{v}_B$。

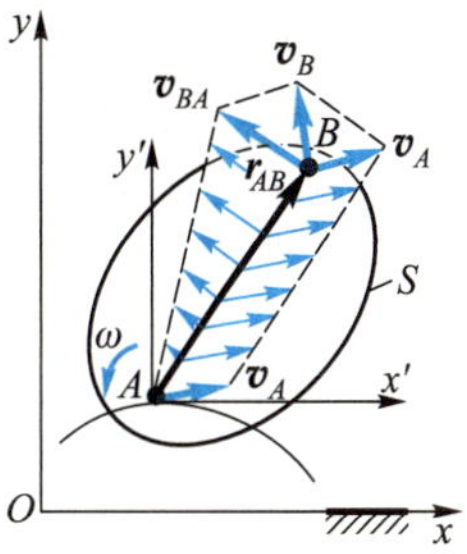

图 6-10　平面图形 S 上点的速度分析

式(6-4)表明，**平面图形上任一点的速度等于基点的速度与该点对于以基点为原点的平移系的相对速度的矢量和**。这种确定平面图形上点的速度的方法称为**基点法**(method of base point)。

图 6-10 中，还画出了平面图形上任一线段 AB 之各点的牵连速度 $\boldsymbol{v}_e=\boldsymbol{v}_A$ 与相对速度 $\boldsymbol{v}_{BA}$ 的分布。不难看出，AB 上各点的牵连速度呈均匀分布，而相对速度则依该点至基点 A 的距离呈线性分布。

总之，用基点法分析平面图形上点的速度，只是速度合成定理的具体应用而已。

[例题 6-2]　图 6-11a 所示曲柄-滑块机构，曲柄 OA 长为 r，以等角速度 ω_0 绕轴 O 转动。连杆 AB 长为 l。试求曲柄转角 $\varphi=\varphi_0$（此瞬时 $\angle OAB=90°$）和 $\varphi=0°$时，滑块 B 的速度 $\boldsymbol{v}_B$ 与连杆 AB 的角速度 ω_{AB}。

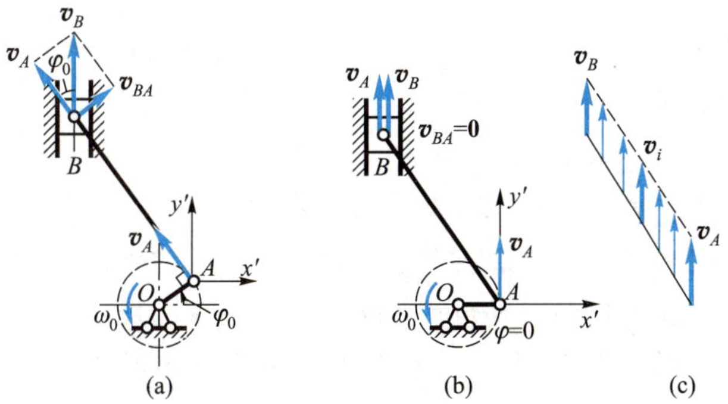

图 6-11　例题 6-2 图

解：(1) $\varphi=\varphi_0$ 的情形

因曲柄 OA 上点 A 的速度已知，故选点 A 为基点，并建立平移系 $Ax'y'$。

由基点法，点 B 的速度可表示为

$$\boldsymbol{v}_B=\boldsymbol{v}_A+\boldsymbol{v}_{BA} \tag{a}$$

式中，$\boldsymbol{v}_B$ 的方向沿铅垂方向，大小未知；$\boldsymbol{v}_A$ 的方向垂直 OA 指向左上方，大小为 $v_A=r\omega_0$；$\boldsymbol{v}_{BA}$ 的方向垂直 AB，大小未知。作速度平行四边形，如图 6-11a 所示。

由几何关系，求得

$$v_B=\frac{v_A}{\cos\varphi_0}=\frac{r\omega_0}{\cos\varphi_0}\quad(\uparrow) \tag{b}$$

$$v_{BA}=v_A\tan\varphi_0=r\omega_0\tan\varphi_0$$

则连杆 AB 的角速度为

$$\omega_{AB}=\frac{v_{BA}}{l}=\frac{r}{l}\omega_0\tan\varphi_0 \quad （顺时针） \tag{c}$$

（2）$\varphi=0°$的情形

同样，选点 A 为基点，则点 B 的速度为

$$\boldsymbol{v}_B=\boldsymbol{v}_A+\boldsymbol{v}_{BA}$$

因为此时 $\boldsymbol{v}_B /\!/ \boldsymbol{v}_A$，$\boldsymbol{v}_{BA}\perp AB$，所以速度平行四边形为特殊情形，如图 6-11b 所示。则有

$$\boldsymbol{v}_B=\boldsymbol{v}_A=r\omega_0\boldsymbol{j} \tag{d}$$

$$\boldsymbol{v}_{BA}=\boldsymbol{0}, \qquad \omega_{AB}=0 \tag{e}$$

读者还可进一步分析这种情形下连杆 AB 上任一点 i 的绝对速度 $\boldsymbol{v}_i$，可以得到

$$\boldsymbol{v}_i=\boldsymbol{v}_B=\boldsymbol{v}_A \tag{f}$$

即连杆 AB 上各点的速度大小和方向均相同，如图 6-11c 所示。可见，此瞬时就速度分布而言，连杆 AB 具有平移的运动特征。由于曲柄转角 $\varphi=0°$的前、后邻近瞬时，连杆均不具有这一特征，故它在该瞬时的运动称为**瞬时平移**（instantaneous translation）。

6-3-2 速度投影法

将由图 6-10 得到的式（6-4）中各项分别向 A、B 两点连线 AB 投影，如图 6-12 所示。由于 $\boldsymbol{v}_{BA}=\boldsymbol{\omega}\times\boldsymbol{r}_{AB}$ 始终垂直于线段 AB，因此得

$$v_B\cos\beta=v_A\cos\alpha \tag{6-5}$$

式中，角 α、β 分别为速度 $\boldsymbol{v}_A$、$\boldsymbol{v}_B$ 与线段 AB 间的夹角。

该式表明，平面图形上任意两点的速度在该两点连线上的投影相等，这称为**速度投影定理**（theorem of projections of the velocity）。

这个定理的正确性也可以从另一角度得到证明：平面图形是从刚体上截取的，图形上 A、B 两点的距离应保持不变。所以这两点的速度在 AB 方向的分量必须相等。否则两点距离必将伸长或缩短。因此，速度投影定理对所有的刚体运动形式都是适用的。

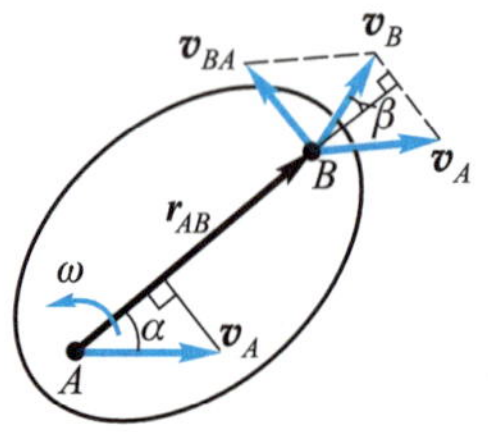

图 6-12 速度投影定理的几何表示

应用速度投影定理分析平面图形上点的速度的方法称为**速度投影法**。

[例题 6-3] 试用速度投影法求例题 6-2 中曲柄转角 $\varphi=\varphi_0$（此瞬时$\angle OAB=90°$）和 $\varphi=0°$两种情形下滑块 B 的速度 $\boldsymbol{v}_B$。

解：（1）$\varphi=\varphi_0$ 的情形

如图 6-11a 所示，点 A 的速度大小和方向已知，由滑块 B 被限制在滑槽内运动的约束条件，点 B 的速度 $\boldsymbol{v}_B$ 沿铅垂方向，亦为已知。由式（6-5），有

$$v_A=v_B\cos\varphi_0, \qquad v_B=\frac{r\omega_0}{\cos\varphi_0} \quad (\uparrow)$$

(2) $\varphi=0°$的情形

如图 6-11b 所示,$\boldsymbol{v}_B /\!/ \boldsymbol{v}_A$,同理也有

$$\boldsymbol{v}_B=\boldsymbol{v}_A=r\omega_0\boldsymbol{j}$$

请读者思考:为什么两种情形下 $\boldsymbol{v}_B$ 的方向都是向上,而不是向下?

上述分析表明,如果已知图形上一点 A 的速度大小和方向,又知道另一点 B 的速度方向,欲求其速度大小时,可应用速度投影法求解,而不必知道图形的角速度。当然,用此法无法直接求得图形的角速度,读者可以自行分析其原因。

6-3-3 瞬时速度中心法

- **瞬时速度中心的定义**

在每一瞬时,平面图形或其扩展部分上都唯一存在速度为零的点。这一点称为**瞬时速度中心**(instantaneous center of velocity),简称为**速度瞬心**,记为 C^*,即 $\boldsymbol{v}_{C^*}=\boldsymbol{0}$。

证明:(用几何法)

在 t 瞬时,表征平面图形 S 运动的物理量 $\boldsymbol{v}_A$、ω 如图 6-13 所示。在平面图形 S 上,过点 A 作垂直于该点速度 $\boldsymbol{v}_A$ 的直线 AP。根据式(6-4),以点 A 为基点,分析直线 AP 上各点速度可知:在 AP 上一定存在其上各点的相对速度与基点速度不仅共线而且反向的部分。又因为各相对速度呈线性分布,而基点速度 $\boldsymbol{v}_A$ 为均匀分布。所以,在直线 AP 的这部分上唯一存在一点 C^*,使

$$v_{C^*}=v_A-v_{C^*A}=v_A-AC^*\cdot\omega=0 \tag{6-6}$$

所以

$$AC^*=\frac{v_A}{\omega} \tag{6-7}$$

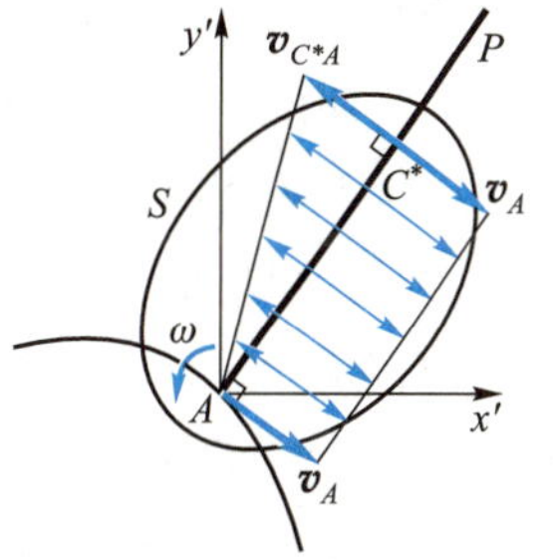

图 6-13 速度瞬心唯一存在的几何证明

- **瞬时速度中心的意义**

若已知平面图形在 t 瞬时的速度瞬心 C^* 与角速度 ω,则可以点 C^* 为基点,建立平移系,分析图形上点的速度。此时,基点速度 $v_{C^*}=0$,式(6-4)化为

$$\boldsymbol{v}_B=\boldsymbol{v}_{BC^*}=\boldsymbol{\omega}\times\boldsymbol{r}_{C^*B} \tag{6-8}$$

式中,$\boldsymbol{r}_{C^*B}$ 为自点 C^* 至点 B 的位矢。

式(6-8)表明,此情形下,平面图形上待求速度点 B 的牵连速度等于零,绝对速度就等于相对速度。如图 6-14 所示,线段 C^*B 上各点的速度大小依照该点至点 C^* 的距离呈线性分布,其速度方向垂直于线段 C^*B,指向与图形的转向相一致。图中,线段 C^*A 与 C^*C 上各点的速度亦与上相同。可见,就速度分布而言,图形在该瞬时的运动与假设它绕点 C^* 作定轴转动相类似。

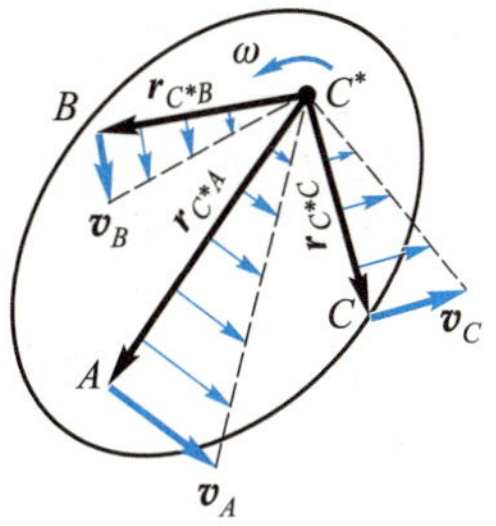

图 6-14 平面图形在 t 瞬时的运动图像

另一方面,表征平面图形运动的物理量是随时间变化的,即

$\boldsymbol{v}_A(t)$、$\omega(t)$。因此，速度瞬心在图形上的位置也在不断变化，即：**在不同瞬时，平面图形上有不同的速度瞬心**。这又是它与定轴转动的重要区别。

因此，速度瞬心的概念对运动比较复杂的平面图形给出了清晰的运动图像：平面图形的瞬时运动为绕该瞬时的速度瞬心作瞬时转动，其连续运动为绕图形上一系列的速度瞬心作瞬时转动；同时这也为分析平面图形上各点的速度提供了一种有效方法。若已知图形的速度瞬心 C^* 与角速度 ω，则图形上各点的速度均可求出。

- **瞬时速度中心的确定**

确定平面图形在某一瞬时的速度瞬心，与已知定轴转动刚体上两点速度的有关量确定其转轴位置一样。下面介绍几种常见情形：

（1）已知某瞬时平面图形上 A、B 两点速度的方向，且两速度互不平行，如图 6-15a 所示。过 A、B 两点分别作速度 $\boldsymbol{v}_A$、$\boldsymbol{v}_B$ 的垂线，其交点就是速度瞬心 C^*。

（2）已知某瞬时平面图形上 A、B 两点速度的大小与方向，且两速度平行并均垂直于该两点的连线 AB，如图 6-15b、c 所示。则 A、B 两点速度矢端的连线与该两点连线（或连线的延长线）的交点就是速度瞬心 C^*。

（3）已知平面图形在某固定面上作纯滚动，则平面图形上与固定面的接触点就是速度瞬心 C^*，如图 6-15d 所示。因为此时图形上和固定面上两接触点速度相等，所以图形上的接触点即为速度瞬心。

（4）已知某瞬时平面图形上 A、B 两点的速度平行，但不垂直于两点的连线 AB，如图 6-15e 所示，或两点的速度平行且垂直于两点连线 AB，但两速度大小相等、指向相同，如图 6-15f 所示。则此时图形的速度瞬心在无穷远处，图形的角速度 $\omega=0$，平面图形作瞬时平移，如例题 6-2 中 $\varphi=0°$的情形。

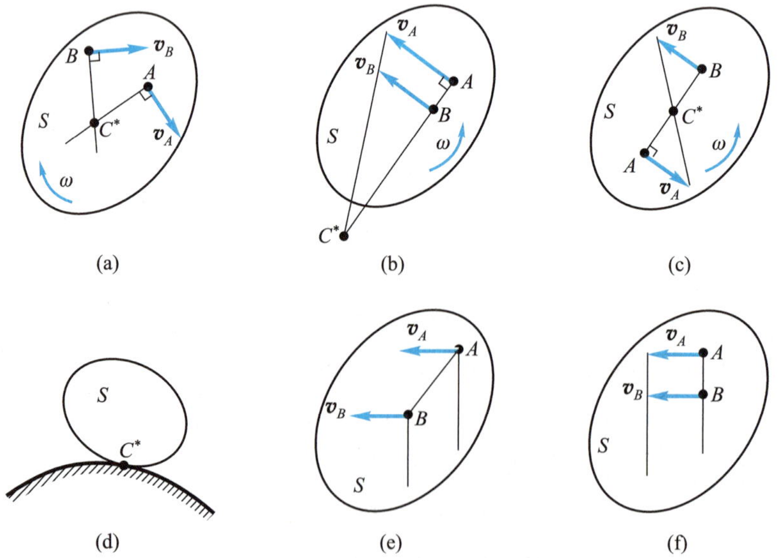

图 6-15　几种常见情形下速度瞬心位置的确定

需要注意的是,速度瞬心 C^* 有时位于平面图形以内,有时却位于平面图形边界以外,图 6-15b 所示的就是一例,这时可以认为速度瞬心位于图形的扩展部分上。

[例题 6-4]　图 6-16 所示四连杆机构中,杆 OA 以角速度 ω_0 绕轴 O 转动,已知:$O_1B=l$,$AB=\dfrac{3}{2}l$,且 $AD=DB$。试求在图示瞬时,B、D 两点的速度与杆 AB 的角速度。

6-3　雷达俯仰调节四连杆机构

解:杆 AB 作平面运动。杆上 A、B 两点的速度 $\boldsymbol{v}_A$、$\boldsymbol{v}_B$ 的方向已知,且互不平行。为此,过 A、B 两点分别作 $\boldsymbol{v}_A$、$\boldsymbol{v}_B$ 的垂线,其交点 C^* 即为杆 AB 的速度瞬心。显然

$$\omega_{AB}=\frac{v_A}{AC^*}=\frac{OA\cdot\omega_0}{AC^*}$$

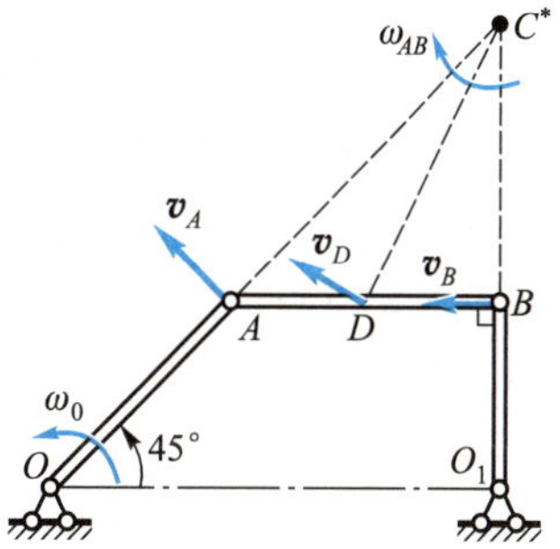

图 6-16　例题 6-4 图

由几何关系,有

$$OA=\sqrt{2}\,l,\qquad AC^*=\frac{3\sqrt{2}}{2}l$$

$$BC^*=\frac{3}{2}l,\qquad DC^*=\frac{3\sqrt{5}}{4}l$$

于是,杆 AB 的角速度为

$$\omega_{AB}=\frac{\sqrt{2}\,l\omega_0}{\dfrac{3\sqrt{2}}{2}l}=\frac{2}{3}\omega_0$$

B、D 两点的速度为

$$v_B=BC^*\cdot\omega_{AB}=\frac{3}{2}l\cdot\frac{2}{3}\omega_0=l\omega_0$$

$$v_D=DC^*\cdot\omega_{AB}=\frac{3\sqrt{5}}{4}l\cdot\frac{2}{3}\omega_0=\frac{\sqrt{5}}{2}l\omega_0$$

所求 ω_{AB} 的转向和 $\boldsymbol{v}_B$、$\boldsymbol{v}_D$ 的方向均已示于图 6-16 中。

[例题 6-5]　半径为 R 的圆轮沿直线轨道作纯滚动,如图 6-17 所示。已知轮心 O 的速度 $\boldsymbol{v}_O$。试求轮缘上点 1、2、3、4 的速度,并画出线段 12、13 与 14 上各点的速度分布。

解:因为圆轮沿直线轨道作纯滚动,故圆轮上点 1 即为速度瞬心 C^*,有

点 1:$v_1=v_{C^*}=0$

圆轮的角速度为:$\omega=\dfrac{v_O}{R}$　(顺时针)

于是,圆轮上其余各点的速度大小为

点 2:$v_2=\sqrt{2}R\omega=\sqrt{2}v_O$

点 3:$v_3=2R\omega=2v_O$

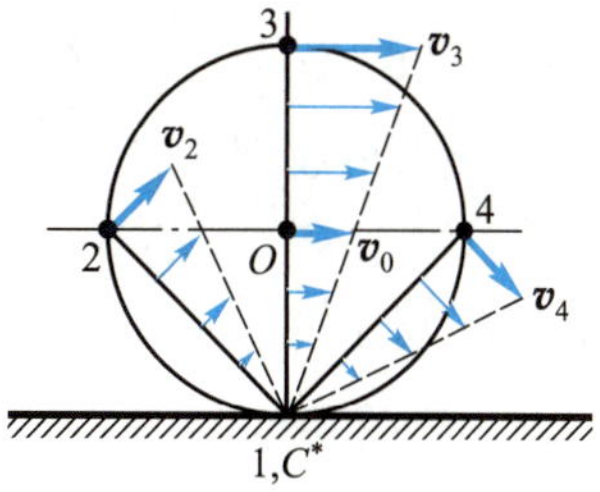

图 6-17　例题 6-5 图

点 4：$v_4=\sqrt{2}R\omega=\sqrt{2}v_0$

其速度方向与圆轮上线段 12、13 与 14 上各点的速度分布均已示于图 6-17 中。

请读者应用基点法（以点 O 为基点）校核由瞬时速度中心法所得结果，并思考本例能否用速度投影法求解。

§6-4 平面图形上各点的加速度分析

本节只介绍用基点法确定平面图形上点的加速度。

如图 6-18a 所示，已知平面图形 S 上点 A 的加速度 $\boldsymbol{a}_A$、图形的角速度 ω 与角加速度 α。与平面图形上各点速度分析相类似，选点 A 为基点，建立平移系 $Ax'y'$，分解图形的运动，从而也分解了图形上任一点 B 的运动。由于牵连运动为平移，可应用加速度合成定理对于动系作平移情形的公式，并采用刚体运动的习惯符号，有

$$\begin{aligned}\boldsymbol{a}_B&=\boldsymbol{a}_\mathrm{a}=\boldsymbol{a}_\mathrm{e}+\boldsymbol{a}_\mathrm{r}\\&=\boldsymbol{a}_A+\boldsymbol{a}_{BA}\\&=\boldsymbol{a}_A+\boldsymbol{a}_{BA}^\mathrm{t}+\boldsymbol{a}_{BA}^\mathrm{n}\end{aligned}\tag{6-9}$$

式中，$\boldsymbol{a}_{BA}$ 为点 B 相对于平移系 $Ax'y'$ 作圆周运动的加速度，而 $\boldsymbol{a}_{BA}^\mathrm{t}$ 与 $\boldsymbol{a}_{BA}^\mathrm{n}$ 分别为其中的相对切向加速度（relative tangential acceleration）与相对法向加速度（relative normal acceleration），且 $\boldsymbol{a}_{BA}^\mathrm{t}=\boldsymbol{\alpha}\times\boldsymbol{r}_{AB}$，$\boldsymbol{a}_{BA}^\mathrm{n}=\boldsymbol{\omega}\times(\boldsymbol{\omega}\times\boldsymbol{r}_{AB})$，$\boldsymbol{r}_{AB}$ 是由基点 A 引向点 B 的位矢。式(6-9)中的各量均已示于图 6-18a 中。

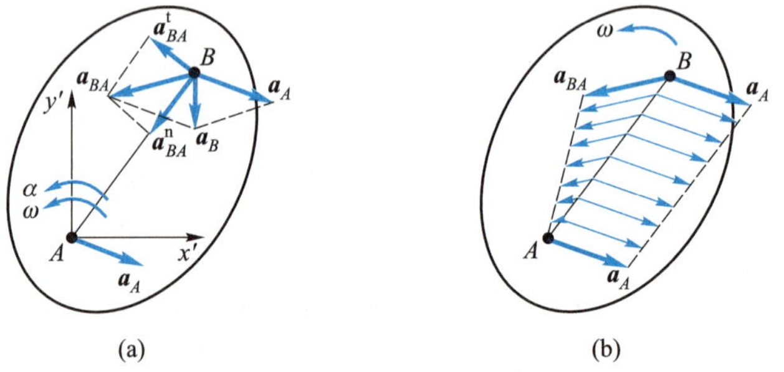

图 6-18 平面图形上点的加速度分析

式(6-9)表明，平面图形上任一点的加速度等于基点的加速度与该点对以基点为原点的平移系的相对切向与相对法向加速度的矢量和。

图 6-18b 中，还画出了平面图形上线段 AB 之各点的牵连加速度 $\boldsymbol{a}_\mathrm{e}=\boldsymbol{a}_A$ 与相对加速度 $\boldsymbol{a}_\mathrm{r}=\boldsymbol{a}_{BA}$ 的分布。

［例题 6-6］ 曲柄-滑块机构如图 6-19a 所示。曲柄 OA 长为 r，它以等角速度 ω_0 绕轴 O 转动，连杆 AB 长为 l。试求曲柄转角 $\varphi=\varphi_0$（此时 $OA\perp OB$）与 $\varphi=0°$（此时 $OA/\!/AB$）两种情形

下,滑块 B 的加速度 $\boldsymbol{a}_B$ 与连杆 AB 的角加速度 α_{AB}。

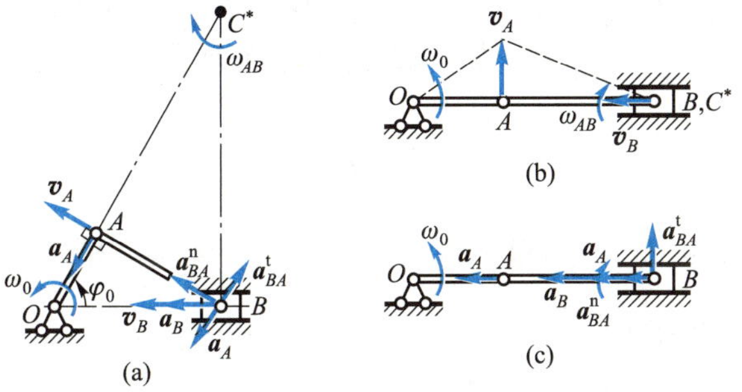

图 6-19　例题 6-6 图

解:(1) $\varphi=\varphi_0$ 的情形

连杆 AB 作平面运动,先用速度瞬心法分析速度。已知点 A 的速度 $\boldsymbol{v}_A$ 垂直于 OA,大小为 $v_A=r\omega_0$,点 B 的速度 $\boldsymbol{v}_B$ 方向水平。过 A、B 两点分别作 $\boldsymbol{v}_A$、$\boldsymbol{v}_B$ 的垂线,其交点 C^* 即为连杆 AB 的速度瞬心。则连杆 AB 的角速度为

$$\omega_{AB}=\frac{v_A}{AC^*}=\frac{r\omega_0}{l^2/r}=\frac{r^2}{l^2}\omega_0 \tag{a}$$

再用基点法分析加速度。以点 A 为基点,由式(6-9),点 B 的加速度为

$$\boldsymbol{a}_B=\boldsymbol{a}_A+\boldsymbol{a}_{BA}^{\mathrm{t}}+\boldsymbol{a}_{BA}^{\mathrm{n}} \tag{b}$$

式中,点 B 的加速度方向水平,大小未知;基点 A 的加速度方向沿 OA 指向 O,大小为 $a_A=r\omega_0^2$;点 B 的相对切向加速度方向垂直于 AB,大小未知;相对法向加速度方向沿 BA 指向 A,大小为 $a_{BA}^{\mathrm{n}}=AB\cdot\omega_{AB}^2=\dfrac{r^4}{l^3}\omega_0^2$。各加速度方向如图 6-19a 所示。

将式(b)中各项向 AB 方向投影,有

$$a_B\sin\varphi_0=a_{BA}^{\mathrm{n}}$$

解得

$$a_B=\frac{a_{BA}^{\mathrm{n}}}{\sin\varphi_0}=\frac{r^4\omega_0^2}{l^3\sin\varphi_0}\quad(\leftarrow) \tag{c}$$

再将式(b)中各项向 $\boldsymbol{a}_A$ 方向投影,有

$$a_B\cos\varphi_0=a_A-a_{BA}^{\mathrm{t}}$$

解得

$$a_{BA}^{\mathrm{t}}=a_A-a_B\cos\varphi_0=r\omega_0^2-\frac{r^4}{l^3}\omega_0^2\cot\varphi_0$$

于是,杆 AB 的角加速度为

$$\alpha_{AB}=\frac{a_{BA}^{\mathrm{t}}}{AB}=\frac{r}{l}\omega_0^2\left(1-\frac{r^3}{l^3}\cot\varphi_0\right) \tag{d}$$

（2）$\varphi=0°$的情形

如图6-19b所示，过A、B两点分别作$\boldsymbol{v}_A$、$\boldsymbol{v}_B$的垂线，其交点恰好位于点B。因此，点B即为连杆AB的速度瞬心C^*。于是，连杆AB的角速度为

$$\omega_{AB}=\frac{v_A}{AB}=\frac{r\omega_0}{l} \tag{e}$$

仍用基点法分析加速度。此情形下，$\boldsymbol{a}_A$的大小与$\varphi=\varphi_0$时相同，但$a_{BA}^{\mathrm{n}}=AB\cdot\omega_{AB}^2=\frac{r^2}{l}\omega_0^2$。各加速度方向如图6-19c所示。

将式(b)中各项向BA方向投影，得

$$\begin{aligned}a_B&=a_A+a_{BA}^{\mathrm{n}}\\&=r\omega_0^2\left(1+\frac{r}{l}\right)\quad(\leftarrow)\end{aligned} \tag{f}$$

而在AB的垂线方向上只有$\boldsymbol{a}_{BA}^{\mathrm{t}}$一个量，所以有

$$a_{BA}^{\mathrm{t}}=0,\qquad \alpha_{AB}=0 \tag{g}$$

由此情形下的结果可知，点B是速度瞬心C^*，有$\boldsymbol{v}_B=\boldsymbol{v}_{C^*}=\boldsymbol{0}$，但速度瞬心的加速度并不为零。这说明在下一瞬时，点B将不再是速度瞬心，即速度瞬心是瞬时的。

［例题6-7］ 如图6-20a所示，半径为R的圆轮沿直线轨道作纯滚动。已知轮心O的速度$\boldsymbol{v}_O$，加速度$\boldsymbol{a}_O$。试求轮缘上点1、2、3、4的加速度。

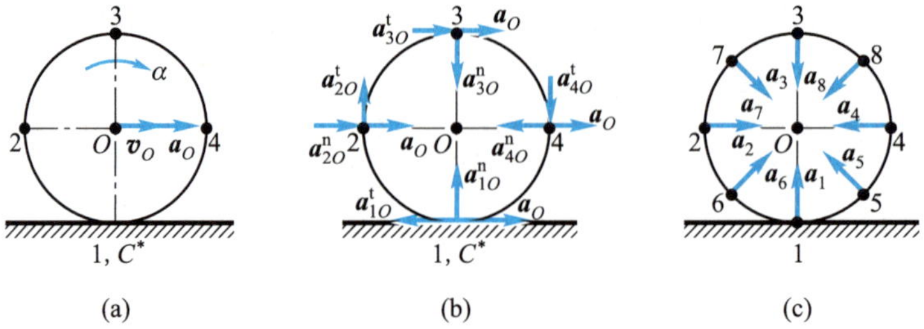

图6-20 例题6-7图

解：圆轮作平面运动。由例题6-5可知圆轮的角速度为

$$\omega=\frac{v_O}{R}\quad（顺时针） \tag{a}$$

因轮心O的加速度已知，故以轮心O为基点，由式(6-9)，轮缘上任一点P（图中未标出）的加速度为

$$\boldsymbol{a}_P=\boldsymbol{a}_O+\boldsymbol{a}_{PO}^{\mathrm{t}}+\boldsymbol{a}_{PO}^{\mathrm{n}} \tag{b}$$

在上例中，待求点的加速度方向是已知的，而本例中，待求点的加速度大小、方向均未知。因此，必须先求出圆轮的角加速度α，否则问题无法求解。

因式(a)在任何瞬时均成立，故可将其对时间求一阶导数，得

$$\alpha=\dot{\omega}=\frac{\dot{v}_O}{R}=\frac{a_O}{R}\quad(\text{顺时针})\tag{c}$$

由此，式(b)中等号右边的三项除 $\boldsymbol{a}_O$ 已知外，其余两项的大小分别为

$$a_{PO}^{t}=\alpha R=a_O$$

$$a_{PO}^{n}=\omega^2 R=\frac{v_O^2}{R}\tag{d}$$

于是，由式(b)与式(d)，轮缘上点 1、2、3、4 的加速度分别为

点 1： $$\boldsymbol{a}_1=\frac{v_O^2}{R}\boldsymbol{j}$$

点 2： $$\boldsymbol{a}_2=\left(a_O+\frac{v_O^2}{R}\right)\boldsymbol{i}+a_O\boldsymbol{j}$$

点 3： $$\boldsymbol{a}_3=2a_O\boldsymbol{i}-\frac{v_O^2}{R}\boldsymbol{j}$$

点 4： $$\boldsymbol{a}_4=\left(a_O-\frac{v_O^2}{R}\right)\boldsymbol{i}-a_O\boldsymbol{j}$$

它们的方向均已示于图 6-20b 中。

本例结果表明，点 1 为速度瞬心 C^*，$\boldsymbol{v}_1=\boldsymbol{v}_{C^*}=\boldsymbol{0}$，但其加速度仍有 $\boldsymbol{a}_1=\boldsymbol{a}_{C^*}\neq\boldsymbol{0}$。

若轮心 O 作等速运动，$\boldsymbol{a}_O=0$，则轮缘上各点的加速度分布如图 6-20c 所示，即大小均相同，方向指向轮心 O。请读者思考，此时的加速度是“绝对法向加速度”吗？

[例题 6-8] 图 6-21a 所示曲柄-滑块机构中，曲柄 $OA=r$，连杆 $AB=l$，曲柄以等角速度 ω_0 绕轴 O 转动。试求 $\angle AOB=90°$时，连杆 AB 的角加速度 α_{AB}。

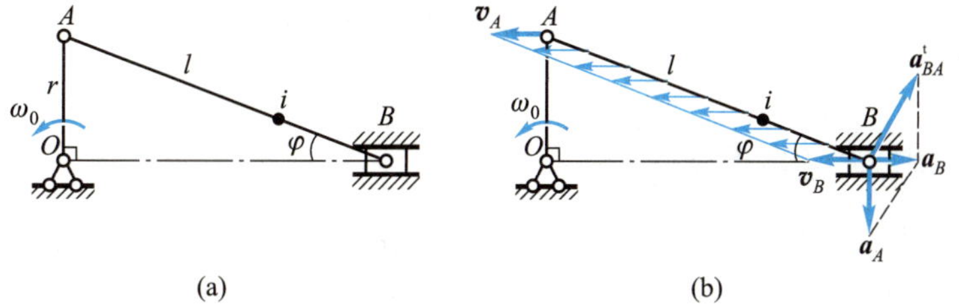

图 6-21 例题 6-8 图

解：连杆 AB 作平面运动。由于 A、B 两点的速度 $\boldsymbol{v}_A/\!/\boldsymbol{v}_B$，且两速度并不垂直于 AB，所以，连杆 AB 的速度瞬心在无穷远处，即它作瞬时平移，其角速度为

$$\omega_{AB}=0\tag{a}$$

该瞬时连杆 AB 上各点速度分布如图 6-21b 所示。

因为待求量 α_{AB} 已是一个未知量，所以用基点法求解时，要分析的点的加速度方向必须是已知量才行，否则其大小、方向均为未知量，则问题无法求解。因此，以点 A 为基点，分析点 B 的加速度：

$$\boldsymbol{a}_B=\boldsymbol{a}_A+\boldsymbol{a}_{BA}^{\mathrm{t}}+\boldsymbol{a}_{BA}^{\mathrm{n}} \tag{b}$$

式中，$a_A=r\omega_0^2$，$a_{BA}^{\mathrm{n}}=l\omega_{AB}^2=0$。据式(b)，可作加速度平行四边形如图 6-21b 所示。

由几何关系，解得

$$a_{BA}^{\mathrm{t}}=\frac{a_A}{\cos\varphi}=\frac{r\omega_0^2}{\cos\varphi} \tag{c}$$

则连杆 AB 的角加速度为

$$\alpha_{AB}=\frac{a_{BA}^{\mathrm{t}}}{AB}=\frac{r\omega_0^2}{l\cos\varphi}=\frac{r}{\sqrt{l^2-r^2}}\omega_0^2 \quad （逆时针）$$

讨论：

(1) 因连杆 AB 的角速度 $\omega_{AB}=0$ 是机构在图示特殊位置的结果，故不能如例题 6-7 中那样，将式(a)对时间求导得连杆的角加速度。如一定要采用由角速度对时间求导数确定角加速度的方法，则必须使系统置于一般位置。

(2) 连杆的角加速度与其上任一点 i(如图 6-21a 所示)的相对切向加速度 $a_{iA}^{\mathrm{t}}=Ai\alpha_{AB}$ 有关，因此，求刚体的角加速度，仍属于刚体上点的加速度分析问题。

(3) 刚体作瞬时平移，其角速度 $\omega=0$，而角加速度 $\alpha\neq0$。这是瞬时平移和平移(恒有 $\omega=0,\alpha=0$)的重要区别。

§6-5 平面运动分解为转动和转动

如前所述，平面运动可以分解为跟随任选基点的平移和相对于建立在该基点上的平移系的转动。但是，这种运动分解并不是唯一的。某些情形下，平面运动还可以分解为跟随某转动系的转动和相对此转动系的转动。

6-5-1 一种机构的两种运动分解

如图 6-22a 所示为机器人的机械臂 AB 与机械手 BC 部分。若将二者简化为刚体，则机械臂 AB 绕轴 A 作定轴转动，机械手 BC 作平面运动。首先考察图 6-22b 所示情形，设在 t 瞬时，AB 与 BC 共线并处于水平线上。在 $t+\Delta t$ 瞬时，AB 的转角为 φ，BC 处于 $B'C'$位置。对于机械手 BC 的运动，可选点 B 为基点，建立平移系 $Bx_1'y_1'$，将其运动分解为平移和转动，在时间间隔 Δt 内，其相对平移系 $Bx_1'y_1'$的转角(也为绝对转角)为 φ_{a}；此外，还可以在 AB 上固结转动系 $Ax_2'y_2'$，将 BC 的运动分解为跟随此转动系的转动(牵连运动，转轴 A，转角 $\varphi_{\mathrm{e}}=\varphi$)和相对此转动系的转动(相对运动，转轴 B，转角 φ_{r})，且两转轴相互平行。而且，在实际中对机器人或类似的多物体系统需要进行后一种运动分解。因为机器人要由人对它施加控制，例如装在腕关节 B 处的控制装置，通常是量测 BC 相对 AB 的方位来控制 BC 运动的。由此可见，对同一机械手，运动分解方法并不唯一。

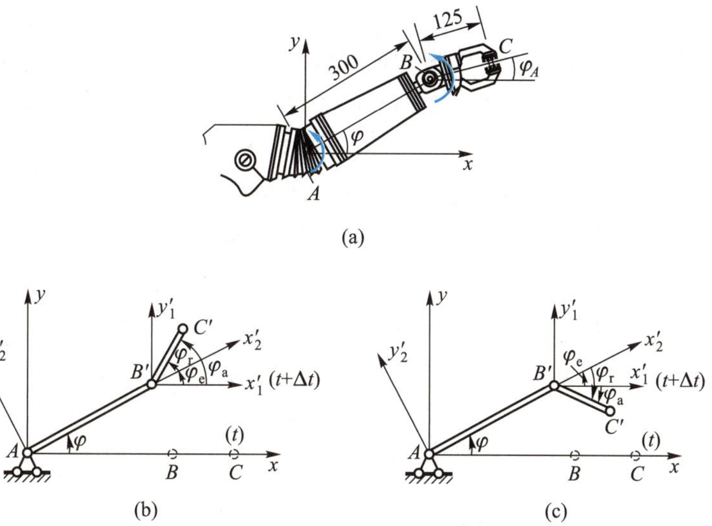

图 6-22　机器人的机械手的两种运动分解

这从理论上需要研究:两种分解运动方法之间有何关系？两种分解的相对运动都是转动,其运动规律是否相同？

图 6-22b 为牵连运动转角 φ_{e} 与相对运动转角 φ_{r} 同向的情形。按右手法则规定逆时针转动为正,反之为负,则 $\varphi_{e}>0,\varphi_{r}>0$,显然有

$$\varphi_{a}(t)=\varphi_{e}(t)+\varphi_{r}(t) \tag{6-10}$$

图 6-22c 为转角 φ_{e} 与 φ_{r} 反向的情形,即 $\varphi_{e}>0,\varphi_{r}<0$,也容易看出此情形仍然符合式(6-10),只是 $\varphi_{a}<0$(而同向情形 $\varphi_{a}>0$)。

由此可见,机械手的绝对转动等于转动系的转动与机械手相对此转动系的转动的代数和。

6-5-2　平面运动的角速度合成定理

式(6-10)为一般的函数式。将此式对时间 t 求一阶导数,得

$$\omega_{a}=\omega_{e}+\omega_{r} \tag{6-11}$$

式中,$\omega_{a}=\dot{\varphi}_{a}$,为平面图形相对平移系的角速度,即其**绝对角速度**,常称为平面图形的角速度;$\omega_{e}=\dot{\varphi}_{e}$,为转动系的角速度,即**牵连角速度**(convected angular velocity);$\omega_{r}=\dot{\varphi}_{r}$,为平面图形相对转动系的角速度,常称为平面图形的**相对角速度**(relative angular velocity)。

式(6-11)表明,**刚体平面运动的(绝对)角速度等于其牵连角速度与相对角速度的代数和**。这称为**角速度合成定理**(theorem of composition of angular velocity)。

需要注意的是,**平面图形相对平移系的角速度 ω_{a},即其绝对角速度与它相对转动系的角速度 ω_{r} 不同**。

6-5-3　$\omega_{e}=-\omega_{r}$ 的情形:转动偶

前面讨论了牵连角速度 ω_{e} 与相对角速度 ω_{r} 同向与反向两种情形,现在讨论一种特殊

情形：$\omega_e=-\omega_r$。

如图 6-23 所示，在 t 瞬时，刚体处于虚线所示的 A_0 位置。在 $t+\Delta t_1$ 瞬时，转动系转动 φ_e 角到达 OA_1 位置，而这时刚体相对此转动系反向转动 φ_r 角，且 $\varphi_e=-\varphi_r$。此后，刚体均按此规律运动。可见，$\omega_e=-\omega_r$，$\omega_a=0$，刚体作平移。这两种转动的组合称为**转动偶**（rotation couple）。自行车的脚蹬子的运动就是转动偶的实例。

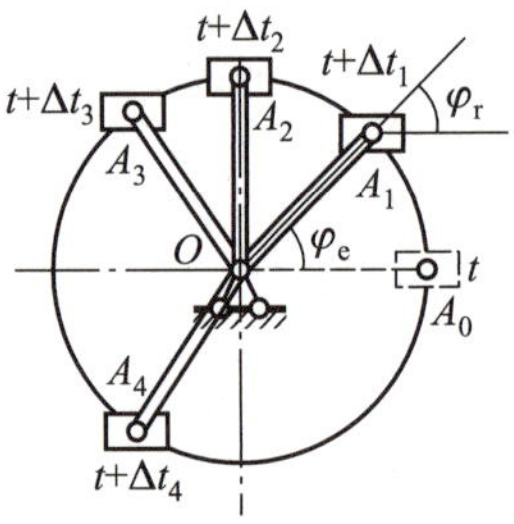

图 6-23 转动偶

[例题 6-9] 图 6-24a 所示为外接行星轮机构。大轮是固定的，半径为 R，曲柄 OA 以角速度 ω_0 绕轴 O 作转动，带动半径为 r 的小轮（行星轮）在大轮上作纯滚动。试用式（6-11）求小轮的绝对角速度 ω_a。

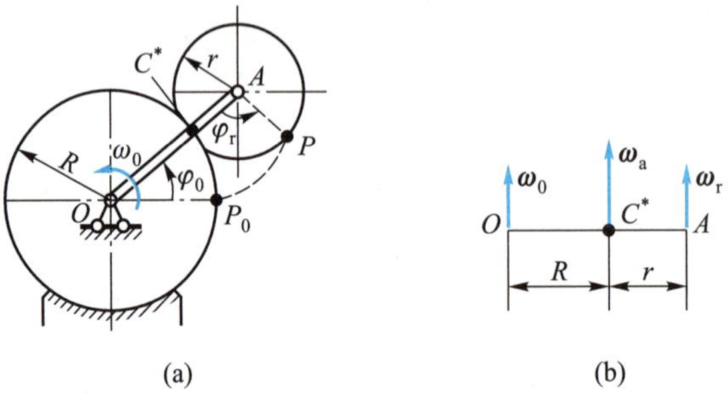

图 6-24 例题 6-9 图

解：小轮作平面运动。在曲柄 OA 上固结转动系，将小轮的运动分解为转动与转动。则牵连角速度为

$$\omega_e=\omega_0 \tag{a}$$

设小轮上在 t 瞬时的点 P 于初瞬时处于点 P_0，则小轮上的直线段 AP 在 t 瞬时相对转动系的转角为 φ_r。由于小轮在大轮上作纯滚动，故有

$$\varphi_0 R=\varphi_r r \tag{b}$$

将式（b）对时间求一阶导数，得

$$\omega_0 R=\omega_r r$$

于是，相对角速度为

$$\omega_r=\frac{R}{r}\omega_0 \tag{c}$$

将式（a）、式（c）代入式（6-11），得小轮的绝对角速度为

$$\omega_a=\omega_e+\omega_r=\frac{R+r}{r}\omega_0 \tag{d}$$

可见，这与利用速度瞬心 C^*（小轮上和大轮相接触的点）求得的结果完全相同。

若用矢量表示各角速度，则小轮的瞬时轴通过速度瞬心 C^*，其各角速度的关系如图 6-24b 所示。

§ 6-6　本章讨论与小结

6-6-1　运动分析方法的评价与选用

以平面图形上点的运动分析方法为例，本章主要介绍或使用了以下两种方法：

(1) 运动方程求导数法；

(2) 矢量方程解析法。

评价与选用这些方法有两条原则：一是有利于应用计算机进行数值计算；二是有利于初学者掌握运动学的基本概念和基本理论。

第 1 种方法描述了点的连续运动过程（轨迹、速度和加速度），适应于计算机分析，将在第 15 章中进行专门讨论；第 2 种方法只给出了特定瞬时或特定位置的运动信息，有利于初学者加深对刚体运动复合等一系列基本概念的理解，是本章使用的主要方法。

6-6-2　通过平面图形上点的速度与加速度分析，进一步巩固速度与加速度的概念

由点的一般运动可知：点的切向加速度 $\boldsymbol{a}_{\mathrm{t}}=\dot{v}_{\mathrm{t}}\boldsymbol{e}_{\mathrm{t}}$，与速度 $\boldsymbol{v}=v_{\mathrm{t}}\boldsymbol{e}_{\mathrm{t}}$ 共线，它为速度矢的大小变化率；点的法向加速度 $\boldsymbol{a}_{\mathrm{n}}=\dfrac{v_1^2}{\rho}\boldsymbol{e}_{\mathrm{n}}$ 与速度矢垂直，指向轨迹内凹方向，它为速度矢的方向变化率。在本章中，通过用基点法分析平面图形上点的速度与加速度将进一步巩固上述基本概念。例如，如图 6-25 所示为在水平地面上作纯滚动的圆轮，其半径为 R。若轮心 O 的速度为 $\boldsymbol{v}_O$，加速度为 $\boldsymbol{a}_O$，则请读者分析，轮上点 C^* 在图示瞬时的绝对加速度 $\boldsymbol{a}^*$，既为以点 O 为基点的相对法向加速度，又为绝对切向加速度，即

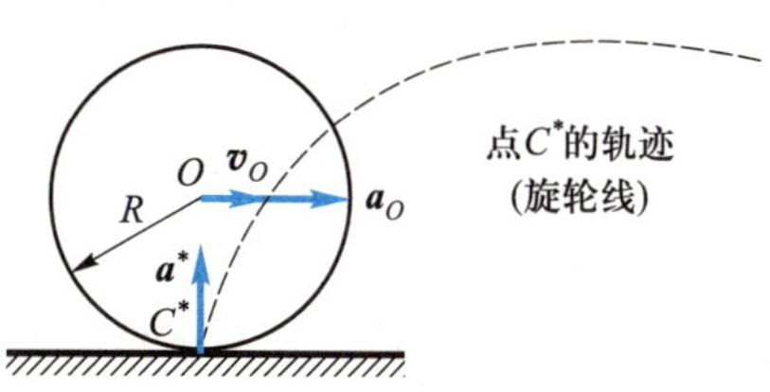

图 6-25　作纯滚动的圆轮上点 C^* 的加速度与轨迹

$$\boldsymbol{a}^*=\boldsymbol{a}_{\mathrm{rn}}^*=\boldsymbol{a}_{\mathrm{at}}^*$$

6-6-3　平面图形上点的加速度分布是否能看成绕速度瞬心 C^* 旋转

例如，如图 6-26 所示，半径各为 r 和 R 的圆柱相互固连。小圆柱在水平地面上作纯滚动，其角速度为 ω，角加速度为 α。试对下面所列结果判断大圆柱上点 A 的绝对速度、绝对切向加速度和绝对法向加速度大小的正误（其方向已示于图上），并将错者改正。

$$v_A=(R-r)\omega$$

$$a_A^{\mathrm{t}}=(R-r)\alpha$$

$$a_A^{\mathrm{n}}=(R-r)\omega^2$$

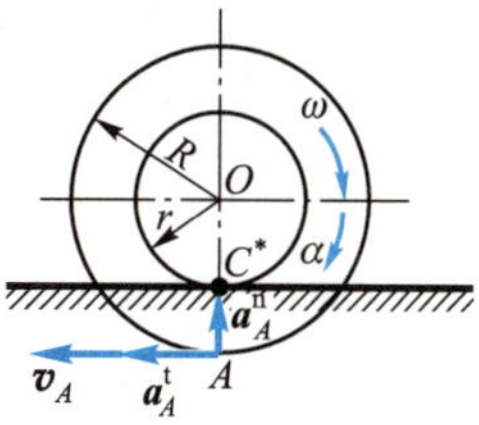

图 6-26　作纯滚动的圆柱上点的加速度分析

6-6-4 平面图形的角速度 ω 与相对角速度 ω_r

如图 6-27 所示为半径为 r 的圆轮在半径为 R 的圆槽内作纯滚动。若已知直线 OO_1 绕定轴 O 转动的角速度为 $\dot{\varphi}$,现分析圆轮的(绝对)角速度 ω 与相对直线 OO_1 的相对角速度 ω_r 的关系。

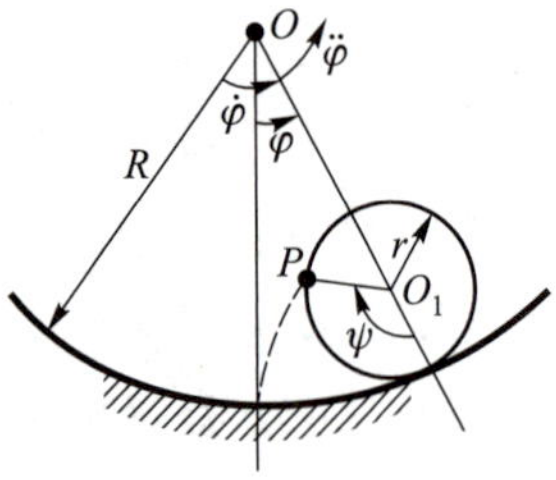

图 6-27 圆轮 O_1 在圆槽内作纯滚动的 ω 与 ω_r

因有 $R\varphi = r\psi$,$R\dot{\varphi} = r\dot{\psi}$,若将动系固连于 OO_1,则 $\omega_e = \dot{\varphi}$,$\omega_r = \dot{\psi}$。因此

$$\omega = \omega_a = \omega_r - \omega_e = \dot{\psi} - \dot{\varphi} \quad (\text{顺时针})$$

这是因为设 O_1P 在初始瞬时位于铅垂位置,则转至图示位置其绝对转角应为

$$\theta = \psi - \varphi$$

这里,要特别注意分清绝对转角、相对转角和牵连转角三者间的区别和联系。

6-6-5 本章小结

(1) 刚体平面运动可以简化为平面图形的运动,其运动方程为

$$x_A = f_1(t), \qquad y_A = f_2(t), \qquad \varphi = f_3(t)$$

(2) 刚体平面运动可分解为随任选基点上建立的平移系的平移和相对此平移系的转动。其中,平移规律与基点的选择有关,而转动规律却与基点的选择无关。

(3) 每一瞬时,平面图形或其扩展部分上速度为零的点称为瞬时速度中心,简称速度瞬心。就速度分布而言,平面图形的运动可视为绕该瞬时的速度瞬心作瞬时转动。

(4) 平面图形上点的速度分析方法。

基点法:
$$\boldsymbol{v}_B = \boldsymbol{v}_A + \boldsymbol{v}_{BA}$$

速度投影法:
$$(\boldsymbol{v}_B)_{AB} = (\boldsymbol{v}_A)_{AB}$$

瞬时速度中心法:
$$\boldsymbol{v}_B = \boldsymbol{v}_{BC^*} = \boldsymbol{\omega} \times \boldsymbol{r}_{C^*B}$$

(5) 平面图形上点的加速度分析方法——基点法:

$$\boldsymbol{a}_B = \boldsymbol{a}_A + \boldsymbol{a}_{BA}^{t} + \boldsymbol{a}_{BA}^{n}$$

(6) 刚体平面运动也可分解为跟随某转动系的转动和相对此转动系的转动。

角速度合成定理:

$$\boldsymbol{\omega}_a = \boldsymbol{\omega}_e + \boldsymbol{\omega}_r$$

习 题

选择填空题

6-1 某瞬时,平面图形上任意两点 A、B 的速度分别为 $\boldsymbol{v}_A$ 和 $\boldsymbol{v}_B$,如图所示。则此时该两点连线中点 C

的速度 $\boldsymbol{v}_C$ 和 C 点相对基点 A 的速度 $\boldsymbol{v}_{CA}$ 分别为(　　)和(　　)。

① $\boldsymbol{v}_C=\boldsymbol{v}_A+\boldsymbol{v}_B$　　② $\boldsymbol{v}_C=(\boldsymbol{v}_A+\boldsymbol{v}_B)/2$

③ $\boldsymbol{v}_{CA}=(\boldsymbol{v}_A-\boldsymbol{v}_B)/2$　　④ $\boldsymbol{v}_{CA}=(\boldsymbol{v}_B-\boldsymbol{v}_A)/2$

6-2　在图示三种运动情况下,平面运动刚体的速度瞬心:(a)为(　　);(b)为(　　);(c)为(　　)。

① 无穷远处　② A 点　③ B 点　④ C 点

6-3　在图示瞬时,已知 $O_1A=O_2B$,且 $O_1A/\!/O_2B$,则(　　)。

① $\omega_1=\omega_2,\alpha_1=\alpha_2$　　② $\omega_1\neq\omega_2,\alpha_1=\alpha_2$

③ $\omega_1=\omega_2,\alpha_1\neq\alpha_2$　　④ $\omega_1\neq\omega_2,\alpha_1\neq\alpha_2$

6-4　圆盘沿水平轨道作纯滚动,如图所示,动点 M 沿圆盘边缘的圆槽以 $\boldsymbol{v}_r$ 作相对运动。已知:圆盘的半径为 R,盘中心以匀速 $\boldsymbol{v}_O$ 向右运动。若将动坐标系固连于圆盘,则在图示位置时,动点 M 的牵连加速度为(　　)。

① 0　② v_O^2/R　③ $2v_O^2/R$　④ $4v_O^2/R$

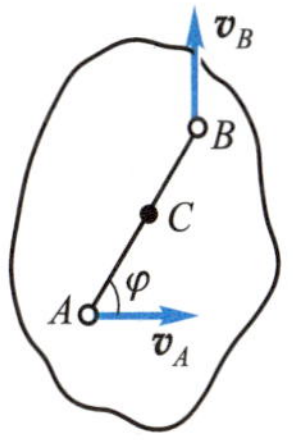

习题 6-1 图

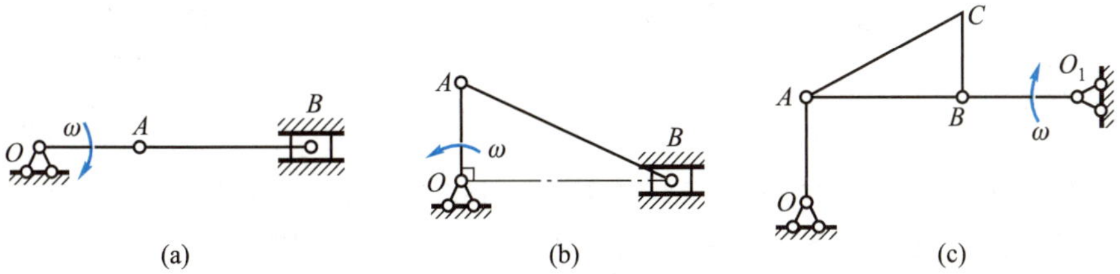

习题 6-2 图

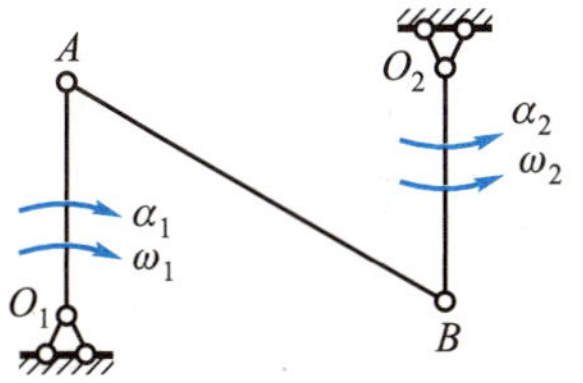

习题 6-3 图

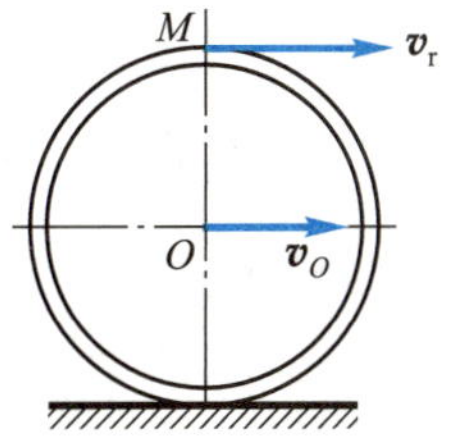

习题 6-4 图

6-5　半径为 r 的圆柱形滚子沿半径为 R 的圆弧槽纯滚动,在图示瞬时,滚子中心 C 的速度为 $\boldsymbol{v}_C$,切向加速度为 $\boldsymbol{a}_C^t$,则速度瞬心的加速度大小为(　　)。

6-6　某瞬时,平面图形上 A 点的速度 $\boldsymbol{v}_A\neq\boldsymbol{0}$,加速度 $\boldsymbol{a}_A=\boldsymbol{0}$,$B$ 点的加速度大小 $a_B=40\ \text{cm/s}^2$,与 AB 连线间的夹角 $\varphi=60°$。若 $AB=5$ cm,则此瞬时该平面图形角速度的大小为(　　);角加速度的大小为(　　)。

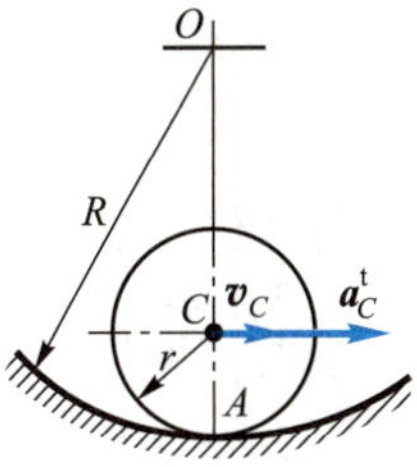

习题 6-5 图

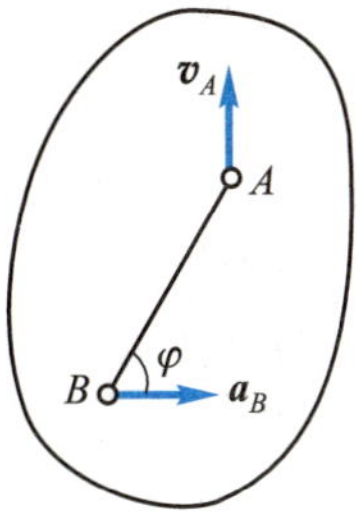

习题 6-6 图

分析计算题

6-7　图示半径为 r 的齿轮由曲柄 OA 带动，沿半径为 R 的固定齿轮滚动。曲柄 OA 以等角加速度 α_0 绕轴 O 转动，当运动开始时，角速度 $\omega_0=0$，转角 $\varphi_0=0$。试求动齿轮以圆心 A 为基点的平面运动方程。

6-8　图示沿直线导轨滑动的套筒 A 和 B 由长为 l 的连杆 AB 连接，套筒 A 以匀速 $\boldsymbol{v}_A$ 运动。套筒 A 从点 O 开始运动，$\angle BOA=\pi-\alpha$。试以 A 为基点，写出杆 AB 的运动方程。

6-9　图示拖车的车轮 A 与垫滚 B 的半径均为 r。试问当拖车以速度 $\boldsymbol{v}$ 前进时，轮 A 与垫滚 B 的角速度 ω_A 与 ω_B 有什么关系？设轮 A 和垫滚 B 与地面之间，以及垫滚 B 与拖车之间无滑动。

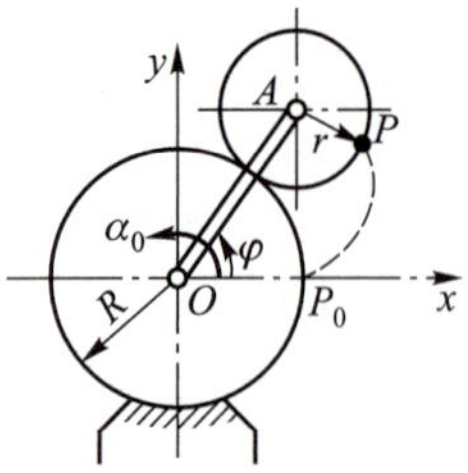

习题 6-7 图

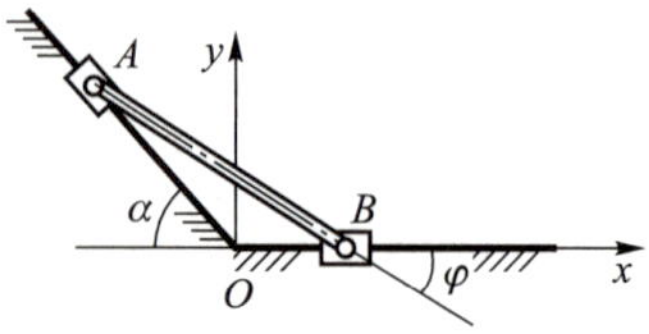

习题 6-8 图

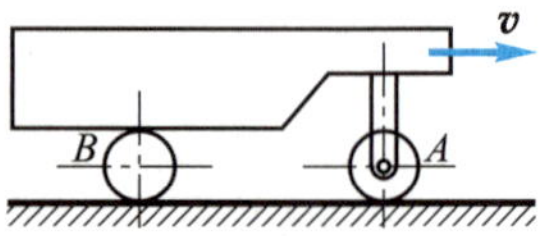

习题 6-9 图

6-10　图示飞机以速度 $v=200$ km/h 沿水平航线飞行，同时以角速度 $\omega=0.25$ rad/s 回收着陆轮。试求着陆轮 OC 的瞬时速度中心，并说明瞬时速度中心相对飞机的位置与角 θ 有无关系。

6-11　图示为挖泥机上的挖斗。挖斗的开或关是通过一端固定于铰 C，并穿过块体 O 的绳索控制的。设块体上的铰 O 是固定的。图示瞬时，绳索以速度 $v=0.5$ m/s 上升，挖斗正被关闭，$\theta=45°$。试求挖斗在此瞬时的角速度 ω。

6-12　图示的四连杆机构 $OABO_1$ 中，$OA=O_1B=\dfrac{1}{2}AB$，曲柄 OA 的角速度 $\omega=3$ rad/s。试求当 $\varphi=90°$ 而曲柄 O_1B 重合于 OO_1 的延长线时，杆 AB 和曲柄 O_1B 的角速度。

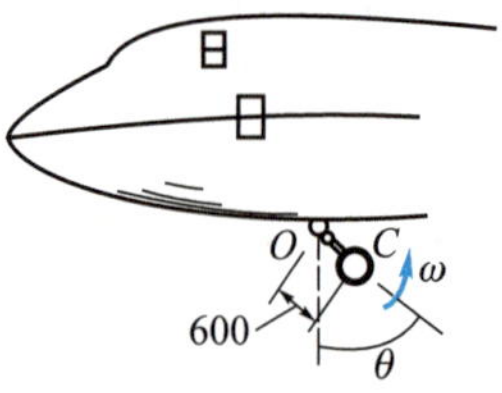

习题 6-10 图

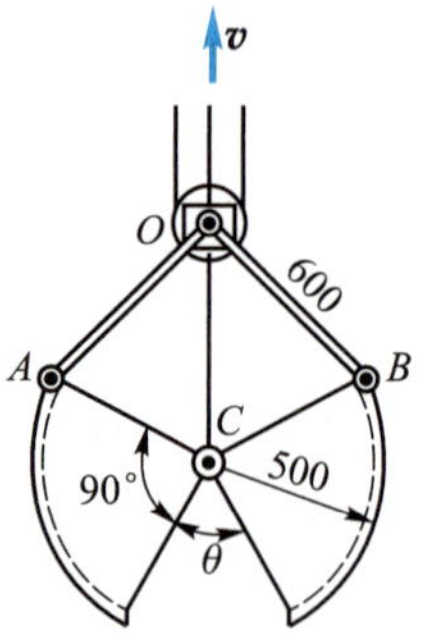

习题 6-11 图

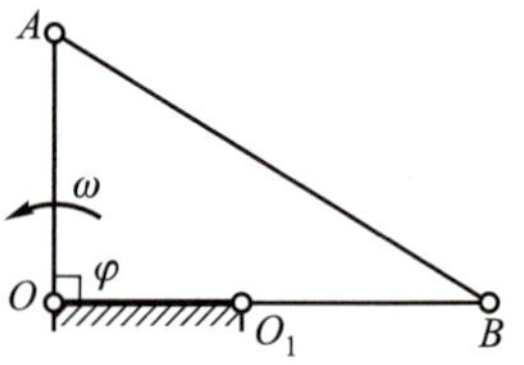

习题 6-12 图

6-13　绕电话线的卷轴在水平地面上作纯滚动，线上的点 A 有向右的速度 $v_A=0.8$ m/s，试求卷轴中心 O 的速度与卷轴的角速度，并判断此时卷轴是向左，还是向右方滚动。

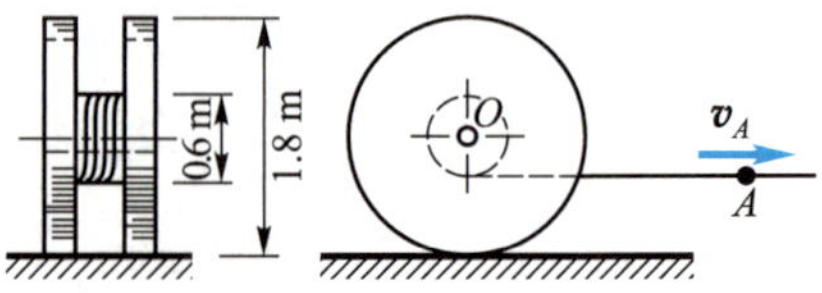

习题 6-13 图

6-14　曲柄-滑块机构中，如曲柄角速度 $\omega=20$ rad/s，试求当曲柄 OA 在两铅垂位置和两水平位置时配气机构中气阀推杆

DE 的速度。已知 $OA=400\ \mathrm{mm}$，$AC=CB=200\sqrt{37}\ \mathrm{mm}$。

6-15　卡车驶上 20°的斜坡，计速仪显示后轮的速度为 $v_R=8\ \mathrm{km/h}$。两车轮的直径均为 0.9 m，皆作纯滚动。试求图示位置时前轮的角速度 ω_F、后轮的角速度 ω_R 和车身的角速度 ω_T。

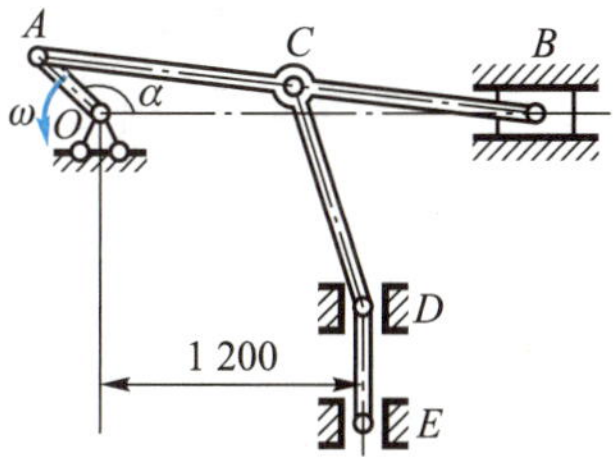

习题 6-14 图

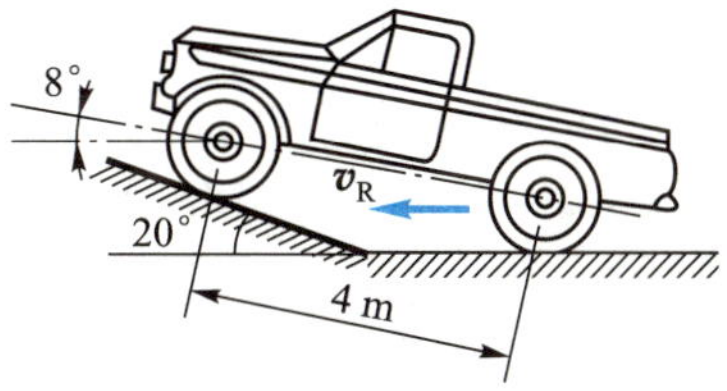

习题 6-15 图

6-16　图示滑轮组中，绳索以速度 $v_C=0.12\ \mathrm{m/s}$ 下降，各轮半径已知，如图示。假设绳在轮上不打滑，试求轮 B 的角速度与重物 D 的速度。

6-17　电动机车是通过与发电机轴相连的传动齿轮 B 驱动的。齿轮 B 的轴承固定在车身上。齿轮 B 与固定在车轮上的齿轮 A 相啮合。车轮在钢轨上作纯滚动。图中半径 $R=0.3\ \mathrm{m}$。若使机车以 12.2 m/s 的速度前进，试求传动齿轮的角速度 ω_t。

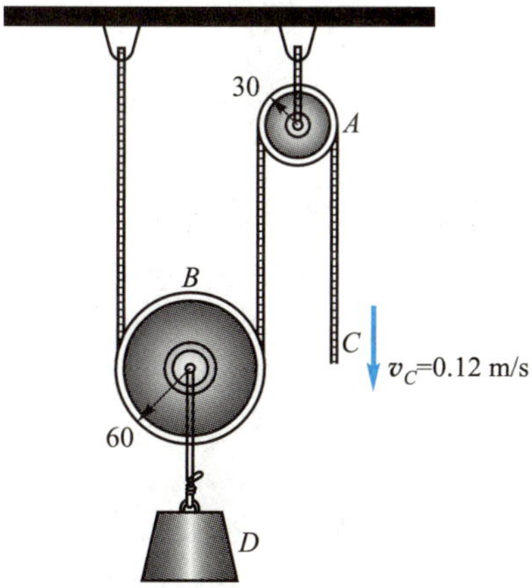

习题 6-16 图

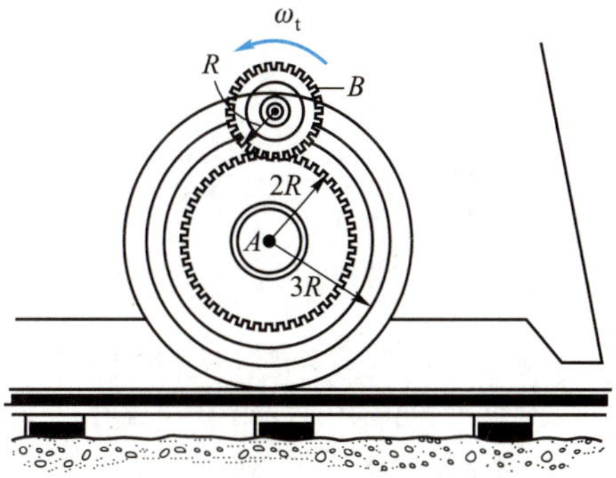

习题 6-17 图

6-18　链杆式摆动传动机构如图所示，DCEA 为一摇杆，且 $CA\perp DE$。曲柄 $OA=200\ \mathrm{mm}$，$CD=CE=250\ \mathrm{mm}$，曲柄转速 $n=70\ \mathrm{r/min}$，$CO=200\sqrt{3}\ \mathrm{mm}$。试求当 $\varphi=90°$ 且 OA 与 CA 成 60°角时，F、G 两点的速度大小和方向。

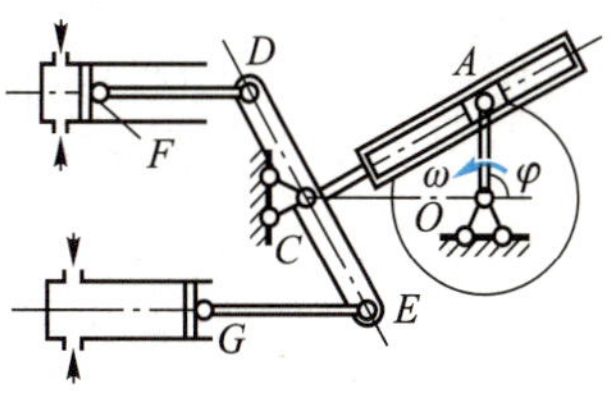

习题 6-18 图

6-19　图示曲柄 OA 长为 200 mm，以等角速度 $\omega=10\ \mathrm{rad/s}$ 转动，并带动长为 1 000 mm 的连杆 AB；滑块 B 沿铅垂滑道运动。试求当曲柄与连杆相互垂直并与水平轴线各成角 $\alpha=45°$ 和 $\beta=45°$ 时，连杆的角速度、角加速度及滑块 B 的加速度。

6-20　图示的两种情形均为半径为 r 的圆轮在半径为 R 的圆弧面上作纯滚动，圆轮的角速度为 ω，角加速度为 α。试求轮上的与圆弧面相接触的点 C 的加速度。

6-21　图示的容器为卸料斗，斗上的小轮 B 可在固定的水平槽内滑动。斗上的点 A 与液压操纵杆铰接。当液压杆按图示方向运动时，卸料斗产生倾斜，从而将斗内物料卸下。设初瞬时料斗处于图示位置，杆的速度为零，加速度为 0.5 m/s^2。试求该瞬时料斗的角加速度。

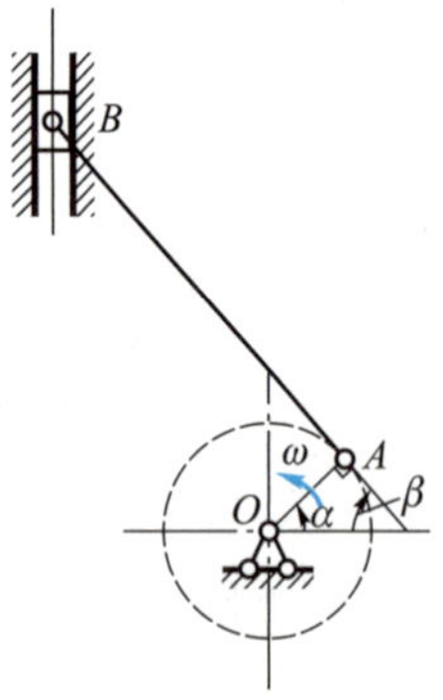

习题 6-19 图

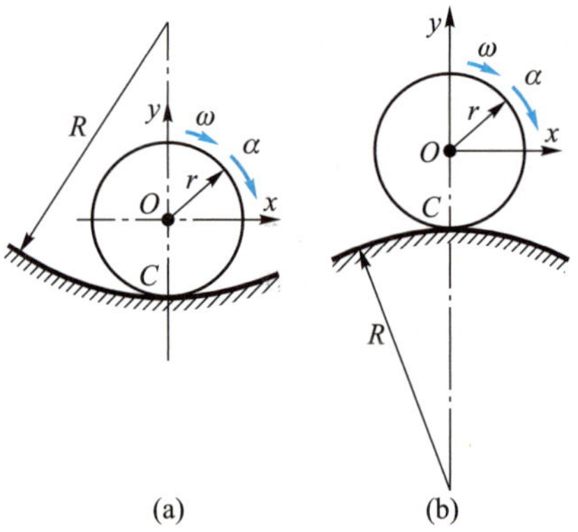

习题 6-20 图

6-22 由曲柄连杆机构 OAB 带动，使摇杆 O_1D 作变角速度的转动，如图所示。$OA=r=50$ mm，$AB=BD=l=130$ mm，$\omega=10$ rad/s。当曲柄在铅垂位置时，摇杆 O_1D 与水平线成 60°角。试求此瞬间摇杆 O_1D 的角速度和滑块 B 的加速度。

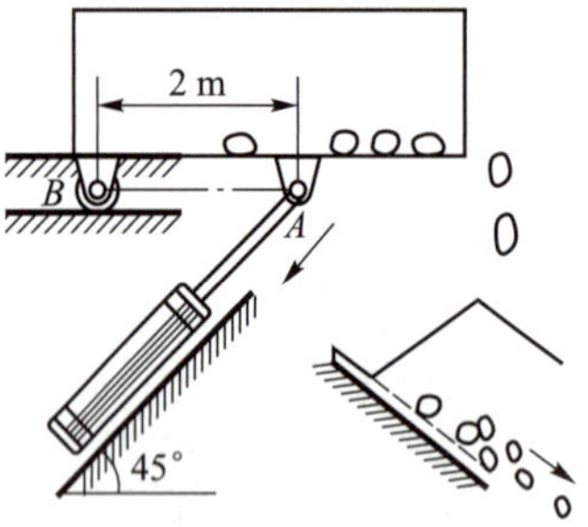

习题 6-21 图

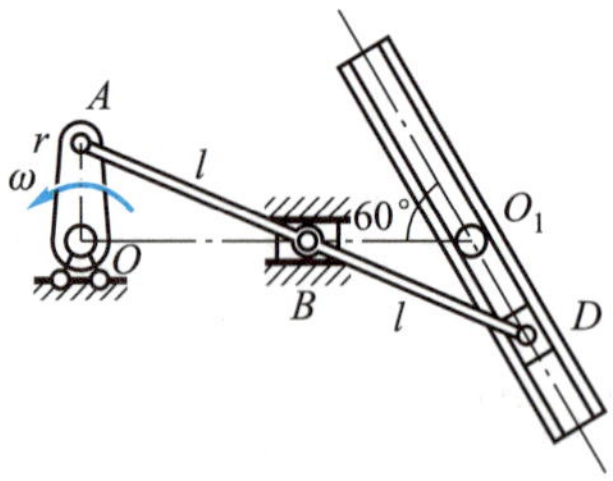

习题 6-22 图

6-23 测试火车车轮和铁轨间磨损的机构如图所示，其中飞轮 A 以等角速度 $\omega_A=20\pi$ rad/s 逆时针转动，车轮和铁轨间没有滑动。试求图示位置时车轮的角速度 ω_D 和角加速度 α_D。

6-24 人的上臂固定，前臂绕肘部转动，前臂与水平线的夹角为 β，锤柄与前臂的夹角为 γ，如图所示。若 $\beta=\gamma$，并知 $\beta=45°$时 $\dot{\beta}=2$ rad/s。试求此瞬时锤头 D 的速度 $\boldsymbol{v}_D$。

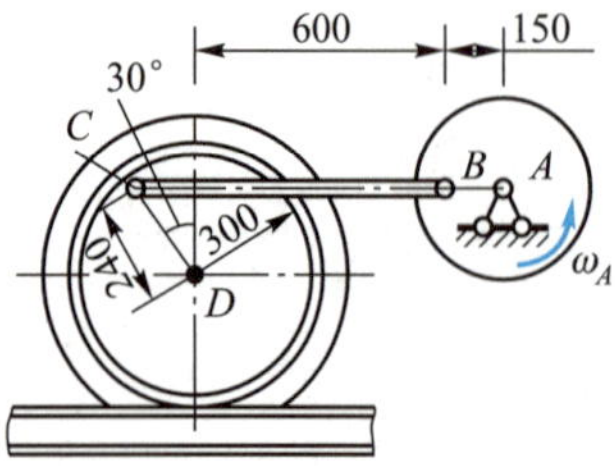

习题 6-23 图

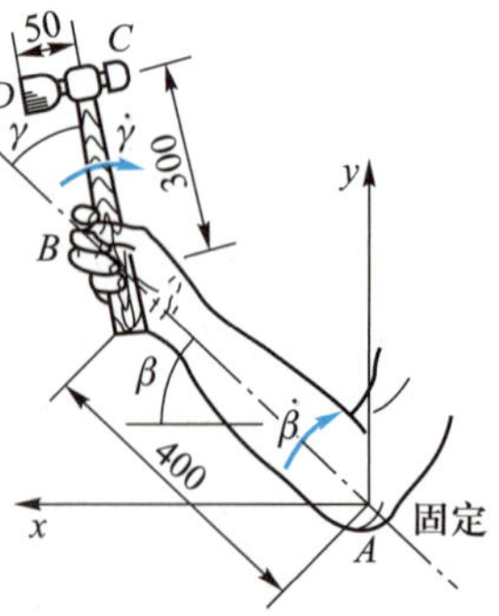

习题 6-24 图

第 7 章

刚体空间运动学

为了展示机械运动形式的全貌，本章介绍刚体空间运动，包括刚体的定点运动与刚体的一般运动。

7-1 三维陀螺的定点运动

刚体定点运动也是刚体运动的一种基本形式，这是因为刚体一般运动可以分解为跟随任选基点的平移和相对于基点的定点转动。刚体定点转动是刚体的三维运动，它与二维的平面运动既有一定联系，又有较大区别。它在现代科技的迅猛发展中正得到广泛的应用，成为现代动力学的重要基础。

本章主要在定参考系中研究刚体定点转动和刚体一般运动的运动学问题。另外，也采用刚体复合运动方法，将定点转动视为绕相交轴转动的合成。

§7-1 刚体定点运动的描述

7-1-1 刚体定点运动的力学模型

研究刚体定点运动与研究刚体平面运动类似，需对刚体的一般力学模型进行简化。

图 7-1 所示为绕定点 O 转动的一般刚体。以点 O 为球心作球，球面与刚体相交出球面图形（spherical section）S。若在 S 上任取两点 A 和 B，则连接该两点且位于 S 上的大圆弧 $\overset{\frown}{AB}$ 可以表示球面图形。球面图形上大圆弧的运动即为该刚体的运动。这样，作定点转动的一般刚体模型便简化为球面图形或图形上的大圆弧 $\overset{\frown}{AB}$。

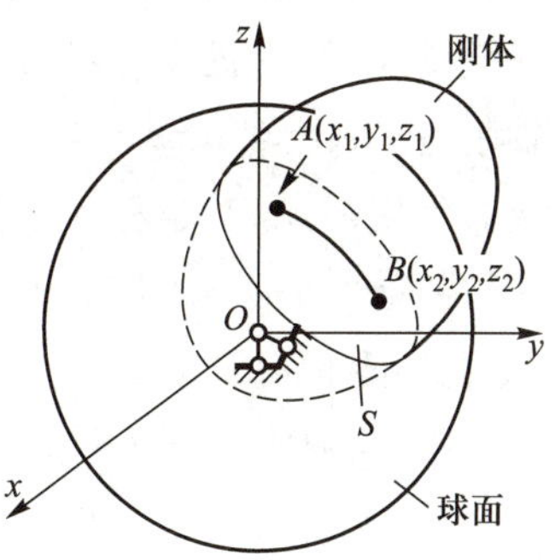

图 7-1 刚体定点转动的力学模型

A、B 两点的直角坐标为 $A(x_1, y_1, z_1)$，$B(x_2, y_2, z_2)$，同时有三个约束方程

$$\left.\begin{array}{l}x_1^2+y_1^2+z_1^2=OA^2\\x_2^2+y_2^2+z_2^2=OB^2\\(x_2-x_1)^2+(y_2-y_1)^2+(z_2-z_1)^2=AB^2\end{array}\right\}\tag{7-1}$$

因此,刚体定点转动的自由度 $N=6-3=3$。

7-1-2 描述刚体定点运动的欧拉角

刚体定点转动可以用瑞士数学家、力学家欧拉(L. Euler)提出的三个相互独立的角度予以解析描述,这就是通常所说的欧拉角(Eulerian angle)。

在图 7-2 中,$O\xi\eta\zeta$ 为定参考系,$Oxyz$ 为刚体的连体坐标系。$Oxyz$ 表示了刚体在任一瞬时的位置或运动。将动坐标面 Oxy 与定坐标面 $O\xi\eta$ 的交线 ON 称为节线(line of nodes)。

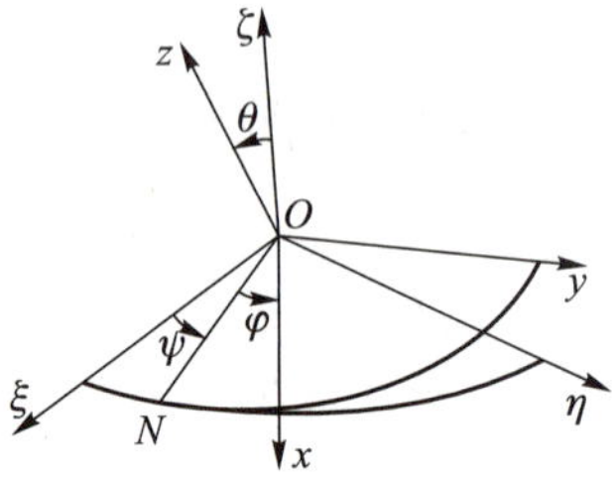

图 7-2 欧拉角的定义

定义欧拉角如下:

进动角(angle of precession):定坐标轴 $O\xi$ 与节线 ON 之间的夹角,$\psi=\angle\xi ON$;

章动角(angle of nutation):定坐标轴 $O\zeta$ 与动坐标轴 Oz 之间的夹角,$\theta=\angle\zeta Oz$;

自转角(angle of rotation):节线 ON 与动坐标轴 Ox 之间的夹角,$\varphi=\angle NOx$。

7-1-3 刚体定点转动的运动方程

用欧拉角描述刚体定点转动,其运动方程为

$$\left.\begin{array}{l}\psi=f_1(t)\\\theta=f_2(t)\\\varphi=f_3(t)\end{array}\right\}\tag{7-2}$$

7-1-4 飞行器的姿态角

飞机、火箭、卫星等飞行器绕质心的转动称为飞行器的姿态运动,用姿态角来描述。如图 7-3 所示,假设飞行器的质心为 C,定义 $Cx_Cy_Cz_C$ 为与飞行器固连的**机体坐标系**,其中 x_C 轴垂直于飞行器的纵向对称面向右,y_C 轴沿飞行器的纵轴向前,z_C 轴垂直于 x_C 和 y_C 轴且符合右手规则,x_C 轴也称为**横轴**,y_C 轴也称为**纵轴**,z_C 轴也称为**竖轴**。定义 $Cx_gy_gz_g$ 为随质心平移的**地理坐标系**,其中 x_g 轴水平向东,y_g 轴水平向北,z_g 轴垂直于 x_g 和 y_g 轴且符合右手规则,铅垂指向天空。

将 y_C 轴向坐标平面 Cx_gy_g(水平面)投影得到 m 轴,在坐标平面 Cx_gy_g 内作与 m 轴垂直的 n 轴,则**姿态角**定义如下:m 轴与 y_g 轴的夹角 ψ 称为**航向角**,y_C 轴与 m 轴的夹角 θ 称为**俯仰角**,x_C 轴与 n 轴的夹角 γ 称为**侧滚角**。也就是说,假设初始时机体坐标系与地理坐标系重合,三次转动为:(1) 绕初始的竖轴转动航向角 ψ,(2) 绕上述第一次转动后的横轴转动俯仰

角 θ,(3) 绕上述两次转动后的纵轴转动侧滚角 γ。

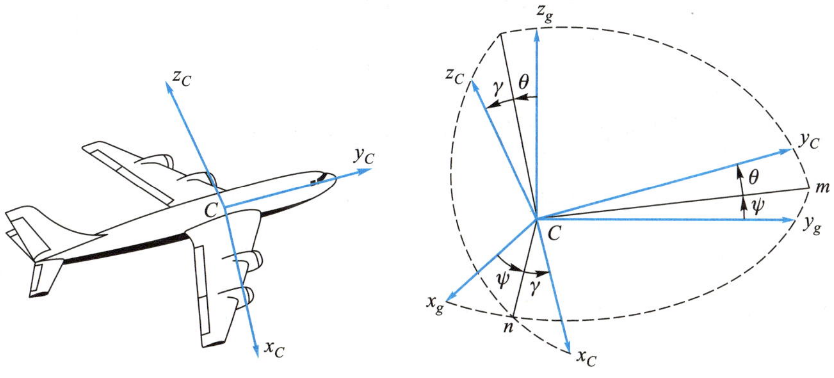

图 7-3　飞行器姿态角的定义

§7-2　刚体定点运动的角速度和角加速度

7-2-1　达朗贝尔-欧拉位移定理

刚体绕定点的任意有限转动可由绕过该定点的某轴的一次转动实现,此即达朗贝尔-欧拉位移定理(d'Alembert-Euler displacement theorem)。它是由达朗贝尔(J. le R. d'Alembert)于 1749 年、欧拉于 1750 年先后提出的。上述"一次转动"也称为达朗贝尔-欧拉转动。

达朗贝尔-欧拉位移定理的几何证明如下。

如§7-1 所述,用球面图形上的大圆弧描述其所属的刚体定点转动。图 7-4 所示为大圆弧 $\widehat{AB}$ 从 t 到 $t+\Delta t$ 瞬时作任意有限转动时的初、末两个位置 $\widehat{AB}$ 和 $\widehat{A'B'}$。以大圆弧分别连接点 A、A'和点 B、B',并分别作其垂直平分大圆弧 $\widehat{NC}$ 和 $\widehat{MC}$,其中 C 点是这两个大圆弧在球面上的交点。再分别作大圆弧 $\widehat{AC}$、$\widehat{BC}$、$\widehat{A'C}$ 和 $\widehat{B'C}$,从而得球面三角形 $\triangle ABC$ 和 $\triangle A'B'C$。由于二者的对应弧长相等,故这两个球面三角形全等,即

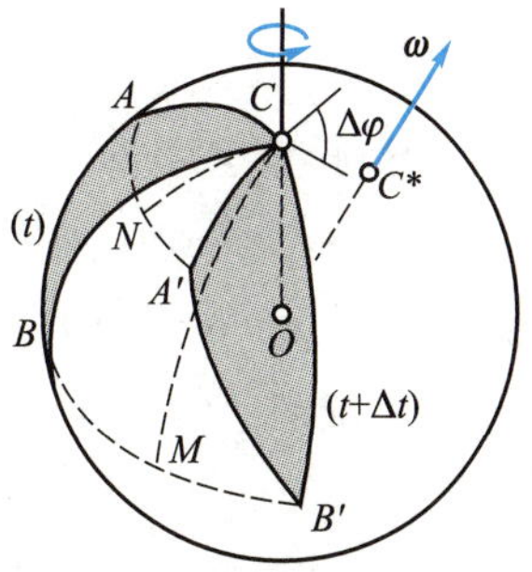

图 7-4　达朗贝尔-欧拉位移定理的几何证明

$$\triangle ABC \cong \triangle A'B'C$$

对应的球面角亦相等,即

$$\angle ACB = \angle A'CB'$$

如上式两边都加上球面角 $\angle BCA'$,则得

$$\angle ACA' = \angle BCB' = \Delta\varphi$$

因此，在刚体绕连接 O、C 两点所形成的有限转动轴转过角 $\Delta\varphi$ 后，球面三角形 $\triangle ABC$ 就与 $\triangle A'B'C$ 重合，大圆弧 $\overset{\frown}{AB}$ 就转到位置 $\overset{\frown}{A'B'}$。上述达朗贝尔－欧拉位移定理得证。

7-2-2 转动瞬轴，瞬时角速度矢量与瞬时角加速度矢量

刚体在时间间隔 Δt 内作有限转动时，其上点 A 和点 B 的运动轨迹一般都不是图 7-4 所示的大圆弧 $\overset{\frown}{AA'}$ 和 $\overset{\frown}{BB'}$，而是复杂的球面曲线，因此，达朗贝尔－欧拉位移定理只是非常粗略地描述了有限转动。但是，在无限小时间间隔内应用该定理，可以精确描述刚体瞬时转动的性质。

如图 7-4 所示，当 $\Delta t \to 0$ 时，有限转动轴即趋近于仍然通过定点 O 的极限轴线 OC^*，即

$$\lim_{\Delta t \to 0} OC = OC^* \tag{7-3}$$

式中，OC^* 称为**刚体定点转动的转动瞬轴**，简称为**瞬轴**。不难看出，刚体在不同瞬时，瞬轴恒通过定点 O，但位置不同，即瞬轴在空间的方位是不断变化的。为讨论刚体绕瞬轴作瞬时转动的运动性质，定义刚体绕瞬轴转动的**瞬时角速度矢量**（instantaneous angular velocity vector）$\boldsymbol{\omega}$ 的大小为

$$\omega = \lim_{\Delta t \to 0} \frac{\Delta\varphi}{\Delta t} \tag{7-4}$$

式中，$\Delta\varphi$ 是 Δt 时间间隔内刚体绕有限转动轴转过的角位移。$\boldsymbol{\omega}$ 的方向沿瞬轴，指向按右手法则规定，即右手弯曲的四指顺着刚体绕瞬轴的转动方向，则大拇指的指向即为 $\boldsymbol{\omega}$ 的方向。

定义刚体的**瞬时角加速度矢量**（instantaneous angular acceleration vector）为瞬时角速度矢量对时间的一阶导数，即

$$\boldsymbol{\alpha} = \frac{\mathrm{d}\boldsymbol{\omega}}{\mathrm{d}t} = \dot{\boldsymbol{\omega}} \tag{7-5}$$

注意到，角速度 $\boldsymbol{\omega}$ 与角加速度 $\boldsymbol{\alpha}$ 是矢量导数关系。如图 7-5a 所示的刚体在绕定点 O 转动中，瞬轴即角速度矢量在空间的方位不断变化。$\boldsymbol{\omega}$ 端点的轨迹即为角速度端图（hodograph of angular velocity）（图 7-5b）。根据变矢量对时间的导数的几何解释，角加速度 $\boldsymbol{\alpha}$ 就是角速度 $\boldsymbol{\omega}$ 端点的速度。它应沿角速度端图在该端点的切线方向。

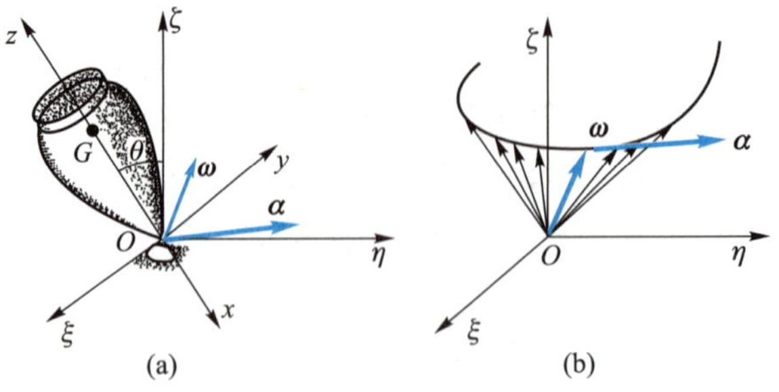

图 7-5 刚体的角速度端图与角加速度

此外,刚体定点转动的角速度 $\boldsymbol{\omega}$ 与角加速度 $\boldsymbol{\alpha}$ 一般并不共线。这与读者所熟悉的刚体定轴转动情形($\boldsymbol{\omega}$ 与 $\boldsymbol{\alpha}$ 共线)有很大差异。

7-2-3 刚体定点转动的运动性质

根据以上分析,刚体定点转动具有下列性质:

(1) 刚体的定点转动在每一瞬时都存在一根过定点的转动瞬轴。刚体的瞬时运动为绕瞬时轴、以瞬时角速度 $\boldsymbol{\omega}$ 作瞬时转动。

(2) 刚体的连续运动为绕一系列的瞬时轴、以不同的瞬时角速度作连续瞬时转动。

(3) 转动瞬轴上各点在该瞬时的速度均为零。

§7-3 刚体绕相交轴转动的角速度合成

7-3-1 刚体绕相交轴转动的角速度合成定理

在图 7-6a 中,以绕球心 O 作定点转动的圆球表示所考察的刚体。设圆球在同一瞬时 t 分别绕轴 1 与轴 2、各以角速度 ω_1 与 ω_2 转动。根据上节中关于刚体角速度矢量的定义,可将 ω_1 与 ω_2 作为矢量 $\boldsymbol{\omega}_1$ 与 $\boldsymbol{\omega}_2$,并将此二共点矢量按平行四边形法则合成;又根据达朗贝尔-欧拉位移定理,这两个分角速度 $\boldsymbol{\omega}_1$ 与 $\boldsymbol{\omega}_2$ 合成的结果必为刚体绕瞬时轴 OC^* 转动的合角速度 $\boldsymbol{\omega}$(图 7-6b),即

$$\boldsymbol{\omega}=\boldsymbol{\omega}_1+\boldsymbol{\omega}_2 \tag{7-6a}$$

或

$$\boldsymbol{\omega}=\boldsymbol{\omega}_e+\boldsymbol{\omega}_r \tag{7-6b}$$

式(7-6a)或式(7-6b)就是刚体绕相交轴转动的**角速度合成定理**,它表明:刚体在同一瞬时绕两相交轴的转动可以合成为绕瞬时轴的瞬时转动。两相交轴的交点即为定点。合转动的角速度 $\boldsymbol{\omega}$ 等于分转动的角速度(或牵连角速度 $\boldsymbol{\omega}_e$ 与相对角速度 $\boldsymbol{\omega}_r$)的矢量和,并以 $\boldsymbol{\omega}$ 方向为转动瞬轴。

以图 7-7 中所示的圆盘为例。圆盘以角速度 $\boldsymbol{\omega}_1$ 绕水平轴 CD 转动,同时轴 CD 又跟随叉架以角速度 $\boldsymbol{\omega}_2$ 绕通过圆盘中心 O 的铅垂轴 AB 转动。此为刚体绕相交轴转动合成问题(轴 CD 与轴 AB 相交于点 O)。根据刚体复合运动的分析方法,圆盘的绝对运动为定点转动,以叉架为动系,其牵连运动为定轴转动(定轴为 z),相对运动亦为定轴转动(定轴为 CD)。因此有 $\boldsymbol{\omega}_e=\boldsymbol{\omega}_2$,$\boldsymbol{\omega}_r=\boldsymbol{\omega}_1$。据式(7-6a)或式(7-6b),求得其角速度 $\boldsymbol{\omega}=\boldsymbol{\omega}_1+\boldsymbol{\omega}_2=\boldsymbol{\omega}_e+\boldsymbol{\omega}_r$。$\boldsymbol{\omega}$ 的方向即为瞬轴 OC^* 的方向。

式(7-6a)与式(7-6b)很容易推广到刚体绕 n 个相交轴($n>2$)转动的一般情形,即

$$\boldsymbol{\omega}=\sum\boldsymbol{\omega}_i \tag{7-7}$$

该式表明，刚体绕两个或两个以上相交轴转动，其瞬时角速度矢量等于绕各轴转动的分角速度的矢量和。

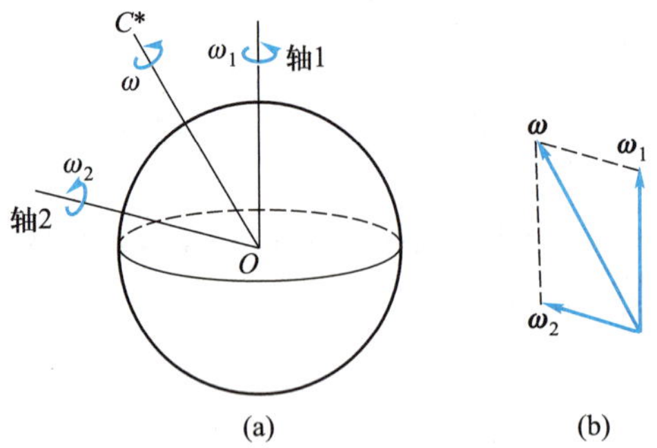

图 7-6 刚体绕相交轴转动的角速度合成

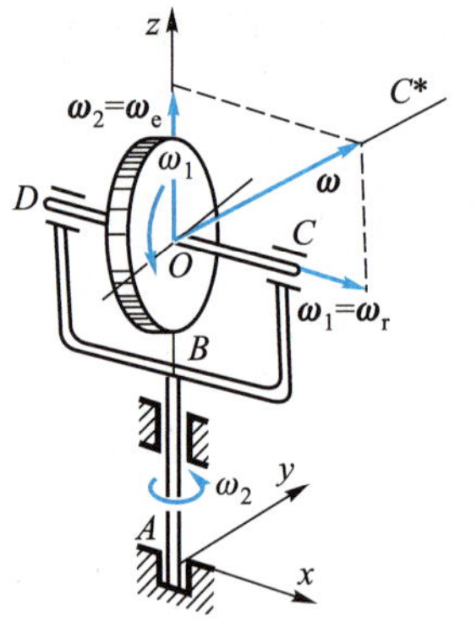

图 7-7 圆盘的运动分析

7-3-2 用欧拉角速度表示刚体的角速度

7-1-2 小节中，介绍了用欧拉角描述刚体定点转动。如图 7-8 所示，若在初瞬时 t，与刚体固连的动参考系 $Oxyz$ 与定参考系 $O\xi\eta\zeta$ 重合，则在时间间隔 Δt 后，刚体绕轴 ζ 转过进动角的增量为 $\Delta\psi$，绕轴 ON 转过章动角的增量为 $\Delta\theta$，绕轴 z 转过自转角的增量为 $\Delta\varphi$。

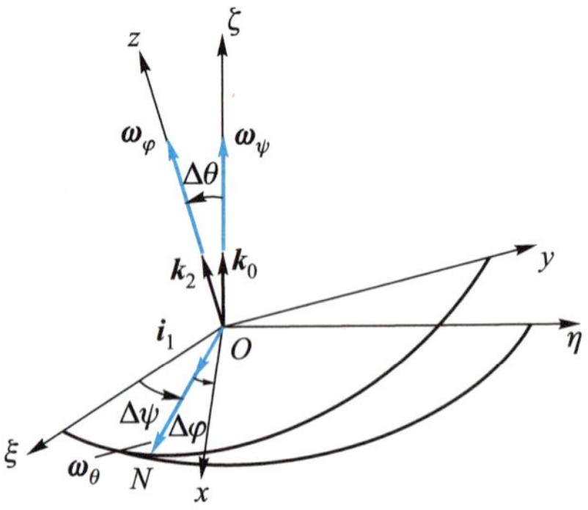

图 7-8 欧拉角与欧拉角速度

定义 进动角速度 $\boldsymbol{\omega}_\psi=\lim\limits_{\Delta t\to 0}\dfrac{\Delta\psi}{\Delta t}\boldsymbol{k}_0$

章动角速度 $\boldsymbol{\omega}_\theta=\lim\limits_{\Delta t\to 0}\dfrac{\Delta\theta}{\Delta t}\boldsymbol{i}_1$

自转角速度 $\boldsymbol{\omega}_\varphi=\lim\limits_{\Delta t\to 0}\dfrac{\Delta\varphi}{\Delta t}\boldsymbol{k}_2$

式中，$\boldsymbol{k}_0$、$\boldsymbol{i}_1$ 与 $\boldsymbol{k}_2$ 分别为轴 ζ、轴 ON 与轴 z 方向的单位矢量。

根据式(7-7)，刚体在 t 瞬时绕瞬时轴转动的角速度 $\boldsymbol{\omega}$ 与三个欧拉角速度的关系为

$$\boldsymbol{\omega}=\boldsymbol{\omega}_\psi+\boldsymbol{\omega}_\theta+\boldsymbol{\omega}_\varphi \tag{7-8}$$

[例题 7-1] 正圆锥高为 h，锥底半径为 r，以 O 为固定点、在水平面上作纯滚动(图 7-9a)。已知锥底圆心 C 的速度大小为 v_C，且为常量。试求正圆锥的角速度 $\boldsymbol{\omega}$ 与角加速度 $\boldsymbol{\alpha}$。

解：正圆锥作纯滚动，它与水平面相接触的母线上各点的速度均为零，此母线 OC^* 即刚体的瞬轴，亦即瞬时角速度 $\boldsymbol{\omega}$ 所沿的方向。由二维图形(图 7-9b)可以计算其大小：

$$\omega=\frac{v_C}{AC}=\frac{v_C}{r\cos\beta}=\frac{\sqrt{r^2+h^2}}{rh}v_C \quad (\text{常量}) \tag{a}$$

为求解角加速度，需要分析角速度矢量 $\boldsymbol{\omega}$ 的运动，$\boldsymbol{\omega}$ 可分解为

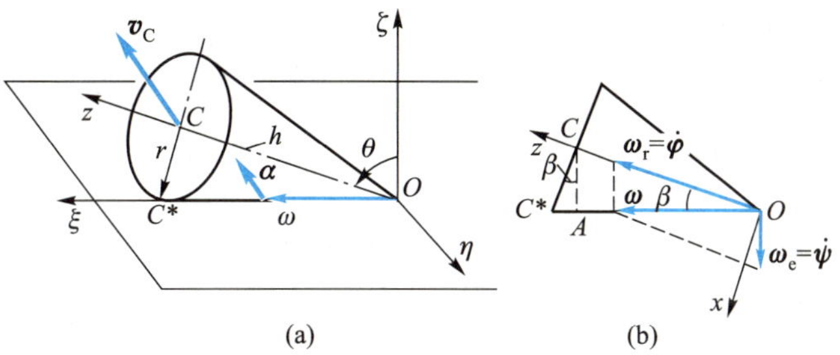

图 7-9　例题 7-1 图

7-2　运动器材的定点运动

$$\boldsymbol{\omega}=\boldsymbol{\omega}_e+\boldsymbol{\omega}_r=\dot{\boldsymbol{\psi}}+\dot{\boldsymbol{\varphi}} \tag{b}$$

该式第一个等号后的两项是从刚体复合运动得到的分析结果，即将定点转动看成分别绕 $O\zeta$ 与 Oz 两相交轴转动的合成；而第二个等号后的两项则是从欧拉瞬时转动的角度得到的分析结果，此时牵连角速度就是进动角速度，$\boldsymbol{\omega}_e=\dot{\boldsymbol{\psi}}$；相对角速度等于自转角速度，$\boldsymbol{\omega}_r=\dot{\boldsymbol{\varphi}}$；由于章动角 $\theta=\dfrac{\pi}{2}-\beta$，因而章动角速度 $\dot{\theta}=0$。

刚体定点转动中，$\omega_\psi=\dot{\psi}$ 为常量，$\omega_\varphi=\dot{\varphi}$ 为常量，θ 为常量的情形称为**规则进动**（regular procession）。本例中的正圆锥就是作规则进动。

规则进动时的角速度端图是一个圆（图 7-10）。角速度矢量 $\boldsymbol{\omega}$ 以牵连角速度 $\boldsymbol{\omega}_e$ 作定轴转动。由于角加速度 $\boldsymbol{\alpha}$ 是角速度矢量 $\boldsymbol{\omega}$ 对时间的导数，亦为角速度 $\boldsymbol{\omega}$ 端点的速度。所以，可表示为

$$\boldsymbol{\alpha}=\frac{\mathrm{d}\boldsymbol{\omega}}{\mathrm{d}t}=\boldsymbol{\omega}_e\times\boldsymbol{\omega}=\boldsymbol{\omega}_e\times(\boldsymbol{\omega}_e+\boldsymbol{\omega}_r)=\boldsymbol{\omega}_e\times\boldsymbol{\omega}_r \tag{7-9}$$

本例中，角加速度 $\boldsymbol{\alpha}$ 沿角速度端图的切线方向，其大小

$$\alpha=\omega\omega_e=\omega^2\tan\beta=\frac{r^2+h^2}{rh^3}v_C^2$$

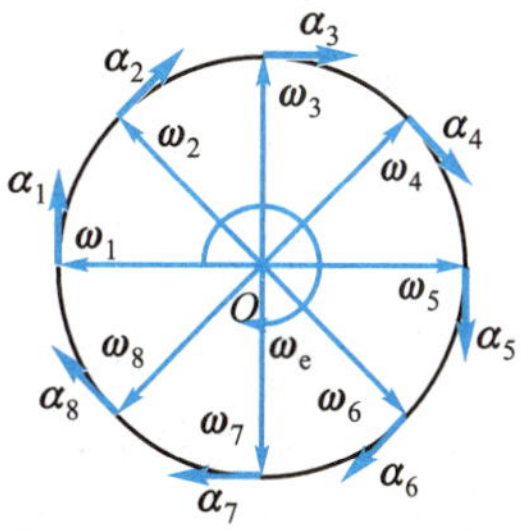

图 7-10　规则进动的角速度端图

请读者思考：在求圆锥体的角速度大小时，有一种解法认为：因为圆锥体在平面上作纯滚动，所以锥底圆与平面的切点 C^* 就是速度瞬心，于是有，$\omega=\dfrac{v_C}{r}$。这种解法错在哪里？

§7-4　定点转动刚体上各点的速度和加速度分析

7-4-1　定点转动刚体上各点的速度分析

如图 7-11 所示，刚体绕定点 O 转动，图示瞬时角速度矢量和角加速度矢量分别为 $\boldsymbol{\omega}$ 和 $\boldsymbol{\alpha}$。

刚体上任一点 P 相对定点 O 的位置矢径为 $\boldsymbol{r}$，点 P 到 $\boldsymbol{\omega}$ 和 $\boldsymbol{\alpha}$ 的垂直距离分别为 h_1 和 h_2，则点 P 的速度为

$$\boldsymbol{v}=\frac{\mathrm{d}\boldsymbol{r}}{\mathrm{d}t}=\boldsymbol{\omega}\times\boldsymbol{r} \tag{7-10}$$

其大小为 $\omega r\sin(\boldsymbol{\omega},\boldsymbol{r})=\omega h_1$，方向垂直于 $\boldsymbol{\omega}$ 和 $\boldsymbol{r}$ 构成的平面，并指向转动前进的方向，如图 7-11 所示。

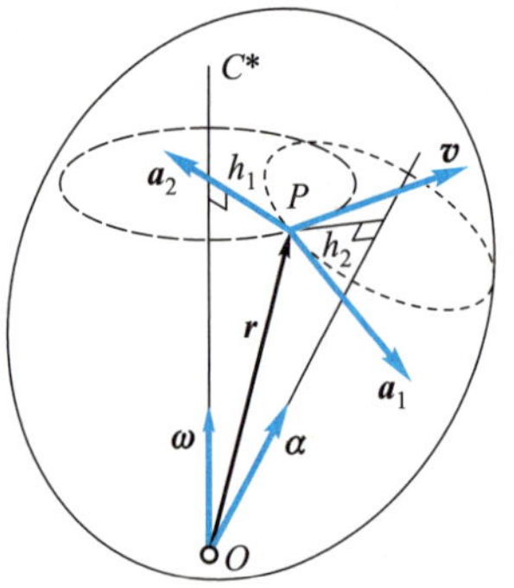

图 7-11　定点转动刚体上点 P 的速度和加速度

7-4-2　定点转动刚体上各点的加速度分析

将式(7-10)对时间求导，得点 P 的加速度为

$$\boldsymbol{a}=\frac{\mathrm{d}\boldsymbol{v}}{\mathrm{d}t}=\frac{\mathrm{d}\boldsymbol{\omega}}{\mathrm{d}t}\times\boldsymbol{r}+\boldsymbol{\omega}\times\frac{\mathrm{d}\boldsymbol{r}}{\mathrm{d}t}$$

由于 $\frac{\mathrm{d}\boldsymbol{\omega}}{\mathrm{d}t}=\boldsymbol{\alpha}$，$\frac{\mathrm{d}\boldsymbol{r}}{\mathrm{d}t}=\boldsymbol{v}$，上式可写为

$$\boldsymbol{a}=\boldsymbol{\alpha}\times\boldsymbol{r}+\boldsymbol{\omega}\times\boldsymbol{v} \tag{7-11}$$

上式右端第一项

$$\boldsymbol{a}_1=\boldsymbol{\alpha}\times\boldsymbol{r}$$

称为**转动加速度**，其大小为 $\alpha r\sin(\boldsymbol{\alpha},\boldsymbol{r})=\alpha h_2$，方向垂直于 $\boldsymbol{\alpha}$ 和 $\boldsymbol{r}$ 构成的平面，并指向 $\boldsymbol{\alpha}$ 转动的方向，如图 7-11 所示。

式(7-11)右端第二项

$$\boldsymbol{a}_2=\boldsymbol{\omega}\times\boldsymbol{v}=\boldsymbol{\omega}\times(\boldsymbol{\omega}\times\boldsymbol{r})$$

称为**向轴加速度**，其大小为 $\omega v\sin(\boldsymbol{\omega},\boldsymbol{v})=\omega v=\omega^2 h_1$，方向垂直于 $\boldsymbol{\omega}$ 和 $\boldsymbol{v}$ 构成的平面，指向瞬轴，如图 7-11 所示。

式(7-11)表明，**刚体作定点转动时，其上任一点的加速度等于转动加速度与向轴加速度的矢量和。**

需要指出的是，式(7-10)和式(7-11)虽然形式上与定轴转动刚体上点的速度和加速度表达式完全相同，但实质上是有区别的。刚体作定轴转动时，角速度矢量 $\boldsymbol{\omega}$ 和角加速度矢量 $\boldsymbol{\alpha}$ 都沿着固定的轴线。而刚体作定点转动时，角速度矢量 $\boldsymbol{\omega}$ 的方向是不断变化的，角加速度矢量 $\boldsymbol{\alpha}$ 沿角速度矢量 $\boldsymbol{\omega}$ 矢端曲线的切向，一般情况下不与角速度矢量 $\boldsymbol{\omega}$ 共线。由图 7-11 可见，转动加速度 $\boldsymbol{a}_1$ 既不沿速度 $\boldsymbol{v}$ 的方向，也不与向轴加速度 $\boldsymbol{a}_2$ 垂直。因此转动加速度 $\boldsymbol{a}_1$ 不是点 P 的切向加速度，向轴加速度 $\boldsymbol{a}_2$ 也不是点 P 的法向加速度。

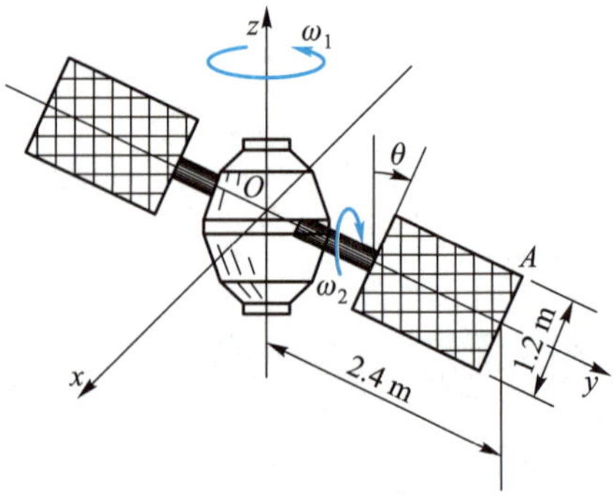

图 7-12　例题 7-2 图

[例题 7-2]　人造卫星以恒定的角速度 $\omega_1=0.5$ rad/s 绕其轴 z 转动，太阳能电池板以恒定角速度 $\omega_2=0.25$ rad/s 绕轴 y 转动。坐标系 $Oxyz$ 固连在卫星上，尺寸如图 7-12 所示。图示瞬时 $\theta=30°$，不

考虑点 O 的运动,求此瞬时电池板上点 A 的速度和加速度。

解: 坐标系 $Oxyz$ 固连于卫星,假设 x、y、z 方向的单位矢量分别为 $\boldsymbol{i}$、$\boldsymbol{j}$、$\boldsymbol{k}$,太阳能电池板绕点 O 作定点运动,其角速度为

$$\begin{aligned}\boldsymbol{\omega} &= \boldsymbol{\omega}_1+\boldsymbol{\omega}_2\\ &=\omega_1\boldsymbol{k}-\omega_2\boldsymbol{j}\\ &=(-0.25\boldsymbol{j}+0.5\boldsymbol{k})\ \mathrm{rad/s}\end{aligned}$$

当 $\theta=30°$时,点 A 的矢径为

$$\boldsymbol{r}_A=(-0.6\sin 30°\boldsymbol{i}+2.4\boldsymbol{j}+0.6\cos 30°\boldsymbol{k})\ \mathrm{m}$$

因此点 A 的速度为

$$\begin{aligned}\boldsymbol{v}_A &= \boldsymbol{\omega}\times\boldsymbol{r}_A\\ &=(-0.25\boldsymbol{j}+0.5\boldsymbol{k})\times(-0.6\sin 30°\boldsymbol{i}+2.4\boldsymbol{j}+0.6\cos 30°\boldsymbol{k})\ \mathrm{m/s}\\ &=-(1.33\boldsymbol{i}+0.15\boldsymbol{j}+0.075\boldsymbol{k})\ \mathrm{m/s}\end{aligned}$$

太阳能电池板的角加速度为

$$\begin{aligned}\boldsymbol{\alpha} &= \frac{\mathrm{d}\boldsymbol{\omega}}{\mathrm{d}t}=\frac{\mathrm{d}}{\mathrm{d}t}[(-0.25\boldsymbol{j}+0.5\boldsymbol{k})\ \mathrm{rad/s}]\\ &=-0.25\frac{\mathrm{d}\boldsymbol{j}}{\mathrm{d}t}\ \mathrm{rad/s}+0.5\frac{\mathrm{d}\boldsymbol{k}}{\mathrm{d}t}\ \mathrm{rad/s}=(-0.25\boldsymbol{\omega}_1\times\boldsymbol{j}+0.5\boldsymbol{\omega}_1\times\boldsymbol{k})\ \mathrm{rad/s^2}\\ &=0.125\boldsymbol{i}\ \mathrm{rad/s^2}\end{aligned}$$

或

$$\boldsymbol{\alpha}=\boldsymbol{\omega}_1\times\boldsymbol{\omega}_2=[0.5\boldsymbol{k}\times(-0.25)\boldsymbol{j}]\ \mathrm{rad/s^2}=0.125\boldsymbol{i}\ \mathrm{rad/s^2}$$

因此点 A 的加速度为

$$\begin{aligned}\boldsymbol{a}_A &= \boldsymbol{\alpha}\times\boldsymbol{r}_A+\boldsymbol{\omega}\times\boldsymbol{v}_A\\ &=0.125\boldsymbol{i}\times(-0.6\sin30°\boldsymbol{i}+2.4\boldsymbol{j}+0.6\cos30°\boldsymbol{k})\ \mathrm{m/s^2}-(-0.25\boldsymbol{j}+0.5\boldsymbol{k})\times\\ &\quad(1.33\boldsymbol{i}+0.15\boldsymbol{j}+0.075\boldsymbol{k})\ \mathrm{m/s^2}\\ &=(0.093\ 75\boldsymbol{i}-0.73\boldsymbol{j}-0.032\ 5\boldsymbol{k})\ \mathrm{m/s^2}\end{aligned}$$

§7-5 刚体空间一般运动学

7-5-1 刚体空间一般运动的分解

对于图 7-13 所示的刚体空间一般运动,若采用复合运动方法进行分析,则研究方法及所得结论均与研究平面运动相类似。

在刚体上任选一点 O'(称为基点),以此为坐标原点,建立平移坐标系 $O'\xi'\eta'\zeta'$,并使其各坐标轴分别与定坐标系 $Oxyz$ 的坐标轴对应平行。此外,再在刚体上建立连体坐标系 $O'x'y'z'$,并在初瞬时使其与平移系 $O'\xi'\eta'\zeta'$ 相重

7-3 飞机的空间一般运动

合。这样,由刚体在任一瞬时 t 的运动可得出以下结论:

刚体的空间一般运动(绝对运动)可分解为以基点 O'为原点的平移坐标系的平移(牵连运动)和相对此平移系的定点转动(相对运动)。

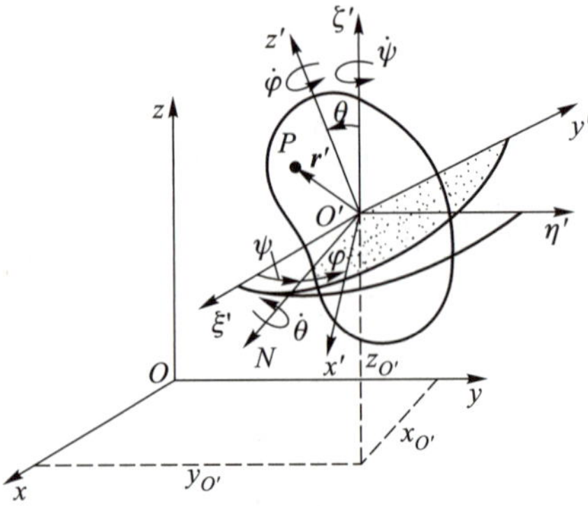

图 7-13 刚体的空间一般运动

因此,表示刚体一般运动的物理量为基点 O'的速度 $\boldsymbol{v}_{O'}$和加速度 $\boldsymbol{a}_{O'}$,刚体相对此平移系作定点转动的瞬时角速度 $\boldsymbol{\omega}$ 和瞬时角加速度 $\boldsymbol{\alpha}$。

7-5-2 刚体空间一般运动的运动方程

上述分析表明,表示平移系 $O'\xi'\eta'\zeta'$在定系 $Oxyz$ 中的位置需要三个独立变量,而表示连体系 $O'x'y'z'$相对此平移系的姿态也需要三个独立变量,若用欧拉角表示这三个独立变量,则刚体的位置完全由这 6 个变量确定,即刚体空间一般运动具有 6 个自由度。因此刚体一般空间运动的运动方程为

$$\left.\begin{array}{lll} x_{O'}=f_1(t), & y_{O'}=f_2(t), & z_{O'}=f_3(t) \\ \psi=f_4(t), & \theta=f_5(t), & \varphi=f_6(t) \end{array}\right\} \tag{7-12}$$

7-5-3 空间一般运动刚体上各点的速度和加速度分析

由上面的讨论可知,刚体的空间一般运动(绝对运动)可以看成随基点 O'的平移和绕基点 O'的定点转动的复合运动。

下面应用第 5 章点的复合运动理论求空间一般运动刚体上任一点 P 的速度和加速度。如图 7-13 所示,选择随基点 O'平移的参考系 $O'\xi'\eta'\zeta'$为动系,$Oxyz$ 为定系,刚体上任一点 P 相对基点 O'的位置矢径为 $\boldsymbol{r}'$,则由点的复合运动的速度合成定理:

$$\boldsymbol{v}_{\mathrm{a}}=\boldsymbol{v}_{\mathrm{e}}+\boldsymbol{v}_{\mathrm{r}}$$

由于牵连运动为随基点 O'的平移,有

$$\boldsymbol{v}_{\mathrm{e}}=\boldsymbol{v}_{O'}$$

又由于相对运动为绕基点 O'的定点转动,根据式(7-10),有

$$\boldsymbol{v}_{\mathrm{r}}=\boldsymbol{\omega}\times\boldsymbol{r}'$$

其中 $\boldsymbol{\omega}$ 为刚体绕基点 O' 转动的角速度。于是点 P 的速度为

$$\boldsymbol{v}_P=\boldsymbol{v}_{O'}+\boldsymbol{\omega}\times\boldsymbol{r}' \tag{7-13}$$

上式表明，**刚体作空间一般运动时，其上任一点的速度等于基点的速度与刚体绕基点转动的速度的矢量和**。

由于牵连运动为平移，则由点的复合运动的加速度合成定理有

$$\boldsymbol{a}_a=\boldsymbol{a}_e+\boldsymbol{a}_r$$

其中 $\boldsymbol{a}_e=\boldsymbol{a}_{O'}$，根据式(7-11)，$\boldsymbol{a}_r=\boldsymbol{\alpha}\times\boldsymbol{r}'+\boldsymbol{\omega}\times(\boldsymbol{\omega}\times\boldsymbol{r}')$，式中 $\boldsymbol{\alpha}$ 为刚体绕基点 O' 转动的角加速度。因此点 P 的加速度为

$$\boldsymbol{a}_P=\boldsymbol{a}_{O'}+\boldsymbol{\alpha}\times\boldsymbol{r}'+\boldsymbol{\omega}\times(\boldsymbol{\omega}\times\boldsymbol{r}') \tag{7-14}$$

上式表明，**刚体作空间一般运动时，其上任一点的加速度，等于基点的加速度与刚体绕基点转动的转动加速度及向轴加速度的矢量和**。

§7-6　本章讨论与小结

7-6-1　刚体定点转动的瞬时轴

这是刚体三维运动最基本、最重要的性质。

如图 7-14 所示，半径为 r 的圆轮在半径为 R 的水平圆周上作纯滚动，其运动可以视为绕折杆 CO 的转动与 CO 绕铅垂轴转动的合成，若折杆 CO 绕铅垂轴转动的角速度为 $\boldsymbol{\omega}_1$，请读者求出圆轮作定点转动的瞬时轴与瞬时角速度。圆轮 O 作定点转动的瞬时轴是否为 CA？

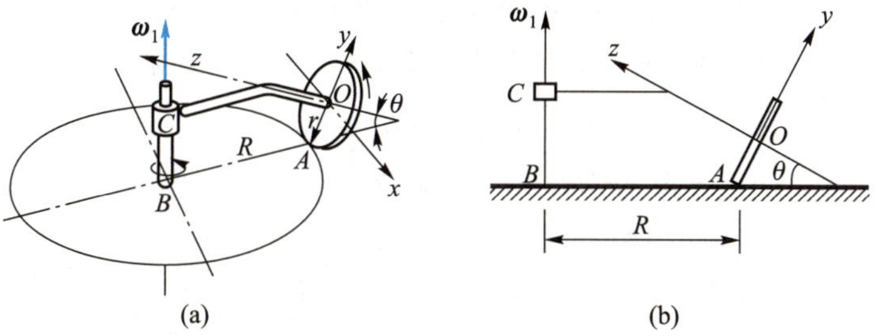

图 7-14　作定点转动的圆轮瞬时轴是否为 CA？

7-6-2　角速度的矢量性

物理量能被定义为矢量，必须具备以下条件：

(1) 有大小、有方向。

(2) 符合矢量加法的平行四边形法则，或矢量加法的交换律。

(3) 与坐标系的选择无关。

只符合上述第一条件的物理量并不是矢量。对角速度可以证明它还符合第二条件，但

不符合第三条件。只有对所有问题均选用右手系,才使角速度具有矢量性。

7-6-3 刚体运动形式小结

请读者对平移、定轴转动、平面运动、定点转动和一般运动等五种刚体运动形式加以比较。

在刚体的五种运动形式中,平移、定轴转动与定点转动是基本形式,其他两种是基本形式合成的结果。因此可以概括地说,刚体的运动形式可以是平移、转动(包括定轴转动和定点转动)或二者的合成。

平移和转动还可以合成一些另外的运动形式,但它们均包括在以上合成结果之中或合成后仍为基本形式。

7-6-4 本章小结

(1) 定点转动的刚体具有3个自由度,常用3个欧拉角决定其位置,即进动角 ψ、章动角 θ 和自转角 φ。刚体定点转动的运动方程为

$$\psi=f_1(t),\qquad \theta=f_2(t),\qquad \varphi=f_3(t)$$

(2) 刚体定点转动为绕过定点的一系列瞬时轴以瞬时角速度作瞬时转动。瞬时角速度 $\boldsymbol{\omega}$ 与瞬时轴重合,指向符合右手规则。瞬时轴的位置在运动过程中是变化的。

(3) 刚体定点转动的角加速度 $\boldsymbol{\alpha}=\dfrac{\mathrm{d}\boldsymbol{\omega}}{\mathrm{d}t}=\dot{\boldsymbol{\omega}}$,通常 $\boldsymbol{\alpha}$ 与 $\boldsymbol{\omega}$ 不共线。

(4) 定点运动刚体上任一点 P 的速度和加速度分别为

$$\boldsymbol{v}_P=\boldsymbol{\omega}\times\boldsymbol{r},\qquad \boldsymbol{a}_P=\boldsymbol{a}_1+\boldsymbol{a}_2$$

其中,$\boldsymbol{a}_1=\boldsymbol{\alpha}\times\boldsymbol{r}$ 称为转动加速度,$\boldsymbol{a}_2=\boldsymbol{\omega}\times\boldsymbol{v}_P=\boldsymbol{\omega}\times(\boldsymbol{\omega}\times\boldsymbol{r})$ 称为向轴加速度。

(5) 刚体的空间一般运动(绝对运动)可分解为以基点 O' 为原点的平移坐标系的平移(牵连运动)和相对此平移系的定点转动(相对运动)。刚体的一般运动具有6个自由度,其运动方程为

$$x_{O'}=f_1(t),\qquad y_{O'}=f_2(t),\qquad z_{O'}=f_3(t)$$
$$\psi=f_4(t),\qquad \theta=f_5(t),\qquad \varphi=f_6(t)$$

(6) 空间一般运动刚体上任一点 P 的速度和加速度分别为

$$\boldsymbol{v}_P=\boldsymbol{v}_{O'}+\boldsymbol{\omega}\times\boldsymbol{r}'$$
$$\boldsymbol{a}_P=\boldsymbol{a}_{O'}+\boldsymbol{\alpha}\times\boldsymbol{r}'+\boldsymbol{\omega}\times(\boldsymbol{\omega}\times\boldsymbol{r}')$$

习 题

分析计算题

7-1 图示桥支承的转动部分放在锥齿轮的滚子 K 上,滚子的轴安装在环形框 L 内,这些轴的延长线相交于平面支承齿轮的几何中心上,滚子 K 即在此支承齿轮上滚动。若滚子的大圆半径 $r=25$ mm,顶角为

2α，$\cos\alpha=\dfrac{84}{85}$，试求滚子的角速度、角加速度及 A、B、C 三点的速度、加速度。环形框绕铅垂轴转动的角速度 $\omega_0=0.1$ rad/s。

7-2　图示矿石磨碎机中的转磨为具有钢制轮缘的铸铁轮，此轮在固定的开口锥形容器的底部滚动。转磨绕水平轴 AOB 转动，此轴又绕与之连成一体的铅垂轴 OO_1 转动。假定转磨的转动瞬轴通过轮缘与容器底部切线中点 C，试求转磨边缘上点 D 和点 E 的绝对速度。已知绕铅垂轴转动的角速度 $\omega_e=1$ rad/s，转磨的厚度 $\delta=500$ mm，转磨平均半径 $R=1$ m，平均转动半径 $r=60$ mm，$\tan\alpha=0.2$。

7-3　半径 $R=40\sqrt{3}$ mm 的圆盘以大小不变的角速度在顶角等于 60°的固定圆锥上作纯滚动。已知圆盘边缘上点 A 的加速度大小不变且等于 480 mm/s²。试求此圆盘绕自身对称轴的转动角速度大小。

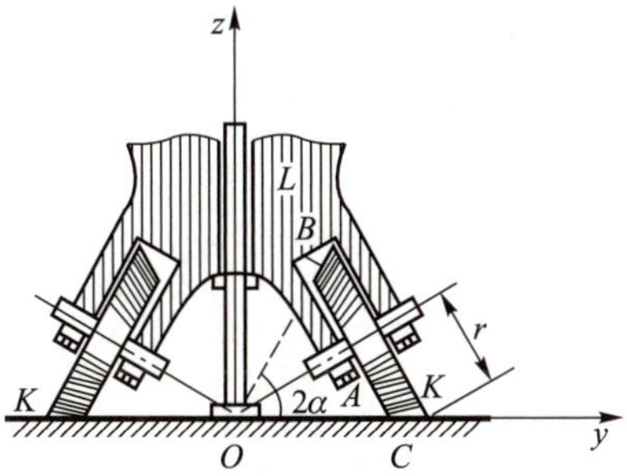

习题 7-1 图

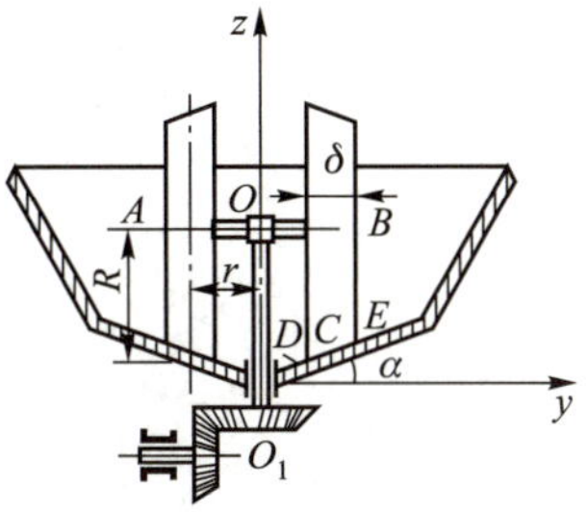

习题 7-2 图

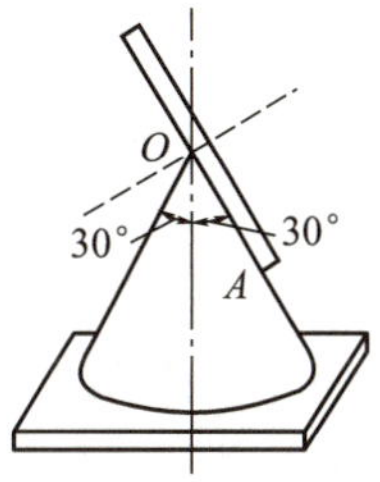

习题 7-3 图

7-4　图示车厢的车轮沿水平弯道滚动，弯道的平均曲率半径等于 5 m，车轮的半径等于 0.25 m，轨道宽 0.8 m。试分析车厢外侧与内侧车轮的运动。若已知车厢质心的速度 v_C，则两轮的角速度与角加速度是否相同？为什么？

7-5　图示航天器的太阳能电池帆板，希望经过一次旋转由位置 A 转到位置 B，即原来垂直于 x 轴的平面，转动后垂直于 z 轴。试用单位矢量表示旋转轴所在位置，并问绕此轴应转动多大角度。

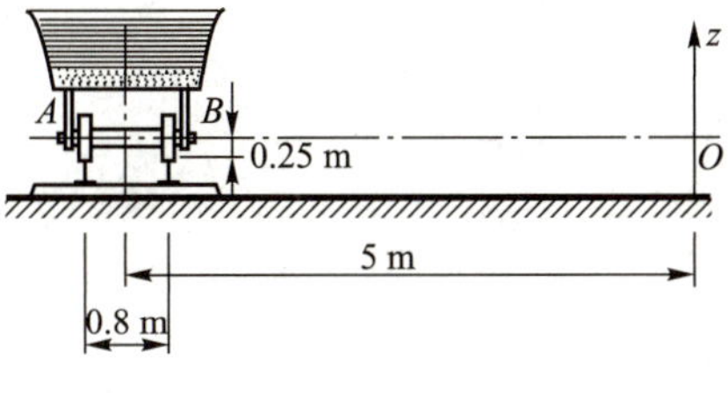

习题 7-4 图

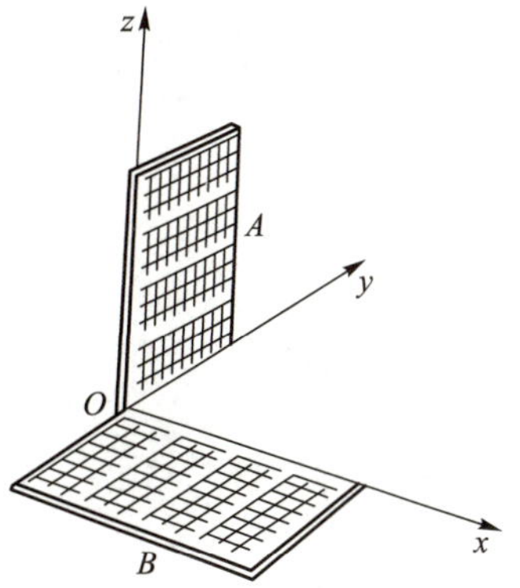

习题 7-5 图

7-6　锥齿轮的轴通过平面支座齿轮的中心 O，如图所示。锥齿轮在支座齿轮上滚动，每分钟绕铅垂轴转 5 周。如 $R=2r$，求锥齿轮绕其本身轴 OC 转动的角速度 ω_r 和绕瞬时轴转动的角速度 ω。

7-7　图示圆盘圆心固连在电动机转子的转轴 C 上。电动机又可绕支架上的轴 x 转动。圆盘的自转角

速度 $\omega_\varphi = 120\ \mathrm{r/min}$,电动机绕支架轴 x 的角速度 $\dot{\theta} = 3\pi\ \mathrm{rad/s}$,支架绕定轴 z_1 的角速度为零,$OC = 300\ \mathrm{mm}$,$CA = 150\ \mathrm{mm}$。试求 $\theta = 30°$时圆盘的角速度 $\boldsymbol{\omega}$、角加速度 $\boldsymbol{\alpha}$ 及其上点 A 的速度 $\boldsymbol{v}_A$ 和加速度 $\boldsymbol{a}_A$。

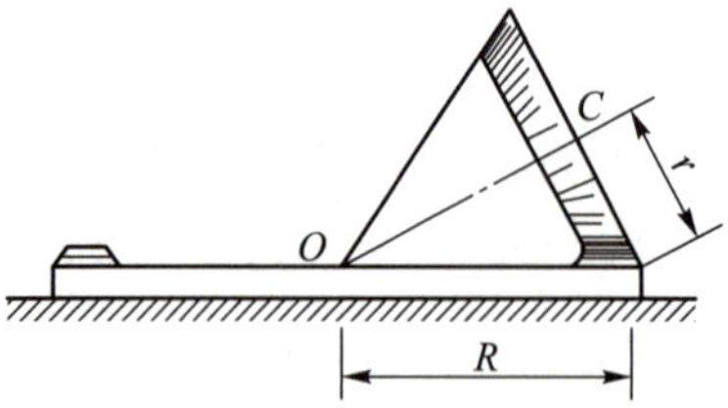

习题 7-6 图

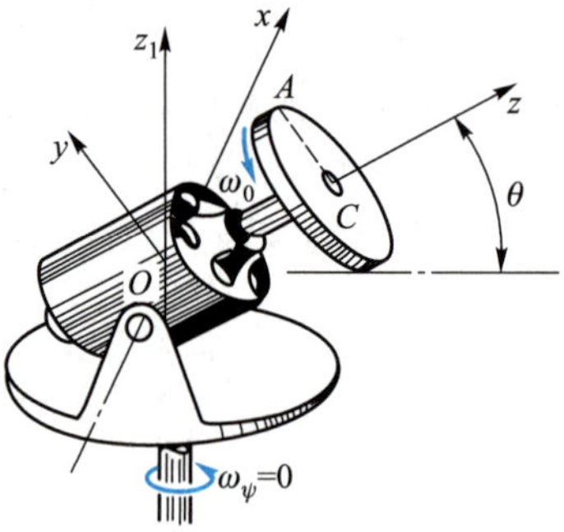

习题 7-7 图

第 8 章

质点系动力学普遍定理

§8-1 引　　言

8-1-1 质点系动力学普遍定理概述

研究质点系的动力学问题，从理论上讲，可以对每个质点应用牛顿第二定律列出其动力学基本方程，再求解联立方程组。但这样做将会发生两方面的困难：一是方程数目太多，从而带来数学上的求解困难；二是出现了大量的不需要求解的未知内力。

对于绝大部分工程实际问题，人们并不需要了解质点系中每个质点的运动规律，而更加关心质点系的整体运动特性。质点系动力学普遍定理（动量定理、动量矩定理和动能定理）正是从不同的侧面揭示了度量质点系整体运动特性的物理量（动量、动量矩和动能）与作用其上力系总效果（主矢、主矩和功）之间的关系，这些定理及其推论不仅使得质点系的动力学问题在数学求解方面得到了简化，而且具有明显的物理意义。

刚体是一类特殊的质点系，由于动量定理、动量矩定理在处理刚体动力学问题方面占有重要的地位，下一章还将详细介绍应用这两个基本定理处理刚体动力学问题的方法。

8-1-2 质点系的质量中心

质点系的运动不仅与作用在该质点系上的力及各质点的质量大小有关，而且与质量的分布有关。质点系的**质量中心**（简称**质心**）是描述质点系质量分布状态的重要概念之一。

考察由 n 个质点组成的质点系，如图 8-1 所示。其中第 i 个质点的质量、位矢、速度和加速度分别为 m_i、$\boldsymbol{r}_i$、$\boldsymbol{v}_i$ 和 $\boldsymbol{a}_i$，则质点系质心的位矢公式为

$$\boldsymbol{r}_C=\frac{\sum(m_i\boldsymbol{r}_i)}{M} \tag{8-1}$$

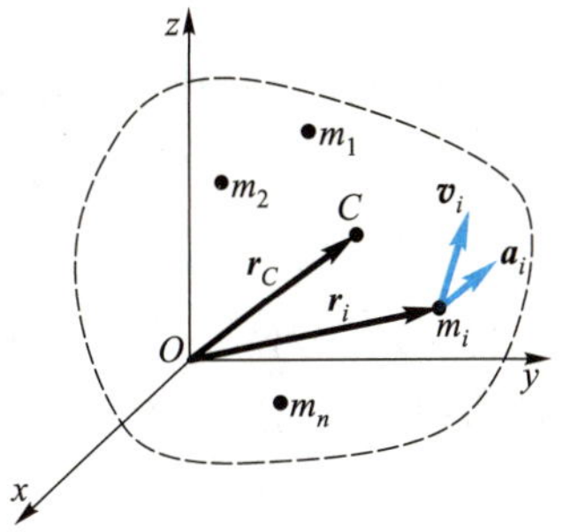

图 8-1　n 个质点组成的质点系

将上式对时间求一次导数和两次导数得

$$\boldsymbol{v}_C=\frac{\sum(m_i\boldsymbol{v}_i)}{M} \tag{8-2}$$

$$\boldsymbol{a}_C=\frac{\sum(m_i\boldsymbol{a}_i)}{M} \tag{8-3}$$

式中，$\boldsymbol{r}_C$ 为质点系质心的位矢，$\boldsymbol{v}_C$ 为质点系质心的速度，$\boldsymbol{a}_C$ 为质点系质心的加速度，$M=\sum m$ 为质点系的总质量。

在均匀重力场中，质点系的质心与重心的位置重合。值得注意的是，质心与重心是两个不同的概念，质心比重心具有更加广泛的力学意义。

8-1-3 刚体对轴的转动惯量

- **转动惯量**

在物理学中已初步建立了刚体对定轴 Oz 的转动惯量的概念，即

$$J_{Oz}=\sum(m_ir_i^2)=\sum m_i(x_i^2+y_i^2) \tag{8-4a}$$

或

$$J_{Oz}=\int_m r^2\mathrm{d}m=\int_m(x^2+y^2)\mathrm{d}m \tag{8-4b}$$

式中，$\mathrm{d}m$ 为第 i 个质点的质量微元。式(8-4)表明，刚体转动惯量是刚体质量与一直线的位置相关联的量。它不仅与刚体的质量有关，而且与质量对轴 Oz 的分布状况有关。**转动惯量是刚体作定轴转动的惯性量度。**

图 8-2a 所示为机器主轴上安装的飞轮，其作用是，用自身很大的转动惯量储存动能，以便在主轴出现转速波动时进行调节从而稳定主轴转速。即主轴转速下降时，由飞轮输出动能；相反则吸收动能。因此，它不仅质量大，而且将约 95%的质量集中在轮缘处，使其对转轴的转动惯量大。图 8-2b 所示为仪表的指针，它要求有较高的灵敏度，能较快且较准确地反映出仪器所测物理量的最小信号。因此，指针对转轴的转动惯量要小。为此不仅用较少的轻金属制成，而且将质量较多集中在转轴附近。

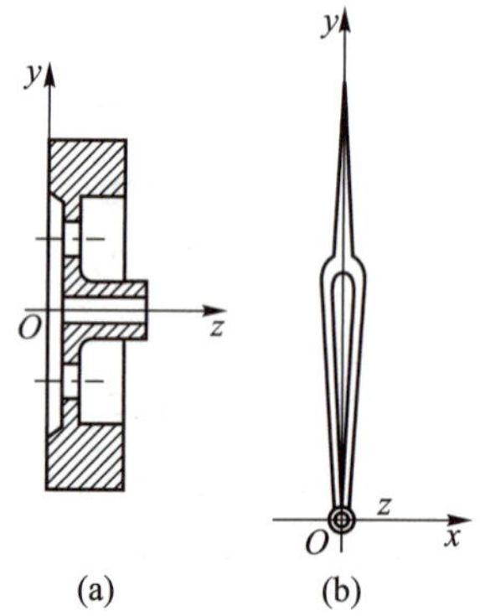

图 8-2 机器飞轮与仪表指针的转动惯量比较

- **回转半径**

质量为 m 的刚体对轴 Oz 的转动惯量 J_{Oz} 可表示为

$$J_{Oz}=m\rho_{Oz}^2, \qquad 或\ \rho_{Oz}=\sqrt{\frac{J_{Oz}}{m}} \tag{8-5}$$

式中 ρ_{Oz} 称为**回转半径**(radius of gyration)。回转半径的含义是，若将刚体的质量 m 集中在距离轴 Oz 为 ρ_{Oz} 的圆周上，其转动惯量与原刚体的转动惯量相等。

- **转动惯量的平行轴定理**

如图 8-3 所示，根据刚体转动惯量的定义，可以证明：刚体对轴 Oz 的转动惯量，等于它对过质心 C 并与轴 Oz 平行的轴 Cz 的转动惯量，加上刚体质量 m 与两轴距离 d 的平方的乘积。

这就是**转动惯量的平行轴定理**(parallel-axis theorem of moment of inertia),可以写为

$$J_{Oz}=J_{Cz}+md^2 \tag{8-6}$$

请读者思考:在图 8-3 中另有与轴 Oz 平行的轴 Az,刚体对该两轴的转动惯量是否能够写出以下关系,即$J_{Az}=J_{Oz}+md_1^2$,其中,d_1 为轴 Oz 与轴 Az 之间的距离。

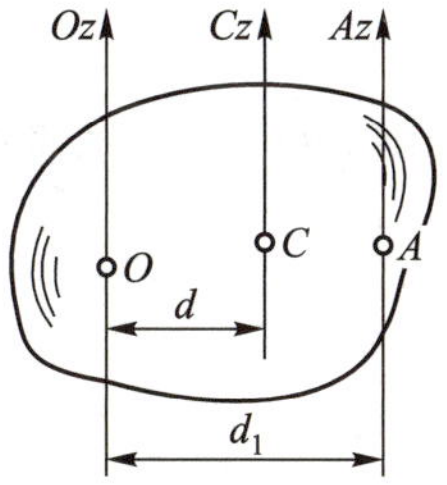

图 8-3 刚体对平行轴的转动惯量

- **简单几何形状的均质刚体的转动惯量**

图 8-4 与图 8-5 分别表示质量为 m、长为 l 的均质细直杆与质量为 m、半径为 R 的均质圆板,其转动惯量均示于表 8-1 中。

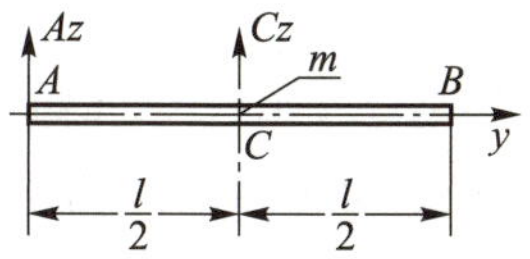

图 8-4 质量为 m、长为 l 的均质细直杆

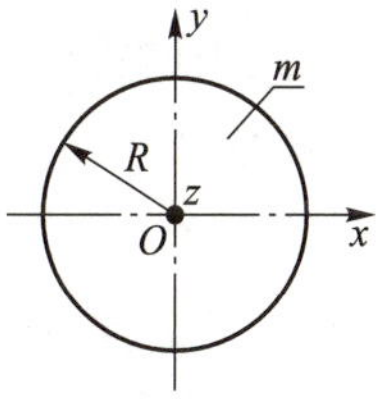

图 8-5 质量为 m、半径为 R 的均质圆板

表 8-1 简单几何形状物体的转动惯量

质量为 m,长为 l 的均质细直杆(图 8-4)	$J_{Az}=\frac{1}{3}ml^2$, $J_{Cz}=\frac{1}{12}ml^2$
质量为 m,半径为 R 的均质圆板(图 8-5)	$J_{Cx}=J_{Cy}=\frac{1}{4}mR^2$, $J_{Cz}=\frac{1}{2}mR^2$

8-1-4 质点系的外力和内力

如果研究对象为图 8-6 所示虚线所包围的质点系,则该质点系以外的物体作用于该质点系中各质点的力是外力,图中 $\boldsymbol{F}_i^{\mathrm{e}}$ 即为外力(上标 e 表示外力),而质点系内各质点之间的相互作用力称为内力,图中 $\boldsymbol{F}_i^{\mathrm{i}}$ 和$\boldsymbol{F}'^{\mathrm{i}}_i$ 均为内力(上标 i 表示内力)。根据作用力与反作用力定律,内力总是成对出现的,因此对于所研究的质点系,有

$$\sum \boldsymbol{F}_i^{\mathrm{i}}=\boldsymbol{0} \tag{8-7}$$

$$\sum \boldsymbol{M}_O(\boldsymbol{F}_i^{\mathrm{i}})=\boldsymbol{0} \tag{8-8}$$

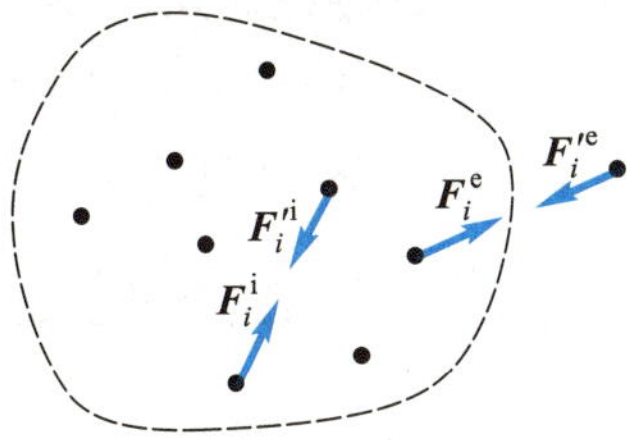

图 8-6 质点系的外力和内力

即内力的主矢和对任一点的主矩均为零。

§8-2 质点系动量定理

8-2-1 质点系整体运动的基本特征量之一:动量的主矢

考察由 n 个质点组成的质点系,如图 8-7 所示。其中第 i 个质点的质量、位矢和速度分别为 m_i、$\boldsymbol{r}_i$ 和 $\boldsymbol{v}_i$。

- **质点的动量**

第 i 个质点的质量与速度的乘积称为该质点的**动量**(momentum)或称**线动量**(linear-momentum)。即

$$\boldsymbol{p}_i = m_i \boldsymbol{v}_i \tag{8-9}$$

质点的动量是定位矢量,是度量质点运动的基本特征量之一。例如,子弹的质量虽小,但由于其运动速度很大,所以能将钢板击穿;轮船的速度很小,但因其质量很大,故可以将钢筋混凝土的码头撞坏。这说明将质点的质量和速度这两个量综合为动量,以度量运动的一种效应,具有明显的物理意义。

- **质点系的动量**

图 8-7 所示的质点系运动时,其诸质点在每一瞬时均有各自的动量。它们就像作用在诸质点上的力系一样,也是一个矢量系。力系是力的集合,动量系是各质点动量的集合。即 $\boldsymbol{p} = (m_1\boldsymbol{v}_1, m_2\boldsymbol{v}_2, \cdots, m_n\boldsymbol{v}_n)$。

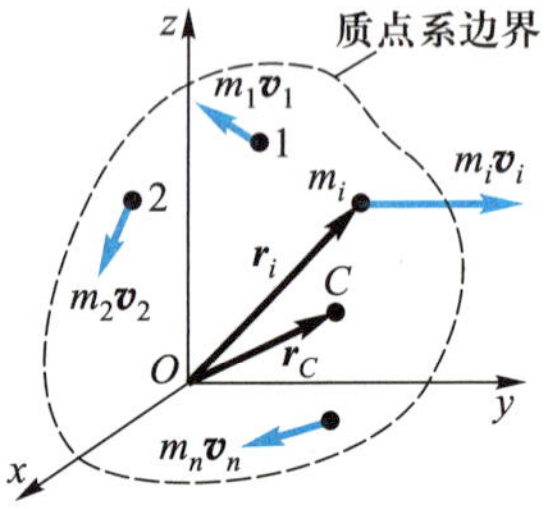

图 8-7 质点系的动量系

质点系中所有质点动量的矢量和,即动量系的主矢量,称为**质点系的动量**。即

$$\boldsymbol{p} = \sum (m_i \boldsymbol{v}_i)$$

或简写为

$$\boldsymbol{p} = \sum (m\boldsymbol{v}) \tag{8-10}$$

质点系的动量是度量质点系整体运动的基本特征量之一。注意到式(8-2),于是上式可改写为

$$\boldsymbol{p} = M\boldsymbol{v}_C \tag{8-11}$$

该式表明,质点系的动量大小等于质点系的总质量乘以质心速度的大小,方向与质心速度的方向相同,这相当于将质点系总质量集中于质心的质点的动量。因此,质点系的动量反映了其质心的运动,这是质点系整体运动的一部分。

8-2-2 质点系动量定理

由物理学中质点的动量定理或牛顿第二定律可知,对于质点系中第 i 个质点,有

$$\frac{\mathrm{d}}{\mathrm{d}t}(m_i\boldsymbol{v}_i)=\boldsymbol{F}_i$$

将质点系中所有质点写出此式并求和；然后，对其等号左边交换求和与求导的顺序并省略下标 i，同时将等号右边的力分为内力和外力，由于内力总是成对出现的，注意到式(8-7)，从而可得

$$\frac{\mathrm{d}}{\mathrm{d}t}(\sum m_i\boldsymbol{v}_i)=\sum\boldsymbol{F}_i^{\mathrm{e}} \tag{8-12}$$

即

$$\frac{\mathrm{d}\boldsymbol{p}}{\mathrm{d}t}=\boldsymbol{F}_{\mathrm{R}}^{\mathrm{e}} \tag{8-13}$$

式中，$\sum\boldsymbol{F}^{\mathrm{e}}$ 或 $\boldsymbol{F}_{\mathrm{R}}^{\mathrm{e}}$ 为作用在质点系上的外力系主矢。式(8-12)和式(8-13)表明，质点系的动量对时间的一阶导数等于作用在该质点系上外力系的主矢，这就是**质点系动量定理**(theorem of the momentum of a system of particles)。

由式(8-12)和式(8-13)可见，质点系动量的变化仅取决于外力系的主矢，内力系不能改变质点系的动量。式(8-12)和式(8-13)是质点系动量定理的微分形式，其积分形式将在第 10 章中介绍。

8-2-3 质心运动定理

将式(8-11)代入式(8-13)，若质点系的质量保持不变，得

$$M\boldsymbol{a}_C=\boldsymbol{F}_{\mathrm{R}}^{\mathrm{e}} \tag{8-14}$$

此式表明，质点系的质量与其质心加速度的乘积等于作用在该质点系上外力系的主矢，这就是**质量中心运动定理**，简称为**质心运动定理**(theorem of the motion of the centre of mass)。

式(8-14)与牛顿第二定律表达形式 $m\boldsymbol{a}=\boldsymbol{F}$ 类似，但前者是描述质点系整体运动的动力学方程，后者仅描述单个质点的动力学关系。

质心运动定理是动量定理的推论，这一推论进一步说明了动量定理的实质：外力系的主矢仅确定了质点系质心的运动状态变化。

对刚体系统而言，因为系统中每个刚体的质心比整个系统的质心易于确定，所以，将上述定理变换为

$$\frac{\mathrm{d}}{\mathrm{d}t}(M\boldsymbol{v}_C)=\frac{\mathrm{d}}{\mathrm{d}t}(\sum M_i\boldsymbol{v}_{Ci})=\boldsymbol{F}_{\mathrm{R}}^{\mathrm{e}} \tag{8-15}$$

或

$$\sum(M_i\boldsymbol{a}_{Ci})=\boldsymbol{F}_{\mathrm{R}}^{\mathrm{e}} \tag{8-16}$$

式中，M_i、$\boldsymbol{v}_{Ci}$和 $\boldsymbol{a}_{Ci}$ 分别为系统中第 i 个刚体的质量、质心的速度和加速度。

8-2-4 动量定理与质心运动定理的投影式与守恒式

(1) 质点系动量定理与质心运动定理在实际应用时通常采用投影式。式(8-13)与式

(8-14)在直角坐标系中的投影式分别为

$$\left.\begin{aligned}\frac{\mathrm{d}p_x}{\mathrm{d}t}=F_{\mathrm{R}x}^{\mathrm{e}}\\ \frac{\mathrm{d}p_y}{\mathrm{d}t}=F_{\mathrm{R}y}^{\mathrm{e}}\\ \frac{\mathrm{d}p_z}{\mathrm{d}t}=F_{\mathrm{R}z}^{\mathrm{e}}\end{aligned}\right\}\tag{8-17}$$

$$\left.\begin{aligned}Ma_{Cx}=F_{\mathrm{R}x}^{\mathrm{e}}\\ Ma_{Cy}=F_{\mathrm{R}y}^{\mathrm{e}}\\ Ma_{Cz}=F_{\mathrm{R}z}^{\mathrm{e}}\end{aligned}\right\}\tag{8-18}$$

(2) 若作用于质点系上的外力主矢恒等于零,即 $\boldsymbol{F}_{\mathrm{R}}^{\mathrm{e}}=\mathbf{0}$,根据式(8-13)和式(8-14),则有

$$\boldsymbol{p}=\boldsymbol{C}_1\tag{8-19}$$

$$\boldsymbol{v}_C=\boldsymbol{C}_2\tag{8-20}$$

两式中的 $\boldsymbol{C}_1$ 与 $\boldsymbol{C}_2$ 均为常矢量,它们取决于运动的初始条件。式(8-19)称为**质点系动量守恒**(conservation of momentum of system of particles),式(8-20)称为**质点系质心速度守恒**。

(3) 若作用于质点系上的外力主矢在某一坐标轴(如 Ox 轴)上的投影恒等于零,即 $F_{\mathrm{R}x}^{\mathrm{e}}=0$,根据式(8-17)与式(8-18),则分别有

$$p_x=C_3\tag{8-21}$$

$$v_{Cx}=C_4\tag{8-22}$$

两式中的 C_3 与 C_4 为两个常标量,它们决定于运动的初始条件。式(8-21)和式(8-22)分别表示质点系动量和质心速度在轴 x 上的投影守恒。

[例题 8-1] 图 8-8 所示的椭圆规中 $OC=AC=BC=l$,曲柄 OC 与连杆 AB 的质量不计,滑块 A、B 的质量均为 m,曲柄以角速度 ω 转动。试写出系统在图示位置时的动量。

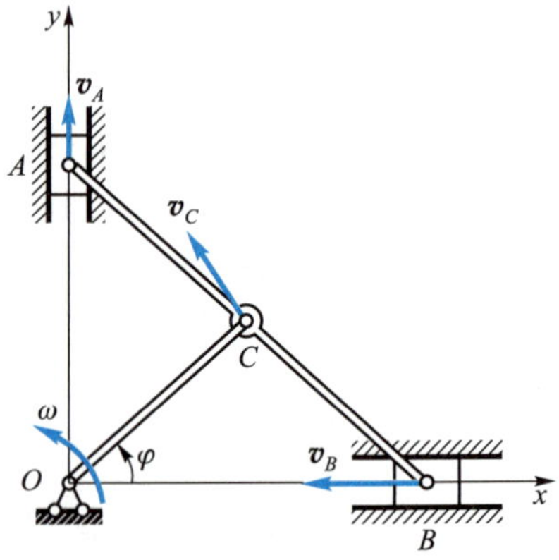

图 8-8 例题 8-1 图

解:方法 1 利用式(8-10),有

$$\boldsymbol{p}=m_A\boldsymbol{v}_A+m_B\boldsymbol{v}_B\tag{a}$$

式中等号右边两项分别为滑块 A 和 B 的动量。

用点的运动学方法求两点 A、B 的速度 $\boldsymbol{v}_A$ 与 $\boldsymbol{v}_B$:

$$\left.\begin{aligned}y_A=2l\sin\varphi, &\quad v_{Ay}=\dot{y}_A=2l\dot{\varphi}\cos\varphi=2l\omega\cos\varphi\\ x_B=2l\cos\varphi, &\quad v_{Bx}=\dot{x}_B=-2l\dot{\varphi}\sin\varphi=-2l\omega\sin\varphi\end{aligned}\right\}\tag{b}$$

将上式代入式(a),得

$$\boldsymbol{p}=-2l\omega m\sin\varphi\boldsymbol{i}+2l\omega m\cos\varphi\boldsymbol{j}=2l\omega m(-\sin\varphi\boldsymbol{i}+\cos\varphi\boldsymbol{j})\tag{c}$$

请读者思考，还有什么运动学方法可以求出点 A、B 的速度 $\boldsymbol{v}_A$ 与 $\boldsymbol{v}_B$？

方法 2　机构的总质心在点 C，总质量为 $(m_A+m_B)=2m$，利用式(8-11)有

$$\boldsymbol{p}=2m\boldsymbol{v}_C \tag{d}$$

将点 C 的速度写成

$$\boldsymbol{v}_C=l\omega(-\sin\varphi\boldsymbol{i}+\cos\varphi\boldsymbol{j})$$

代入式(d)，得到与式(c)相同的结果。

注意，应用动量定理时，正确写出质点系的动量十分重要。在本题中，方法 1 是分别求出两质量的动量再叠加；方法 2 是按系统的总质心计算动量。注意质点系的动量是矢量，有大小，还有方向。

[例题 8-2]　图 8-9a 所示的电动机用螺栓固定在刚性基础上。设其外壳和定子的总质量为 m_1，质心位于转子转轴的中心 O_1；转子质量为 m_2，由于制造或安装时的偏差，转子质心 O_2 不在转轴中心上，偏心距 $O_1O_2=e$，已知转子以等角速度 ω 转动。试求基础对电动机机座的约束力。

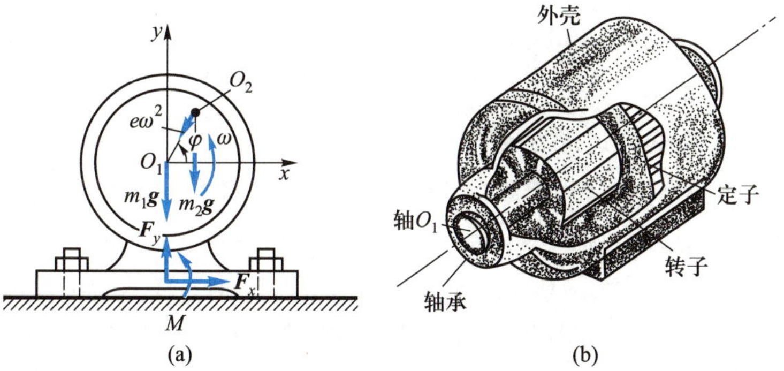

图 8-9　例题 8-2 图

解：本例已知转子的运动，求电动机所受到的约束力，可用质心运动定理求解。

选择转子、定子、外壳组成的刚体系整体为研究对象，这样可不考虑使转子转动的电磁内力偶和转子轴与定子轴承间的内约束力。系统所受到的外力有：定子和转子的重力分别为 $m_1\boldsymbol{g}$ 与 $m_2\boldsymbol{g}$；机座上的分布约束力经向其中点简化得到的约束力$(\boldsymbol{F}_x,\boldsymbol{F}_y)$与约束力偶 M。

外壳和定子静止，其动量为零，且无变化。转子以等角速度 ω 作定轴转动，其质心有法向加速度，大小为 $e\omega^2$。

根据式(8-16)，有

$$\sum m_i a_{Cix}=F_{Rx}^{e},\qquad m_1\cdot 0-m_2e\omega^2\cos\omega t=F_x \tag{a}$$

$$\sum m_i a_{Ciy}=F_{Ry}^{e},\qquad m_1\cdot 0-m_2e\omega^2\sin\omega t=F_y-m_1g-m_2g \tag{b}$$

由此，解出机座的约束力

$$F_x=-m_2e\omega^2\cos\omega t \tag{c}$$

$$F_y=m_1g+m_2g-m_2e\omega^2\sin\omega t \tag{d}$$

通过上述结果,可以得到关于转子偏心引起的动约束力(轴承动反力)的几点结论:

(1) 电动机约束力由两部分组成:由重力 $m_1\boldsymbol{g}$ 与 $m_2\boldsymbol{g}$ 引起的**静约束力**;由转子质心的运动状态变化引起的**动约束力**,其在 x 方向上的分量为 $-m_2e\omega^2\cos(\omega t)$,在 y 方向上的分量为 $-m_2e\omega^2\sin(\omega t)$,此动约束力,既作用在机座上,也作用在约束转子运动的定子轴承(图 8-9b)上。

(2) 当 $\varphi=0$、π 时,$|F_{x\max}|=m_2e\omega^2$,$F_{y\min}=0$;当 $\varphi=\dfrac{\pi}{2}$、$\dfrac{3\pi}{2}$时,$F_{x\min}=0$,$|F_{y\max}|=m_2e\omega^2$。

(3) 动约束力与 ω^2 成正比。当转子的转速很高时,其数值可以达到静约束力的几倍,甚至十几倍。而且,这种约束力是周期性变化的,必然引起机座和基础的振动,影响安放在基础上其他设备的精度和强度,同时还会引起有关构件内的交变应力,以致产生疲劳破坏。此外,请读者思考,能否应用质点系动量定理求解电动机机座上约束力偶的大小 M?

[例题 8-3] 若例题 8-2 中的电动机机座与基础之间无螺栓固定,且为绝对光滑,电动机外壳与定子只能作平移运动,如图 8-10a 所示。初始时,$\varphi=0$,$v_{O_2x}=0$,$v_{O_2y}=e\omega$,当电机转子仍以等角速度 ω 转动时,试求:

(1) 机座铅垂方向的约束力;

(2) 电机跳起的条件;

(3) 外壳在水平方向的运动方程。

解:仍以电动机整体作为研究对象。它所受到的外力除重力 $m_1\boldsymbol{g}$ 与 $m_2\boldsymbol{g}$ 外,机座上被简化的约束力只有 $\boldsymbol{F}_y$ 和约束力偶 M。

选定坐标系 Oxy,动坐标系 $O_1x_1y_1$ 为原点置于点 O_1 的平移系。将电动机外壳置于轴 Ox 的正方向上,转子的偏心 O_1O_2 置于角 φ 的一般位置($O_1x_1y_1$ 的第一象限)上。因为转子以角速度 ω 作等角速度转动,故 $\varphi=\omega t$。

(1) 机座的铅垂方向约束力

本例中,外壳的运动为平移,设其质心 O_1 的加速度 $\boldsymbol{a}_{O_1}$ 沿轴 x 的正向;转子为平面运动,其质心 O_2 的加速度由牵连加速度 $\boldsymbol{a}_e=\boldsymbol{a}_{O_1}$ 与相对加速度 $\boldsymbol{a}_r$($a_r=e\omega^2$)组成,如图 8-10a 所示。

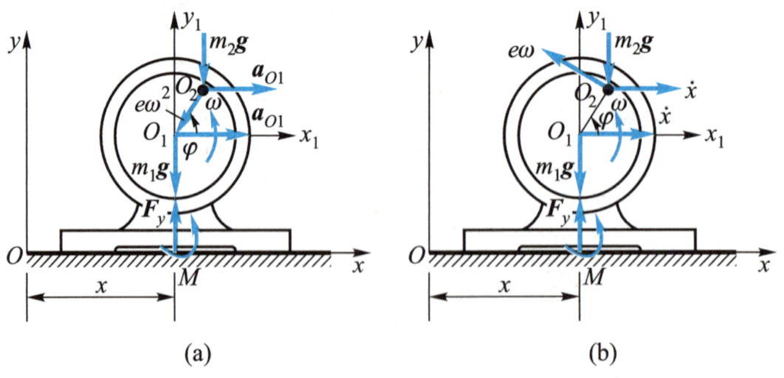

图 8-10　例题 8-3 图

在 y 方向上应用质心运动定理,有

$$m_1\cdot 0-m_2e\omega^2\sin(\omega t)=F_y-m_1g-m_2g$$

$$F_y=m_1g+m_2g-m_2e\omega^2\sin\omega t \tag{a}$$

其结果与例题 8-2 中所得结果[式(d)]相同。

(2) 电动机跳起的条件

式(a)虽然在形式上与上例的式(d)一样,但由于约束条件不同(本例在 y 方向上只限制向下的运动,不限制向上的运动),所以本例存在上例中不可能存在的**跳起问题**,也称**脱离约束问题**,即电动机跳离地面从而脱离地面约束。

脱离约束的力学含义是约束力为零。于是令约束力的表达式等于零,即可得到脱离约束条件。由式(a)可知,是否有 $F_y=0$,这决定于角速度 ω 的大小。为了求得电动机跳起的最小角速度 $\omega_{\min}$,令

$$\sin\omega t=1 \tag{b}$$

此时转子质心 O_2 处于最高位置。由式(a),令 $F_y=0$,解得

$$\omega_{\min}=\sqrt{\frac{(m_1+m_2)g}{m_2e}} \tag{c}$$

(3) 外壳在水平方向的运动

因电动机在 x 方向不受力,即 $F_x^e=0$,故在 x 方向动量守恒。初始时,x 方向的动量为零,根据式(8-21),有

$$p_x=0,\qquad m_1v_{O_1x}+m_2v_{O_2x}=0 \tag{d}$$

同上述加速度分析相似地进行速度分析。如图 8-10b 所示,设外壳质心速度 $\boldsymbol{v}_{O_1}$ 沿轴 x 的正向,$v_{O_1x}=\dot{x}$;转子质心 O_2 的牵连速度 $\boldsymbol{v}_e=\boldsymbol{v}_{O_1}$,相对速度 $\boldsymbol{v}_r$ 的大小为 $e\omega$,方向垂直于 O_1O_2,与角速度 ω 的转动方向一致。于是,式(d)变成

$$m_1\dot{x}+m_2(\dot{x}-e\omega\sin\omega t)=0 \tag{e}$$

整理后得

$$(m_1+m_2)\dot{x}=m_2e\omega\sin\omega t \tag{f}$$

考虑本例中所给的运动初始条件,积分式(f)得

$$\int_0^x \mathrm{d}x=\frac{m_2e}{m_1+m_2}\int_0^t\sin\omega t\,\mathrm{d}(\omega t)$$

所以

$$x=\frac{m_2e}{m_1+m_2}(1-\cos\omega t) \tag{g}$$

此即电动机在水平方向的运动方程。这一方程表明:电动机在 x 方向上,以 $x=\dfrac{m_2e}{m_1+m_2}$为平衡位置,$\dfrac{m_2e}{m_1+m_2}$为振幅,作简谐运动。当角 φ 按逆时针方向从 0 到 π 时,电动机向右运动两个振幅;φ 再从 π 到 2π 时,电动机又向左运动两个振幅,如此循环往复。

(4) 本例小结

蛤蟆夯(又称蛙式打夯机)工作的力学原理与本例题类似。蛤蟆夯是建筑工地上常用的一种小型施工机械,其作用是夯实地面(图 8-11)。在电动机启动后,固结在转子轴 1 上的小带轮便通过带传动带动大带轮以角速度 ω 绕轴 2 转动。由于大带轮与安装偏心块的飞轮固连,因而二者运动相同。夯体可绕轴 3 转动,同时又套在轴 2 上。工作时夯体在偏心飞轮带动下不断地跳起再落下,从而将地面夯实。

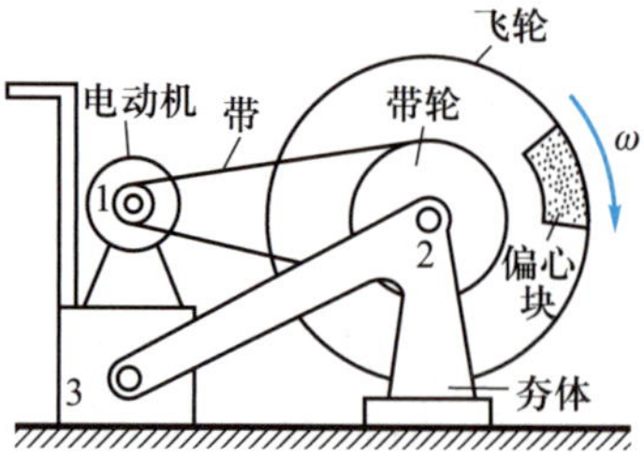

图 8-11 蛤蟆夯的工作原理

蛤蟆夯动作与电动机运动的不同点是,其整体并不在地面上作简谐运动,而是像蛤蟆一样自动地一跳一跳向前运动,从而不断地夯实新的地面。有兴趣的读者可以对它作动力学分析。本书在第 11 章中还将继续讨论这一问题。

§8-3 质点系对定点的动量矩定理

8-3-1 质点系整体运动的基本特征量之二:动量的主矩

考察由 n 个质点组成的质点系,如图 8-12 所示。其中第 i 个质点的质量、位矢和速度分别为 m_i、$\boldsymbol{r}_i$ 和 $\boldsymbol{v}_i$。

- **质点的动量矩**

质点 i 的动量对于点 O 之矩称为质点的**动量矩**(moment of momentum),即

$$\boldsymbol{L}_{Oi}=\boldsymbol{r}_i\times m_i\boldsymbol{v}_i \tag{8-23}$$

质点的动量矩是定位矢量,其作用点在所选的矩心 O 上。它是度量质点运动的另一个基本特征量。例如,行星围绕太阳在椭圆轨道上运动,虽然由太阳引向行星的位矢和动量都在不断变化,但是行星动量对太阳中心之矩却是不变的,即动量矩守恒(开普勒的面积速度定律)。这说明用动量矩可以度量质点运动的另一种效应,同样具有明显的物理意义。

- **质点系的动量矩**

图 8-12 所示动量系为$(m_1\boldsymbol{v}_1, m_2\boldsymbol{v}_2, \cdots, m_n\boldsymbol{v}_n)$,质点系中各质点动量对点 O 之矩的矢量和,即动量系主矩称为**质点系对点 O 的动量矩**,即

$$\boldsymbol{L}_O=\sum(\boldsymbol{r}_i\times m_i\boldsymbol{v}_i) \tag{8-24}$$

质点系的动量矩是定位矢量,其作用点在所选的矩心 O 上,它是度量质点系整体运动的另一个基本特征量。

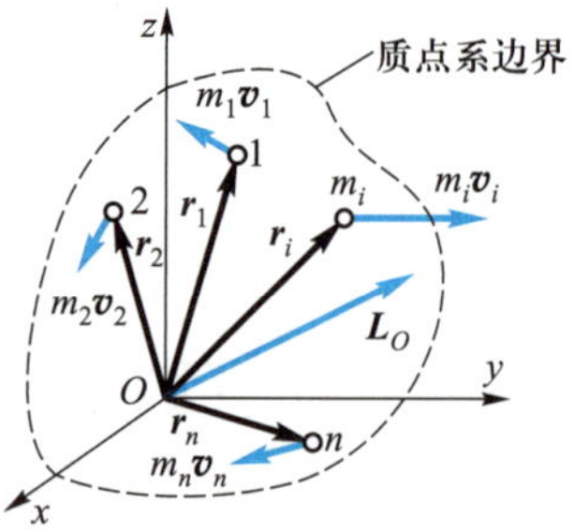

图 8-12 质点系的动量系及其主矩

将式(8-24)投影到直角坐标系 $Oxyz$ 的 x、y、z 轴上,便得到质点系对 x、y、z 轴的动量矩。例如,刚体绕定轴 z 转动,其角速度为 ω,刚体上第 i 个质点的质量为 m_i,至轴 z 的距离为 $\boldsymbol{r}_i$,动量

$p_i=m_ir_i\omega$，则该刚体对定轴 z 的动量矩为

$$L_z=\sum m_ir_i\omega\cdot r_i=\sum(m_ir_i^2)\omega=J_z\omega \tag{8-25}$$

式中，$J_z=\sum(m_ir_i^2)$为刚体对轴 z 的转动惯量。

8-3-2　质点系对定点的动量矩定理

由物理学中质点的动量矩定理可知，对于质点系中第 i 个质点，有

$$\frac{\mathrm{d}}{\mathrm{d}t}(\boldsymbol{r}_i\times m_i\boldsymbol{v}_i)=\boldsymbol{r}_i\times\boldsymbol{F}_i=\boldsymbol{M}_{Oi} \tag{8-26}$$

式中，$\boldsymbol{F}_i$ 为作用于质点 i 上的力，$\boldsymbol{M}_{Oi}$ 为力 $\boldsymbol{F}_i$ 对定点 O 之矩。该式表明，质点对定点 O 的动量矩对时间的一阶导数，等于作用在质点上的力对同一点之矩。

现将质点系中第 i 个质点上的作用力分为外力 $\boldsymbol{F}_i^{\mathrm{e}}$ 和内力 $\boldsymbol{F}_i^{\mathrm{i}}$，并将式(8-26)改写为

$$\frac{\mathrm{d}}{\mathrm{d}t}(\boldsymbol{r}_i\times m_i\boldsymbol{v}_i)=\boldsymbol{r}_i\times\boldsymbol{F}_i^{\mathrm{e}}+\boldsymbol{r}_i\times\boldsymbol{F}_i^{\mathrm{i}} \tag{8-27}$$

对于由 n 个质点组成的质点系，对所有质点求和得

$$\sum\frac{\mathrm{d}}{\mathrm{d}t}(\boldsymbol{r}_i\times m_i\boldsymbol{v}_i)=\sum(\boldsymbol{r}_i\times\boldsymbol{F}_i^{\mathrm{e}})+\sum(\boldsymbol{r}_i\times\boldsymbol{F}_i^{\mathrm{i}})$$

将导数和求和运算交换次序，并注意到式(8-8)，即$\sum(\boldsymbol{r}_i\times\boldsymbol{F}_i^{\mathrm{i}})=\sum M_O(\boldsymbol{F}_i^{\mathrm{i}})=\boldsymbol{0}$，得

$$\frac{\mathrm{d}}{\mathrm{d}t}\sum(\boldsymbol{r}_i\times m_i\boldsymbol{v}_i)=\sum(\boldsymbol{r}_i\times\boldsymbol{F}_i^{\mathrm{e}}) \tag{8-28a}$$

或

$$\frac{\mathrm{d}\boldsymbol{L}_O}{\mathrm{d}t}=\boldsymbol{M}_O^{\mathrm{e}} \tag{8-28b}$$

即质点系对定点 O 的动量矩对时间的一阶导数等于作用在该质点系上外力系对同点的主矩，此即**质点系对定点的动量矩定理**(theorem of the moment of momentum of a system of particles about a fixed point)。

由式(8-28)可见，质点系动量矩的变化仅决定于外力系的主矩，内力不能改变质点系的动量矩。式(8-28)是质点系动量矩定理的微分形式，其积分形式将在第 10 章介绍。

- 质点系动量矩定理的投影式——**质点系对定轴的动量矩定理**

将式(8-28b)等号两边的各项投影到以定点 O 为原点的直角坐标系 $Oxyz$ 上，得

$$\left.\begin{aligned}\frac{\mathrm{d}L_x}{\mathrm{d}t}&=M_x^{\mathrm{e}}\\\frac{\mathrm{d}L_y}{\mathrm{d}t}&=M_y^{\mathrm{e}}\\\frac{\mathrm{d}L_z}{\mathrm{d}t}&=M_z^{\mathrm{e}}\end{aligned}\right\} \tag{8-29}$$

这就是质点系对定点的动量矩定理的投影形式，也称为**质点系对定轴的动量矩定理**，即质点

系对定轴的动量矩对时间的一阶导数等于作用在质点系上的外力系对同轴之矩。

- **质点系动量矩定理的守恒形式**

在式(8-28b)中,若外力系对定点 O 的主矩 $\boldsymbol{M}_O^{e}=\mathbf{0}$,则质点系对该点的动量矩守恒,即

$$\boldsymbol{L}_O=\boldsymbol{C} \tag{8-30}$$

在式(8-29)中,若外力系对定轴之矩为零(如 $M_z^{e}=0$),则质点系对该轴的动量矩守恒,即

$$L_z=C_1 \tag{8-31}$$

[例题 8-4]　如图 8-13 所示为两人爬绳比赛。人 A 与人 B 的质量相等,即 $m_A=m_B=m$。爬绳时 A 相对绳爬得快,B 相对绳爬得慢。两人分别抓住缠绕在定滑轮 O 上的软绳的两端,在同一高度上,从静止开始同时向上爬。假设不计绳子与滑轮质量,不计轴 O 的摩擦,试分析比赛结果。另外,若已知两人相对绳子的速度大小分别为 v_{Ar} 与 v_{Br},试分析绳子的绝对速度 v。

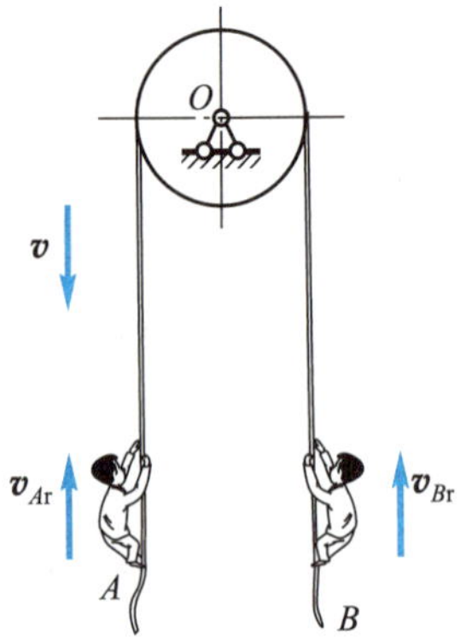

图 8-13　例题 8-4 图

解:考察由滑轮、绳与 A、B 两人组成的质点系。由于两人重力对轴 O 之矩的代数和为零,即

$$m_B gr-m_A gr=0 \tag{a}$$

式中,r 为滑轮半径。所以,质点系对轴 O 的动量矩守恒,且等于零

$$L_O=m_A v_{Aa}r-m_B v_{Ba}r=0 \tag{b}$$

即

$$v_{Aa}=v_{Ba} \tag{c}$$

故两人的绝对速度大小永远相等,方向相同,比赛结果为同时到达顶端。

假设绳子运动的绝对速度大小为 v,则有

$$v_{Aa}=v_{Ar}-v,\qquad v_{Ba}=v_{Br}+v \tag{d}$$

这样得到绳子的绝对速度

$$v=\frac{v_{Ar}-v_{Br}}{2} \tag{e}$$

实际上,人的体力差别只影响他们相对绳子的运动速度。为了满足整个系统对轴 O 的动量矩为零,绳子必然同较弱的人一起向上运动,同时以自己的速度作为较弱的人向上的牵连速度而帮助他运动。事实上,较弱的人即使不向上爬,而只将身体吊挂在绳子上,绳子也会在较强的人到达终点的同时将其带到同一高度上。

8-1　两人爬绳比赛

请读者思考:若考虑滑轮的质量且绳与滑轮间没有相对滑动,则如何求解本题?

§8-4　质点系对质心的动量矩定理

采用式(8-28)和式(8-29)表述动量矩定理时,其动量矩和外力矩的矩心(或轴)为惯

性参考系中的固定点(或轴)。质点系中各质点的动量也是其质量与其在惯性参考系中的绝对速度的乘积。但在实际中需要研究质点系在质心平移系(非惯性参考系)中,作相对运动时对质心的动量矩变化率与外力系主矩之间的关系。例如,运动员腾空后,可通过质心运动定理描述其质心的运动,但相对质心所作的各种转体动作则需采用对质心的动量矩定理描述。

8-4-1　质点系对质心的动量矩

如图 8-14 所示,$Oxyz$ 为固定参考系,$Cx'y'z'$ 为跟随质心的平移参考系。质点系边界内第 i 个质点的质量为 m_i,$\boldsymbol{r}_i$ 和 $\boldsymbol{r}_i'$ 分别为质点 i 相对于点 O 和质心 C 的位矢,$\boldsymbol{v}_i$ 和 $\boldsymbol{v}_{ir}$ 分别为质点 i 相对于固定参考系 $Oxyz$ 和动参考系 $Cx'y'z'$ 的速度。

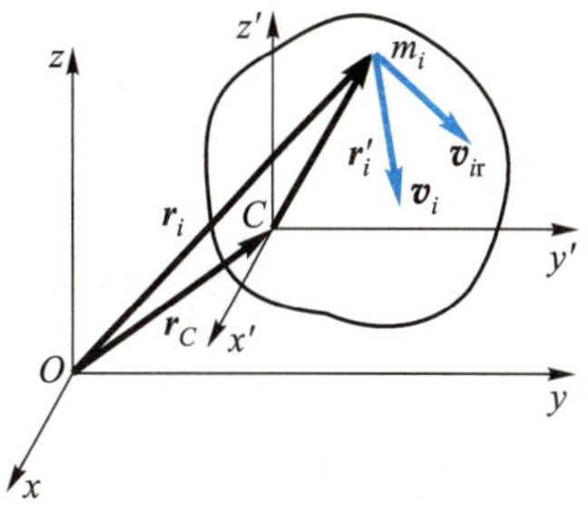

图 8-14　质点系对质心的动量矩

质点系中各质点在平移参考系 $Cx'y'z'$ 中的相对运动动量对质心 C 之矩的矢量和,或其相对运动动量的主矩称为**质点系对质心 C 的动量矩**,即

$$\boldsymbol{L}_C=\sum(\boldsymbol{r}_i'\times m_i\boldsymbol{v}_{ir}) \tag{8-32}$$

根据 $\boldsymbol{v}_i=\boldsymbol{v}_{ir}+\boldsymbol{v}_C$ 和 $\sum(\boldsymbol{r}_i'\times m_i\boldsymbol{v}_C)=\sum(m_i\boldsymbol{r}_i')\times\boldsymbol{v}_C=\boldsymbol{0}$,可以证明

$$\boldsymbol{L}_C=\sum(\boldsymbol{r}_i'\times m_i\boldsymbol{v}_i) \tag{8-33}$$

注意,$\boldsymbol{L}_C$ 亦为定位矢量,其作用点在质心 C 处。式(8-33)表明,质点系中各质点的绝对运动动量对质心 C 之矩的矢量和,同样等于质点系对质心 C 的动量矩。

8-4-2　质点系对质心的动量矩定理

由图 8-14 可见:

$$\boldsymbol{r}_i=\boldsymbol{r}_C+\boldsymbol{r}_i'$$

故质点系对定点 O 的动量矩:

$$\boldsymbol{L}_O=\sum(\boldsymbol{r}_i\times m_i\boldsymbol{v}_i)=\boldsymbol{r}_C\times\sum(m_i\boldsymbol{v}_i)+\sum(\boldsymbol{r}_i'\times m_i\boldsymbol{v}_i)$$

将质点系的动量 $\sum(m_i\boldsymbol{v}_i)=m\boldsymbol{v}_C$ 代入上式得

$$\boldsymbol{L}_O=\boldsymbol{r}_C\times(m\boldsymbol{v}_C)+\sum(\boldsymbol{r}_i'\times m_i\boldsymbol{v}_i)$$

注意到式(8-33),得

$$\boldsymbol{L}_O=\sum(\boldsymbol{r}_i\times m_i\boldsymbol{v}_i)=\boldsymbol{r}_C\times(m\boldsymbol{v}_C)+\boldsymbol{L}_C \tag{8-34}$$

式(8-34)表明,质点系对定点 O 的动量矩,等于集中于质心 C 的动量对定点 O 的动量矩与质点系对质心 C 的动量矩的矢量和。

根据质点系对定点 O 的动量矩定理,有

$$\frac{\mathrm{d}}{\mathrm{d}t}[\boldsymbol{r}_C\times(m\boldsymbol{v}_C)+\boldsymbol{L}_C]=\sum(\boldsymbol{r}_i\times\boldsymbol{F}_i^{e})$$

将 $\boldsymbol{r}_i=\boldsymbol{r}_C+\boldsymbol{r}_i'$ 代入上式得

$$\frac{\mathrm{d}\boldsymbol{r}_C}{\mathrm{d}t}\times(m\boldsymbol{v}_C)+\boldsymbol{r}_C\times\frac{\mathrm{d}(m\boldsymbol{v}_C)}{\mathrm{d}t}+\frac{\mathrm{d}\boldsymbol{L}_C}{\mathrm{d}t}=\sum(\boldsymbol{r}_C\times\boldsymbol{F}_i^{\mathrm{e}})+\sum(\boldsymbol{r}_i'\times\boldsymbol{F}_i^{\mathrm{e}})$$

注意到$\frac{\mathrm{d}\boldsymbol{r}_C}{\mathrm{d}t}\times(m\boldsymbol{v}_C)=\boldsymbol{v}_C\times(m\boldsymbol{v}_C)=\boldsymbol{0}$，$\boldsymbol{r}_C\times\frac{\mathrm{d}(m\boldsymbol{v}_C)}{\mathrm{d}t}=\boldsymbol{r}_C\times\sum\boldsymbol{F}_i^{\mathrm{e}}=\sum(\boldsymbol{r}_C\times\boldsymbol{F}_i^{\mathrm{e}})$，于是上式成为

$$\frac{\mathrm{d}\boldsymbol{L}_C}{\mathrm{d}t}=\sum(\boldsymbol{r}_i'\times\boldsymbol{F}_i^{\mathrm{e}})$$

或

$$\frac{\mathrm{d}\boldsymbol{L}_C}{\mathrm{d}t}=\boldsymbol{M}_C^{\mathrm{e}} \tag{8-35}$$

此即**质点系对质心的动量矩定理**。这一定理表明，质点系对质心的动量矩关于时间的一阶导数，等于作用于质点系上的外力系对质心的主矩。

8-4-3 质点系相对质心动量矩定理的讨论

(1) 质点系对质心的动量矩的变化仅决定于外力系的主矩，内力不能改变质点系相对质心的动量矩。

(2) 式(8-35)在形式上与质点系对定点的动量矩定理相同，需要注意的是，只有动点取为质心时才如此。这再次显示出质心这个特殊点的动力学性质。

(3) 质心运动定理与相对质心的动量矩定理：

$$M\boldsymbol{a}_C=\boldsymbol{F}_{\mathrm{R}}^{\mathrm{e}},\qquad \frac{\mathrm{d}\boldsymbol{L}_C}{\mathrm{d}t}=\boldsymbol{M}_C^{\mathrm{e}}$$

分别描述了质点系质心的运动和相对质心的运动。因此，两定理联合完成了对一般质点系整体运动的动力学描述。二者相辅相成，共同构成质点系普遍定理的动量方法。

(4) 若外力系对质心的主矩为零，即 $\boldsymbol{M}_C^{\mathrm{e}}=\boldsymbol{0}$，则由式(8-35)得

$$\boldsymbol{L}_C=\text{常矢量} \tag{8-36}$$

称为**质点系对质心的动量矩守恒**。

§8-5 质点系动能定理

8-5-1 质点系的动能与刚体的动能

- **质点系的动能**

考察由 n 个质点组成的质点系，其中第 i 个质点的质量和速度分别为 m_i 和 $\boldsymbol{v}_i$，由物理学知，其动能定义为

$$T=\frac{1}{2}m_i\boldsymbol{v}_i^2 \tag{8-37}$$

质点动能是度量质点运动的另一个重要的物理量，动能为标量且大于等于零。

质点系的动能为系统内所有质点动能之和，即

$$T=\sum\left(\frac{1}{2}m_i\boldsymbol{v}_i^2\right) \tag{8-38}$$

质点系动能是度量质点系整体运动的另一个重要的物理量，质点系动能也是标量，只取决于各质点的质量和速度大小，而与速度方向无关。

［例题 8-5］ 不能伸长的柔索绕过小滑轮 A，并在其两端系着质量分别为 m_1 和 m_2 的物块，如图 8-15a 所示。物块 m_1 沿铅垂导杆滑动，铅垂导杆与滑轮 A 之间的距离为 d，柔索总长为 l_0，不计柔索和滑轮的质量。试用物块 m_1 下降到某一高度时所具有的速度 v_1 表示质点系的动能。

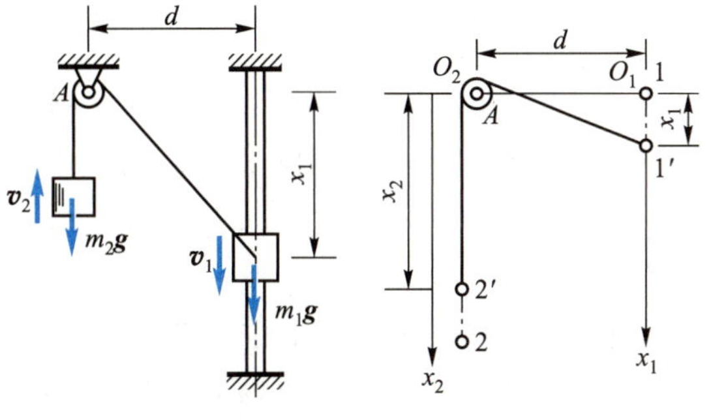

图 8-15 例题 8-5 图

解：这是由两个质点组成的质点系。二质点的位置坐标（x_1，x_2）满足方程（图 8-15b）：

$$x_2+\sqrt{d^2+x_1^2}=l_0$$

上式对时间求导，可得两物块速度 v_1 与 v_2 之间的关系

$$v_2=-\frac{x_1}{\sqrt{d^2+x_1^2}}v_1$$

于是，由式（8-38）得质点系的动能为

$$\begin{aligned}T&=\frac{1}{2}m_1v_1^2+\frac{1}{2}m_2v_2^2\\&=\frac{1}{2}m_1v_1^2+\frac{1}{2}m_2\cdot\frac{x_1^2}{d^2+x_1^2}v_1^2\\&=\frac{1}{2}\left(m_1+\frac{m_2x_1^2}{d^2+x_1^2}\right)v_1^2\end{aligned}$$

［例题 8-6］ 如图 8-16 所示质量为 m_1 的滑块与长为 l、不计质量的刚性杆 AB 在 A 端铰接，并可在水平面上滑动，杆的 B 端固结质量为 m_2 的质点，杆 AB 可在铅垂面内绕铰 A 自由转动。

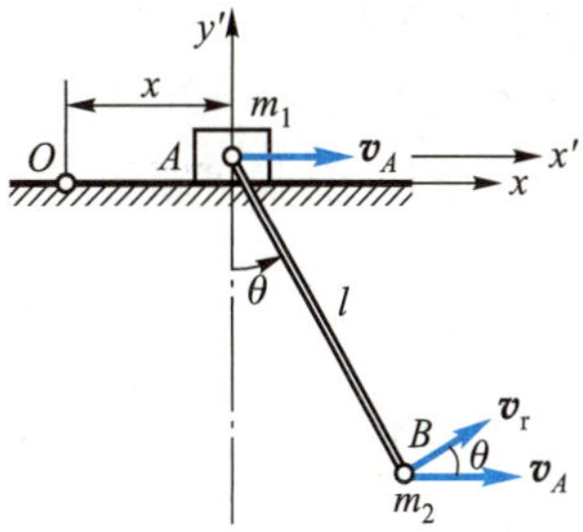

图 8-16 例题 8-6 图

试写出用坐标 x 和 θ 及其对时间的一阶导数表示的质点系动能。

解:滑块 A 的速度为 $v_A=\dot{x}$;对于质点 B 的运动,可以选 A 为基点,则有 $\boldsymbol{v}_B=\boldsymbol{v}_A+\boldsymbol{v}_{BA}$。其中

$$v_{BA}=l\dot{\theta}$$

于是质点系的动能为

$$\begin{aligned}T&=\frac{1}{2}m_1v_A^2+\frac{1}{2}m_2v_B^2\\&=\frac{1}{2}m_1v_A^2+\frac{1}{2}m_2[(v_A+v_{BA}\cos\theta)^2+(v_{BA}\sin\theta)^2]\\&=\frac{1}{2}m_1\dot{x}^2+\frac{1}{2}m_2[(\dot{x}+l\dot{\theta}\cos\theta)^2+(l\dot{\theta}\sin\theta)^2]\\&=\frac{1}{2}(m_1+m_2)\dot{x}^2+m_2l\dot{x}\dot{\theta}\cos\theta+\frac{1}{2}m_2l^2\dot{\theta}^2\end{aligned}$$

上述二例的分析过程表明:确定质点系动能的要点在于,正确应用运动学知识,分析点的速度。因此正确掌握点的复合运动学以及刚体平面运动学中点的速度分析方法至关重要。

- **柯尼西定理**

考察图 8-17 所示之一般质点系统。设 $Oxyz$ 为定参考系,以质心 C 为基点,建立平移系 $Cx'y'z'$。将系统运动分解为跟随质心 C 的平移和相对于质心平移系 $Cx'y'z'$的运动。由速度合成定理,质点系中任一点 i 的速度为 $\boldsymbol{v}_i=\boldsymbol{v}_C+\boldsymbol{v}_{ri}$ 得

$$v_i^2=\boldsymbol{v}_i\cdot\boldsymbol{v}_i=v_C^2+v_{ri}^2+2\boldsymbol{v}_C\cdot\boldsymbol{v}_{ri}$$

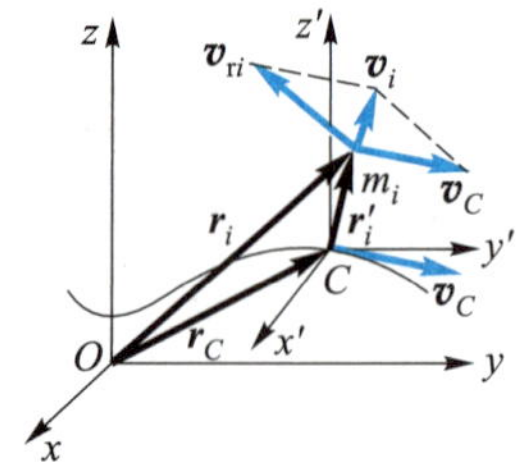

图 8-17 以质心为基点分解质点系的运动

若第 i 个质点的质量为 m_i,质点系的总质量为 M。则质点系的动能为

$$\begin{aligned}T&=\sum\left(\frac{1}{2}m_iv_i^2\right)=\sum\frac{1}{2}m_i(v_C^2+v_{ri}^2+2\boldsymbol{v}_C\cdot\boldsymbol{v}_{ri})\\&=\frac{1}{2}Mv_C^2+\sum\left(\frac{1}{2}m_iv_{ri}^2\right)+\boldsymbol{v}_C\cdot\sum(m_i\boldsymbol{v}_{ri})\end{aligned}$$

式中等号右边第一项为质点系跟随质心平移的动能,用 T_e 表示;第二项为质点系相对于平移系运动的动能,用 T_r 表示;第三项为质心速度与质点系相对于质心平移系的动量矢的标量积。根据质心定义,$\sum m_i\boldsymbol{r}_{ri}=M\boldsymbol{r}_{rC}=\boldsymbol{0}$,对其求导后,必有 $\sum m_i\boldsymbol{v}_{ri}=M\boldsymbol{v}_{rC}=\boldsymbol{0}$,式中 $\boldsymbol{r}_{ri}$ 和 $\boldsymbol{v}_{ri}$、$\boldsymbol{r}_{rC}$ 和 $\boldsymbol{v}_{rC}$ 分别为第 i 个质点和质心 C 在质心平移系中的位矢和速度。

于是,上式可写成

$$T=\frac{1}{2}Mv_C^2+T_r \tag{8-39}$$

式(8-39)表明:质点系的绝对运动的动能 T,等于系统跟随质心平移的动能(牵连运动动能)与相对于质心平移系运动的动能(相对运动动能)之和,此即**柯尼西定理**(König' s theorem)。

需要注意的是,若任选一点 A 为基点分解质点系的运动,则质点系中任一点 i 的速度都可写成 $\boldsymbol{v}_i=\boldsymbol{v}_A+\boldsymbol{v}_{ri}$,式中等号右边两项分别为点 A 的速度(牵连速度)与点 i 相对点 A 的速度(相对速度)。虽然如此,但是一般情形下,$T=\dfrac{1}{2}Mv_A^2+T_r$ 并不成立。这是因为动能与其速度构成非线性关系,即 $T=\sum\dfrac{1}{2}m_iv_i^2$。只有以质心 C 为基点分解质点系的运动,式(8-39)才是正确的。这又一次揭示了质心这个特殊点的动力学性质。

[例题 8-7] 试计算如图 8-18a 所示以速度 $\boldsymbol{v}_0$ 向右方运动的拖拉机履带的动能。轮轴间的距离为 d,轮的半径为 r,履带的单位长度质量为 ρ。

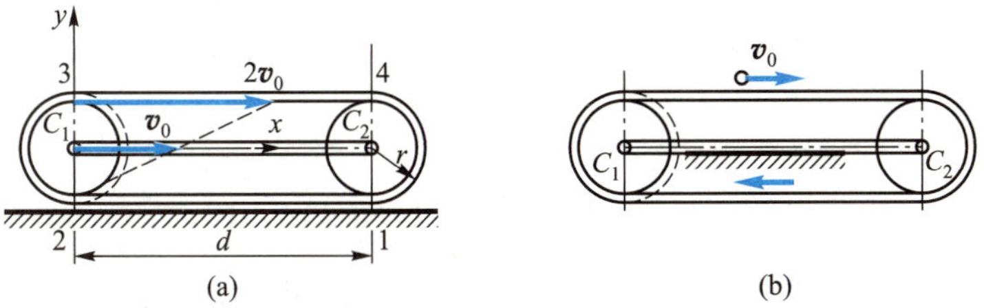

图 8-18 例题 8-7 图

解:方法 1 将履带分成四部分:1-2、2-3、3-4、4-1,分别计算动能,有

$$T=T_{1-2}+T_{2-3}+T_{3-4}+T_{4-1} \tag{a}$$

因为点 1 与点 2 分别为二轮的速度瞬心,由点 C_1(或点 C_2)的速度 v_0 得点 2、点 3(或点 1、点 4)的速度,进而求得各段的动能为

$$1-2\text{ 段}:T_{1-2}=0 \tag{b}$$

$$3-4\text{ 段}:\text{因 } v_{3-4}=2v_0,\qquad T_{3-4}=\frac{1}{2}\rho d(2v_0)^2=2\rho dv_0^2 \tag{c}$$

2-3 段与 4-1 段在同一瞬时可合成一个圆环计算动能。以质心 C_1 为基点分解圆环的运动,应用柯尼西定理:

$$T_{2-3}+T_{4-1}=2\rho\pi rv_0^2 \tag{d}$$

将以上各项代入式(a),得

$$T=2\rho dv_0^2+2\rho\pi rv_0^2=2\rho v_0^2(d+\pi r)$$

方法 2 在杆 C_1C_2 上固连平移系,分解履带的运动。牵连运动为速度 v_0 的平移,相对运动为绕在两个作定轴转动的圆轮上的履带运动(图 8-18b)。系统动能为

$$\begin{aligned}T&=\frac{1}{2}\rho(2d+2\pi r)v_0^2+\frac{1}{2}\rho(2d+2\pi r)v_0^2\\&=2\rho v_0^2(d+\pi r)\end{aligned}$$

显然,后一种方法更为简单。

- **刚体的动能**

刚体平移时,其上各点在同一瞬时的速度均相同,可用质心速度表示,因此,

$$T=\sum\left(\frac{1}{2}m_iv_i^2\right)=\frac{1}{2}\left(\sum m_i\right)v_C^2=\frac{1}{2}Mv_C^2 \tag{8-40}$$

式中，M 为刚体的质量。该式表明，刚体平移的动能相当于将刚体质量集中在质心的质点动能。

刚体定轴转动时，其上各点的速度为刚体的角速度 ω 与该点到转轴的垂直距离 r_i 的乘积，因此有

$$T=\sum\left(\frac{1}{2}m_iv_i^2\right)=\sum\left[\frac{1}{2}m_i(\omega r_i)^2\right]=\frac{1}{2}\sum(m_ir_i^2)\omega^2=\frac{1}{2}J_z\omega^2 \tag{8-41}$$

式中，J_z 为刚体对转轴的转动惯量，即刚体定轴转动的动能等于刚体对定轴的转动惯量与角速度平方乘积的一半。

刚体平面运动可分解为跟随质心的平移（牵连运动）和相对于质心平移系的转动（相对运动）。由柯尼西定理［式（8-39）］得

$$T=\frac{1}{2}Mv_C^2+\frac{1}{2}J_{Cz}\omega^2 \tag{8-42}$$

式中，M 为刚体的质量，J_{Cz} 为刚体对通过质心且垂直于运动平面的轴的转动惯量，ω 为刚体的角速度。式（8-42）表明，刚体平面运动的动能等于随质心平移的动能与相对于质心平移系的转动动能之和。

请读者证明：刚体平面运动的动能还可以写为 $T=\frac{1}{2}J_{C^*z}\omega^2$，式中 J_{C^*z} 为刚体对通过速度瞬心 C^* 且垂直于运动平面的轴的转动惯量。

8-5-2 力的功

- **功的定义**

设质点系中的第 i 个质点在力 $\boldsymbol{F}_i$ 的作用下沿如图 8-19 所示的轨迹运动，$\mathrm{d}\boldsymbol{r}_i$ 是力 $\boldsymbol{F}_i$ 作用点的无限小位移，它沿轨迹在该点的切线方向。

物理学中已定义力 $\boldsymbol{F}_i$ 的元功为

$$\begin{aligned}\mathrm{d}W&=\boldsymbol{F}_i\cdot\mathrm{d}\boldsymbol{r}_i\\&=F_i\mathrm{d}s\cos\angle(\boldsymbol{F}_i,\boldsymbol{e}_t)\\&=F_x\mathrm{d}x+F_y\mathrm{d}y+F_z\mathrm{d}z\end{aligned} \tag{8-43}$$

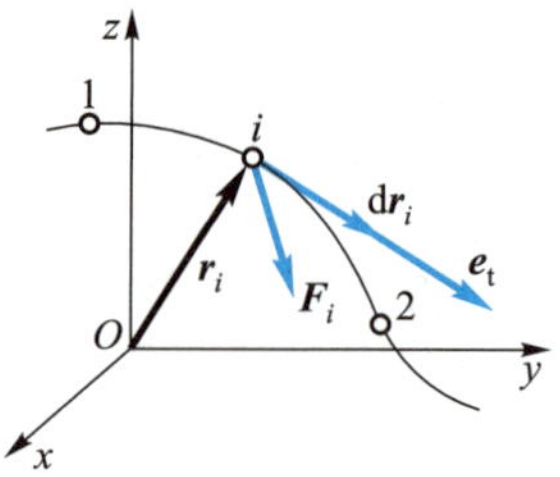

图 8-19 功的定义

式中，$\mathrm{d}s$ 为力 $\boldsymbol{F}_i$ 的作用点沿轨迹的弧长微元，$\boldsymbol{e}_t$ 为轨迹上点 i 的切线单位矢，$\boldsymbol{F}_i=(F_x,F_y,F_z)$，$\mathrm{d}\boldsymbol{r}_i=(\mathrm{d}x,\mathrm{d}y,\mathrm{d}z)$。注意到，**一般情形下，$\mathrm{d}W$ 不是功函数的微分，仅仅是点积 $\boldsymbol{F}_i\cdot\mathrm{d}\boldsymbol{r}_i$ 的记号**。

力 $\boldsymbol{F}_i$ 在点的轨迹上从点 1 到点 2 所做的**功**（work）为

$$W_{1-2}=\int_{\widehat{12}}\boldsymbol{F}_i\cdot\mathrm{d}\boldsymbol{r}_i \tag{8-44}$$

式中，$\widehat{12}$ 为轨迹上从点 1 到点 2 的弧长。力之功是力对物体在空间的累积效应的度量。

- **弹簧力的功**

如图 8-20 所示的直线弹簧(简称为线簧),处于弹性范围内的弹簧力可以表示为 $\boldsymbol{F}=-kx\boldsymbol{i}$,其中,$k$ 为弹簧的刚度系数,x 为弹簧的伸长量。

弹簧力 $\boldsymbol{F}$ 的作用点从位置 1 到位置 2 时所做的功为

$$W_{1-2}=\int_{x_1}^{x_2}(-kx)\,\mathrm{d}x=\frac{1}{2}k(x_1^2-x_2^2) \tag{8-45}$$

若上述初始位置 1 与终点位置 2 是空间中任意两点,式(8-45)仍然成立。

如图 8-21 所示的扭转弹簧(简称为扭簧),其一端固定于铰 O,另一端固定于作定轴转动的刚体(图中为直杆)上。设杆在水平位置($\theta=0°$)时,扭簧未变形,且扭簧变形时处于弹性范围,则扭簧作用在杆上的力对于点 O 的矩为$M=-k\theta$,其中,k 为扭簧的刚度系数。当杆从角 θ_1 转动至角 θ_2 时,力矩 M 做的功为

$$W_{1-2}=\int_{\theta_1}^{\theta_2}(-k\theta)\,\mathrm{d}\theta=\frac{1}{2}k(\theta_1^2-\theta_2^2) \tag{8-46}$$

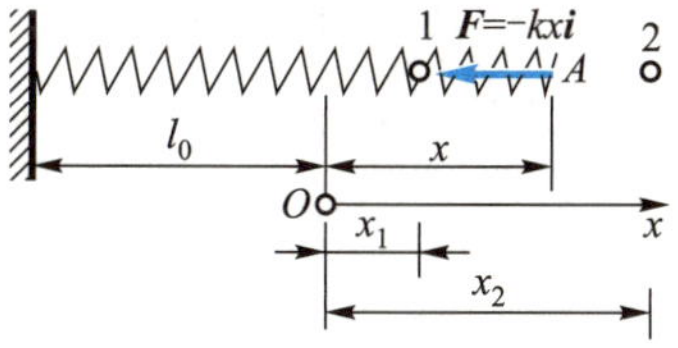

图 8-20 直线弹簧力的功

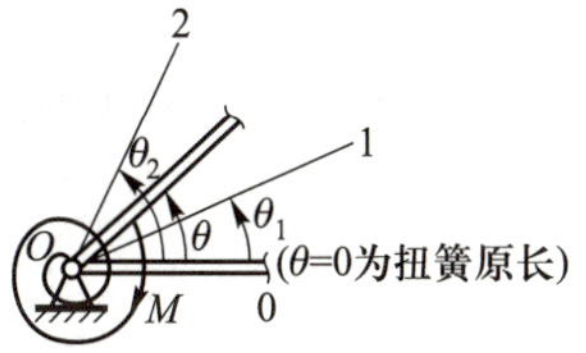

图 8-21 扭转弹簧力矩的功

- **作用在刚体上力偶的功**

如图 8-22 所示为作平面运动的刚体。刚体上作用力偶的力偶矩为 M,若在时间间隔 $\mathrm{d}t$ 内,刚体的角位移微元为 $\mathrm{d}\varphi$,则力偶 M 在上述位移上的元功为

$$\mathrm{d}W=M\mathrm{d}\varphi \tag{8-47a}$$

力偶 M 在从角位移 φ_1 至 φ_2 的过程中所做的功为

$$W_{1-2}=\int_{\varphi_1}^{\varphi_2}M\mathrm{d}\varphi \tag{8-47b}$$

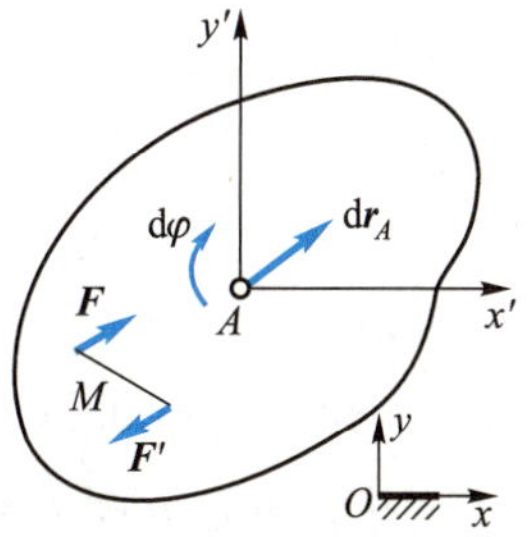

图 8-22 作用在平面运动刚体上力偶的功

- **内力的功**

以运动员跑步为例,如图 8-23 所示,体重为 W 的运动员在平地上的点 1 处从静止开始跑步,而且越跑越快,直至点 2。1、2 两点间的距离为 s,假设鞋-地间的动摩擦因数为 f。问题是:在距离 s 中摩擦力 $\boldsymbol{F}$ 所做之功是否等于 Wfs?

运动员所承受的外力有重力 $\boldsymbol{W}$、地面约束力 $\boldsymbol{F}_{\mathrm{N}}$ 和摩擦力 $\boldsymbol{F}$。注意到,$\boldsymbol{F}$ 沿运动方向,该力是运动员动量增加的原因。同时,运动员的动能也在不断增加。但 $\boldsymbol{F}$ 却不是动能增加的原因,因为摩擦力 $\boldsymbol{F}$ 在距离 s 上所做之功为零。

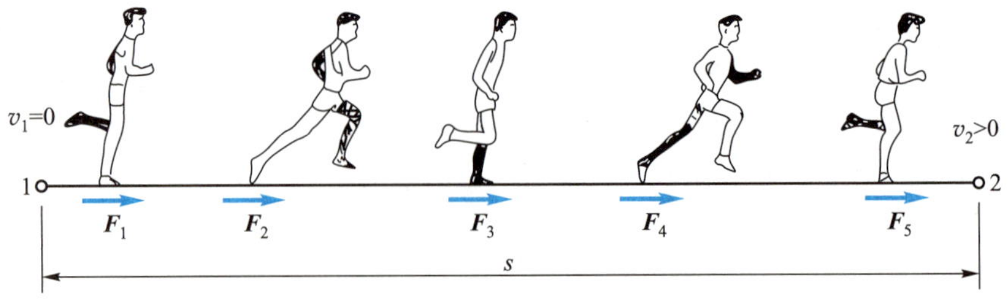

图 8-23　跑步过程什么力做功？

根据力的元功定义 $\mathrm{d}W=\boldsymbol{F}\cdot\mathrm{d}\boldsymbol{r}$，式中 $\mathrm{d}\boldsymbol{r}$ 是力 $\boldsymbol{F}$ 作用点的位移。跑步过程中，人虽然有位移，但图 8-23 中摩擦力 $\boldsymbol{F}_i(i=1,2,\cdots,5)$ 的作用点却都没有位移，即 $\mathrm{d}\boldsymbol{r}=\boldsymbol{0}$。跑步过程中换脚着地时，那是一个新的摩擦力作用在刚踏地的鞋底上，并不是原来作用在另一只鞋底上的摩擦力移动了一步距离。那么，什么力做功使跑步运动员的动能增加呢？这主要是人体内附着在相邻的且有相对运动的两骨骼上的肌肉伸缩所致。如图 8-24 所示，人在跑步时，一只脚从着地到准备蹬地阶段，两端分别附着在小腿和脚跟部分骨骼上的比目鱼肌产生收缩变形，积聚弹性势能（弹性应变能），在下一个蹬地阶段，突然释放做功，增加人体的动能。肌肉的功能就是将化学能转变为机械能。在生物力学上，一般将肌肉简化为非线性弹簧模型。

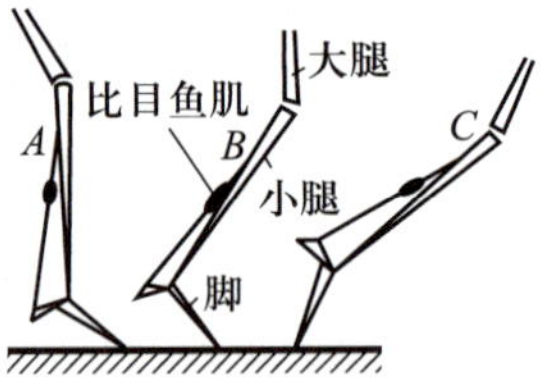

图 8-24　人跑步时，脚从着地到准备蹬地阶段，小腿上比目鱼肌的收缩变形

上述分析过程表明，**虽然内力是成对出现的，其矢量和为零，但内力之功可能不等于零**。

如图 8-25 所示，设两质点 A、B 之间相互作用的内力为 $\boldsymbol{F}_A$、$\boldsymbol{F}_B$，且 $\boldsymbol{F}_A=-\boldsymbol{F}_B$。质点 A、B 相对于固定点 O 的位矢分别为 $\boldsymbol{r}_A$、$\boldsymbol{r}_B$，且 $\boldsymbol{r}_B=\boldsymbol{r}_A+\boldsymbol{r}_{AB}$。若在 $\mathrm{d}t$ 时间间隔内，A、B 两点的无限小位移分别为 $\mathrm{d}\boldsymbol{r}_A$、$\mathrm{d}\boldsymbol{r}_B$，则内力在该位移上的元功之和为

$$\mathrm{d}W^{\mathrm{i}}=\boldsymbol{F}_A\cdot\mathrm{d}\boldsymbol{r}_A+\boldsymbol{F}_B\cdot\mathrm{d}\boldsymbol{r}_B=\boldsymbol{F}_B\cdot(-\mathrm{d}\boldsymbol{r}_A+\mathrm{d}\boldsymbol{r}_B)=\boldsymbol{F}_B\cdot\mathrm{d}\boldsymbol{r}_{AB}$$

可将 $\mathrm{d}\boldsymbol{r}_{AB}$ 分解为平行于 $\boldsymbol{F}_B$ 和垂直于 $\boldsymbol{F}_B$ 两部分，即

$$\mathrm{d}\boldsymbol{r}_{AB}=\mathrm{d}\boldsymbol{r}_{AB/\!/}+\mathrm{d}\boldsymbol{r}_{AB\perp}$$

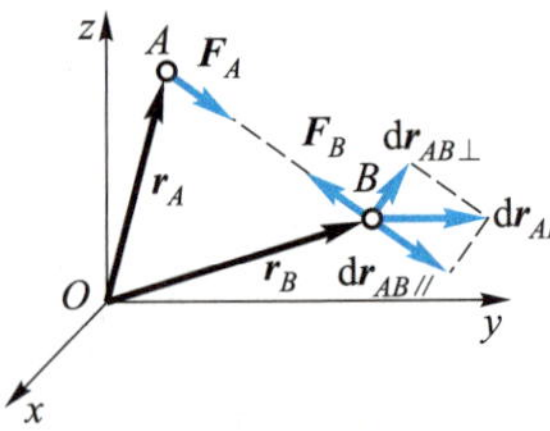

图 8-25　内力功分析

这样

$$\mathrm{d}W^{\mathrm{i}}=\boldsymbol{F}_B\cdot(\mathrm{d}\boldsymbol{r}_{AB/\!/}+\mathrm{d}\boldsymbol{r}_{AB\perp})=\boldsymbol{F}_B\cdot\mathrm{d}\boldsymbol{r}_{AB/\!/}=-F_B\mathrm{d}r_{AB/\!/} \tag{8-48}$$

上式表明，当 A、B 两质点之间的相对距离变化时，其内力的元功之和不等于零。

工程上内力做功的几种情形：

（1）所有发动机作为整体考察，其内力都做功。

例如，蒸汽机、内燃机、涡轮机、电动机和发电机等。汽车内燃机汽缸内膨胀的气体质点

之间及气体对活塞和气缸的作用力都是内力。这些力做功使汽车的动能增加。

(2) 机器中有相对滑动的两个零件之间的摩擦力做负功,消耗机器的能量。如轴与轴承、相互啮合的齿轮、滑块与滑道等。

(3) 在弹性构件中的内力做功,转变为弹性势能。

- **一种理想约束力的功**

如图 8-26a 所示,圆轮的半径为 R,在主动力 $\boldsymbol{F}_{\mathrm{T}}$ 作用下,在水平地面上作纯滚动,地面作用在轮上的滚动阻力偶 M_{f} 做负功。现在讨论:圆轮上的静摩擦力 $\boldsymbol{F}$ 不做功。

由运动学知,C^* 为圆轮的瞬时速度中心,即点 C^* 的速度为零,$\boldsymbol{v}_{C^*}=0$。点 C^* 的元位移也等于零,$\mathrm{d}\boldsymbol{r}_{C^*}=\boldsymbol{v}_{C^*}\mathrm{d}t=0$。这样,作用于点 C^* 上的摩擦力 $\boldsymbol{F}$ 所做元功为

$$\mathrm{d}W=\boldsymbol{F}\cdot\mathrm{d}\boldsymbol{r}_{C^*}=\boldsymbol{F}\cdot\boldsymbol{v}_{C^*}\mathrm{d}t=0$$

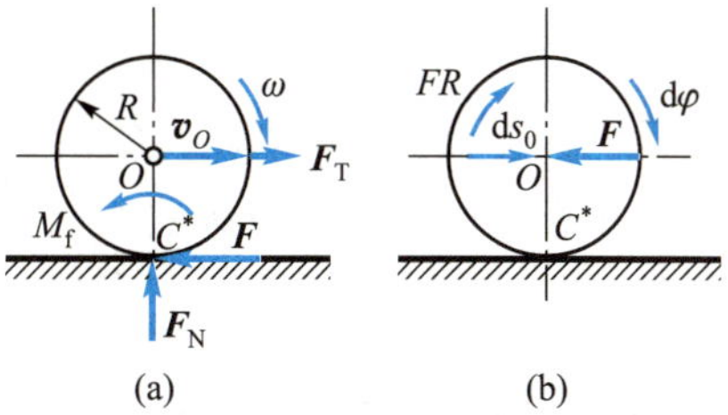

图 8-26 作纯滚动的圆轮上的静摩擦力不做功

这一结论还可以用另外的方法予以说明。如图 8-26 所示,将作用在点 C^* 的静摩擦力 $\boldsymbol{F}$ 向轮心 O 平移,并附加力偶矩为 FR 的力偶,后者的方向为顺时针。因为,力 $\boldsymbol{F}$ 平移前后对刚性圆轮的运动效应相等,所以,依据平移后的力系计算力 $\boldsymbol{F}$ 的元功,并考虑到圆轮作纯滚动的约束条件:

$$\mathrm{d}s_O=R\mathrm{d}\varphi$$

其中,$\mathrm{d}s_O$ 为轮心 O 的线位移,$\mathrm{d}\varphi$ 为轮的角位移。于是,

$$\mathrm{d}W=-F\mathrm{d}s_O+FR\mathrm{d}\varphi=0$$

以上两种方法都说明了同一结论:作纯滚动的圆轮上的静摩擦力 $\boldsymbol{F}$ 不做功。约束力不做功的约束称为**理想约束**。

需要特别指出的是,一般情形下,滑动摩擦力的方向与二接触物体的相对位移方向相反,摩擦力做负功,不是理想约束。但是,包含有摩擦力的约束不一定就是非理想约束,如上例。

至于其他类型的约束,如光滑面、柔索、光滑铰链和刚性二力杆等,是否属于理想约束,请读者根据力的元功的定义,自行分析。

以上分析表明,**内力不能改变质点系的动量和动量矩,但可能改变它的能量;外力能改变质点系的动量和动量矩,但不一定能改变其能量**。

8-5-3 质点系动能定理

由物理学可知,质点系中第 i 个质点动能定理的微分形式是 $\mathrm{d}\left(\dfrac{1}{2}mv_i^2\right)=\mathrm{d}W_i=\boldsymbol{F}_i\cdot\mathrm{d}\boldsymbol{r}_i$,式中 $\boldsymbol{F}_i$ 为作用在质点 i 上的合力,$\mathrm{d}\boldsymbol{r}_i$ 为合力 $\boldsymbol{F}_i$ 作用点的元位移。对质点系中所有质点写出此式并求和,再交换等号左边项的求和与微分运算符号,得到质点系动能定理的微分形式

$$\mathrm{d}\left[\sum\frac{1}{2}m_i\boldsymbol{v}_i^2\right]=\sum\mathrm{d}W_i=\sum\boldsymbol{F}_i\cdot\mathrm{d}\boldsymbol{r}_i \tag{8-49a}$$

或简写为

$$dT = dW \tag{8-49b}$$

这表明,质点系动能的微分等于作用在质点系上所有力的元功之和。

由物理学知,质点动能定理的积分形式为 $\frac{1}{2}mv_2^2 - \frac{1}{2}mv_1^2 = W_{1-2} = \int_1^2 \boldsymbol{F} \cdot \mathrm{d}\boldsymbol{r}$,即质点从初始位置 1 到终点位置 2 的运动过程中,其动能的改变量等于作用在质点上的合力所做之功。对质点系中所有质点写出此式并求和,得到质点系动能定理的积分形式。

$$T_2 - T_1 = W_{1-2} \tag{8-50}$$

上式表明,质点系从初始位置 1 到终点位置 2 的运动过程中,其动能的改变量等于作用在质点系上所有有功力所做之功的代数和。

注意到,上述"所有有功力",或包括外力和内力,或包括主动力和约束力。在理想约束系统中,只包含主动力。

8-5-4 机械能守恒

1. 有势力的概念

若力在有限路程上所做的功仅与其起点和终点的位置有关,而与其作用点所经过的路径无关,则这种力称为**有势力**(potential force)或**保守力**(conservative force),例如,重力、牛顿引力、弹性力等均属于有势力。

2. 势能的定义

受有势力的质点系在某一位置的**势能**(potential energy)是指系统在这一位置所具有对外界做功的能力。它在数值上等于系统从这一位置回到势能零点时,其上所有有势力所做之功的总和。

显然,势能的大小与正负都是相对于零势位置而言的。因此,确定系统的势能之前,必须首先选定零势位置。

3. 有势力的元功与势能微分的关系

从物理学可知,有势力做功,其势能相应降低或增加。若以 $\mathrm{d}W$ 表示有势力的元功,$\mathrm{d}V$ 表示势能微分,则有

$$dW = -dV \tag{8-51}$$

这是有势力或保守力的数学定义,它表明保守力的元功等于其势能的全微分并冠以负号,而势能则是有势力作用点位置的单值函数,即 $V = V(x, y, z)$。

将式(8-51)积分得到

$$W_{1-2} = V_1 - V_2 \tag{8-52}$$

式(8-52)表明,有势力作用点从初始位置 1 到终点位置 2 时,该力所做的功等于其初始、终点位置的势能差。

4. 有势力的其他等价定义

- 若有势力作用点由起点沿闭合路径再回到起点,则该力所做之功为零,即

$$\oint \mathrm{d}W = 0 \tag{8-53}$$

- 有势力在坐标轴上的投影等于其势能对相应坐标偏导数的负值，即

$$F_x = -\frac{\partial V}{\partial x}, \qquad F_y = -\frac{\partial V}{\partial y}, \qquad F_z = -\frac{\partial V}{\partial z} \tag{8-54}$$

式中，F_x、F_y、F_z 为有势力 $\boldsymbol{F}$ 在 x、y、z 轴上的投影。

- 有势力 $\boldsymbol{F}$ 等于其势能的梯度，但方向相反，即

$$\boldsymbol{F} = -\mathrm{grad}\ V \tag{8-55}$$

5. 弹性势能

弹性体发生变形后，产生弹性内力，这种力也具有对外界做功的潜在能力，称为**弹性势能**(elastic potential energy)。本小节只涉及两种弹簧元件的弹性势能，关于一般杆件的弹性势能将在“材料力学”中介绍。

对于弹簧元件一般都以未变形时的位置作为零势位置，并以此为依据计算弹簧元件变形后的势能。

- **直线弹簧的势能**

如图 8-20 所示，变形为 λ 的弹簧的弹性势能据式(8-45)为

$$V = \int_{\lambda}^{0} -kx\mathrm{d}x = \frac{1}{2}k\lambda^2 \tag{8-56}$$

式中，k 为直线弹簧的刚度系数。

- **扭转弹簧的弹性势能**

如图 8-21 所示，设扭转弹簧受力后转过的角度为 θ，则据式(8-46)其弹性势能为

$$V = \int_{\theta}^{0} -k\theta\mathrm{d}\theta = \frac{1}{2}k\theta^2 \tag{8-57}$$

式中，k 为扭转弹簧的刚度系数。

6. 机械能守恒

若系统仅有有势力做功，则由式(8-50)和式(8-52)可得

$$T_1+V_1=T_2+V_2 \tag{8-58a}$$

或

$$T+V=E=常数 \tag{8-58b}$$

式中，T_1、V_1 和 T_2、V_2 分别为质点系在位形 1 和位形 2 时所具有的动能和势能；E 为系统**机械能**(mechanical energy)。式(8-58)表明，系统仅在有势力作用下运动时，其机械能保持不变，即机械能守恒。这样的质点系通常称为**保守系统**(conservative system)。相反，受非势力，特别是耗散力(如，做功的摩擦力、介质阻力等)作用的系统，称为**非保守系统**(nonconservative system)。

[例题 8-8]　如图 8-27 所示之均质杆 ACB 长 $2l$，重 W，在其质心 C 处连接刚度系数为 k 的弹簧。弹簧的另一端固定在地面的点 D，弹簧原长为 l。杆在铅垂位置受到微小扰动后，

倒落至水平位置。试求：

（1）弹簧力的功；

（2）杆倒落至水平位置时的角速度。

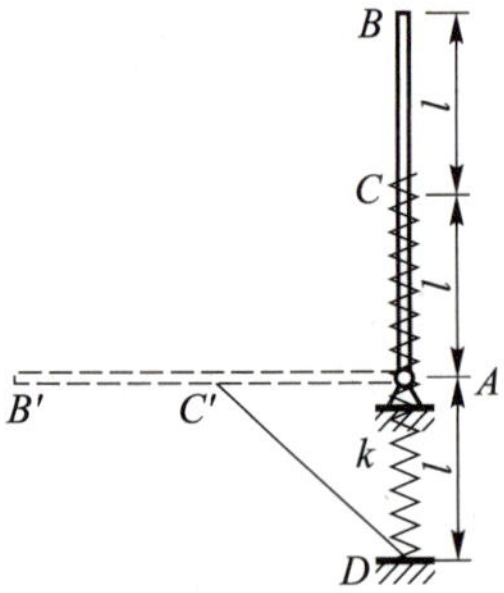

图 8-27 例题 8-8 图

解:（1）弹簧力的功

由式(8-45)得弹簧力的功：

$$W_{1-2}=\frac{1}{2}k[l^2-(\sqrt{2}l-l)^2]=(\sqrt{2}-1)kl^2$$

（2）杆的角速度

杆 AB 作定轴转动，杆的动能依据式(8-41)列写。杆从初始位置 AB 到终点位置 AB' 时，系统上的做功力为重力 $\boldsymbol{W}$ 和弹簧力 $\boldsymbol{F}$。不考虑摩擦力，系统约束为理想约束。据动能定理有

$$\frac{1}{2}J_A\omega^2-0=(\sqrt{2}-1)kl^2+Wl$$

其中 J_A 为杆对点 A 的转动惯量，$J_A=\frac{1}{3}\frac{W}{g}(2l)^2$。代入上式后，得

$$\omega=\sqrt{\frac{3[W+(\sqrt{2}-1)kl]g}{2Wl}}$$

应用动能定理求解质点系或刚体在运动过程中的终点位置或初始位置的一阶运动量（速度或角速度）是方便的。请读者思考，若想求杆到达水平位置时的二阶运动量（角加速度或杆上点的加速度），应如何用动能定理求解？

[例题 8-9] 如图 8-28 所示，传动轴由电动机带动。电动机和传动装置用带相连接，如图所示。在电动机轴上作用有力矩 M。电动机轴和安装其上的带轮的转动惯量为 J_1，传动轴和安装其上的滑轮的转动惯量为 J_2。电机上滑轮的半径为 r_1，由电动机到传动装置的传速比为 i，带质量为 m。轴承的摩擦可略去不计，试求电动机轴的角加速度。

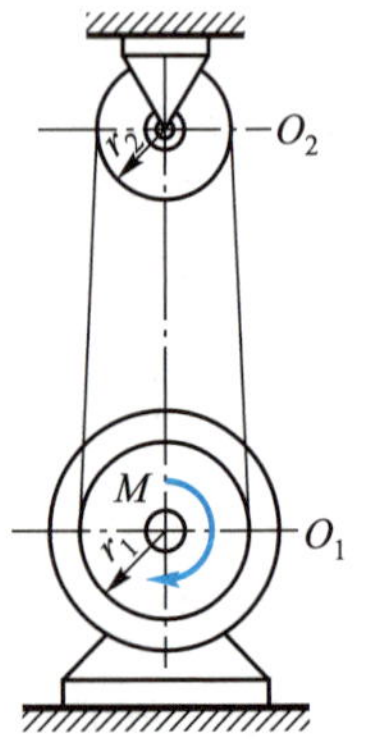

图 8-28 例题 8-9 图

解:这是由刚体（两个带轮）和柔性体（带）组成的系统。假设带十分柔软且不可伸长，其内力便是无功力，带为理想约束；不计轴承与轴间的摩擦，轴承亦为理想约束。于是做功的力只有主动力偶 M。据此，可以对整体系统应用动能定理：

$$\left(\frac{1}{2}J_1\omega_1^2+\frac{1}{2}J_2\omega_2^2+\frac{1}{2}mv^2\right)-T_1=M\varphi_1 \tag{a}$$

式中，ω_1、ω_2 和 v 分别为带轮 1、带轮 2 的角速度和带的速度，T_1 为系统初始时刻的动能，φ_1 为轮 1 的转角。传动比和运动学关系为

$$i=\frac{\omega_1}{\omega_2}=\frac{\alpha_1}{\alpha_2}=\frac{r_2}{r_1},\qquad v=r_1\omega_1=r_2\omega_2 \tag{b}$$

式中，α_1、α_2 与 r_1、r_2 分别为轮 1、轮 2 的角加速度与半径。将式(b)代入式(a)，得

$$\left(\frac{1}{2}J_1\omega_1^2+\frac{1}{2}J_2\frac{\omega_1^2}{i^2}+\frac{1}{2}mr_1^2\omega_1^2\right)-T_1=M\varphi_1$$

$$\frac{1}{2}\left(J_1+\frac{J_2}{i^2}+mr_1^2\right)\omega_1^2-T_1=M\varphi_1 \tag{c}$$

将上式等号两边对时间求一次导数,得

$$\frac{1}{2}\left(J_1+\frac{J_2}{i^2}+mr_1^2\right)2\omega_1\alpha_1=M\omega_1$$

故由此解得

$$\alpha_1=\frac{M}{J_1+\dfrac{J_2}{i_2^2}+mr_1^2}$$

本例中的系统具有两个定轴 O_1 和 O_2,若考察整体系统应用动量矩定理求解,只能选择其中之一计算动量矩和力矩。这样,不仅动量矩计算比较困难,而且方程中往往会出现另一轴的未知约束力,使方程求解无法进行。为此,必须依照固定轴的数量把整个系统拆成几个子系统列写方程,再联立求解。若固定轴越多,则整体系统的外约束越多,用动量矩定理求解越麻烦。这是建立系统的动量矩对时间的变化率与外力系主矩关系所引起的。而动能定理建立动能的变化与有功力之功的关系,整体系统的外约束再多,只要是理想约束,未知约束力也不会出现在方程中,因此对理想约束系统可以以整体为研究对象求解。

[例题 8-10] 质量为 m、半径为 r 的圆柱,在半径为 R 的固定大圆槽内作纯滚动,如图 8-29 所示。圆心 C 与 O 分别用铰链连接轻质刚性杆的两端。在杆上 O 处还安装有刚度系数为 k 的扭转弹簧。当杆处于铅垂位置时,扭簧没有变形。如不计滚动阻碍,试列出系统的运动微分方程,并确定圆柱体绕平衡位置作微小摆动的周期。

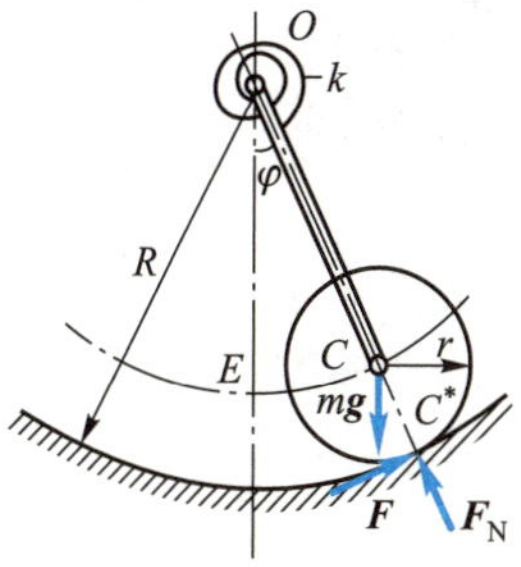

图 8-29 例题 8-10 图

解: 圆柱所受的法向正压力 $\boldsymbol{F}_N$ 和摩擦力 $\boldsymbol{F}$ 在滚动过程中均不做功。当滚动阻碍不计时,圆柱在由重力、弹簧力组成的势力场中运动,这一系统为保守系统。假设杆 OC 与铅垂线的夹角为 φ,系统的动能为

$$T=\frac{1}{2}mv_C^2+\frac{1}{2}J_{Cz}\omega^2 \tag{a}$$

其中,质心速度 $v_C=(R-r)\dot{\varphi}$。圆柱作平面运动,圆柱上与圆槽相接触点 C^* 为速度瞬心,据此,圆柱的绝对角速度 $\omega=\dfrac{v_C}{r}=\dfrac{R-r}{r}\dot{\varphi}$,又 $J_{Cz}=\dfrac{1}{2}mr^2$。将 ω、J_{Cz} 的表达式代入式(a),得

$$T=\frac{1}{2}m(R-r)^2\dot{\varphi}^2+\frac{1}{2}\cdot\frac{1}{2}mr^2\frac{(R-r)^2}{r^2}\dot{\varphi}^2=\frac{3}{4}m(R-r)^2\dot{\varphi}^2 \tag{b}$$

以点 O 为重力势能零点,$\varphi=0$ 为扭簧势能零点。于是,系统在任一位置 φ 的势能为

$$V=-mg(R-r)\cos\varphi+\frac{1}{2}k\varphi^2 \tag{c}$$

根据系统机械能守恒,得

$$\frac{3}{4}m(R-r)^2\dot{\varphi}^2-mg(R-r)\cos\varphi+\frac{1}{2}k\varphi^2=E \tag{d}$$

此式给出了圆柱角速度 $\dot{\varphi}$ 随角位移 φ 变化的规律。

为了得到系统的运动微分方程,将式(d)对时间求一次导数,得

$$\frac{3}{4}m(R-r)^2\cdot 2\dot{\varphi}\ddot{\varphi}-mg(R-r)\sin\varphi\cdot\dot{\varphi}+\frac{1}{2}k\cdot 2\varphi\dot{\varphi}=0$$

在微小摆动情形下,可近似取 $\sin\varphi\approx\varphi$。上式可简化为

$$\frac{3}{2}m(R-r)^2\ddot{\varphi}+[mg(R-r)+k]\varphi=0 \tag{e}$$

这是自由振动方程,参见 §14-4,可知微小摆动的周期为

$$T=2\pi(R-r)\sqrt{\frac{3}{2\left[g(R-r)+\dfrac{k}{m}\right]}}$$

§8-6 质点系动力学普遍定理综合应用

8-2 光滑平面上甲虫爬圆环中的系统质心运动守恒与圆环动量矩守恒

由于动力学的三个**普遍定理**(general theorems of dynamics)包括动量和能量两种方法,而动量法又分成动量主矢变化与动量主矩变化两个方面;能量法应用于动力学整体系统只能写出一个标量方程,所以,质点系普遍定理的理论结构不能提供对工程动力学问题的统一解法,需要针对不同的问题综合应用三个普遍定理。

综合应用动力学普遍定理分析问题的基本方法包括以下几方面:

- **分析动力学两类问题的程序**

对一般的非自由质点系动力学问题,既要求由主动力求解质点系运动;也要求由质点系运动求解动约束力。通常的分析程序是先避开未知约束力求出运动量,然后再求解未知约束力。但是应用计算机分析,也可以将包含未知运动量和未知约束力的方程联立求解。

- **根据约束的性质分析问题**

应特别注意分析约束的性质:单(处)约束,还是多(处)约束;理想约束,还是非理想约束;单自由度还是多自由度等。然后再根据约束力在每个定理中所处地位分别选用。

(1) 对具有一个自由度的理想约束系统,特别是多约束系统,一般先应用动能定理分析运动,再应用动量定理或动量矩定理求解动约束力。

（2）对有单处约束的系统，或即使有多处约束，但只要求瞬时的二阶运动量（角加速度与加速度）和未知约束力，也可用动量与动量矩定理联合求解。

（3）对二自由度或多自由度系统要用动能定理与动量和动量矩定理联合求解，并且要特别注意系统有守恒的情形。

［例题 8-11］　均质轮 A 和 B 的重量均为 W，半径均为 r。物块 C 的重量亦为 W。A、B、C 用轻绳相联系，如图 8-30a 所示。轮 A 在倾角 $\alpha=30°$ 的斜面上作纯滚动。轮 B 上作用有力偶矩为 M 的力偶，且 $\frac{3}{2}Wr>M>\frac{Wr}{2}$。轻绳和轮 B 之间不打滑，不计轮 B 轴承处的摩擦。试求物块 C 的加速度 a_C；轮 A、B 之间的绳子拉力 F_T 和 B 处轴承的约束力 F_B。

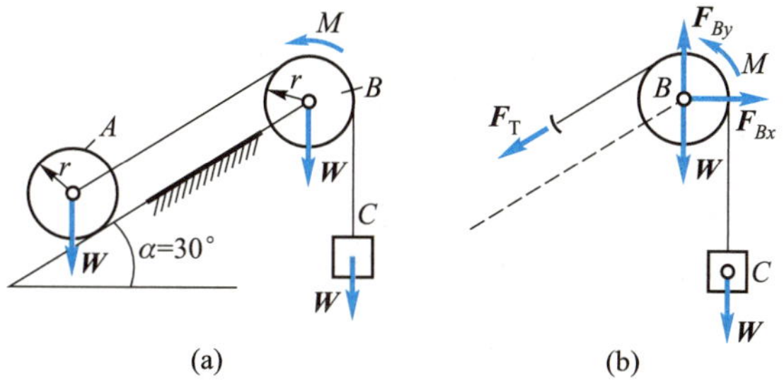

图 8-30　例题 8-11 图

解：（1）物块 C 的加速度 a_C

假设物块 C 的位移为 s_C，并设物块 C 向上作加速运动。对整体系统应用动能定理：

$$\left[\frac{1}{2}\frac{W}{g}v_C^2+\frac{1}{2}\left(\frac{1}{2}\frac{W}{g}r^2\right)\omega_B^2+\frac{1}{2}\frac{W}{g}v_A^2+\frac{1}{2}\left(\frac{1}{2}\frac{W}{g}r^2\right)\omega_A^2\right]-T_1=-W\cdot s_C+M\cdot\varphi_B+W\sin\alpha\cdot s_C \quad (a)$$

式中，v_C 为物块 C 的速度，ω_B 为轮 B 的角速度；v_A、ω_A 分别为轮 A 的质心速度与角速度；φ_B 为轮 B 的转角。

用坐标 s_C 及其对时间的一阶导数 $\dot{s}_C=v_C$ 表示相关的各运动学量，有

$$s_C=r\varphi_B,\qquad v_C=\omega_A r=\omega_B r,\qquad v_A=v_C \quad (b)$$

将式(b)代入式(a)，整理后得

$$\frac{3}{2}\frac{W}{g}v_C^2-T_1=\left(\frac{M}{r}-\frac{W}{2}\right)s_C \quad (c)$$

将此式对时间求一次导数，得

$$\frac{3}{2}\frac{W}{g}\cdot 2v_C a_C=\left(\frac{M}{r}-\frac{W}{2}\right)v_C$$

$$a_C=\frac{\frac{M}{r}-\frac{W}{2}}{3W}g \quad (d)$$

可见，当 $M>\frac{Wr}{2}$ 时，物块 C 的加速度才能向上；否则，将向下运动。

(2) 轮 A、B 之间的绳子拉力 F_T

截开轮 A、B 之间的绳索,解除轴承 B 处的约束,选轮 B 与物块 C 为研究对象,其受力示于图 8-30b 中。除两个重力 $\boldsymbol{W}$ 与力偶 M 外,$\boldsymbol{F}_T$ 为绳索拉力,$\boldsymbol{F}_{Bx}$、$\boldsymbol{F}_{By}$ 为轴承 B 的约束力分量。

将图 8-30b 所示之系统对轴 Bz 应用动量矩定理:

$$\frac{\mathrm{d}}{\mathrm{d}t}\left(\frac{1}{2}\frac{W}{g}r^2\omega_B+\frac{W}{g}v_C r\right)=M-(W-F_T)r \tag{e}$$

根据运动学关系有

$$v_C=r\omega_B \tag{f}$$

将其代入式(e),整理后,有

$$\frac{3}{2}\frac{W}{g}a_C=\frac{M}{r}-W+F_T \tag{g}$$

再将式(d)代入上式,最后得

$$F_T=\frac{1}{2}\left(\frac{3}{2}W-\frac{M}{r}\right) \tag{h}$$

可见,当 $M<\frac{3}{2}Wr$ 时,$F_T>0$,即绳索受拉力;而当 $M\geqslant\frac{3}{2}Wr$ 时,因绳索不能承受压缩力(对应大于号)或绳索松软(对应等号),故系统不能维持正常运动。

(3) 轴承 B 处的约束力 F_B

对图 8-30b 所示系统应用质心运动定理,

$$\left.\begin{aligned}&0=F_{Bx}-F_T\cos\alpha\\&\frac{W}{g}a_C=F_{By}-2W-F_T\sin\alpha\end{aligned}\right\} \tag{i}$$

于是,得

$$\left.\begin{aligned}F_{Bx}&=F_T\cos\alpha=\frac{1}{2}\left(\frac{3}{2}W-\frac{M}{r}\right)\cos\alpha\\F_{By}&=\frac{W}{g}a_C+2W+F_T\sin\alpha\\&=\frac{M}{r}\left(\frac{1}{3}-\frac{1}{2}\sin\alpha\right)+W\left(\frac{11}{6}+\frac{3}{4}\sin\alpha\right)\\&=\frac{1}{12}\left(\frac{53W}{2}+\frac{M}{r}\right)\end{aligned}\right\} \tag{j}$$

[例题 8-12]　质量为 m_A 的滑块 A 在重力作用下沿着质量为 m_A 的棱柱 B 无初速地下滑(图 8-31a)。A 滑下的初始,B 也是静止的。设 A 与 B、B 与地面之间的接触面均是光滑的。棱柱 B 的斜面倾角为 α。试求:

(1) 棱柱 B 的绝对运动规律与滑块 A 相对 B 的运动规律;

(2) 分析 B 对 A 的斜面约束力 $\boldsymbol{F}_{N1}$ 大小是否等于 $m_A g\cos\alpha$。

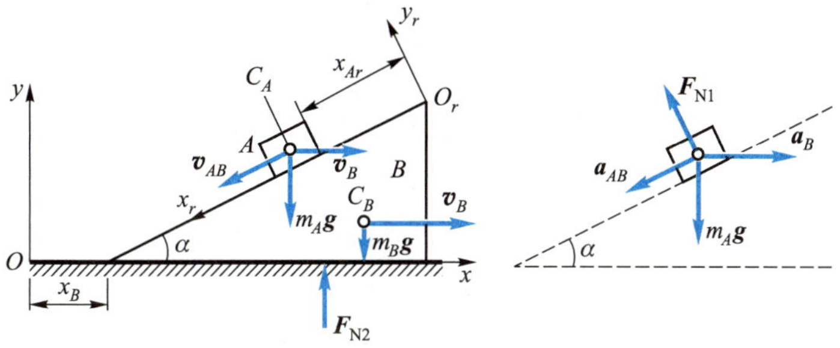

图 8-31　例题 8-12 图

解:选定坐标系 Oxy 与固连在棱柱 A 上的动坐标系 $O_rx_ry_r$。

(1) 求解运动规律 $x_B=f(t)$ 与 $x_{Ar}=f(t)$

因整体系统上受有重力 $m_A\boldsymbol{g}$ 与 $m_B\boldsymbol{g}$、地面的理想约束力 $\boldsymbol{F}_{N2}$,故整体系统有机械能守恒。注意到,它有两个自由度,仅依靠机械能守恒这一个微分方程,无法求出两个变量的变化规律,必须寻求另一个动力学方程。根据上述整体系统的受力分析,知道该系统在 x 方向上还有动量守恒。

对系统进行运动分析。棱柱 B 的质心 C_B 有向右的速度 $\boldsymbol{v}_B$,$\boldsymbol{v}_B$ 是滑块 A 的牵连速度,图 8-31a 中所示的 $\boldsymbol{v}_{AB}$ 是其相对棱柱 B 的速度。显然,滑块 A 的质心 C_A 的绝对速度 $\boldsymbol{v}_A=\boldsymbol{v}_B+\boldsymbol{v}_{AB}$。

考察整体系统,写出的能量守恒与动量守恒式分别为

$$\frac{1}{2}m_Bv_B^2+\frac{1}{2}m_A[(v_B-v_{AB}\cos\alpha)^2+(v_{AB}\sin\alpha)^2]-m_Agx_r\sin\alpha=0 \tag{a}$$

$$m_Bv_B+m_A(v_B-v_{AB}\cos\alpha)=0 \tag{b}$$

根据整体系统所受主动力为常力的特点,求解运动规律 $x_B=f(t)$ 与 $x_{Ar}=f(t)$。根据题意,滑块 A 和棱柱 B 的质心的运动初始条件分别为

$$t=0,\quad x_{Ar0}=0,\quad \dot{x}_{Ar0}=0;\qquad x_{B0}=0,\quad \dot{x}_{B0}=0 \tag{c}$$

积分式(b),并由式(c),不难得出

$$m_Bx_B+m_A(x_B-x_{Ar}\cos\alpha)=0 \tag{d}$$

联立求解式(a)、式(b)和式(d),得到

$$v_B^2=2\left[\frac{m_Ag\sin 2\alpha}{2(m_A\sin^2\alpha+m_B)}\right]x_B \tag{e}$$

$$v_{AB}^2=2\left[\frac{(m_A+m_B)g\sin\alpha}{m_A\sin^2\alpha+m_B}\right]x_{Ar} \tag{f}$$

式(e)与式(f)表明,棱柱 B 的绝对运动与滑块 A 的相对运动分别为沿 Ox 轴和沿 O_rx_r 轴作等加速直线平移。两式中的方括号项即为各自的加速度。因此,B 与 A 的运动规律分别为

$$x_B=\frac{m_Ag\sin 2\alpha}{4(m_A\sin^2\alpha+m_B)}t^2 \tag{g}$$

$$x_{Ar}=\frac{(m_A+m_B)g\sin\alpha}{2(m_A\sin^2\alpha+m_B)}t^2 \tag{h}$$

(2) 分析 B 对 A 的斜面约束力 $\boldsymbol{F}_{N1}$ 大小是否等于 $m_Ag\cos\alpha$

如图 8-31b 所示,考察滑块 A,并分析其加速度:$\boldsymbol{a}_B$ 为滑块 A 的牵连加速度,$\boldsymbol{a}_{AB}$ 为滑块 A 相对棱柱 B 的加速度。滑块 A 的绝对加速度 $\boldsymbol{a}_A=\boldsymbol{a}_B+\boldsymbol{a}_{AB}$。

将质心运动定理在 y_r 方向投影,有

$$m_A(-a_B\sin\alpha)=-m_Ag\cos\alpha+F_{N1} \tag{i}$$

由该式得

$$F_{N1}=m_Ag\cos\alpha-m_Aa_B\sin\alpha \tag{j}$$

这表明,F_{N1} 的大小由静约束力($m_Ag\cos\alpha$)和动约束力($-m_Aa_B\sin\alpha$)两部分组成。因为式(e)表明,$a_B>0$,所以 $F_{N1}\neq m_Ag\cos\alpha$。由此说明,若局限于应用静力学概念分析和处理动力学问题,就会得到错误结果:约束力 $F_{N1}=m_Ag\cos\alpha$。

§8-7 本章讨论与小结

8-7-1 质点系矢量动力学的两个矢量系(外力系与动量系)及其关系

如图 8-32a 所示,作用在由 n 个质点组成的质点系上的外力系($\boldsymbol{F}_1,\cdots,\boldsymbol{F}_n$),其基本特征量是主矢 $\boldsymbol{F}_R^e=\sum\boldsymbol{F}_i$,对点 O 的主矩 $\boldsymbol{M}_O^e=\sum\boldsymbol{M}_O(\boldsymbol{F}_i)$。

如图 8-32b 所示,作用在同一质点系上的动量系($m_1\boldsymbol{v}_1,\cdots,m_n\boldsymbol{v}_n$),其基本特征量是主矢,即质点系动量 $\boldsymbol{p}=\sum m_i\boldsymbol{v}_i$,对点 O 的主矩,即质点系对点 O 的动量矩 $\boldsymbol{L}_O=\sum\boldsymbol{r}_i\times m_i\boldsymbol{v}_i$。

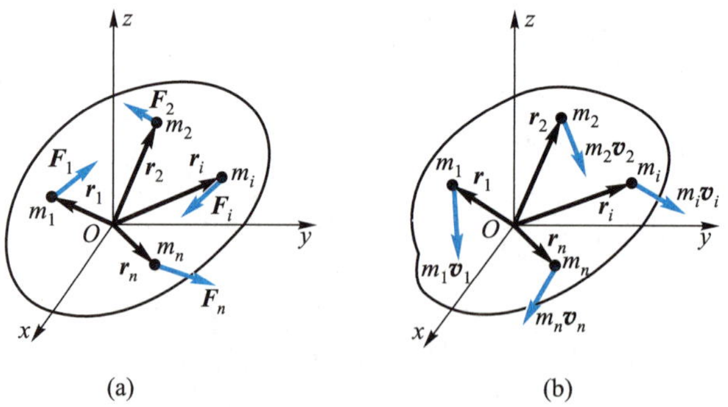

图 8-32 同一质点系的外力系与动量系

两个矢量系的关系:

动量系主矢对时间的变化率等于外力系的主矢,即为质点系动量定理 $\frac{d\boldsymbol{p}}{dt}=\boldsymbol{F}_R^e$。

动量系对定点 O(或质心 C)的主矩对时间的变化率等于外力系对同一点的主矩,即质

点系动量矩定理$\frac{\mathrm{d}\boldsymbol{L}_O}{\mathrm{d}t}=\boldsymbol{M}_O^{\mathrm{e}}$或$\frac{\mathrm{d}\boldsymbol{L}_C}{\mathrm{d}t}=\boldsymbol{M}_C^{\mathrm{e}}$。

8-7-2　工程实例分析

- **动约束力分析**

请读者结合本章中关于动约束力的分析,研究下列现象:

人静止蹲(或半蹲)在磅秤上(图 8-33a)。此时磅秤指针显示人体的重量。然后,人的双脚不离开磅秤慢慢站起,同时双臂上举,并再保持静止(图 8-33b、c)。在这一运动过程中,磅秤指针的读数将发生什么变化?

图 8-33　人在磅秤上的运动过程

- **跳高运动员的过杆姿势**

跳高运动中,运动员一般可视为特殊的质点系——多刚体系统,即将运动员视为由头部、上下躯干、四肢和手脚等十几个刚体用铰链连接而成的系统,其运动当然是复杂的。但就整体而言,在运动员助跑、起跳、腾空、过杆以至落地的过程中,忽略空气阻力、只考虑重力作用的情形下,质心的运动轨迹是一条确定的抛物线,如图 8-34 所示。运动员各部分的相对运动不能改变这一轨迹的形状。

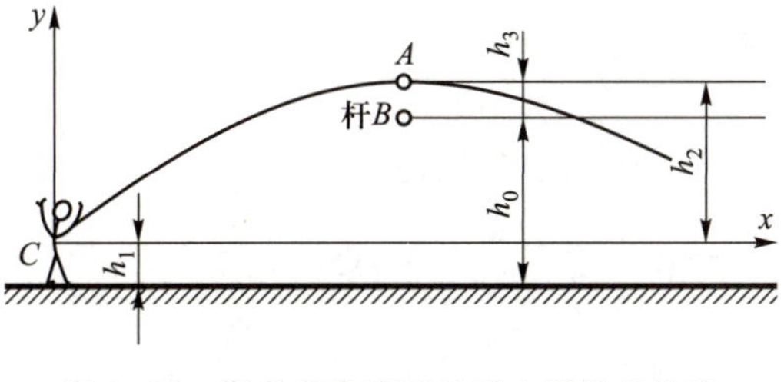

图 8-34　运动员跳高时的质心抛物线轨迹

跳高的成绩在很大程度上取决于质心抛物线轨迹的最高点 A 的铅垂高度$h=h_1+h_2$。式中,h_1 为运动员离地前的质心高度,而 h_2 则决定于运动员踏地瞬间获得的铅垂方向动量,这是决定跳高成绩的重要因素。

另一方面,质心过杆并不等于运动员过杆。所以,运动员在空中的动作和过杆姿势直接影响跳高成绩。最佳的过杆姿势是：运动员能过杆，且 $AB=h_3$ 为最小（B 处为杆的位置）。

如图 8-35 所示为三种过杆姿势。

跨越式：跃起过杆时，躯干基本保持直立，两腿接近水平姿势，$h_3=254\sim305$ mm。这种姿势虽然简单易学，但运动成绩不会很高。

俯卧式：跃起过杆时，运动员身体与横杆成俯卧姿势，类似于身体"裹"住横杆。$h_3=51\sim102$ mm。这是一种比较高级的过杆姿势。

背越式：运动员的背部成弓形，从杆上越过。这是目前最优的一种过杆方式。这种姿势提供了一种可能：运动员从杆上通过，而运动员的质心是从杆下或杆中通过的。

图 8-35　跳高运动的三种过杆姿势

- **两种跳水运动的腾空动作**

如图 8-36 所示为团身后空翻一周半跳水动作。运动员在蹬离跳板后（动作 1），若忽略空气阻力，其身体质心的抛物线轨迹便已经确定。同时由双脚与跳板的作用，获得绕过质心横轴（轴 z）的动量矩 L_{Cz}。由于腾空后只受重力作用，所以相对质心动量矩守恒，即 $L_{Cz}=$常量。从动作 2 至动作 4，运动员团身，缩小各肢体与质心轴 z 的距离，绕质心快速旋转一周。在动作 4 以后，运动员放开团身，使这一旋转减慢，再经过半周后入水。

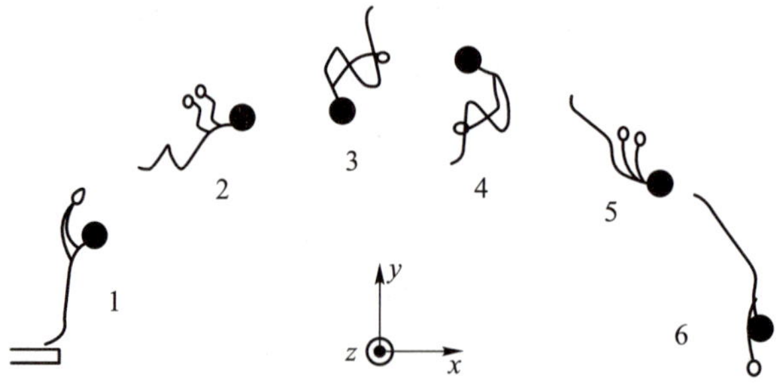

图 8-36　团身后空翻一周半跳水动作

如图 8-37 所示为屈体向前跳水。与图 8-36 所示动作不同的是，运动员在用双脚蹬离跳板时所获得的相对质心动量矩 L_{Cz}（仍有 $L_{Cz}=$常量），从动作 1 至动作 4，先集中于上半身（主要是头与躯干），在此运动阶段，下肢基本上无转动；而从动作 4 至动作 7（入水），此相对质心动量矩 L_{Cz} 又集中于下半身（主要是大腿与小腿），上半身却基本上无转动。这种力学现象称为总动量矩守恒下的各部分物体间动量矩转移。

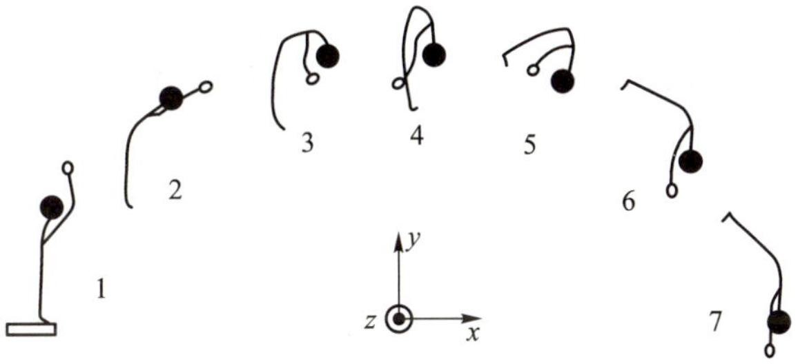

图 8-37 屈体向前跳水动作

- **直升机尾桨的平衡作用**

8-3 直升机尾桨的平衡作用实验

直升机的旋翼转动时,空气对直升机产生升力,故它称为升力螺旋桨。现在假设升力与重力相平衡,即直升机处于悬停状态,旋翼以等角速度 ω 绕定轴 z 转动(图 8-38a)。

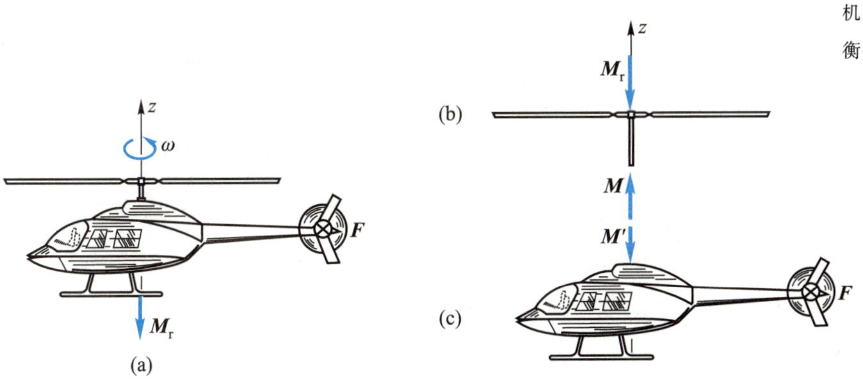

图 8-38 直升机整体系统与旋翼、机身子系统

考察直升机整体系统。空气除对其产生升力外,还产生气动阻力偶 $\boldsymbol{M}_r$。$\boldsymbol{M}_r$ 作用在旋翼上,也是作用在整体系统上,其方向与 $\boldsymbol{\omega}$ 相反。这样,根据式(8-29)的第三式,如果没有尾桨,机身将在 $\boldsymbol{M}_r$ 作用下,产生与角速度 $\boldsymbol{\omega}$ 反向的旋转。而尾桨旋转时,空气对其叶片产生垂直于纸面向内的气动力 $\boldsymbol{F}$,并使该力对轴 z 之矩与阻力偶 $\boldsymbol{M}_r$ 大小相等,方向相反,即 $\boldsymbol{M}_z(\boldsymbol{F})=-\boldsymbol{M}_r$,以使机身在空中保持平衡。

上述问题还可以将整体系统分为旋翼与机身两个子系统进行分析(图 8-38b、c)。旋翼受气动阻力偶 $\boldsymbol{M}_r$ 与发动机的内主动力偶(对现在的考察对象则为外主动力偶)$\boldsymbol{M}$ 作用。因 $\boldsymbol{M}_r=-\boldsymbol{M}$,故旋翼以等角速度 $\boldsymbol{\omega}$ 旋转。另外,机身上受到反作用力偶 $\boldsymbol{M}'$ 的作用,若要维持飞机在空中悬停,即要尾桨提供上述力 $\boldsymbol{F}$,以使 $M'=-M_z(\boldsymbol{F})$。

以上只对尾桨产生气动力矩 $M_z(\boldsymbol{F})$ 用以平衡旋翼上的气动阻力偶 M_r 的作用作了分析。尾桨的其他功能如操纵航向并使其保持稳定等不再赘述。

此外,根据质点系动量定理,作用在尾桨上的气动力 $\boldsymbol{F}$ 会使直升机的质心产生垂直纸面的运动。这可由倾斜主旋翼轴产生的另一与之相反方向的气动力与之平衡来解决,这里不再详述。

- 驱动汽车行驶的力

图 8-39 所示为一汽车向左加速行驶时的受力图，包括汽车重力 $\boldsymbol{W}$、两轮分别受到的地面约束力 $\boldsymbol{F}_{N1}$ 和 $\boldsymbol{F}_{N2}$、滚动阻力偶 M_{f1} 与 M_{f2} 和空气阻力 $\boldsymbol{F}_r$。此外，对于后轮驱动的汽车，发动机汽缸内气体的爆炸力是汽车的内力，它通过传动机构作用在两后轮上按逆时针转向的内主动力偶 $\boldsymbol{M}$，使后轮上与地面相接触的点产生向后滑动的趋势，这样，地面对后轮便作用有方向向前的摩擦力 $\boldsymbol{F}_1$。由于汽车的前轮是从动轮，在后轮上内主动力偶 $\boldsymbol{M}$ 的作用下，前轮上与地面相接触的点便产生向前的滑动趋势，因而前轮受方向向后的摩擦力 $\boldsymbol{F}_2$ 作用。根据质心运动定理，有

$$m\boldsymbol{a}_C=\boldsymbol{F}_1-\boldsymbol{F}_2-\boldsymbol{F}_r$$

式中，m、$\boldsymbol{a}_C$ 分别是汽车的质量和质心加速度。

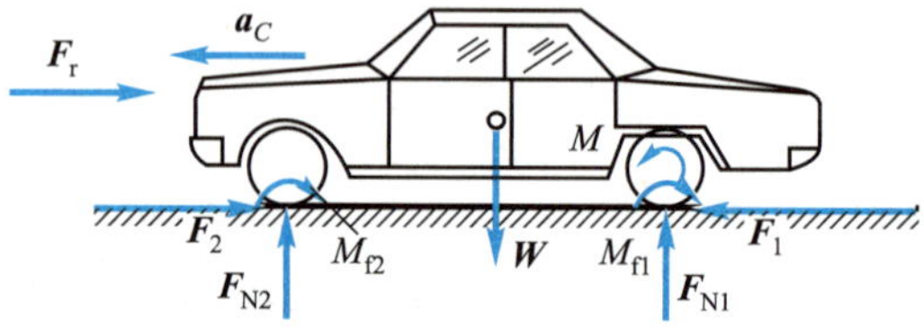

图 8-39 后轮驱动的汽车向左作加速运动时的受力图

该式表明，后轮上受到的摩擦力 $\boldsymbol{F}_1$ 即为汽车的驱动力。在汽车行驶时，只有 $F_1>F_2+F_r$ 时，才能使其质心获得向前的加速度，从而使汽车向前行驶。

另一方面，根据质点系动能定理，写出汽车的动能变化方程

$$T_2-T_1=W_{1-2}(M)-W_{1-2}(M_{f1}+M_{f2})-\int_{s_1}^{s_2}F_r\mathrm{d}s$$

式中，等号左边项为汽车质心从位置 s_1 至位置 s_2 的过程中汽车动能的变化，右边三项分别为上述运动过程中，内主动力偶 M 所做的正功、滚动阻力偶 M_{f1} 与 M_{f2} 做的负功及空气阻力 F_r 做的负功。为简单说明问题，假设车轮与路面作纯滚动且未计入汽车内各运动构件间的内摩擦力（或力偶）所做的负功。

总之，汽车行驶包含下列过程：发动机给出的主动力偶克服阻力和阻力偶做功使汽车的动能增加；与汽车运动方向相同的车轮摩擦力克服方向相反的摩擦力与空气阻力使汽车的动量增加。前者是内因，后者是外因。如果轮-路之间虽然足够粗糙，但发动机不发出功率，驱动力仍然为零；相反，如果路面太光滑，车轮空转再快，汽车仍不能行驶。

8-7-3 本章小结

（1）质点系的动量 $\boldsymbol{p}=\sum m\boldsymbol{v}=M\boldsymbol{v}_C$

质点系的动量定理 $\dfrac{\mathrm{d}\boldsymbol{p}}{\mathrm{d}t}=\sum\boldsymbol{F}^{e}$

（2）质心运动定理 $M\boldsymbol{a}_C=\sum\boldsymbol{F}^{e}$

（3）质点系对点 O 的动量矩 $\boldsymbol{L}_O=\sum\boldsymbol{r}_i\times m_i\boldsymbol{v}_i$

质点系对质心 C 的动量矩 $\boldsymbol{L}_C=\sum \boldsymbol{r}_i'\times m_i\boldsymbol{v}_{ir}$

质点系对点 O 的动量矩与质点系对质心 C 的动量矩的关系

$$\boldsymbol{L}_O=\boldsymbol{r}_C\times m\boldsymbol{v}_C+\boldsymbol{L}_C$$

(4) 质点系对定点 O 的动量矩定理

$$\frac{\mathrm{d}\boldsymbol{L}_O}{\mathrm{d}t}=\boldsymbol{M}_O^{\mathrm{e}}$$

质点系对质心 C 的动量矩定理 $\dfrac{\mathrm{d}\boldsymbol{L}_C}{\mathrm{d}t}=\boldsymbol{M}_C^{\mathrm{e}}$

(5) 动能是物体机械运动的一种度量

质点系的动能 $T=\sum\dfrac{1}{2}m_iv_i^2$

柯尼西定理 $T=\dfrac{1}{2}mv_C^2+T_{\mathrm{r}}$

平移刚体的动能 $T=\dfrac{1}{2}mv_C^2$

定轴转动刚体的动能 $T=\dfrac{1}{2}J_z\omega^2$

平面运动刚体的动能 $T=\dfrac{1}{2}mv_C^2+\dfrac{1}{2}J_{Cz}\omega^2=\dfrac{1}{2}J_{C^*z}\omega^2$

(6) 力的功是力对物体作用的累积效应的度量

$$W_{1-2}=\int_{\widehat{12}}\boldsymbol{F}\cdot\mathrm{d}\boldsymbol{r}=\int_s F\cos\angle(\boldsymbol{F},\boldsymbol{e}_{\mathrm{t}})\,\mathrm{d}s=\int_{\widehat{12}}(F_x\mathrm{d}x+F_y\mathrm{d}y+F_z\mathrm{d}z)$$

直线弹簧力的功 $W_{1-2}=\dfrac{1}{2}k(x_1^2-x_2^2)$

扭转弹簧力矩的功 $W_{1-2}=\dfrac{1}{2}k(\theta_1^2-\theta_2^2)$

刚体上力偶的功 $W_{1-2}=\displaystyle\int_{\varphi_1}^{\varphi_2}M\mathrm{d}\varphi$

(7) 动能定理

微分形式 $\mathrm{d}T=\mathrm{d}W$

积分形式 $T_2-T_1=W_{1-2}$

(8) 有势力在有限路程上所做的功仅与其初始和终点的位置有关,而与其作用点所经过的路径无关。

势能是系统从某一位置到势能零点位置时,其上有势力所做的功。

机械能守恒:系统仅在有势力做功下运动时,其机械能保持不变,即

$$T+V=\text{常数}$$

习　题

选择填空题

8-1 图示均质圆环的质量为 m，内、外直径分别为 d 和 D。则此盘对垂直于圆环面的中心轴 O 的转动惯量为(　　)。

① $md^2/8$　　② $mD^2/8$

③ $m(D^2-d^2)/8$　　④ $m(D^2+d^2)/8$

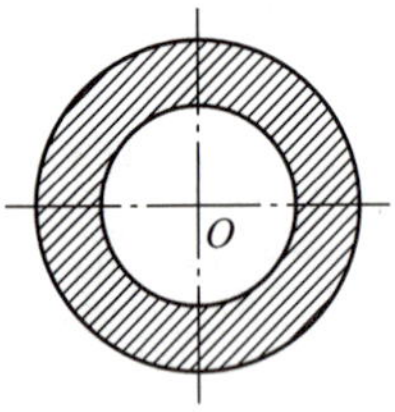

习题 8-1 图

8-2 杆 OA 绕轴 O 逆时针转动，均质圆盘沿杆 OA 作纯滚动，如图所示。已知圆盘的质量 $m=20$ kg，半径 $R=10$ cm。在图示位置时，杆 OA 的倾角为 30°，其转角的角速度 $\omega_1=1$ rad/s，圆盘相对于杆 OA 转动的角速度 $\omega_2=4$ rad/s，$OB=10\sqrt{3}$ cm，则此时圆盘的动量大小为(　　)。

① 6.93 N·s　　② 8 N·s　　③ 8.72 N·s　　④ 4 N·s

8-3 图示平面四连杆机构中，曲柄 O_1A、O_2B 和连杆 AB 皆可视为质量为 m、长为 $2r$ 的均质细杆。图示瞬时，曲柄 O_1A 逆时针转动的角速度为 ω，则该瞬时此系统的动量 $\boldsymbol{p}$ 为(　　)。

① $2\ mr\omega\boldsymbol{i}$　　② $3\ mr\omega\boldsymbol{i}$　　③ $4\ mr\omega\boldsymbol{i}$　　④ $6\ mr\omega\boldsymbol{i}$

8-4 图示平面机构中，物块 A 的质量为 m_1，可沿水平直线轨道滑动；均质杆 AB 的质量为 m_2、长为 $2l$，其 A 端与物块铰接，B 端固连一质量为 m_3 的质点。图示瞬时，物块的速度为 $\boldsymbol{v}$，杆的角速度为 ω，则此平面机构在该瞬时的动量 $\boldsymbol{p}$ 为(　　)。

① $(m_1+m_2+m_3)v\boldsymbol{i}$

② $[m_1v-(m_2+2m_3)l\omega\cos\theta]\boldsymbol{i}-(m_2+2m_3)l\omega\sin\theta\boldsymbol{j}$

③ $[m_1v-(m_2+2m_3)l\omega\cos\theta]\boldsymbol{i}+(m_2+2m_3)l\omega\sin\theta\boldsymbol{j}$

④ $[(m_1+m_2+2m_3)v-(m_2+2m_3)l\omega\cos\theta]\boldsymbol{i}-(m_2+2m_3)l\omega\sin\theta\boldsymbol{j}$

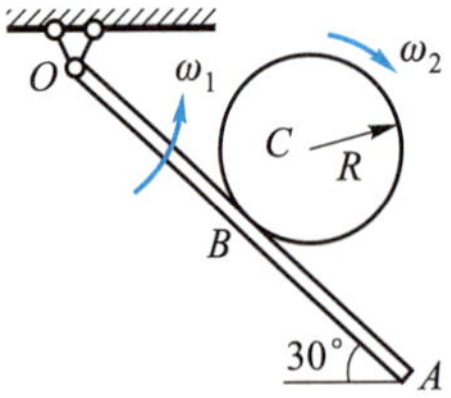

习题 8-2 图

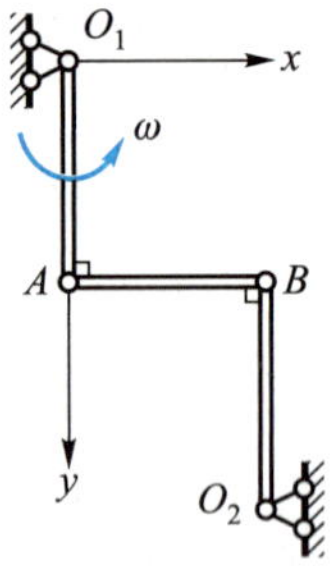

习题 8-3 图

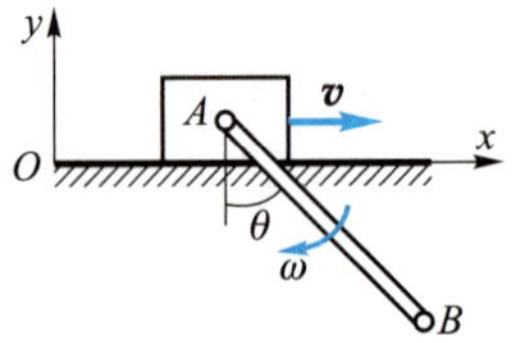

习题 8-4 图

8-5 已知三棱柱 A 的质量为 m_1，物块 B 质量为 m_2，在图示三种情形下，物块均由三棱柱顶端无初速释放。若三棱柱初始静止，不计各处摩擦，不计弹簧质量，则运动过程中(　　)情形动量守恒。

8-6 一均质杆 OA 与均质圆盘在圆盘中心 A 处铰接，在图示位置时，杆 OA 绕固定轴 O 转动的角速度为 ω，圆盘相对于杆 OA 的角速度也为 ω。设杆 OA 与圆盘的质量均为 m，圆盘的半径为 r，杆长 $l=3r$，则此时该系统对固定轴 O 的动量矩大小为(　　)。

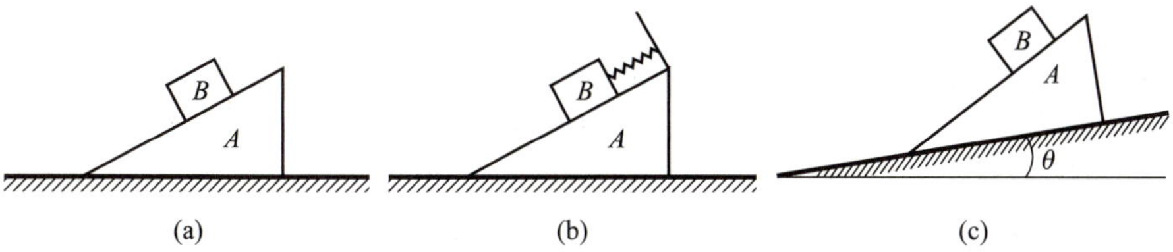

习题 8-5 图

① $L_O=22mr^2\omega$　　② $L_O=12.5mr^2\omega$　　③ $L_O=13mr^2\omega$　　④ $L_O=12mr^2\omega$

8-7　图 a 所示均质圆盘沿水平地面作直线平移，图 b 所示均质圆盘沿水平直线作纯滚动。设两盘质量皆为 m，半径皆为 r，轮心 C 的速度皆为 $\boldsymbol{v}$，则图示瞬时，它们各自对轮心 C 和对与地面接触点 D 的动量矩分别为

图 a：$L_C=($　　　　$)$，　$L_D=($　　　　$)$；

图 b：$L_C=($　　　　$)$，　$L_D=($　　　　$)$。

8-8　三棱柱 B 沿三棱柱 A 的斜面运动，三棱柱 A 沿光滑水平面向左运动，如图所示。已知 A 的质量为 m_1，B 的质量为 m_2；某瞬时 A 的速度为 $\boldsymbol{v}_1$，B 沿斜面的速度为 $\boldsymbol{v}_2$。则此时三棱柱 B 的动能为（　　）。

① $\dfrac{1}{2}m_2v_2^2$　　② $\dfrac{1}{2}m_2(v_1-v_2)^2$

③ $\dfrac{1}{2}m_2(v_1^2-v_2^2)$　　④ $\dfrac{1}{2}m_2[(v_1-v_2\cos\theta)^2+v_2^2\sin^2\theta]$

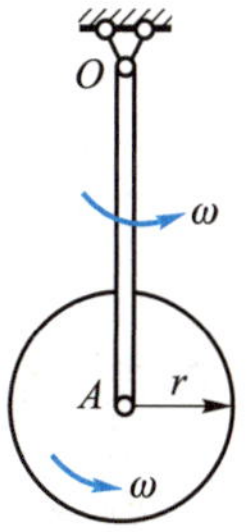

习题 8-6 图

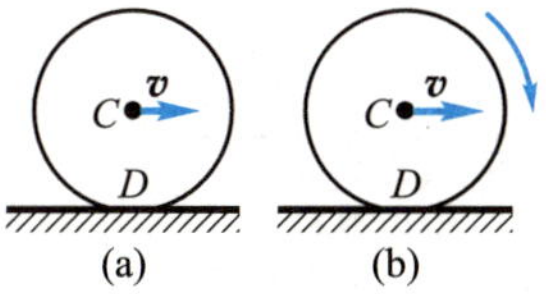

习题 8-7 图

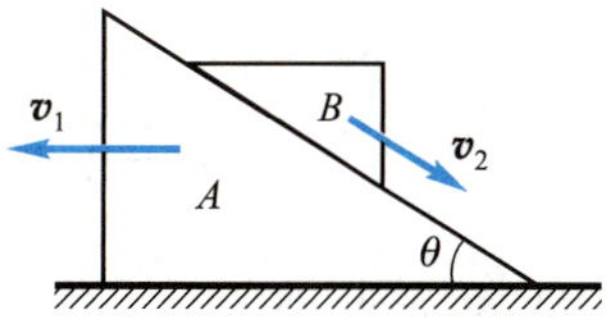

习题 8-8 图

8-9　一质量为 m，半径为 r 的均质圆轮以等角速度 ω 沿水平面作纯滚动，均质杆 OA 与圆轮在轮心 O 处铰接，如图所示。设杆 OA 长 $l=4r$，质量 $M=m/4$。在图示杆与铅垂线的夹角 $\varphi=60°$ 时，其角速度 $\omega_{OA}=\omega/2$，则此时该系统的动能为（　　）。

① $T=\dfrac{25}{24}mr^2\omega^2$　　② $T=\dfrac{11}{12}mr^2\omega^2$　　③ $T=\dfrac{7}{6}mr^2\omega^2$　　④ $T=\dfrac{2}{3}mr^2\omega^2$

8-10　均质圆盘 A，半径为 r，质量为 m，在半径为 R 的固定圆柱面内作纯滚动，如图所示。则圆盘的动能为（　　）。

① $T=\dfrac{3}{4}mr^2\dot{\varphi}^2$　　② $T=\dfrac{3}{4}mR^2\dot{\varphi}^2$

③ $T=\dfrac{1}{2}m(R-r)^2\dot{\varphi}^2$　　④ $T=\dfrac{3}{4}m(R-r)^2\dot{\varphi}^2$

8-11　如图所示，轮Ⅱ由系杆 O_1O_2 带动在固定轮Ⅰ上无滑动滚动，两轮半径分别为 R_1、R_2。若轮Ⅱ的

质量为 m，系杆的角速度为 ω，则轮 Ⅱ 的动能为（　　），轮 Ⅱ 对固定轴 O_1 的动量矩为（　　）。

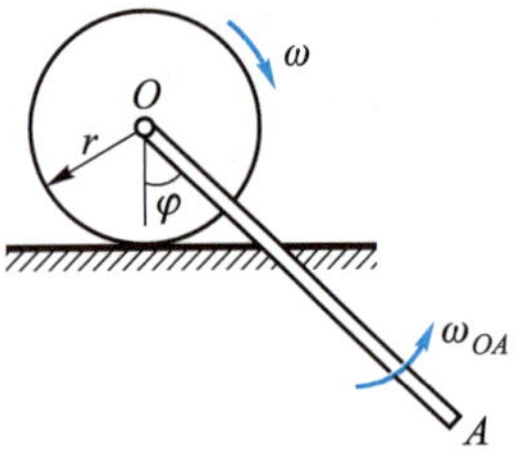

习题 8-9 图

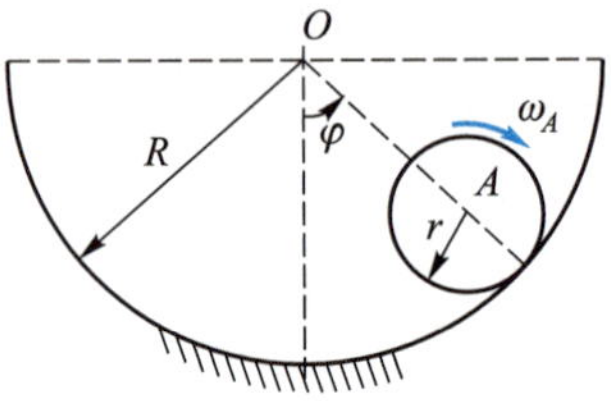

习题 8-10 图

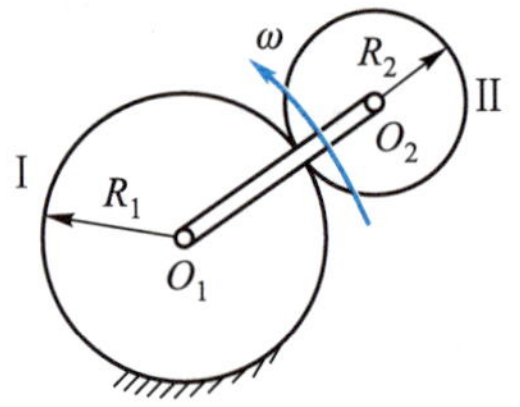

习题 8-11 图

分析计算题

8-12 图示水泵的固定外壳 D 和基础 E 的质量为 m_1，曲柄 $OA=d$，质量为 m_2，滑道 B 和活塞 C 的质量为 m_3。若曲柄 OA 以角速度 ω 作等角速度转动，试求水泵在汲水时给地面的动压力（曲柄可视为均质杆）。

8-13 机车以速度 $v=72$ km/h 沿直线轨道行驶，如图所示。平行杆 ABC 质量为 200 kg，其质量可视为沿长度均匀分布。曲柄长 $r=0.3$ m，质量不计。车轮半径 $R=1$ m，车轮只滚动不滑动。求车轮施加于铁轨的动压力的最大值。

8-14 图示凸轮机构中，凸轮半径为 r、偏心距为 e。凸轮绕 A 轴以等角速度 ω 转动，带动滑杆 D 在套筒 E 中沿水平方向作往复运动。已知凸轮质量为 m_1，滑杆质量为 m_2，求在任一瞬时机座螺钉所受的动约束力。

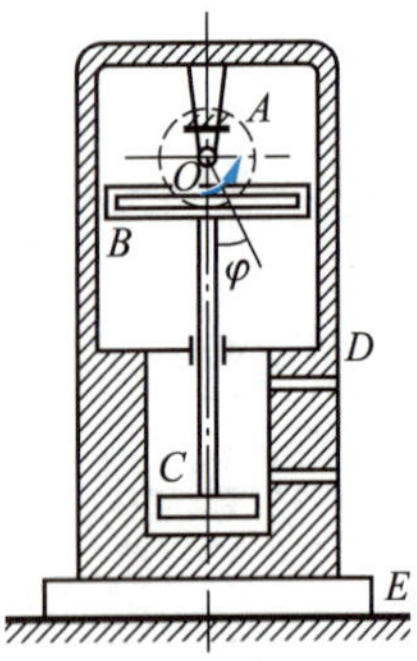

习题 8-12 图

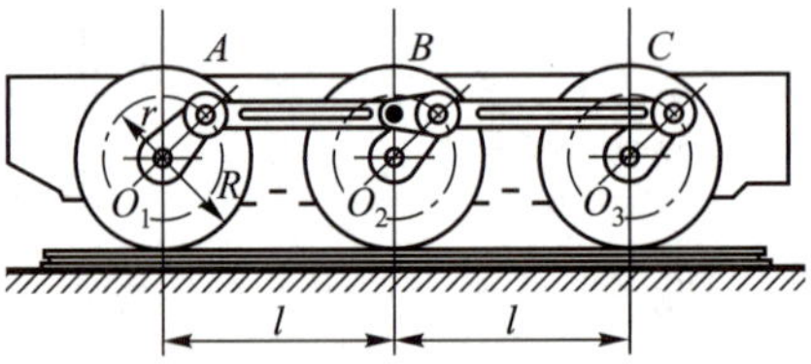

习题 8-13 图

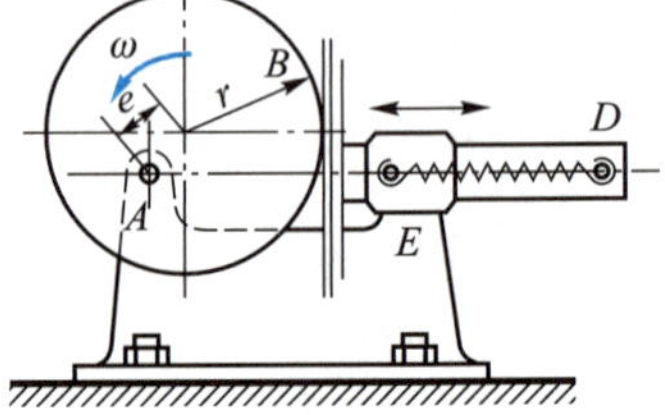

习题 8-14 图

8-15 图示立式内燃机中，气缸、机架和轴承的质量共为 10×10^3 kg，活塞质量为 981 kg，其质心在十字头 O 处。活塞的冲程为 600 mm，每分钟的转数为 300 r。曲柄长 r 与连杆长 l 之比为 1/6，曲柄与连杆的质量忽略不计。发动机用螺栓固定在基础上，机器未开动时，螺杆的受力等于零，求发动机在基础上的最大压力 F_N 及作用在全部螺杆上最大的拉力 F_T。

提示：将根式 $\sqrt{1-\left(\dfrac{r}{l}\right)^2\sin^2\varphi}$ 展开为级数，并舍去其中高于 $\left(\dfrac{r}{l}\right)^2$ 的项。

8-16 图示框架质量为 M，置于光滑水平面上。框架中单摆的摆长为 l，质量为 m。在摆角为 θ_0 时框架处于静止状态，此时将单摆自由释放。求当单摆运动到铅垂位置时框架的位移。

8-17 自动传送带如图所示，其运煤量恒为 20 kg/s，传送带速度为 1.5 m/s。试求匀速传送时传送带作用于煤块的总水平推力。

8-18　图中所示为水柱对涡轮的固定叶片作用的情形。已知水的体积流量为 q_V，密度为 ρ，水击在叶片上的速度 v_1 是水平的，水流出的速度 v_2 与水平线成角 α。试求水对叶片压力的水平分力。

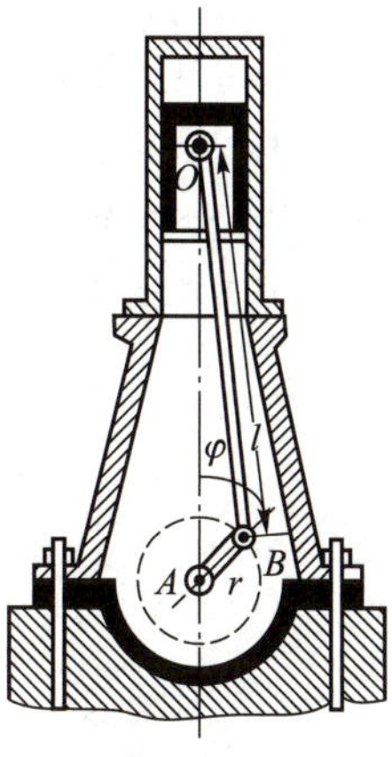

习题 8-15 图

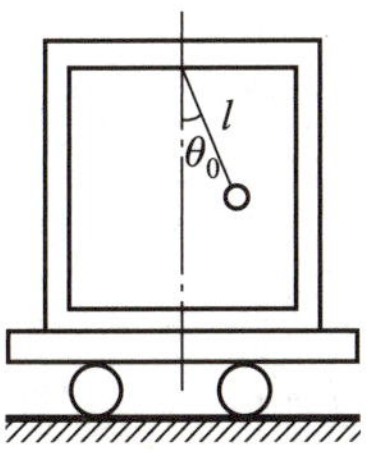

习题 8-16 图

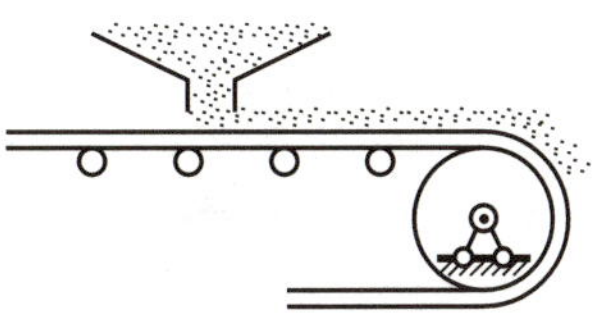
习题 8-17 图

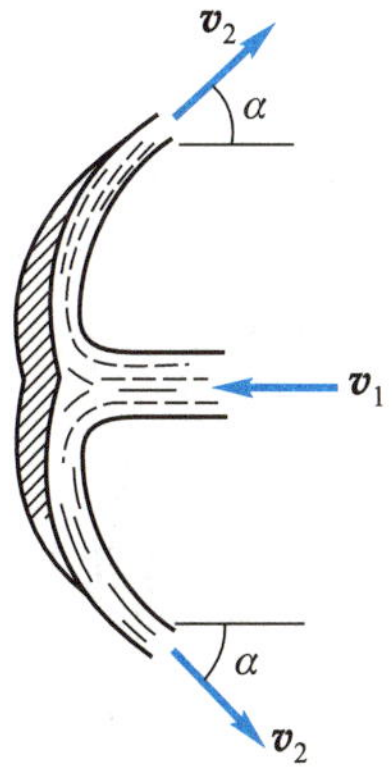

习题 8-18 图

8-19　扫雪机每小时能将质量为 1.63×10^6 kg 的积雪抛掷到道路侧边，如图所示。设抛雪装置以相对速度 15 m/s 沿 45°仰角向侧边抛雪，扫雪机以匀速 $v=18$ km/h 沿直线运动。试求扫雪机扫雪所需之牵引力 F_{Ry} 和轮胎所受的总侧向力 F_{Rx}。

8-20　质量为 m_1、m_2 的两重物分别系在两柔软不可伸长的绳子上，如图所示。两绳分别绕在半径为 r_1 和 r_2 并固结在一起的鼓轮上。重物受重力作用而运动，试求鼓轮的角加速度 α 和轴承的约束力。鼓轮和绳的质量均可不计。

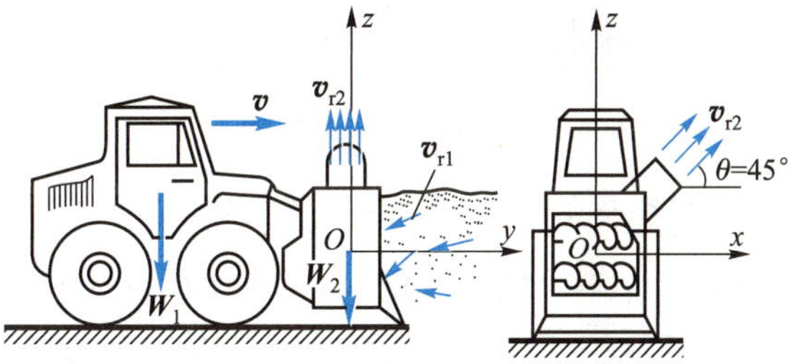

习题 8-19 图

8-21　图示双刹块式制动器，滚筒转动惯量为 J，外加转矩为 M，提升重物质量为 m，刹车时速度为 v_0，其他尺寸如图所示。闸块与滚筒间的动摩擦因数为 f。试求：

（1）设 F 为一定值，求重物的加速度；

（2）F 至少为多大，可以刹住滚筒？

（3）制动时间要求小于 t_1，问 F 需多大？

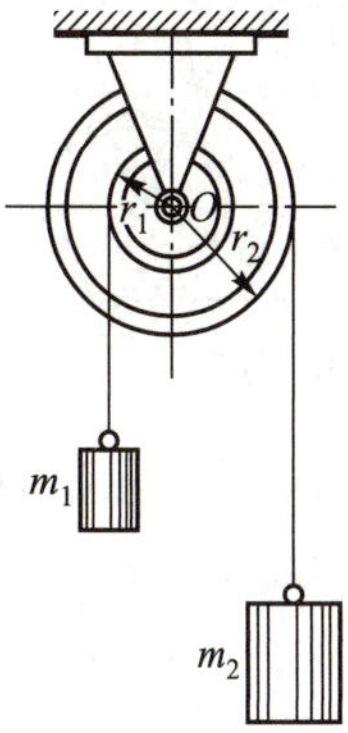

习题 8-20 图

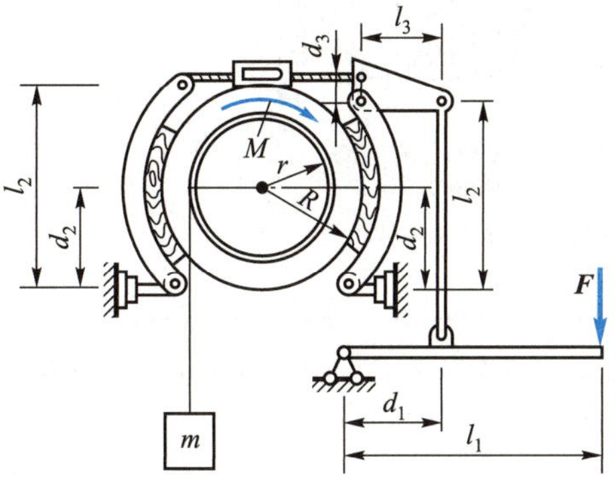

习题 8-21 图

8-22 水平圆盘可绕铅垂轴 z 转动,如图所示。其对 z 轴的转动惯量为 J_z。一质量为 m 的质点,在圆盘上作等速圆周运动,圆的半径为 r,速度为 v_0,圆心到盘心的距离为 l。开始运动时,质点在位置 A,圆盘角速度为零。试求圆盘角速度 ω 与角 φ 间的关系。轴承摩擦略去不计。

8-23 为了求得连杆的转动惯量,用一细圆杆穿过十字头销 A 处的衬套管,并使连杆绕这细杆的水平轴线摆动,如图 a,b 所示。摆动 100 次所用的时间为 100 s。另外,如图 c 所示,为了求得连杆重心到悬挂轴的距离 $AC=d$,将连杆水平放置,在点 A 处用杆悬挂,点 B 放置于台秤上,台秤的读数 $F=490$ N。已知连杆质量为 80 kg,A 与 B 间的距离 $l=1$ m,十字头销的半径 $r=40$ mm。试求连杆对于通过重心 C 并垂直于图面的轴的转动惯量 J_{Cz}。

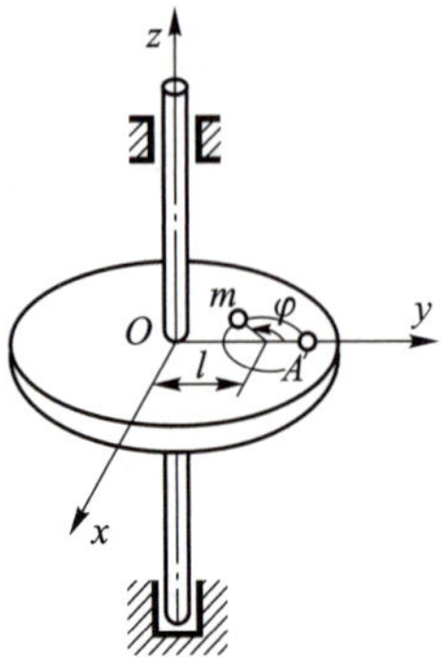

习题 8-22 图

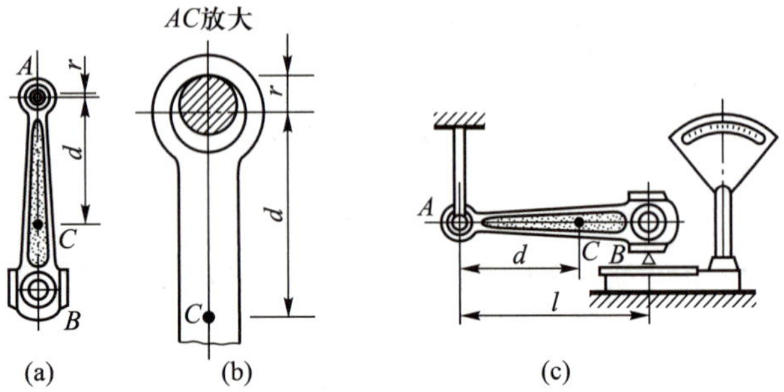

习题 8-23 图

8-24 绞车提升一质量为 m 的重物 P,如图所示。绞车在主动轴上作用一不变的转动力矩 M。已知主动轴和从动轴连同安装在这两轴上的齿轮,以及其他附属零件的转动惯量分别为 J_1 和 J_2,传动比 $\frac{z_2}{z_1}=i$。吊索缠绕在鼓轮上,鼓轮的半径为 R。设轴承的摩擦及吊索的质量均可略去不计。试求重物的加速度。

8-25 自行车(包括车轮)连同人的质量共 80 kg,每个车轮的质量均为 5 kg,轮的质量可认为均匀地分布在半径为 350 cm 的圆周上。轮与地面间的滚动阻碍系数为 5.0 mm。如在开始时,骑车人以 9 km/h 的速度前进,则骑车人停止踩踏板后,自行车还能行驶多少路程?

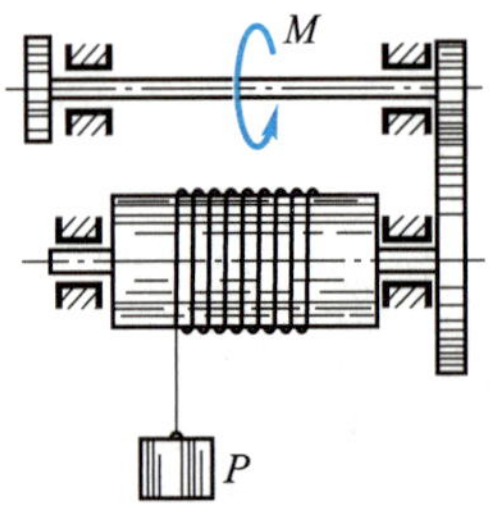

习题 8-24 图

习题 8-25 图

8-26 两均质杆 AC 和 BC 质量均为 m,长度均为 l,在 C 点由光滑铰链相连接,A、B 端放置在光滑水平面上,如图所示。杆系在铅垂面内的图示位置由静止开始运动,试求铰链 C 落到地面时的速度。

8-27 系统在图示位置处于平衡。其中,均质细杆 ABC 与 BD 的质量分别为 6 kg 与 3 kg,滑块的质量为 1 kg。弹簧刚度系数 $k=200$ N/m。现有方向向下的常力 $F=100$ N 作用在杆 ABC 的 A 端,试求杆 ABC 转过 20°后的角速度 ω_2。

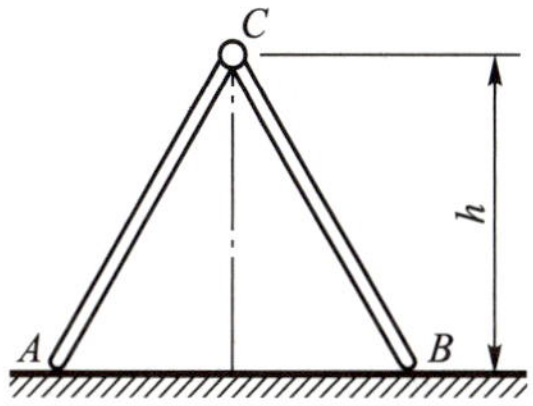

习题 8-26 图

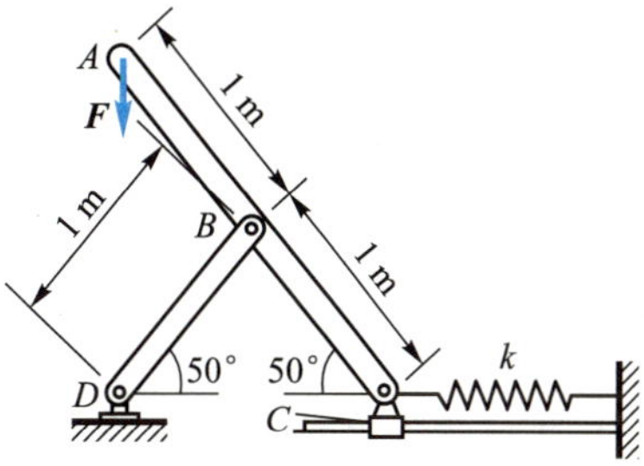

习题 8-27 图

8-28 二均质细杆长度均为 l，质量均为 m，相互在 B 点铰接并在铅垂面内运动。图示为系统的初始位置并处于静止，然后在常力偶 M 作用下发生运动。试求 A 点与 O 点接触时，A 点的速度 v_A。

8-29 图示圆环以角速度 ω_0 绕铅垂轴 z 自由转动，圆环半径为 R，对转轴的转动惯量为 J_z。圆环中在 A 点处置一质量为 m 的小球，由于微小干扰小球离开 A 点。若不计摩擦，试求当小球分别到达 B 点和 C 点时圆环的角速度和小球的速度。

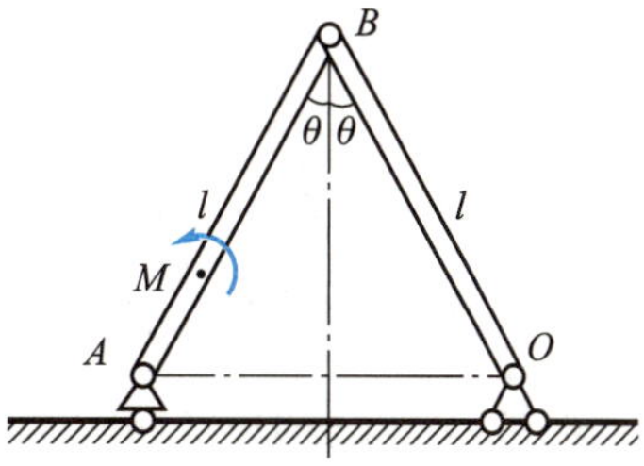

习题 8-28 图

8-30 弹簧两端各系重物 A 和 B，放置在光滑面上，如图所示。A 的质量为 m_1，B 的质量为 m_2。弹簧刚度系数为 k，原长为 l_0。现将弹簧拉长到 l，然后无初速地释放。试求当弹簧回到原长时，A、B 的速度。

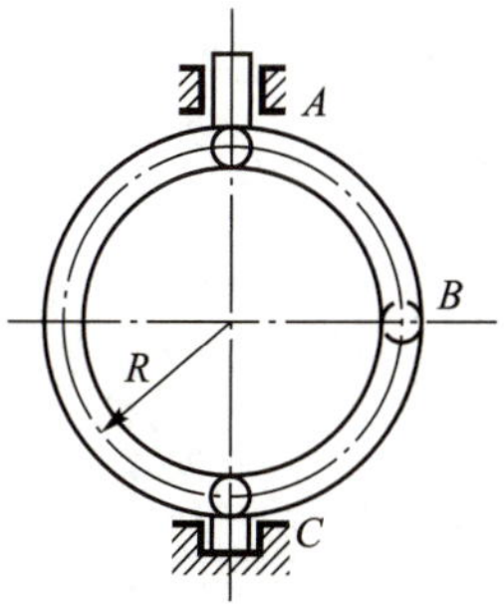

习题 8-29 图

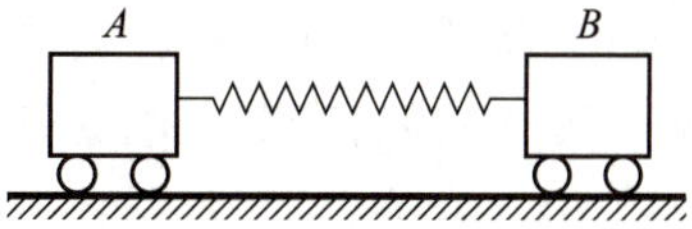

习题 8-30 图

第 9 章

刚体动力学

本章将利用质点系动量定理和质点系动量矩定理建立刚体定轴转动和刚体平面运动动力学方程，并简单介绍质点系动量矩定理在刚体定点转动动力学中的应用，即陀螺近似动力学理论。

§9-1 刚体定轴转动动力学方程

应用式(8-29)，可以得到刚体定轴转动动力学方程。设刚体绕定轴 z 转动(图 9-1)，其角速度与角加速度分别为 ω 与 α。刚体上第 i 个质点的质量为 m_i，至 z 轴的距离为 r_i，由式(8-25)可知，刚体对定轴 z 的动量矩为

$$L_z = J_z\omega$$

式中，$J_z = \sum(m_ir_i^2)$ 为刚体对轴 z 的转动惯量。

将上式代入式(8-29)的第三式，并注意到对刚体而言，J_z 不变，得

$$J_z\dot{\omega} = M_z^e \tag{9-1a}$$

或

$$J_z\alpha = M_z^e \tag{9-1b}$$

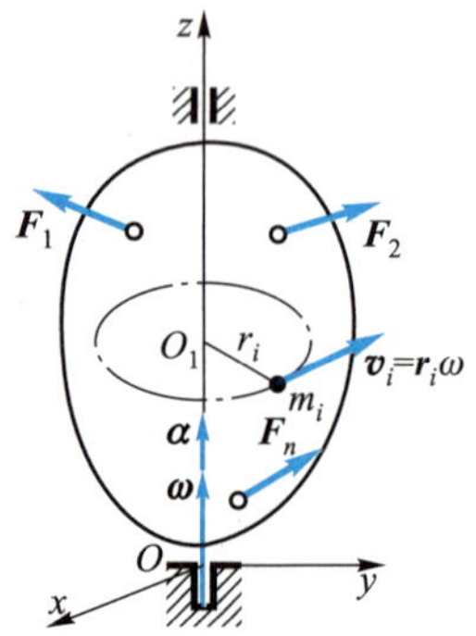

图 9-1　刚体定轴转动的动力学分析

该式即**刚体定轴转动动力学方程**(dynamic equation of a rigid body with a fixed axis)，即刚体对定轴的转动惯量与角加速度的乘积，等于作用在刚体上的外力系对该轴之矩。

式(9-1)是质点系对定轴动量矩定理的一个推论。由于工程上作定轴转动的刚体很普遍，所以式(9-1)具有重要的工程意义。

[例题 9-1]　半径为 R、质量为 m 的均质圆轮绕定轴 O 转动，如图 9-2 所示。轮上缠绕细绳，绳端悬挂重 W 的物块 P。试求物块下落的加速度。

解：将绳子截开，分为物块与轮两个考察对象，其受力如图 9-2 所示。

对物块应用质心运动定理：

$$\frac{W}{g}a_P = W - F_T \tag{a}$$

对轮应用定轴转动动力学方程：

$$\frac{1}{2}mR^2\alpha = F'_T R \tag{b}$$

由运动学关系：

$$a_P = \alpha R \tag{c}$$

将以上三式联立解得

$$a_P = \frac{W}{\dfrac{m}{2}+\dfrac{W}{g}} \tag{d}$$

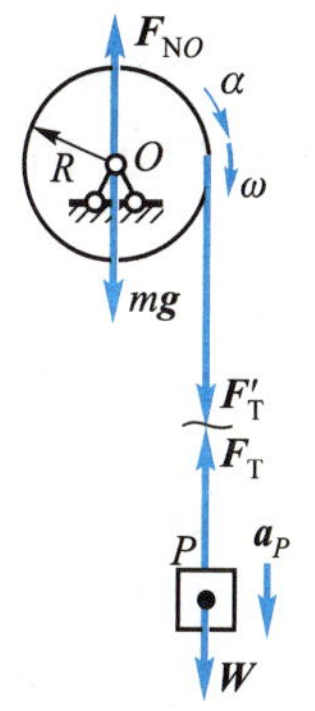

图 9-2　例题 9-1 图

请读者思考：

（1）如果考察整体系统，应用质点系对定轴的动量矩定理［式（8-29）第三式］，如何求解？并与上述方法比较。本题可否考虑整体系统应用 $J_{Oz}\alpha = M_{Oz}^{e}$ 求解？总结刚体定轴转动动力学方程与质点系（相对定轴）动量矩定理的区别与联系，从而明确前者的应用条件，不致将应该采用后者解决的问题，错误地用前者解决。

（2）若圆轮对轴 O 的转动惯量未知，则本例可用作测量圆轮转动惯量的装置。请读者自己设计测量方法。

［例题 9-2］　在重力作用下能绕固定轴摆动的物体称为**复摆**（compound pendulum）或**物理摆**（physical pendulum），如图 9-3a 所示。复摆的质心不在悬挂轴上。设摆的质量为 m，质心为 C，物体对通过质心并平行于悬挂轴的回转半径为 ρ_C，d 为质心到悬挂轴的距离。试求复摆作小摆动时的周期。

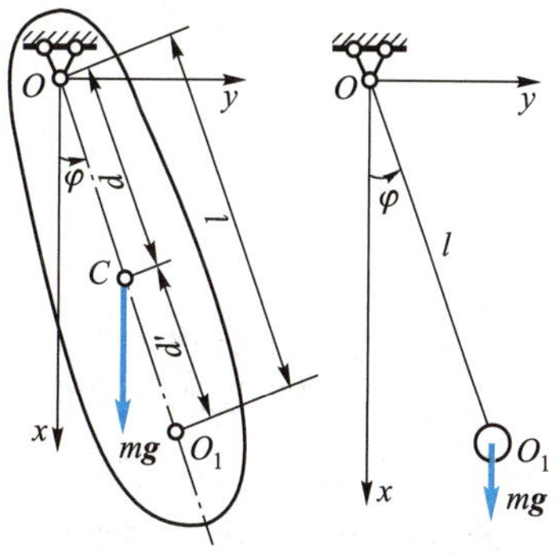

图 9-3　例题 9-2 图

解： 取复摆为研究对象，并规定以逆时针转向为正。

由式（9-1b），复摆的动力学微分方程为

$$m(\rho_C^2+d^2)\ddot{\varphi} = -mgd\sin\varphi$$

$$\ddot{\varphi}+\frac{gd}{\rho_C^2+d^2}\sin\varphi = 0 \tag{a}$$

当摆角 φ 很小时，有 $\sin\varphi\approx\varphi$，上式可化为

$$\ddot{\varphi}+\frac{gd}{\rho_C^2+d^2}\varphi = 0 \tag{b}$$

因此复摆作小摆动时的周期为

$$T = 2\pi\sqrt{\frac{\rho_C^2+d^2}{gd}} \tag{c}$$

本例小结：

- **利用复摆测量物体对轴的转动惯量**

将物体悬挂在轴上，并测量出摆的周期后，可由式(8-6)与例题9-2中的式(c)得出计算物体对于通过质心 C 并平行于悬挂轴的转动惯量的公式：

$$J_C=m\rho_C^2=mgd\left(\frac{T^2}{4\pi^2}-\frac{d}{g}\right) \tag{d}$$

这样，利用转动惯量的平行轴定理，即可求出物体对于过任一点并平行于悬挂轴的转动惯量。

- **复摆的简化摆长(或称等价摆长)**

由式(b)和式(c)可以看出，复摆与单摆的动力学微分方程类同，运动规律类似，故可以找到与复摆的摆动完全一样的等价单摆(图9-3b)。

质量为 m，长度为 l 的单摆的小摆动周期为

$$T=2\pi\sqrt{\frac{l}{g}}$$

将此式与式(c)相比较可见，若取长度 $l=\dfrac{\rho_C^2+d^2}{d}$ 作为单摆摆长，则单摆与复摆的运动规律类似，这一摆长称为复摆的**简化摆长**(或**等价摆长**)。

§9-2 刚体平面运动动力学方程

本节将质心运动定理与相对质心的动量矩定理应用于刚体平面运动动力学分析，得到用动量法完整描述刚体平面运动的动力学方程。所用方法与所得结果不仅对刚体平面运动动力学，而且对现代多刚体系统动力学都有重要意义，成为现代动力学中与由分析动力学发展的方法相并列的一种重要方法。

9-2-1 刚体平面运动动力学方程

图9-4中的平面图形 S 是过平面运动的刚体质心 C 的对称平面，在此平面内受有外力系 $\boldsymbol{F}=(\boldsymbol{F}_1,\boldsymbol{F}_2,\cdots,\boldsymbol{F}_n)$ 作用。设 $Cx'y'$ 为原点固连于质心 C 的平移坐标系，则刚体运动可分解为跟随质心的平移和相对此平移系的转动。

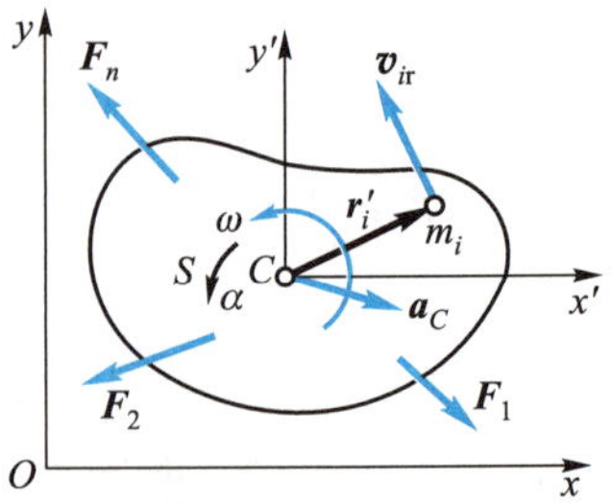

图9-4 平面运动刚体相对质心运动的动力学分析

由运动学知，平面图形上任一点相对于质心 C(平移坐标系)的速度大小为

$$v_{ir}=\omega r_i'$$

其中，ω 为平面图形的角速度，r_i' 为该点到质心 C 的距离。于是刚体相对过质心 C 且与运动平面垂直的轴的动量矩可用代数量表示为

$$L_{Cz}=\sum(r_i' m_i v_{ir})=\sum(r_i' m_i r_i' \omega)=\left[\sum(m_i r_i'^2)\right]\omega=J_{Cz}\omega$$

式中，J_{Cz} 为刚体对于过质心 C 且垂直于运动平面的轴的转动惯量。

对平面运动的刚体，应用质心运动定理和相对质心的动量矩定理得

$$\left.\begin{aligned} m\boldsymbol{a}_C&=\sum \boldsymbol{F}^{\mathrm{e}} \\ J_{Cz}\alpha&=\sum M_{Cz}(\boldsymbol{F}^{\mathrm{e}}) \end{aligned}\right\} \tag{9-2a}$$

式中，m 为刚体的质量，$\boldsymbol{a}_C$ 为质心的加速度，α 为刚体的角加速度。上式也可写为投影形式的微分方程

$$\left.\begin{aligned} m\ddot{x}_C&=\sum F_x^{\mathrm{e}} \\ m\ddot{y}_C&=\sum F_y^{\mathrm{e}} \\ J_{Cz}\ddot{\varphi}&=\sum M_{Cz}(F^{\mathrm{e}}) \end{aligned}\right\} \tag{9-2b}$$

式(9-2)即为**刚体平面运动动力学方程**(dynamic equations of planar motion of a rigid body)。

9-2-2　关于刚体平面运动动力学方程的讨论

(1) 质点系动量定理与相对质心动量矩定理共同应用于刚体平面运动动力学分析，前者描述了刚体质心的运动，后者描述了刚体相对质心(平移坐标系)的转动。总之，二者联合完成了对刚体平面运动的整体运动，也是全部运动的动力学描述。

(2) 静力学研究作用于刚体上力系的基本特征量：主矢与主矩；运动学研究将刚体平面运动分解为随基点的平移和相对基点的转动。动力学将上述概念分别联系起来，而且只有对质心这个特殊点才能联系起来。

(3) 若式(9-2)等号的左边项均恒等于零，即刚体的动量与动量矩均恒无变化，则得到静力学中平面力系的平衡方程，即外力系的主矢与主矩均等于零。因此，质点系动量定理与动量矩定理还联合完成了对刚体平面运动的特例——平衡情形的静力学描述。刚体静力学是刚体动力学的特例。

[例题 9-3]　如图 9-5 所示，半径为 r 的均质圆轮从静止开始，沿倾斜角为 θ 的斜面无滑动地滚下。试求：

(1) 圆轮滚至任意位置时的质心加速度 a_C；

(2) 圆轮在斜面上不打滑的最小静摩擦因数。

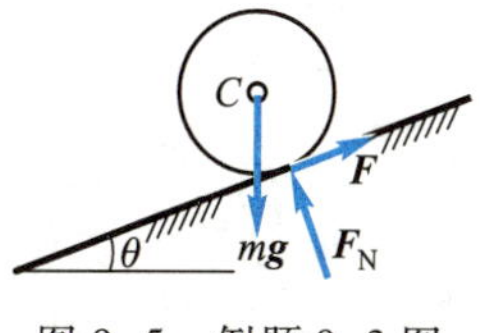

图 9-5　例题 9-3 图

解：圆轮在任意位置受有重力 $m\boldsymbol{g}$、支承力 $\boldsymbol{F}_{\mathrm{N}}$ 和静摩擦力 $\boldsymbol{F}$ 作用。不考虑滚动阻力偶。

(1) 圆轮质心的加速度

圆轮作平面运动。根据刚体平面运动动力学方程(9-2b)，有

$$ma_C=mg\sin\theta-F \tag{a}$$

$$0=mg\cos\theta-F_{\mathrm{N}} \tag{b}$$

$$J_{Cz}\alpha=Fr \tag{c}$$

上述三个方程中包含四个未知量：a_C、α、F_{N} 和 F，还需根据圆轮作纯滚动这一约束条件，补

充运动学关系：

$$a_C = r\alpha \tag{d}$$

由式(c)与式(d)，得

$$F = J_{Cz} \cdot \frac{\alpha}{r} = \frac{1}{2}mr^2 \cdot \frac{a_C}{r^2} = \frac{1}{2}ma_C \tag{e}$$

将该式代入式(a)，得

$$a_C = \frac{2}{3}g\sin\ \theta \tag{f}$$

(2) 圆轮在斜面上不打滑的最小静摩擦因数

将式(f)代入式(e)，再考虑到圆轮在斜面上作纯滚动时，其滑动摩擦力小于最大静摩擦力这一性质，有

$$F = \frac{1}{3}mg\sin\ \theta \leqslant F_N f_s \tag{g}$$

将式(b)代入式(g)，得圆轮不打滑的最小静摩擦因数：

$$f_{smin} = \frac{1}{3}\tan\ \theta \tag{h}$$

小结：圆轮在地面上从静止开始作纯滚动时，一般既有滚动阻力偶，也有摩擦力。即使忽略前者，也必有后者，因为摩擦力是使圆轮滚动的驱动力。

如果式(h)不满足，则圆轮会产生滑动，图 9-5 中的 $\boldsymbol{F}$ 变为动摩擦力：

$$F = F_N f \tag{i}$$

式中，f 为动摩擦因数。作此分析时式(a)、式(b)和式(c)在形式上没有变化，但式(d)不成立。读者可根据有关方程求解圆轮滑动时的质心加速度与角加速度。

[例题 9-4] 质量为 m、半径为 r 的均质圆柱在半径为 R 的圆槽内作纯滚动，如图 9-6 所示。初始时若连心线 OC 与铅垂线 OA 的夹角为 φ_0，圆柱由静止滚下，试求：

(1) 圆柱的动力学方程；

(2) 圆槽作用在圆柱上的约束力；

(3) 圆柱微振动的周期与运动规律。

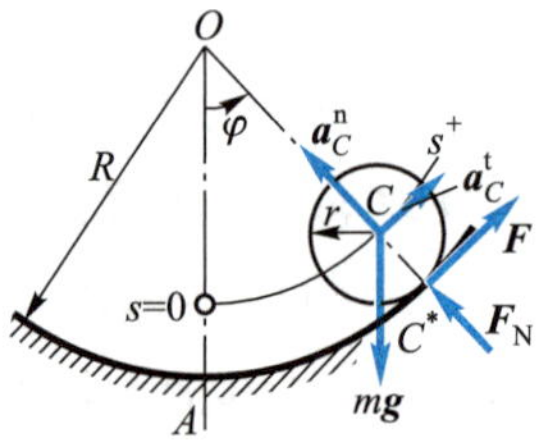

图 9-6 例题 9-4 图

解：圆柱在一般位置上受到的外力有重力 $m\boldsymbol{g}$、静摩擦力 $\boldsymbol{F}$ 与圆弧表面的法向约束力 $\boldsymbol{F}_N$。

圆柱作平面运动，并取逆时针方向的角 φ 为正，再取圆柱质心 C 的弧坐标 s，其原点与正向均与角坐标 φ 相一致，如图所示。考虑到圆柱作纯滚动的约束条件，圆柱转动的角坐标 ψ(图上未画出)也与坐标 φ 相对应，即以顺时针方向为正。

(1) 圆柱的动力学方程

按以上选取的坐标，列写圆柱的平面运动动力学方程。其中，质心运动定理为在自然轴系($\boldsymbol{e}_t$,$\boldsymbol{e}_n$)上的投影形式：

$$ma_C^{\mathrm{t}}=m(R-r)\ddot{\varphi}=F-mg\sin\varphi \tag{a}$$

$$ma_C^{\mathrm{n}}=m(R-r)\dot{\varphi}^2=F_{\mathrm{N}}-mg\cos\varphi \tag{b}$$

$$J_{Cz}\alpha=-Fr \tag{c}$$

式(c)中,α 为圆柱转动的角加速度,即 $\alpha=\ddot{\psi}$。上述方程中有四个变量:φ、α、F、F_{N},需要补充一个运动学方程。因圆柱上与圆槽相接触的点为速度瞬心 C^*,故有

$$v_C=(R-r)\dot{\varphi}=r\dot{\psi},\qquad \ddot{\psi}=\alpha=\frac{(R-r)}{r}\ddot{\varphi} \tag{d}$$

将式(d)代入式(c),经整理后,有

$$-\frac{1}{2}m(R-r)\ddot{\varphi}=F \tag{e}$$

将式(e)代入式(a),得

$$\frac{3}{2}(R-r)\ddot{\varphi}+g\sin\varphi=0 \tag{f}$$

这是圆柱在圆槽上作大幅摆动的非线性微分方程。

(2) 圆槽作用的约束力

由式(b)得

$$F_{\mathrm{N}}=mg\cos\varphi+m(R-r)\dot{\varphi}^2 \tag{g}$$

式(g)与式(e)即所求的动约束力。

(3) 微振动的周期与运动规律

微振动时角 φ 很小,则 $\sin\varphi\approx\varphi$,由式(f),有

$$\ddot{\varphi}+\frac{2g}{3(R-r)}\varphi=0 \tag{h}$$

这是圆柱在圆槽上作微振动的线性微分方程。其圆频率和周期分别为

$$\omega=\sqrt{\frac{2g}{3(R-r)}},\qquad T=2\pi\sqrt{\frac{3(R-r)}{2g}} \tag{i}$$

式(h)的一般解为

$$\varphi=A\sin(\omega t+\theta_0)$$

式中,A、θ_0 为待定常数,由运动的初始条件 $t=0,\varphi=\varphi_0,\dot{\varphi}_0=0$ 确定。将其代入式(h)的一般解中,有

$$\begin{cases}\varphi_0=A\sin\theta_0\\0=A\omega\cos\theta_0\end{cases}$$

由此得

$$A=\varphi_0,\qquad \theta_0=\frac{\pi}{2}$$

因此,圆柱的微振动方程为

$$\varphi=\varphi_0\cos\sqrt{\frac{2g}{3(R-r)}}$$

[例题 9-5] 质量为 m、长为 l 的均质杆 AB，A 端置于光滑水平面上，B 端用铅垂绳 BD 连接，如图 9-7a 所示。假设 $\theta=60°$，试求绳 BD 突然被剪断瞬时，杆 AB 的角加速度和 A 处的约束力。

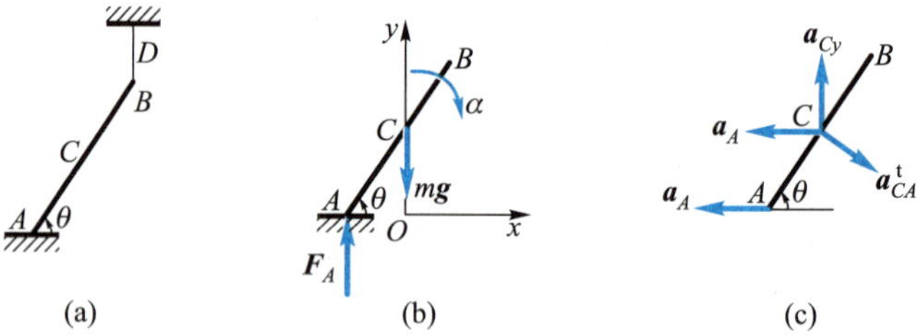

图 9-7 例题 9-5 图

解：绳被剪断后，杆 AB 作平面运动，受力如图 9-7b 所示，应用式(9-2b)，有

$$ma_{Cx}=0 \tag{a}$$

$$ma_{Cy}=F_A-mg \tag{b}$$

$$J_{Cz}\alpha=F_A\frac{l}{2}\cos\theta \tag{c}$$

由式(a)可知，杆在水平方向质心守恒，即质心 C 只在铅垂方向运动。式(b)和式(c)中有 a_{Cy}、F_A 和 α 三个未知量，需补充运动学方程。若以点 A 为基点(图 9-7c)，则根据平面运动刚体的加速度合成定理，将各加速度在 y 轴方向投影，有

$$a_{Cy}=-a_{CA}^t\cos\theta=-\frac{l}{4}\alpha \tag{d}$$

将式(b)、式(c)、式(d)三式联立，解得

$$\alpha=\frac{12g}{7l}$$

$$F_A=\frac{4}{7}mg$$

本例讨论：

9-1 突解约束的杆

(1) 以上三个例题的分析与求解过程表明，应用刚体平面运动动力学方程解题时，往往需要附加运动学的方程，才能得到最后的解答。

(2) 本例属于**突然解除约束问题**，简称**突解约束问题**。类似的问题如图 9-8 所示，用刚性细绳以不同形式悬挂的均质杆 AB。杆长均为 l，质量均为 m，若突然将 B 端细绳剪断，请读者分析两种情形下 A 端的约束力。

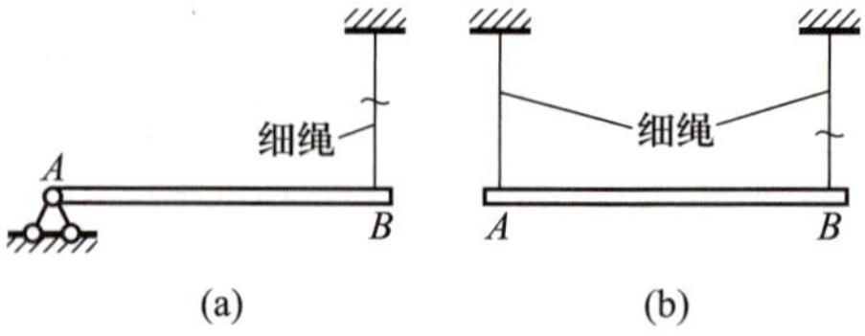

图 9-8 突然解除约束问题

突解约束问题的力学特征：系统解除约束后，

其自由度一般会增加；解除约束的前后瞬时，其一阶运动量（速度与角速度）连续，但二阶运动量（加速度与角加速度）发生突变。

§9-3 简单刚体系统动力学

由若干个作二维运动（平面平移、定轴转动和平面运动）的刚体组成的系统称为简单刚体系统，在工程中有着广泛的应用，也是本课程的重点之一。

求解简单刚体系统的动力学问题，通常有三个思路：一是系统运动已知的情况下可直接应用质心运动定理、动量矩定理、刚体平面运动动力学方程求解约束力，如下面的例题 9-6；二是系统运动未知的情况下首先应用动能定理求出系统的运动，再应用质心运动定理、动量矩定理、刚体平面运动动力学方程求解约束力，如上一章的例题 8-11 及下面的例题 9-7；三是对每一个刚体根据其运动形式列出相应的动力学方程，联立求解，如下面的例题 9-8 和例题 9-9。

[例题 9-6] 在图 9-9a 所示曲柄滑杆机构中曲柄以等角速度 ω 绕轴 O 转动。开始时，曲柄 OA 水平向右。已知：曲柄的质量为 m_1，滑块 A 的质量为 m_2，滑杆的质量为 m_3，曲柄的质心在 OA 的中点，$OA=l$；滑杆的质心在点 C，$BC=\dfrac{l}{2}$。求：作用在点 O 的最大水平约束力。

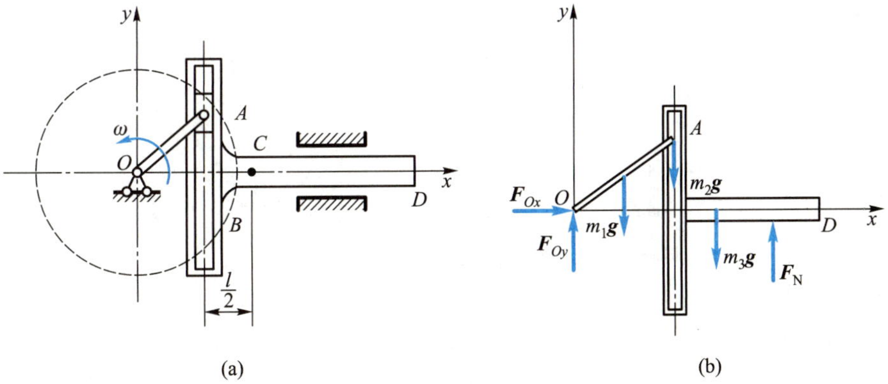

图 9-9 例题 9-6 图

解：建立图示直角坐标系 Oxy，求得系统的质心坐标为

$$x=\frac{m_1\dfrac{l}{2}\cos\omega t+m_2l\cos\omega t+m_3\left(l\cos\omega t+\dfrac{l}{2}\right)}{m_1+m_2+m_3}$$

$$=\frac{m_3l}{2(m_1+m_2+m_3)}+\frac{m_1+2m_2+2m_3}{2(m_1+m_2+m_3)}l\cos\omega t$$

故

$$a_x = \ddot{x} = -\frac{m_1+2m_2+2m_3}{2(m_1+m_2+m_3)}l\omega^2\cos\omega t$$

取整个系统为研究对象，其受力分析如图 9-9b 所示，在 x 方向系统只受点 O 的约束力 $\boldsymbol{F}_{Ox}$ 作用，根据质心运动定理在 x 轴上的投影式得

$$F_{Ox} = (m_1+m_2+m_3)a_x$$

其中 a_x 已求得，则

$$F_{Ox} = \frac{m_1+2m_2+2m_3}{2}l\omega^2\cos\omega t$$

故作用在 O 处的最大水平约束力：

$$F_{Ox\max} = \frac{m_1+2m_2+2m_3}{2}l\omega^2$$

请读者思考：(1) 如何应用点的加速度合成定理求滑杆质心 C 的加速度，再应用式(8-16)求解？(2) 不计各处摩擦，如何求曲柄 OA 与滑块 A 的铰接点的约束力？

［例题 9-7］ 质量为 m_1、杆长 $OA=l$ 的均质杆 OA 一端铰支，另一端用铰链连接一可绕轴 A 自由旋转、质量为 m_2 的均质圆盘，如图 9-10a 所示。初始时，杆处于铅垂位置，圆盘静止，设杆 OA 无初速度释放，不计摩擦，求当杆转至水平位置时，杆 OA 的角速度和角加速度及铰链 O 处的约束力。

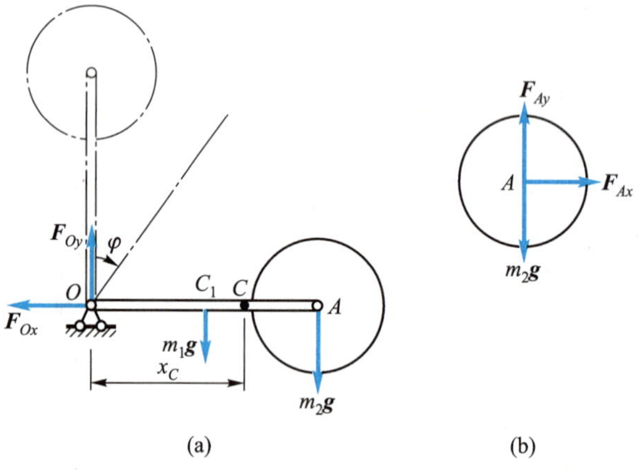

图 9-10 例题 9-7 图

解： 取整体为研究对象，系统具有理想约束。

(1) 运动分析

杆 OA 作定轴转动，为分析圆盘的运动，取圆盘为研究对象(图 9-10b)，设圆盘的角加速度为 α，应用式(9-2b)的第三式，有

$$J_{Az}\alpha = 0$$

因此 $\alpha=0$,则

$$\omega=\omega_0=0$$

这表明,圆盘在杆下摆过程中角速度始终为零,圆盘作平移。

(2) 应用动能定理

系统在初始位置和任意位置时的动能分别为

$$T_1=0$$

$$\begin{aligned}T_2&=\frac{1}{2}J_{Oz}\omega^2+\frac{1}{2}m_2v_A^2\\&=\frac{1}{2}\frac{1}{3}m_1l^2\omega^2+\frac{1}{2}m_2l^2\omega^2\\&=\frac{m_1+3m_2}{6}l^2\omega^2\end{aligned}$$

杆在角度 φ 位置时,重力的功为

$$\begin{aligned}W&=m_1g\left(\frac{l}{2}-\frac{l}{2}\cos\varphi\right)+m_2g(l-l\cos\varphi)\\&=\left(\frac{m_1}{2}+m_2\right)gl(1-\cos\varphi)\end{aligned}$$

应用动能定理,有

$$\frac{m_1+3m_2}{6}l^2\omega^2=\left(\frac{m_1}{2}+m_2\right)gl(1-\cos\varphi)$$

解得

$$\omega^2=\frac{m_1+2m_2}{m_1+3m_2}\frac{3g}{l}(1-\cos\varphi) \tag{a}$$

当 $\varphi=90°$时,杆在水平位置的角速度为

$$\omega=\sqrt{\frac{m_1+2m_2}{m_1+3m_2}\frac{3g}{l}} \tag{b}$$

将式(a)等号两端对时间求导数,得

$$2\omega\alpha=\frac{m_1+2m_2}{m_1+3m_2}\frac{3g}{l}\sin\varphi\dot{\varphi}$$

因为 $\dot{\varphi}=\omega$,所以 $\varphi=90°$时,杆在水平位置的角加速度为

$$\alpha=\frac{m_1+2m_2}{m_1+3m_2}\frac{3g}{2l}\sin\varphi=\frac{m_1+2m_2}{m_1+3m_2}\frac{3g}{2l} \tag{c}$$

(3) 确定 O 处的约束力

首先确定系统质心的位置,然后应用质心运动定理,求解 O 处的约束力。

根据质心坐标公式,有

$$x_C=\frac{m_1\dfrac{l}{2}+m_2 l}{m_1+m_2}=\frac{m_1+2m_2}{m_1+m_2}\frac{l}{2} \tag{d}$$

代入质心运动定理表达式,有

$$\begin{aligned}(m_1+m_2)x_C\omega^2&=F_{Ox}\\-(m_1+m_2)x_C\alpha&=F_{Oy}-(m_1+m_2)g\end{aligned} \tag{e}$$

将式(b)、式(c)、式(d)代入式(e),得到

$$F_{Ox}=\frac{(m_1+2m_2)^2}{(m_1+3m_2)}\frac{3g}{2}$$

$$F_{Oy}=-\frac{(m_1+2m_2)^2}{(m_1+3m_2)}\frac{3g}{4}+(m_1+m_2)g$$

注意,采用质心运动定理求约束力时,也可以应用质心运动定理的另一种表达式(8-16),会得到同样的结果,请读者自行验证。

[例题9-8] 均质实心圆柱 A 和薄铁环 B 的质量均为 m,半径都等于 r,两者用杆 AB 铰接,无滑动地沿斜面滚下,斜面与水平面的夹角为 θ,如图9-11a所示。如杆的质量忽略不计,求杆 AB 的加速度和杆的内力。

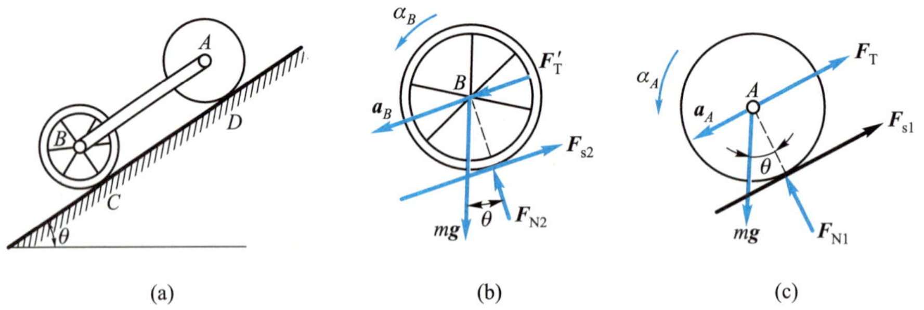

图9-11 例题9-8图

解: 分别取圆柱 A 和薄铁环 B 为研究对象,其受力如图9-11b,c所示。A 和 B 均作平面运动,杆 AB 作平移,由题意知

$$\alpha_A=\alpha_B=\alpha,\qquad a_A=a_B=a$$

对圆柱 A 有

$$ma=mg\sin\theta-F_T-F_{s1} \tag{a}$$

$$J_{Az}\alpha=F_{s1}r \tag{b}$$

对薄铁环 B 有

$$ma=F'_T+mg\sin\theta-F_{s2} \tag{c}$$

$$J_{Bz}\alpha=F_{s2}r \tag{d}$$

$$J_{Az}=\frac{m}{2}r^2,\qquad J_{Bz}=mr^2 \tag{e}$$

由只滚不滑条件得

$$a=\alpha r \tag{f}$$

式(a)~式(f)联立,解得

$$F_{\mathrm{T}}=F_{\mathrm{T}}'=\frac{1}{7}mg\sin\theta,\qquad a=\frac{4}{7}g\sin\theta$$

[例题 9-9]　均质圆柱 A 和 B 的质量均为 m,半径为 r,绳缠在绕固定轴 O 转动的圆柱 A 上,绳的另一端绕在圆柱 B 上,如图 9-12a 所示,摩擦不计。求:(1) 圆柱 B 下落时质心的加速度;(2) 若在圆柱 A 上作用逆时针转向、大小为 M 的力偶,问在什么条件下圆柱 B 的质心加速度将向上。

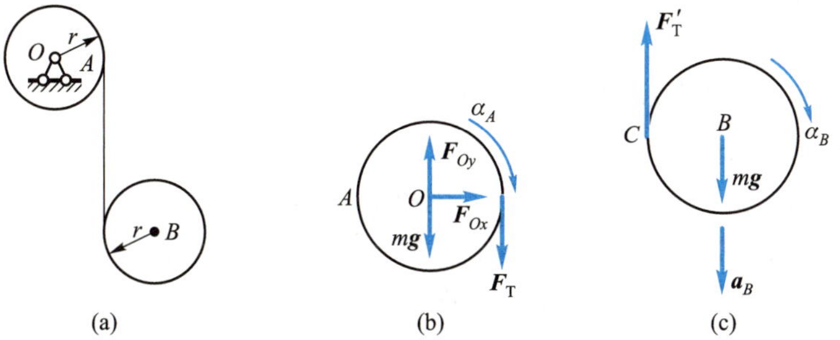

图 9-12　例题 9-9 图

解:(1) 分别取圆柱 A 和 B 研究,其受力如图 9-12b、c 所示。圆柱 A 作定轴转动,圆柱 B 作平面运动。

对圆柱 A 运用刚体定轴转动动力学方程有

$$J_{Az}\alpha_A=F_{\mathrm{T}}r \tag{a}$$

对圆柱 B 运用刚体平面运动动力学方程有

$$ma_B=mg-F_{\mathrm{T}}' \tag{b}$$

$$J_{Bz}\alpha_B=F_{\mathrm{T}}'r \tag{c}$$

再以点 C 为基点分析点 B 加速度,有

$$a_B=a_C^{\mathrm{t}}+a_{BC}^{\mathrm{t}}=\alpha_A\cdot r+\alpha_B\cdot r \tag{d}$$

$$J_{Bz}=J_{Az}=\frac{m}{2}r^2$$

式(a)~式(d)联立,解得

$$a_B=\frac{4}{5}g$$

(2) 若在圆柱 A 上作用逆时针转向、大小为 M 的力偶,则圆柱 A 将作逆时针转动,对圆柱 A 运用刚体定轴转动动力学方程有

$$J_{Az}\alpha_A=M-F_{\mathrm{T}}r \tag{e}$$

以点 C 为基点,分析点 B 的加速度。根据题意,在临界状态有

$$a_B = a_C^{\mathrm{t}} + a_{BC}^{\mathrm{t}} = -\alpha_A r + \alpha_B r = 0 \tag{f}$$

式(e)、式(f)、式(b)、式(c)联立，解得

$$M = 2mgr$$

故当力偶 $M>2mgr$ 时，圆柱 B 的质心将上升。

§9-4 陀螺近似动力学

在日常生活中，经常可以观察到许多有趣的现象。例如当自行车静止时，若无支撑，自行车会很容易倒下，但当自行车前进时，车身就不容易倒下。又如当玩具陀螺静立在地面上时，稍有一点扰动，陀螺就会由于重力而倒下，但是，当陀螺绕其对称轴高速转动时，受扰动后陀螺也不会倒下，但其对称轴将绕空间中的固定轴转动，如图 9-13 所示。这些现象称为**陀螺现象**。

图 9-13 玩具陀螺

工程中把具有一个固定点，并绕自身的对称轴高速转动的刚体称为**陀螺**。陀螺被广泛应用于工程中，例如指向用的陀螺罗盘、航空地平仪、鱼雷的定向装置、船舶的稳定器等。陀螺现象有时是有害的，例如装置在船舶上的汽轮机、电动机，当船发生摆动或转弯时，支承转子的轴承将受到附加的动压力，严重时将遭到破坏。

研究陀螺动力学的理论基础是刚体相对定点的动量矩定理。由于陀螺动力学问题十分复杂，本节只讨论陀螺近似动力学。

9-4-1 莱查定理

刚体定点转动的动量矩矢在惯性参考系中的端点速度等于外力系对同一点的主矩矢，这称为**莱查定理**(Resal theorem)，即

$$\frac{\mathrm{d}\boldsymbol{L}_O}{\mathrm{d}t} = \boldsymbol{u} = \boldsymbol{M}_O^{\mathrm{e}} \tag{9-3}$$

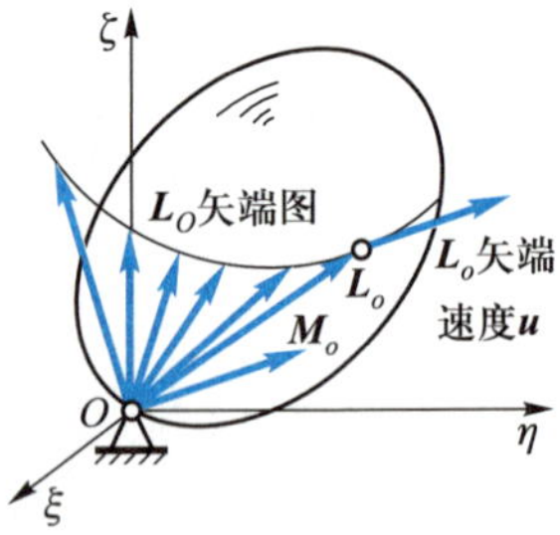

图 9-14 动量矩矢 $\boldsymbol{L}_O$ 的端图与矢端速度 $\boldsymbol{u}$

证明：如图 9-14 所示，在惯性参考系 $O\xi\eta\zeta$ 中，当刚体绕定点 O 转动时，其动量矩矢 $\boldsymbol{L}_O$ 也绕点 O 转动，据此可以画出动量矩矢端图。根据变矢量对时间导数的几何解释，动量矩矢的导数 $\frac{\mathrm{d}\boldsymbol{L}_O}{\mathrm{d}t}$ 等于该矢端速度 $\boldsymbol{u}$。又根据质点系动量矩定理，$\boldsymbol{u}$ 也等于外力系对点 O 的主矩 $\boldsymbol{M}_O^{\mathrm{e}}$，式(9-3)得证。

莱查定理为质点系动量矩定理作了形象的几何解释。

9-4-2 陀螺运动的近似分析

陀螺一般具有三个自由度，故称为三自由度陀螺。在图 9-15 中，$O\xi\eta\zeta$ 为定系，$Oxyz$ 为

与三自由度陀螺固连的动系。在第 7 章中定义了描述刚体定点转动的三个欧拉角，即进动角 ψ、章动角 θ、自转角 φ，以及与三个欧拉角对应的欧拉角速度，即进动角速度 $\boldsymbol{\omega}_{\psi}$、章动角速度 $\boldsymbol{\omega}_{\theta}$ 和自转角速度 $\boldsymbol{\omega}_{\varphi}$，则刚体绕瞬轴转动的瞬时角速度 $\boldsymbol{\omega}$ 可表示为

$$\boldsymbol{\omega}=\boldsymbol{\omega}_{\psi}+\boldsymbol{\omega}_{\theta}+\boldsymbol{\omega}_{\varphi}$$

若陀螺绕其对称轴高速旋转，则有

$$\boldsymbol{\omega}_{\varphi}\gg\boldsymbol{\omega}_{\psi}+\boldsymbol{\omega}_{\theta},\qquad \boldsymbol{\omega}\approx\boldsymbol{\omega}_{\varphi} \tag{9-4}$$

即可近似认为陀螺的瞬时角速度 $\boldsymbol{\omega}$ 由自转角速度 $\boldsymbol{\omega}_{\varphi}$ 组成。因此，陀螺对定点 O 的动量矩矢可近似写成

$$\boldsymbol{L}_O\approx J_z\omega_{\varphi}\boldsymbol{k} \tag{9-5}$$

式中，J_z 为陀螺对其对称轴 z 的转动惯量，$\boldsymbol{k}$ 为沿对称轴 z 的单位矢量。

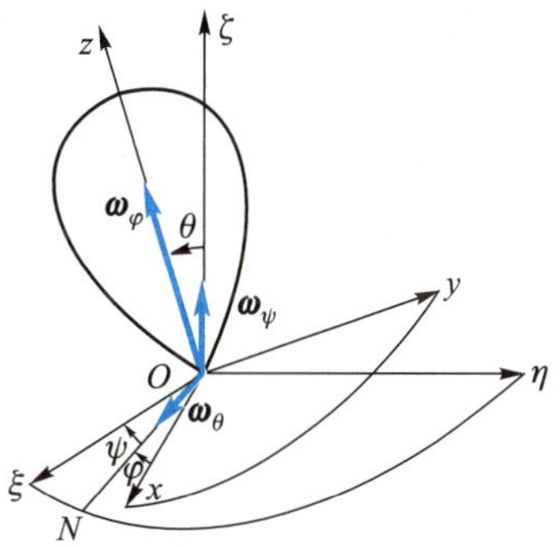

图 9-15　与三个欧拉角对应的欧拉角速度

该式表明，对高速自转的陀螺而言，可近似认为其动量矩矢沿陀螺的对称轴，大小仅为对称轴的转动惯量乘以自转角速度。这就是陀螺运动近似理论的基本假定。

9-4-3　陀螺运动的力学特性

利用莱查定理和陀螺运动的基本假定，可以得到陀螺运动的三个重要力学特性：

- **定轴性**　若作用在陀螺上的外力矩为零，即 $\boldsymbol{M}_O^{e}=\mathbf{0}$，则陀螺的自转轴在惯性空间保持方向不变，这种特性称为**定轴性**（conservation of gyro axis）。

如图 9-16 所示，陀螺的质心 C 位于支点上，重力 $\boldsymbol{W}$ 对点 C 之矩为零，又不计空气阻力与支承处的摩擦力，故有 $\boldsymbol{M}_C^{e}=\mathbf{0}$。此时陀螺对 C 点的动量矩守恒，即 $\boldsymbol{L}_C$ 为常矢量。

实际上，如图 9-16 所示的陀螺不作高速转动时，其对称轴在惯性空间的方向也保持不变。高速转动陀螺与它的重要区别是具有极大的抗干扰能力，不会像它那样在冲击后获得角速度，并沿干扰方向偏离过去，而是基本上维持在原动量矩的方向上高速转动。

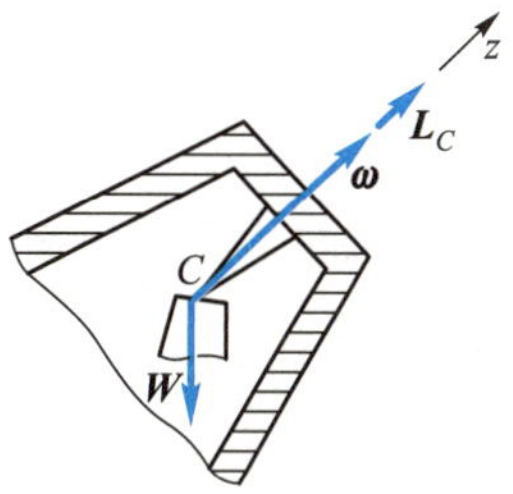

图 9-16　质心为支点的陀螺

陀螺的定轴性可用于惯性导航等。若将无力矩陀螺仪装在航海、航空或航天器等载体上，并让其自转轴指向某个恒星，则当载体的姿态产生变化时，陀螺装置系统即可对其进行测量和控制。

- **进动性**　若对陀螺施加不为零的外力矩，即 $\boldsymbol{M}_O^{e}\neq\mathbf{0}$，则陀螺在惯性空间产生规则进动，这一性质称为**进动性**（precession of gyro）。

陀螺的进动性可以从一个有趣的演示中看出。将自行车轮的轮轴外端用绳系住作为支点 O，一人用左手握住绳的一端，再用右手握住车轮（图 9-17）。当车轮不转动时，松开右手，车轮将沿重力 $\boldsymbol{W}$ 对点 O 之矩 $\boldsymbol{M}_O(\boldsymbol{W})$ 的转动方向倒下。但当车轮以较大转速 ω_{φ} 自转时，再松开右手，车轮将朝 $\boldsymbol{W}$ 对点 O 的力矩矢 $\boldsymbol{M}_O(\boldsymbol{W})$ 的方向运动。对于图 9-17 所示的自

转角速度方向，轮将向图面内运动。这是因为此瞬时 $\boldsymbol{M}_O(\boldsymbol{W})$ 垂直于图面向内，根据莱查定理[式(9-3)]，车轮的动量矩矢 $\boldsymbol{L}_O$ 的端点 A（亦即轮轴上一点）将有与之同向的速度 $\boldsymbol{u}$。而当轮轴绕点 O 产生一个微小的角位移后，由于 $\boldsymbol{M}_O(\boldsymbol{W})$ 的方向也随之改变，所以，必另有相应的 $\boldsymbol{u}$。如此不断，就形成轮的规则进动。

[例题 9-10] 图 9-18 所示的陀螺重 W，对自身对称轴的转动惯量为 J_z，自转角速度为 ω_φ，定点 O 至陀螺质心 C 的距离 $OC=l$。初始时刻陀螺对称轴 z 与固定轴 ζ 的夹角为 θ，求此后的规则进动角速度 ω_ψ。

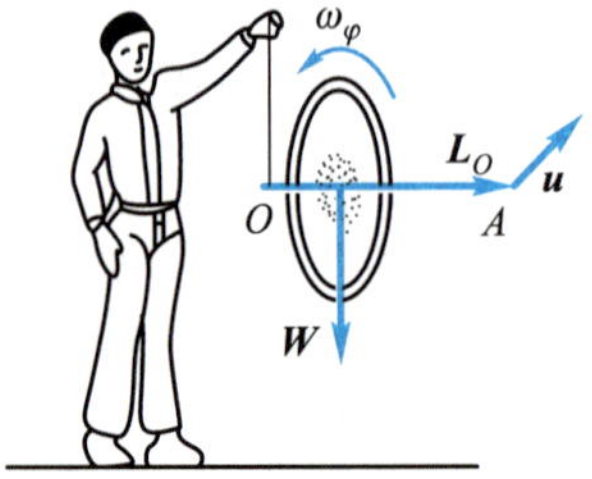

图 9-17 陀螺进动性示例

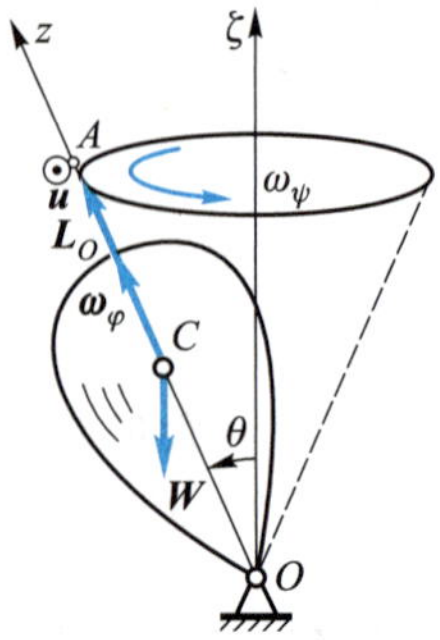

图 9-18 例题 9-10 图

解：根据莱查定理与陀螺的进动性，有

$$\frac{\mathrm{d}\boldsymbol{L}_O}{\mathrm{d}t}=\boldsymbol{u}=\boldsymbol{M}_O^{\mathrm{e}}$$

即

$$\boldsymbol{\omega}_\psi\times\boldsymbol{L}_O=\boldsymbol{M}_O^{\mathrm{e}} \tag{a}$$

上式中等号左边项是根据陀螺作规则进动时，$\boldsymbol{L}_O$ 端点 A 作圆周运动写出的。式(a)用标量式表示为

$$\omega_\psi J_z\omega_\varphi\sin\theta=Wl\sin\theta \tag{b}$$

$$\omega_\psi=\frac{Wl}{J_z\omega_\varphi} \tag{c}$$

上式表明，自转角速度 ω_φ 越高，进动角速度 ω_ψ 越低。ω_ψ 与运动初始时刻的章动角 θ 无关。

• **陀螺效应与陀螺力矩** 若环境迫使陀螺的对称轴改变方向，产生进动，则陀螺必对迫使其运动的物体施加一力矩，这一力矩称为**陀螺力矩**(gyro moment)，这种力学现象称为**陀螺效应**(gyro effect)。

图 9-19a 所示为安装在运载器轴承 A、B 上的高速转子，其对对称轴 AB 的转动惯量为 J_{AB}。自转角速度为 $\boldsymbol{\omega}_\varphi$，$AB=l$。运载器原在惯性空间 $O\xi\eta\zeta$ 中沿 $O\xi$ 轴方向作直线平移，现外界使之产生绕铅垂轴的转动，角速度为 $\boldsymbol{\omega}_\psi$（如为航海器，则是海浪的作用；如为航空、航天器，则是空气动力作用或航行需要的机动转向）。这样，高速转子对其质心 C 的动量矩 $\boldsymbol{L}_C$ 被迫改变方向，并在质心平移系中产生矢端速度 $\boldsymbol{u}$。

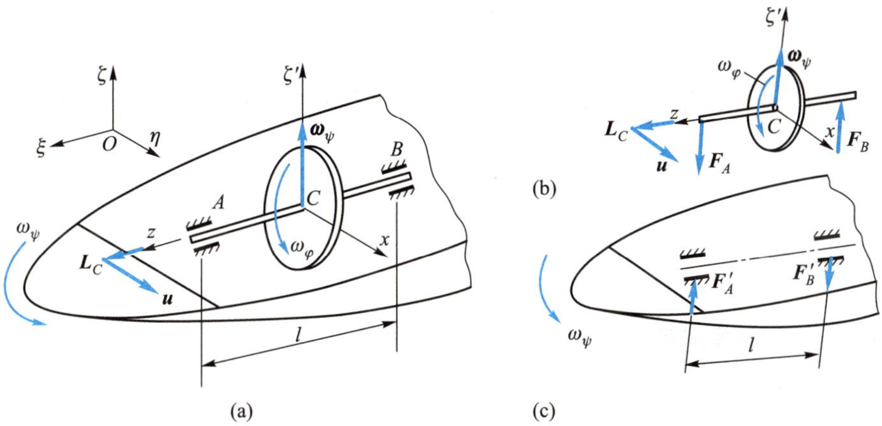

图 9-19　安装在运载器上的高速转子

根据式(9-3)有

$$\boldsymbol{\omega}_\psi \times \boldsymbol{L}_C = F_A l\boldsymbol{i} = F_B l\boldsymbol{i}$$

式中,($\boldsymbol{F}_A,\boldsymbol{F}_B$)是运载器通过轴承 A、B 作用在转子上的动约束力(图 9-19b),其反作用力($\boldsymbol{F}_A',\boldsymbol{F}_B'$)作用在运载器上(图 9-19c),由($\boldsymbol{F}_A',\boldsymbol{F}_B'$)组成的力偶的矩即为陀螺力矩,有

$$\boldsymbol{M}_g = J_{AB}\boldsymbol{\omega}_\varphi \times \boldsymbol{\omega}_\psi \tag{9-6}$$

故

$$F_A' = F_B' = \frac{J_{AB}\omega_\varphi\omega_\psi}{l} \tag{9-7}$$

陀螺力矩中的力与高速自转角速度 ω_φ 成正比,因而往往可以达到由转子重力引起的静反力的几倍甚至十几倍,并使运载器在转向的同时,产生像本例中那样的“抬头”运动。陀螺力矩是动约束力。

上述陀螺力学特性之二与之三,实际上是一个问题的两个方面:当给陀螺输入外力矩时,陀螺输出进动运动,这是特性之二;相反则为力学特性之三。

注意到,陀螺运动的三个力学特性都未出现章动运动。这说明陀螺近似运动学理论的近似之处就在于忽略了章动,而刚体定点转动的稳定性问题恰恰是研究章动角 $\theta(t)$ 的变化,所以,近似理论不能用于研究稳定性问题。

［例题 9-11］　如图 9-20 所示一均质圆盘的转子绕其对称轴高速转动,角速度 $\omega_1 = 600\ \pi\mathrm{rad/s}$,机座以角速度 $\omega_2 = 0.1\ \pi\mathrm{rad/s}$ 的转速改变方向,两角速度矢量方向如图所示。若转子的质量 $m = 100$ kg,半径 $R = 0.8$ m,转子在机座 A 与 B 的中间,机座 A 与 B 的距离为 2 m,求机座轴承上受到的附加动压力。

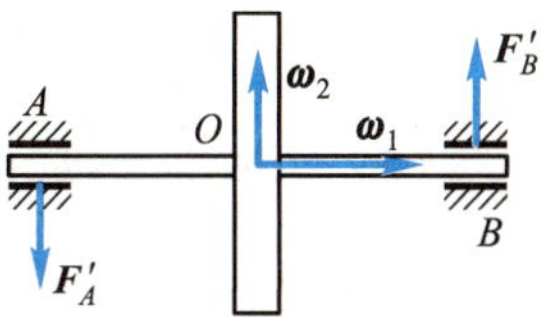

图 9-20　例题 9-11 图

解: 由已知条件,转子对对称轴的转动惯量为

$$J_{AB} = 0.5mR^2 = 32\ \mathrm{kg \cdot m^2}$$

由式(9-7),作用于机座上的陀螺力矩的方向垂直纸面向外,故机座轴承上受到的附加动压力为

$$F'_A = F'_B = \frac{J_{AB}\omega_1\omega_2}{l} = 9\ 474.82\ \text{N}$$

轴承上的附加动压力约为重力的 9.5 倍，可见陀螺效应非常强烈。

§9-5 本章讨论与小结

9-5-1 用三线摆测量复杂形状物体的转动惯量

由三根等长的平行线等间距地悬挂，并能绕其对称轴作角振动的装置称为三线摆，如图 9-21a 所示。设每根线的长度为 l，被测转动惯量的圆盘（或其上放置被测转动惯量的复杂形状物体）外径为 R，三根线对称地拴在圆盘外圆周上，圆盘重（或包含其上放置的复杂形状物体重）W。

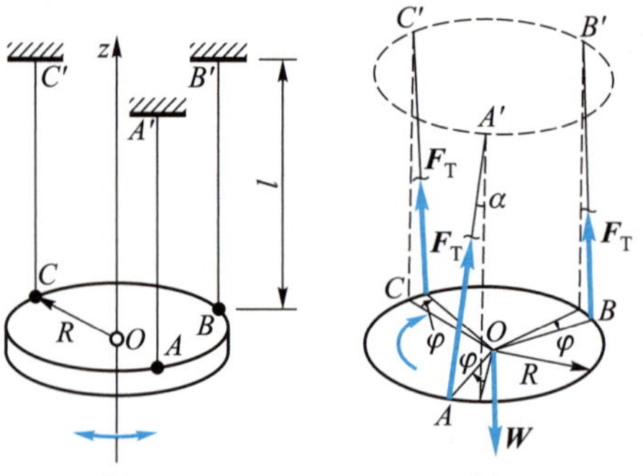

图 9-21 三线摆装置及其在一般位置上的运动与受力分析

请读者用对固定轴 z 的刚体定轴转动力学方程列写三线摆的动力学方程，说明用它测量物体转动惯量 J_z 的力学原理；设计测量 J_z 的方法与步骤，例如测量对通过汽车质心的铅垂轴 z 的转动惯量 J_z。

9-5-2 本章小结

（1）刚体定轴转动动力学方程 $J_z\alpha = M_z^{\mathrm{e}}$

（2）刚体平面运动动力学方程 $\begin{cases} m\boldsymbol{a}_C = \sum \boldsymbol{F}^{\mathrm{e}} \\ J_{Cz}\alpha = \sum M_{Cz}(\boldsymbol{F}^{\mathrm{e}}) \end{cases}$

（3）刚体定点转动的莱查定理 $\dfrac{\mathrm{d}\boldsymbol{L}_O}{\mathrm{d}t} = \boldsymbol{u} = \boldsymbol{M}_O^{\mathrm{e}}$

陀螺运动近似理论的假设 $\boldsymbol{L}_O \approx J_z\omega_\varphi \boldsymbol{k}$

陀螺力矩 $\boldsymbol{M}_g = J_{AB}\boldsymbol{\omega}_\varphi \times \boldsymbol{\omega}_\psi$

陀螺运动的力学特性：定轴性、进动性及陀螺效应和陀螺力矩。

习　　题

选择填空题

9-1　两个完全相同的圆盘，放在光滑水平面上，如图所示。在两个圆盘的不同位置上，分别作用两个相同的力 $\boldsymbol{F}$ 和 $\boldsymbol{F}'$。设两圆盘从静止开始运动。某瞬时两圆盘动量大小 p_A 和 p_B 的关系是（　　）。

① $p_A<p_B$　② $p_A>p_B$　③ $p_A=p_B$　④ 不能确定

9-2　均质杆 AB 重 $\boldsymbol{G}$，其 A 端置于光滑水平面上，B 端用绳子悬挂，如图所示。取坐标系 Oxy，此时该杆质心 C 的 x 坐标 $x_C=0$。若将绳子剪断，则（　　）。

① 杆倒向地面的过程中，其质心 C 运动的轨迹为圆弧

② 杆倒至地面后，$x_C>0$

③ 杆倒至地面后，$x_C=0$

④ 杆倒至地面后，$x_C<0$

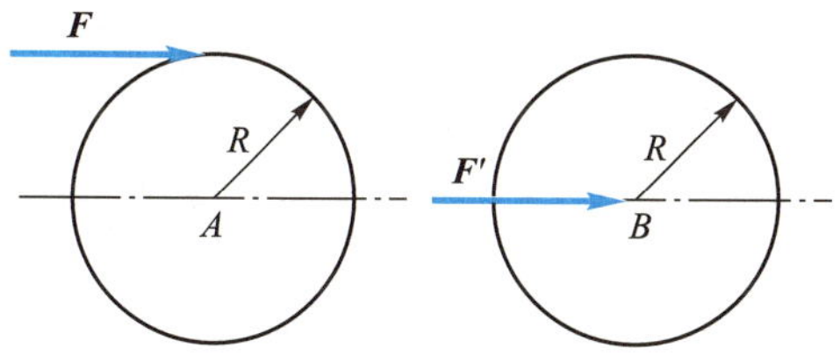

习题 9-1 图

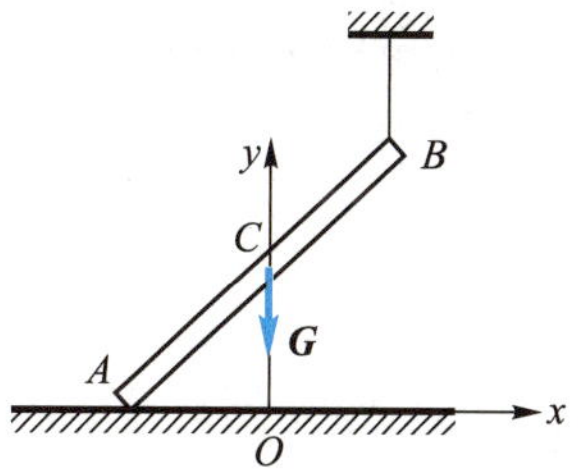

习题 9-2 图

9-3　如图所示，一半径为 R、质量为 m 的圆轮，在下列两种情况下沿平面作纯滚动：(1) 轮上作用一顺时针的力偶矩为 M 的力偶；(2) 轮心作用一大小等于 M/R 的水平向右的力 F。若不计滚动摩擦，则两种情况下（　　）。

① 轮心加速度相等，滑动摩擦力大小相等

② 轮心加速度不相等，滑动摩擦力大小相等

③ 轮心加速度相等，滑动摩擦力大小不相等

④ 轮心加速度不相等，滑动摩擦力大小不相等

9-4　均质长方形板由 A、B 两处的滚轮支撑在光滑水平面上。初始板处于静止状态，若突然撤去 B 端的支撑轮，则此瞬时（　　）。

① A 点有水平向左的加速度　② A 点有水平向右的加速度

③ A 点加速度方向铅垂向上　④ A 点加速度为零

9-5　如图所示，水平均质杆 OA 重为 $\boldsymbol{P}$，细绳 AB 未剪断前 O 点的约束力为 $P/2$。现将绳剪断，试判断在刚剪断绳 AB 瞬时，下列说法正确的是（　　）。

① O 点约束力仍为 $P/2$　② O 点约束力小于 $P/2$

③ O 点约束力大于 $P/2$　④ O 点约束力为 0

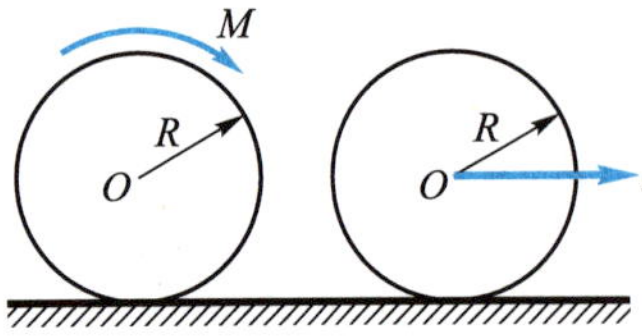

习题 9-3 图

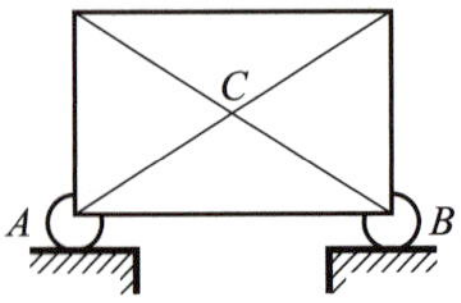

习题 9-4 图

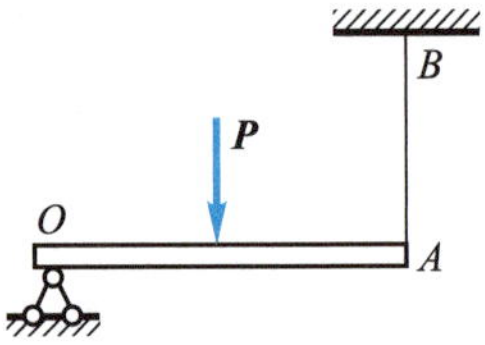

习题 9-5 图

9-6　图示均质圆盘沿水平直线轨道作纯滚动，在盘心移动了距离 s 的过程中，水平常力 $\boldsymbol{F}_{\mathrm{T}}$ 的功为（　　）；轨道给圆轮的摩擦力 $\boldsymbol{F}_{\mathrm{f}}$ 的功为（　　）。

① $F_{\mathrm{T}}s$　　② $2F_{\mathrm{T}}s$　　③ 0　　④ $-F_{\mathrm{f}}s$

9-7　图示二均质圆盘 A 和 B，它们的质量相等，半径相同，各置于光滑水平面上，分别受到 $\boldsymbol{F}$ 和 $\boldsymbol{F}'$ 的作用，由静止开始运动。若 $\boldsymbol{F}=\boldsymbol{F}'$，则在运动开始以后到相同的任一瞬时，二圆盘动能 T_A 和 T_B 的关系为（　　）。

① $T_A=T_B$　　② $T_A=2T_B$　　③ $2T_A=T_B$　　④ $3T_A=T_B$

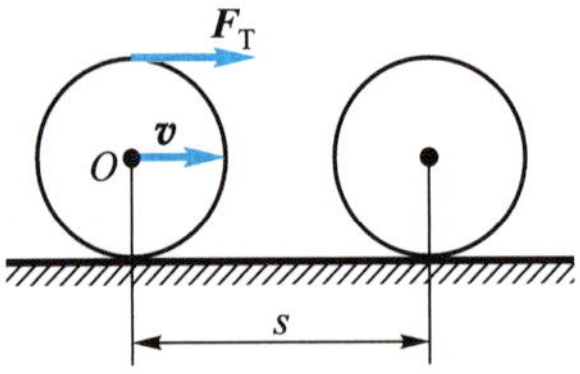

习题 9-6 图

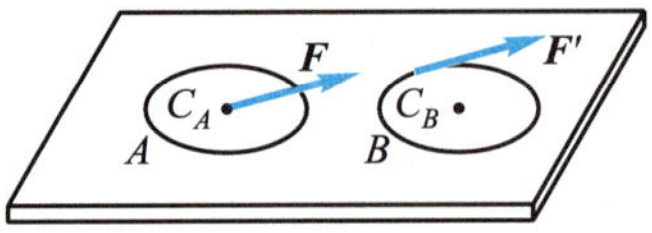

习题 9-7 图

分析计算题

9-8　均质杆 AB 长 $2l$，B 端放置在光滑水平面上。杆在图示位置自由倒下，试求点 A 的轨迹方程。

9-9　如图所示，为了求得半径 $R=50$ cm 的飞轮 A 对于通过其质心并垂直于纸面的轴的转动惯量，在飞轮上缠一细绳，绳的末端系一质量 $m_1=8$ kg 的重锤。重锤自高度 $h=2$ m 处落下，测得落下时间 $t_1=16$ s。为消去轴承摩擦的影响，再用质量 $m_2=4$ kg 的重锤作第二次试验，此重锤自同一高度落下的时间为 $t_2=25$ s。假定摩擦力矩为一常量，且与重锤的重量无关，试计算转动惯量 J_{Oz}。

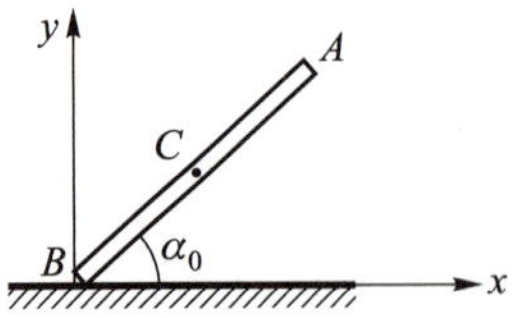

习题 9-8 图

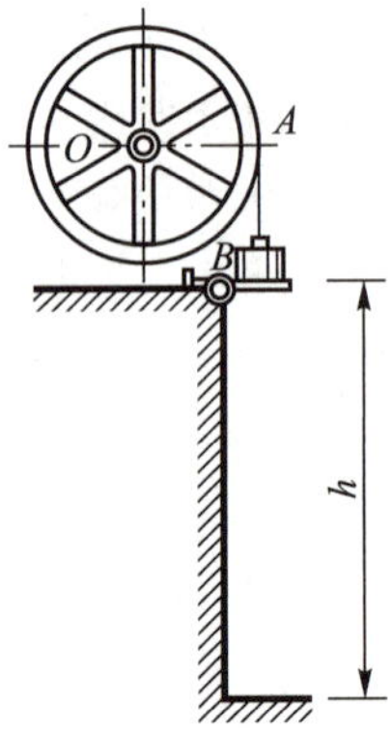

习题 9-9 图

9-10　图示均质细杆 OA 和 EC 的质量分别为 50 kg 和 100 kg，并在点 A 相互垂直地焊成一体。若此结构在图示位置由静止状态释放，不计铰链摩擦，计算刚释放时，铰链 O 处的约束力和杆 OA 与杆 EC 间的约束力偶。

9-11　图示圆柱 A 的质量为 m，在其中部绕以细绳，绳的一端 B 固定。圆柱沿绳子解开而降落，其初速为零。求当圆柱的中心 A 降落了高度 h 时的速度 v 和绳子的拉力 F_T。

9-12　图示重物 A 的质量为 m，当其下降时，借无重且不可伸长的绳使滚子 C 沿水平轨道滚动而不滑动。绳子跨过定滑轮 D 并绕在滑轮 B 上。滑轮 B 与滚子 C 固连为一体。已知滑轮 B 的半径为 R，滚子 C 的半径为 r，二者总质量为 m'，其对与图面垂直的轴 Oz 的回转半径为 ρ。试求重物 A 的加速度。

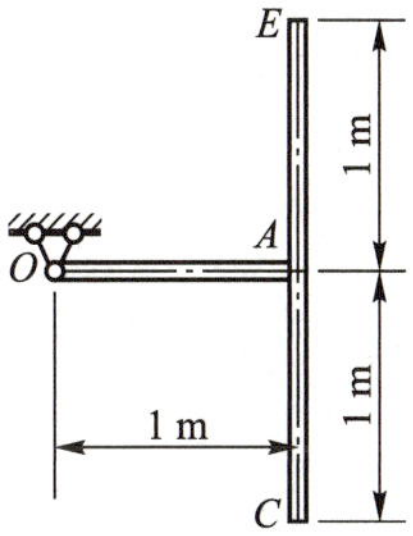

习题 9-10 图

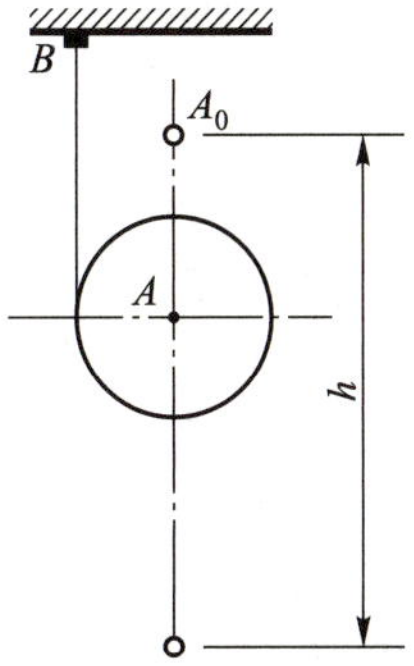

习题 9-11 图

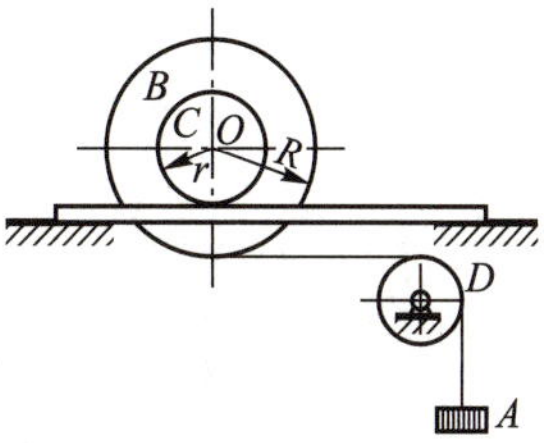

习题 9-12 图

9-13　图示均质圆柱质量为 m，半径为 r，在力偶作用下沿水平面作无滑动的滚动，若力偶的力偶矩 M 为常量，滚动阻碍系数为 δ，求圆柱中心 O 的加速度及其与地面的静摩擦力。

9-14　图示均质球的质量为 16 kg，半径为 100 mm，与地面间的动摩擦因数 $f=0.25$。若球心 O 的初速度 $v_O=400$ mm/s，初角速度 $\omega=2$ rad/s，试问经过多少时间后球停止滑动，此时球心速度为多大。

9-15　图示均质长方体的质量为 50 kg，与地面间的动摩擦因数为 0.20，在力 $\boldsymbol{F}$ 作用下向右滑动。试求：

（1）长方体不倾倒时 $\boldsymbol{F}$ 的最大值；

（2）此时长方体的加速度。

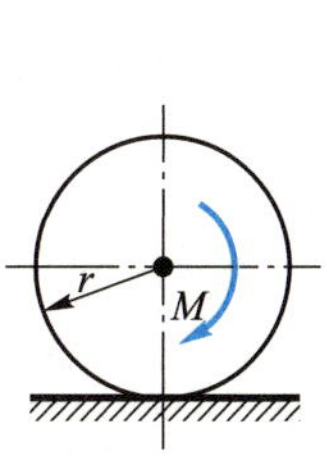

习题 9-13 图

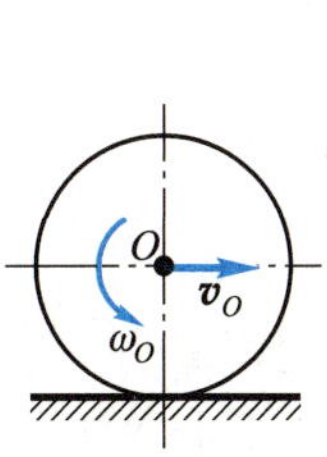

习题 9-14 图

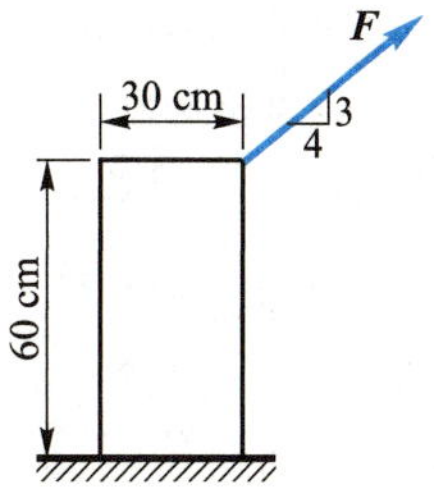

习题 9-15 图

9-16　均质圆轮的质量为 m，半径为 r，静止地放置在水平胶带上，若在带上作用拉力 $\boldsymbol{F}$，并使带与轮子间产生相对滑动。设轮子和带间的动摩擦因数为 f，试求轮子中心 O 经过距离 s 所需的时间和此时轮子的角速度。

9-17　图示均质细杆 AB 质量为 m，长为 l，在图示位置由静止开始运动。若水平和铅垂面的摩擦均略去不计，试求杆的初始角加速度。

9-18 图示均质长方形板放置在光滑水平面上，若点 B 的支承面突然移开，试求此瞬时点 A 的加速度。

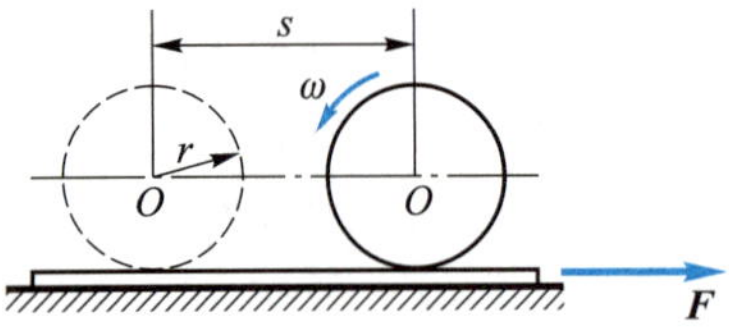

习题 9-16 图

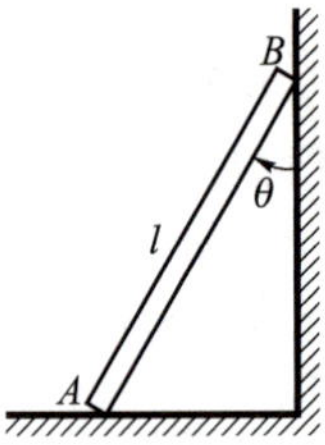

习题 9-17 图

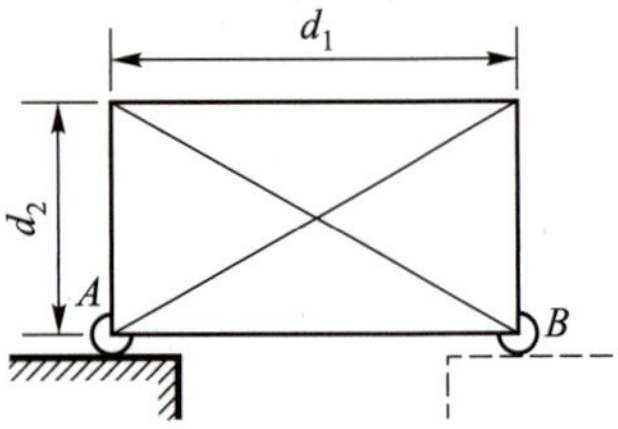

习题 9-18 图

9-19 图 a 与图 b 分别为圆盘和圆环，二者质量均为 m，半径均为 r，均置于距地面为 h 的固定斜面上，斜面倾角为 α，盘与环都从时间 $t=0$ 开始，在斜面上作纯滚动。分析圆盘与圆环哪一个先到达地面？

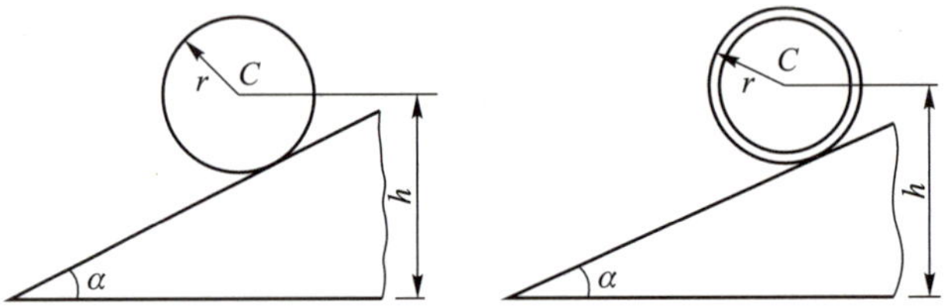

(a) (b)

习题 9-19 图

9-20 图示为玩具盒。盒盖的质量为 m，长为 l，宽度为 l，用两个合页（铰链）安装在盒子上。二合页上还安装有刚度系数为 k 的扭簧，且 $M=k\theta$，其中 M 为盒盖上的阻力矩。

（1）使盒盖从静止的 $\theta=0$ 位置开始合上，若在 $\theta=\dfrac{\pi}{2}$ 位置时，角速度为零，试求扭簧的刚度系数；

（2）试求上述运动过程终了时，盒盖的角加速度；

（3）分析盒盖上的铰是否可取消。

9-21 均质圆盘的质量为 m_1、半径为 r，圆盘与处于水平位置的弹簧一端连接且可绕固定轴 O 转动，以起吊重物 A，如图所示。若重物 A 的质量为 m_2，弹簧刚度系数为 k。试求系统微小振动的固有频率。

9-22 图示圆盘质量为 m、半径为 r，在中心处与两根水平放置的弹簧固结，且在平面上作无滑动滚动。弹簧刚度系数均为 k_0，试求系统作微振动的固有频率。

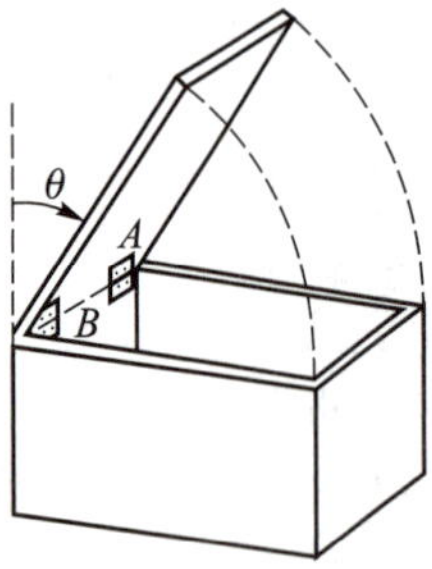

习题 9-20 图

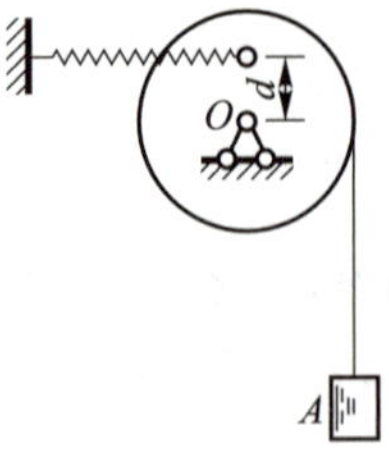

习题 9-21 图

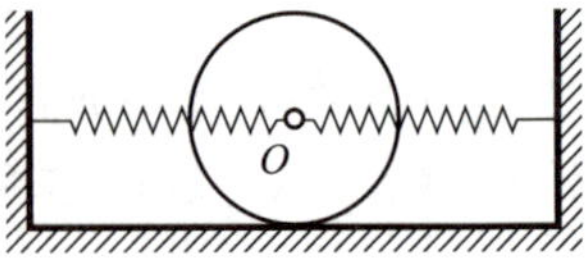

习题 9-22 图

9-23　为了试验转子偏心的大小和位置，可将其放置在一支架上，如图所示，而使转子轴能沿支架的两水平导轨（该导轨要用水平仪校正）作无滑动的滚动。若转子的重心 C 并不位于其几何轴线 $O-O$ 上，则转子必将绕其平衡位置左右摆动。转子的偏心位置可以根据其平衡位置确定，而偏心距离 e 则与转子对质心 C 的回转半径 ρ_C、轴半径 r 及其围绕平衡位置作微小摆动的周期 T 有关。试确定这些量之间的关系式，并由此写出 $\rho_C \gg e$（实际中最常见的情形）时的简化关系式。

9-24　图示圆盘和滑块的质量均为 m，圆盘的半径为 r，且可视为均质。杆 OA 平行于斜面，质量不计。斜面的倾斜角为 θ，圆盘、滑块与斜面间的摩擦因数均为 f，圆盘在斜面上作无滑动滚动。试求滑块的加速度和杆的内力。

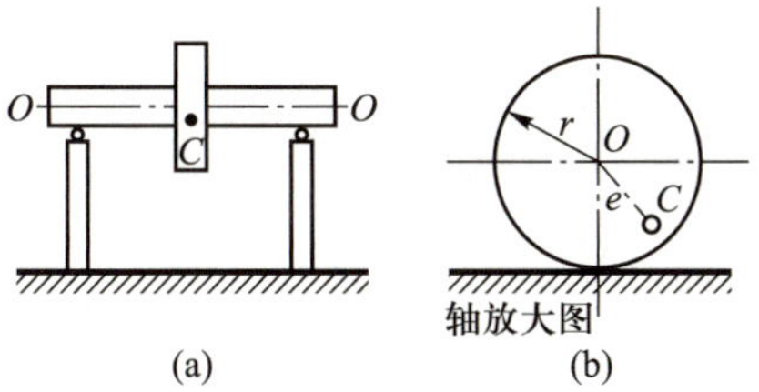

习题 9-23 图

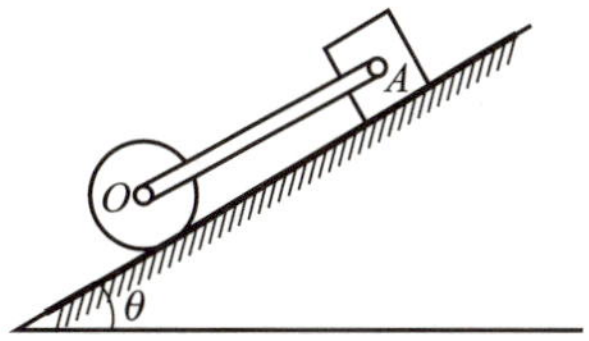

习题 9-24 图

9-25　图示均质圆盘的质量为 m，半径为 r，在 $\theta=0$ 位置，受微小扰动后由静止状态沿半径为 R 的圆弧面滚下。试求圆盘与圆弧面间的法向约束力，并表示为 θ 角的函数。

9-26　均质细杆 AB，长度为 l，一端 A 靠在光滑的铅垂墙上，另一端 B 放在光滑的水平地面上，并与水平面的夹角为 φ，杆由静止状态开始倒下。

（1）试求杆的角速度和角加速度；

（2）当杆脱离墙时，试求此时杆与水平面所成的角 φ_1。

9-27　两个相同的滑轮，视为均质圆盘，质量均为 m，半径均为 R，用细绳缠绕连接，如图所示。如系统由静止开始运动，求动滑轮质心 C 的速度 v 与下降距离 h 的关系；并确定 AB 段绳子的张力。

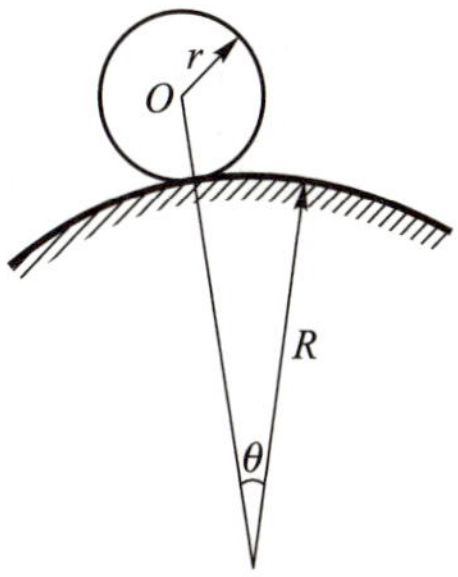

习题 9-25 图

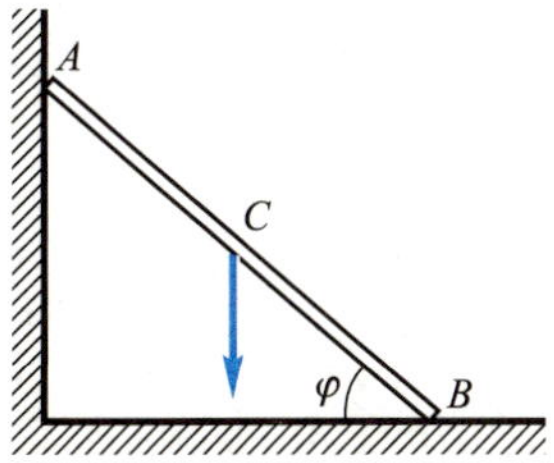

习题 9-26 图

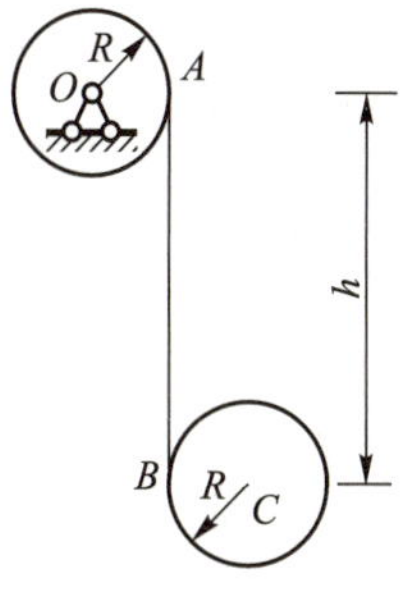

习题 9-27 图

9-28　AB 轴长 $l=1$ m，水平支在中点 O 上，如图所示。在轴的 A 端有一质量 $m_1=2.5$ kg、不计尺寸的重物，B 端有一质量 $m_2=5$ kg 的圆轮，轴 AB 的质量忽略不计。设轮的质量均匀分布在半径 $r=0.4$ m 的圆周上，轮的转速为 600 r/min，转向如图。求系统绕铅垂轴转动的进动角速度。

9-29　如图所示，飞机发动机的涡轮转子对其转轴的转动惯量 $J=22\ \text{kg}\cdot\text{m}^2$，转速 $n=10\ 000$ r/min，轴承 A、B 间的距离 $l=0.6$ m。若飞机以角速度 $\omega=0.25$ rad/s 在水平面内绕铅垂轴 z 按图示方向旋转，求发动机转子的陀螺力矩和轴承 A、B 上的附加动压力。

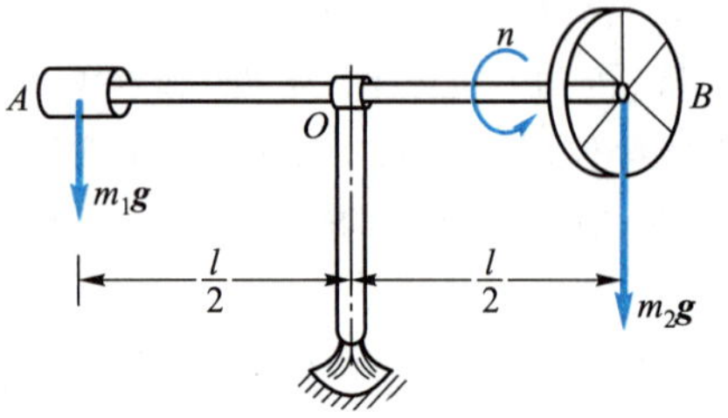

习题 9-28 图

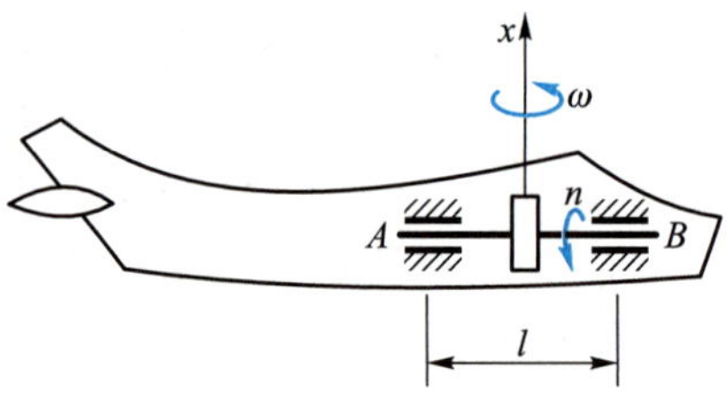

习题 9-29 图

第 10 章 刚体碰撞问题

两个或两个以上有相对运动的物体相互接触,并伴有速度突然变化的力学现象称为碰撞。它是工程实际中一种常见而又非常复杂的动力学专门问题。本章主要研究物体碰撞前后速度或角速度的改变,并讨论突加约束问题与刚体定轴转动的撞击中心。

研究碰撞问题可采用矢量动力学与分析动力学两种方法。本章主要采用矢量动力学方法,以进一步扩展矢量动力学基本理论、概念和方法,进一步扩展动力学的工程实际背景。

碰撞和冲击分别属于刚体动力学与弹、塑性动力学,二者既有联系又有区别。本章最后一节将对二者初步加以比较,以拓宽读者的视野。

§10-1 碰撞的力学特征与模型

10-1-1 碰撞现象的力学特征

矢量动力学提出动量与能量两个概念与两种方法。本章将从这两个方面分析碰撞现象的力学特征。

- 碰撞是在极短的时间 τ 内(约为 $10^{-4} \sim 10^{-3}$ s),使物体之间发生有限量的动量传递。因而,物体上各质点的加速度极大,作用有极大的瞬时碰撞力 $\boldsymbol{F}$(约为一般力的几百倍,甚至上千倍),如图 10-1 所示。

研究碰撞问题通常使用碰撞冲量(impulse of collision),即

$$\boldsymbol{I}=\int_0^{\tau}\boldsymbol{F}\mathrm{d}t \tag{10-1}$$

式中,t 为时间。**碰撞冲量是撞击力在碰撞时间内的累积效应。**

- 碰撞时,机械能之间、机械能与其他形式的能量之间产生急剧转化,一般总伴随有机械能损耗,包括物体材料的弹性与塑性变形和变形的恢复,应力波的传播,产生热、光、声等能量形式。

例如，用铁锤打击钢板表面（图 10-2）。为了测量碰撞的时间和瞬时力，在锤头下部安装力传感器，其外壳是用塑料制成的，所以实际上是塑料和钢的碰撞。设铁锤重 $W=4.45$ N，锤在碰撞前的速度 $v_1=457.2$ mm/s，测得碰撞时间间隔 $\tau=0.000\,44$ s，碰撞力峰值 $F_{max}=1.491$ kN，这相当于静力（锤重）作用的 335 倍。若用铁锤打击软的物体，如人手，则测得 $\tau=0.01$ s，$F_{max}=244.8$ N，仅为静力（锤重）作用的 55 倍。

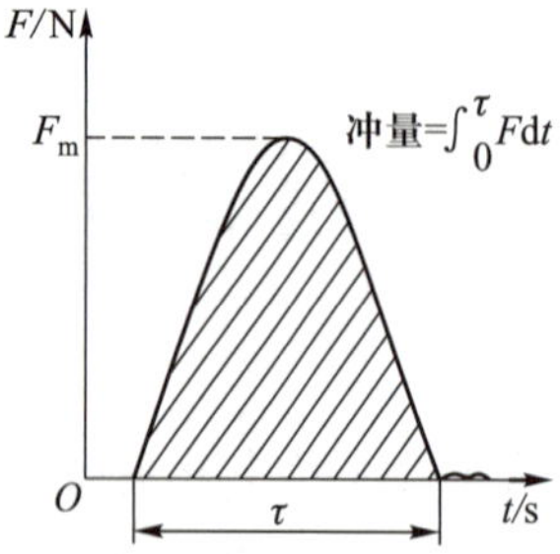

图 10-1　碰撞的瞬时力随时间变化历程

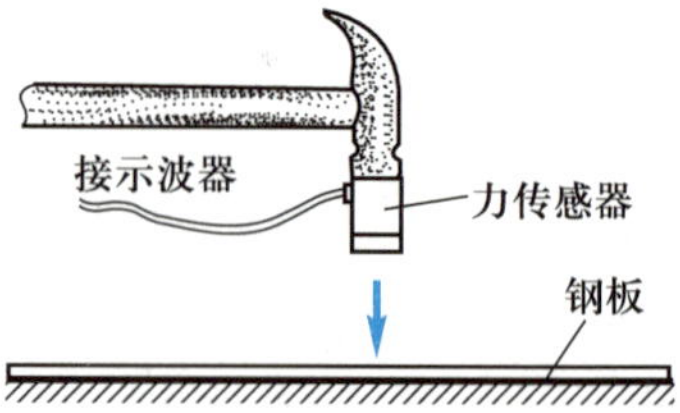

图 10-2　用铁锤打击钢板表面

10-1-2　完全刚体模型与有局部接触变形的刚体模型

碰撞问题主要研究物体碰撞前后的速度改变，即依据物体碰撞前的速度或角速度，确定碰撞后的速度或角速度。为此，若同时考虑撞击力的运动效应和变形效应，即将碰撞物体简化成弹性体或弹、塑性体模型，问题会十分复杂。为简化起见，先将碰撞物体简化为完全刚体模型。

为了检验完全刚体模型的正确性，下面回顾物理学中的两球正碰撞问题。

若碰撞前后两球的质心速度矢与两球接触面的公法线共线，则称为正碰撞（direct central collision），如图 10-3 所示。图中，m_1、m_2 分别为两球的质量，$\boldsymbol{v}_1$、$\boldsymbol{v}_2$ 与 $\boldsymbol{v}_1'$、$\boldsymbol{v}_2'$分别为两球碰撞前后的速度，$\boldsymbol{v}$ 为碰撞中的共同速度。另外，图中还示出了碰撞前（图 10-3a）、碰撞中（图 10-3b，c，d）与碰撞后（图 10-3e）三个过程。对于由两球组成的系统，由于碰撞力是内力，故碰撞前后动量守恒

$$m_1\boldsymbol{v}_1+m_2\boldsymbol{v}_2=m_1\boldsymbol{v}_1'+m_2\boldsymbol{v}_2' \tag{10-2}$$

若已知 $\boldsymbol{v}_1$、$\boldsymbol{v}_2$，要求 $\boldsymbol{v}_1'$、$\boldsymbol{v}_2'$，则仅用式（10-2）一个方程无法求解。这可以称为“动不定问题”，即只靠动力学方程不能求解的问题。因此，完全刚体模型对碰撞问题是不适宜的，因为实际碰撞过程总伴随有变形发生，即碰撞过程与碰撞物体的材料性质有关。例如，几何形状、尺寸与落地速度均相同的玻璃、钢、木材制品，下落在同一地板上的回弹速度是不同的。

考虑上述因素影响，需要采用**有局部接触变形的刚体模型**，以研究碰撞物体的有关运动效应。这种模型的特点是，碰撞物体整体上是刚体，但在两碰撞物体相接触的微小区域内可有压缩变形。图 10-3 中所示之变形阶段（图 10-3b，c）与恢复阶段（图 10-3c，d），就是表示两球间微小的压缩变形从零到最大（此时两球心间距离逐渐缩短），再从最大到零（此时两球心间距离逐渐变长）的两个过程。当压缩变形最大时，两球速度相等，即为 $\boldsymbol{v}$。这样，每个

碰撞物体中各质点在碰撞中和碰撞后,各像刚体运动一样达到有关的速度改变,同时,根据碰撞物体的材料性质等再写出一个方程(见下节),与式(10-2)一起组成求解 $\boldsymbol{v}_1'$、$\boldsymbol{v}_2'$ 的封闭方程组。

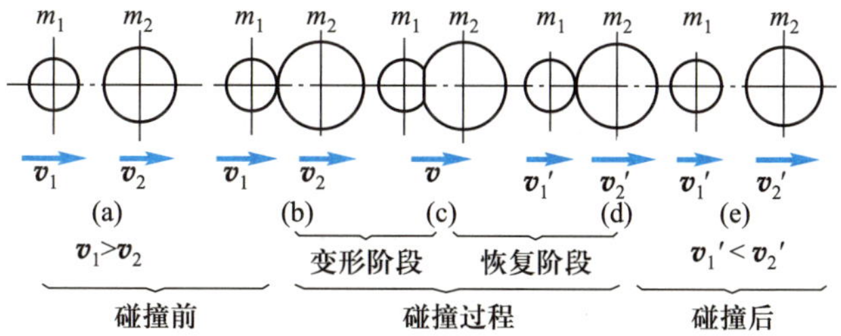

图 10-3 两球正碰撞的不同过程

此外,研究碰撞问题,由于碰撞力比非碰撞力大得多,所以,一般情形下,不计非碰撞力;由于碰撞时间极短,以致相互碰撞的物体在空间还来不及发生显著的位移,碰撞过程已告终结,所以,不考虑碰撞过程中物体的位移。

§ 10-2 恢 复 因 数

10-2-1 恢复因数的定义

考察两球的正碰撞。碰撞中,两球变形与恢复阶段的受力图与力-时间曲线图,分别如图 10-4a、b、c 所示。图中,变形与恢复阶段的碰撞冲量分别为

$$\boldsymbol{I}_1 = \int_0^{\tau_1} \boldsymbol{F} \mathrm{d}t, \qquad \boldsymbol{I}_2 = \int_{\tau_1}^{\tau} \boldsymbol{F} \mathrm{d}t \tag{10-3}$$

式中,$\boldsymbol{F}$ 为碰撞力;τ_1 为变形阶段时间;$\tau-\tau_1$ 为恢复阶段时间。$\boldsymbol{I}_1$ 与 $\boldsymbol{I}_2$ 的数值分别为图 10-4b 中的阴影面积。

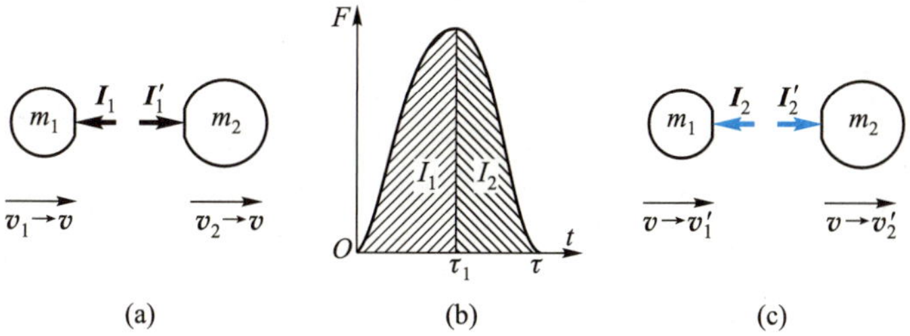

图 10-4 两球正碰撞的变形与恢复阶段的受力图与力-时间关系曲线图

两球恢复阶段与变形阶段的碰撞冲量之比,或者碰撞后相对分离的速度与碰撞前相对接近的速度之比称为恢复因数(coefficient of restitution):

$$e=\frac{I_2}{I_1}=\frac{v_2'-v_1'}{v_1-v_2} \tag{10-4}$$

注意到,上述定义中的两种比值是等价的,这是因为根据式(10-3)在水平方向的投影式,对球 1 有

$$e=\frac{I_2}{I_1}=\frac{m_1[-v_1'-(-v)]}{m_1[-v-(-v_1)]}=\frac{v-v_1'}{v_1-v}$$

同样,对球 2 有

$$e=\frac{I_2'}{I_1'}=\frac{m_2[-v_2'-(-v)]}{m_2[-v-(-v_2)]}=\frac{v-v_2'}{v_2-v}$$

将以上两式联立,消去 v,即得式(10-4)。

10-2-2　恢复因数的测定

恢复因数与碰撞物体的材料有关。几种常见材料的恢复因数实验数值列于表 10-1 中①。

表 10-1　碰撞物体恢复因数的实验值

碰撞物体	恢复因数
木球和木球	1/2
钢球和钢球	5/9
象牙球和象牙球	8/9
玻璃球和玻璃球	15/16

一种最简单的测定恢复因数的方法如图 10-5 所示。这是质量为 m_1 的小球与水平固定平面($m_2\to\infty$)正碰撞的情形。因 $v_2=v_2'=0$,由式(10-4)得

$$e=-\frac{v_1'}{v_1} \tag{10-5}$$

式中的负号表示 v_1' 与 v_1 的方向相反。

若小球自高度 h_1 处自由下落,与水平固定平面碰撞后的回跳高度为 h_2,不计空气阻力,则碰撞前、后小球的速度大小分别为 $v_1=\sqrt{2gh_1}$,$v_1'=\sqrt{2gh_2}$,故恢复因数大小为

$$e=\sqrt{\frac{h_2}{h_1}} \tag{10-6}$$

通过测量 h_1 和 h_2,即可得到恢复因数 e。

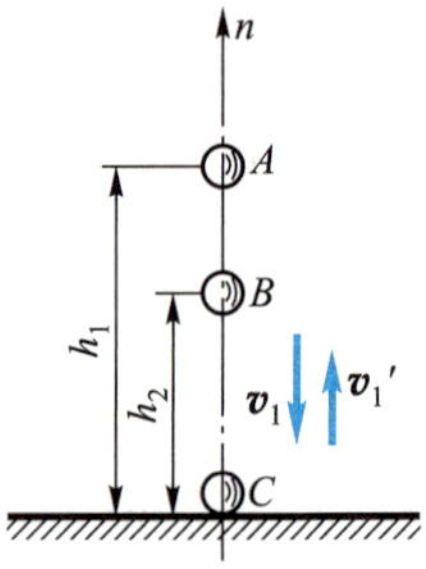

图 10-5　一种最简单的测定恢复因数的方法

① 按照经典碰撞理论,恢复因数只与碰撞物体的材料有关,即对同一种材料,恢复因数为一常数。现代动力学研究表明,恢复因数除与碰撞材料有关外,还与碰撞速度、碰撞物体的几何尺寸等因素有关,因而是变因数。表 10-1 给出的数据仅供参考。

图 10-6 所示为水平抛出在刚度较大的地面上连续跳动的高尔夫球照片。请读者根据这张照片求出球-地的恢复因数。

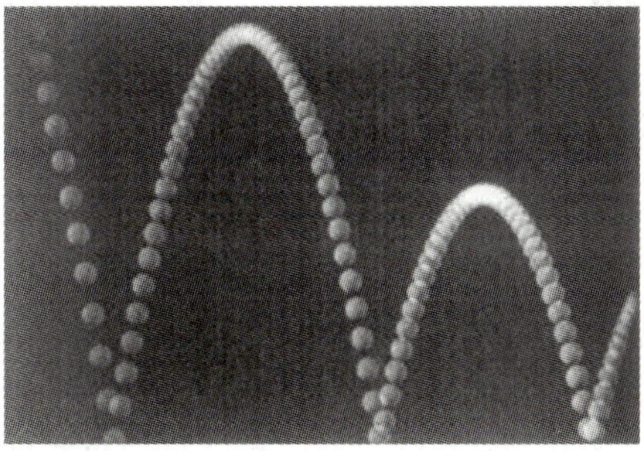

图 10-6 水平抛出在刚度较大的地面上连续跳动的高尔夫球照片

10-2-3 恢复因数的取值范围

恢复因数 e 的取值范围是

$$0 \leqslant e \leqslant 1 \tag{10-7}$$

按 e 值的大小，碰撞可分为三类：

- 非完全弹性碰撞（$0<e<1$）（no-perfectly elastic collision）

实际中的碰撞都属于这一类。碰撞物体的动能要引起振动或波动，并因材料内阻造成能量耗散，其变形不能完全恢复。

- 完全弹性碰撞（$e=1$）（perfectly elastic collision）。

碰撞后，物体的变形完全恢复，能量无损失。在宏观现象中，这是不可能达到的理想状况；而在微观现象中，例如分子间的碰撞则属于完全弹性碰撞。

- 完全非弹性或塑性碰撞（$e=0$）（plastic collision）

碰撞物体的变形完全不能恢复，其相对运动动能全部损失，碰撞后两物体合为一体运动。

10-2-4 两球的斜碰撞

若碰撞前后两球的质心速度矢不与两球接触面的公法线共线，则称这种碰撞为斜碰撞（oblique impact）。

如图 10-7a 所示，质量分别为 m_1 和 m_2 的两球处于同一平面内，在碰撞前各具有速度 $\boldsymbol{v}_1$ 和 $\boldsymbol{v}_2$。然后，两球相互接近，并发生碰撞；图 10-7b 所示为碰撞过程。同样将这一过程分为变形和恢复两个阶段。两球在此阶段的受力图及碰撞力随时间变化的图像分别示于图 10-7d，e 中。注意到，现在假设两球是绝对光滑的，即忽略了两球在碰撞时的摩擦力。而在一般情形下，摩擦力 $\boldsymbol{F}$ 与碰撞时的正压力 $\boldsymbol{F}_N$ 都是极大的瞬时力。此外，根据两球的碰撞位置，确定出两球接触面的公切线 t 与公法线 n；图 10-7c 所示为碰撞后阶段。两球碰撞后的速度分别为 $\boldsymbol{v}_1'$ 和 $\boldsymbol{v}_2'$，其大小与方向均是未知的。

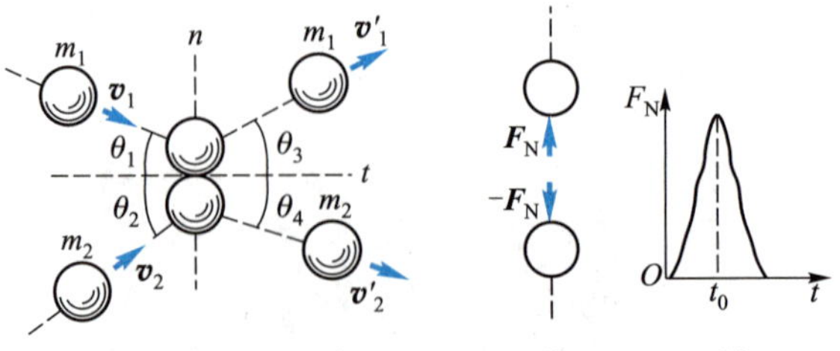

图 10-7 两球的斜碰撞

根据整体系统在方向 n 上动量守恒，得

$$m_1v_{1n}+m_2v_{2n}=m_1v'_{1n}+m_2v'_{2n} \tag{10-8}$$

根据球 1 在方向 t 上动量守恒，得

$$m_1v_{1t}=m_1v'_{1t} \tag{10-9}$$

根据球 2 在方向 t 上动量守恒，得

$$m_2v_{2t}=m_2v'_{2t} \tag{10-10}$$

将两球正碰撞的恢复因数定义[式(10-4)]推广到斜碰撞：两球碰撞后沿公法线方向相对分离的速度与碰撞前相对接近的速度之比为两球碰撞的恢复因数

$$e=\frac{v'_{2n}-v'_{1n}}{v_{1n}-v_{2n}} \tag{10-11}$$

由式(10-8)至式(10-11)，便得到求解 v'_1、v'_2、θ_3、θ_4 四个未知数的封闭方程组。

[例题 10-1] 图 10-8a 所示为三个质量相同的球，$m_1=m_2=m_3=m$，半径均为 r，m_1 与 m_2 的中心距离 $C_1C_2=a$。m_3 的中心 C_3 至 C_1C_2 的垂线为 C_3D。m_3 有一沿 C_3D 方向的速度 $\boldsymbol{v}_3$。m_1、m_2 在碰撞前保持静止。若碰撞是完全弹性的，试求：

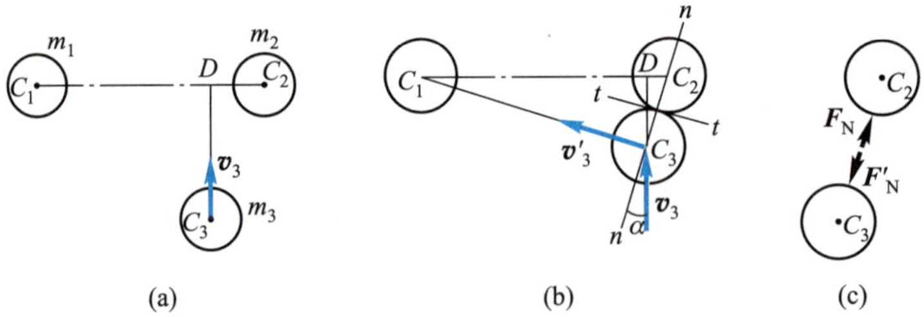

图 10-8 例题 10-1 图

(1) m_3 与 m_2 作斜碰撞后，m_3 的速度 $\boldsymbol{v}'_3$；

(2) m_3 与 m_2 作斜碰撞后，m_2 的速度 $\boldsymbol{v}'_2$；

(3) 欲使 m_3 与 m_2 碰撞后，m_3 再与 m_1 作正碰撞，C_3D 的位置。

解：(1) 求 m_3 与 m_2 碰撞后，m_3 的速度 $\boldsymbol{v}'_3$。

因 $\boldsymbol{v}'_3$ 与 m_3、m_2 的相对位置有关，故用 $\boldsymbol{v}_3$ 与 C_2C_3 的夹角 α 表示这一位置(图 10-8b)。

考察 m_3 与 m_2 整体系统。它在两球接触面的法线 $n-n$ 方向上有动量守恒

$$mv_3\cos\alpha = mv'_{2n} + mv'_{3n} \tag{a}$$

又因,碰撞是完全弹性的,有

$$\frac{v'_{2n}-v'_{3n}}{v_3\cos\alpha-0}=1 \tag{b}$$

由该式得

$$v'_{2n}-v'_{3n}=v_3\cos\alpha \tag{c}$$

将式(a)减去式(c),得

$$v'_{3n}=0 \tag{d}$$

再考察 m_3,其碰撞中的受力图如图 10-8c 所示,它在两球接触面的切线 $t-t$ 方向上有动量守恒

$$v'_{3t}=v_3\sin\alpha \tag{e}$$

于是

$$\boldsymbol{v}'_3=v_3\sin\alpha\boldsymbol{e}^{t} \tag{f}$$

(2) 求 m_3 与 m_2 碰撞后,m_2 的速度 $\boldsymbol{v}'_2$。

由图 10-8c 知,m_2 在 $t-t$ 方向上有动量守恒,即有

$$v'_{2t}=0 \tag{g}$$

再将式(d)代入式(c),并综合式(g),最后得

$$\boldsymbol{v}'_2=v'_{2n}\boldsymbol{n}=v_3\cos\alpha\boldsymbol{n} \tag{h}$$

(3) 欲使 m_3 与 m_2 碰撞后,m_3 再与 m_1 作正碰撞的 C_3D 位置,令

$$DC_2=b,\qquad C_3D=h$$

由图 10-8 可以看出,欲使 m_3 再与 m_1 作正碰撞,$\boldsymbol{v}'_3$ 必须沿 C_1C_3。于是,$C_1C_3\perp C_2C_3$,在 $\triangle C_1C_2C_3$ 中有相似关系

$$\frac{b}{h}=\frac{h}{DC_1}=\frac{h}{a-b} \tag{i}$$

即

$$(a-b)b=h^2=4r^2-b^2$$

得

$$b=DC_2=\frac{4r^2}{a} \tag{j}$$

§ 10-3 动力学普遍定理在碰撞问题中的应用

根据碰撞现象的力学特征,求解碰撞问题,必须应用动力学普遍定理,包括动量定理、动量矩定理或刚体动力学方程的积分形式。

10-3-1 碰撞过程的动量定理

由质点系动量定理的微分形式$\frac{d}{dt}(\sum m_i \boldsymbol{v}_i)=\sum \boldsymbol{F}_i^e$,积分得

$$\sum m_i \boldsymbol{v}_{i2}-\sum m_i \boldsymbol{v}_{i1}=\sum \int \boldsymbol{F}_i^e dt=\sum \boldsymbol{I}_i^e \tag{10-12a}$$

式中,$\int \boldsymbol{F}_i^e dt$ 称为第 i 个外力 $\boldsymbol{F}_i^e$ 的冲量。上式亦可写成

$$M\boldsymbol{v}_{C2}-M\boldsymbol{v}_{C1}=\sum \boldsymbol{I}_i^e \tag{10-12b}$$

式(10-12)表明,质点系的动量在某时间间隔内的改变,等于在同一时间间隔内作用在质点系上的所有外力冲量的主矢,此即**质点系动量定理的积分形式**。

将式(10-12)用于碰撞过程时,不计非碰撞力的冲量,即得**碰撞过程的动量定理**:质点系在碰撞开始和结束时动量的变化,等于作用在质点系上的外碰撞冲量的主矢。

10-3-2 碰撞过程的动量矩定理

由质点系对定点 O 的动量矩定理的微分形式$\frac{d\boldsymbol{L}_O}{dt}=\sum \boldsymbol{r}_i\times \boldsymbol{F}_i^e$,得

$$d\boldsymbol{L}_O=\sum \boldsymbol{r}_i\times \boldsymbol{F}_i^e dt=\sum \boldsymbol{r}_i\times d\boldsymbol{I}_i^e$$

上式积分得

$$\boldsymbol{L}_{O_2}-\boldsymbol{L}_{O_1}=\sum \int (\boldsymbol{r}_i\times d\boldsymbol{I}_i^e) \tag{10-13}$$

式中,$\boldsymbol{L}_{O_1}$ 和 $\boldsymbol{L}_{O_2}$ 分别是碰撞开始和结束时质点系对点 O 的动量矩,$\int (\boldsymbol{r}_i\times d\boldsymbol{I}_i^e)$ 为第 i 个外力 $\boldsymbol{F}_i^e$ 的**冲量矩**(moment of impulse)。该式表明,质点系对某定点的动量矩在某时间间隔内的改变,等于在同一时间间隔内作用在质点系上的所有外力对同一点的冲量矩的主矩,式(10-13)即为**质点系动量矩定理的积分形式**。

一般情况下,式(10-13)中的 $\boldsymbol{r}_i$ 是未知的变量,等号右边难以积分。但对于碰撞问题,由于不考虑碰撞过程中物体的位移,故 $\boldsymbol{r}_i$ 可视为不变,于是有

$$\boldsymbol{L}_{O_2}-\boldsymbol{L}_{O_1}=\sum(\boldsymbol{r}_i\times \boldsymbol{I}_i^e)=\sum \boldsymbol{M}_O(\boldsymbol{I}_i^e) \tag{10-14}$$

将式(10-14)用于碰撞过程时,不计非碰撞力的冲量矩,即得**碰撞过程的动量矩定理**:质点系在碰撞开始和结束时对点 O 的动量矩的变化,等于作用在质点系上的外碰撞冲量对同一点的主矩。值得注意的是,将式(10-14)用于碰撞过程时,由于不考虑碰撞过程中的位移,故点 O 可以是任一点,没有固定点的限制。

10-3-3 刚体碰撞动力学方程

- **刚体定轴转动的碰撞方程**

由刚体定轴转动动力学方程(9-1)积分,得

$$J_z\dot{\varphi}_2-J_z\dot{\varphi}_1=M_z(\boldsymbol{I}^{\mathrm{e}}) \tag{10-15}$$

式中，J_z 表示刚体对定轴 z 的转动惯量；$\dot{\varphi}_1$、$\dot{\varphi}_2$ 各表示碰撞开始和结束时刚体的角速度；$M_z(\boldsymbol{I}^{\mathrm{e}})$ 表示碰撞力对定轴 z 的冲量矩。同样，将式(10-15)用于碰撞过程时，不计非碰撞力的冲量矩。

- **刚体平面运动的碰撞方程**

将式(10-14)用于碰撞过程时，可将点 O 替换为质心 C，即有

$$\boldsymbol{L}_{C2}-\boldsymbol{L}_{C1}=\sum \boldsymbol{M}_C(\boldsymbol{I}_i^{\mathrm{e}}) \tag{10-16}$$

对于平面运动的刚体，将上式在通过其质心 C 且与其运动平面相垂直的 z 轴上投影，得

$$J_{Cz}\dot{\varphi}_2-J_{Cz}\dot{\varphi}_1=\sum M_{Cz}(\boldsymbol{I}_i^{\mathrm{e}}) \tag{10-17}$$

将式(10-12b)和式(10-17)联立，即得刚体平面运动的碰撞方程

$$\left.\begin{aligned} M\boldsymbol{v}_{C2}-M\boldsymbol{v}_{C1}&=\sum \boldsymbol{I}_i^{\mathrm{e}} \\ J_{Cz}\dot{\varphi}_2-J_{Cz}\dot{\varphi}_1&=\sum M_{Cz}(\boldsymbol{I}_i^{\mathrm{e}}) \end{aligned}\right\} \tag{10-18}$$

同样，将式(10-18)用于刚体平面运动的碰撞过程时，不计非碰撞力的冲量和碰撞过程中的刚体位移。

[例题 10-2] 美国的“阿波罗”号飞船 A 与苏联的“联盟”号飞船 B[①] 于 1975 年 7 月 15 日交会后实现对接[②](图 10-9)。二者质量分别为 $m_A=18\times10^3$ kg，$m_B=6.6\times10^3$ kg，B 船在惯性参考系中静止，A 船的速度 $v_A=(0.2\boldsymbol{i}+0.03\boldsymbol{j}-0.02\boldsymbol{k})$ m/s。

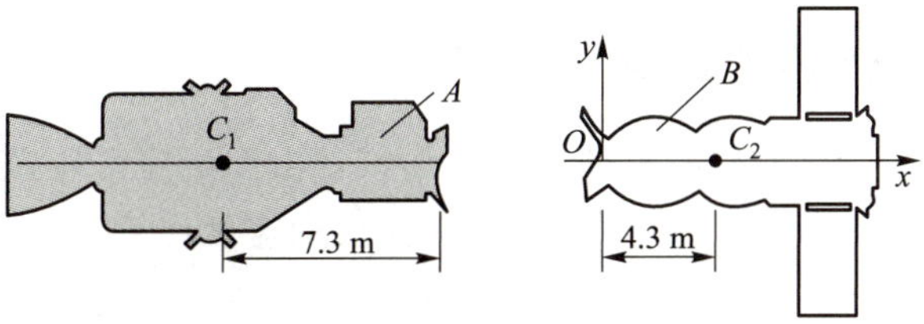

图 10-9 例题 10-2 图

(1) 若第一次对接是成功的，试求联合体的质心速度；

(2) 若第一次对接不成功，产生碰撞的恢复因数 $e=0.95$，试求两船碰撞后的速度。

(1)、(2)两种情形均略去飞船 A、B 的转动。

解：(1) 若第一次两船对接成功，属完全非弹性或塑性碰撞。为求碰撞后联合体的速度，应用整体系统的动量守恒关系式。

$$m_A\boldsymbol{v}_A+m_B\boldsymbol{v}_B=(m_A+m_B)\boldsymbol{v}' \tag{a}$$

式中，$\boldsymbol{v}'$ 为对接后联合体的速度，由此式解出

---

① A、B 均是载人飞船，既能自主飞行，为载人空间站接送宇航员，试验各种载人航天技术；也能与空间站对接，作为其附件一起联合飞行。

② 两个航天器以相同速度在同一时间到达空间同一位置的过程称为**交会**。通过专门的对接装置使受控航天器与对接目标相互接触，并连接为整体后一起飞行，这一过程称为**对接**。对接在力学上有碰撞问题。

$$\boldsymbol{v}'=\frac{m_A\boldsymbol{v}_A+m_B\boldsymbol{v}_B}{m_A+m_B}=(0.146\boldsymbol{i}+0.022\boldsymbol{j}-0.015\boldsymbol{k})\ \mathrm{m/s} \tag{b}$$

(2) 因为不考虑两船对接处的摩擦，所以二者在 y 与 z 方向上的速度分量在碰撞前后不变，这样，按 x 方向上两船动量守恒，有

$$m_Av_{Ax}+m_Bv_{Bx}=m_Av'_{Ax}+m_Bv'_{Bx} \tag{c}$$

$$18\times10^3\ \mathrm{kg}\times0.2\ \mathrm{m/s}=18\times10^3\ \mathrm{kg}\ v'_{Ax}+6.6\times10^3\ \mathrm{kg}\ v'_{Bx} \tag{d}$$

恢复因数方程为

$$e=\frac{v'_{Bx}-v'_{Ax}}{v_{Ax}-v_{Bx}} \tag{e}$$

将 e 的已知值及两船碰撞前的有关速度代入后，有

$$0.95=\frac{v'_{Bx}-v'_{Ax}}{0.2\ \mathrm{m/s}-0} \tag{f}$$

由式(d)与式(f)，解得

$$v'_{Ax}=0.095\ \mathrm{m/s},\qquad v'_{Bx}=0.285\ \mathrm{m/s} \tag{g}$$

考虑到 A 船在 y、z 方向上的速度不变，B 船在 y、z 方向上的速度为零，得到两船碰撞后的速度分别为

$$\left.\begin{aligned}\boldsymbol{v}'_A&=(0.095\boldsymbol{i}+0.03\boldsymbol{j}-0.02\boldsymbol{k})\ \mathrm{m/s}\\ \boldsymbol{v}'_B&=0.285\boldsymbol{i}\ \mathrm{m/s}\end{aligned}\right\} \tag{h}$$

10-3-4 碰撞过程中的动能变化

第 8 章已经给出了质点系动能定理的积分形式。由于碰撞时碰撞力的功难以计算，所以该式不便用于碰撞过程。但是，可以根据碰撞前后的速度计算这一过程中质点系动能的改变量。

考察两球的正碰撞(图 10-3)。由式(10-2)与式(10-4)联立解得两球碰撞后的速度为

$$\left.\begin{aligned}v'_1&=v_1-(1+e)\frac{m_2}{m_1+m_2}(v_1-v_2)\\ v'_2&=v_2+(1+e)\frac{m_1}{m_1+m_2}(v_1-v_2)\end{aligned}\right\} \tag{10-19}$$

两球在碰撞前、后的总动能分别为

$$\left.\begin{aligned}T_1&=\frac{1}{2}m_1v_1^2+\frac{1}{2}m_2v_2^2\\ T_2&=\frac{1}{2}m_1v'^2_1+\frac{1}{2}m_2v'^2_2\end{aligned}\right\} \tag{10-20}$$

在碰撞过程中，动能的变化为

$$\Delta T=T_1-T_2=\frac{m_1m_2}{2(m_1+m_2)}(1-e^2)(v_1-v_2)^2 \tag{10-21}$$

上式就是碰撞过程中的动能变化表达式。

两种特殊情形：完全弹性碰撞，即 $e=1$，$\Delta T=0$，碰撞过程中没有动能损失；完全非弹性碰撞，$e=0$，其动能损失为 $\Delta T=\dfrac{m_1m_2}{2(m_1+m_2)}(v_1-v_2)^2$。

［例题 10-3］ 如图 10-10a 所示为锻压金属的汽锤简图，如图 10-10b 所示为土建工程中使用的打桩机简图。两图中的锤重均为 m_1g，铁砧或桩重均为 m_2g。两锤在打击前均具有速度 $\boldsymbol{v}_1$。试分析比较二者在碰撞过程中的动量传递与能量转化。

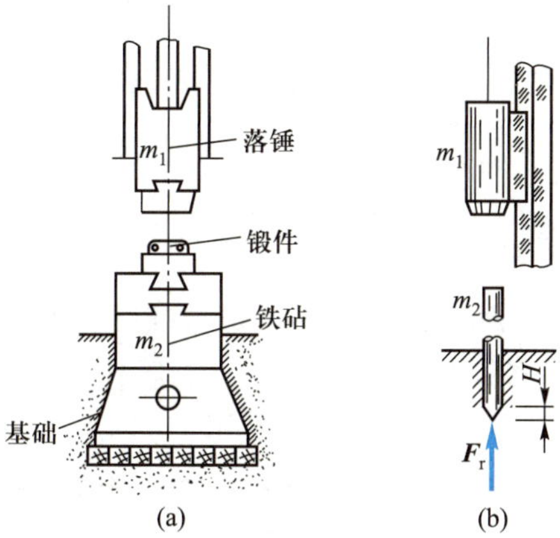

图 10-10 锻压机与打桩机部分简图

解：作为初步分析，假设两种情形均为完全非弹性或塑性碰撞，即 $e=0$。另外，在被打击前铁砧和桩均处于静止，即 $v_2=0$。这样，式(10-21)变为

$$\Delta T=\frac{1}{2}\frac{m_1m_2}{m_1+m_2}v_1^2=\left(\frac{1}{2}m_1v_1^2\right)\cdot\frac{1}{1+\dfrac{m_1}{m_2}}$$

式中，$T_1=\dfrac{1}{2}m_1v_1^2$ 为两种情形下锤的总动能。该式表明，在完全非弹性或塑性碰撞过程中的动能改变与碰撞物体的动能、两物体质量比有关。

锻压金属

工程上希望将汽锤的动能尽量多地转化为锻件的塑性应变能，尽量少地传递给铁砧和钢筋混凝土基础作振动。钢筋混凝土基础不仅不是锻造工艺的目的，而且还是有害的。将锻件加热至高温再进行锻压加工，就是为了使锻件“变软”，能更多地吸收汽锤的动能。为此，锻压金属应使 $m_1\ll m_2$。从动量概念看，汽锤传递给铁砧与基础的动量一定时，基础质量越大，其速度越小；从能量概念看 $\Delta T\approx T_1$，即让汽锤在锻造前的动能几乎完全转变为锻件的应变能。例如当$\dfrac{m_1}{m_2}\approx\dfrac{1}{20}$时，就将有 95%的输入动能做了有用功，只有 5%的能量做了无用功。

打桩

与锻压金属正好相反。工程上希望将锤的动能尽量多地传递给桩的运动，以使桩能克服土壤阻力，深入土壤之中，而不是将锤的动能转化为桩的塑性应变能。因此，应使 $m_1 \gg m_2$。这样，从动量概念看，桩的速度大；从能量概念看，$\Delta T \approx 0$，即让锤在打桩前具有的动能基本上变为锤与桩一起克服土壤阻力做功的动能。例如，若以 7 500 N 重的锤打 500 N 重的桩，则有用功为 93.7%，而只有 6.3%的能量损失于桩的塑性应变能。否则，若用"轻锤打重桩"，即使锤将桩打坏，桩也很难进入土壤之中。

§ 10-4 突加约束问题与撞击中心

10-4-1 突加约束问题

当刚体运动遇到固定障碍物时发生碰撞，碰撞接触处的变形完全没有恢复，这一类力学现象称为**突然施加约束问题**，简称**突加约束问题**。实际上，这是一种刚体的完全非弹性（或塑性）碰撞问题。

10-1 突加约束的圆盘

图 10-11 所示是一个有趣的问题。圆盘在光滑的桌面上绕其中心 O 以角速度 ω_1 作定轴转动，中心 O 处并不存在实际的固定轴。圆盘上有小孔 A_1，桌面上也有小孔 A_2。当两小孔恰好重合的瞬时，将一根针插入其中，对圆盘突加约束。这样，圆盘与针便产生塑性碰撞。碰撞后，圆盘将绕 A_1A_2 轴、以角速度 ω_2 作定轴转动。

［例题 10-4］ 一均质圆柱的质量为 m，半径为 r，其质心以等速 $\boldsymbol{v}_C$ 沿固定水平面作无滑动的滚动，并突然与一高度为 $h(h<r)$ 的台阶碰撞，如图 10-12a 所示。设碰撞是塑性的，试求圆柱碰撞后的质心速度、角速度和碰撞冲量。

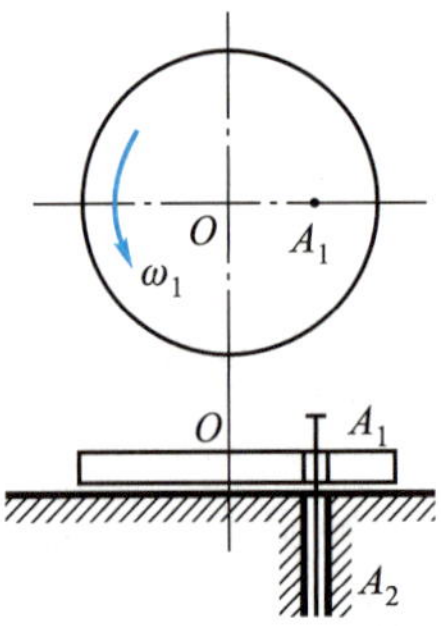

图 10-11 突加约束的一个实例

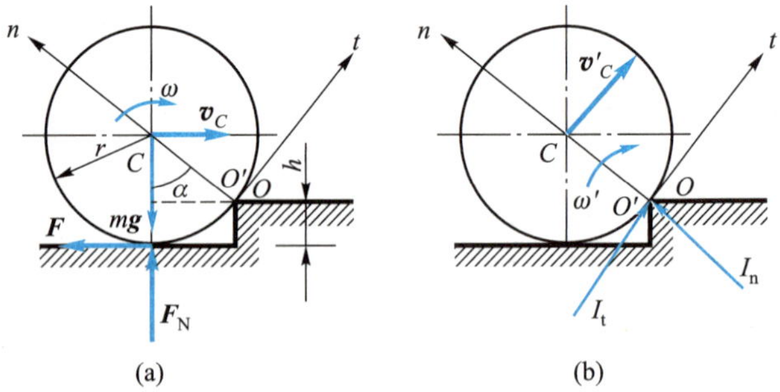

图 10-12 例题 10-4 图

解：首先分析碰撞前、后运动的变化：碰撞前圆柱作平面运动，质心 C 的速度为 $\boldsymbol{v}_C$。由作无滑动的滚动约束条件，圆柱绕质心转动的角速度为 $\omega=\dfrac{v_C}{r}$（设顺时针转向为正）。在碰撞后瞬时,圆柱上轴线 O'(垂直于图面)与平台凸缘上的轴线 O 不再分离,圆柱突然变成绕固定轴 O'(或 O)转动,设其角速度为 ω'(顺时针转动)。这时,质心的速度为 $\boldsymbol{v}_C'$,方向如图 10-12b 所示。$\boldsymbol{v}_C'$ 与 ω'的关系为

$$v_C' = \omega' r \tag{a}$$

再分析碰撞过程中圆柱的受力:因碰撞接触面并不光滑,故圆柱所受平台凸缘的碰撞冲量分别有沿公法线 n 和公切线 t 的两个分量 $\boldsymbol{I}_{\mathrm{n}}$ 和 $\boldsymbol{I}_{\mathrm{t}}$。此外,非碰撞力的冲量略去不计。

应用式(10-14),写出碰撞过程中圆柱对固定轴的动量矩方程。因为碰撞冲量 $\boldsymbol{I}$ 通过轴 O,因此其冲量矩为零,即碰撞前后圆柱对轴 O 的动量矩守恒

$$L_O = L_O' \tag{b}$$

碰撞前,圆柱对轴 O 的动量矩为

$$L_O = m v_C (r-h) + J_C \omega \tag{c}$$

碰撞后,圆柱对轴 O 的动量矩为

$$L_O' = J_O \omega' \tag{d}$$

其中 J_O 为圆柱对轴 O 的转动惯量,有

$$J_O = J_C + mr^2 = \frac{1}{2}mr^2 + mr^2 = \frac{3}{2}mr^2 \tag{e}$$

将 $\omega = \dfrac{v_C}{r}$与式(c)、(d)、(e)代入式(b),得

$$m v_C (r-h) + J_C \omega = (J_C + mr^2)\omega' \tag{f}$$

$$\omega' = \frac{1+2\left(\dfrac{r-h}{r}\right)}{3r} v_C \tag{g}$$

令$\dfrac{r-h}{r} = \cos\alpha$,故碰撞后圆柱的角速度

$$\omega' = \frac{1+2\cos\alpha}{3r} v_C \tag{h}$$

质心速度

$$v_C' = \omega' r = \frac{1+2\cos\alpha}{3} v_C \tag{i}$$

如碰撞后,圆柱的角速度 ω'足够大,它就能绕轴 O 翻转到上面的平台去,甚至可以继续向前滚动。

为求碰撞冲量,将式(10-12b)沿公法线 n 和公切线 t 投影,有

$$\left.\begin{aligned} m v_{C\mathrm{n}}' - m v_{C\mathrm{n}} &= I_{\mathrm{n}} \\ m v_{C\mathrm{t}}' - m v_{C\mathrm{t}} &= I_{\mathrm{t}} \end{aligned}\right\} \tag{j}$$

式中,$v_{C\mathrm{n}}' = 0$,$v_{C\mathrm{t}}' = v_C' = \dfrac{1+2\cos\alpha}{3} v_C$,$v_{C\mathrm{n}} = -v_C \sin\alpha$,$v_{C\mathrm{t}} = v_C \cos\alpha$,于是有

$$I_{n}=mv_{C}\sin\alpha$$

$$I_{t}=mv_{C}\frac{1-\cos\alpha}{3}$$

请读者思考：式(c)中，圆柱在碰撞前对轴 O 的动量矩是怎样写出来的？

10-4-2 撞击中心

设具有质量对称平面的刚体绕垂直于该对称平面的固定轴转动，如图 10-13 所示。当刚体受到位于对称平面内的碰撞冲量 $\boldsymbol{I}$ 作用时，刚体的转动角速度要发生突然变化，同时在轴承 O 处产生相应的约束碰撞力。在工程实际中，这种力往往是有害的，应该设法消除。本节研究刚体碰撞时约束碰撞力为零的条件。刚体上使约束碰撞力为零时主动力的碰撞冲量作用点称为**撞击中心**(center of percussion)。

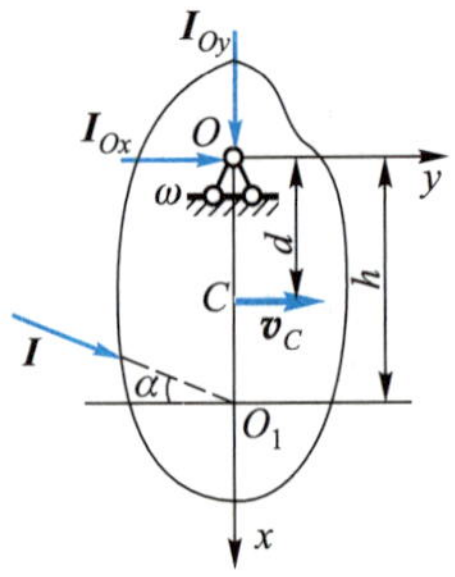

图 10-13 撞击中心

设刚体质量为 m，其质心 C 至定轴 O 的距离为 d，刚体在碰撞前静止，碰撞后的角速度为 ω，其质心 C 的速度为 $\boldsymbol{v}_C$，轴承 O 处的约束力碰撞冲量在 x 和 y 轴上的投影分别为 $\boldsymbol{I}_{Ox}$、$\boldsymbol{I}_{Oy}$。根据式(10-12b)与式(10-15)，有

$$\begin{cases}I\sin\alpha+I_{Ox}=0\\I\cos\alpha+I_{Oy}=m(v_C-0)\\J_O(\omega-0)=Ih\cos\alpha\end{cases}$$

由此得到

$$\begin{cases}I_{Ox}=-I\sin\alpha\\I_{Oy}=mv_C-I\cos\alpha\\\omega=\dfrac{Ih\cos\alpha}{J_O}\end{cases}$$

显然，要使 $I_{Ox}=I_{Oy}=0$，即轴承不受撞击，必须满足下列条件：

(1) 为使 $I_{Ox}=0$，应有

$$\alpha=0 \tag{10-22}$$

(2) 由于 $I_{Oy}=m(d\omega)-I=ma\dfrac{Ih}{J_O}-I$，为使 $I_{Oy}=0$，应有

$$h=\frac{J_O}{md} \tag{10-23}$$

式(10-22)与式(10-23)表明，若作用在刚体上的主动力碰撞冲量与轴 O 至质心 C 的连线垂直，且与轴 O 的距离为 $J_O/(md)$，则轴承 O 处将不引起撞击力，此时主动力碰撞冲量与直线 OC 的交点 O_1 就是撞击中心。

如图 10-14 所示为寻求棒球员用球棒击球时的撞击中心而建立的力学模型。球棒击球不同于图 10-13 所示的情形。这是因为双手握棒的点 A 并不是像图 10-13 中的点 O 那样的一个固定点，而且球棒一般为空间一般运动。现在根据实际运动，将棒-球碰撞过程简化为平面运动，C^* 为碰撞前后的瞬时速度中心。已知碰撞前，球的速度 $v_A = 24.4\ \mathrm{m/s}$，棒的角速度 $\omega = 6\pi\ \mathrm{rad/s}$，$C$ 为球棒质心，$d_2 = AC^* = 355.6\ \mathrm{mm}$，$d_1 = CC^* = 660.4\ \mathrm{mm}$，棒对质心轴的转动惯量是 $J_{Cz} = 1.44\ \mathrm{kg \cdot m^2}$，恢复因数 $e = 0.6$，碰撞时间间隔 $t = 0.008\ \mathrm{s}$。请读者研究 $d = 0$、$d = 76\ \mathrm{mm}$ 和 $d = 203\ \mathrm{mm}$，其余参数不变时，人手的受力及撞击中心位置。

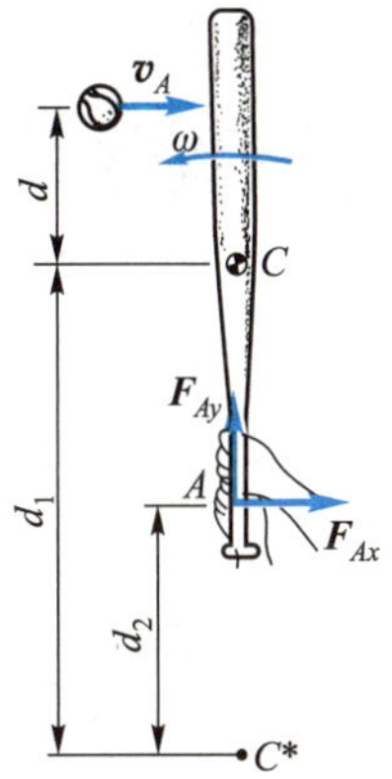

图 10-14　棒球球棒击球的力学模型

§ 10-5　本章讨论与小结

10-5-1　识别碰撞与非碰撞现象，区分碰撞与非碰撞过程

请读者根据碰撞现象的定义与碰撞的力学特征识别下列哪些是碰撞现象，包括在什么条件下发生这种现象；在碰撞现象中区分碰撞与非碰撞过程；在碰撞过程中分清碰撞力与一般力、物体运动形式的变化。

- 如图 10-15a 所示为从高处自由下落的重块 W 掉在弹簧上。分析弹簧的质量 m 和刚度系数 k 对决定是否为碰撞问题的影响。

- 如图 10-15b 所示为起重设备及其制动系统。其中，提升轮（小轮）与制动轮（大轮）相互固连。当提升轮以角速度 ω 运行，从而以速度 $\boldsymbol{v}$ 下放重物 W 时，因故需要刹车。试分析抱闸与制动轮之间、重物与钢丝绳之间是否有碰撞现象发生，并分析刹车的工况与钢丝绳的刚度系数对决定是否为碰撞问题的影响。

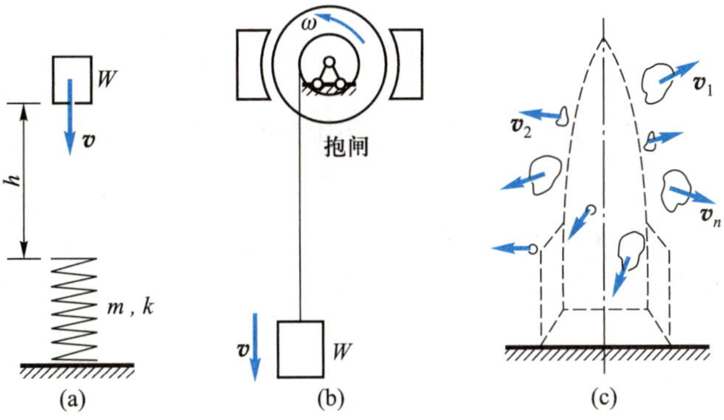

图 10-15　工程实际中的碰撞问题

- 图 10-15c 为安放在地面上的炸弹。当它突然爆炸时，是否为碰撞现象？

10-5-2 动量与能量概念、方法在碰撞问题中的应用

动量与能量是矢量动力学中的两个概念、两种方法。其中，动量又包括动量与动量矩。通过在动力学普遍定理中分析“什么力驱动汽车向前行驶”，以及本章分析“锻压”和“打桩”在动量传递和能量转化上的区别表明，这两个概念与两种方法是相辅相成，缺一不可的。

请读者思考动量与能量方法在分析碰撞问题中的特殊性；应用这两种方法，解释以下实例：表演者躺在地上，身上压一块重石板，另一表演者用重锤猛击石板，但见石板碎裂，而石下的表演者却毫无损伤。

10-5-3 突然施加约束与突然解除约束问题

请读者从运动和受力两个方面，将本章介绍的突然施加约束问题，与第 9 章介绍的突然解除约束问题加以比较。

10-5-4 关于冲击问题

研究碰撞问题采用有局部接触变形的刚体模型。而实际上物体或结构在极短时间内，受到极大撞击力作用时，可变形的固体介质将由撞击点开始，以**应力波**(stress waves)的形式向物体内部传播，这一过程称为**波动**，从而引起物体内各部分的变形。结果，弹性应变能转化为结构振动；塑性应变能将导致物体产生塑性变形甚至断裂破坏。这种输出的运动和变形称为结构的瞬态响应。如图 10-16 所示为子弹冲击薄钢板并穿孔的动力学过程。在工程上称为“穿甲力学问题”。**冲击**(shock)研究物体或结构在极短时间内受到极大撞击力作用时，应力波的传播与结构的瞬态响应。

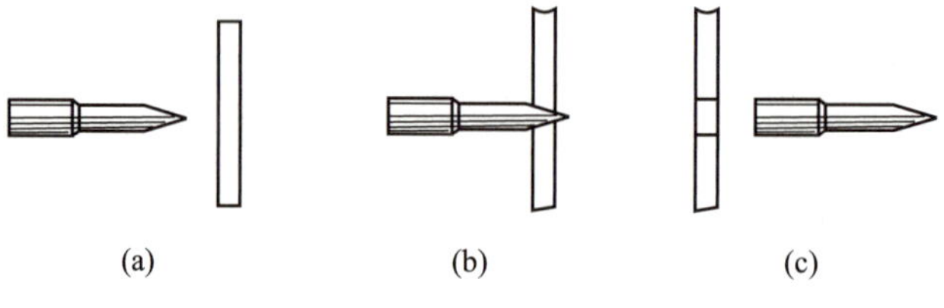

图 10-16 子弹冲击薄钢板并穿孔

冲击的研究范围除物体碰撞外，还包括炸药爆炸和地震。

总之，碰撞和冲击研究的问题不同。前者只研究撞击力的运动效应，而后者既研究运动，也研究变形效应。因而，碰撞采用有局部接触变形的刚体模型，而冲击则采用弹塑性体模型。冲击包括了碰撞，碰撞是冲击的一个特殊的简单问题。

冲击对人类既是有利的，如锻压金属、气动打夯、爆破拆除、爆破勘探等；也是有害的，它可以导致结构破坏，或使仪器设备失灵，也可以引起人体组织器官的损伤。因此，在机器或结构的动力设计中，要根据需要采取隔离或吸收冲击能量的措施。如图 10-17a 所示为飞机

的起落架。为了吸收飞机着陆瞬间与地面发生剧烈冲击的能量，在起落架上安装了油液空气减振器（图 10-17b、c）。当起落架受撞击压缩时，空气弹簧贮存能量，而油液则高速穿过活塞上的小孔，将大量撞击动能转化为热能，从而使飞机着陆时不致发生剧烈颠簸。

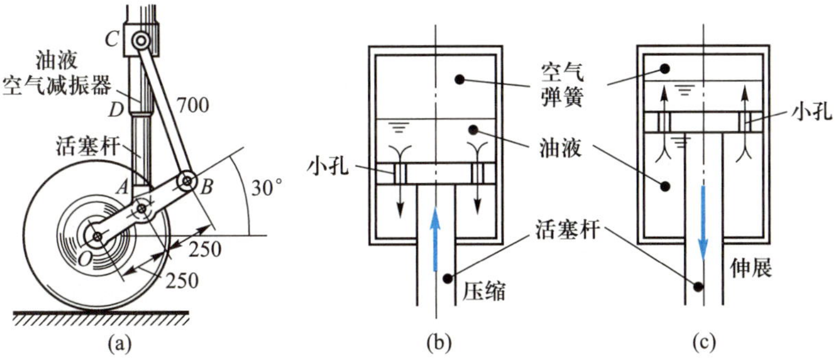

图 10-17　飞机起落架及其油液空气减振器

10-5-5　本章小结

（1）碰撞现象的特点：碰撞时间极短；碰撞力远大于非碰撞力。

（2）研究碰撞问题的两点简化：在碰撞过程中，不计非碰撞力的冲量；在碰撞过程中，不计物体的位移。

（3）碰撞过程的动量定理和动量矩定理

$$M\boldsymbol{v}_{C2}-M\boldsymbol{v}_{C1}=\sum \boldsymbol{I}_i^{\mathrm{e}}$$

$$\boldsymbol{L}_{O_2}-\boldsymbol{L}_{O_1}=\sum(\boldsymbol{r}_i\times\boldsymbol{I}_i^{\mathrm{e}})=\sum \boldsymbol{M}_O(\boldsymbol{I}_i^{\mathrm{e}})$$

（4）刚体定轴转动的碰撞动力学方程　$J_z\dot{\varphi}_2-J_z\dot{\varphi}_1=M_z(\boldsymbol{I}^{\mathrm{e}})$

刚体平面运动的碰撞动力学方程

$$\begin{cases}M\boldsymbol{v}_{C2}-M\boldsymbol{v}_{C1}=\sum \boldsymbol{I}_i^{\mathrm{e}}\\ J_{Cz}\dot{\varphi}_2-J_{Cz}\dot{\varphi}_1=\sum M_{Cz}(\boldsymbol{I}_i^{\mathrm{e}})\end{cases}$$

（5）恢复因数

$$e=\frac{v'_{2\mathrm{n}}-v'_{1\mathrm{n}}}{v_{1\mathrm{n}}-v_{2\mathrm{n}}}$$

（6）撞击中心到转轴的距离

$$h=\frac{J_O}{md}$$

习　题

选择填空题

10-1　设锤的质量为 M，桩的质量为 m_1，锻件连同砧座的质量为 m_2。为了提高打桩和锻造的效率，则应（　　）。

① $M<m_1, M>m_2$　　② $M>m_1, M<m_2$　　③ $M>m_1, M>m_2$　　④ $M<m_1, M<m_2$

10-2　不计摩擦，物体与固定面斜碰撞时，恢复因数应为（　　）。

① 碰撞后与碰撞前速度大小之比

② 碰撞后与碰撞前速度在接触面法线方向的投影之比

③ 碰撞后与碰撞前速度在接触面切线方向的投影之比

④ 碰撞后与碰撞前物体的动能之比

10-3　如图所示，均质细杆 AB 自铅垂静止位置绕 A 轴倒下，碰到固定钉子 O 后弹回至水平位置。碰撞时的恢复因数 e 为（　　）。

10-4　物块 B 的质量为 m_B，置于光滑水平面上，并与一刚度系数为 k 的水平弹簧相连，开始时处于静止；另一质量为 m_A 的物体 A 以速度 $\boldsymbol{v}$ 撞击 B 物块，如图所示。设碰撞是塑性的，碰撞后两物体一起以速度 $\boldsymbol{u}$ 向右运动，则两物块共同前进的最大距离 $s=$（　　）。

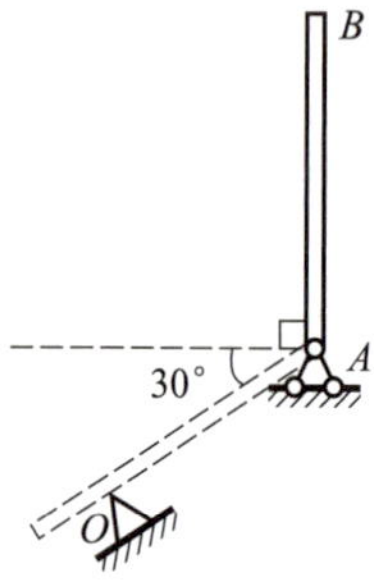

习题 10-3 图

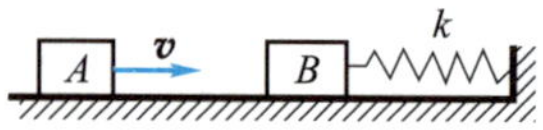

习题 10-4 图

10-5　具有质量对称面的定轴转动刚体，当其质心在转轴 O 上时，该刚体的撞击中心到转轴 O 的距离 h 应为（　　）。

分析计算题

10-6　图示为根据实际量测结果简化后的脚-地的垂直约束力与时间的关系曲线。其中，第一峰值作用在脚跟上，第二个峰值作用在脚掌上。试求脚-地相互作用时，作用在脚上的总冲量。

10-7　爆炸物的质量为 5 kg，以水平速度 $v=4$ m/s 向右运动，在离墙 10 m 时，爆炸成为两部分，其中 $m_A=3$ kg，$m_B=2$ kg，若 m_A 在爆炸后 3 s 与墙在 $y_A=7.5$ m 处碰撞。试求：

（1）爆炸时作用在 m_A 上的冲量；

（2）爆炸后瞬时 m_A 相对 m_B 的速度；

（3）m_B 与墙撞击时的位置 y_B；

（4）两质量与墙撞击相隔的时间。

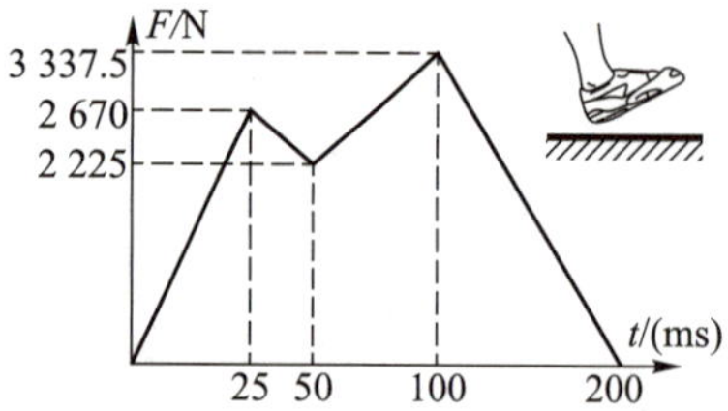

习题 10-6 图

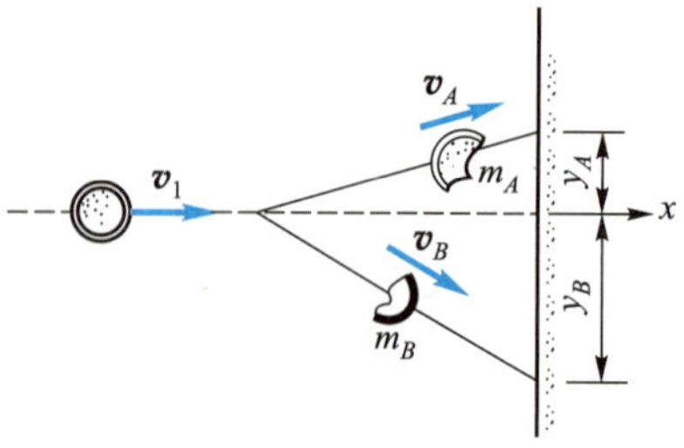

习题 10-7 图

10-8　航天器的质量为 1 000 kg,它在外层空间以速度 v_s = 2 000 m/s 飞行,其方向如图所示。质量为 10 kg 的陨石以 v_m = 5 000 m/s 的速度按图示方向与航天器碰撞并嵌入航天器中。试求航天器在碰撞后的速度 v_s' 及 v_s' 与 v_s 间的夹角 β。

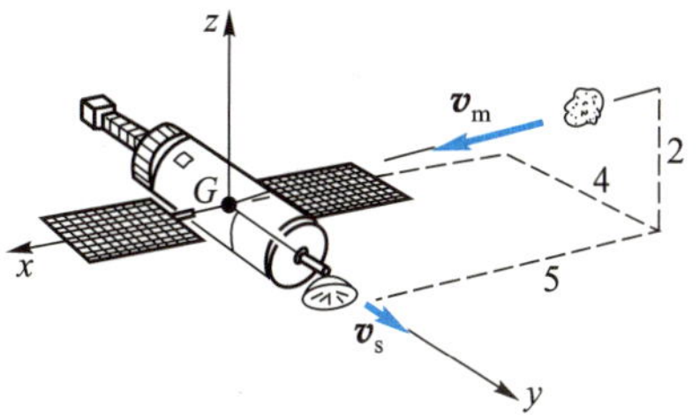

习题 10-8 图

10-9　台球比赛中,球员令辅助球以速度 v_1 = 5 m/s 将 1 号球击落到角袋中。若恢复因数 e = 0.95,试求辅助球在碰撞后的速度。

10-10　为了检验滚珠的生产质量,设计了图示的系统。滚珠从漏斗 A 中自由下落后,与平板 B 产生斜碰撞。要求滚珠的恢复因数 $e \geqslant 0.8$,滚珠若为正品,在碰撞后,即越过栅栏 C,进入其左边的容器中;若为次品则不能。试设计该检验系统中的尺寸 d 与 h。

10-11　n 个质量均为 m 的球,用等长的金属线悬挂,并且相互接触。若球 1 从虚线的位置静止释放,并以速度 v_1 撞击球 2,从而引起一连串的碰撞,试写出第 n 个球碰撞后开始运动时的速度 v_n。设各球碰撞的恢复因数均为 e。

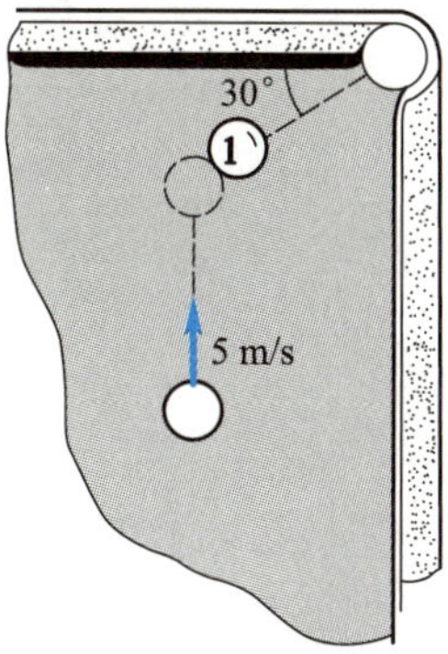

习题 10-9 图

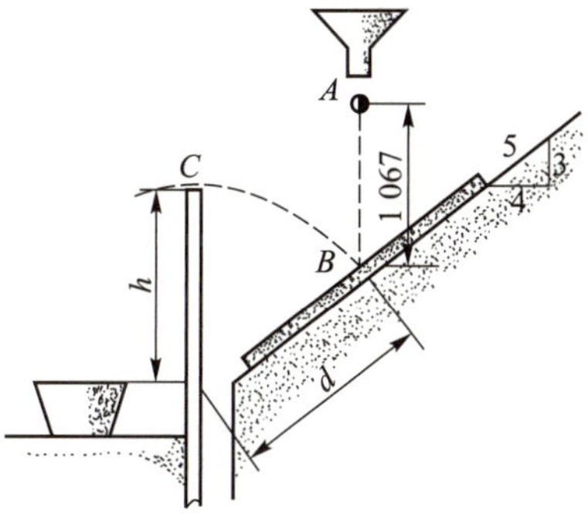

习题 10-10 图

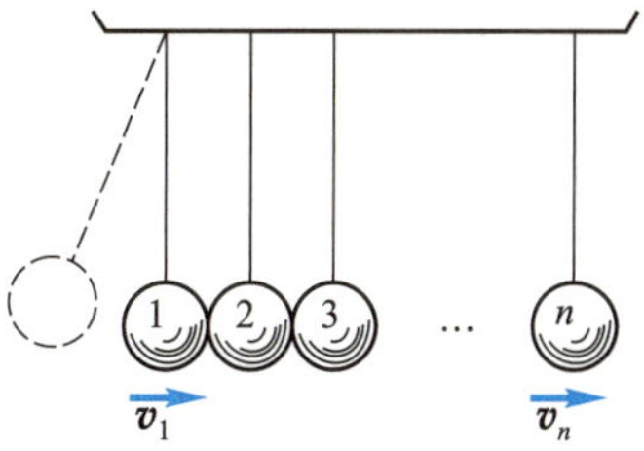

习题 10-11 图

10-12　图示边长为 a 的方形木箱在无摩擦的地板上滑动,并与一小障碍 A 相碰撞。碰撞后绕 A 翻转。试求木箱能完成上述运动的最小初速 v_0,以及木箱与障碍 A 碰撞结束时刻的质心速度 $\boldsymbol{v}_C$ 与角速度 ω。

10-13　图示用台球棍打击台球,使台球不借助摩擦而能作纯滚动。假设棍对球只施加水平力,试求满足上述运动的球棍位置高度 h。

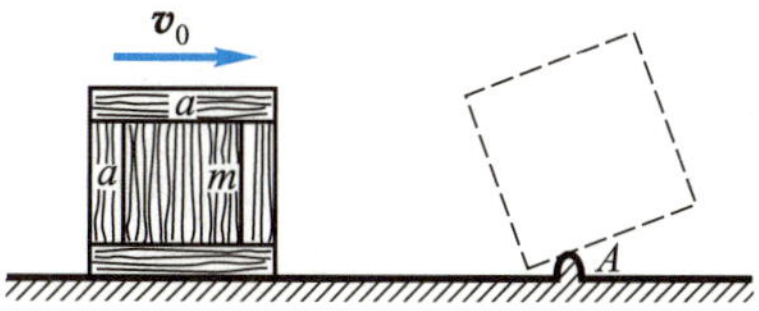

习题 10-12 图

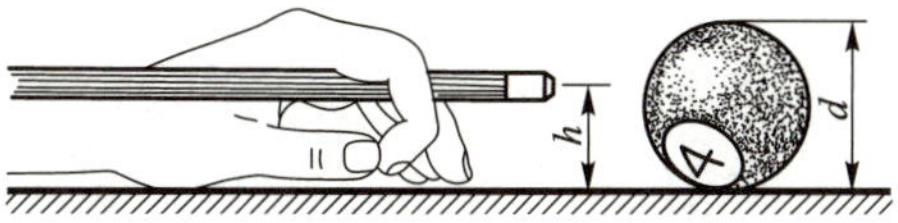

习题 10-13 图

10-14　登月车的质量为 17.5×10^3 kg,质心在 C 处,对垂直于图面的 C 轴的回转半径为 1.8 m,登月车与月球表面接触时的速度为 8 km/h。登月车底部的四个支柱正好位于正方形的四个角点,正方形对角线的长度为 9 m,如图所示。如着陆时由于倾斜,只有一个支柱先接触月球表面。设碰撞前登月车作平移,碰撞后不回跳,试求碰撞后登月车绕接触点转动的角速度 ω。

10-15 图示为在生物工程研究中的头盔试验。头盔与模拟的人头质量分别为 0.4 kg 与 2 kg。二者以速度 6 m/s 与一刚性平面相碰撞。当头盔与该平面碰撞时,由于人头模型通过头盔中的吊带悬浮在其中,所以,人头模型将以速度 6 m/s 继续向右运动,并在稍后与头盔产生碰撞。头盔-刚性平面的恢复因数为 0.8,人头模型-头盔的恢复因数为 0.2,试求人头模型与头盔在初次相互作用之后的速度。

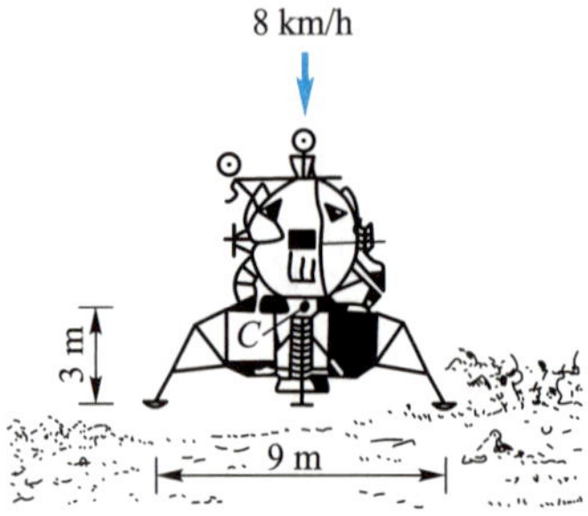

习题 10-14 图

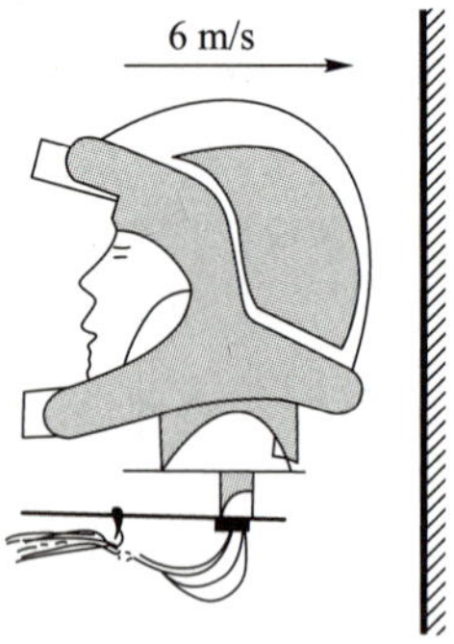

习题 10-15 图

第 11 章 达朗贝尔原理

达朗贝尔原理引进惯性力概念，将动力学系统的二阶运动量表示为惯性力，从而应用静力学中研究平衡问题的方法研究动力学问题。

达朗贝尔原理提供了求解非自由质点系动力学问题（主要是已知运动求力）的另一普遍方法。它不仅广泛应用于刚体动力学求解动约束力，而且普遍应用于求解弹性杆件中的内力问题。

达朗贝尔原理从有别于质点系动量和动量矩定理的思想出发，得到了与该两定理在形式上等价的动力学方程。因此，它归属于矢量动力学。

§11-1　质点的达朗贝尔原理

牛顿运动定律是牛顿在伽利略研究自由落体、开普勒研究行星等工作的基础上创立的。当时，这些定律（主要是第二定律）的概括范围仅限于单个自由质点运动。56 年后，法国科学家达朗贝尔于 1743 年将牛顿的工作推广至受约束质点，提出求解受约束质点动力学问题的一个原理，即**达朗贝尔原理**（d'Alembert principle），这个原理为非自由质点系动力学的发展奠定了基础。后人引用惯性力概念，应用达朗贝尔原理中所包含的、用静力学中研究平衡问题的方法研究动力学中不平衡问题的思想，将这一原理发展成为求解非自由质点系动力学的普遍而有效的方法。这一方法称为**动静法**（methods of kineto statics）。由于静力学的方法简单直观，易于掌握，因而动静法在工程技术中得到了普遍应用。

在惯性参考系 $Oxyz$ 中，质量为 m 的非自由质点在主动力 $\boldsymbol{F}$、约束力 $\boldsymbol{F}_{\mathrm{N}}$ 的作用下沿图 11-1 所示的曲线运动，其加速度为 $\boldsymbol{a}$。据牛顿第二定律，有

$$m\boldsymbol{a}=\boldsymbol{F}+\boldsymbol{F}_{\mathrm{N}} \tag{11-1}$$

或写成

$$\boldsymbol{F}+\boldsymbol{F}_{\mathrm{N}}-m\boldsymbol{a}=\boldsymbol{0} \tag{11-2}$$

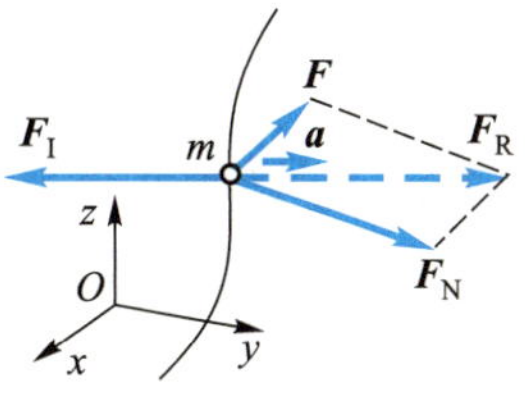

图 11-1　达朗贝尔原理

令

$$F_I = -ma \tag{11-3}$$

F_I 称为**达朗贝尔惯性力**(d'Alembert inertial force),简称为**惯性力**(inertial force),则有

$$F + F_N + F_I = 0 \tag{11-4}$$

式(11-4)具有读者熟悉的静力平衡方程形式。从式(11-1)至式(11-4),就将质点动力学问题从形式上转化为受有汇交力系的平衡问题。若假想地在运动质点 m 上施加惯性力 $F_I = -ma$,则可以认为作用在质点 m 上的主动力 F、约束力 F_N 和惯性力 F_I 在形式上组成平衡力系。此即**质点的达朗贝尔原理**。式(11-4)为达朗贝尔原理的数学表达式。

应用达朗贝尔原理求解非自由质点动力学的方法是:分析质点受力 F、F_N;分析质点运动,对质点施加惯性力 F_I;利用式(11-4)求解动约束力。这一方法称为质点的动静法。

需要注意的是,质点 m 上的作用力只有主动力 F 及约束力 F_N,而惯性力 F_I 是为了用静力学方法求解动力学问题而假设的虚拟力。式(11-4)反映的仍然是实际受力与运动之间的动力学关系。

[例题 11-1]　如图 11-2 所示,垂直振动筛的运动方程为 $y = a\sin(\omega t)$,试求:

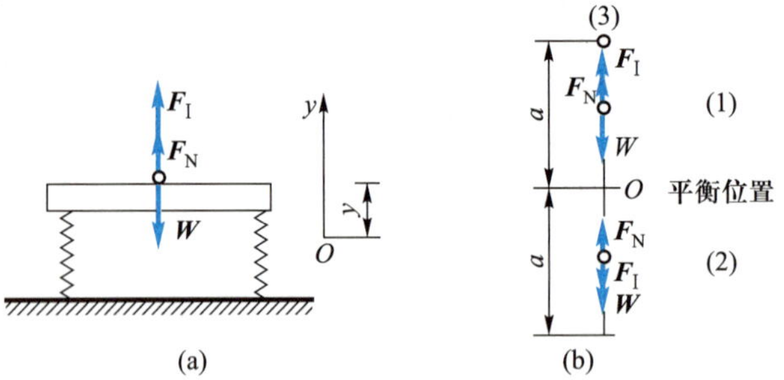

图 11-2　例题 11-1 图

(1) 颗粒与台面一起运动时,颗粒受到台面的约束力 F_N;

(2) 使颗粒与台面脱离的最小振动频率 ω_{min}。

解:(1) 颗粒与台面一起运动时,颗粒的约束力 F_N。

分析颗粒在一般正向位置的受力,颗粒的惯性力 F_I 的方向向上,大小为

$$F_I = ma\omega^2 \sin \omega t \tag{a}$$

根据达朗贝尔原理,可得

$$F_N - W + ma\omega^2 \sin \omega t = 0 \tag{b}$$

故

$$F_N = W - ma\omega^2 \sin \omega t \tag{c}$$

注意到,F_N 由静约束力(W)和动约束力 $-ma\omega^2 \sin \omega t$ 两部分组成。F_N 的大小与台面振动的频率有关。

(2) 颗粒脱离台面的最小振动频率 ω_{min}。

这是一种脱离约束问题,脱离的条件是约束力为零。若 $F_N = 0$, $\sin(\omega t) = 1$,则可得

$$\omega_{\min}=\sqrt{\frac{g}{a}} \tag{d}$$

• 本例结果[式(c)]表明,用动静法求解质点动力学问题(主要是第二类问题),比用牛顿第二定律,在一般情形下其优越性并不明显。因为从形式上看,式(c)只是牛顿第二定律移项的结果。

• 尽管使用质点的动静法解题并不省时、省力,但是用它定性解释一些力学现象,却显示了优点。

关于振动筛的运动,读者自然会提出这样的问题:颗粒为什么脱离台面及在什么位置时脱离?现在可用达朗贝尔原理加以解释。

分析图 11-2b 所示颗粒的两个一般位置(1)和(2)。可见,两位置上的力 $\boldsymbol{W}$ 和 $\boldsymbol{F}_{\mathrm{N}}$,其方向对应相同。而位置(1)上,$\boldsymbol{F}_{\mathrm{I}}$ 向上;位置(2)上,$\boldsymbol{F}_{\mathrm{I}}$ 向下。根据形式上的力平衡关系,颗粒在平衡位置 O 以下,惯性力 $\boldsymbol{F}_{\mathrm{I}}$ 会使它比只存在重力时更重地“压”在台面上,恒有 $F_{\mathrm{N}}>0$。因而不会脱离约束;而在平衡位置 O 以上,当 $F_{\mathrm{I}}>W$ 时,惯性力就会将颗粒“拉”离台面,使 $F_{\mathrm{N}}=0$,显然,位置(3)上,质点向下的加速度最大,从而向上“拉”它的惯性力也为最大,即 $\omega t=\pi/2$, $5\pi/2, 9\pi/2,\cdots$ 瞬时的质点位置(3)是颗粒脱离约束的临界位置。

§ 11-2　质点系的达朗贝尔原理

本节将适用于质点的达朗贝尔原理推广到质点系。考察由 n 个质点组成的非自由质点系(图 11-3)。

对每个质点虚加惯性力 $\boldsymbol{F}_{\mathrm{I}i}=-m_i\boldsymbol{a}_i\ (i=1,2,\cdots,n)$,根据质点的达朗贝尔原理[式(11-4)],质点系中的第 i 个质点有

$$\boldsymbol{F}_i+\boldsymbol{F}_{\mathrm{N}i}+\boldsymbol{F}_{\mathrm{I}i}=\boldsymbol{0} \tag{11-5}$$

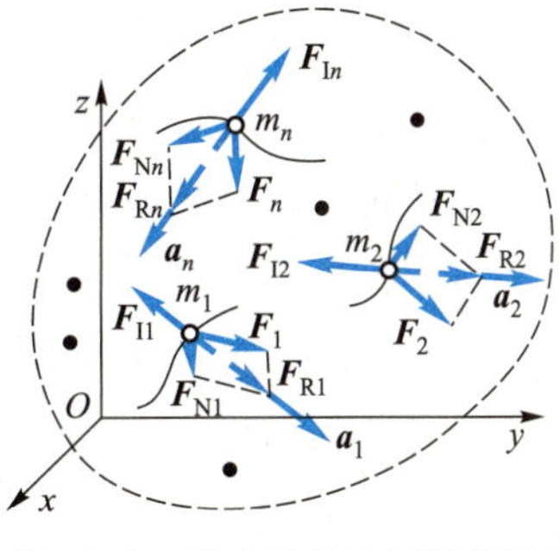

图 11-3　质点系的达朗贝尔原理

即每个质点的 $\boldsymbol{F}_i$、$\boldsymbol{F}_{\mathrm{N}i}$、$\boldsymbol{F}_{\mathrm{I}i}$ 组成平衡力系。显然,整个质点系的主动力系、约束力系和惯性力系也组成平衡力系。根据静力学中的等效力系定理,其主矢和对任一点 O 的主矩应分别为零

$$\left.\begin{aligned}\boldsymbol{F}_{\mathrm{R}}&=\sum\boldsymbol{F}_i+\sum\boldsymbol{F}_{\mathrm{N}i}+\sum\boldsymbol{F}_{\mathrm{I}i}=\boldsymbol{0}\\ \boldsymbol{M}_O&=\sum\boldsymbol{M}_O(\boldsymbol{F}_i)+\sum\boldsymbol{M}_O(\boldsymbol{F}_{\mathrm{N}i})+\sum\boldsymbol{M}_O(\boldsymbol{F}_{\mathrm{I}i})=\boldsymbol{0}\end{aligned}\right\} \tag{11-6}$$

由于各质点间的内力(包括内主动力和内约束力)是成对出现的,而且分别等值反向,因此它们必不包含在式(11-6)中。这样,式(11-6)可以写为

$$\left.\begin{aligned}&\sum\boldsymbol{F}_i^{\mathrm{e}}+\sum\boldsymbol{F}_{\mathrm{I}i}=\boldsymbol{0}\\ &\sum\boldsymbol{M}_O(\boldsymbol{F}_i^{\mathrm{e}})+\sum\boldsymbol{M}_O(\boldsymbol{F}_{\mathrm{I}i})=\boldsymbol{0}\end{aligned}\right\} \tag{11-7}$$

式中，$\sum \boldsymbol{F}_i^e$ 与 $\sum \boldsymbol{M}_O(\boldsymbol{F}_i^e)$ 分别为作用在质点系上的外力（包括外主动力和外约束力）的主矢与主矩。这两个矢量式共可写出六个投影式，不再赘述。

式(11-7)即为**质点系的达朗贝尔原理**：作用于质点系上的外力系与惯性力系在形式上组成平衡力系。用式(11-7)求解非自由质点系动力学的方法称为质点系的动静法。

§11-3 刚体惯性力系的简化

应用动静法求解刚体或刚体系统的动力学问题，关键是正确施加与简化惯性力。

11-3-1 惯性力系的分布特征

一般情形下，物体的惯性力系 $\boldsymbol{F}_{Ii}(i=1,\cdots,n)$ 为体积力。当系统可简化为平面问题时，$\boldsymbol{F}_{Ii}$ 为面积力。$\boldsymbol{F}_{Ii}$ 的分布与物体质量 m_i 及绝对加速度 $\boldsymbol{a}_i$ 分布有关。对于均质物体，$\boldsymbol{F}_{Ii}$ 的分布只决定于 $\boldsymbol{a}_i$ 的分布。因此，工程实际中分析 $\boldsymbol{F}_{Ii}$ 分布的关键是分析 $\boldsymbol{a}_i$ 的分布。

11-3-2 刚体惯性力系的主矢与主矩

- **惯性力系的主矢**

设质点系的总质量为 m，质心 C 的加速度为 $\boldsymbol{a}_C$，则惯性力系的主矢为

$$\boldsymbol{F}_{IR}=\sum \boldsymbol{F}_{Ii}=\sum(-m_i\boldsymbol{a}_i)=-m\boldsymbol{a}_C \tag{11-8}$$

此式表明：**质点系惯性力系的主矢等于质点系的总质量与质心加速度的乘积，方向与质心加速度相反**。这一结论同样适用于刚体，可见刚体惯性力系的主矢与刚体的运动形式无关。

- **惯性力系的主矩**

惯性力系的主矩随刚体运动形式的不同而不同。下面采用将惯性力系向有关点简化的方法，计算刚体三种较简单运动形式的惯性力系主矩。

1. 刚体平移

刚体平移时，惯性力系是分布在体积内的空间平行力系。它与重力的分布相似，故刚体平移时，惯性力系向质心 C 简化，有 $\boldsymbol{M}_{IC}=\boldsymbol{0}$。因此，刚体平移时，惯性力系简化为通过质心 C 的合力 $\boldsymbol{F}_{IR}=-m\boldsymbol{a}_C$（图 11-4）。

2. 刚体定轴转动

仅讨论刚体定轴转动有质量对称平面且转轴 z 垂直于质量对称平面的情形。此时，可先将刚体的空间惯性力系简化为在对称平面内的平面力系，然后再作进一步简化。

如图 11-5 所示，设刚体的质量为 m，对轴 z 的转动惯量为 J_z，绕轴 z 转动的角速度与角加速度分别为 ω 与 α，对称平面与转轴 z 的交点为 O，对称平面上第 i 个质点的质量为 m_i，至点 O 的距离为 r_i，加速度的切向与法向分量分别为 $a_i^t=r_i\alpha$，$a_i^n=r_i\omega^2$，则惯性力的切向与法向分量分别为

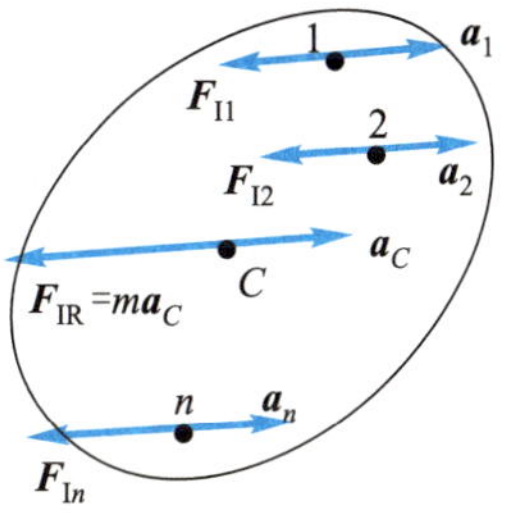

图 11-4　刚体平移的惯性力系简化

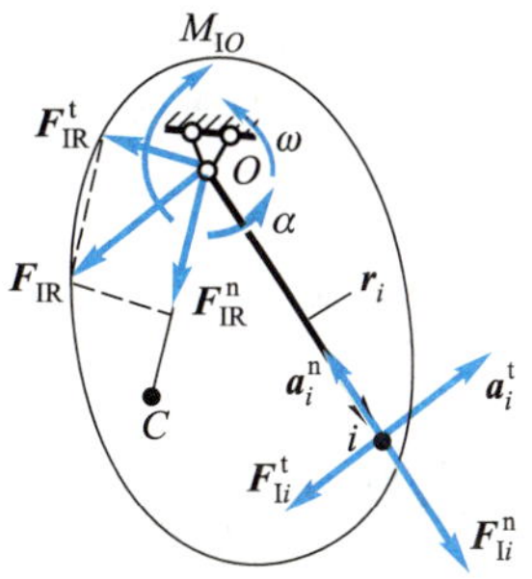

图 11-5　刚体定轴转动的惯性力系简化

$$\left.\begin{aligned} F^{t}_{Ii} &= m_i r_i \alpha \\ F^{n}_{Ii} &= m_i r_i \omega^2 \end{aligned}\right\} \tag{11-9}$$

因为 F^{n}_{Ii} 的方向通过点 O，故 $\sum M_O(\boldsymbol{F}^{n}_{Ii})=0$，所以刚体惯性力系向点 O 简化的主矩为

$$M_{IO}=\sum M_O(F^{t}_{Ii})=-(\sum m_i r_i^2)\alpha=-J_{Oz}\alpha \tag{11-10}$$

上述简化结果表明，有质量对称平面的刚体作定轴转动，且转轴垂直于此对称平面时，其惯性力系向转轴与对称平面的交点 O 简化的结果为在对称平面内的一力和一力偶。力的大小与方向为惯性力系的主矢：它的大小等于刚体质量与质心加速度大小的乘积，方向与质心加速度相反；力偶的力偶矩即为惯性力系的主矩，它的大小等于刚体对转动轴的转动惯量与角加速度的乘积，方向与角加速度方向相反。

3. 刚体平面运动

考察刚体平面运动有质量对称平面且运动平面与质量对称平面平行的情形。同样，先将刚体的空间惯性力系简化为在质量对称平面内的平面力系，然后再作进一步简化。

如图 11-6a 所示，设刚体的质量为 m，对通过质心 C，且垂直于对称平面的轴的转动惯量为 J_{Cz}，角速度与角加速度分别为 ω 与 α。对称平面上第 i 个质点的质量为 m_i，它至点 C 的距离为 r_i，由刚体平面运动加速度分析的基点法，有 $\boldsymbol{a}_i=\boldsymbol{a}_C+\boldsymbol{a}^{t}_{iC}+\boldsymbol{a}^{n}_{iC}$，其中 $a^{t}_{iC}=r_i\alpha$，$a^{n}_{iC}=r_i\omega^2$，则其惯性力的相应分量为

$$\left.\begin{aligned} F_{IiC} &= m_i a_C \\ F^{t}_{IiC} &= m_i r_i \alpha \\ F^{n}_{IiC} &= m_i r_i \omega^2 \end{aligned}\right\} \tag{11-11}$$

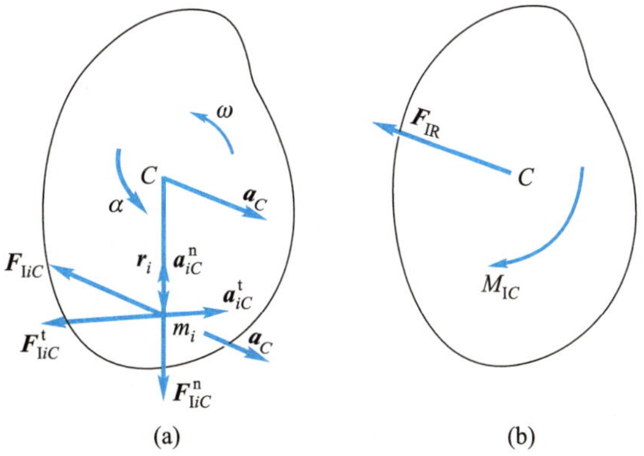

图 11-6　刚体平面运动的惯性力系简化

因为 $\boldsymbol{F}^{n}_{IiC}$ 的方向通过点 C，$\sum M_C(\boldsymbol{F}^{n}_{IiC})=0$。与刚体平移时类似，有 $\sum M_C(\boldsymbol{F}_{IiC})=0$。所以刚体惯性力系向点 C 简化的主矩为

$$M_{IC}=\sum M_C(F_{Ii})=\sum M_C(F^{t}_{IiC})=-(\sum m_i r_i^2)\alpha=-J_{Cz}\alpha \tag{11-12}$$

上述简化结果表明：有质量对称平面的刚体作平面运动，且运动平面平行于质量对称平面时，其惯性力系向质心 C 简化的结果为在对称平面内的一力与一力偶。力的大小与方向

为惯性力系的主矢：它的大小等于刚体质量与质心加速度的乘积，方向与质心加速度相反；力偶的力偶矩即为惯性力系的主矩：它的大小等于刚体对轴 Cz 的转动惯量与角加速度的乘积，方向与角加速度方向相反。

不难看出：上述刚体定轴转动与刚体平面运动惯性力系的简化结果是特殊与一般的关系。

11-3-3 惯性力系的主矢与主矩的物理意义

将惯性力系主矢与主矩和动量与动量矩对时间的变化率相比较，不难发现：

- 惯性力系的主矢与质点系的动量对时间的变化率，二者仅相差一负号，即

$$\boldsymbol{F}_{\mathrm{IR}}=-m\boldsymbol{a}_C=-\frac{\mathrm{d}\boldsymbol{p}}{\mathrm{d}t} \tag{11-13}$$

有质量对称平面的刚体作定轴转动，且转轴垂直于质量对称平面时，惯性力系向转轴点简化的主矩与刚体对同一点的动量矩对时间的变化率，也只相差一负号，即

$$M_{\mathrm{I}O}=-J_{Oz}\alpha=-\frac{\mathrm{d}L_{Oz}}{\mathrm{d}t} \tag{11-14}$$

有质量对称平面的刚体作平面运动，且运动平面平行于此对称平面时，惯性力系向质心 C 简化的主矩与刚体相对质心动量矩对时间的变化率，也只相差一负号，即

$$M_{\mathrm{I}C}=-J_{Cz}\alpha=-\frac{\mathrm{d}L_{Cz}}{\mathrm{d}t} \tag{11-15}$$

- **达朗贝尔原理归属于矢量动力学**

将式(11-8)、式(11-10)与式(11-12)分别代入式(11-7)或其投影式中，不难得出

$$\sum\boldsymbol{F}_i^{\mathrm{e}}-m\boldsymbol{a}_C=\boldsymbol{0} \tag{11-16}$$

$$\sum M_{Oz}(\boldsymbol{F}_i^{\mathrm{e}})-J_{Oz}\alpha=0 \tag{11-17}$$

$$\sum M_{Cz}(\boldsymbol{F}_i^{\mathrm{e}})-J_{Cz}\alpha=0 \tag{11-18}$$

将式(11-13)、式(11-14)和式(11-15)分别代入上述三式，其结果分别与质点系动量定理、刚体定轴转动的动量矩定理与相对质心动量矩定理的移项结果相一致。因此，**达朗贝尔原理与动静法归属于矢量动力学。**

[例题 11-2] 卡车以加速度 $\boldsymbol{a}$ 直线行驶。车厢内装有重量为 W、长度为 l 的均质杆材。杆与车厢水平面夹角为 α(图 11-7a)。若不计摩擦，试求 A、B 处的约束力。

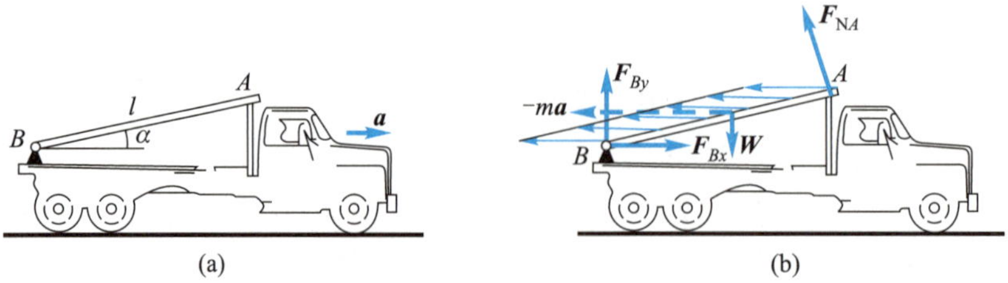

图 11-7 例题 11-2 图

解：以杆为研究对象。由于杆作平移，故其惯性力为均匀分布的平面平行力系。该合力以及杆所受的重力 $\boldsymbol{W}$、约束力 $\boldsymbol{F}_{\mathrm{NA}}$、$\boldsymbol{F}_{Bx}$ 与 $\boldsymbol{F}_{By}$ 如图 11-7b 所示。根据式(11-7)，可写出

$$\sum M_B(\boldsymbol{F})=0,\qquad F_{\mathrm{NA}}\cdot l+ma\sin\alpha\cdot\frac{l}{2}-W\cos\alpha\cdot\frac{l}{2}=0 \tag{a}$$

$$F_{\mathrm{NA}}=\frac{W}{2g}(g\cos\alpha-a\sin\alpha)$$

$$\sum F_x=0,\qquad F_{Bx}-ma-F_{\mathrm{NA}}\sin\alpha=0 \tag{b}$$

$$F_{Bx}=\frac{W}{2}\left[\frac{\sin 2\alpha}{2}+\frac{a}{g}(1+\cos^2\alpha)\right]$$

$$\sum F_y=0,\qquad F_{By}-W+F_{\mathrm{NA}}\cos\alpha=0 \tag{c}$$

$$F_{By}=\frac{W}{2}\left(1+\sin^2\alpha+\frac{a}{g}\ \frac{\sin 2\alpha}{2}\right)$$

若应用动力学普遍定理可以写出

$$ma_{Cx}=\sum F_x \tag{d}$$

$$ma_{Cy}=\sum F_y \tag{e}$$

$$J_{Cz}\alpha=\sum M_{Cz}(\boldsymbol{F}) \tag{f}$$

显然，式(d)与式(e)分别与式(b)与式(c)相一致。由式(a)可做到用一个方程解一个未知数，而式(f)则不能。用动静法和用普遍定理求解动约束力的主要差别在于力矩方程。应用动量矩定理，一般只能对定点或质心取矩。而应用动静法时，只要对系统正确地虚加惯性力后，就可以根据需要对任何点取矩，从而使问题简化。

[例题 11-3] 均质杆 OA 重 W、长 l，用圆柱铰链铰接于点 O，并竖立在图示铅垂虚线位置。当杆受扰动后落至任意角 θ 位置(图 11-8a)时，试求：

(1) 惯性力系简化结果；

(2) 轴 O 的约束力。

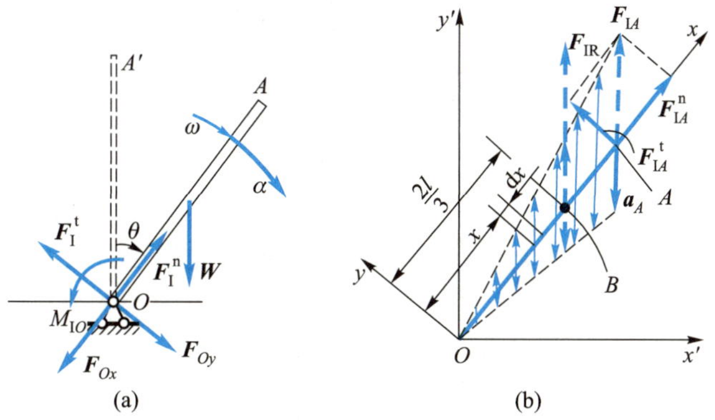

图 11-8 例题 11-3 图

解：(1) 一种方法是，惯性力系简化结果可由式(11-8)和式(11-10)得到。图 11-8a 所示为其向点 O 简化的结果，主矢与主矩分别为

$$F_{\mathrm{I}}^{\mathrm{t}}=\frac{W}{g}\frac{l}{2}\alpha,\qquad F_{\mathrm{I}}^{\mathrm{n}}=\frac{W}{g}\frac{l}{2}\omega^{2},\qquad M_{\mathrm{I}O}=J_{Oz}\alpha \tag{a}$$

另一种方法是直接简化惯性力系。根据杆上各点的加速度分布，画出惯性力系的三角形分布，如图 11-8b 所示。惯性力系的合力为

$$F_{\mathrm{IR}}=\frac{W}{g}a_{C} \tag{b}$$

其作用点 B 的位置（OB）由合力矩定理确定

$$\frac{W}{g}\frac{l}{2}\alpha\cdot OB=\int_{0}^{l}x^{2}\alpha\rho\,\mathrm{d}x \tag{c}$$

式中，x 为杆上微元 $\mathrm{d}m=\rho\mathrm{d}x$ 到点 O 的坐标值，ρ 为杆的单位长度质量。上式积分得

$$\frac{W}{g}\frac{l}{2}\alpha\cdot OB=\alpha\cdot\frac{W}{gl}\frac{l^{3}}{3}$$

最后得

$$OB=\frac{2}{3}l \tag{d}$$

（2）本例为要求未知约束力，而运动量亦未知的情形。用动静法可求出这两类未知量。在图 11-8a 中，主动力为杆重力 $\boldsymbol{W}$，轴 O 的约束力为 $\boldsymbol{F}_{Ox}$、$\boldsymbol{F}_{Oy}$。于是有

$$\sum M_{O}(\boldsymbol{F})=0,\qquad J_{Oz}\alpha-W\frac{l}{2}\sin\theta=0 \tag{e}$$

$$\alpha=\frac{3g}{2l}\sin\theta$$

将该式中的角加速度 α 分离变量后，再积分该式，求出角速度 ω：

$$\alpha=\frac{\mathrm{d}\omega}{\mathrm{d}t}=\frac{\mathrm{d}\omega}{\mathrm{d}\theta}\frac{\mathrm{d}\theta}{\mathrm{d}t}=\frac{\omega\mathrm{d}\omega}{\mathrm{d}\theta}$$

$$\int_{0}^{\omega}\omega\,\mathrm{d}\omega=\frac{3g}{2l}\int_{0}^{\theta}\sin\theta\,\mathrm{d}\theta$$

$$\omega=\sqrt{\frac{3g}{l}(1-\cos\theta)}$$

这样，

$$\sum F_{x}=0,\qquad F_{Ox}-\frac{W}{g}\frac{l}{2}\omega^{2}+W\cos\theta=0 \tag{f}$$

$$F_{Ox}=-W\cos\theta+\frac{W}{g}\frac{l}{2}\omega^{2}=\frac{W}{2}(3-5\cos\theta)$$

$$\sum F_{y}=0,\qquad F_{Oy}-\frac{W}{g}\frac{l}{2}\alpha+W\sin\alpha=0 \tag{g}$$

$$F_{Oy}=-W\sin\theta+\frac{W}{g}\frac{l}{2}\alpha=-\frac{W}{4}\sin\theta$$

本题讨论：

(1) 均质杆 OA 作定轴转动，属有质量对称面且转轴垂直于对称面的情形。这时，惯性力系简化有两种方法：利用公式(11-8)和式(11-10)；分析加速度的分布，直接简化惯性力系。

(2) 式(e)、式(f)和式(g)分别与采用质点系对定点 O 的动量矩定理和质心运动定理所得到的结果等价。

[例题 11-4] 半径为 R、重量为 W_1 的轮由绳牵引，在水平地面上作纯滚动。水平绳绕过不计重的小滑轮后与重量为 W_2 的物块相连。试求轮与地面的滑动摩擦力(图 11-9a)。

解： 本例仍为要求未知的约束力，而运动量亦未知的情形。它与例题 11-3 的区别在于，因为整体系统有四个未知约束力（F_N、F、F_{Ox}、F_{Oy}），如图 11-9a 所示，所以，若应用动静法，则必须拆开系统，解联立方程，才能求得运动量。

考虑这是一个自由度的理想约束系统，可先用动能定理求运动：

$$\frac{1}{2}\frac{W_2}{g}v^2+\frac{1}{2}\frac{W_1}{g}v^2+\frac{1}{2}\left(\frac{1}{2}\frac{W_1}{g}R^2\right)\left(\frac{v}{R}\right)^2-T_0=W_2 s \tag{a}$$

$$\left(\frac{1}{2}\frac{W_2}{g}+\frac{3}{4}\frac{W_1}{g}\right)v^2-T_0=W_2 s \tag{b}$$

式中，v 与 s 分别为物块 W_2 的速度和线位移，将式(b)对时间 t 求导数，并利用 $\frac{ds}{dt}=v$，得

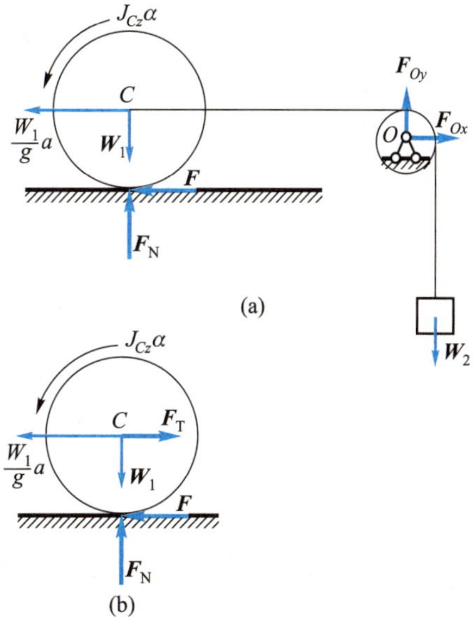

图 11-9 例题 11-4 图

$$a=\frac{W_2 g}{W_2+\frac{3}{2}W_1} \tag{c}$$

再对轮应用动静法。轮作平面运动，按式(11-8)和式(11-12)对它施加惯性力(图 11-9b)，则有

$$\sum m_C(\boldsymbol{F})=0,\qquad FR-J_{Cz}\alpha=0 \tag{d}$$

$$F=\frac{J_{Cz}\alpha}{R}=\frac{J_{Cz}a}{R^2}=\frac{W_2W_1}{2\left(W_2+\frac{3}{2}W_1\right)} \tag{e}$$

上述分析过程表明，对于一个自由度的理想约束系统，可以先应用动能定理求运动，再采用动静法求约束力。本例若不应用动能定理求运动，只用达朗贝尔原理，可否求解？若可以，如何求解？

[例题 11-5] 分析例题 11-3 中重量为 W、长度为 l 的均质杆 OA(图 11-10a)。

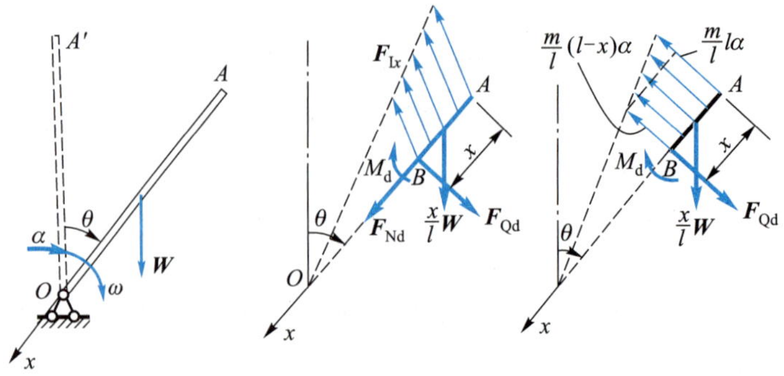

图 11-10　例题 11-5 图

（1）当杆由倒立的铅垂位置受扰动倒下时，试求杆中的弯矩（即横截面上的内力偶）分布、最大弯矩及其位置；

（2）若砖石结构的烟囱由于根部断裂而倒地，则倒地过程中，将发生什么形式的破坏？

解：（1）以杆的 A 端为坐标原点，沿杆轴线放置坐标轴 Ax。从任一部位 B 处横向截出一段杆 $AB=x$ 为研究对象，这一部分的受力图如图 11-10b 所示：除重力$\dfrac{x}{l}\boldsymbol{W}$外，还有按梯形分布的惯性力。于是，由达朗贝尔原理，x 截面上必有内力 $\boldsymbol{F}_{\mathrm{Nd}}$、$\boldsymbol{F}_{\mathrm{Qd}}$ 和弯矩 M_{d}。

为了便于计算弯矩 M_{d}，将杆段 AB 上与各点法向加速度相对应的惯性力系与内力 $\boldsymbol{F}_{\mathrm{Nd}}$ 这一平衡力系从图 11-10b 所示的受力图中减去，从而得到引起横截面 x 上弯矩的力系，如图 11-10c 所示。

由质点系的动静法，所有力对点 B 之矩的平衡方程为

$$\sum M_B\left(\frac{x}{l}W\right)+\sum M_B(\boldsymbol{F}_{\mathrm{I}})-M_{\mathrm{d}}=0 \tag{a}$$

由此得弯矩方程

$$M_{\mathrm{d}}=-\frac{x}{l}W\sin\theta\cdot\frac{x}{2}+\frac{m}{l}(l-x)\alpha\cdot x\cdot\frac{x}{2}+\frac{1}{2}\frac{m}{l}\alpha[l-(l-x)]\cdot x\cdot\frac{2}{3}x \tag{b}$$

式中，$m=\dfrac{W}{g}$。

将例题 11-3 中求得的杆倒下时的角加速度 $\alpha=\dfrac{3}{2}\dfrac{g}{l}\sin\theta$ 代入本例题的式(b)，经过整理、化简后，得

$$M_{\mathrm{d}}=\frac{1}{4}Wl\sin\theta\left(\frac{x}{l}\right)^2\left(1-\frac{x}{l}\right) \tag{c}$$

由该式得 $x=0$ 与 $x=l$ 时，$M_{\mathrm{d}}=0$。

为求杆内弯矩 M_{d} 的最大值，将式(c)对 x 求导数

$$\frac{\mathrm{d}M_{\mathrm{d}}}{\mathrm{d}x}=0$$

得

$$x=\frac{2}{3}l \tag{d}$$

再将式(d)代入式(c),得杆中弯矩的最大值

$$M_{\mathrm{dmax}}=\frac{1}{27}Wl\sin\,\theta \tag{e}$$

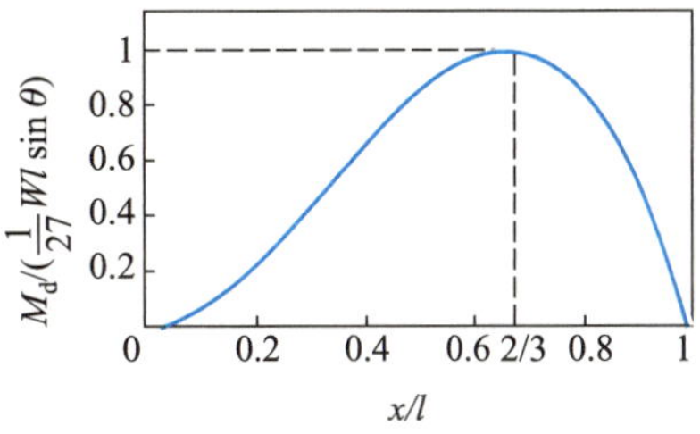

图 11-11　杆 OA 中的动弯矩变化曲线

图 11-11 所示为杆中量纲一形式的动弯矩变化曲线。

(2) 图 11-12 所示为拆除废旧的烟囱,在其根部施行定向爆破时,烟囱倒塌的连续变化图形。当根部开始断裂时,烟囱还像刚体一样整体地下落(图 11-12a,b)。当下落角度较大时,此时绕根部转动的角加速度增大,其惯性力的切向分量也随之增大,因此横截面中的弯矩最大值也要增大。当弯矩最大值所在截面上的最大拉应力达到强度极限时,烟囱便产生第二次断裂(图 11-12c,d)。根据前面分析,烟囱断裂的截面约在 $2/3l$ 处,且断裂从面向地面的一侧开始,而不像静载时从背向地面一侧开始,显然,这种断裂由惯性力所致。

11-1　废旧烟囱拆除

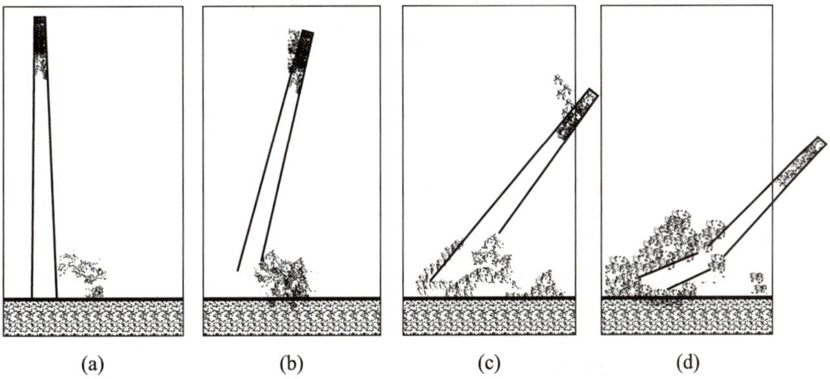

图 11-12　由于根部断裂而倒地的烟囱

§ 11-4　定轴转动刚体的轴承附加动约束力

在工程实际中,存在着大量绕定轴转动的刚体(发动机、电动机等),这些定轴转动的刚体有时也称为转子。当转子高速转动时,常常在轴承处产生很大的动约束力,加速轴承损坏,引起剧烈振动。因此,研究定轴转动刚体的轴承动约束力产生的原因,找出消除动约束力的条件,具有重要的工程实际意义。

11-4-1　定轴转动刚体惯性力系的简化

如图 11-13 所示,任意形状的刚体以角速度 ω 和角加速度 α 绕 z 轴作定轴转动,$\boldsymbol{i}$、$\boldsymbol{j}$、$\boldsymbol{k}$

为固连在刚体上的直角坐标轴 x、y、z 方向的单位矢量。刚体上质量为 m_i 的质点的位置矢径为

$$\boldsymbol{r}_i=x_i\boldsymbol{i}+y_i\boldsymbol{j}+z_i\boldsymbol{k}$$

加速度为

$$\boldsymbol{a}_i=\boldsymbol{a}_i^{\mathrm{t}}+\boldsymbol{a}_i^{\mathrm{n}}=\alpha\boldsymbol{k}\times\boldsymbol{r}_i+\omega\boldsymbol{k}\times(\omega\boldsymbol{k}\times\boldsymbol{r}_i)=-(\alpha y_i+\omega^2x_i)\boldsymbol{i}+(\alpha x_i-\omega^2y_i)\boldsymbol{j}$$

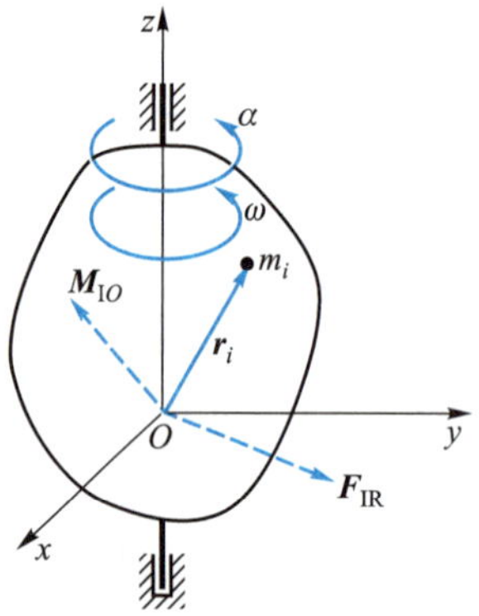

图 11-13 定轴转动刚体惯性力系的简化

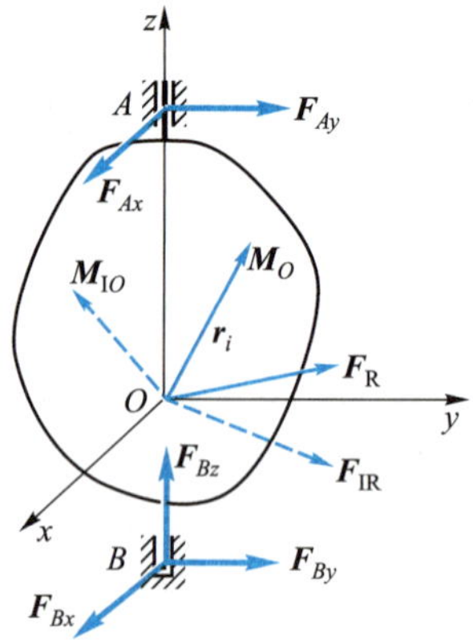

图 11-14 定轴转动刚体的达朗贝尔原理

因此,将刚体的惯性力系向 O 点简化,则惯性力系的主矢为

$$\begin{aligned}\boldsymbol{F}_{\mathrm{IR}}&=\sum\boldsymbol{F}_{\mathrm{I}i}=\sum(-m_i\boldsymbol{a}_i)\\&=\left[\alpha\sum(m_iy_i)+\omega^2\sum(m_ix_i)\right]\boldsymbol{i}+\left[-\alpha\sum(m_ix_i)+\omega^2\sum(m_iy_i)\right]\boldsymbol{j}\end{aligned}$$

注意到 $\sum(m_ix_i)=mx_C$, $\sum(m_iy_i)=my_C$,其中 m 为刚体的质量,x_C 和 y_C 为刚体质心的坐标。于是上式可写为

$$\boldsymbol{F}_{\mathrm{IR}}=m(\alpha y_C+\omega^2x_C)\boldsymbol{i}+m(\omega^2y_C-\alpha x_C)\boldsymbol{j}\tag{11-19}$$

注意 $\boldsymbol{F}_{\mathrm{IR}}$ 没有 z 轴方向的分量。该刚体惯性力系向 O 点简化的主矩为

$$\begin{aligned}\boldsymbol{M}_{\mathrm{I}O}&=\sum(\boldsymbol{r}_i\times\boldsymbol{F}_{\mathrm{I}i})=\sum\left[\boldsymbol{r}_i\times(-m_i\boldsymbol{a}_i)\right]\\&=\left[\alpha\sum(m_ix_iz_i)-\omega^2\sum(m_iy_iz_i)\right]\boldsymbol{i}+\left[\alpha\sum(m_iy_iz_i)+\omega^2\sum(m_ix_iz_i)\right]\boldsymbol{j}-\alpha\sum\left[m_i(x_i^2+y_i^2)\right]\boldsymbol{k}\end{aligned}$$

其中 $\sum\left[m_i(x_i^2+y_i^2)\right]=J_z$ 为刚体对 z 轴的转动惯量。令 $J_{xz}=\sum(m_ix_iz_i)$, $J_{yz}=\sum(m_iy_iz_i)$,称为刚体对 z 轴的**惯性积**。于是上式可写为

$$\boldsymbol{M}_{\mathrm{I}O}=(J_{xz}\alpha-J_{yz}\omega^2)\boldsymbol{i}+(J_{yz}\alpha+J_{xz}\omega^2)\boldsymbol{j}-J_z\alpha\boldsymbol{k}\tag{11-20}$$

11-4-2 定轴转动刚体的轴承附加动约束力

对于图 11-13 所示的定轴转动刚体,其上主动力系向 O 点简化的主矢和主矩分别为 $\boldsymbol{F}_{\mathrm{R}}$ 和 $\boldsymbol{M}_O$,轴承 AB 处的约束力分别为 $\boldsymbol{F}_{Ax}$、$\boldsymbol{F}_{Ay}$、$\boldsymbol{F}_{Bx}$、$\boldsymbol{F}_{By}$ 和 $\boldsymbol{F}_{Bz}$,如图 11-14 所示。根据达朗贝尔原理,写出平衡方程如下:

$$\sum F_x=0\qquad F_{Ax}+F_{Bx}+F_{\mathrm{R}x}+F_{\mathrm{IR}x}=0$$

$$\sum F_y=0\qquad F_{Ay}+F_{By}+F_{\mathrm{R}y}+F_{\mathrm{IR}y}=0$$

$$\sum F_z=0 \quad F_{Bz}+F_{Rz}=0$$

$$\sum M_x=0 \quad F_{By}\cdot OB-F_{Ay}\cdot OA+M_{Ox}+M_{IOx}=0$$

$$\sum M_y=0 \quad F_{Ax}\cdot OA-F_{Bx}\cdot OB+M_{Oy}+M_{IOy}=0$$

$$\sum M_z=0 \quad M_{Oz}+M_{IOz}=0$$

由上述前 5 个方程可解出轴承的约束力为

$$F_{Ax}=-\frac{1}{AB}[(M_{Oy}+F_{Rx}\cdot OB)+(M_{IOy}+F_{IRx}\cdot OB)]$$

$$F_{Ay}=\frac{1}{AB}[(M_{Ox}-F_{Ry}\cdot OB)+(M_{IOx}-F_{IRy}\cdot OB)]$$

$$F_{Bx}=\frac{1}{AB}[(M_{Oy}-F_{Rx}\cdot OA)+(M_{IOy}-F_{IRx}\cdot OA)]$$

$$F_{By}=-\frac{1}{AB}[(M_{Ox}+F_{Ry}\cdot OA)+(M_{IOx}+F_{IRy}\cdot OA)]$$

$$F_{Bz}=-F_{Rz}$$

由上述前 4 式可以看出，与 z 轴垂直的轴承约束力 $\boldsymbol{F}_{Ax}$、$\boldsymbol{F}_{Ay}$、$\boldsymbol{F}_{Bx}$、$\boldsymbol{F}_{By}$ 均由两部分组成，一部分是由主动力引起的约束力，称为**静约束力**，另一部分是由惯性力引起的约束力，称为**附加动约束力**。为使附加动约束力为零，必须有

$$F_{IRx}=F_{IRy}=0, \qquad M_{IOx}=M_{IOy}=0 \tag{11-21}$$

即惯性力系的主矢等于零，惯性力系对 x 轴和 y 轴的主矩等于零。根据式(11-19)和式(11-20)，应有

$$\left.\begin{aligned}\alpha y_C+\omega^2 x_C=0\\ \omega^2 y_C-\alpha x_C=0\\ J_{xz}\alpha-J_{yz}\omega^2=0\\ J_{yz}\alpha+J_{xz}\omega^2=0\end{aligned}\right\} \tag{11-22}$$

对于任意的 ω 和 α，当且仅当

$$\left.\begin{aligned}x_C=y_C=0\\ J_{xz}=J_{yz}=0\end{aligned}\right\} \tag{11-23}$$

时，式(11-21)和式(11-22)才成立。上式的第一式表明，刚体的质心在转轴 z 上，第二式表明，刚体对转轴 z 的惯性积等于零。于是有结论：**刚体定轴转动时，附加动约束力等于零的条件是刚体质心在转轴上，同时刚体对转轴的惯性积等于零。**

如果刚体对于通过某点的 z 轴的惯性积 J_{xz} 和 J_{yz} 等于零，则称此轴为过该点的**惯性主轴**。通过质心的惯性主轴称为**中心惯性主轴**。因此上述结论也可表述为：**刚体定轴转动时，附加动约束力等于零的条件是刚体的转轴为中心惯性主轴。**

如果刚体有质量对称面，则垂直于该对称面的任一轴均为惯性主轴。如果刚体有质量对称轴，则该对称轴为中心惯性主轴。

如果刚体的转轴通过质心,刚体除重力外,没有其他主动力作用,则刚体可以在任意位置静止不动,则称刚体为**静平衡**。如果刚体的转轴为中心惯性主轴,刚体转动时轴承上不会出现附加动约束力,则称刚体为**动平衡**。动平衡的刚体一定是静平衡的,但静平衡的刚体不一定是动平衡的。

工程中对于高速转动的转子,需要在专门的动平衡机上进行动平衡试验,以消除附加动约束力。

[例题 11-6] 如图 11-15 所示,均质矩形薄板的质量为 m、长度为 a、宽度为 b,其转轴通过质心 C,薄板的对称轴与转轴的夹角为 θ(不等于 0),试确定薄板是否是动平衡的。

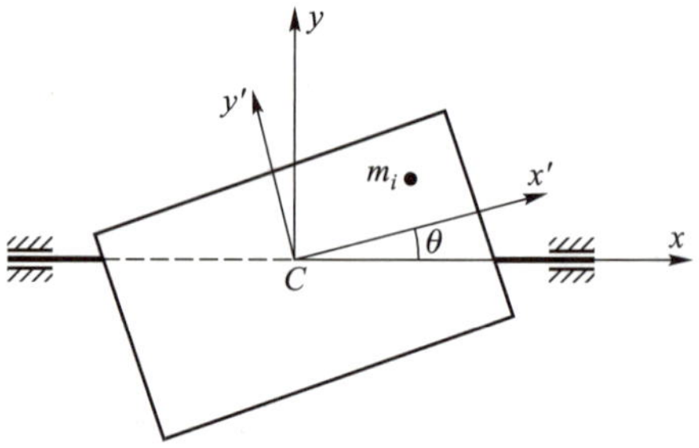

图 11-15 例题 11-6 图

解:坐标系 $Cxyz$ 和 $Cx'y'z'$ 均固连在薄板上,其中 z 和 z' 轴垂直板面向里。对于薄板上的任一质点 m_i,有坐标变换关系

$$x_i = x_i'\cos\theta - y_i'\sin\theta$$

$$y_i = x_i'\sin\theta + y_i'\cos\theta$$

于是惯性积

$$\begin{aligned} J_{xy} &= \sum(m_i x_i y_i) = \sum[m_i(x_i'\cos\theta - y_i'\sin\theta)(x_i'\sin\theta + y_i'\cos\theta)] \\ &= (\sum m_i x_i' y_i')(\cos^2\theta - \sin^2\theta) + (\sum m_i x_i'^2 - \sum m_i y_i'^2)\sin\theta\cos\theta \end{aligned} \quad \text{(a)}$$

x'轴(或 y'轴)为惯性主轴,故 $\sum m_i x_i' y_i' = J_{x'y'} = 0$,而 $J_{x'} = \sum m_i y_i'^2 = \dfrac{mb^2}{12}$,$J_{y'} = \sum m_i x_i'^2 = \dfrac{ma^2}{12}$ 分别为薄板对 x'轴和 y'轴的转动惯量,式(a)写为

$$J_{xy} = \frac{m}{24}(a^2 - b^2)\sin 2\theta$$

由上式可见,当 $a \neq b$ 时,薄板不是动平衡的。而当 $a = b$,即薄板为正方形时,$J_{xy} = 0$,又因为薄板位于 Cxy 平面内,对于板上的所有质点均有 $z = 0$,故 J_{xz} 等于零,因此对于任何夹角 θ,均质正方形薄板都是动平衡的。

§11-5 本章讨论与小结

11-5-1 正确施加与简化惯性力系是应用达朗贝尔原理的关键

只要对质点系正确施加与简化惯性力系,则用静力学方法就可求解它的动力学关系。读者注意掌握以下两种运动形式的惯性力系简化:

- **刚体有质量对称面且转轴垂直于该对称面的定轴转动情形**

如图 11-16 所示,长度为 l、重量为 W 的均质杆 OA 绕轴 O 作定轴转动,其角速度 ω 与角加速度 α 均为已知。请读者判断惯性力系简化的两种结果(图 11-16a、b)的正确性。

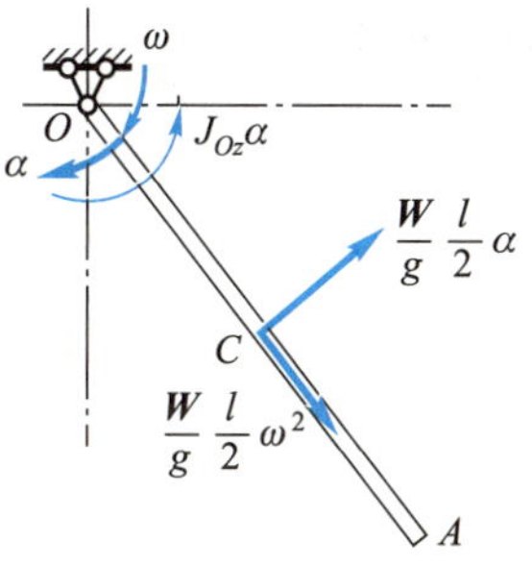

图 11-16 直杆作定轴转动的两种惯性力系简化结果判断

- **刚体有质量对称面且运动平面与质量对称平面平行的平面运动情形**

图 11-17 所示为作平面运动的刚体质量对称平面,其角速度为 ω,角加速度为 α,质量为 m,对通过平面上任一点 A(非质心 C)且垂直于对称平面的轴的转动惯量为 J_{Az}。若将刚体的惯性力系向该点简化,试分析图示结果的正确性。请读者注意本章给出的惯性力系简化结果的适用条件,并分析本章习题 11-12,当杆 AB 以等角速 ω 绕铅垂轴 z 转动时,杆 AB 作定轴转动。这时杆上惯性力系向 A 点的简化结果可否用式(11-8)和式(11-10)表示?

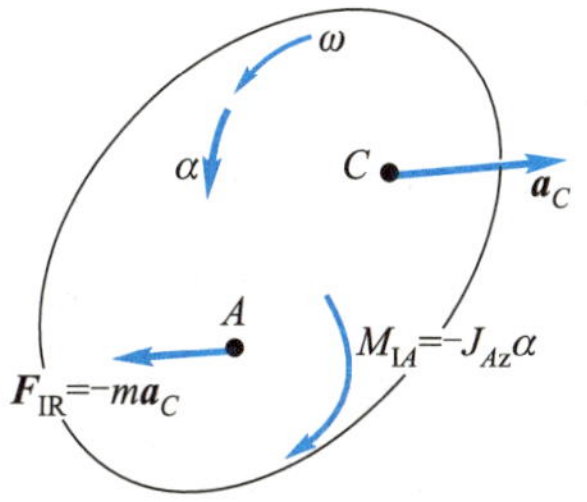

图 11-17 刚体平面运动的惯性力系向非质心点 A 简化结果判断

11-5-2 动能定理与达朗贝尔原理综合应用

动力学普遍定理综合应用的要点是,对一个自由度的理想约束系统,先用动能定理求运动,再用动量或动量矩定理求约束力。由于应用达朗贝尔原理可在对质点系正确施加并简化惯性力系之后,将动力学问题变为静力学问题求解,没有取矩点的限制条件,所以,上述综合应用要点也可叙述为,对一个自由度的理想约束系统,先用动能定理求运动,再用达朗贝尔原理求约束力。

请读者分析图 11-18 所述问题。

悬臂梁 AB 的一端固定安装电动机提升设备。电动机重 W_1,梁重不计,与电动机转子同轴安装的滑轮重 W_2,认为转子与滑轮半径相同,均为 R,二者对轴 O 的回转半径为 ρ,轴 O 至悬臂梁另端 A 的距离为 l。转子与滑轮在电磁力偶 M 的作用下,加速提升重物 W。试求 A 处的约束力。

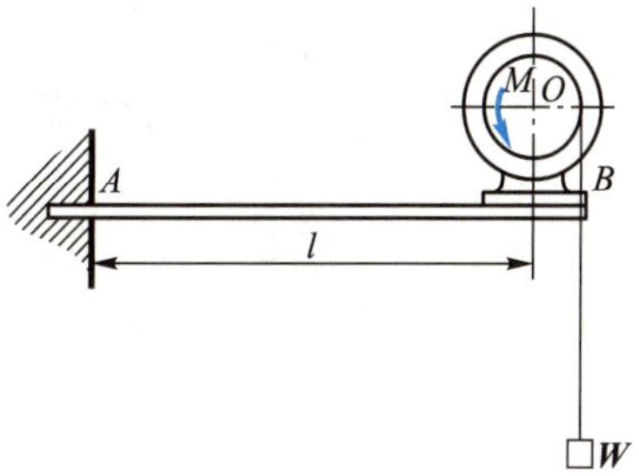

图 11-18 安装在悬臂梁端的电动机提升设备

读者可以考察整体系统分析这一问题,并与全部应用动力学普遍定理求解的方法进行比较,从而体会本小节提出动能定理与达朗贝尔原理综合应用的要点。

11-5-3 转子制造或装配误差引起的轴承动约束力

在工程实际中，当转子高速转动时，由于制造或安装误差，其惯性力会引起很大的轴承动约束力，从而导致机器零件损坏或引起剧烈振动等。以下讨论实际存在的四种情形。每种情形都用作等角速转动的简单二质点模型表示。

（1）**理想情形**（图 11-19a）：转子的质心 C 在轴上，转轴垂直于转子对称面。由二质点模型看出，二惯性力互相平衡，$\boldsymbol{F}_{I1}=-\boldsymbol{F}_{I2}$。而转子是由无数对这样的质点组成，故其惯性力系为平衡力系，轴承无动约束力，即 $\boldsymbol{F}_A=\boldsymbol{F}_B=\boldsymbol{0}$。

（2）**偏心情形**（图 11-19b）：转子的质心 C 偏离转轴，而转轴仍然垂直于转子对称面。二质点模型的惯性力系简化为一合力（$\boldsymbol{F}_{I1}-\boldsymbol{F}_{I2}$）。转子也有合惯性力 $\boldsymbol{F}_{IR}$，轴承动约束力 $\boldsymbol{F}_A+\boldsymbol{F}_B=\boldsymbol{F}_{IR}$。

（3）**偏角情形**（图 11-19c）：转子质心 C 在转轴上，但转轴不垂直于转子对称面。二质点模型和转子的惯性力系均简化为一合力偶，因而轴承动约束力 $\boldsymbol{F}_A=-\boldsymbol{F}_B$，也为一力偶。

（4）**一般情形**（图 11-19d）：转子质心 C 不在转轴上，转轴也不垂直于转子对称面。这时二质点模型的惯性力 $F_{I1}>F_{I2}$，且方向相反，故此二力向点 O 简化为一力与一力偶，由轴承动约束力 $\boldsymbol{F}_A$ 和 $\boldsymbol{F}_B$ 与之平衡。

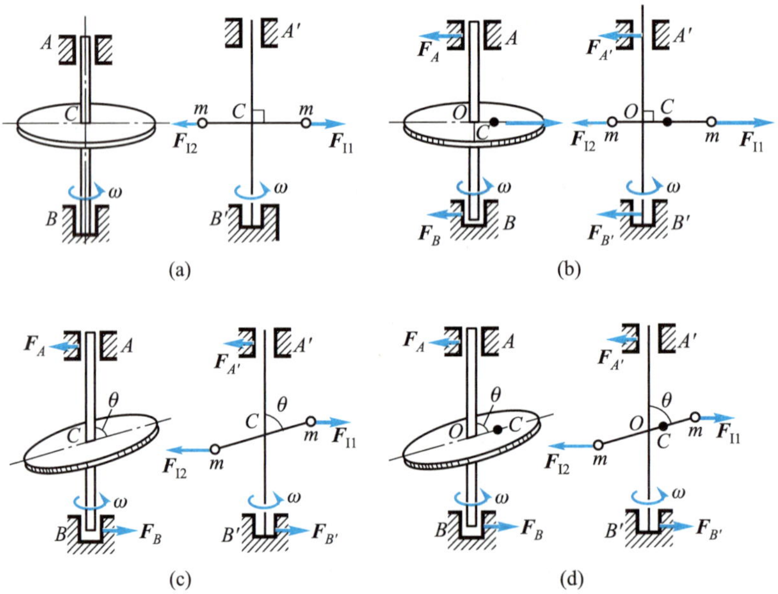

图 11-19 转子制造或安装的不同情况及其轴承动约束力

11-5-4 用达朗贝尔原理定性分析蛤蟆夯的运动

在第 8 章中曾用质心运动定理分析了偏心转子及蛤蟆夯的跳起，并请读者思考蛤蟆夯为什么能像蛤蟆一样，在周期性跳起的同时，还能间断性地单方向向前运动，而不是往复地向前与向后运动。现在读者可用达朗贝尔原理对其作定性分析。分析时请注意,只给偏心块施加相对于夯锤转动的惯性力 $\boldsymbol{F}_{\mathrm{I}}$,如图 11-20a 所示。图中,$\boldsymbol{W}_1$、$\boldsymbol{W}_2$ 与 $\boldsymbol{W}_3$ 分别为夯座、夯锤与偏心物块的重力,ω 为偏心物块作等角速转动的角速度,$\boldsymbol{F}_{\mathrm{N}}$ 与 $\boldsymbol{F}$ 分别为地对夯座的正压力和摩擦力。另外,蛤蟆夯的运动共分四个阶段:(1) 物块上举,锤、座不动;(2) 夯锤跳起,夯座未动;(3) 夯锤下落,夯座前移;(4) 夯座停移,夯锤打夯。在这四个阶段中,偏心物块的相对位置如图 11-20b 所示。在图 11-20a 上只画出了蛤蟆夯整机的第三阶段。请读者将其他阶段一一画出,形成蛤蟆夯连续运动的图像。

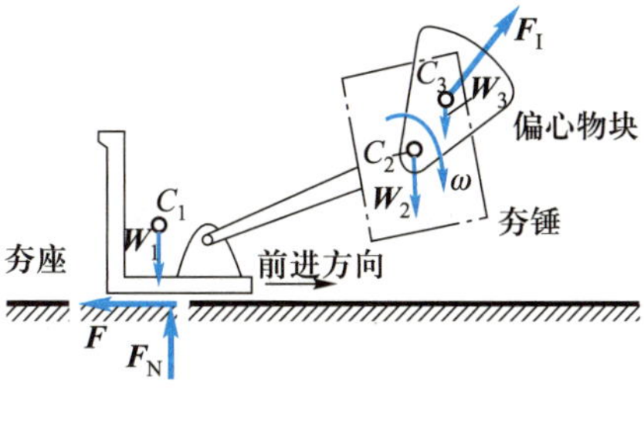

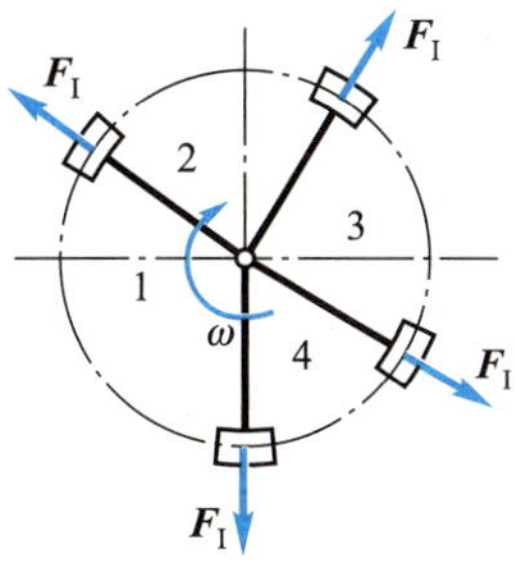

图 11-20　蛤蟆夯运动的四个阶段

11-5-5　本章小结

(1) 质点的达朗贝尔原理:若假想地在质点 m 上施加惯性力 $\boldsymbol{F}_{\mathrm{I}}=-m\boldsymbol{a}$,则可以认为作用在质点 m 上的主动力 $\boldsymbol{F}$、约束力 $\boldsymbol{F}_{\mathrm{N}}$ 和惯性力 $\boldsymbol{F}_{\mathrm{I}}$ 在形式上组成平衡力系,即

$$\boldsymbol{F}+\boldsymbol{F}_{\mathrm{N}}+\boldsymbol{F}_{\mathrm{I}}=\mathbf{0}$$

(2) 质点系的达朗贝尔原理:作用于质点系上的外力系与惯性力系在形式上组成平衡力系,即

$$\begin{cases}\sum \boldsymbol{F}_i^{\mathrm{e}}+\sum \boldsymbol{F}_{\mathrm{I}i}=\mathbf{0}\\ \sum \boldsymbol{M}_O(\boldsymbol{F}_i^{\mathrm{e}})+\sum \boldsymbol{M}_O(\boldsymbol{F}_{\mathrm{I}i})=\mathbf{0}\end{cases}$$

(3) 刚体惯性力系的简化结果:

- 刚体平移:惯性力系向质心 C 简化,主矢和主矩分别为

$$\boldsymbol{F}_{\mathrm{IR}}=-m\boldsymbol{a}_C,\qquad \boldsymbol{M}_{\mathrm{I}C}=\mathbf{0}$$

- 刚体定轴转动:假设刚体有质量对称平面且转轴 z 垂直于质量对称平面,惯性力系向质量对称平面与转轴 z 的交点 O 简化,主矢和主矩分别为

$$\boldsymbol{F}_{\mathrm{IR}}=-m\boldsymbol{a}_C,\qquad M_{\mathrm{I}O}=-J_{Oz}\alpha$$

- 刚体平面运动:假设刚体有质量对称平面且运动平面与质量对称平面平行,惯性力系向质心 C 简化,主矢和主矩分别为

$$\boldsymbol{F}_{\mathrm{IR}}=-m\boldsymbol{a}_C,\qquad M_{\mathrm{I}C}=-J_{Cz}\alpha$$

(4) 定轴转动刚体的轴承附加动约束力:

- 定轴转动刚体惯性力系的主矢和主矩

$$F_{IR}=m(\alpha y_C+\omega^2 x_C)i+m(\omega^2 y_C-\alpha x_C)j$$

$$M_{IO}=(J_{xz}\alpha-J_{yz}\omega^2)i+(J_{yz}\alpha+J_{xz}\omega^2)j-J_z\alpha k$$

- 定轴转动刚体的轴承附加动约束力等于零的条件。

刚体定轴转动时,附加动约束力等于零的条件是转轴为中心惯性主轴。

习　题

选择填空题

11-1 图示均质细杆 AB 长度为 l,重量为 P,与铅垂轴以角 $\alpha=30°$ 固结,并以等角速度 ω 转动,则杆惯性力系的合力的大小等于(　　)。

① $\dfrac{\sqrt{3}l^2P\omega^2}{8g}$　② $\dfrac{l^2P\omega^2}{2g}$　③ $\dfrac{lP\omega^2}{2g}$　④ $\dfrac{lP\omega^2}{4g}$

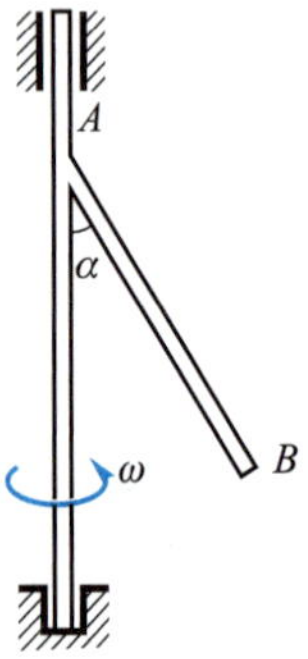

习题 11-1 图

11-2 定轴转动刚体,其转轴垂直于质量对称平面,且不通过质心 C,设转轴与质量对称平面的交点为 O。当角速度 $\omega=0$,角加速度 $\alpha\neq0$ 时,其惯性力系的合力大小为 $F_{IR}=ma_C$,合力作用线的位置是(　　)。

① 合力作用线通过转轴轴心,且垂直于 OC

② 合力作用线通过质心,且垂直于 OC

③ 合力作用线至轴心的垂直距离为 $h=J_O\alpha/ma_C$

④ 合力作用线至轴心的垂直距离为 $h=J_C\alpha/ma_C$

11-3 质量为 m,半径为 r 的均质圆柱体,沿半径为 R 的圆弧面作纯滚动,其瞬时角速度 ω 及角加速度方向 α 如图所示,将其上的惯性力系向其质心简化,所得惯性力的主矢、主矩大小分别为

主矢切向=(　　　　),

主矢法向=(　　　　);

主矩=(　　　　)。

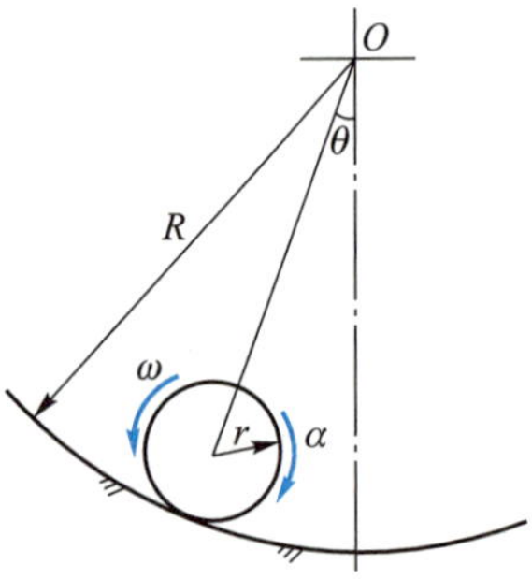

习题 11-3 图

11-4 均质圆柱体质量为 m,半径为 r,相对于一运动的平板作纯滚动,其角速度与角加速度的方向如图所示,且平板的速度与加速度都是水平向右。将圆柱体上的惯性力系向其质心简化时,其惯性力的主矢、主矩的大小分别为

主矢=(　　　　),

主矩=(　　　　)。

11-5 均质圆盘的质量为 m,半径为 r,在水平直线轨道上作纯滚动,如图所示。若圆盘中心 C 的加速度为 $\boldsymbol{a}_C$,则圆盘的惯性力向盘上最高点 A 简化的主矢大小为(　　　　),方向为(　　　　);主矩大小为(　　　　),转向为(　　　　)。

11-6 均质杆 AB 的质量为 m,用三根等长细绳悬挂在水平位置,在图示位置突然割断 O_1B,则该瞬时杆 AB 的加速度为(　　　　)(表示为 θ 的函数,方向在图中画出)。

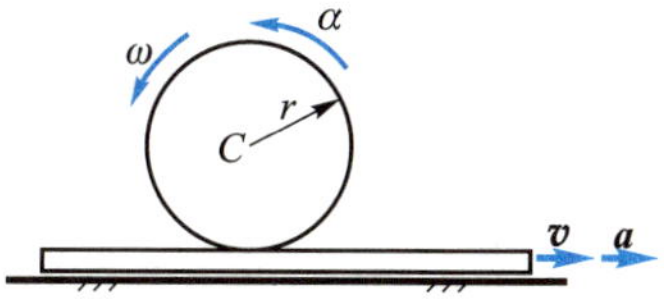

习题 11-4 图

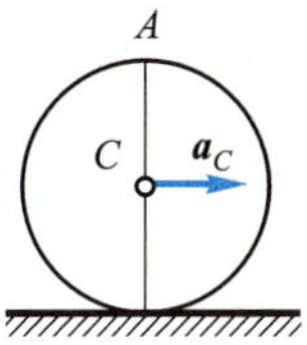

习题 11-5 图

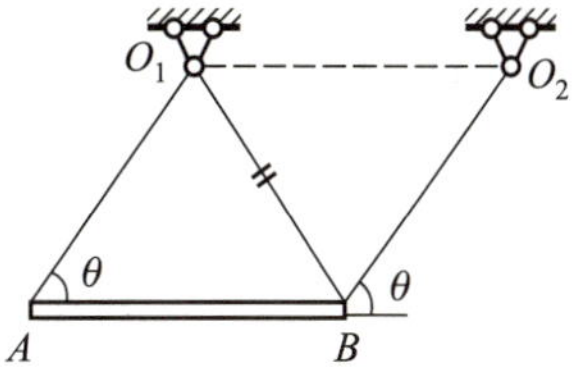

习题 11-6 图

分析计算题

11-7　图示调速器由两个质量各为 m_1 的圆柱状的盘子所构成，两圆盘被偏心地悬于与调速器转动轴相距 a 的十字形框架上，而此调速器则以等角速度 ω 绕铅垂轴转动。圆盘的中心到悬挂点的距离为 l，调速器的外壳质量为 m_2，放在这两个圆盘上并可沿铅垂轴上下滑动。如不计摩擦，试求调速器的角速度 ω 与圆盘偏离铅垂线的角度 φ 之间的关系。

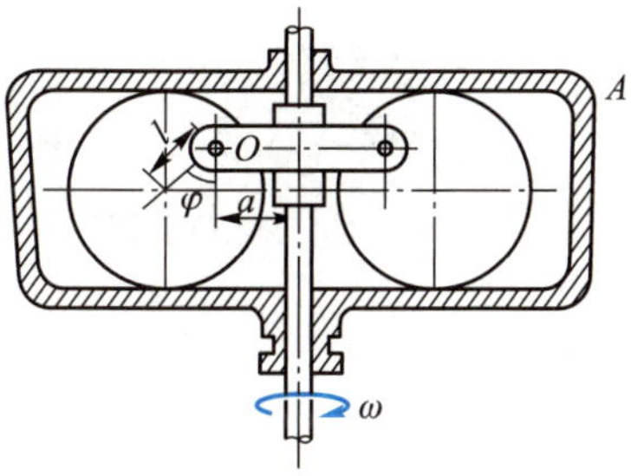

习题 11-7 图

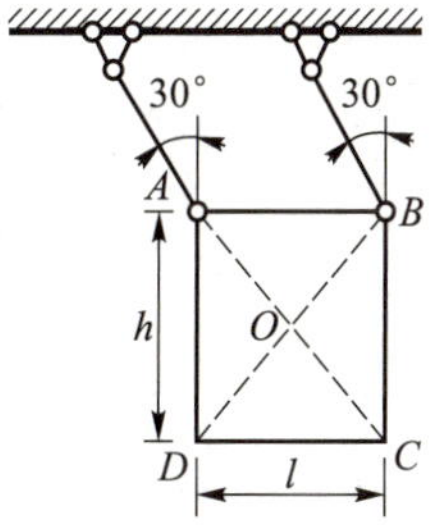

习题 11-8 图

11-8　质量为 m 的均质矩形平板用两根平行且等长的轻杆悬挂着，如图所示。已知平板的尺寸为 h、l。若将平板在图示位置无初速度释放，试求此瞬时板的质心 O 的加速度与两杆所受的力。

11-9　汽车以加速度 $\boldsymbol{a}$ 作水平直线运动，如图所示。不计车轮质量，汽车的总质量为 m，质心距地面的高度为 h。若汽车的前后轮轴到过质心的铅垂线的距离分别等于 d_1 和 d_2。试求前后轮的铅垂压力，并分析汽车行驶加速度 $\boldsymbol{a}$ 为何值时其前后轮的压力相等。

11-10　为了用试验方法测定无轨电车的减速度，采用了液体加速度计，它由一个盛有油并安放在铅垂平面内的折管构成。当电车制动时，安放在运动前进方向的一段管内的液面上升到高度 h_2，而在反向的一段管内的液面则下降到高度 h_1。加速度计的安放位置如图所示，$\alpha_1=\alpha_2=45°$，且已知 $h_1=250$ mm，$h_2=750$ mm。试求此时电车的加速度大小。

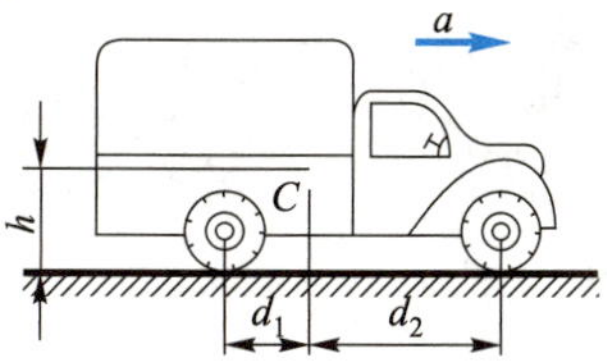

习题 11-9 图

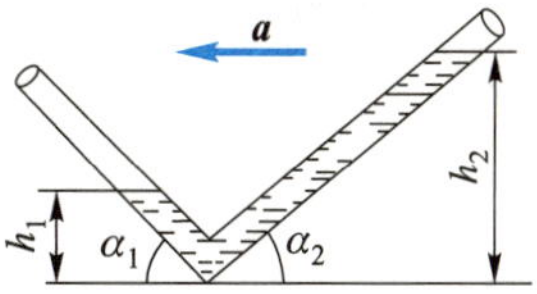

习题 11-10 图

11-11　图示凸轮导板机构中，偏心轮的偏心距 $OA=e$。偏心轮绕 O 轴以等角速度 ω 转动。当导板 CD 在最低位置时弹簧的压缩为 b。导板质量为 m。为使导板在运动过程中始终不离开偏心轮，试求弹簧刚度的最小值。

11-12 图示均质杆 AB 长为 l，质量为 m，以等角速度 ω 绕铅垂轴 z 转动。试求杆与铅垂线的夹角 β 及铰链 A 的约束力。

11-13 鼓轮 A 重 445 N，对其质心 C 的回转半径为 12.1 cm。通过一根绳子将 A 与重 111 N 的物块 B 连接起来，如图所示。B 与斜面间的动摩擦因数为 $f=0.10$，鼓轮 A 在水平面上作纯滚动。试求：

（1）滑块的加速度 $\boldsymbol{a}_B$；

（2）绳中张力；

（3）鼓轮 A 作纯滚动时，轮与水平面之间的最小静摩擦因数。

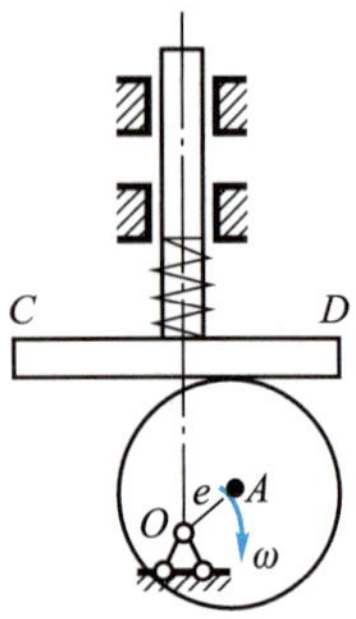

习题 11-11 图

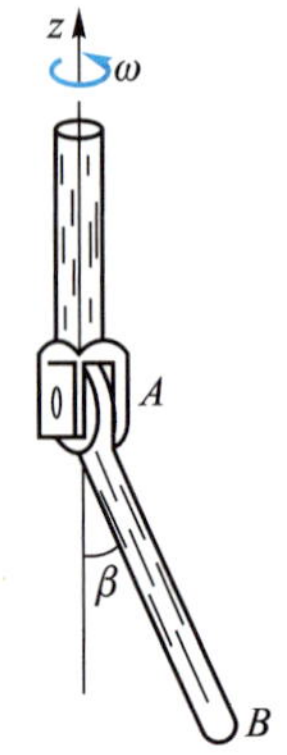

习题 11-12 图

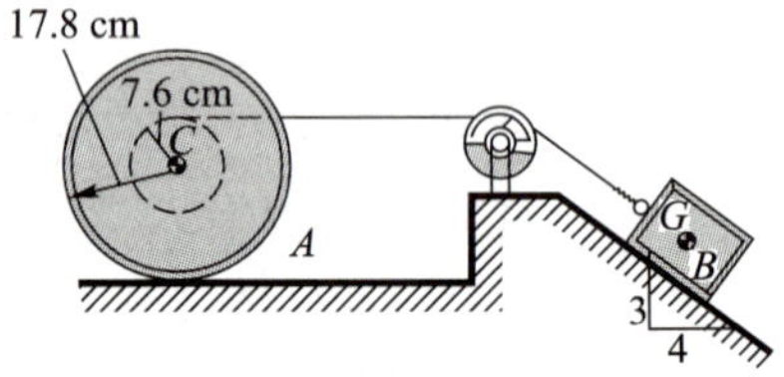

习题 11-13 图

11-14 图示供检修用的空中塔架由 AB、BC 两桁架组成。当 BC 与水平线的夹角为 θ 时，在点 B 的机构可使 AB 与 BC 的夹角为 2θ。已知人与工作室的质量为 200 kg，桁架 BC 绕轴 C 的转动惯量为 400 kg·m^2。不计桁架 AB 的质量。若塔架由 $\theta=30°$ 从静止开始运动，BC 的角加速度 $\alpha=0.5\ \text{rad/s}^2$。试求作用在桁架 BC 上的力矩 M 和作用在节点 B 的机构中的内力矩 M_B。

11-15 图示装有圆盘的轴可绕水平轴转动，在过轴线的铅垂及水平面内分别装有质量为 $m_1=0.5$ kg、$m_2=1$ kg 两质点。轴两端装有 20 mm 厚的钢质圆盘。为了消除附加动约束力，在盘上离轴半径为 80 mm 处各钻一孔。钢的相对密度为 7.8。已知 $a=c=e=9$ cm，$b=18$ cm。求孔的直径 d_1、d_2 和方位角 φ_1、φ_2。

11-16 将质量为 50 g 的质点放在飞轮内缘 C 处，如图所示，则飞轮可完全均衡转动，轴承无附加动约束力。若误将该点放在 D 处，则当飞轮转速为 1 200 r/min 时，轴承 A、B 二处的附加动约束力为多少？C、D 各为轮缘内侧的最里处点。

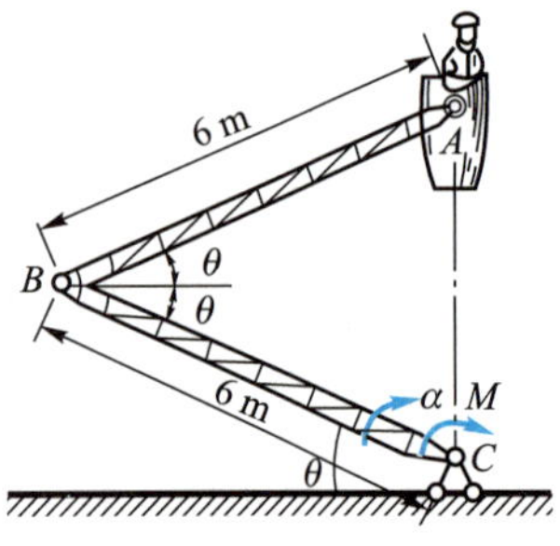

习题 11-14 图

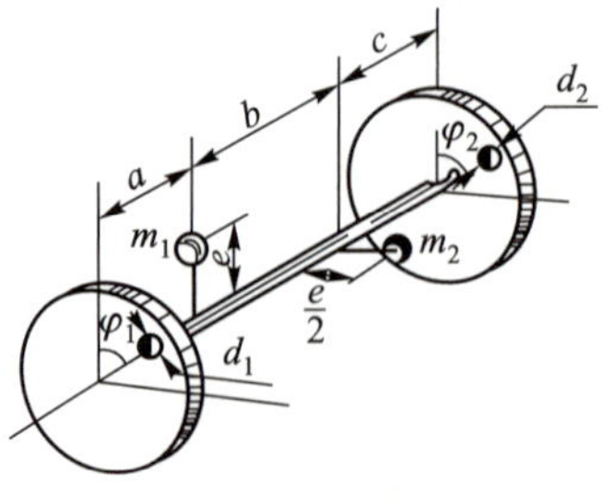

习题 11-15 图

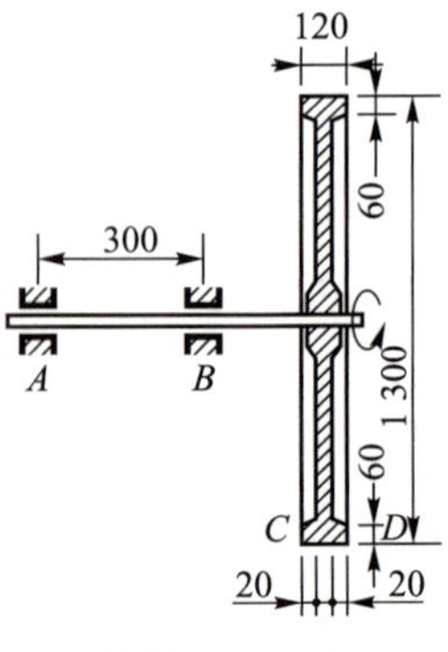

习题 11-16 图

第 12 章

分析静力学

矢量力学与分析力学是理论力学的两大理论体系。

本章首先分析刚体(或矢量)静力学在理论和应用上的不足,从而提出了分析静力学的力学模型、基本思想和研究方法。通过二者比较,可以看到:分析静力学提供了静力学最基本、最普遍的原理。首先,它为解决一般的非自由质点系(含弹性体和流体)的平衡问题开辟了新途径;其次,阐述了不仅对分析静力学,而且对分析动力学也适用的一些基本概念:约束、广义坐标与自由度、虚位移与虚功、理想约束等;最后,介绍了分析静力学的理论基础:虚位移原理(又称虚功原理)及其应用。本章只涉及该原理的基本形式、主动力有势的形式。至于虚位移原理在变形体系统中的应用,将在“材料力学”与“结构力学”课程中予以介绍。

§12-1 刚体静力学与分析静力学比较

刚体静力学研究对象的力学模型是刚体。其基本思想是,如果物体系统处于平衡,则寻求作用于其上的外力系(含全部约束力)应该满足的条件,即**仅在物体系统的平衡位形**[①](configuration)**上孤立静止地研究外力系的关系**。因为所讨论的许多力学概念,如力、力矩、力偶等都是以矢量形式出现的物理量,故**刚体静力学**又称为**矢量静力学**(vectorial statics)。这一方法存在以下问题:

第一,本书第 1 章中曾经指出,刚体平衡的充要条件对变形体是必要而不是充分的,也就是说,它不是一般质点系(含变形体)平衡的普遍规律。

第二,刚体平衡的充要条件不能深入研究物体系统**平衡的类型**(type of equilibrium),即**平衡位形稳定性**(stability of the configuration)**问题**。

图 12-1 所示为置于不同光滑面约束上的圆球。在物理学中已经指明,图 12-1a 为**稳定**

① 物体系统的位形(在变形体力学中称为构形)是指它在空间所处的位置及具有的形状。前者是刚体概念,后者则是变形体概念。位形或构形概念包含两种力学模型。

平衡(stable equilibrium);图 12-1b 为不稳定平衡(unstable equilibrium);图 12-1c 为随遇平衡(indifferent equilibrium)。但是,根据刚体静力学,只知道它们都是二力平衡,$\boldsymbol{F}_{RN}=-\boldsymbol{W}$,却无法区分三种平衡类型。

12-1 蜗轮-蜗杆机构

第三,应用刚体平衡充要条件求解多约束或复杂约束系统的平衡问题并不直接或有利。约束越多,越不利。例如,图 12-2 所示为蜗轮-蜗杆提升机构。若提升的物体质量为 m,试求施加在手柄上的力 $\boldsymbol{F}$ 的大小。由于存在轴承约束力,用刚体静力学方法寻求 mg 与 $\boldsymbol{F}$ 的关系就必须拆开系统,出现蜗轮与蜗杆间复杂的空间约束力,从而使问题复杂化。

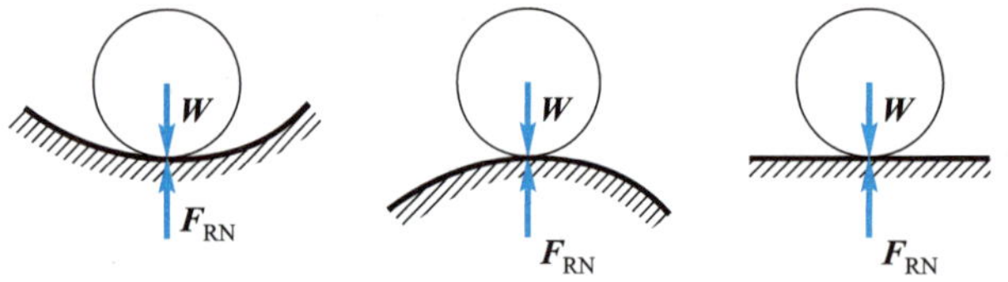

(a)稳定平衡 (b)不稳定平衡 (c)随遇平衡

图 12-1 平衡的三种类型

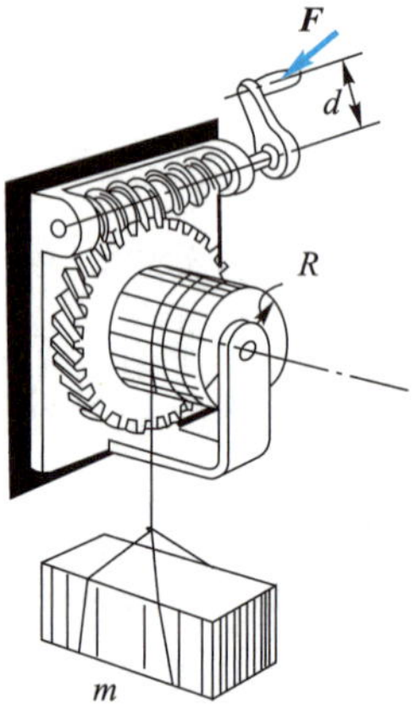

图 12-2 蜗轮-蜗杆提升机构

分析静力学(analytical statics)以一般质点系为力学模型,以作用在系统上有功力的功或有势力的势能为基础,应用数学分析方法得出平衡的普遍规律。

研究静力学问题能否应用功能概念及相关的原理?为回答这一问题,考察图 12-3 所示的杠杆平衡。

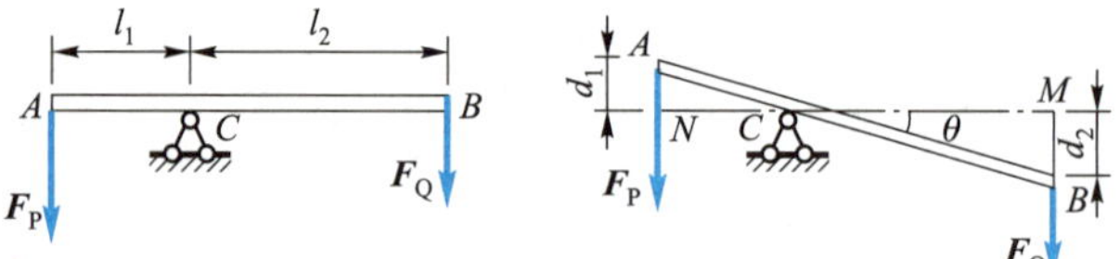

(a) (b)

图 12-3 包含分析静力学思想的杠杆平衡

铰支于点 C 的杠杆在力 $\boldsymbol{F}_P$ 与 $\boldsymbol{F}_Q$ 的作用下处于平衡。由刚体静力学的平衡条件 $\sum M_C(\boldsymbol{F})=0$,得到

$$F_P l_1 = F_Q l_2$$

上述结论还可以从另一角度得到。实际应用杠杆时,总是以小力 F_Q 克服大力 F_P,以达到省力的目的,而且在这一过程中,AB 的初、末角速度一般为零。如令 d_1 和 d_2 分别表示点 A 和点 B 上升和下降的距离,略去铰 C 的摩擦力,则根据动能定理可以写出

$$F_P d_1 = F_Q d_2$$

其中，d_1、d_2 满足

$$d_1 : d_2 = l_1 : l_2$$

代入上式后，同样得到

$$F_P l_1 = F_Q l_2$$

这是由功能概念和理论得到的结果，它与应用刚体静力学方法所得到的结果完全相同。由此可见，根据作用在系统上的有功力在其平衡位形附近的位移上做功的关系，也可以建立系统的平衡条件。

通过将系统的诸多符合约束的位形相比较，用确定的判据从中挑选出平衡位形。此即分析静力学的基本思想。

分析静力学的这一基本思想早在 16 世纪史蒂文（S. Simon Stevin）研究滑车的平衡，17 世纪伽利略（Galileo）研究斜面上重物的平衡时就已萌发。伽利略概括的力学"黄金律"，即"得之于力，失之于速度"（说"失之于位移"更恰当），表述了这一思想的雏形。分析静力学的基本原理——虚位移原理（principle of virtual displacement），又称虚功原理（principle of virtual work）的一般性表述是 1717 年约翰·伯努利（Johann J Bemoulli）提出的。后于 1788 年经拉格朗日等人加以完善。

从虚位移原理的基本思想，到形成适用于一般力学系统的虚位移原理，需要首先建立若干基本概念。

§ 12-2 分析力学的基本概念

12-2-1 约束

工程实际中主要解决非自由质点系的力学问题，理论上，从处理自由质点系到非自由质点系，核心就是如何处理约束问题。因此，约束概念十分重要。

- **约束的定义**

在刚体静力学中，约束定义为对物体运动预加限制的其他物体。在分析静力学中，为用分析的方法研究物体的平衡规律，必须将约束分析化，这时，**约束是对物体运动预加的限制条件**，简单记为

$$f_\alpha(\boldsymbol{r}_1, \boldsymbol{r}_2, \cdots, \boldsymbol{r}_n; \dot{\boldsymbol{r}}_1, \dot{\boldsymbol{r}}_2, \cdots, \dot{\boldsymbol{r}}_n; t) = 0 \quad (\alpha = 1, 2, \cdots, s) \tag{12-1a}$$

或

$$f_\alpha(x_1, y_1, z_1; \cdots; x_n, y_n, z_n; \dot{x}_1, \dot{y}_1, \dot{z}_1; \cdots; \dot{x}_n, \dot{y}_n, \dot{z}_n; t) = 0 \tag{12-1b}$$

式中，$\boldsymbol{r}_i = (x_i, y_i, z_i)$ $(i = 1, 2, \cdots, n)$ 为第 i 个质点的位置矢量，s 为约束数。

图 12-4a 所示为长为 l 的刚性杆单摆，摆锤 A 的运动所受的限制条件为

$$x^2+y^2=l^2$$

图 12-4b 中小球 A 的运动尽管与弹簧相连，但是却写不出类似的约束方程，因此它是平面内的自由质点。

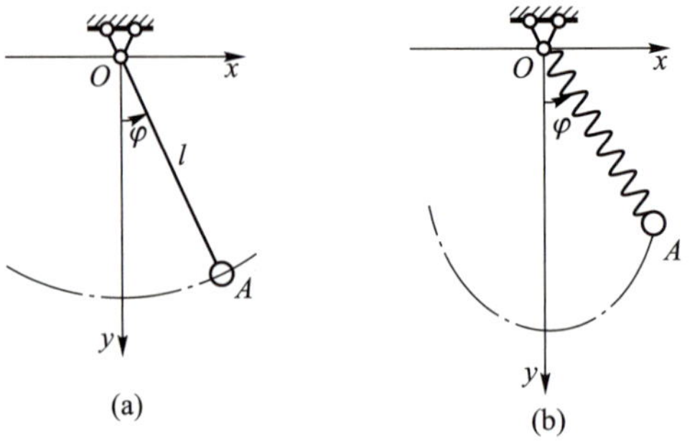

图 12-4 用刚性杆悬挂的单摆与弹簧-质点二维系统

如图 12-5 所示为曲柄-滑块机构，曲柄长 $OA=R$，连杆长 $AB=l$，该系统有三个约束方程

$$\begin{cases} x_A^2+y_A^2=R^2 \\ y_B=0 \\ (x_B-x_A)^2+y_A^2=l^2 \end{cases}$$

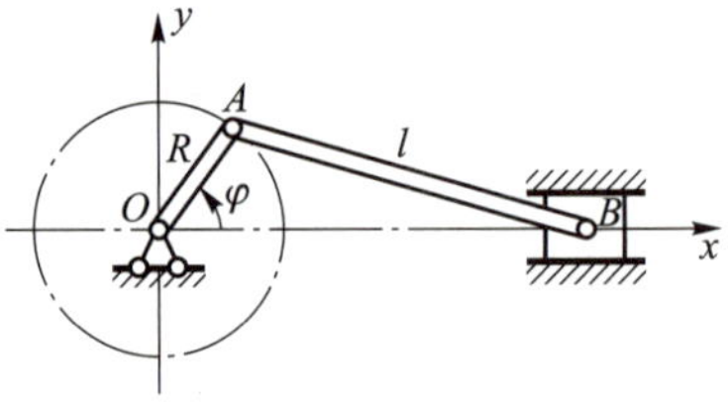

图 12-5 曲柄-滑块机构

该系统由三个物体组成：曲柄 OA 的约束方程与图 12-4a 所示单摆的约束方程相同；滑块 B 被限制在滑道内运动，其约束方程为上式的第二式；连杆 AB 的长度不变，故约束方程为上式的第三式。

- **约束的分类**

1. 定常与非定常约束

若约束方程中不显含时间 t，则称为**定常约束**(steady constraint)。反之，若约束方程中显含时间 t，则称为**非定常约束**(unsteady constraint)。

例如，图 12-6 所示为安装在弹性基础上的电动机。若已知转子以等角速度 ω 旋转，这就给系统施加了约束，而且是非定常约束，约束方程用转子的转角表示为

$$\varphi-\omega t=0$$

若转子的转动规律未知，就没有对其施加约束。

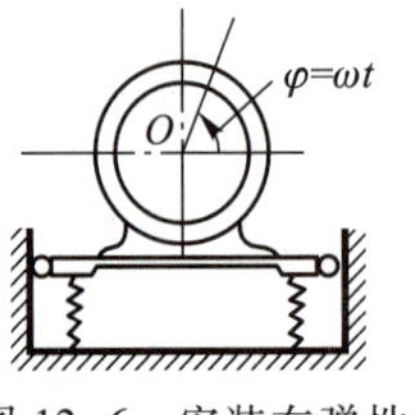

图 12-6 安装在弹性基础上的电动机

2. 双面与单面约束

若约束方程为等式的形式，则称为双面约束(bilateral constraint)。反之，若约束方程为不等式的形式，则称为单面约束(unilateral constraint)。

例如，图 12-7a，b 分别为滑块 B 被约束在两种不同滑道中运动的情形，其约束方程分别为

$$y_B=0\text{(双面约束)},\qquad y_B\geqslant 0\text{(单面约束)}$$

再如,用刚性杆悬挂的单摆(图 12-4a)为双面约束;而用细绳悬挂的单摆(图 12-8)则为单面约束,其约束方程为

$$x^2+y^2 \leqslant l^2$$

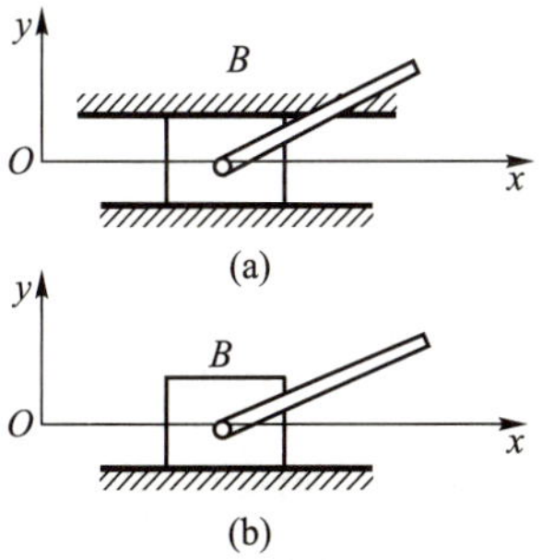

图 12-7 约束滑块的两种滑道

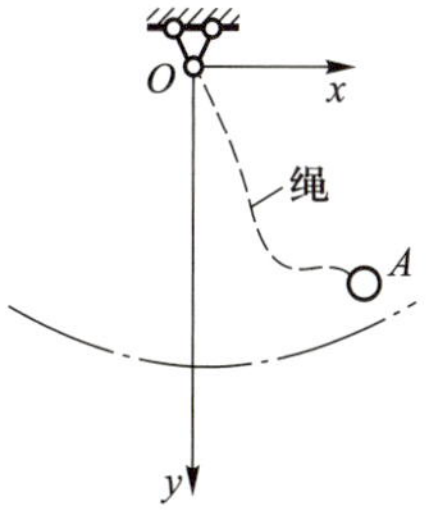

图 12-8 用细绳悬挂的单摆

3. 完整与非完整约束

若约束方程不包含速度,或者虽然包含速度,但约束方程可以解析积分,这类约束称为**完整约束**(holonomic constraint);若约束方程包含速度,且不可解析积分,则称为**非完整约束**(nonholonomic constraint)。

例如,图 12-9 所示为沿直线轨道作纯滚动的圆轮,C^* 为轮的速度瞬心。圆轮的约束为

$$\begin{cases} y_C = R \\ \dot{x}_C - R\dot{\varphi} = 0 \end{cases}$$

其中 $\dot{x}_C$为轮心的速度,R 为轮半径,$\dot{\varphi}$ 为轮的角速度。第一式是完整约束,第二式是包含速度和角速度的约束方程,但这并不是非完整约束。因为,该式可积分为

$$x_C - R\varphi = 0$$

再如,图 12-10 所示为导弹追踪敌机的可控系统,要求导弹 A 的速度 $\boldsymbol{v}_A$ 永远指向敌机 B,即 $\boldsymbol{v}_A /\!/ AB$,约束方程为

$$\frac{\dot{x}_A}{\dot{y}_A} = \frac{x_B - x_A}{y_B - y_A}$$

该式不符合微分方程的可积条件,因此导弹所受的约束为非完整约束。

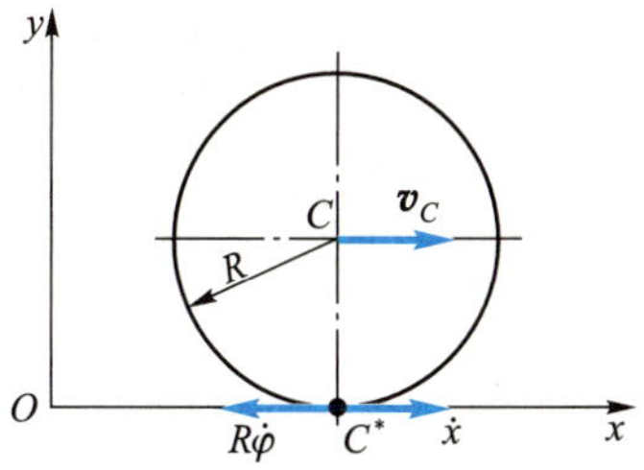

图 12-9 沿直线轨道作纯滚动的圆轮

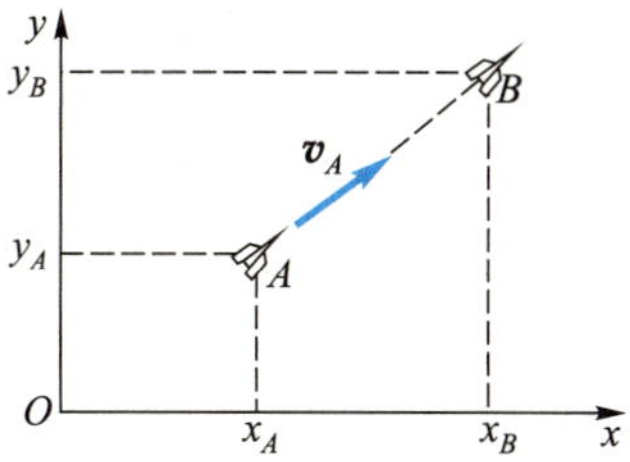

图 12-10 导弹追踪敌机的可控系统

该例中，弹-机之间无物体联系，当然也不存在静力学中定义的约束力。但按分析力学观点，存在限制导弹运动的预加条件，即存在约束。由此可见，只有写出约束的分析式，约束概念才更具一般性。

需要注意的是，实际约束往往是上述定义的几种约束的组合。本书主要研究完整、定常和双面约束的情形。

12-2-2 广义坐标与自由度

分析力学的特点之一，就是在研究力学系统运动时采用广义坐标概念，而它与系统的自由度又密不可分。

在本书静力学中已给出了单个物体的自由度概念，现在将其推广至一般质点系。

唯一地确定质点系在空间位形或构形的独立参数称为广义坐标(generalized coordinates)，记为 q。广义坐标必须是独立变量；它可以是线坐标、角坐标或其他；其选择不是唯一的，可视求解问题的性质与难易程度而定。

对完整约束系统而言，**广义坐标个数称为该系统的自由度**[①](degree of freedom)。

设系统由 n 个质点组成，受有 s 个完整约束，则系统的自由度，亦即广义坐标个数为

$$N=3n-s \tag{12-2}$$

该式表明，研究由 n 个质点组成的系统时，一般用 $3n$ 个直角坐标确定它的位形，但由于系统还受有完整约束，这 $3n$ 个直角坐标不是完全独立的。广义坐标的引入，将确定位形的坐标数目减少到最小。这样做有很大好处，因为描述一个力学系统的数学方程数目，对静力学来说是平衡方程数目，对动力学而言是动力学微分方程数目，与位形坐标的数目是相同的。

将图 12-5 所示的曲柄-滑块机构近似看成质点集中在 A、B 二处的两质点系统(图 12-11)。因为质点只能在平面内运动，所以根据由图 12-5 写出的约束方程数($s=3$)，其自由度 $N=2\times2-3=1$。选广义坐标 $q=\varphi$，不独立的直角坐标(x_A，y_A，x_B)可用 φ 表示为

$$\begin{cases} x_A=R\cos\ \varphi \\ y_A=R\sin\ \varphi \\ x_B=R\cos\ \varphi+\sqrt{l^2-R^2\sin^2\ \varphi} \end{cases}$$

图 12-12 所示的抓举工件 E 的机械臂由刚体 A、B、C、D 组成。这类刚体系统或质点-刚体系统的自由度判断，一般不采用式(12-2)，而是按照系统中物体的顺序，逐个分析确定其在空间的位置所需的独立变量数，其总和即为系统的自由度。图 12-12 中，刚体 A 绕铅垂轴 O_1 作定轴转动，描述其位置需独立变量 q_1；刚体 B、C、D 分别绕动轴 O_2、O_3、O_4 转动，需独立变量 q_2、q_3、q_4。因此，该机械臂共有 4 个自由度。

---

① 对非完整约束系统而言，由于广义坐标的变分(也称广义虚位移)$\delta q_j(j=1,\cdots,N)$还要满足非完整约束方程，所以，定义质点系独立的虚位移个数为自由度。在完整约束系统中，广义坐标数等于自由度数；在非完整约束系统中，广义坐标数大于自由度数。

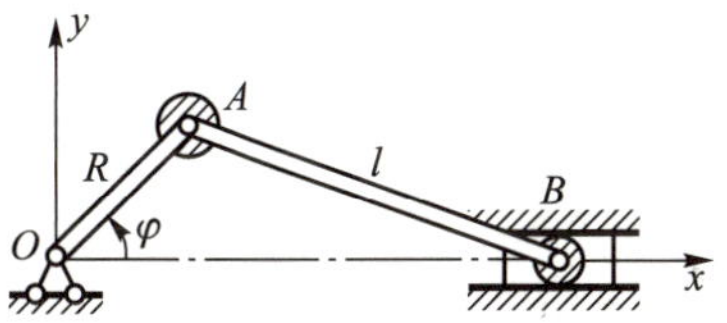

图 12-11 简化为两质点系统的曲柄-滑块机构

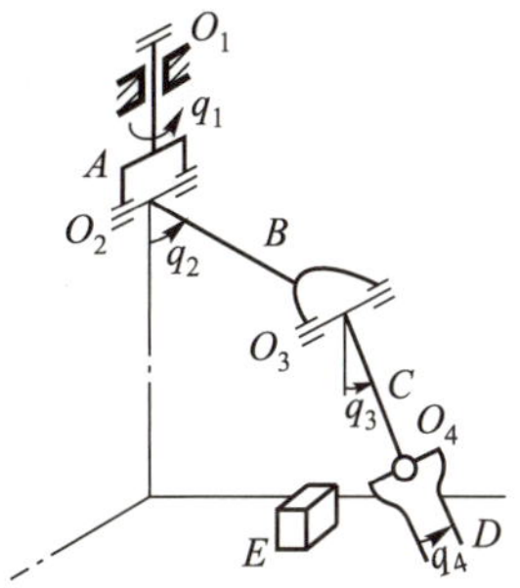

图 12-12 四自由度的机械臂

12-2-3 虚位移与虚功

虚位移和虚功是分析静力学以至整个分析力学的核心概念。

- **虚位移**(virtual displacement)

在给定瞬时,质点(或质点系)符合约束的无限小假想位移称为该质点(或质点系)的虚位移,记作 $\delta \boldsymbol{r}_i(i=1,\cdots,n)$。虚位移 $\delta \boldsymbol{r}_i$ 与实位移 $\mathrm{d}\boldsymbol{r}_i$ 既有区别,又有联系。二者都要符合约束条件,但是,$\mathrm{d}\boldsymbol{r}_i$ 是在一定主动力作用、一定初始条件和一定的时间间隔 $\mathrm{d}t$ 内发生的位移,其方向是唯一的;而 $\delta \boldsymbol{r}_i$ 则不涉及有无主动力,也与初始条件无关,是假想发生、而实际并未发生的位移,所以它不需经历时间过程,其方向至少有两组,甚至无穷多组。

图 12-13 所示为三种质点系:其中图 12-13a 为放置于二维固定斜面上的质点 P,其虚位移可以是 $\delta \boldsymbol{r}_1$ 或 $\delta \boldsymbol{r}_2$;图 12-13b 为简化成二质点系统的曲柄-滑块机构,其虚位移可以是 $\delta \boldsymbol{r}_{A1}$ 和 $\delta \boldsymbol{r}_{B1}$,或 $\delta \boldsymbol{r}_{A2}$ 和 $\delta \boldsymbol{r}_{B2}$;图 12-13c 为放置于三维固定曲面上的质点 P,其虚位移可以是 $\delta \boldsymbol{r}_1$,或 $\delta \boldsymbol{r}_2$,…,或 $\delta \boldsymbol{r}_n$。三种系统分别在一定的主动力作用下,于一定的起始条件,在 $\mathrm{d}t$ 时间间隔内,只可能产生一组真实位移,它是各虚位移中的一组。但是,若为非定常约束,例如图 12-13a 中,若二维斜面也有运动,则点 P 的实位移将不再是两组虚位移中的任何一组。

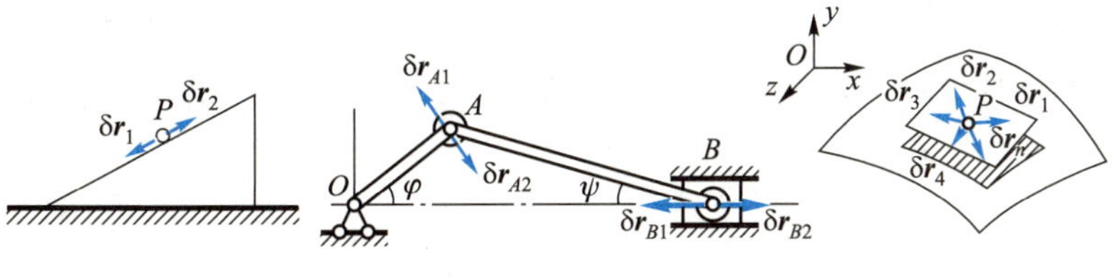

(a) (b) (c)

图 12-13 三种质点系统的虚位移分析

应该说明,虚位移记号"δ"是数学上的变分符号。在本书所讨论的问题中,**变分**(variation)运算与**微分**(differential)运算相类似。

质点系(包括刚体)的虚位移也可表示成广义坐标的变分(variation of generalized coodinate) $\delta q_j(j=1,2,\cdots,N)$ 的关系,δq_j 称为**广义虚位移**(generalized virtual displacement)。对一个质

点系统来说,广义坐标 q_j 是独立变量。对完整约束系统,$\delta q_j(j=1,2,\cdots,N)$ 是独立的虚位移。

将图 12-13b 所示曲柄-滑块机构中两质点不独立的虚位移 $\delta\boldsymbol{r}_A$ 和 $\delta\boldsymbol{r}_B$ 用广义坐标变分 $\delta\varphi$ 表示。为此,对由图 12-11 所得的三个约束方程分别取变分

$$\delta x_A=-R\sin\varphi\delta\varphi$$

$$\delta y_A=R\cos\varphi\delta\varphi$$

$$\begin{aligned}\delta x_B&=-R\sin\varphi\delta\varphi-\frac{1}{2}\frac{2R^2\sin\varphi\cdot\cos\varphi}{\sqrt{l^2-R^2\sin^2\varphi}}\delta\varphi\\&=-R\left(\sin\varphi+\frac{\sin\psi\cdot\cos\varphi}{\cos\psi}\right)\delta\varphi=-R\frac{\sin(\varphi+\psi)}{\cos\psi}\delta\varphi\end{aligned}$$

其中,ψ 角已示于图 12-13b 中。

- **虚功**

作用在质点系上的有功力在相应虚位移上所做的功称为虚功(virtual work)。虚功与实功的计算方法类似。若力 $\boldsymbol{F}_i$ 的作用点的虚位移为 $\delta\boldsymbol{r}_i$,则力 $\boldsymbol{F}_i$ 所做的虚功为

$$\delta W=\boldsymbol{F}_i\cdot\delta\boldsymbol{r}_i \tag{12-3}$$

若力偶 M_i 作用的刚体的虚角位移为 $\delta\theta_i$,则力偶 M_i 所做的虚功为

$$\delta W=M_i\cdot\delta\theta_i \tag{12-4}$$

虚功与虚位移一样,也是假想发生而实际并未发生的。δW 一般也不是功函数的变分,仅是虚功的记号。

12-2-4 理想约束

若约束力在质点系的任一组虚位移上所做虚功之和等于零,则此类约束称为**理想约束**(ideal constraint),记为

$$\sum\boldsymbol{F}_{\mathrm{N}i}\cdot\delta\boldsymbol{r}_i=0 \tag{12-5}$$

式中,$\boldsymbol{F}_{\mathrm{N}i}$ 为作用在第 i 个质点上的约束力。

上述关于理想约束的分析力学概念,深刻揭示了约束的动力学性质,使约束力有可能在质点系动力学的力学模型中不出现。分析力学在处理约束问题上的这一创造性的特点,具有重要的理论和实际意义。

§12-3 虚位移原理

12-3-1 虚位移原理

具有理想、双面约束的质点系,其某一符合约束的位形是平衡位形的充要条件是:在此位形上,主动力系在系统的任何虚位移上的虚功之和等于零。此即**虚位移原理**,可以表示为

$$\sum \boldsymbol{F}_i \cdot \delta \boldsymbol{r}_i = 0 \tag{12-6}$$

或

$$\sum (F_{xi} \cdot \delta x_i + F_{yi} \cdot \delta y_i + F_{zi} \cdot \delta z_i) = 0 \tag{12-7}$$

其中,$\boldsymbol{F}_i$ 为作用在第 i 个质点上的主动力,$\delta \boldsymbol{r}_i$ 为该质点的虚位移。

所谓平衡位形是指,系统在初始时刻处于这一位形且各点速度为零,而在以后的各时刻里仍恒处于这一位形。

12-3-2 虚位移原理应用概述

根据以上分析,应用虚位移原理可以求解静力学的若干问题。其过程大致如下:

- 判断约束性质和自由度,选择广义坐标。
- 写出主动力系在虚位移 $\delta \boldsymbol{r}_i (i=1,\cdots,n)$ 上的虚功关系式。
- 将不独立的 $\delta \boldsymbol{r}_i$ 表示为广义坐标的变分 $\delta q_j (j=1,2,\cdots,N)$,有三种方法(参见例题 12-1)。

几何法:根据几何关系建立 $\delta \boldsymbol{r}_i$ 与 $\delta q_j (j=1,2,\cdots,N)$ 之间的关系。

解析法:先写出直角坐标与广义坐标的关系,再求变分。

虚速度法:根据速度关系建立 $\delta \boldsymbol{r}_i$ 与 $\delta q_j (j=1,2,\cdots,N)$ 之间的关系。

- 根据 δq_i 的独立性,在方程中消去虚位移,得到平衡方程及最后结果。

[例题 12-1] 图 12-14a 所示顶重装置中,$OA=AB=l$。若在点 A 作用水平力 $\boldsymbol{F}$,试求当 $\angle AOB=\theta$ 时所能顶起的重物重量 W。

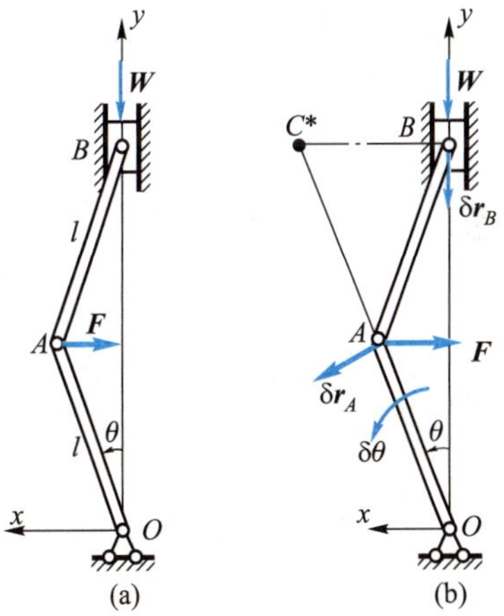

图 12-14 例题 12-1 图

解:本例为理想、双面约束,自由度数 $N=1$,取广义坐标 $q=\theta$。主动力系的虚功为

$$\boldsymbol{W} \cdot \delta \boldsymbol{r}_B + \boldsymbol{F} \cdot \delta \boldsymbol{r}_A = 0 \tag{a}$$

几何法

假设 OA 杆有虚转角 $\delta\theta$,则点 A 和点 B 有相应方向的虚位移 $\delta \boldsymbol{r}_A$ 和 $\delta \boldsymbol{r}_B$,如图 12-14b 所示,且

$$\delta r_A = OA \cdot \delta\theta \tag{b}$$

又因为 AB 为刚性杆,所以,$\delta \boldsymbol{r}_A$ 在 AB 上的投影等于 $\delta \boldsymbol{r}_B$ 在 AB 上的投影,即

$$\begin{gathered} \delta r_A \sin 2\theta = \delta r_B \cos\theta \\ \delta r_B = 2\delta r_A \sin\theta = 2OA \sin\theta \cdot \delta\theta \end{gathered} \tag{c}$$

由式(a)可得

$$-F\cos\theta \cdot \delta r_A + W\delta r_B = 0 \tag{d}$$

将式(b)和式(c)代入上式,得

$$W = \frac{F}{2}\cot\theta \tag{e}$$

解析法

本例中的 θ 为一般角度，适宜于用解析法，在图 12-14 的坐标系中，将式(a)写成分量形式：

$$-W\delta y_B-F\delta x_A=0 \tag{f}$$

根据图示坐标系和几何关系有

$$\begin{cases}x_A=l\sin\ \theta\\ y_B=2l\cos\ \theta\end{cases}$$

上式求变分后得

$$\left.\begin{aligned}\delta x_A&=l\cos\ \theta\delta\theta\\ \delta y_B&=-2l\sin\ \theta\delta\theta\end{aligned}\right\} \tag{g}$$

将式(g)代入式(f)，有

$$(-Fl\cos\ \theta+W2l\sin\ \theta)\delta\theta=0$$

由于 $\delta\theta$ 的独立性，式中带括号的项必为零，于是，同样得到式(e)。

虚速度法

在定常约束的条件下，实位移是虚位移中的一组。如本例题的一组虚位移 $\delta\boldsymbol{r}_A$ 和 $\delta\boldsymbol{r}_B$ 就对应一组实位移 $\mathrm{d}\boldsymbol{r}_A$ 和 $\mathrm{d}\boldsymbol{r}_B$。又由运动学知，点的实位移与其速度成正比，即 $\mathrm{d}\boldsymbol{r}_A=\boldsymbol{v}_A\mathrm{d}t$，$\mathrm{d}\boldsymbol{r}_B=\boldsymbol{v}_B\mathrm{d}t$，故可用求各点的速度关系的方法，求定常约束系统中虚位移之间的关系。于是，由点 A 与点 B 的速度 $\boldsymbol{v}_A$ 与 $\boldsymbol{v}_B$，可找出平面运动刚体 AB 的速度瞬心 C^*，见图 12-14b，并且有

$$\frac{v_A}{AC^*}=\frac{v_B}{BC^*}$$

于是可得 $\delta\boldsymbol{r}_A$ 与 $\delta\boldsymbol{r}_B$ 的关系

$$\frac{\delta r_A}{AC^*}=\frac{\delta r_B}{BC^*}$$

即

$$\delta r_B=2\sin\ \theta\cdot\delta r_A \tag{h}$$

将式(h)代入式(d)，有

$$-F\cos\ \theta\cdot\delta r_A+W\cdot 2\sin\ \theta\cdot\delta r_A=0$$

$$(F\cos\ \theta-2W\sin\ \theta)\delta r_A=0$$

考虑到 $\delta r_A\neq0$，由小括号内两项的代数和为零，即得与式(e)完全相同的结果。

小结：

- 若用刚体静力学方法求解本例，则必须将系统拆开，这就必然出现未知的内约束力；而用分析静力学方法求解，只需考虑整体系统，故在求解过程中不会出现与之无关的未知内约束力。
- 当用解析法将虚位移变换为广义坐标的变分，即 $\delta r_i=f(\delta q_1,\delta q_2,\cdots,\delta q_N)$ $(i=1,2,\cdots,n)$ 之后，借助 δq_j 的独立性，便能得到不含虚位移的结果。这是引入广义坐标概念的

重要意义之一。

• 本例已知平衡位形,求主动力之间的关系。反之,由已知主动力之间的关系,亦可确定平衡位形。这表明,刚体静力学所能解决的问题,分析静力学也都能解决。

[例题 12-2] 桁架结构及所受载荷如图 12-15a 所示。若已知水平载荷 $\boldsymbol{F}_P$,试求 1、2 两杆的内力。

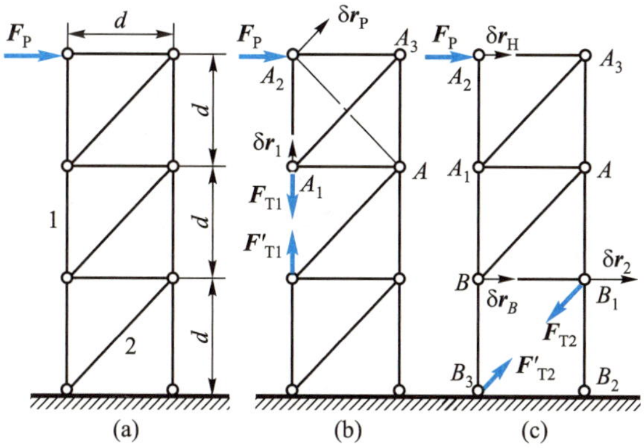

图 12-15 例题 12-2 图

解:本例是桁架结构,自由度 $N=0$。对于这种无自由度的系统,为了应用虚位移原理,必须应用解除约束原理。

所谓解除约束原理,是指若将非自由质点系的约束解除,并代之以相应的约束力,则解除约束后的系统与原系统等效。在刚体静力学中取隔离体、画受力图,实际上就是应用了这一原理。

为求杆 1 内力,将杆 1 除去,并代之以相应的内力 $\boldsymbol{F}_{T1}$、$\boldsymbol{F}'_{T1}$,如图 12-15b 所示。这样,原结构部分 $A_1A_2A_3A$ 即成为可绕点 A 作定轴转动的机构。令加力点 A_2 处有位于结构平面内、垂直于直线 A_2A 的虚位移 $\delta\boldsymbol{r}_P$,则 $\boldsymbol{F}_{T1}$ 作用点的虚位移为

$$\delta r_1=\delta r_P\cos 45° \tag{a}$$

根据虚位移原理,可以写出图 12-15b 系统的虚功关系

$$F_P\delta r_P\cos 45°-F_{T1}\delta r_1=0 \tag{b}$$

考虑式(a),得

$$F_{T1}=F_P \quad (拉)$$

为求杆 2 内力,同样要将杆 2 解除,并代之以相应的内力 $\boldsymbol{F}_{T2}$、$\boldsymbol{F}'_{T2}$(图 12-15c)。这样,原结构部分 $BB_1B_2B_3$ 变成了平行四边形机构,而 $A_1A_2A_3AB_1B$ 部分将作平移。若令 $\boldsymbol{F}_P$ 的加力点有一水平方向虚位移 $\delta\boldsymbol{r}_H$,则有

$$\delta r_B=\delta r_2=\delta r_H \tag{c}$$

应用虚位移原理写出图 12-15c 所示系统的虚功关系

$$F_P\delta r_H-F_{T2}\cos 45°\delta r_2=0 \tag{d}$$

将式(c)代入,得

$$F_{T2}=\sqrt{2}F_P \quad (拉)$$

应用虚位移原理求结构的内、外约束力时，由于系统无自由度，因而无法给出符合约束的虚位移。为此，可应用解除约束原理，根据不同要求，将结构化为机构求解。

[例题 12-3] 图 12-16a 所示为平面双摆，均质杆 OA 与 AB 用铰链 A 连接。二杆长度分别为 l_1 与 l_2，重量分别为 W_1 与 W_2。若杆端 B 承受水平力 $\boldsymbol{F}$，试求平衡位置的角度 α 与 β。

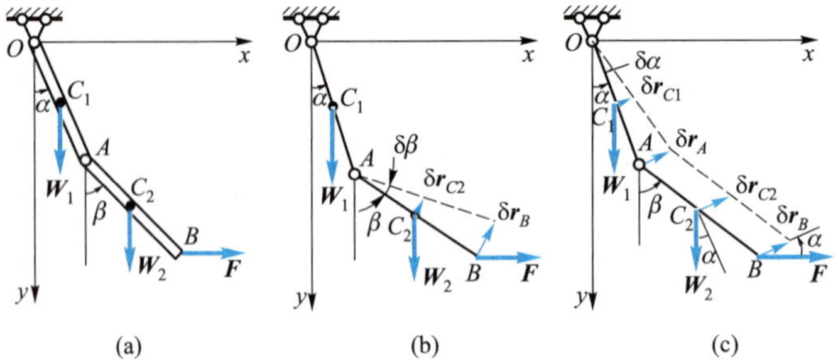

图 12-16 例题 12-3 图

解： 双摆的自由度 $N=2$，选广义坐标 $q_1=\alpha, q_2=\beta$。用几何法求解，取 $\delta\alpha=0, \delta\beta\neq 0$（图 12-16b），根据虚位移原理，虚功表达式为

$$-W_2\delta r_{C2}\sin\beta+F\delta r_B\cos\beta=0 \tag{a}$$

其中

$$\delta r_{C2}=\frac{l_2}{2}\delta\beta, \qquad \delta r_B=l_2\delta\beta \tag{b}$$

将式(b)代入式(a)，得

$$\left(-W_2\frac{l_2}{2}\sin\beta+Fl_2\cos\beta\right)\delta\beta=0$$

因为 $\delta\beta\neq 0$，得

$$-\frac{W_2}{2}\sin\beta+F\cos\beta=0, \qquad \beta=\arctan\frac{2F}{W_2} \tag{c}$$

再取 $\delta\alpha\neq 0, \delta\beta=0$（图 12-16c），注意此情形下，杆 OA 为定轴转动，而杆 AB 作平移。由虚位移原理有

$$-W_1\delta r_{C1}\sin\alpha-W_2\delta r_{C2}\sin\alpha+F\delta r_B\cos\alpha=0 \tag{d}$$

其中

$$\delta r_B=\delta r_C=2\delta r_{C1}=2\times\frac{l_1}{2}\delta\alpha \tag{e}$$

将式(e)代入式(d)，得

$$\left(-\frac{1}{2}W_1\sin\alpha-W_2\sin\alpha+F\cos\alpha\right)\delta\alpha=0$$

由于 $\delta\alpha\neq 0$，得

$$-\frac{1}{2}W_1\sin\alpha-W_2\sin\alpha+F\cos\alpha=0,\qquad \alpha=\operatorname{arccot}\frac{\frac{W_1}{2}+W_2}{F} \tag{f}$$

请读者注意,本例是应用虚位移原理求解两个及两个以上自由度系统的一种典型解法。若给定系统的虚位移 $\delta\alpha\neq0,\delta\beta\neq0$,如何求解本题,请读者思考。

§12-4 势能驻值定理与最小势能原理

12-4-1 势能驻值定理

若质点系上作用的主动力均有势,则由虚位移原理[式(12-7)]及有势力的其他等价定义[式(8-54)],有

$$\begin{aligned}\delta W&=\sum \boldsymbol{F}_i\cdot\delta\boldsymbol{r}_i=\sum(F_{xi}\delta x_i+F_{yi}\delta y_i+F_{zi}\delta z_i)\\&=-\sum\left(\frac{\partial V}{\partial x_i}\delta x_i+\frac{\partial V}{\partial y_i}\delta y_i+\frac{\partial V}{\partial z_i}\delta z_i\right)\\&=-\delta V\end{aligned}$$

由 $\delta W=0$,得

$$\delta V=0 \tag{12-8}$$

这表明,具有理想、双面约束,且所作用的主动力均有势的质点系,其符合约束的位形为平衡位形的充要条件是,系统在此位形的总势能取驻值。此即**势能驻值定理**(principle of stationary of potential energy)。

[例题 12-4] 升降机构如图 12-17a 所示。已知铅垂力 $\boldsymbol{F}$,杆 OB 平行于杆 EC,杆 AE 平行于杆 BD,线段 CD 平行于线段 AO。四根杆长度均为 $2l$,水平弹簧 EB 的原长为 l,构件的重量皆略去不计。今欲使机构平衡时的 θ 角为 30°,试求弹簧刚度系数的大小。

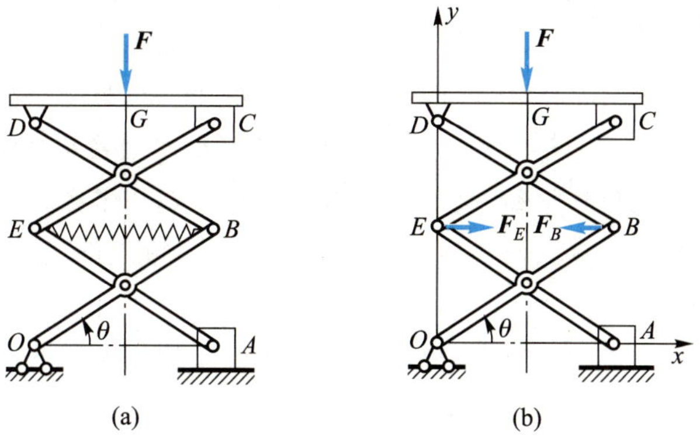

图 12-17 例题 12-4 图

解：系统有一个自由度，取 $q=\theta$，$EB=2l\cos\theta$，弹簧伸长 $\Delta l=(2\cos\theta-1)l$

(1) 应用势能驻值定理求解。

除弹簧力外，因为 $\boldsymbol{F}$ 为常矢量，故也可看作有势力。设直线 OA 为力 $\boldsymbol{F}$ 的零势位置。系统的势能为

$$V=(4l\sin\theta)F+\frac{1}{2}k(2\cos\theta-1)^2l^2 \tag{a}$$

$$\delta V=[4l\cos\theta F-kl^2(2\cos\theta-1)\times2\sin\theta]\delta\theta=0 \tag{b}$$

由 $\delta\theta\neq0$，得

$$k=\frac{2F\cos\theta}{l(2\cos\theta-1)\sin\theta}=\frac{F}{l}(3+\sqrt{3}) \tag{c}$$

(2) 应用虚位移原理求解。去掉弹簧，代以约束力 $\boldsymbol{F}_B$ 和 $\boldsymbol{F}_E$，并分别作用在 B、E 两铰上，如图 12-17b 所示。根据虚位移原理有

$$-F\cdot\delta y_G-F_B\cdot\delta x_B+F_E\cdot\delta x_E=0 \tag{d}$$

$$\left.\begin{aligned}&y_G=4l\sin\theta,\quad &&\delta y_G=4l\cos\theta\cdot\delta\theta\\&x_E=0,&&\delta x_E=0\\&x_B=2l\cos\theta,&&\delta x_B=-2l\sin\theta\cdot\delta\theta\end{aligned}\right\} \tag{e}$$

将式(e)代入式(d)，整理后结果同式(c)。

请读者思考，本例应用虚位移原理时若不将弹簧去掉是否也能写出式(d)？这时，力 $\boldsymbol{F}_B$、$\boldsymbol{F}_E$ 与其反作用力 $\boldsymbol{F}'_B$、$\boldsymbol{F}'_E$ 同时存在，它们的虚功总和为零。这又该怎样解释式(d)呢？读者不难发现，用势能驻值定理求解本例时不需去掉弹簧，显然较为简单。

若将例题 12-1 中的结构作为基本单元，则本例结构由四个这样的单元所组成，这称为由重复单元构件组成的结构。对于这样的结构，用分析静力学比用刚体静力学方法求解要简单得多。因为前者只需考虑整体系统，而后者必须拆开系统、逐个刚体加以分析；而且，系统中重复的单元构件越多，用分析静力学方法就显得越简单。

12-4-2 最小势能原理

在 § 12-1 中，以置于不同光滑面约束上的圆球（图 12-1）为例，说明稳定平衡、不稳定平衡和随遇平衡的概念。本节将分析一般情况下质点系的平衡稳定性问题。

设质点系于某一位形处于平衡，又在外界微小扰动下偏离平衡位形，而扰动除去后，其运动总不超出该位形邻近的某一给定的微小区域，则这一平衡位形是稳定的，否则是不稳定的。此即为系统平衡稳定性的静力学准则。

系统平衡位形的稳定性，还可以从势能取极小或极大值判断。系统处于某一平衡位形时，若其总势能为极小值，当在外界微小扰动下偏离这一平衡位形，系统的总势能则要增加，最后总要恢复到原来的平衡位形，故初始平衡位形是稳定的；反之，若系统处于某一平衡位形时，其总势能为极大值，则系统的初始平衡位形是不稳定的；势能恒定者，平衡位形是中性

的或随遇的。若质点系具有一个自由度，有 $V=V(q)$，其中，q 为广义坐标，V 为总势能，上述三种势能变化状态如图 12-18a、b、c 所示。

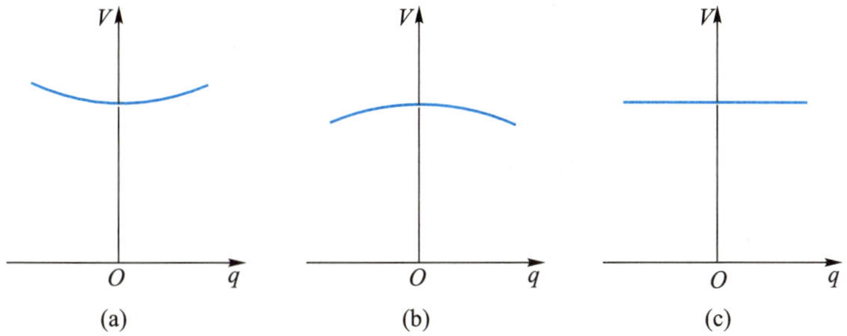

图 12-18　不同的势能变化状态

具有理想、双面约束并承受主动力为有势力的质点系统，其所有满足约束的平衡位形中，只有使系统的总势能取极小值者是稳定的，此即为**最小势能原理**（principle of minimum potential energy）。

对具有一个自由度的质点系，系统势能 $V=V(q)$，若 $q=q_0$ 为系统的平衡位形，则根据势能驻值定理[式(12-8)]，有$\left(\dfrac{\mathrm{d}V}{\mathrm{d}q}\right)_{q=q_0}=0$。于是，系统平衡的稳定性的判据为：

$\left(\dfrac{\mathrm{d}^2V}{\mathrm{d}q^2}\right)_{q=q_0}>0$——平衡位形稳定。

$\left(\dfrac{\mathrm{d}^2V}{\mathrm{d}q^2}\right)_{q=q_0}<0$——平衡位形不稳定。

$\left(\dfrac{\mathrm{d}^2V}{\mathrm{d}q^2}\right)_{q=q_0}=0$——需根据高阶导数的正负，判断系统稳定性。若所有高阶项均为零，则平衡位形是中性的。

[例题 12-5]　图 12-19 所示的机构中均质杆 AB 的长度 $l=0.6$ m，其质量 $m=10$ kg。连接弹簧的弹簧刚度系数 $k=200$ N/m。当 $\theta=0°$时，弹簧为原长。试用势能驻值定理求杆的平衡位形，并用最小势能原理分析平衡位形的稳定性。

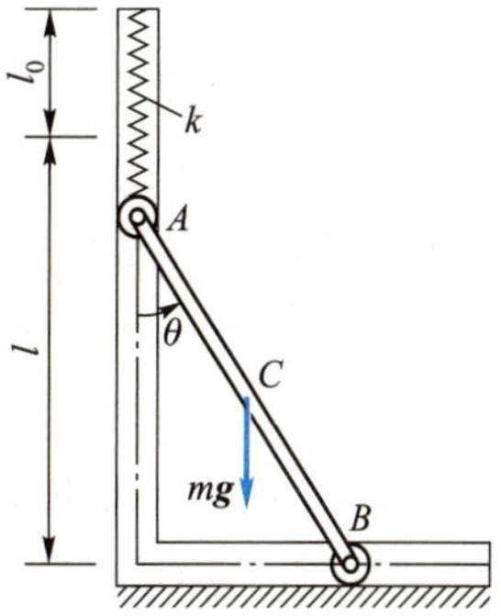

图 12-19　例题 12-5 图

解：系统为理想、双面约束，主动力（弹簧力、重力）有势，系统有一个自由度，取 $q=\theta$。

将弹簧力零势能位置选在弹簧原长处，重力零势能位置选在过 B 的水平位置。系统的势能

$$V=\frac{1}{2}kl^2(1-\cos\theta)^2+mg\,\frac{l}{2}\cos\theta \qquad (a)$$

根据势能驻值定理，有

$$\delta V=\frac{\mathrm{d}V}{\mathrm{d}\theta}\delta\theta$$

$$=\left[kl^2(1-\cos\theta)\sin\theta-\frac{mg}{2}l\sin\theta\right]\delta\theta=0$$

由 $\delta\theta\neq0$，得

$$\left[kl(1-\cos\theta)-\frac{mg}{2}\right]\sin\theta=0$$

由 $\sin\theta=0$，得第一个平衡位形

$$\theta_1=0^\circ$$

由 $kl(1-\cos\theta)-\frac{mg}{2}=0$，并代入数据，得第二个平衡位形

$$\theta_2=\arccos\left(1-\frac{mg}{2kl}\right)=53.8^\circ$$

根据最小势能原理，考察 V 的二阶导数。由式(a)，得

$$\frac{\mathrm{d}^2V}{\mathrm{d}\theta^2}=kl^2(\cos\theta-\cos^2\theta+\sin^2\theta)-\frac{mg}{2}l\cos\theta$$

$$\left.\frac{\mathrm{d}^2V}{\mathrm{d}\theta^2}\right|_{\theta_1=0^\circ}=-29.4<0$$

$$\left.\frac{\mathrm{d}^2V}{\mathrm{d}\theta^2}\right|_{\theta_2=53.8^\circ}=46.9>0$$

所以，θ_1 是不稳定平衡位形，θ_2 是稳定平衡位形。

§12-5　本章讨论与小结

12-5-1　确定给定系统的自由度与广义坐标

这是对给定的质点系统进行力学分析的首要一步。一般的系统由质点和刚体组成。例如，图 12-20 所示的刚性直管 AB 在平面 Oxy 内自由运动。管内弹簧的一端固定在管的 A 端，另一端连接在管内自由运动的质点 P 上。为了确定这类系统的自由度与广义坐标，读者首先要对运动学中单个质点与刚体在各种形式下的自由度与广义坐标描述加以总结；然后，对如图 12-20 所示系统，按照组成物体系统的次序，逐个分析，确定其在空间的位置所需的独立变量与数目，其总和即为系统的广义坐标与自由度。

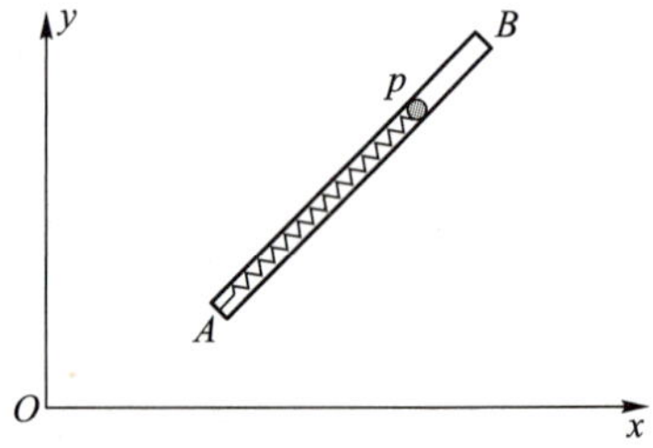

图 12-20　刚体-质点系统的自由度分析与广义坐标选用

12-5-2　确定虚位移之间的关系

找出各主动力作用点的虚位移之间的关系，即将不独立的虚位移用独立的表示出，是应用虚位移原理解题的关键。确定虚位移之间的关系有三种方法：几何法、解析法和虚速度法。

请读者分析图 12-21 所示的三个例子，为了求得二主动力（或主动力偶）与广义坐标的关系式，各应该采用以上什么方法？其中，图 12-21a 中，滑块 A 可自由地在直杆 OC 上滑动。若已知角 φ，可求主动力 $\boldsymbol{F}_B$ 和 $\boldsymbol{F}_C$ 之间的关系，或已知 $\boldsymbol{F}_B$ 和 $\boldsymbol{F}_C$，求平衡位置 φ；图 12-21b 中，当用主动力偶 M 拧紧螺杆时，因螺母 A、B 分别为左旋和右旋螺纹，故它们相互靠近，从而压紧重物，可求关系 $f(M、F、\theta)=0$；图 12-21c 所示为已知平衡位置（杆 OA 水平，角 θ），求解关系 $f(M,F_D)=0$。

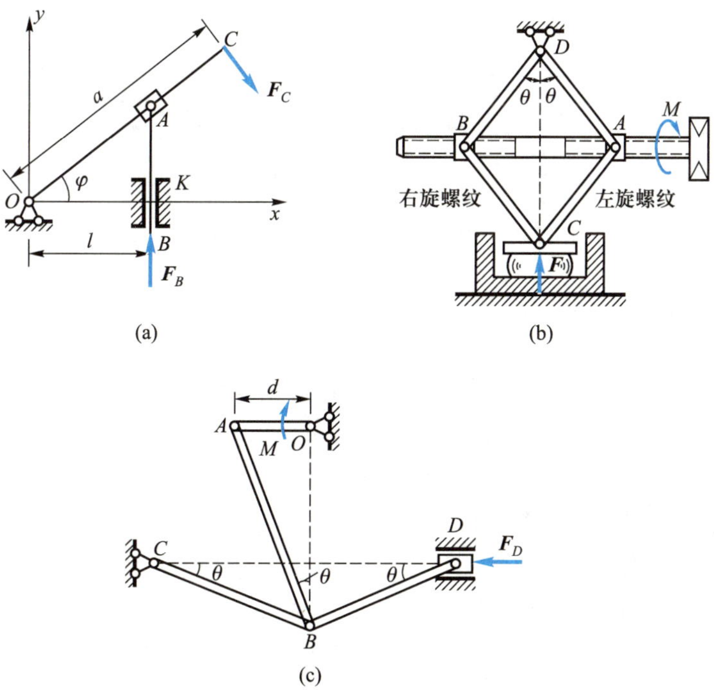

图 12-21　确定虚位移关系的三个例子

12-5-3　虚位移和虚功是分析力学的核心概念

刚体静力学解决刚体平衡的观点是孤立静止地“以静论静”，因而难以避免未知约束力在平衡方程中出现。这对于求解刚体所受约束力固然有利，但对于求解所受主动力之间关系与系统平衡位置却会带来很大麻烦。用分析静力学（虚位移原理）建立的平衡方程中，各项均为所考察的质点系所受各主动力在给出虚位移上的虚功，这种以“动”论“静”的思想和方法对求解系统所受主动力之间关系与系统平衡位置往往非常有利。其中的关键是引入虚位移和虚功的概念，这些概念为分析力学巧妙而有效地处理非自由质点系的约束问题起了核心作用。

掌握和运用虚位移概念的要点是，"虚位移必须为系统约束所允许"。图 12-22 所示为曲柄-滑块机构，现对该机构中的点 A、B 给出 4 组不同的虚位移。请读者判断哪些组是正确的，为什么？

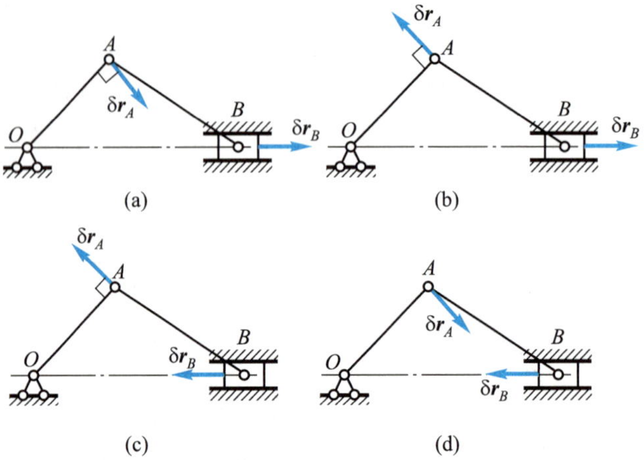

图 12-22 曲柄-滑块机构的 4 组不同虚位移

12-5-4 本章小结

(1) 确定质点系位置的独立参数为广义坐标。在完整约束条件下，广义坐标的数目等于系统的自由度数。

(2) 在给定瞬时，质点(或质点系)符合约束的无限小假想位移称为该质点(或质点系)的虚位移。力在虚位移上所做的功称为虚功。

若约束力在质点系的任一组虚位移上所作虚功之和等于零，则此类约束称为理想约束。

(3) 虚位移原理：具有理想、双面约束的质点系，其某一符合约束的位形是平衡位形的充要条件是：在此位形上，主动力系在系统的任何虚位移上的虚功之和等于零。即

$$\sum \boldsymbol{F}_i \cdot \delta \boldsymbol{r}_i = 0$$

或

$$\sum (F_{xi} \cdot \delta x_i + F_{yi} \cdot \delta y_i + F_{zi} \cdot \delta z_i) = 0$$

(4) 势能驻值定理：具有理想、双面约束，且所作用的主动力均有势的质点系，其符合约束的位形为平衡位形的充要条件是，系统在此位形的总势能取驻值。即

$$\delta V = 0$$

最小势能原理：具有理想、双面约束，且所受的主动力为有势力的质点系统，其所有满足约束的平衡位形中，只有使系统的总势能取极小值者是稳定的。

习　　题

选择填空题

12-1　在以下约束方程中

① $x^2+y^2=4$　　② $x^2+y^2\leqslant 4$　　③ $\dot{x}-r\dot{\varphi}=0$

④ $x^2+y^2=10t$　　⑤ $(\dot{x}_1+\dot{x}_2)(y_1-y_2)=(\dot{y}_1+\dot{y}_2)(x_1-x_2)$

属于几何约束的有(　　),属于运动约束的有(　　);

属于完整约束的有(　　),属于非完整约束的有(　　);

属于定常约束的有(　　),属于非定常约束的有(　　)。

12-2　图示平面系统,圆环内放置的直杆 AB 可自由运动,圆环在水平面上作纯滚动,则该系统的自由度数为(　　)。

① 3　　② 1　　③ 4　　④ 2

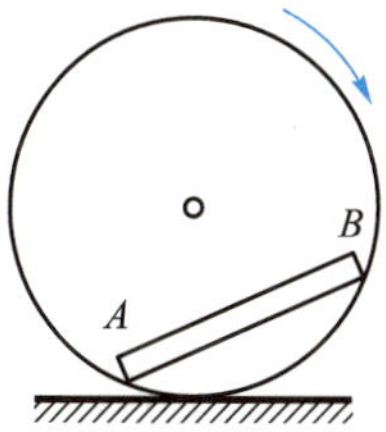

习题 12-2 图

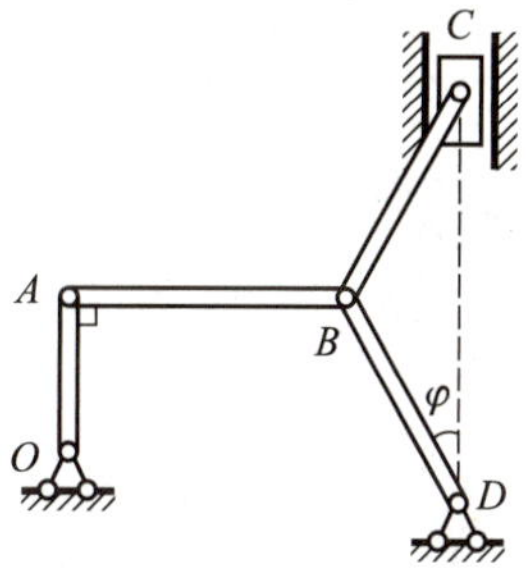

习题 12-3 图

12-3　图示平面机构,CD 连线铅垂,$BC=BD$。在图示瞬时,角 $\varphi=30°$,杆 AB 水平,则该瞬时点 A 和点 C 的虚位移大小之间的关系为(　　)。并在图上画出虚位移 $\delta\boldsymbol{r}_A$、$\delta\boldsymbol{r}_B$、$\delta\boldsymbol{r}_C$。

① $\delta r_A=\dfrac{3}{2}\delta r_C$　　② $\delta r_A=\sqrt{3}\,\delta r_C$　　③ $\delta r_A=\dfrac{\sqrt{3}}{2}\delta r_C$　　④ $\delta r_A=\dfrac{1}{2}\delta r_C$

12-4　在图示平面机构中,A、B、O_2 和 O_1、C 分别在两水平线上,O_1A 和 O_2C 分别在两铅垂线上,$\alpha=30°$,$\beta=45°$,点 A 和点 C 虚位移大小之间的关系为(　　　　　　)。

12-5　如图所示,为了用虚位移原理求解系统 B 处约束力,需将 B 支座解除,代以适当的约束力,其时 B、D 两点虚位移大小之比值 $\delta r_B:\delta r_D=$(　　　　)。

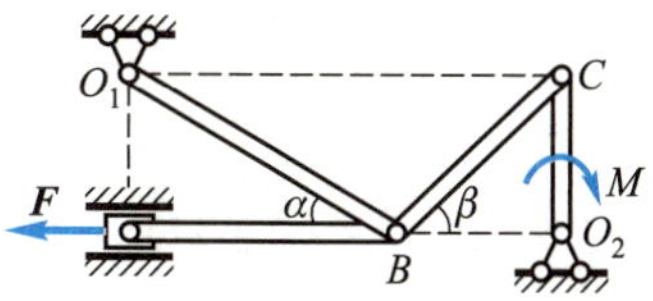

习题 12-4 图

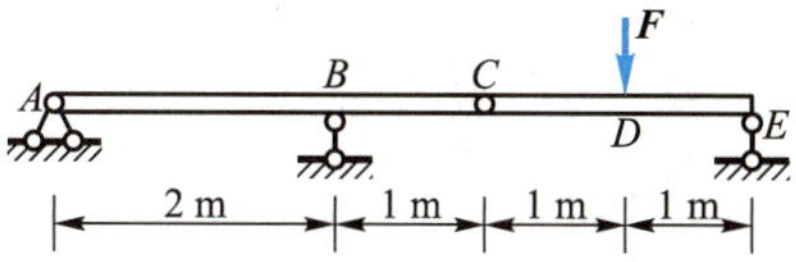

习题 12-5 图

分析计算题

12-6 曲柄-滑块机构的均质杆长 $AB=BC=1\ \mathrm{m}$，所受载荷如图所示，两杆的质量均为 10 kg。当 $\theta=45°$时，弹簧没有变形。试求系统的平衡位形 θ 角。

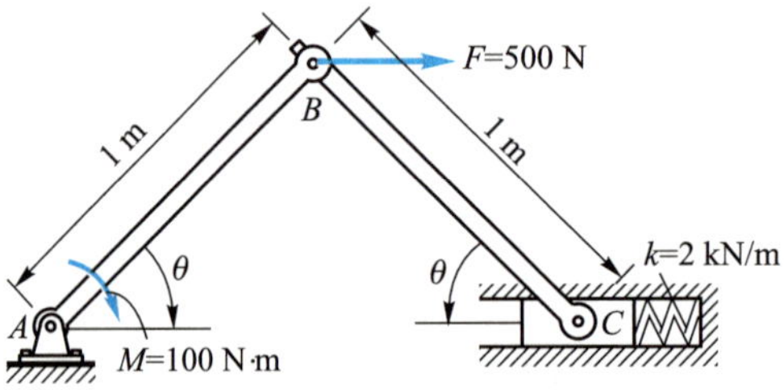

习题 12-6 图

12-7 图示为一医疗用的辐射器支架，C 为固定铰链，B 为活动螺母，调节螺杆上 BC 的距离可改变辐射器 A 的位置高低。已知辐射器的质量为 m，各杆等长均为 $2b$，螺杆的螺距为 h，忽略杆的质量和各接触点的摩擦。试求该系统在任意角度 θ 位置处于平衡时，加在螺杆手轮上的力偶 M。

12-8 两摇杆机构分别如图 a，b 所示，图 a 中 $OA=R$，$\angle AOO_1=\pi/2$，$\angle OO_1A=30°$；图 b 中 $OB=R$，$\angle BOO_1=\pi/2$，$\angle OO_1B=30°$。今各在杆 OA 上施加力偶 M_1，试求系统保持平衡时，需在 O_1B 上施加的力偶 M_2。

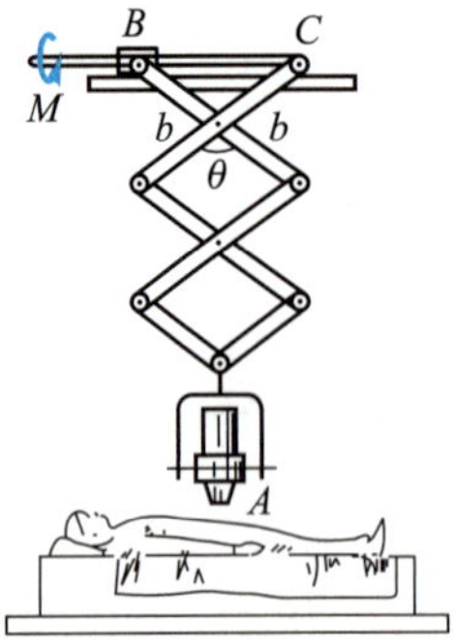

习题 12-7 图

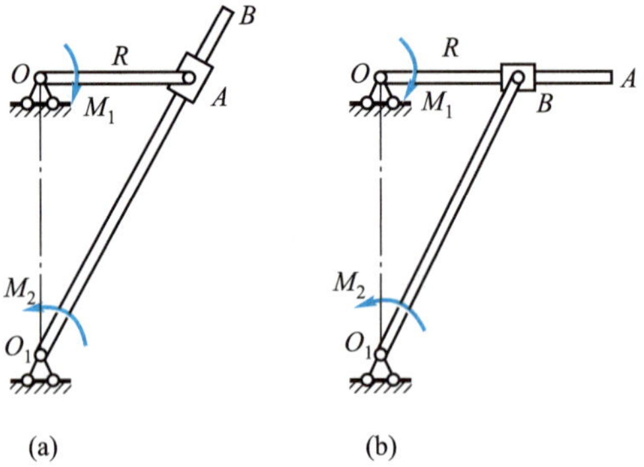

习题 12-8 图

12-9 图中所示为相互铰接的三片拉门的门板，其中上片为水平，下片为铅垂，中片与水平线成 45°角，每片拉门重 W。试求使系统在图示位置处于平衡时所需要的水平拉力 F。

12-10 试求图示连续梁的支座约束力。设图中载荷、尺寸均为已知。

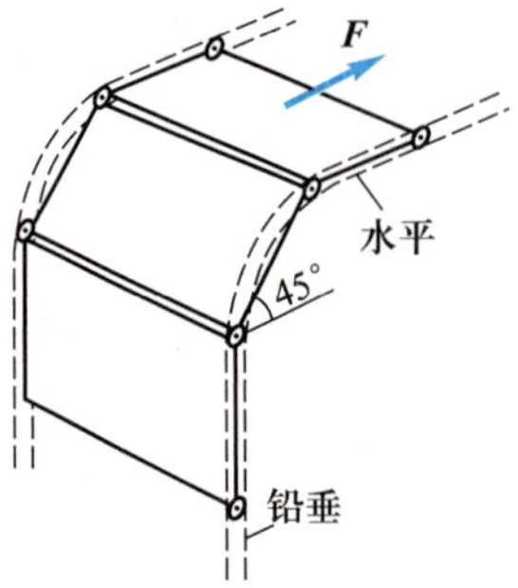

习题 12-9 图

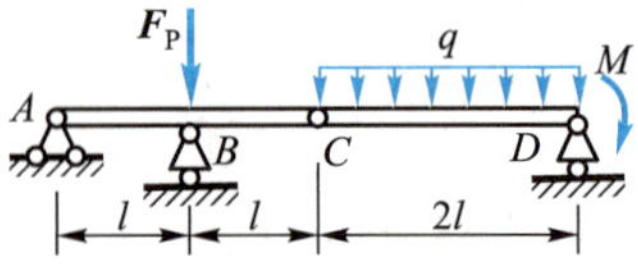

习题 12-10 图

12-11　试求图示梁-桁架组合结构中1、2两杆的内力。已知 $F_1=4\ \text{kN}$，$F_2=5\ \text{kN}$。

12-12　四根杆用铰连接组成平行四边形 $ABCD$，其中 AC 和 BD 用绳连接。绳中张力为 $\boldsymbol{F}_{T1}$ 和 $\boldsymbol{F}_{T2}$。试证：$F_{T1}:F_{T2}=AC:BD$。

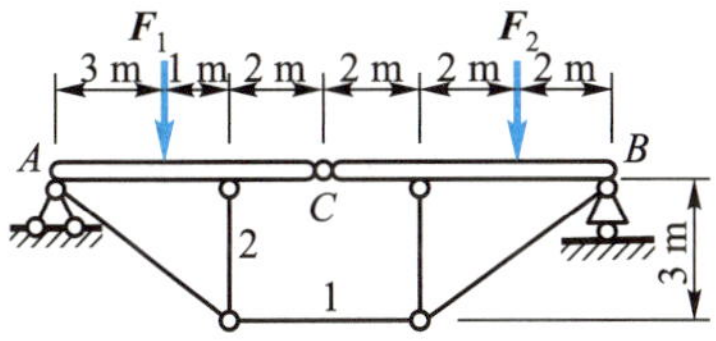

习题 12-11 图

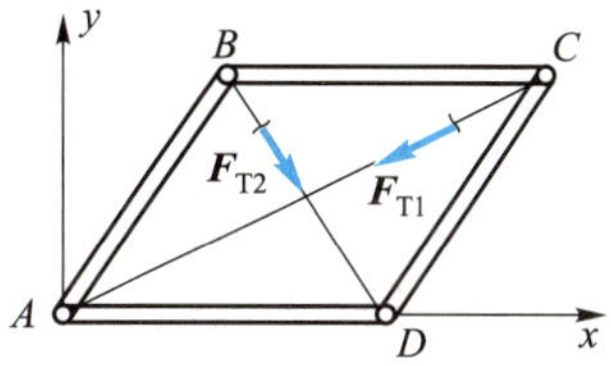

习题 12-12 图

12-13　图示机构中，圆盘 B 的质量为 20 kg，当 $\theta=90°$ 时，弹簧为原长，不计杆重。试求其平衡位形 θ 角，并研究该平衡位形的稳定性。

12-14　图示机构中，杆 AO 与 BC 在点 B 铰接组成曲柄-滑块机构。杆 DG 的 D 端与杆 AO 铰接，G 端自由，中间穿过铰接于杆 BC 上的套筒 E，并可在其中自由滑动。$OB=BC=AB=2BD=2BE=2a$，已知水平力 $\boldsymbol{F}$，弹簧两端分别连接于 G 和套筒 E 上，其刚度系数为 k，当 $\theta=0$ 时，弹簧为原长。试求系统平衡位形 θ 角。

12-15　为残疾人设计假腿时，关键要求之一是，防止其在直线行走时膝关节产生弯曲失稳。作为第一次近似，将假腿简化成用扭簧连接的两轻杆系统，如图所示。扭簧产生的力偶矩 $M=k\beta$，k 为扭簧刚度系数，β 为假腿在膝关节处的弯曲角度。试求保证膝关节在 $\beta=0$ 时稳定的最小 k 值。

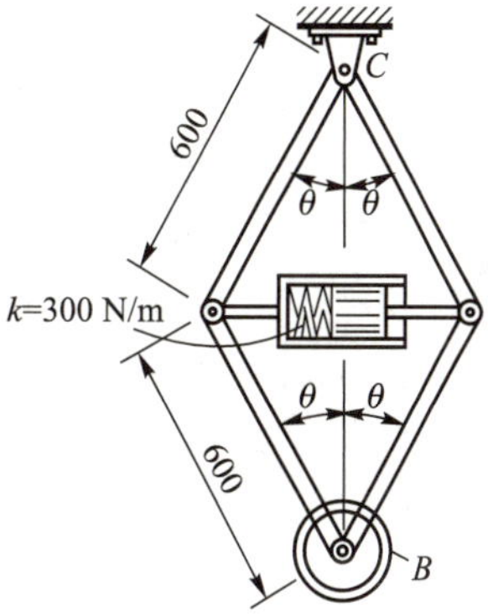

习题 12-13 图

12-16　人坐在轮椅上，沿倾角为 θ 的斜面向上运动。试求人手需施加在轮圈上，并与轮圈相切的力 $\boldsymbol{F}$。设人与轮椅的总质量为 m，轮胎与轮圈的外半径为 R，内半径为 r，轮在斜面上作无滑动的滚动（纯滚动），即有约束关系 $d=R\varphi$，其中，d 为轮心沿斜面上升的距离，φ 为轮的转角。

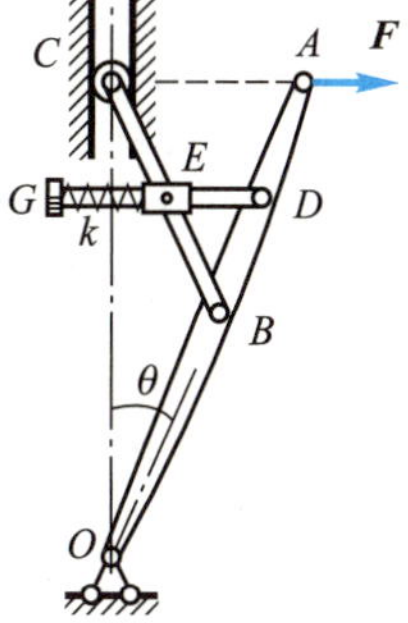

习题 12-14 图

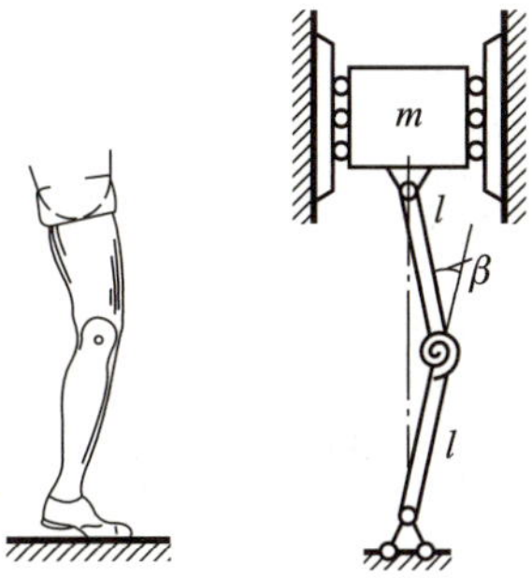

习题 12-15 图

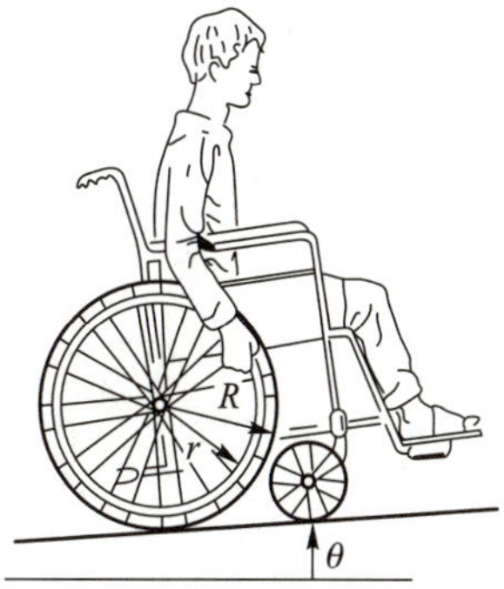

习题 12-16 图

12-17　移动式汽车起重机如图所示，活动部分借两等长连杆 AB 和 CD 与底部相连，$ABCD$ 构成一平行四边形，利用油压力作用在杆 BC 上而使汽车被举起。当汽车的质量为 1.0×10^3 kg 时，试求活塞上所受的油压力为多大才能将汽车举起。设此时 CD 和 AC 与水平线的夹角均为 45°，$AB=CD=5$ m，$AC=BD=1.7$ m。

12-18 由四根等长的杆所构成的系统如图所示，$AB=BC=CD=DE=l$，$AE=2l$。若在 B、C、D 三点均作用一相等的铅垂力 $\boldsymbol{F}$，试求系统处于平衡时 α 角和 β 角应满足的关系。杆的质量和各连接点的摩擦均可略去不计。

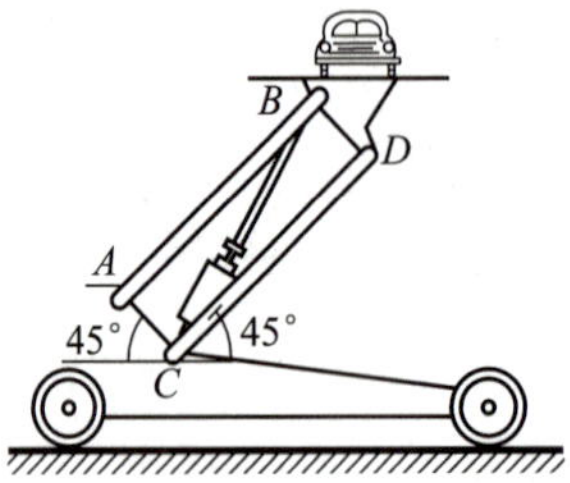

习题 12-17 图

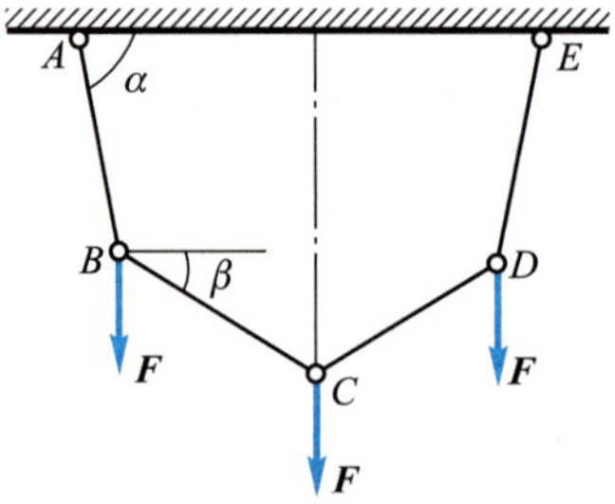

习题 12-18 图

12-19 两均质杆的质量均为 m，杆长均为 $2l$，其上连有滚轮 A、C 和 D，分别置于铅垂和水平的光滑滑槽内，如图所示。在杆的一端施加有力偶，其力偶矩为 M。试求平衡位形 θ 角。

12-20 通风窗的开启装置如图所示，窗的质量为 m，铰接于点 O，质心为 G。弹簧套在杆 AG 上，杆可沿铰 A 滑动。当窗关闭时，弹簧为原长；窗被打开时弹簧处于受压缩状态。试求使窗处于随遇平衡（θ 角为任意值）时的弹簧刚度系数 k。

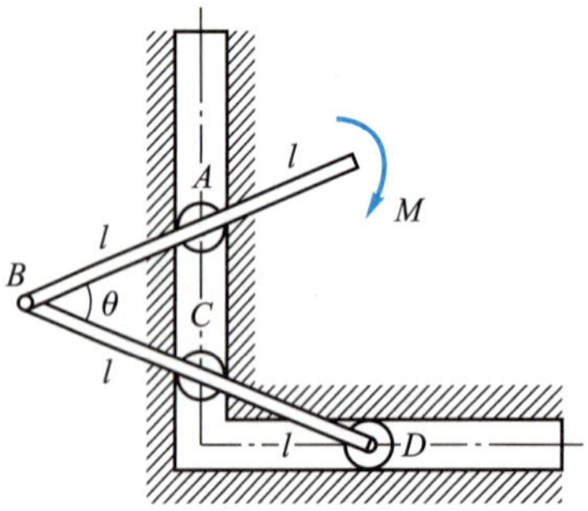

习题 12-19 图

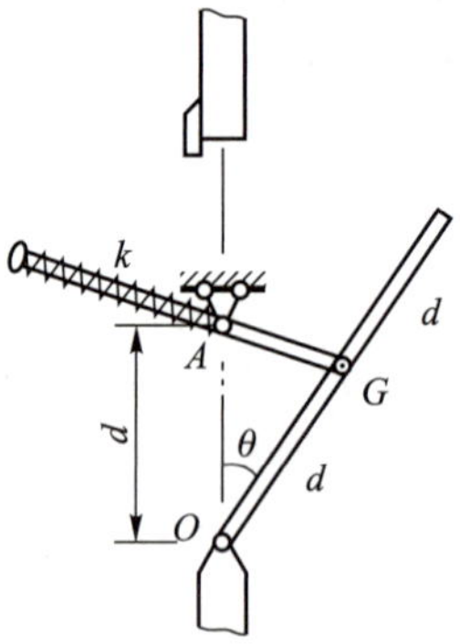

习题 12-20 图

第 13 章

分析动力学基础

分析动力学和矢量动力学是动力学的两大体系。分析动力学的力学模型(主要是受约束质点系统)、研究任务(建立动力学方程)与第 8~9 章所属的矢量动力学并无差别,差别在于研究方法。

本章将用数学分析方法研究动力学问题,给出分析动力学的一个最普遍、最基本的原理:动力学普遍方程,以及由之推演得到的具有重要理论价值和应用意义的拉格朗日方程。

§ 13-1 引 言

13-1-1 分析动力学的发展与拉格朗日的目标

1687 年牛顿出版了《自然哲学的数学原理》。牛顿运动定律的建立标志着力学开始成为一门科学。此后,经典动力学向两个方向发展:

(1) 扩大研究范围,即由单个自由质点转向受约束质点和质点系。1743 年达朗贝尔提出达朗贝尔原理,为受约束质点系动力学的发展奠定了基础。瑞士的欧拉于 1755 年、1765 年进一步把牛顿运动定律推广应用于刚体和理想流体。因而,矢量动力学又称为**牛顿-欧拉力学**。

(2) 寻求动力学规律新的表达形式。1788 年法国的拉格朗日发表《分析力学》,标志着分析力学理论体系的建立。该体系的组成部分之一称为**拉格朗日力学**。①

拉格朗日的研究目标是:

- **寻求不包含理想约束力的动力学方程组**

18 世纪以来,世界产业革命的发展提出了许多受约束质点系的动力学问题。用属于矢

① 英国的 W. R. 哈密顿在拉格朗日分析力学基础上于 1834 年、1835 年发展了哈密顿力学,从而形成了分析力学理论体系的另一组成部分。对此,本书不再介绍。

量动力学的质点系动量和动量矩定理对其建模，在所得方程中一般总要包含未知的约束力，这些未知力对求解受约束质点系的动力学方程带来很大麻烦。拉格朗日将虚位移和虚功概念从分析静力学推广应用于分析动力学，从而很好地解决了上述难题。

- 寻求最少的动力学方程个数

用动力学普遍定理对给定的动力学系统建模，由于所选用的描述运动的坐标往往是不独立的，即它们之间由约束方程相联系，因而所得到的动力学方程个数较多，而拉格朗日引入广义坐标概念，即可对同一动力学系统得到最少量方程。这在没有计算机的时代具有重要意义。

拉格朗日为之奋斗的两个目标都与约束概念有关。这就是本书在前面强调“约束概念与如何处理约束至关重要”的原因。

13-1-2 分析动力学的研究对象、任务与方法

本书第 12 章“分析静力学”中曾经指出：“刚体静力学”仅在物体系统的平衡位形上孤立静止地研究外力系的关系。而“分析静力学”则是通过将系统的平衡位形与其邻近的无数个非平衡位形相比较，应用确定的判据从中挑选出平衡位形。势能驻值定理（$\delta V=0$）更能体现“分析静力学”的这一基本思想方法，因为它指出对承受有势力的质点系而言，平衡与非平衡位形相比较的结果是系统平衡位形的势能取驻值。

静力学两种体系在研究思想方法上的差别对动力学同样适用。分析动力学通过将质点系的真实运动与邻近的无数个可能运动相比较，用所确定的判据挑选出真实运动，这称为**力学变分原理**（variational principle in mechanics）。牛顿运动定律及其推广的质点系普遍定理，即矢量动力学体系属**力学非变分原理**（nonvariational principle in mechanics）。

分析动力学的研究对象、任务与方法是，以力学变分原理为基础，用数学分析的方法，建立受约束质点系统的动力学方程。

由此可见，动力学的两种体系的研究方法不同，而对象和任务是相同的。

§13-2 动力学普遍方程

13-2-1 动力学普遍方程

考察由 n 个质点组成的理想、双面约束系统。据达朗贝尔原理，有 $\boldsymbol{F}_i+\boldsymbol{F}_{\mathrm{N}i}-m_i\boldsymbol{a}_i=\boldsymbol{0}$（$i=1,\cdots,n$），式中等号左边各项分别为第 i 个质点所受到的主动力、约束力和惯性力。若给系统内各质点以任一组虚位移 $\delta\boldsymbol{r}_i$（$i=1,\cdots,n$），则总虚功为

$$\sum(\boldsymbol{F}_i+\boldsymbol{F}_{\mathrm{N}i}-m_i\boldsymbol{a}_i)\cdot\delta\boldsymbol{r}_i=0 \qquad (13-1)$$

利用理想约束条件

$$\sum \boldsymbol{F}_{Ni} \cdot \delta \boldsymbol{r}_i = 0$$

得

$$\sum (\boldsymbol{F}_i - m_i \boldsymbol{a}_i) \cdot \delta \boldsymbol{r}_i = 0 \tag{13-2}$$

这就是**动力学普遍方程**，又称为**达朗贝尔-拉格朗日原理**。它表明，对于理想、双面约束的质点系，在其运动的任一瞬时，作用的主动力与惯性力在系统的任意虚位移中所做的虚功之和等于零。

式(13-2)的直角坐标形式为

$$\sum [(F_{ix} - m_i \ddot{x}_i)\delta x_i + (F_{iy} - m_i \ddot{y}_i)\delta y_i + (F_{iz} - m_i \ddot{z}_i)\delta z_i] = 0 \tag{13-3}$$

注意，动力学普遍方程适用于任何理想、双面约束系统，而不管约束是否完整、是否定常，也不论作用力是否有势。

第 11 章在表述达朗贝尔原理的每个方程中，都包含有未知约束力 $\boldsymbol{F}_{Ni}$。它们与为求解运动规律而待积分的加速度 $\boldsymbol{a}_i$ 相互关联、相互影响，这种现象在数学上称为“方程中变量的耦联”。

拉格朗日将虚位移原理中的虚位移和虚功概念加以扩展，将达朗贝尔原理的每个方程分别点乘该方程所描述质点系的虚位移 $\delta \boldsymbol{r}_i (i=1,\cdots,n)$，并求和[式(13-1)]，再利用理想约束条件将未知约束力 $\boldsymbol{F}_{Ni}(i=1,\cdots,n)$ 从方程(13-2)与(13-3)中消去，这一过程称为“变量的解耦”，从而得到一组不包含理想约束力的动力学方程，实现了拉格朗日的第一个研究目标。

虚位移和虚功是分析力学区别于矢量力学的核心概念。没有这两个概念就没有拉格朗日的力学体系。

13-2-2 动力学普遍方程的应用

- 动力学普遍方程主要用于求解动力学第二类问题，即已知主动力求运动规律。
- 用动力学普遍方程求解质点系运动规律时，只要正确分析运动，对系统施加惯性力，其他步骤则和应用虚位移原理求解静力学问题相同。
- 应用动力学普遍方程，关键是计算所考察质点系的虚功。进行功能计算一般只需考虑整体，而不必拆开系统。

[例题 13-1] 离心调速器以等角速度 ω 绕轴 Oy 转动(图 13-1)。两球质量均为 m_1，重锤质量为 m_2。各铰连杆的长度为 l，与 Ox 部分重合的 T 形杆宽度为 $2d$，均不计质量，假定各铰与轴承是光滑的。试求解角速度 ω 与张角 θ 的关系。

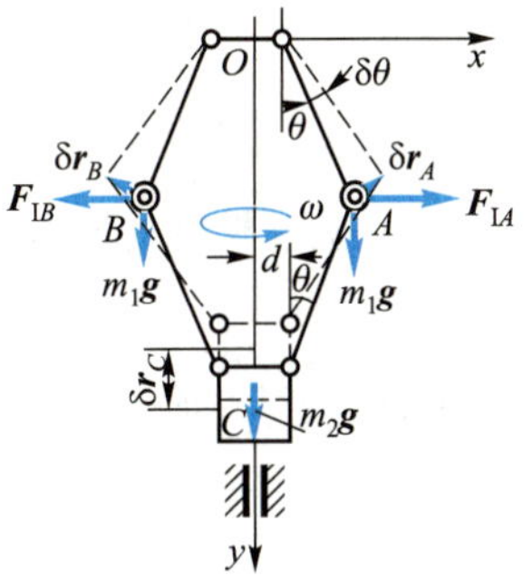

图 13-1 例题 13-1 图

解：这是一个自由度的理想、双面约束系统，可选 θ 为广义坐标。画出包括主动力系、惯性力系在内的受力图。其中，球的惯性力为

$$F_{IA} = F_{IB} = m(d + l\sin\theta)\omega^2$$

由动力学普遍方程，得

$$F_{1A}\cdot\delta x_A-F_{1B}\cdot\delta x_B+m_1g\cdot\delta y_A+m_1g\cdot\delta y_B+m_2g\cdot\delta y_C=0 \tag{a}$$

各质点的虚位移可用广义坐标的变分 $\delta\theta$ 表示

$$x_A=d+l\sin\theta,\qquad \delta x_A=l\cos\theta\delta\theta$$

$$y_A=l\cos\theta,\qquad \delta y_A=-l\sin\theta\delta\theta$$

$$x_B=-(d+l\sin\theta),\qquad \delta x_B=-l\cos\theta\delta\theta$$

$$y_B=l\cos\theta,\qquad \delta y_B=-l\sin\theta\delta\theta$$

$$y_C=2l\cos\theta,\qquad \delta y_C=-2l\sin\theta\delta\theta$$

代入式(a)得

$$2m_1(d+l\sin\theta)\omega^2 l\cos\theta\delta\theta-2m_1gl\sin\theta\delta\theta-2m_2gl\sin\theta\delta\theta=0$$

由于 $\delta\theta\neq0$,故

$$\omega^2=\frac{(m_1+m_2)g\tan\theta}{m(d+l\sin\theta)}$$

本例中的约束实际上为非定常约束,因为约束方程为 $\varphi=\varphi_0+\omega t$,其中 φ 为调速器轴 Oy 的转角。由于动力学普遍方程讨论的是系统在某一确定瞬时的动力学关系,因此,在非定常约束下对质点系的虚位移只需考虑它的瞬时性质,即认为时间固定($\delta t=0$),而将调速器的转动“凝固”在图 13-1 所示的形态上,这样 $\delta\theta$ 就是在这一形态下为约束所允许的虚位移。理解这一点,可使读者对虚位移概念的认识深化一步。

读者可考虑怎样用以前学过的矢量动力学方法求解本例。这时将会发现最大的问题是,难以避免本例中不感兴趣的未知约束力的出现,而这正是动力学普遍方程的优势所在。

[例题 13-2] 在光滑的水平面上置有质量为 m_1、倾角为 θ 的三棱柱 ABC,一质量为 m_2,半径为 r 的均质圆柱沿该三棱柱的斜面无滑动地滚下(图 13-2)。试求三棱柱向左运动的加速度 $\boldsymbol{a}_1$ 和圆柱质心 O 相对三棱柱的加速度 $\boldsymbol{a}_r$。

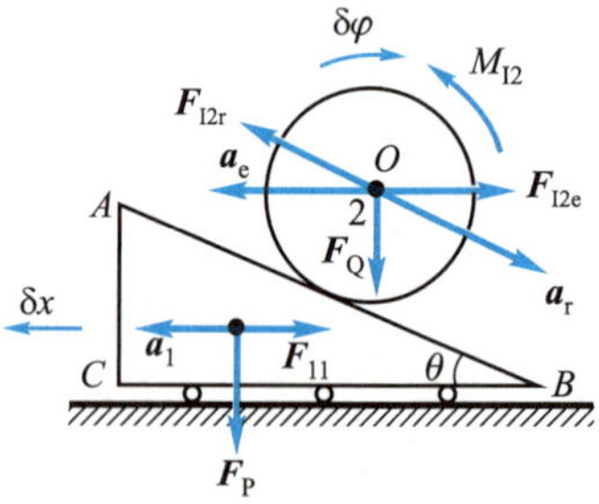

图 13-2 例题 13-2 图

解:此为二自由度系统,选圆柱转角 φ 与三棱柱位移 x 为广义坐标。对系统施加相应的惯性力与惯性力偶,其中,三棱柱的惯性力

$$\boldsymbol{F}_{I1}=m_1\boldsymbol{a}_1$$

式中,$\boldsymbol{a}_1$ 为三棱柱的加速度。圆柱质心的牵连加速度所对应的惯性力

$$\boldsymbol{F}_{I2e}=m_2\boldsymbol{a}_1$$

其中,$\boldsymbol{a}_1$ 为三棱柱的加速度,即圆柱质心的牵连加速度。圆柱质心的相对加速度所对应的惯性力

$$\boldsymbol{F}_{I2r}=m_2\boldsymbol{a}_r$$

式中,$\boldsymbol{a}_r$ 为圆柱质心 O 相对于三棱柱的加速度。圆柱的惯性力偶

$$M_{I2}=J_2\alpha_2$$

式中,$J_2=\dfrac{1}{2}mr^2$,α_2 为圆柱的角加速度。

二自由度刚体系统有两组独立的虚位移：

(1) 令 $\delta x=0,\delta\varphi\neq 0$，由动力学普遍方程有

$$m_2 g\sin\theta\cdot r\delta\varphi+F_{\mathrm{I2e}}\cos\theta\cdot r\delta\varphi-F_{\mathrm{I2r}}\cdot r\delta\varphi-M_{\mathrm{I2}}\delta\varphi=0 \tag{a}$$

将各惯性力(力偶)项代入后，得

$$\left[\sin\theta+\frac{1}{g}\left(a_1\cos\theta-a_{\mathrm{r}}-\frac{1}{2}a_{\mathrm{r}}\right)\right]m_2 gr\delta\varphi=0$$

由 $\delta\varphi$ 的任意性，得

$$\sin\theta+\frac{1}{g}\left(a_1\cos\theta-\frac{3}{2}a_{\mathrm{r}}\right)=0 \tag{b}$$

(2) 令 $\delta\varphi=0,\delta x\neq 0$，由动力学普遍方程有

$$-(F_{\mathrm{I1}}+F_{\mathrm{I2e}})\delta x+F_{\mathrm{I2r}}\cos\theta\cdot\delta x=0 \tag{c}$$

由 δx 的任意性得

$$a_{\mathrm{r}}=\frac{(m_2+m_1)a_1}{m_2\cos\theta} \tag{d}$$

将式(b)与(d)联立，解得

$$a_1=\frac{m_2 g\sin 2\theta}{3(m_2+m_1)-2m_2\cos^2\theta},\qquad a_{\mathrm{r}}=\frac{2g\sin\theta(m_2+m_1)}{3(m_2+m_1)-2m_2\cos^2\theta}$$

请读者思考：虚位移 $\delta\varphi$ 是相对运动量。令 $\delta x=0,\delta\varphi\neq 0$ 时，式(a)中是否应不包括 F_{I2e} 的虚功？另外，δx 是绝对运动量，令 $\delta\varphi=0,\delta x\neq 0$ 时，式(c)中是否也应不包括 F_{I2r} 的虚功？搞清这一个问题，有利于深入理解虚位移的概念。

由以上例题可见，应用动力学普遍方程的关键之一是将约束方程代入虚功方程，再利用独立虚位移的任意性求解。根据代入约束方程的方法不同，可分为拉格朗日第一类方程和拉格朗日第二类方程。

§ 13-3 拉格朗日第一类方程

将约束方程(12-1a)代入动力学普遍方程(13-2)的一种方法就是采用拉格朗日乘子法。引入符号

$$\frac{\partial f_\alpha}{\partial \boldsymbol{r}_i}=\frac{\partial f_\alpha}{\partial x_i}\boldsymbol{i}+\frac{\partial f_\alpha}{\partial y_i}\boldsymbol{j}+\frac{\partial f_\alpha}{\partial z_i}\boldsymbol{k} \tag{13-4}$$

对式(12-1a)两边取变分得

$$\sum_{i=1}^{n}\frac{\partial f_\alpha}{\partial \boldsymbol{r}_i}\cdot\delta\boldsymbol{r}_i=0\qquad(\alpha=1,2,3,\cdots,s) \tag{13-5}$$

引入拉格朗日乘子 $\lambda_\alpha(\alpha=1,2,3,\cdots,s)$，将上式两边乘以 λ_α 并对 α 求和，得

$$\sum_{\alpha=1}^{s}\lambda_{\alpha}\left(\sum_{i=1}^{n}\frac{\partial f_{\alpha}}{\partial \boldsymbol{r}_{i}}\delta\boldsymbol{r}_{i}\right)=\sum_{i=1}^{n}\left(\sum_{\alpha=1}^{s}\lambda_{\alpha}\frac{\partial f_{\alpha}}{\partial \boldsymbol{r}_{i}}\right)\delta\boldsymbol{r}_{i}=0 \tag{13-6}$$

将式(13-2)与式(13-6)相减得

$$\sum_{i=1}^{n}\left(\boldsymbol{F}_{i}-m_{i}\ddot{\boldsymbol{r}}_{i}-\sum_{\alpha=1}^{s}\lambda_{\alpha}\frac{\partial f_{\alpha}}{\partial \boldsymbol{r}_{i}}\right)\delta\boldsymbol{r}_{i}=0 \tag{13-7}$$

在 $3n$ 个质点坐标中,独立坐标有 $3n-s$ 个。对于 s 个不独立的坐标变分,可以选取适当的 λ_{α},使得变分前的系数为零。而此时独立的坐标变分前的系数也应为零,从而有

$$\boldsymbol{F}_{i}-m_{i}\ddot{\boldsymbol{r}}_{i}-\sum_{\alpha=1}^{s}\lambda_{\alpha}\frac{\partial f_{\alpha}}{\partial \boldsymbol{r}_{i}}=\boldsymbol{0}\qquad (i=1,2,3,\cdots,n) \tag{13-8}$$

这就是带拉格朗日乘子的质点系动力学方程,又称为**拉格朗日第一类方程**。方程中共有 $3n+s$ 个未知量,故须与约束方程(12-1a)联立求解。

将方程(13-8)与质点系的达朗贝尔原理对比,可见含有拉格朗日乘子的项 $\sum_{\alpha=1}^{s}\lambda_{\alpha}\frac{\partial f_{\alpha}}{\partial \boldsymbol{r}_{i}}$ 对应于 s 个约束作用于系统上的约束力。

需要指出的是,虽然方程(13-8)是在完整约束的情况下得到的,但该方程对于非完整约束同样成立。

[例题 13-3] 在图 13-3 所示的系统中,质量为 m_1 的物块 A 可在光滑水平面上滑动,小球 B 的质量为 m_2,两物体用长为 l 的无重刚杆 AB 连接,试用拉格朗日第一类方程建立此系统的动力学方程。

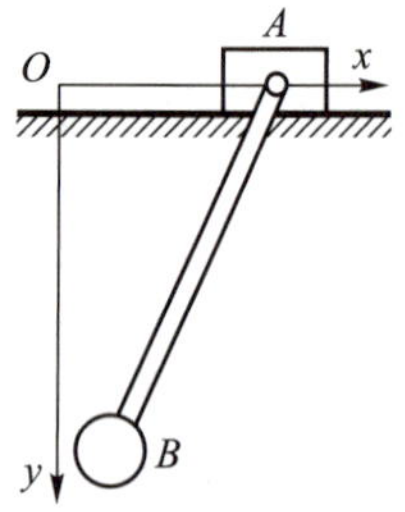

图 13-3 例题 13-3 图

解: 取整个系统为研究对象,建立坐标系如图所示。设物块 A 的坐标为 x_1 和 y_1,小球 B 的坐标为 x_2 和 y_2,则系统的约束方程为

$$f_1=y_1=0,\qquad f_2=(x_1-x_2)^2+(y_1-y_2)^2-l^2=0 \tag{a}$$

根据式(13-4),有

$$\frac{\partial f_1}{\partial \boldsymbol{r}_1}=\boldsymbol{j},\qquad \frac{\partial f_1}{\partial \boldsymbol{r}_2}=\boldsymbol{0} \tag{b}$$

$$\frac{\partial f_2}{\partial \boldsymbol{r}_1}=2(x_1-x_2)\boldsymbol{i}+2(y_1-y_2)\boldsymbol{j},\qquad \frac{\partial f_2}{\partial \boldsymbol{r}_2}=-2(x_1-x_2)\boldsymbol{i}-2(y_1-y_2)\boldsymbol{j} \tag{c}$$

作用在物块和小球上的主动力分别为

$$\boldsymbol{F}_1=m_1g\boldsymbol{j},\qquad \boldsymbol{F}_2=m_2g\boldsymbol{j} \tag{d}$$

将式(b)、(c)、(d)代入方程(13-8),得

$$\left.\begin{aligned}&m_1\ddot{x}_1+2\lambda_2(x_1-x_2)=0\\&m_1\ddot{y}_1+\lambda_1+2\lambda_2(y_1-y_2)-m_1g=0\\&m_2\ddot{x}_2-2\lambda_2(x_1-x_2)=0\\&m_2\ddot{y}_2-2\lambda_2(y_1-y_2)-m_2g=0\end{aligned}\right\} \tag{e}$$

将式(a)两边对时间求二阶导数,得

$$\left.\begin{aligned}&\ddot{y}_1=0\\&(x_1-x_2)(\ddot{x}_1-\ddot{x}_2)+(\dot{x}_1-\dot{x}_2)^2+(y_1-y_2)(\ddot{y}_1-\ddot{y}_2)+(\dot{y}_1-\dot{y}_2)^2=0\end{aligned}\right\}\tag{f}$$

消去式(e)中的 λ_1 和 λ_2,并与式(f)联立,得到系统的动力学方程为

$$\left.\begin{aligned}&m_1\ddot{x}_1+m_2\ddot{x}_2=0\\&\frac{y_1-y_2}{x_1-x_2}m_1\ddot{x}_1+m_2\ddot{y}_2-m_2g=0\\&\ddot{y}_1=0\\&(\ddot{x}_1-\ddot{x}_2)+(\dot{x}_1-\dot{x}_2)^2+(\ddot{y}_1-\ddot{y}_2)+(\dot{y}_1-\dot{y}_2)^2=0\end{aligned}\right\}\tag{g}$$

其中

$$\left.\begin{aligned}&\lambda_1=m_1g+m_2g-m_1\ddot{y}_1-m_2\ddot{y}_2\\&\lambda_2=\frac{m_2\ddot{x}_2}{2(x_1-x_2)}\end{aligned}\right\}\tag{h}$$

与矢量力学的动力学方程比较,可知$-\lambda_1$ 是光滑接触面的约束力,而 $2\lambda_2 l$ 是刚性杆 AB 的内力。

§ 13-4 拉格朗日第二类方程

如前所述,动力学普遍方程已是不包含理想约束力的动力学方程组。但由于式(13-3)是直角坐标形式的,而受约束质点系中各质点的直角坐标由约束方程相互联系,并不独立,因此,动力学普遍方程的表达式(13-3)对于确定的动力学系统而言,一般不是最少量方程,从而提出从理论上将动力学普遍方程改换为广义坐标形式的问题。拉格朗日在他的著作《分析力学》中也解决了这个问题,得到著名的**拉格朗日第二类方程**,简称**拉氏方程**。

13-4-1 广义主动力的概念

在分析力学中引入广义坐标后,可将质点系的虚位移 $\delta\boldsymbol{r}_i(i=1,\cdots,n)$ 变换成广义虚位移(或称广义坐标的变分)$\delta q_j(j=1,\cdots,N)$,从而也将作用在质点系上主动力系的虚功变换成广义主动力与广义虚位移的乘积,由此引入的广义主动力概念对拉格朗日第二类方程的表达也极为有益。

- **广义主动力的定义**

由 n 个质点组成的质点系中,主动力 $\boldsymbol{F}=(\boldsymbol{F}_1,\boldsymbol{F}_2,\cdots,\boldsymbol{F}_n)$,虚位移 $\delta\boldsymbol{r}=(\delta\boldsymbol{r}_1,\cdots,\delta\boldsymbol{r}_n)$,广义坐标 $q=(q_1,\cdots,q_N)$,第 i 个质点的位矢

$$\boldsymbol{r}_i=\boldsymbol{r}_i(t,q_1,\cdots,q_N)\tag{13-9}$$

其虚位移

$$\delta \boldsymbol{r}_i = \sum_{j=1}^{N} \frac{\partial \boldsymbol{r}_i}{\partial q_j}\delta q_j \tag{13-10}$$

将该式代入质点系的虚功表达式，再交换求和运算的顺序，得

$$\delta W = \sum_{i=1}^{n} \boldsymbol{F}_i \cdot \delta \boldsymbol{r}_i = \sum_{i=1}^{n} \boldsymbol{F}_i \cdot \left(\sum_{j=1}^{N} \frac{\partial \boldsymbol{r}_i}{\partial q_j}\delta q_j\right) = \sum_{i=1}^{n}\left(\sum_{j=1}^{N} \boldsymbol{F}_i \cdot \frac{\partial \boldsymbol{r}_i}{\partial q_j}\right)\delta q_j \tag{13-11}$$

若令

$$F_{Qj} = \sum_{i=1}^{n} \boldsymbol{F}_i \cdot \frac{\partial \boldsymbol{r}_i}{\partial q_j} \tag{13-12}$$

则上式成为

$$\delta W = \sum_{j=1}^{N} F_{Qj}\delta q_j \tag{13-13}$$

F_{Qj} 称为对应于第 j 个广义坐标 q_j 的**广义主动力**（generalized active force）。从式（13-13）可以看出，广义主动力 F_{Qj} 的物理意义是，令 $\delta q_j = 1, \delta q_1 = \delta q_2 = \cdots = \delta q_{j-1} = \delta q_{j+1} = \cdots = \delta q_N = 0$，作用在质点系上所有主动力的虚功之和。

由于 δq_j 可以是虚线位移，也可以是虚角位移，因此 F_{Qj} 可以有力、也可以有力矩的量纲，这体现了广义力的广义性。

- **广义主动力的计算**

计算广义主动力有两种方法：根据式（13-12）的定义和式（13-13）的物理意义。一般采用后一种方法计算。

［例题 13-4］　如图 13-4 所示，重 W、半径为 R 的轮上作用力偶 M。轮在倾角为 θ 的三角块上作纯滚动。三角块与刚度系数为 k 的弹簧相连接，弹簧原长为 l_0，三角块上还作用有力 $\boldsymbol{F}$。试计算系统在图示瞬时的广义主动力。

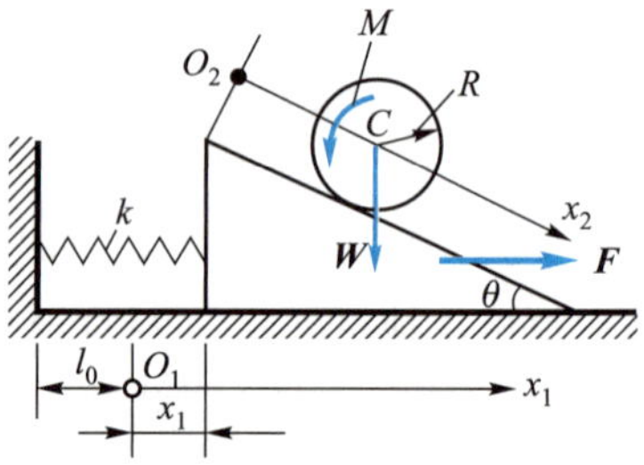

图 13-4　例题 13-4 图

解：系统自由度 $N=2$，选取广义坐标 $q=(x_1, x_2)$，根据式（13-13），有

$\delta x_1 = 1, \delta x_2 = 0: F_{Q1} = F - kx_1$

$\delta x_1 = 0, \delta x_2 = 1: F_{Q2} = W\sin\theta - M/R$

- **有势力的广义主动力**

若质点系上作用的主动力均有势，其势能表示为广义坐标的函数

$$V = V(q_1, \cdots, q_N) \tag{13-14}$$

将式（13-12）写成分量式，并应用有势力与势能的关系式（8-54），得

$$\begin{aligned} F_{Qj} &= \sum_{i=1}^{n} \boldsymbol{F}_i \cdot \frac{\partial \boldsymbol{r}_i}{\partial q_j} = \sum_{i=1}^{n}\left(F_{ix}\frac{\partial x_i}{\partial q_j} + F_{iy}\frac{\partial y_i}{\partial q_j} + F_{iz}\frac{\partial z_i}{\partial q_j}\right) \\ &= -\sum_{i=1}^{n}\left(\frac{\partial V}{\partial x_i}\frac{\partial x_i}{\partial q_j} + \frac{\partial V}{\partial y_i}\frac{\partial y_i}{\partial q_j} + \frac{\partial V}{\partial z_i}\frac{\partial z_i}{\partial q_j}\right) = -\frac{\partial V}{\partial q_j} \quad (j = 1, \cdots, N) \end{aligned} \tag{13-15}$$

这表明,有势力对应于第 j 个广义坐标的广义主动力等于系统势能对于该广义坐标偏导数的负值。

13-4-2　拉格朗日关系式

以下两个拉氏关系式是推演拉氏方程所必需的。

考察由 n 个质点组成的理想约束系统。它受有 s 个完整约束,其广义坐标数 $N=3n-s$。第 i 个质点的位矢

$$\boldsymbol{r}_i=\boldsymbol{r}_i(t,q_1,\cdots,q_N)\qquad(i=1,\cdots,n)$$

将上式对时间求导数,得

$$\dot{\boldsymbol{r}}_i=\frac{\partial \boldsymbol{r}_i}{\partial t}+\sum_{j=1}^{N}\frac{\partial \boldsymbol{r}_i}{\partial q_j}\dot{q}_j \tag{13-16}$$

式中,广义坐标对时间的变化率 $\dot{q}_j$称为广义速度。再将式(13-16)对广义速度 $\dot{q}_j$求偏导数。因$\frac{\partial \boldsymbol{r}_i}{\partial t}$和$\frac{\partial \boldsymbol{r}_i}{\partial q_j}$仅是广义坐标和时间的函数,与 $\dot{q}_j$无关,故得第一个拉格朗日关系式

$$\frac{\partial \dot{\boldsymbol{r}}_i}{\partial \dot{q}_j}=\frac{\partial \boldsymbol{r}_i}{\partial q_j} \tag{13-17}$$

上式表示可对$\frac{\partial \dot{\boldsymbol{r}}_i}{\partial \dot{q}_j}$的分子与分母进行“消点”。

再将式(13-16)对任一广义坐标 q_α 求偏导数,得

$$\frac{\partial \dot{\boldsymbol{r}}_i}{\partial q_\alpha}=\frac{\partial^2 \boldsymbol{r}_i}{\partial q_\alpha \partial t}+\sum_{j=1}^{N}\frac{\partial^2 \boldsymbol{r}_i}{\partial q_\alpha \partial q_j}\dot{q}_j \tag{13-18}$$

另一方面,将位矢 $\boldsymbol{r}_i$ 直接对 q_α 求偏导数后,再对时间求导数,得

$$\frac{\mathrm{d}}{\mathrm{d}t}\left(\frac{\partial \boldsymbol{r}_i}{\partial q_\alpha}\right)=\frac{\partial^2 \boldsymbol{r}_i}{\partial q_\alpha \partial t}+\sum_{j=1}^{N}\frac{\partial^2 \boldsymbol{r}_i}{\partial q_\alpha \partial q_j}\dot{q}_j \tag{13-19}$$

比较式(13-18)与式(13-19),可得第二个拉格朗日关系式

$$\frac{\partial \dot{\boldsymbol{r}}_i}{\partial q_j}=\frac{\mathrm{d}}{\mathrm{d}t}\left(\frac{\partial \boldsymbol{r}_i}{\partial q_j}\right) \tag{13-20}$$

上式建立了位矢 $\boldsymbol{r}_i$ 对 q_j 的偏导数及对 t 的全导数间的可交换关系。

13-4-3　拉格朗日第二类方程的基本形式

将式(13-10)代入动力学普遍方程(13-2)得

$$\sum_{i=1}^{n}\left(\boldsymbol{F}_i\cdot\sum_{j=1}^{N}\frac{\partial \boldsymbol{r}_i}{\partial q_j}\delta q_j-m_i\boldsymbol{a}_i\cdot\sum_{j=1}^{N}\frac{\partial \boldsymbol{r}_i}{\partial q_j}\delta q_j\right)=0 \tag{13-21}$$

交换上式的求和次序,有

$$\sum_{j=1}^{N}\left[\sum_{i=1}^{n}\boldsymbol{F}_i\cdot\frac{\partial \boldsymbol{r}_i}{\partial q_j}+\sum_{i=1}^{n}(-m_i\boldsymbol{a}_i)\cdot\frac{\partial \boldsymbol{r}_i}{\partial q_j}\right]\delta q_j=0 \tag{13-22}$$

由式(13-12),上式中方括弧内的第一项即为对应于广义坐标 q_j 的**广义主动力**,第二项称为**广义惯性力** F_{Ij}。在考虑拉氏关系式后,有

$$\begin{aligned}F_{Ij} &= -\sum_{i=1}^{n} m_i \boldsymbol{a}_i \cdot \frac{\partial \boldsymbol{r}_i}{\partial q_j} = -\sum_{i=1}^{n} m_i \frac{\mathrm{d}\dot{\boldsymbol{r}}_i}{\mathrm{d}t} \cdot \frac{\partial \boldsymbol{r}_i}{\partial q_j} \\ &= -\frac{\mathrm{d}}{\mathrm{d}t}\left(\sum_{i=1}^{n} m_i \dot{\boldsymbol{r}}_i \cdot \frac{\partial \boldsymbol{r}_i}{\partial q_j}\right) + \sum_{i=1}^{n} m_i \dot{\boldsymbol{r}}_i \cdot \frac{\mathrm{d}}{\mathrm{d}t}\left(\frac{\partial \boldsymbol{r}_i}{\partial q_j}\right) \\ &= -\frac{\mathrm{d}}{\mathrm{d}t}\left(\sum_{i=1}^{n} m_i \dot{\boldsymbol{r}}_i \cdot \frac{\partial \dot{\boldsymbol{r}}_i}{\partial \dot{q}_j}\right) + \sum_{i=1}^{n} m_i \dot{\boldsymbol{r}}_i \cdot \frac{\partial \dot{\boldsymbol{r}}_i}{\partial q_j} \\ &= -\frac{\mathrm{d}}{\mathrm{d}t}\frac{\partial}{\partial \dot{q}_j}\left(\sum_{i=1}^{n} \frac{m_i v_i^2}{2}\right) + \frac{\partial}{\partial q_j}\left(\sum_{i=1}^{n} \frac{m_i v_i^2}{2}\right) \end{aligned} \tag{13-23}$$

其中 $T=\dfrac{1}{2}\sum_{i=1}^{n} m_i v_i^2$ 为系统的动能,故上式可写成

$$F_{Ij} = -\frac{\mathrm{d}}{\mathrm{d}t}\left(\frac{\partial T}{\partial \dot{q}_j}\right) + \frac{\partial T}{\partial q_j} \tag{13-24}$$

将式(13-12)与式(13-24)代入式(13-22),即得广义坐标形式的动力学普遍方程

$$\sum_{j=1}^{N}\left[F_{Qj} - \frac{\mathrm{d}}{\mathrm{d}t}\left(\frac{\partial T}{\partial \dot{q}_j}\right) + \frac{\partial T}{\partial q_j}\right]\delta q_j = 0 \tag{13-25}$$

如果系统只受有完整约束,则由 $\delta q_j(j=1,\cdots,N)$ 的独立性,可得

$$\frac{\mathrm{d}}{\mathrm{d}t}\left(\frac{\partial T}{\partial \dot{q}_j}\right) - \frac{\partial T}{\partial q_j} = F_{Qj} \qquad (j=1,\cdots,N) \tag{13-26}$$

这就是**拉格朗日第二类方程的基本形式**。

13-4-4 拉格朗日第二类方程的有势力形式

若作用在系统上的主动力皆有势,则据式(13-15),广义主动力为 $F_{Qj}=-\dfrac{\partial V}{\partial q_j}$,其中 V 为系统的势能。将上式代入式(13-26),得

$$\frac{\mathrm{d}}{\mathrm{d}t}\left(\frac{\partial T}{\partial \dot{q}_j}\right) - \frac{\partial T}{\partial q_j} = -\frac{\partial V}{\partial q_j} \tag{13-27}$$

由于势能 $V=V(t,q_1,\cdots,q_N)$ 不是广义速度的函数,有

$$\frac{\partial V}{\partial \dot{q}_j} = 0 \qquad (j=1,\cdots,N) \tag{13-28}$$

所以,式(13-27)可以写成

$$\frac{\mathrm{d}}{\mathrm{d}t}\left(\frac{\partial T}{\partial \dot{q}_j} - \frac{\partial V}{\partial \dot{q}_j}\right) - \left(\frac{\partial T}{\partial q_j} - \frac{\partial V}{\partial q_j}\right) = 0 \tag{13-29}$$

引入**拉格朗日函数**(Lagrangian function,简称**拉氏函数**):

$$L=T-V \tag{13-30}$$

它表示质点系的动能与势能之差，称为**动势**（kinetic potential），便可由式（13-29）得到**拉格朗日第二类方程的有势力形式**

$$\frac{\mathrm{d}}{\mathrm{d}t}\left(\frac{\partial L}{\partial \dot{q}_j}\right)-\frac{\partial L}{\partial q_j}=0 \qquad (j=1,2,\cdots,N) \tag{13-31}$$

可以看出，式（13-26）和式（13-31）是 N 个广义坐标的二阶常微分方程组，一般情形下，这些方程是非线性的，很难进行解析积分，但可以进行数值积分。

13-4-5　从动力学普遍方程推导拉格朗日第二类方程的讨论

从动力学普遍方程推导拉格朗日第二类方程所做的主要工作是在动力学普遍方程中引入广义坐标。引入时不仅要改换式（13-2）中括号以外的虚位移项 $\delta \boldsymbol{r}_i$（较易做到），而且要改换括号以内的惯性力项 $-m_i\boldsymbol{a}_i$（不易做到）。这两方面的改换分别通过应用广义主动力概念和引入动能得到了最后的形式。

用广义坐标表示的完整约束系统的拉格朗日第二类方程数共有 N 个，这正是系统的自由度数。所以，该方程组是最少量方程的方程组，从而实现了拉格朗日的第二个研究目标。

13-4-6　拉格朗日第二类方程的应用

应用拉格朗日第二类方程，一般有如下步骤：

- 判断约束性质是否完整，主动力是否有势，确定能否采用拉格朗日第二类方程的基本形式或有势力形式。
- 确定系统的自由度数，选择合适的广义坐标。
- 按所选的广义坐标，写出系统的动能、势能或广义主动力。正确计算系统的动能往往是解题的关键，它要求综合运用运动学中各种分析速度与角速度的方法，以及动力学中计算各种刚体运动形式的动能的方法。
- 将动能或拉格朗日函数、广义主动力代入拉格朗日第二类方程。

［例题 13-5］　质量为 m、长度为 l 的均质杆 AB 可绕铰 A 在平面内摆动，A 端用弹簧悬挂在铅垂的导槽内（图 13-5），弹簧的刚度系数为 k。试写出系统的动力学微分方程。

解：系统有两个自由度，选取 x 和 θ 为广义坐标，其中坐标 x 的原点在弹簧的原长处。

杆 AB 作平面运动，根据柯尼西定理，系统的动能表达式为

$$T=\frac{1}{2}mv_C^2+\frac{1}{2}J_{Cz}\,\dot{\theta}^2 \tag{a}$$

式中，v_C 为杆的质心 C 的速度；J_{Cz} 为杆对其质心轴的转动惯量。

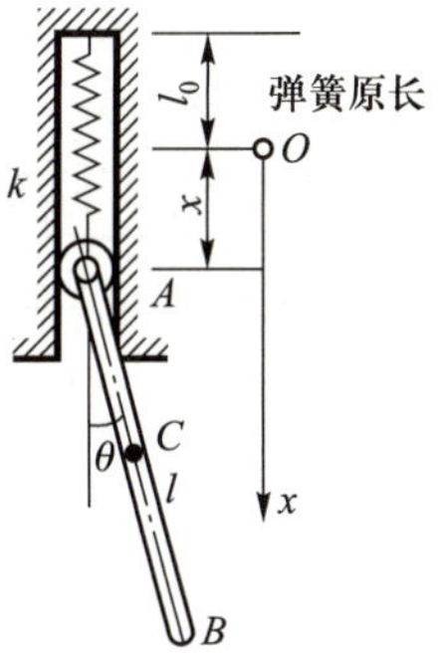

图 13-5　例题 13-5 图

$$\left.\begin{aligned}&x_C=x+\frac{l}{2}\cos\theta, && \dot{x}_C=\dot{x}-\frac{l}{2}\dot{\theta}\sin\theta\\&y_C=\frac{l}{2}\sin\theta, && \dot{y}_C=\frac{l}{2}\dot{\theta}\cos\theta\end{aligned}\right\}\tag{b}$$

将式(b)带入式(a),得

$$\begin{aligned}T&=\frac{1}{2}m\left[\left(\dot{x}-\frac{l}{2}\dot{\theta}\sin\theta\right)^2+\left(\frac{l}{2}\dot{\theta}\cos\theta\right)^2\right]+\frac{1}{2}J_{Cz}\dot{\theta}^2\\&=\frac{1}{2}m\left(\dot{x}^2-\dot{x}\dot{\theta}\sin\theta+\frac{1}{3}l^2\dot{\theta}^2\right)\end{aligned}\tag{c}$$

计算弹簧势能与重力势能时,选点 O 为势能零点。

$$V=\frac{1}{2}kx^2-mg\left(x+\frac{1}{2}\cos\theta\right)\tag{d}$$

拉格朗日函数

$$L=T-V=\frac{1}{2}m\left(\dot{x}^2-\dot{x}\dot{\theta}l\sin\theta+\frac{1}{3}l^2\dot{\theta}^2\right)-\frac{1}{2}kx^2+mg\left(x+\frac{l}{2}\cos\theta\right)\tag{e}$$

所给系统的主动力均有势,可应用拉格朗日第二类方程的有势力形式(13-31),其中

$$\frac{\partial L}{\partial\dot{x}}=m\dot{x}-\frac{1}{2}m\dot{\theta}l\sin\theta,\qquad \frac{\mathrm{d}}{\mathrm{d}t}\left(\frac{\partial L}{\partial\dot{x}}\right)=m\ddot{x}-\frac{1}{2}m\ddot{\theta}l\sin\theta-\frac{1}{2}m\dot{\theta}^2l\cos\theta$$

$$\frac{\partial L}{\partial x}=-kx+mg$$

$$\frac{\partial L}{\partial\dot{\theta}}=\frac{1}{3}ml^2\dot{\theta}-\frac{1}{2}ml\dot{x}\sin\theta,\qquad \frac{\mathrm{d}}{\mathrm{d}t}\left(\frac{\partial L}{\partial\dot{\theta}}\right)=\frac{ml^2}{3}\ddot{\theta}-\frac{1}{2}ml\ddot{x}\sin\theta-\frac{1}{2}m\dot{x}\dot{\theta}\cos\theta$$

$$\frac{\partial L}{\partial\theta}=-\frac{1}{2}m\dot{x}\dot{\theta}l\cos\theta-\frac{1}{2}mgl\sin\theta$$

最后得

$$\left.\begin{aligned}&m\ddot{x}-\frac{1}{2}ml\ddot{\theta}\sin\theta-\frac{1}{2}ml\dot{\theta}^2\cos\theta+kx-mg=0\\&\frac{l}{3}\ddot{\theta}-\frac{1}{2}\ddot{x}\sin\theta+\frac{1}{2}g\sin\theta=0\end{aligned}\right\}\tag{f}$$

请读者思考:

- 求杆质心的速度,除式(b)外,还有没有别的方法?
- 杆 AB 作平面运动,从运动学角度,它可以分解为跟随基点 A 的平移(用 x 表示)和相对基点 A(平移坐标)的转动(用 θ 表示)。系统的动能若同样分解成平移动能 T_e 与转动动能 T_r 之和,即

$$T=\frac{1}{2}m\dot{x}^2+\frac{1}{2}J_{Az}\dot{\theta}^2$$

这一表达式是否正确?

［例题 13-6］　均质杆 $OA=l$，重量为 W，绕轴 O 作定轴转动（图 13-6a）。滑块 B 穿过杆 OA，可在杆上滑动，滑块重也为 W。弹簧的刚度系数为 k，其一端连接滑块，另一端连接 OA 杆端。弹簧为原长时，滑块 B 距点 O 为 r_0。若不计摩擦与弹簧质量，试写出系统的动力学微分方程。

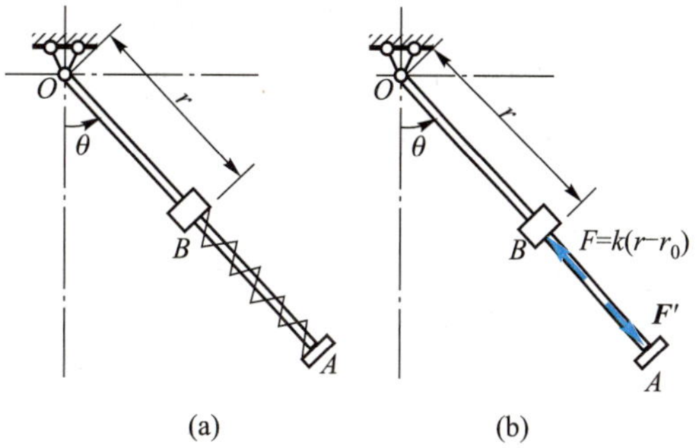

图 13-6　例题 13-6 图

解：系统有两个自由度，选取 r 和 θ 为广义坐标，该系统的主动力有势。若采用拉格朗日第二类方程的有势力形式，则只要写出系统的动能与势能

$$T=\frac{1}{2}\frac{W}{g}(\dot{r}^2+r^2\dot{\theta}^2)+\frac{1}{2}\left(\frac{1}{3}\frac{W}{g}l^2\right)\dot{\theta}^2$$

$$V=-Wr\cos\theta-W\frac{l}{2}\cos\theta+\frac{1}{2}k(r-r_0)^2$$

代入式（13-31）容易得到所需结果，这里不再赘述。需要注意的是，若用拉格朗日第二类方程的基本形式求解，怎样计算广义主动力 F_{Qr} 与 $F_{Q\theta}$？这时，可令 $\delta r=0,\delta\theta=1$，则

$$F_{Q\theta}=-Wr\sin\theta-W\frac{l}{2}\sin\theta$$

为计算 F_{Qr}，需将弹簧除去，如图 13-6b 所示，令 $\delta\theta=0,\delta r=1$，则

$$F_{Qr}=-k(r-r_0)+W\cos\theta$$

代入

$$\frac{\mathrm{d}}{\mathrm{d}t}\left(\frac{\partial T}{\partial\dot{r}}\right)-\frac{\partial T}{\partial r}=F_{Qr}$$

$$\frac{\mathrm{d}}{\mathrm{d}t}\left(\frac{\partial T}{\partial\dot{\theta}}\right)-\frac{\partial T}{\partial\theta}=F_{Q\theta}$$

分别得到

$$\frac{W}{g}(\ddot{r}^2-r\dot{\theta}^2)=-k(r-r_0)+W\cos\theta$$

$$\frac{W}{g}\left(r^2+\frac{l^2}{3}\right)\ddot{\theta}+\frac{2W}{g}r\dot{r}\dot{\theta}=-Wr\sin\theta-W\frac{l}{2}\sin\theta$$

需要指出的是，计算 F_{Qr} 时，一定要将弹簧除去，这是因为这时弹簧力为内力，弹性内力的功难以计算，需通过作用在弹簧两端的外力之功计算。这一处理方法对计算变形体的弹性内力之功具有普遍性。

［例题 13-7］　如图 13-7 所示，椭圆摆由质量为 m_1 的滑块 A 与质量为 m_2 的小球构成。滑块 A 无摩擦地沿水平面滑动，小球通过不计重量且长为 l 的杆 AB 与滑块 A 铰接。今在滑块 A 上施加控制力 $\boldsymbol{F}$，使之以 $\boldsymbol{v}_A$ 作匀速直线运动。试列写：

(1) 系统的动力学微分方程；

(2) 控制力 $\boldsymbol{F}$ 的表达式。

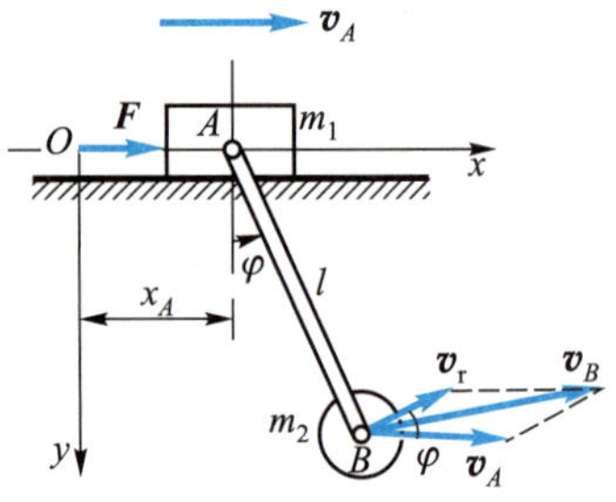

图 13-7 例题 13-7 图

解：(1) 系统的动力学微分方程

因题给约束条件 $x_A=v_At$ 中显含时间 t，故系统受有非定常约束。其自由度 $N=2-1=1$，选取 φ 为广义坐标。

系统所受主动力有重力 $m_1\boldsymbol{g}$、$m_2\boldsymbol{g}$ 与控制力 $\boldsymbol{F}$。前二力为有势力，第三力为非有势力。这样，对于广义坐标 φ，还能不能应用有势力形式的拉格朗日第二类方程呢？即

$$\frac{\mathrm{d}}{\mathrm{d}t}\left(\frac{\partial L}{\partial \dot{\varphi}}\right)-\frac{\partial L}{\partial \varphi}=0 \tag{a}$$

答案是肯定的。这是因为虽然控制力 $\boldsymbol{F}$ 为非有势力，但它对于广义坐标 φ 的广义力等于零，即令广义虚位移 $\delta\varphi=1$，控制力 $\boldsymbol{F}$ 对系统的广义主动力无贡献

$$F_{Q\varphi}(\boldsymbol{F})=0$$

系统的拉格朗日函数

$$L=T-V=\frac{1}{2}m_1v_A^2+\frac{1}{2}m_2[(v_A+l\dot{\varphi}\cos\varphi)^2+(l\dot{\varphi}\sin\varphi)^2]+m_2gl\cos\varphi$$

$$=\frac{1}{2}(m_1+m_2)v_A^2+m_2lv_A\dot{\varphi}\cos\varphi+\frac{1}{2}m_2l^2\dot{\varphi}^2+m_2gl\cos\varphi \tag{b}$$

将式(b)进行$\dfrac{\partial L}{\partial \dot{\varphi}}$、$\dfrac{\mathrm{d}}{\mathrm{d}t}\left(\dfrac{\partial L}{\partial \dot{\varphi}}\right)$与$\dfrac{\partial L}{\partial \varphi}$的运算后，再代入式(a)，得

$$\ddot{\varphi}+\frac{g}{l}\sin\varphi=0 \tag{c}$$

该式就是系统在题给约束条件下的动力学微分方程。它和单摆作大幅摆动的运动规律完全相同。

(2) 控制力 $\boldsymbol{F}$ 的表达式

显然，依据将系统视为单自由度而得到的式(c)，无法确定控制力 $\boldsymbol{F}$ 的表达式。这里，必须先不采用题给的约束条件 $x_A=v_At$，而将系统视为二自由度，并选取广义坐标 x_A，φ。此时应用拉格朗日第二类方程的基本形式，不能再将式(b)中动能项的 v_A 视为不变，为此将 v_A 改换成 $\dot{x}_A$，有

$$T=\frac{1}{2}(m_1+m_2)\dot{x}_A^2+m_2l\dot{x}_A\dot{\varphi}\cos\varphi+\frac{1}{2}m_2l^2\dot{\varphi}^2 \tag{d}$$

对应于广义坐标 x_A 的拉格朗日第二类方程基本形式为

$$\frac{\mathrm{d}}{\mathrm{d}t}\left(\frac{\partial T}{\partial \dot{x}_A}\right)-\frac{\partial T}{\partial x_A}=F \tag{e}$$

式中，F 为控制力 $\boldsymbol{F}$ 对于广义坐标 x_A 的广义力，即令广义虚位移 $\delta x_A=1$，$\delta\varphi=0$ 时，作用在系统上所有主动力的虚功之和。即 $F_{Qx_A}=F$。

对式(d)进行$\dfrac{\partial T}{\partial \dot{x}_A}$、$\dfrac{\mathrm{d}}{\mathrm{d}t}\left(\dfrac{\partial T}{\partial \dot{x}_A}\right)$与$\dfrac{\partial T}{\partial x_A}$的运算后,将结果代入式(e),得

$$F=(m_1+m_2)\ddot{x}_A+m_2 l(\ddot{\varphi}\cos\varphi-\dot{\varphi}^2\sin\varphi) \tag{f}$$

再采用题给约束条件 $x_A=v_A t$,有 $\ddot{x}_A=0$,则式(f)变为

$$F=m_2 l(\ddot{\varphi}\cos\varphi-\dot{\varphi}^2\sin\varphi) \tag{g}$$

该式表明,为了保持滑块 A 沿水平滑道作匀速直线运动,需在滑块 A 上施加的控制力 $\boldsymbol{F}$ 是小球 m_2 的运动量的函数。式(g)的正确性可用达朗贝尔原理(即对块-杆-球整体系统而言,F 与小球的相对切向惯性力、相对法向惯性力在 x 方向的分量相平衡)看出。

§ 13-5　本章讨论与小结

13-5-1　拉格朗日第二类方程的限制条件

拉格朗日第二类方程有哪些限制条件?在其推导过程中何处采用了这些限制条件?拉格朗日第二类方程能否应用于非理想约束系统?

如图 13-8 所示,质量为 m 的滑块在主动力 $\boldsymbol{F}_{\mathrm{P}}$ 的作用下沿粗糙的水平地面(动摩擦因数为 f)运动。像这样简单的、但为非理想约束的系统,能否应用动力学普遍方程?能否应用由该原理导出的拉格朗日第二类方程?

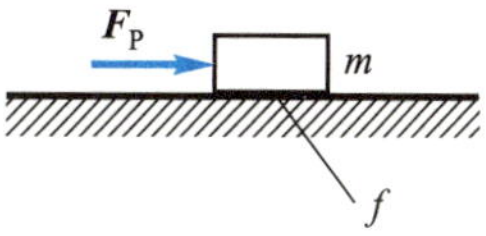

图 13-8　滑块在粗糙的水平地面上运动

13-5-2　拉格朗日第二类方程的特点与正确计算系统动能、势能和广义力的重要性

以彼此独立的广义坐标为参变量,从统一的能量观点建立质点系的动力学微分方程是拉格朗日第二类方程的特点。

对工程实际中大量遇到的完整约束系统而言,广义坐标数等于自由度数,广义坐标把系统的自由度直接体现出来。因而,应用拉格朗日第二类方程可以得到与系统自由度数相同的动力学微分方程;拉格朗日第二类方程仅用 2~3 个标量(动能、势能或广义主动力)便可描述复杂质点系的运动。它所提供的普遍、统一方法具有重要的理论与实际意义。

由拉格朗日第二类方程特点可以看出,正确计算给出系统的动能、势能和广义主动力十分重要。请读者思考、分析以下问题:

- 如图 13-9 所示为椭圆摆。质量为 m_A 的滑块 A 在固定的水平直杆上滑动,图示瞬时的速度为 $\boldsymbol{v}_A$。块 A 上铰接不计重量的刚性杆 AB,$AB=l$。杆端有质量为 m_B 的小球 B。系统有两个自由度,选取广义坐标 x、θ,易于写出系统的动能表达式

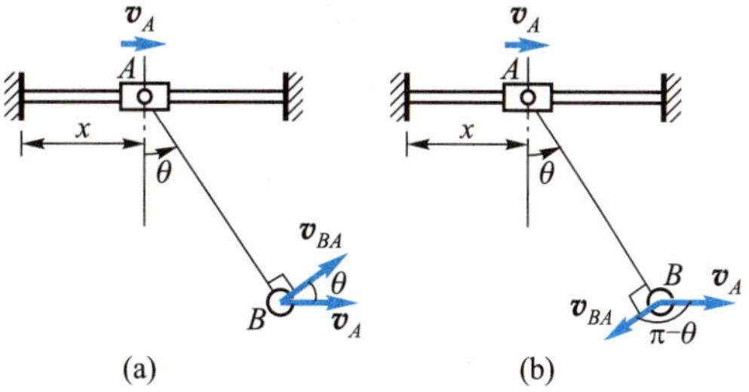

图 13-9　椭圆摆的速度分析

$$T=\frac{1}{2}m_A v_A^2+\frac{1}{2}m_B v_B^2=\frac{1}{2}m_A v_A^2+\frac{1}{2}m_B(\boldsymbol{v}_A+\boldsymbol{v}_{BA})\cdot(\boldsymbol{v}_A+\boldsymbol{v}_{BA}) \tag{a}$$

式中，$\boldsymbol{v}_B$ 与 $\boldsymbol{v}_{BA}$ 分别为球 B 的绝对速度与球 B 相对滑块 A 的速度。但是，图示瞬时的 $\boldsymbol{v}_{BA}$ 会有两个方向（图 13-9a、b），请读者研究，将 v_B 用广义速度 $\dot{x}$ 和 $\dot{\theta}$ 表示时，式（a）是一个，还是两个式子？应该用图 13-9a，还是用图 13-9b 计算系统的动能？

- 如图 13-10 所示，滑块 A 在水平地面上作平移。均质直杆 AB 长 l，可在滑块 A 上半径为 R 的圆槽内滑动（$l<2R$）。若不计滑块重量，杆的质量为 m，选取广义坐标 x 和 θ，读者试判断下列系统动能是否正确：

$$T=\frac{1}{2}mv_{Ca}^2+\frac{1}{2}J_{O_1}\dot{\theta}^2 \tag{b}$$

式中，v_{Ca} 为杆质心 C 的绝对速度，J_{O_1} 为杆对块上圆槽圆心 O_1 的转动惯量，$\dot{\theta}$ 为杆相对块的角速度。

- 图 13-11 所示为质量 m 的小球在质量不计的光滑杆 OA 上滑动。杆 OA 可绕圆盘上某一直径作定轴转动，在该直径上作用控制内力偶 M_β。在绕铅垂轴作定轴转动的圆盘上又作用另一控制力偶 M。请读者自行研究系统中所有的广义主动力。

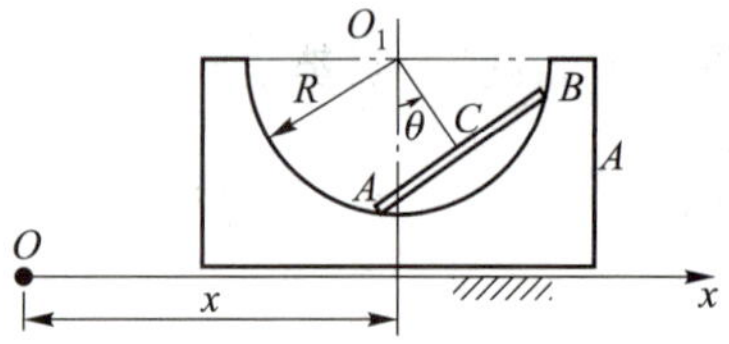

图 13-10　滑块-杆系统

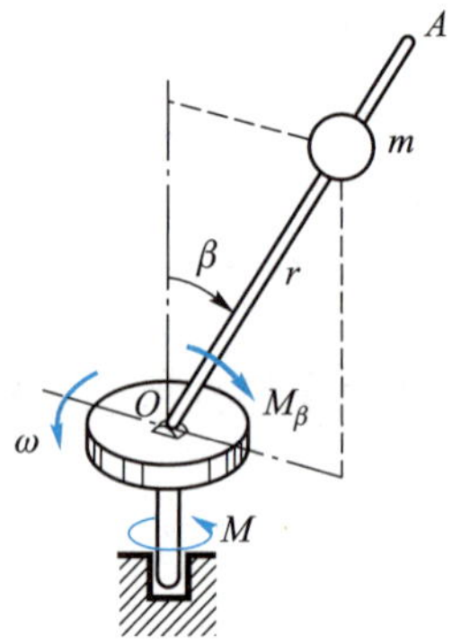

图 13-11　盘-杆-球系统

13-5-3　动力学建模方法的比较

20 世纪 50 年代后期以来，一方面，航天技术迅猛发展，要求解决自由度数很大的复杂系统动力学与控制问题；另一方面，计算机飞速发展，又为建立和求解复杂动力学系统的动力学微分方程提供了先进手段。这样，如何评价和选用本书介绍的几种动力学建模方法，即矢量动力学方法（质点系动量和动量矩定理）、动力学普遍方程、拉格朗日第一类方程和拉格朗日第二类方程，就是十分重要的问题。

过去认为，拉格朗日第二类方程仅用 2～3 个标量（动能、势能或广义主动力）就可得到不包含理想约束力的最少量方程。与其他方法相比，拉格朗日第二类方程提供了非自由质点系动力学建模的普遍、统一和简单方法。在现代动力学中，虽然拉格朗日第二类方程仍在

应用,但也发现:

第一,当系统只有 2~3 个自由度时,拉格朗日第二类方程一般是其动力学建模的简单方法。但当系统的自由度再增加时,列写系统的动能,再进行$\frac{\partial T}{\partial \dot{q}_j}$,$\frac{\mathrm{d}}{\mathrm{d}t}\left(\frac{\partial T}{\partial \dot{q}_j}\right)$与$\frac{\partial T}{\partial q_j}$运算也相当麻烦。例如,用拉格朗日第二类方程列写双摆的运动微分方程比较简单,但如图 13-12 所示,当摆的数目再增加时,采用该法建模就非常麻烦。有兴趣的读者可以自己研究。

第二,虽然由拉格朗日第二类方程得到的方程数目最少,但一般是二阶的强非线性、强耦合的方程。方程的复杂程度又取决于广义坐标的选择,即若用它建模,再进行数值求解,必然需要较多的人为干预;而用矢量动力学方法或拉格朗日第一类方程建立的方程数虽多,其中还包含一定数量的约束方程(一般为代数方程),但用户只要对程序给出有关信息,计算机可自动生成约束方程,且模型中的坐标已经选定。这样,以人工参与工作量少和数值处理方便作为现代建模方法评价标准,拉格朗日第二类方程的方程数目最少的优点再不像过去那样突出了。而矢量动力学方法以及拉格朗日第一类方程的优势便不言而喻,特别是如果还需要求解理想约束力,其建模方法的优点就更加明显。

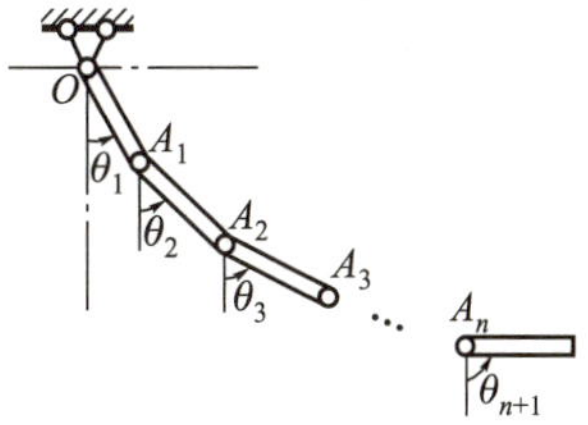

图 13-12　多摆模型

第三,应用矢量动力学方法或拉格朗日第一类方程解决系统的动力学问题,尽管建立方程比较容易,但其求解规模很大。正是由于这个原因,在力学发展史上拉格朗日第一类方程曾被搁置一边。随着现代计算技术的发展,解决具有程式化的数学问题,规模大小已无关紧要。故解决系统动力学问题的拉格朗日第一类方程又引起广泛注意,目前在解决复杂系统动力学问题的计算机分析软件中,大多采用了拉格朗日第一类方程。

13-5-4　本章小结

(1) 一般情况下,主动力对应于广义坐标 q_j 的广义主动力为

$$F_{Qj}=\sum_{i=1}^{n}\boldsymbol{F}_i\cdot\frac{\partial \boldsymbol{r}_i}{\partial q_j}$$

若主动力有势,则其对应于广义坐标 q_j 的广义主动力亦可表示为

$$F_{Qj}=-\frac{\partial V}{\partial q_j}$$

(2) 将虚位移原理和达朗贝尔原理结合起来,得到如下的动力学普遍方程

$$\sum(\boldsymbol{F}_i-m_i\boldsymbol{a}_i)\cdot\delta\boldsymbol{r}_i=0$$

(3) 拉格朗日第一类方程通过引入拉格朗日乘子,将约束方程代入动力学普遍方程,其形式为

$$\boldsymbol{F}_i-m_i\ddot{\boldsymbol{r}}_i-\sum_{\alpha=1}^{s}\lambda_\alpha\frac{\partial f_\alpha}{\partial \boldsymbol{r}_i}=\boldsymbol{0}\qquad(i=1,\cdots,n)$$

方程中共有 $3n+s$ 个未知量，故须与约束方程联立求解。拉格朗日第一类方程对于非完整约束系统同样成立，因而应用更为普遍。

（4）拉格朗日第二类方程的基本形式为

$$\frac{\mathrm{d}}{\mathrm{d}t}\left(\frac{\partial T}{\partial \dot{q}_j}\right)-\frac{\partial T}{\partial q_j}=F_{Qj}\qquad (j=1,\cdots,N)$$

拉格朗日第二类方程的有势力形式为

$$\frac{\mathrm{d}}{\mathrm{d}t}\left(\frac{\partial L}{\partial \dot{q}_j}\right)-\frac{\partial L}{\partial q_j}=0\qquad (j=1,2,\cdots,N)$$

拉格朗日第二类方程只适用完整约束系统。

习　　题

选择填空题

13-1　在铅垂平面内放置的杠杆 AOB，支于光滑点 O，臂长 $OA=a$，$OB=b$，两端 A、B 分别挂有重量为 G_1、G_2 的物体，如图所示。如选杠杆与水平方向的夹角 φ 为广义坐标，则对应的广义主动力 $F_{Q\varphi}$ 为（　　　　　　　　）。

13-2　在图示系统中，已知摆锤 B 的质量为 m，摆长为 b，其他物体的质量忽略不计，弹簧的刚度系数为 k，则该系统对应于广义坐标 y（y 从点 A 的静平衡位置算起）和 θ 的广义主动力分别为 $F_{Qy}=$（　　　　　　），$F_{Q\theta}=$（　　　　　　）。

13-3　如图所示，均质滑轮质量为 M，半径为 R，物体 A 质量为 m，弹簧的刚度系数为 k，若取 φ 为广义坐标（$\varphi=0$ 时，系统处于平衡状态），则系统的拉格朗日函数 L 为（　　　）。

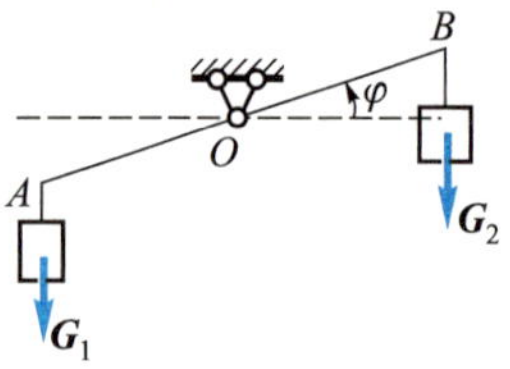

习题 13-1 图

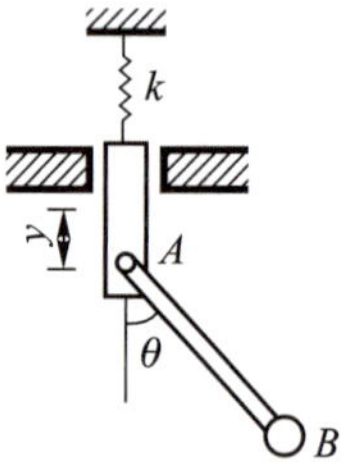

习题 13-2 图

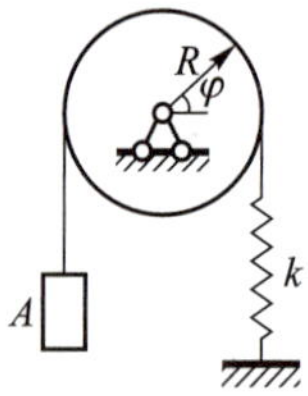

习题 13-3 图

分析计算题

13-4　调速器由两个质量各为 m_1 的滑块及质量为 m_2 的平衡重块组成，如图所示。长 l 的杆不计重量，弹簧刚度系数为 k，当 $\theta=0$ 时，弹簧为原长。若调速器绕铅垂轴以等角速度 ω 旋转，试求 ω 与 θ 的关系。

13-5　图示缆绳的一端绕在鼓轮 1 上，另一端绕过质量可以忽略不计的滑车 2，并固定在平台 3 上。鼓轮的半径为 r，质量为 m_1，电动机的力偶矩大小为 M，平台质量为 m_3。试求平台上升的加速度。

13-6　动滑轮组中重物 W_1 借助于重物 W_2 的下降来提升，如图所示。$W_1=2$ kN，$W_2=3$ kN，定滑轮由半径分别为 150 mm 与 50 mm，重量分别为 3 kN 与 1 kN 的均质圆盘固结而成，动滑轮重 2 kN。绳的各下垂部分均为铅垂方向。试求重物 W_1 的加速度。

13-7　如图所示，薄壁圆柱 A 用绳子缠绕，此绳的另一头固结在圆柱 C 的轴心上。圆柱 C 本身也缠绕有绳子，此绳另端悬挂于 D。C 的半径为 R，回转半径为 $R/2$。A 的半径为 $R/2$，质量 $m_A=\dfrac{1}{2}m_C$。试求整个系统作自由运动时，圆柱 A 与圆柱 C 轴心的加速度。

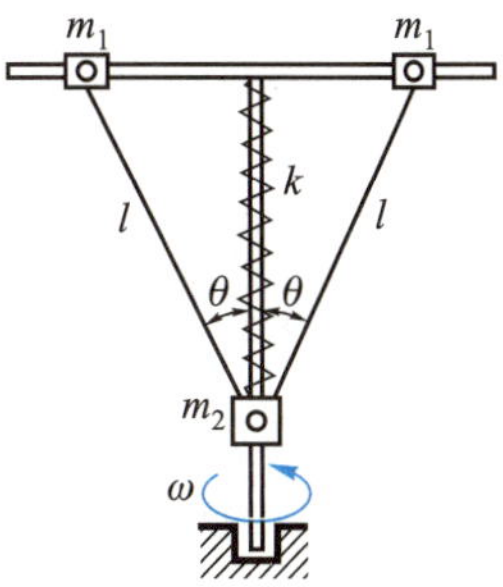

习题 13-4 图

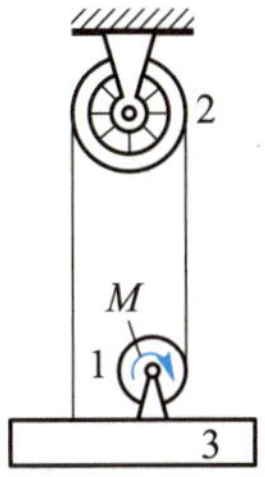

习题 13-5 图

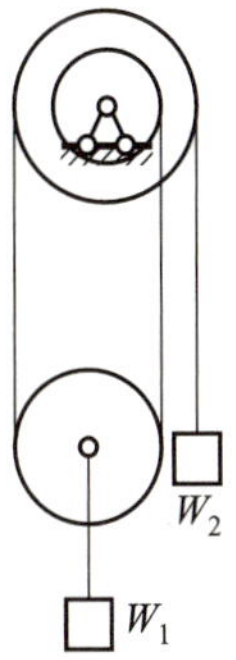

习题 13-6 图

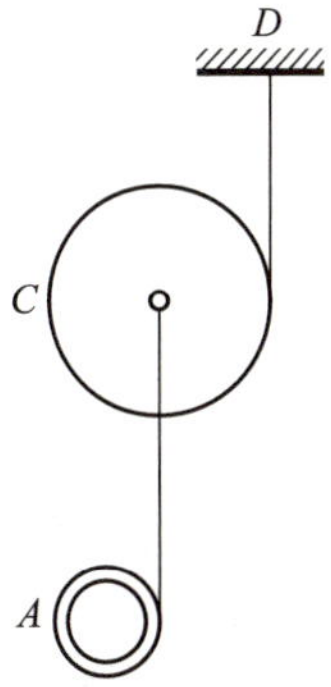

习题 13-7 图

13-8　图示滑块质量为 m，可在圆盘上的滑槽内自由滑动。圆盘则以等角速度 ω 在水平面内转动。当圆盘静止时滑块位于圆心 O 处，两弹簧的总刚度系数为 k。试用拉格朗日第二类方程写出此系统的动力学微分方程，并求滑块振动的周期 T 和使滑块能保持振动的最大角速度 ω_{max}。

13-9　重 W_1 的物块 A 在倾角 α 的斜面上滑动，物块 A 又与刚度系数为 k 的弹簧相连。重 W_2、长 l 的均质杆 AB 之一端 A 铰接在物块 A 上，如图所示。不计摩擦，试写出系统的动力学微分方程。

13-10　两均质圆柱 A 和 B，重量分别为 W_1 和 W_2，半径分别为 R_1 和 R_2，圆柱间绕以绳索，圆柱 A 可绕定轴 O_1 转动，圆柱 B 则在重力作用下自由下落，绳索左端悬挂重 W_3 的物块 C，如图所示。试用拉格朗日第二类方程导出其动力学微分方程。

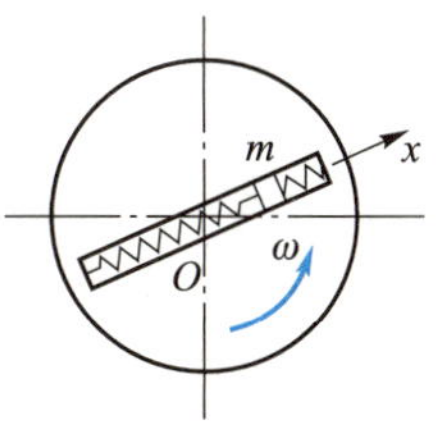

习题 13-8 图

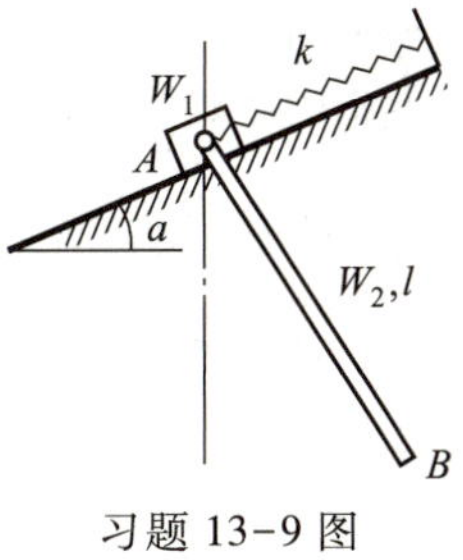

习题 13-9 图

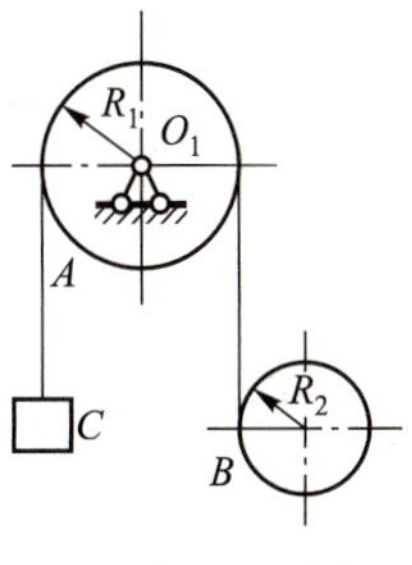

习题 13-10 图

13-11　一质量为 m 的质点在旋转抛物面 $x^2+y^2=az$ 的内表面上运动，如图所示，设无摩擦。试用拉格朗日第二类方程写出动力学微分方程。

13-12　如图所示，质量为 m、半径为 R 的均质圆轮绕轴 O 以等角速度 ω 作定轴转动。轮上点 A 用刚度系数为 k 的弹簧连接一质量亦为 m 的质点，弹簧不计重量，整个系统处于光滑水平面上。试用拉格朗日第二类方程写出其动力学微分方程。

13-13　均质梁长为 l、质量为 m，在水平面内用四个弹簧支承，并作微振动，如图所示。每个弹簧的刚

度系数均为 $k/2$,试列出梁的质心的动力学微分方程和梁围绕其质心转动的动力学微分方程。

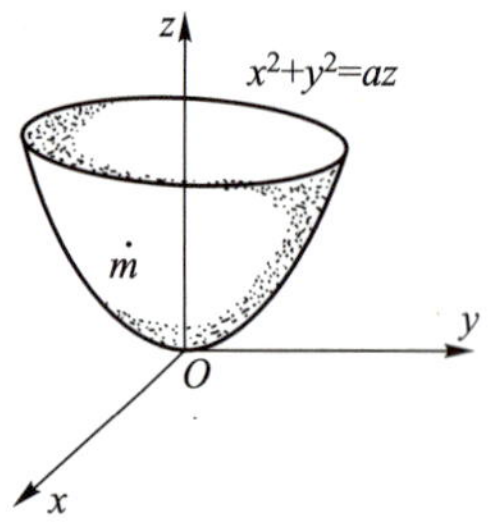

习题 13-11 图

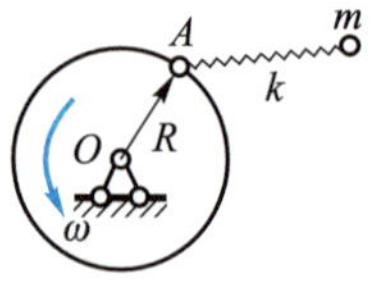

习题 13-12 图

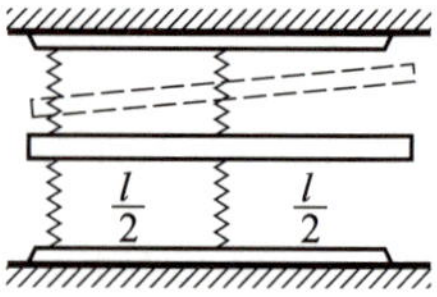

习题 13-13 图

13-14 质量为 m、半径为 $3R$ 的大圆环在粗糙的水平地面上作纯滚动,如图所示。另一小圆环的质量亦为 m、半径为 R 又在粗糙的大圆环内壁作纯滚动。不计滚动阻碍,整个系统处于铅垂面内。初始时,O_1O_2 在水平线上,无初速释放。试写出系统的动力学微分方程。

13-15 半径为 r、重量为 W_1 的均质圆轮在水平地面上作纯滚动,轮心与刚度系数为 k 的弹簧相连接,如图所示。弹簧另一端固连于铅垂墙面上。在轮心上还铰接一重量为 W_2、长度为 l 的均质杆。试用拉格朗日第二类方程写出系统的动力学微分方程。

13-16 质量为 m 的质点用绳系住,绳的另端挂在固定圆柱的最高点 A,并绕在圆柱上,如图所示。绳长等于 $l+\frac{\pi}{2}R$,R 为圆柱的半径。试写出质点的动力学微分方程。

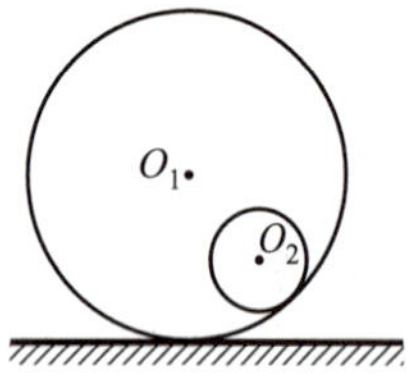

习题 13-14 图

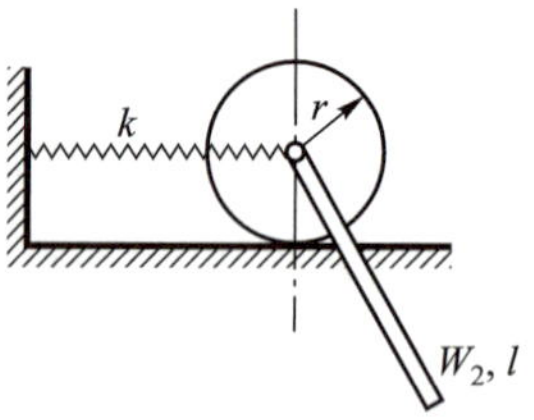

习题 13-15 图

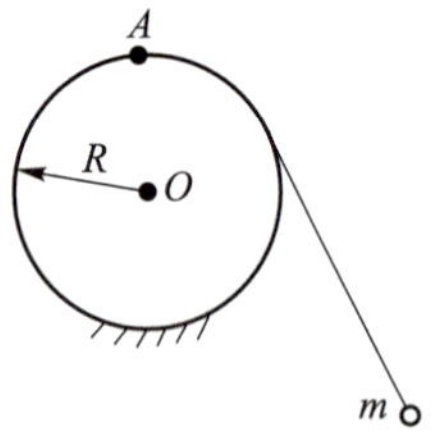

习题 13-16 图

13-17 如图所示,两根长为 l、质量为 m 的均质杆,用刚度系数为 k 的弹簧在中点相连。设弹簧原长为 d,两根杆只允许在铅垂面内摆动。试写出其动力学微分方程。

13-18 如图所示的行星轮系由三个均质圆轮组成,$r_{\mathrm{I}}=\frac{3}{2}r_{\mathrm{II}}=r_{\mathrm{III}}=r$,$m_{\mathrm{I}}=m_{\mathrm{II}}=m_{\mathrm{III}}=m$。不计曲柄重量,系统处于水平面内。设轮 I 以等角速转动。今在曲柄上作用力偶矩大小为 M 的常力偶。试写出系统的动力学微分方程。

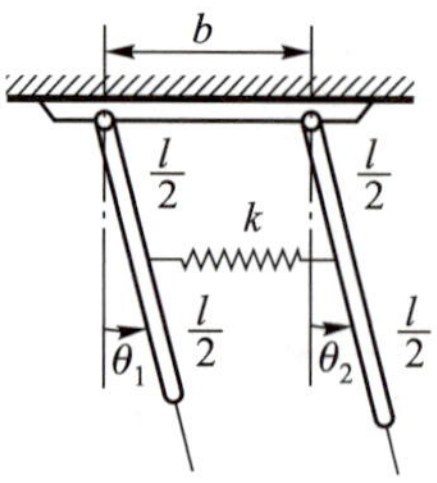

习题 13-17 图

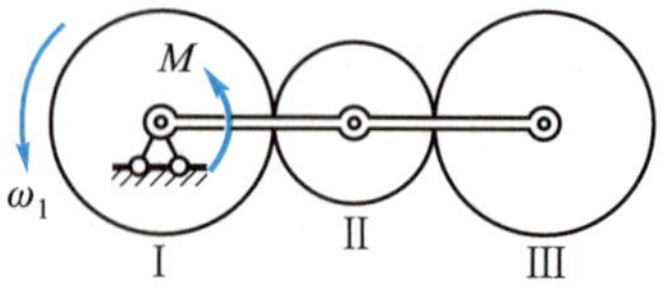

习题 13-18 图

第 14 章

动力学专题

本章包括变质量质点动力学、非惯性系质点动力学和离散系统的振动三个部分。

对于质量不变的质点在惯性参考系中的动力学问题，直接应用牛顿第二定律即可求解。对于质量不断变化的质点动力学问题，本章根据质点系的动量定理，推导出变质量质点的动力学微分方程。

对于质点在非惯性参考系中的动力学问题，本章根据动参考系作一般运动的加速度合成定理，推导出质点相对运动动力学微分方程的一般形式。

振动是工程中常见的重要现象。它既被广泛应用，又可带来危害。在动力学中，振动作为一个应用专题，既有比物理学中的振动更深入的知识，研究的对象由以往熟知的质点振动扩展到系统的振动；又有别于“机械振动”或“振动力学”这些专业课程的内容。本章涉及的振动问题更注重动力学各种基本原理的应用，主要研究如何用动力学基本原理建立离散系统振动微分方程、在激励作用下系统的运动规律及由于振动而产生的动约束力。内容以单自由度线性振动为主，并对多自由度线性振动的若干重要概念作简要介绍。

§14-1　变质量质点动力学

工程中，有些物体在运动过程中质量不断变化，例如，火箭在飞行过程中不断喷出燃料燃烧产生的气体，喷气式飞机不断吸进空气又喷出燃气，机场运送行李的传送带不断放上行李并将其连续送入机舱等，这些都是变质量物体的动力学问题。

本节只研究变质量质点的动力学问题。当变质量物体做平移运动，或只研究其质心的运动时，都可以简化为变质量质点的力学模型。

如图 14-1 所示，设在瞬时 t，变质量质点的质量为 m，速度为 $\boldsymbol{v}$，所受外力为 $\boldsymbol{F}^{\mathrm{e}}$，另有速度为 $\boldsymbol{v}_1$ 的微小质量 $\mathrm{d}m$。在瞬时 $t+\mathrm{d}t$，微小质量 $\mathrm{d}m$ 并入，使质点的质量变为 $m+\mathrm{d}m$，速度变为 $\boldsymbol{v}+\mathrm{d}\boldsymbol{v}$。

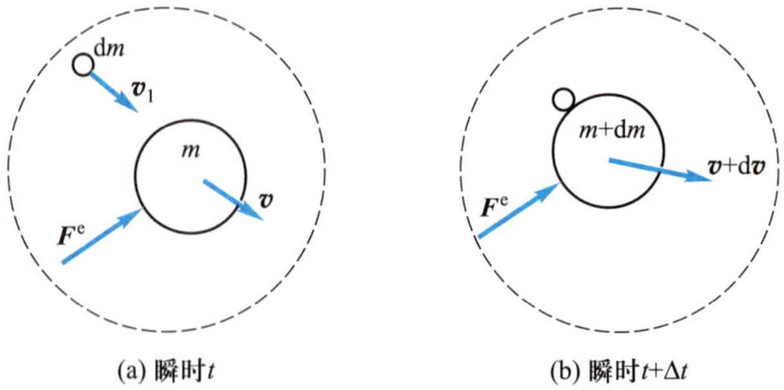

图 14-1　变质量质点动力学

以变质量质点和并入的微小质量为研究对象，根据质点系的动量定理可得

$$(m+\mathrm{d}m)(\boldsymbol{v}+\mathrm{d}\boldsymbol{v})-(m\boldsymbol{v}+\mathrm{d}m\cdot\boldsymbol{v}_1)=\boldsymbol{F}^{\mathrm{e}}\mathrm{d}t \tag{14-1}$$

将上式展开，略去高阶小量 $\mathrm{d}m\cdot\mathrm{d}\boldsymbol{v}$，并除以 $\mathrm{d}t$，得

$$m\frac{\mathrm{d}\boldsymbol{v}}{\mathrm{d}t}=\boldsymbol{F}^{\mathrm{e}}+\frac{\mathrm{d}m}{\mathrm{d}t}(\boldsymbol{v}_1-\boldsymbol{v}) \tag{14-2}$$

式中 $\boldsymbol{v}_1-\boldsymbol{v}$ 是微小质量 dm 并入前相对变质量质点的相对速度，令

$$\boldsymbol{F}_{\Phi}=\frac{\mathrm{d}m}{\mathrm{d}t}(\boldsymbol{v}_1-\boldsymbol{v}) \tag{14-3}$$

式(14-2)可改写为

$$m\frac{\mathrm{d}\boldsymbol{v}}{\mathrm{d}t}=\boldsymbol{F}^{\mathrm{e}}+\boldsymbol{F}_{\Phi} \tag{14-4}$$

上式即为**变质量质点的动力学微分方程**。

需要说明的是：

(1) 虽然式(14-4)是在质量并入情形下导出的，该式同样适用于有质量分出的情形，或既有质量并入也有质量分出的情形。

(2) $\boldsymbol{F}_{\Phi}$ 具有力的量纲。对于火箭，由于燃料喷出，$\frac{\mathrm{d}m}{\mathrm{d}t}<0$，由式(14-3)可见，$\boldsymbol{F}_{\Phi}$ 的方向与燃料喷出火箭的相对速度 $\boldsymbol{v}_1-\boldsymbol{v}$ 方向相反，故常称为**反推力**，火箭就是靠反推力加速的。

[例题 14-1]　假设火箭在真空中运动且不受任何外力的作用，其喷射出的气体相对速度 $\boldsymbol{v}_{\mathrm{r}}$ 的大小不变，方向与火箭运动方向相反，该问题称为**齐奥尔科夫斯基第一类问题**。假设火箭初始质量为 m_0、初始速度为 v_0，求火箭燃烧终了质量变为 m_{f} 时的速度。

解：选取火箭为研究对象，写出式(14-4)在火箭运动轨迹自然轴上的投影，得

$$m\frac{\mathrm{d}v}{\mathrm{d}t}=-v_{\mathrm{r}}\frac{\mathrm{d}m}{\mathrm{d}t}$$

将上式变换后积分，并代入初始条件得

$$\int_{v_0}^{v}\mathrm{d}v=-v_{\mathrm{r}}\int_{m_0}^{m_{\mathrm{f}}}\frac{\mathrm{d}m}{m}$$

$$v=v_0+v_r\ln\frac{m_0}{m_f}$$

如果火箭在真空的均匀重力场内沿铅垂方向向上运动，称为**齐奥尔科夫斯基第二类问题**。与上述分析类似，可以得到火箭的最终速度为

$$v=v_0-gt+v_r\ln\frac{m_0}{m_f}$$

由上式可见，在 v_r 给定的情况下，质量比 m_0/m_f 越大，即燃烧的燃料越多，火箭达到的速度就越大。但是，燃料装得越多，火箭的壳体也就越大，火箭的反推力不仅要使有效载荷产生加速度，也要使火箭的壳体产生同样的加速度，这就限制了火箭速度的提高。采用多级火箭可以克服这一欠缺，当前一级火箭燃料燃烧终了时，连同其壳体一起抛掉，后一级火箭开始工作。

[例题 14-2]　火箭的起飞质量为 2 000 kg，其中包括燃料质量 1 600 kg。在 $t=0$ 时沿 30°方向以速度 1 000 m/s 发射，已知燃料以 20 kg/s 的速率消耗，并以相对速度 2 000 m/s 喷出，火箭受到的空气阻力与火箭速度的方向相反，大小为 $F_D=0.1v^2$（式中：F_D 以 N 计；v 为火箭的速度，以 m/s 计）。求火箭在燃料耗尽之前的运动。

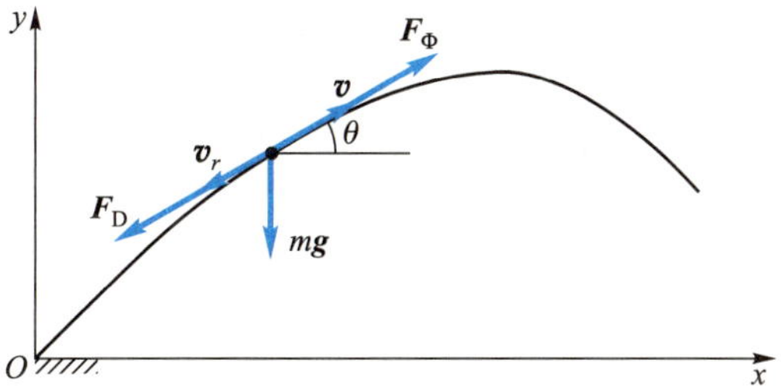

图 14-2　火箭的受力

解：建立图 14-2 所示的坐标系 Oxy，选取火箭为研究对象，由于火箭的受力都在铅垂面内，因此其运动轨迹为该铅垂面内的平面曲线。写出式(14-4)在火箭轨迹自然轴上的投影，得

$$\left.\begin{aligned}&m\frac{dv}{dt}=-mg\sin\theta-C_dv^2-v_r\frac{dm}{dt}\\&m\frac{v^2}{\rho}=mg\cos\theta\end{aligned}\right\}\qquad(a)$$

式中 ρ 为轨迹的曲率半径，有

$$\frac{1}{\rho}=\left|\frac{d\theta}{ds}\right|=-\frac{1}{v}\frac{d\theta}{dt}\qquad(b)$$

由于 $\frac{d\theta}{dt}<0$，故上式右端取负号。将上式代入式(a)得

$$\left.\begin{aligned}&\frac{dv}{dt}+g\sin\theta+\frac{1}{m}\left(C_dv^2+v_r\frac{dm}{dt}\right)=0\\&v\frac{d\theta}{dt}+g\cos\theta=0\end{aligned}\right\}\qquad(c)$$

再补充两个运动学关系：

$$
\left.\begin{aligned}
\frac{\mathrm{d}x}{\mathrm{d}t}-v\cos\theta=0\\
\frac{\mathrm{d}y}{\mathrm{d}t}-v\sin\theta=0
\end{aligned}\right\}\qquad(\mathrm{d})
$$

式(c)与式(d)联合组成了一个非线性微分方程组,称为**近程火箭的外弹道微分方程组**,无法解析求解,只能数值求解。根据题意有,$m_0=2\ 000\ \mathrm{kg}$,$\frac{\mathrm{d}m}{\mathrm{d}t}=-20\ \mathrm{kg/s}$,$v_{\mathrm{r}}=2\ 000\ \mathrm{m/s}$,$C_{\mathrm{d}}=0.1\ \mathrm{N\cdot s^2/m^2}$,再注意到火箭运动的初始条件为 $t=0$ 时,$v_0=1\ 000\ \mathrm{m/s}$,$\theta_0=\frac{\pi}{6}$,$x_0=0$,$y_0=0$,应用 MATLAB/Simulink 数值求解(参考第 15 章),得到火箭在 80 s 内的运动轨迹如图 14-3 所示。

14-1　例题 14-2 的 Simulink 分析模型

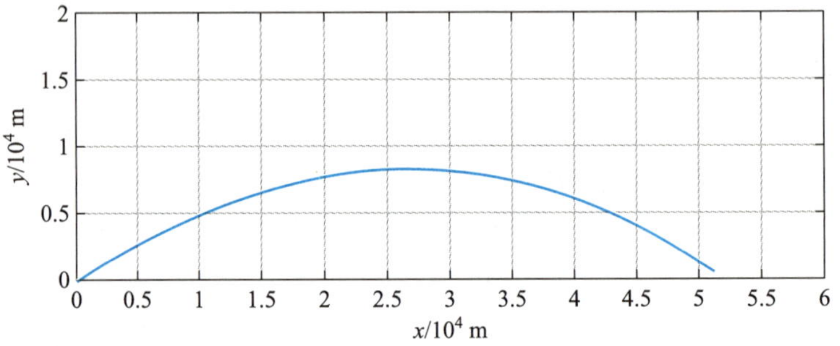

图 14-3　火箭的运动轨迹

§14-2　非惯性系质点动力学

牛顿第二定律只适用于惯性参考系,然而工程中经常需要在**非惯性参考系**(noninertial reference system)中研究物体的动力学问题。如宇航员在航天器中的运动;傅科摆的摆动平面相对地球的进动;水流沿水轮机叶片的运动;测振仪器记录的是其中的振动质量相对仪器的运动;等等。这里的航天器、地球、水轮机和测振仪等对于作相对运动的物体而言都是非惯性参考系。

研究了质点在非惯性参考系中的动力学,可以将质点推广为质点系,本书不再赘述。

14-2-1　质点在非惯性系中的动力学微分方程

如图 14-4 所示,质点 P 相对于非惯性参考系 $O'x'y'z'$运动。相对运动轨迹为 s_{r},而此参考系又相对于惯性参考系 $Oxyz$ 运动。该质点相对于 $Oxyz$ 的绝对运动轨迹为 s_{a}。需要注意到,这里的相对运动、牵连运动和绝对运动均指点或刚体的一般运动。

研究质点 P 在非惯性参考系 $O'x'y'z'$中运动的方法是,先研究它在惯性参考系 $Oxyz$ 中的运动,再利用加速度合成定理得出需要的结果。为此,对该点应用牛顿第二定律

$$m\boldsymbol{a}_{\mathrm{a}}=\boldsymbol{F}$$

式中，m、$\boldsymbol{a}_{\mathrm{a}}$ 和 $\boldsymbol{F}$ 分别为质点 P 的质量、绝对加速度及作用在其上的合力。

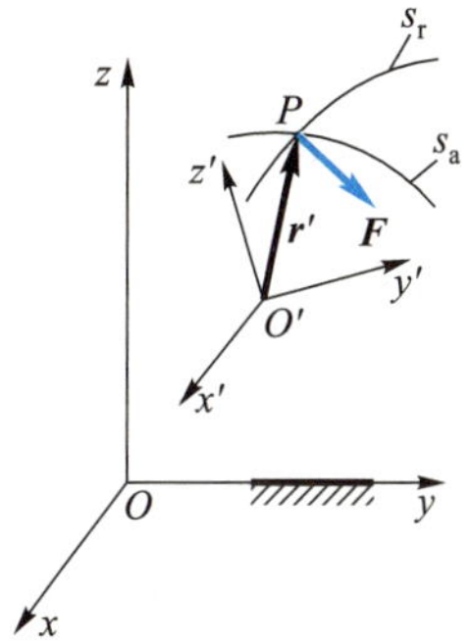

图 14-4 质点 P 相对非惯性参考系的动力学

运动学中点的加速度合成定理为

$$\boldsymbol{a}_{\mathrm{a}}=\boldsymbol{a}_{\mathrm{e}}+\boldsymbol{a}_{\mathrm{r}}+\boldsymbol{a}_{\mathrm{C}}$$

式中，$\boldsymbol{a}_{\mathrm{a}}$、$\boldsymbol{a}_{\mathrm{e}}$、$\boldsymbol{a}_{\mathrm{r}}$ 和 $\boldsymbol{a}_{\mathrm{C}}$ 分别为质点 P 的绝对加速度、牵连加速度、相对加速度和科氏加速度。将此式代入牛顿第二定律，得

$$m(\boldsymbol{a}_{\mathrm{e}}+\boldsymbol{a}_{\mathrm{r}}+\boldsymbol{a}_{\mathrm{C}})=\boldsymbol{F}$$

$$m\boldsymbol{a}_{\mathrm{r}}=\boldsymbol{F}-m\boldsymbol{a}_{\mathrm{e}}-m\boldsymbol{a}_{\mathrm{C}} \tag{14-5}$$

此式等号右边第二、三两项分别记为

$$\boldsymbol{F}_{\mathrm{Ie}}=-m\boldsymbol{a}_{\mathrm{e}},\quad \boldsymbol{F}_{\mathrm{IC}}=-m\boldsymbol{a}_{\mathrm{C}}=-2m\boldsymbol{\omega}_{\mathrm{e}}\times\boldsymbol{v}_{\mathrm{r}} \tag{14-6}$$

其中，$\boldsymbol{F}_{\mathrm{Ie}}$ 称为**牵连惯性力**(convected inertial force)，$\boldsymbol{F}_{\mathrm{IC}}$ 称为**科里奥利力**，简称**科氏力**(Coriolis force)。$\boldsymbol{\omega}_{\mathrm{e}}$ 与 $\boldsymbol{v}_{\mathrm{r}}$ 分别为非惯性参考系的角速度与质点的相对速度。

14-2 科氏力实验

综合式(14-5)与式(14-6)，并写成矢量形式的动力学微分方程有

$$m\boldsymbol{a}_{\mathrm{r}}=\boldsymbol{F}+\boldsymbol{F}_{\mathrm{Ie}}+\boldsymbol{F}_{\mathrm{IC}} \tag{14-7}$$

式中相对加速度 $\boldsymbol{a}_{\mathrm{r}}$ 可参见式(5-21)。

式(14-7)即为**质点在非惯性系中的动力学方程**，也称为**质点的相对运动动力学方程**。这一方程表明，质点的质量与其相对加速度的乘积等于作用在其上的合力与牵连惯性力及科氏力的矢量和。

式(14-7)还表明，质点在非惯性参考系中 $m\boldsymbol{a}_{\mathrm{r}}\neq\boldsymbol{F}$。但若在质点上施加牵连惯性力 $\boldsymbol{F}_{\mathrm{Ie}}$ 和科氏力 $\boldsymbol{F}_{\mathrm{IC}}$ 后，则可得到形式上与适用于惯性参考系中的牛顿第二定律相似的方程。

14-2-2 几种特殊情况

- 当质点相对非惯性参考系静止时，有 $\boldsymbol{v}_{\mathrm{r}}=\boldsymbol{0}$，$\boldsymbol{a}_{\mathrm{r}}=\boldsymbol{0}$，故 $\boldsymbol{F}_{\mathrm{IC}}=\boldsymbol{0}$，式(14-7)退化为

$$\boldsymbol{F}+\boldsymbol{F}_{\mathrm{Ie}}=\boldsymbol{0} \tag{14-8}$$

这种情况称为相对静止。

- 当质点相对非惯性参考系作匀速直线运动时，有 $\boldsymbol{a}_{\mathrm{r}}=\boldsymbol{0}$，式(14-7)退化为

$$\boldsymbol{F}+\boldsymbol{F}_{\mathrm{Ie}}+\boldsymbol{F}_{\mathrm{IC}}=\boldsymbol{0} \tag{14-8$'$}$$

这种情况称为相对平衡。

- 当非惯性参考系作平移时，即 $\boldsymbol{\omega}_{\mathrm{e}}=\boldsymbol{0}$，则 $\boldsymbol{F}_{\mathrm{IC}}=\boldsymbol{0}$，式(14-7)退化为

$$m\boldsymbol{a}_{\mathrm{r}}=\boldsymbol{F}+\boldsymbol{F}_{\mathrm{Ie}} \tag{14-9}$$

物理学中曾应用该式讨论过质点相对运动动力学的一些问题。

- 当非惯性参考系相对惯性参考系作匀速直线平移时，有 $\boldsymbol{\omega}_{\mathrm{e}}=\boldsymbol{0}$，$\boldsymbol{a}_{\mathrm{e}}=\boldsymbol{0}$，故 $\boldsymbol{F}_{\mathrm{IC}}=\boldsymbol{F}_{\mathrm{Ie}}=$

0,这样式(14-7)退化为

$$m\boldsymbol{a}_{\mathrm{r}}=\boldsymbol{F} \tag{14-10}$$

显然上式和惯性参考系中的质点动力学微分方程完全一样,也就是说,此时的非惯性参考系已经退化为惯性参考系。因此,**所有相对惯性参考系作匀速直线平移的参考系都是惯性参考系**。

[例题 14-3] 如图 14-5 所示之单摆的悬挂点以匀加速度 $\boldsymbol{a}$ 沿铅垂线向上运动。若摆长为 l,求单摆作微振动的周期。

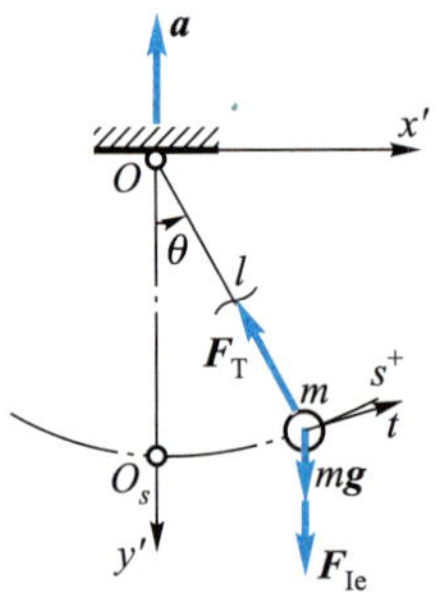

图 14-5 例题 14-3 图

解:在单摆的悬挂点 O 处建立以加速度 $\boldsymbol{a}$ 沿铅垂直线向上运动的平移动坐标系 $Ox'y'$。因此,在摆球上应施加牵连惯性力 $\boldsymbol{F}_{\mathrm{Ie}}=-m\boldsymbol{a}$,而无科氏力 $\boldsymbol{F}_{\mathrm{IC}}$(平移动系的角速度为零)。此外,摆球上还作用有重力 $m\boldsymbol{g}$ 与摆线的约束力 $\boldsymbol{F}_{\mathrm{T}}$。

摆球在作平移的非惯性系中的相对运动轨迹为以点 O 为圆心、绳长 l 为半径的圆。选取图示的弧坐标 s 描述单摆的运动,其中,弧坐标的原点 O_s 为单摆在 $Ox'y'$中的最低点,正方向 s^+向右上方。

根据式(14-7),在切线轴 t 上建立相对运动动力学微分方程

$$m\ddot{s}=-mg\sin\theta-ma\sin\theta \tag{a}$$

考虑弧坐标 s 与角坐标 θ 的关系,$s=l\theta$,$\ddot{s}=l\ddot{\theta}$,有

$$ml\ddot{\theta}=-mg\sin\theta-ma\sin\theta \tag{b}$$

对微振动有 $\sin\theta\approx\theta$,将上式整理后,得

$$\ddot{\theta}+\left(\frac{g+a}{l}\right)\theta=0 \tag{c}$$

这是振动方程。它描述了单摆在非惯性系 $Ox'y'$中的运动性质。其振动周期为

$$T=2\pi\sqrt{\frac{l}{g+a}} \tag{d}$$

上述结果表明,单摆在非惯性参考系中,由于牵连惯性力 $\boldsymbol{F}_{\mathrm{Ie}}$ 的作用,使恢复力增大,从而使周期减小。

[例题 14-4] 如图 14-6a 所示滑块 P 的质量为 m,可在圆盘的滑槽内自由滑动,圆盘以等角速度 ω 在水平面内转动。当圆盘静止时滑块位于圆心 O 处。两弹簧的刚度系数均为 k,初始状态下,二者均不发生变形。试建立滑块 P 相对圆盘的动力学微分方程,并求滑块对槽的侧压力。

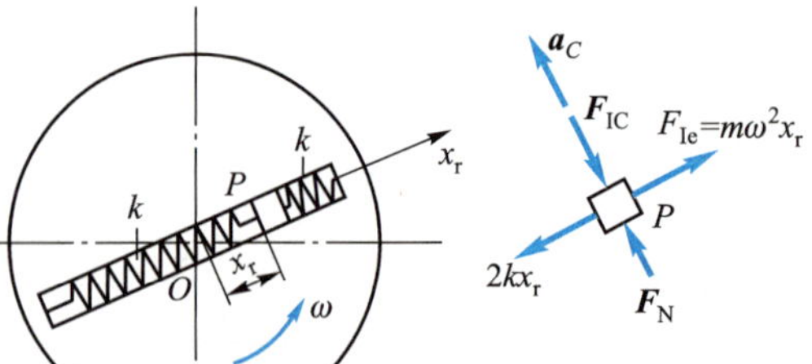

(a) (b)

图 14-6 例题 14-4 图

解:在圆盘上固连动坐标系 Ox_{r},其中,坐标原点 O 置于系统的静平衡位置,即圆心 O

处，坐标正向由圆心沿槽斜向外；将滑块置于坐标正向的一般位置上，并令此时它的相对速度 $\dot{x}_r>0$；滑块受力如图 14-6b 所示。由于牵连法向加速度由点 P 指向圆心 O，所以可直接判断出牵连惯性力 $\boldsymbol{F}_{Ie}$ 沿坐标 x_r 的正向。另外，由于已假设此时滑块的相对速度 $\dot{x}_r$ 的方向，所以科氏加速度及科氏力的方向如图 14-6b 所示。依据式(14-7)写出滑块的相对运动动力学微分方程与滑块对槽的侧压力

$$m\ddot{x}_r=-2kx_r+m\omega^2x_r \tag{a}$$

$$F_{IC}=F_N \tag{b}$$

整理后，得

$$\ddot{x}_r+\left(\frac{2k}{m}-\omega^2\right)x_r=0 \tag{c}$$

$$F_N=2m\omega\dot{x}_r \tag{d}$$

上述结果表明：

若 $\omega^2<\dfrac{2k}{m}$，即牵连惯性力(也可称为负恢复力)小于弹性恢复力，滑块 P 的相对运动为自由振动，其固有频率 $\omega_0=\sqrt{\dfrac{2k}{m}-\omega^2}$，$x_r=0$ 处为该系统的稳定平衡位置。

若 $\omega^2>\dfrac{2k}{m}$，即牵连惯性力大于弹性恢复力，滑块 P 不能在 $x_r=0$ 附近维持自由振动，而是在初始扰动下，远离平衡位置。所以 $x_r=0$ 为该系统的不稳定平衡位置。

若 $\omega^2=\dfrac{2k}{m}$，即牵连惯性力等于弹性恢复力，滑块 P 将处于随遇平衡位置。

[例题 14-5] 若将地球视为定轴转动刚体，研究地球自转对自由质点运动的影响。

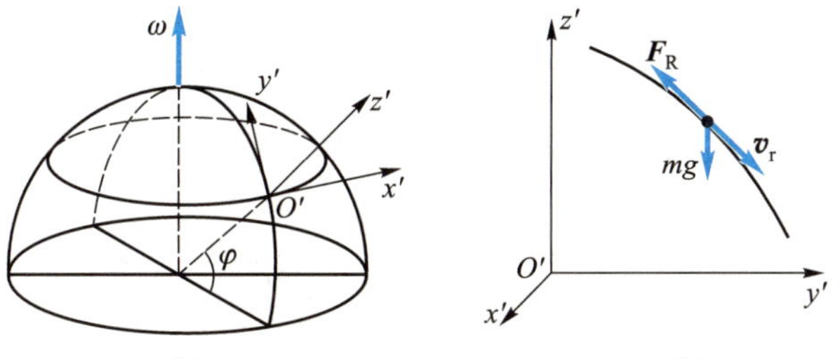

图 14-7 例题 14-5 图

解：假设自由质点在地球表面北纬 φ 的附近运动，质点的质量为 m，将动参考系 $O'x'y'z'$ 固连在地球表面，如图 14-7a 所示。轴 x' 指向东，轴 y' 指向北，轴 z' 指向天。设质点运动时受到的空气阻力 $\boldsymbol{F}_R$ 的大小与其速度的二次方成正比，比例系数为 c，地球引力为 $\boldsymbol{F}$，根据式(14-7)写出质点相对动参考系 $O'x'y'z'$ 的相对运动动力学微分方程为

$$m\boldsymbol{a}_r=\boldsymbol{F}+\boldsymbol{F}_R+\boldsymbol{F}_{Ie}+\boldsymbol{F}_{IC} \tag{a}$$

当质点在地球表面附近运动时，地球引力 $\boldsymbol{F}$ 和牵连惯性力 $\boldsymbol{F}_{Ie}$ 的合力可视为质点在地

球表面所受的重力 $m\boldsymbol{g}$,即

$$\boldsymbol{F}+\boldsymbol{F}_{\mathrm{Ie}}=m\boldsymbol{g}$$

空气阻力 $\boldsymbol{F}_{\mathrm{R}}=-cv_{\mathrm{r}}\boldsymbol{v}_{\mathrm{r}}$,故可得

$$m\boldsymbol{a}_{\mathrm{r}}=m\boldsymbol{g}-cv_{\mathrm{r}}\boldsymbol{v}_{\mathrm{r}}+\boldsymbol{F}_{\mathrm{IC}} \tag{b}$$

其中科氏力为

$$\begin{aligned}\boldsymbol{F}_{\mathrm{IC}}&=-2m\boldsymbol{\omega}\times\boldsymbol{v}_{\mathrm{r}}\\&=2m\omega(\dot{y}'\sin\varphi-\dot{z}'\cos\varphi)\boldsymbol{i}'-2m\omega\dot{x}'\sin\varphi\boldsymbol{j}'+2m\omega\dot{x}'\cos\varphi\boldsymbol{k}'\end{aligned}$$

其中 ω 为地球的自转角速度,将重力 $m\boldsymbol{g}$ 的方向近似认为平行于 z'轴,将上式代入式(b)后,在坐标系 $O'x'y'z'$的坐标轴上投影,可得

$$\left.\begin{aligned}m\ddot{x}'&=2m\omega(\dot{y}'\sin\varphi-\dot{z}'\cos\varphi)-cv_{\mathrm{r}}\dot{x}'\\m\ddot{x}'&=-2m\omega\dot{x}'\sin\varphi-cv_{\mathrm{r}}\dot{y}'\\m\ddot{z}'&=-mg+2m\omega\dot{x}'\cos\varphi-cv_{\mathrm{r}}\dot{z}'\end{aligned}\right\} \tag{c}$$

其中 $v_{\mathrm{r}}=\sqrt{(\dot{x}')^2+(\dot{y}')^2+(\dot{z}')^2}$。当质点在南北方向的位移远小于地球半径时可认为 φ 不变。

下面应用 MATLAB/Simulink 程序定量分析地球自转对自由质点运动的影响(参见 15 章)。

假设质点的质量为 50 kg,空气阻力系数 $c=0.005\ \mathrm{N\cdot s^2/m^2}$,$\varphi=40°$。

(1) 质点由 $x_0'=0$,$y_0'=0$,$z_0'=1\ 000$ m 的位置静止落下,其结果如图 14-8 所示。可以看出,下落物体偏东约 0.53 m,偏南约 1.8×10^{-4} m,由于偏南量远远小于偏东量,故称落体偏东。

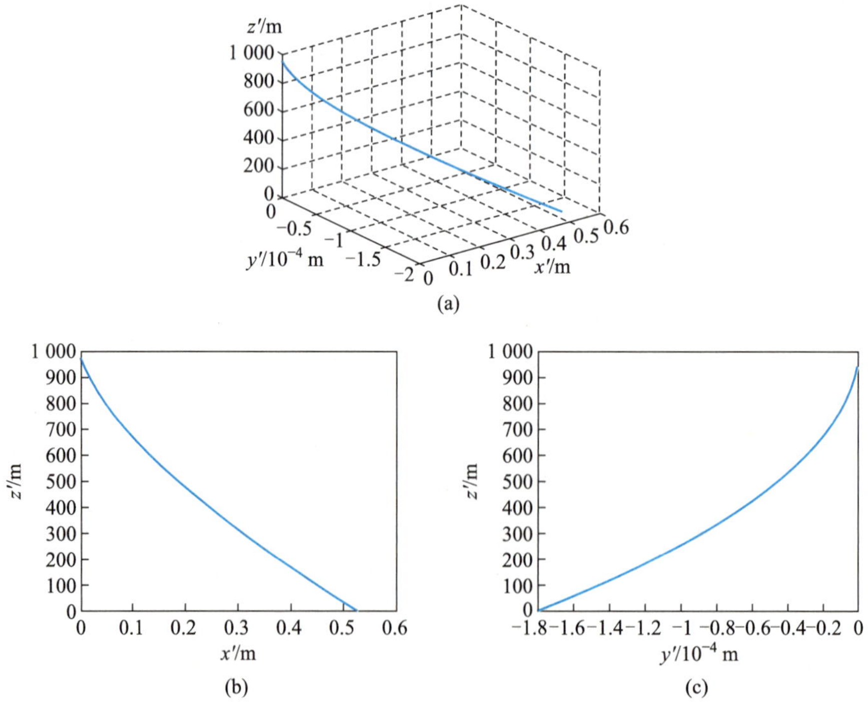

图 14-8 自由下落物体的结果

（2）质点以初速 $v_{r0}=1\ 500\ \text{m/s}$、发射角 $\theta=45°$ 由 $x_0'=0, y_0'=0, z_0'=0$ 的位置向正北方向发射，其结果如图 14-9 所示。可以看出，炮弹偏东（即炮弹运行方向的右侧）约 34.5 m，故在远程炮弹发射时必须考虑地球自转对其运动的影响。

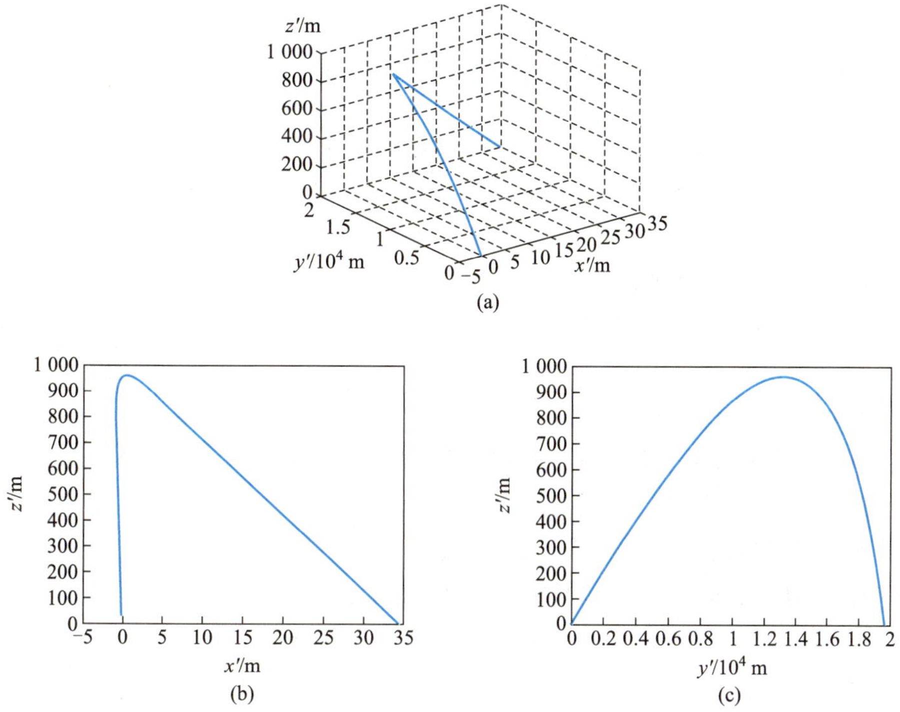

图 14-9　斜抛物体的结果

请读者自行分析，若质点垂直上抛后再落下，结果又如何？

§ 14-3　振动的概念与振动微分方程

振动是指系统在某一位置附近的往复运动。如小球在碗底的来回滚动。碗底最低点是小球的势能极小值点，是小球的稳定平衡位置，除非小球恰好被静止地放在这个最低点，否则就会发生来回地滚动。可以想象，如果没有任何摩擦力带来能量损耗，这个小球将会永远不停地来回滚动下去，为无阻尼自由振动；而实际上总是有摩擦耗散能量的，这个小球的来回滚动幅度会越来越小，若干次后将会停在碗底最低点，为有阻尼自由振动；而如果不停地从外界给小球输入能量，激励小球的运动，即使有摩擦耗散能量，小球也可以不停地运动下去，为受迫振动，像不停地蹬板荡秋千即是①。

14-3　荡秋千的动力学模拟

① 荡秋千的蹬板动作如何使得外界能量得以输入（或外力得以作用），是个有意思的问题。

当系统没有外激励时，其振动总是发生在稳定平衡位置附近，这是因为稳定平衡位置是系统的势能极小值点，系统偏离稳定平衡位置后就会受到恢复力的作用，而在随遇平衡点和不稳定平衡点附近不会产生恢复力，因而不会发生振动。恢复力都是有势力，如弹力、引力、重力、电磁力等，随处可见，所以，自然界和工程系统中振动是一种普遍存在的现象。工程中对力学结构进行的动力学分析主要就是振动分析，换而言之，结构振动分析一般就是结构动力学分析的代名词。

系统受线性恢复力作用发生的振动是线性振动，受非线性恢复力作用发生的振动是非线性振动。非线性振动比线性振动要复杂得多，甚至产出难以预料和理解的现象——“混沌”。本章仅讨论线性振动的最基本的现象和问题。

研究振动问题，首先要建立其运动微分方程。为方便起见，一般都选平衡位置为坐标的原点。至于选择合适的动力学原理，矢量力学基础中的动量定理、动量矩定理、动能定理、达朗贝尔原理，以及分析力学基础中的拉格朗日方程等都是经常用到的。因此，要正确建立振动问题的运动微分方程，必须对动力学各种原理能融会贯通、灵活应用。

最简单的力学振动系统是挂在线性弹簧上的一个质量块——弹簧质量振子(图 14-10)。它的运动：先以弹簧静伸长平衡重力，再以弹簧新的伸长(或压缩)产生一个作用在振子上指向平衡位置的恢复力。以平衡位置为坐标原点，新的伸长为 x，则恢复力为 $F=-kx$，则振子的动力学微分方程为

$$m\frac{\mathrm{d}^2x}{\mathrm{d}t^2}=-kx$$

或

$$m\ddot{x}+kx=0 \tag{14-11}$$

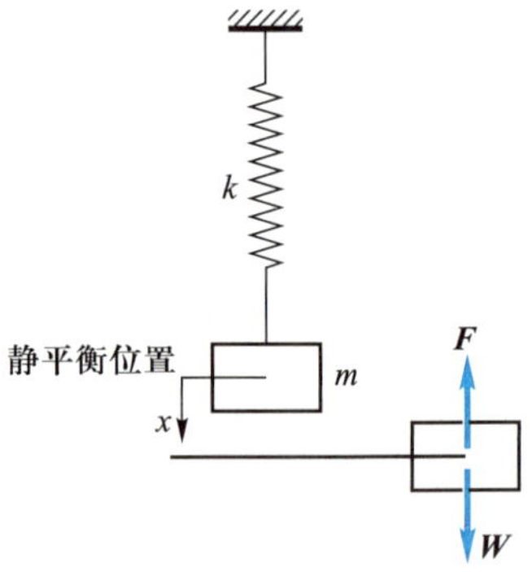

图 14-10 弹簧质量振子

上式即为无阻尼单自由度系统自由振动微分方程的标准型式。其中 m 为振子质量，k 为弹簧刚度系数。因为线性弹簧力具有叠加性，这里重力已被弹簧静伸长时的拉力抵消，已知静伸长为 $\delta_{st}=mg/k$。如果不以平衡位置为坐标原点，建立的运动微分方程不会是齐次的，而且其解——振动方程的形式也会复杂一些。

从本例还可以得到一个有用的结论：一个常力作用于振子，不改变其动力学微分方程，只改变振动中心的位置。

下面再看几个具有同样形式的振动微分方程的例子。

[例题 14-6] 如图 14-11 所示，均质悬臂梁长 l，弹性模量和截面惯性矩分别为 E 和 I，自由端有质量为 m 的物块。已知自由端铅垂载荷 F'与铅垂小挠度位移 y'的关系为 $y'=F'l^3/(3EI)$，成线性关系。若不计梁的质量，试建立物块的振动微分方程。

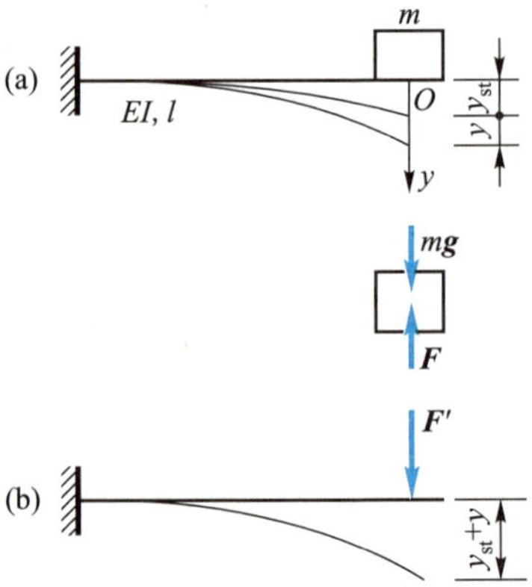

图 14-11 例题 14-6 图

解：将物块和悬臂梁作为考察系统。以物块铅垂方向的运动作为广义坐标 y'，$y'=F'l^3/(3EI)$，与弹簧线性变形关系作类比容易看出，$l^3/(3EI)$ 的倒数相当于弹簧刚度系数，令 $k_{eq}=\dfrac{3EI}{l^3}$，则有 $F'=k_{eq}y'$，k_{eq} 称为**等效刚度**（equivalent stiffness），其物理意义是在选定的广义坐标上产生单位位移需要在此坐标方向上施加的力。引进等效刚度 k_{eq} 后，本例就与弹簧质量振子完全等价了。

将坐标原点设在平衡位置，静平衡时自由端的静挠度为 $y_{st}=\dfrac{mgl^3}{3EI}$，物块在梁的自由端作小挠度运动的微分方程为

$$m\ddot{y}+k_{eq}y=0 \tag{14-12}$$

悬臂梁振子模型用于纳米尺度，已成功制成可嵌入细胞的碳纳米管收音机。2007 年，美国科学家亚历克斯·泽特尔（Alex Zettl）及其同事通过将分子落在悬臂碳纳米管的自由端，使形成的悬臂梁振子系统能够感应相应振动频率的无线电波。

［例题 14-7］　如图 14-12 所示，无质量刚性轴 AB 上固连刚性圆盘 1 和 2，无质量弹性轴 CD 的扭转刚度为 k，轴一端固定，另一端固连刚性圆盘 3，盘 3 和盘 2 之间有齿啮合。三个圆盘的半径分别为 R_1、R_2 和 R_3，转动惯量分别为 J_1、J_2 和 J_3。在圆盘 1 上作用有扭转力矩 $M=M_0\sin(\omega t)$。试写出系统的振动微分方程。

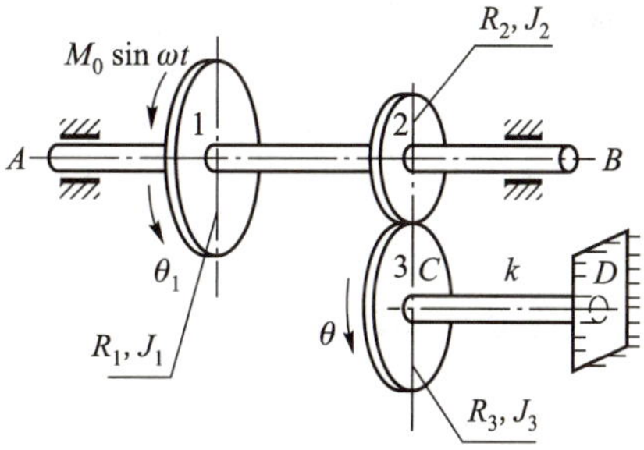

图 14-12　例题 14-7 图

解：弹性轴 CD 与圆盘 3 单独运动的情况称为扭振系统，取轴 CD 扭转变形时圆盘 3 的转角 θ 为广义坐标，容易建立其动力学微分方程：

$$J_3\ddot{\theta}+k\theta=0$$

现在圆盘 1 和 2 与圆盘 3 的运动相关联，且整个轴-盘系统受到外力偶矩作用，所以要以系统为考察对象。仍选圆盘 3 的转角 θ 为广义坐标。在运动的任意位置，系统的势能和动能分别为

$$V=\frac{1}{2}k\theta^2 \tag{a}$$

$$T=\frac{1}{2}J_3\dot{\theta}^2+\frac{1}{2}(J_1+J_2)\dot{\theta}_1^2 \tag{b}$$

式中，θ_1 是刚性轴 AB 的转角，根据圆盘 3 和圆盘 2 的啮合关系，有

$$\theta_1=-\frac{R_3}{R_2}\theta \tag{c}$$

于是式（b）变为

$$T=\frac{1}{2}\left[J_3+\frac{R_3^2}{R_2^2}(J_1+J_2)\right]\dot{\theta}^2 \tag{d}$$

系统在广义坐标上的元功为

$$\mathrm{d}W=M\mathrm{d}\theta_1=-\frac{R_3}{R_2}M_0\sin(\omega t)\mathrm{d}\theta \tag{e}$$

由此得系统的广义力为

$$F_Q=-\frac{R_3}{R_2}M_0\sin(\omega t) \tag{f}$$

应用动能定理或拉格朗日方程,得到系统振动微分方程

$$\left[J_3+\frac{R_3^2}{R_2^2}(J_1+J_2)\right]\ddot{\theta}+k\theta=-\frac{R_3}{R_2}M_0\sin(\omega t) \tag{g}$$

简记为

$$m_{\mathrm{eq}}\ddot{\theta}+k_{\mathrm{eq}}\theta=F_0\sin(\omega t) \tag{14-13}$$

其中

$$m_{\mathrm{eq}}=J_3+\frac{R_3^2}{R_2^2}(J_1+J_2)$$

$$k_{\mathrm{eq}}=k$$

$$F_0=-\frac{R_3}{R_2}M_0$$

振动问题的共同点是,在所考察的系统中既有惯性又有“弹性”,即建立的动力学微分方程中既有等效质量 m_{eq},又有等效刚度 k_{eq},二者缺一不能成为振动系统。当然,系统有时还会受到激励的作用。

从激励特性看,前面的弹簧质量振子和例题 14-6 没有外激励,运动微分方程见式(14-11)和式(14-12),等式右边为零,或可理解为外激励停止后系统的运动,称为**自由振动**(free vibration)。例题 14-7 有作为时间函数的外加激励且该激励不受系统运动的影响,动力学微分方程见式(14-13),等式右边为时间函数的激励项,这种振动称为**受迫振动**(forced vibration)。有些振动的激励是在一定条件下由系统本身运动诱发和控制的,称为**自激振动**(self-excited vibration)。若激励源是系统本身含随时间周期性变化的参数,这种振动称为**参量振动**(parametric vibration)。

从系统本身特性或动力学微分方程特性划分,则弹簧质量振子和扭摆(例题 14-7)都是线性的,称为**线性振动**(linear-vibration);对悬臂振子(例题 14-6)和单摆,当挠幅和摆幅是小量时也是线性振动,但当幅度较大时就是非线性微分方程,或者说系统的刚度呈非线性特性,此时就是**非线性振动**(nonlinear vibration)。

前面这些例子都是一个自由度的系统,称为**单自由度系统振动**(vibration of single degree of freedom system)。如果系统含有多个自由度,则称为**多自由度系统振动**(vibration of multidegree of freedom system),如多个弹簧质量振子串联在一起。有些问题如例题 14-6 中若考虑悬臂梁的连续分布质量,则系统就具有无穷多自由度,称为**连续系统振动**(vibration of continuous system)或称弹性体振动。本章研究单自由度线性系统的振动,因为它是各种振动问题中最简单的,也是研究其他各种振动的基础。然后介绍二自由度系统振动的简单情况并简单介绍多自由度线性系统振动的一些基本的但非常重要的概念。

§ 14-4　单自由度线性系统的自由振动

14-4-1　单自由度系统的等效刚度和等效质量　无阻尼自由振动

上一节已经涉及单自由度线性系统若不考虑阻尼和激励,其振动微分方程总可以写成:

$$m_{eq}\ddot{q}+k_{eq}q=0 \tag{14-14}$$

式中,q 是广义坐标,m_{eq} 和 k_{eq} 分别为等效质量(equivalent mass)和等效刚度。一旦得到了系统的等效质量和等效刚度,也随之得到系统无阻尼自由振动的微分方程。

在例题 14-6 中已定义等效刚度为使系统在广义坐标上产生单位位移而需要在此坐标方向上施加的力或力矩。类似地,等效质量可定义为使系统在广义坐标上产生单位加速度所需在此坐标方向上施加的力或力矩。等效刚度的倒数称为等效柔度(equivalent flexibility)。显然,等效柔度是在系统某广义坐标方向上施加单位力或力矩而在该坐标方向上产生的广义位移。对于某些简单情形,如例题 14-6 以及具有串联或并联弹簧的系统,可以由上述定义直接计算系统的等效刚度。对于图 14-13a 所示的并联弹簧,$k_{eq}=k_1+k_2$,刚度增加;对于串联情形(图 14-13b),则有$\dfrac{1}{k_{eq}}=\dfrac{1}{k_1}+\dfrac{1}{k_2}$,刚度下降。

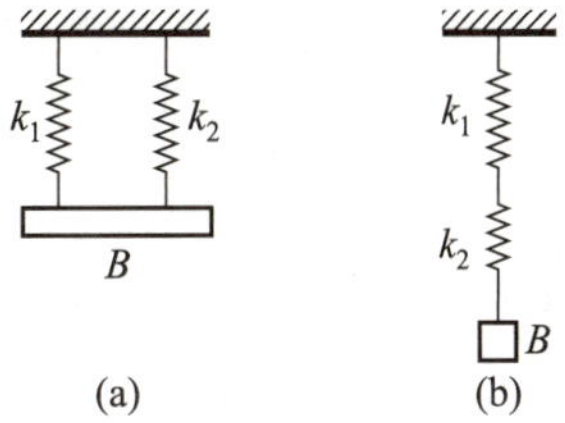

图 14-13　并联、串联弹簧的等效刚度

等效质量和等效刚度也可以由系统的动能和势能表达式中得到。

对于在平衡位置附近作微振动的单自由度系统,设系统含 n 个质点,质量分别为 $m_i(i=1,2,\cdots,n)$,广义坐标为 q,每个质点的位置 $\boldsymbol{r}_i$ 和广义速度 $\boldsymbol{v}_i$ 可以写成广义坐标 q 的函数:

$$\left.\begin{aligned}&\boldsymbol{r}_i=\boldsymbol{r}_i(q,t)\\&\boldsymbol{v}_i=\frac{\partial \boldsymbol{r}_i}{\partial t}+\frac{\partial \boldsymbol{r}_i}{\partial q}\dot{q}\end{aligned}\right\} \tag{14-15}$$

这样,系统的动能为

$$T=\frac{1}{2}\sum m_i\boldsymbol{v}_i\cdot\boldsymbol{v}_i=T_0+T_1+T_2 \tag{14-16}$$

其中

$$T_0=\frac{1}{2}\sum m_i\frac{\partial \boldsymbol{r}_i}{\partial t}\cdot\frac{\partial \boldsymbol{r}_i}{\partial t}$$

$$T_1=\sum m_i\frac{\partial \boldsymbol{r}_i}{\partial t}\cdot\frac{\partial \boldsymbol{r}_i}{\partial q}\dot{q}$$

$$T_2=\frac{1}{2}\left(\sum m_i\frac{\partial \boldsymbol{r}_i}{\partial q}\cdot\frac{\partial \boldsymbol{r}_i}{\partial q}\right)\dot{q}^2=\frac{1}{2}a(q)\dot{q}^2$$

对于微振动,可以将 $a(q)$ 在平衡位置附近按泰勒公式展开,

$$a(q)=a(0)+a'(0)q+\frac{1}{2}a''(0)q^2+\cdots$$

由于振动微分方程只保留 q 及其导数的一次项,因此动能表达式中可略去二阶以上微量,即

$$T_2=\frac{1}{2}a(0)\dot{q}^2 \tag{14-17}$$

对于定常约束,$\frac{\partial \boldsymbol{r}_i}{\partial t}=\boldsymbol{0}$,所以

$$T=T_2=\frac{1}{2}a(0)\dot{q}^2 \tag{14-18}$$

式中,$a(0)$ 即为系统的等效质量,可用符号 m_{eq} 表示。

系统的势能在定常约束情形下也仅是广义坐标的函数

$$V=V(q)$$

同样将势能在平衡位置附近展成泰勒级数,对微振动仅保留二阶小量,则有

$$V(q)=V(0)+V'(0)q+\frac{1}{2}V''(0)q^2 \tag{14-19}$$

根据势力场中系统平衡的充要条件为 $V'(0)=0$,再令系统在平衡位置时的势能为零值,即 $V(0)=0$,则系统的势能可表示为

$$V(q)=\frac{1}{2}V''(0)q^2 \tag{14-20}$$

其中,$V''(0)$ 就是系统的等效刚度,可用符号 k_{eq} 表示。

势能通常包含重力势能和弹性势能。若重力势能的表达式中不含广义坐标的平方项,则在等效刚度中就没有重力势能的成分,即重力就没有起恢复力作用。

当系统不受其他外力作用时,系统机械能守恒,$T+V=$ 常量,进而可得与式(14-14)相同的系统振动微分方程

$$a(0)\cdot\ddot{q}+V''(0)\cdot\dot{q}=0$$

无阻尼自由振动的特性在物理学中已学习过,本节仅作概要回顾。

引入参数 $\omega_0=\sqrt{k_{eq}/m_{eq}}$,振动微分方程(14-14)可写成

$$\ddot{q}+\omega_0^2q=0 \tag{14-21}$$

式(14-21)是无阻尼单自由度系统自由振动微分方程的另一种常用的标准形式,是一个二阶线性齐次常系数微分方程,方程的通解为

$$q=C_1\cos(\omega_0t)+C_2\cos(\omega_0t) \tag{14-22}$$

或

$$q=A\sin(\omega_0 t+\varphi) \tag{14-23}$$

式中，ω_0 称为系统的固有圆频率，有时也简称为**固有频率**（natural frequency），它仅取决于系统的物理特性，与固有周期 T_0 的关系为 $\omega_0 T_0=2\pi$。A 称为**振幅**（amplitude），φ 称为**相角**（phase angle）。A 和 φ 取决于初始条件。在给定初始条件 $t=0$ 时，$q(0)=q_0$ 和 $\dot{q}(0)=\dot{q}_0$，可确定振幅 A 和相角 φ。

$$\left.\begin{aligned}A&=\sqrt{q_0^2+\left(\frac{\dot{q}_0}{\omega_0}\right)^2}\\ \varphi&=\arctan\left(\frac{\omega_0 q_0}{\dot{q}_0}\right)\end{aligned}\right\} \tag{14-24}$$

用能量法计算固有频率

系统的最大动能和最大势能分别为

$$T_{\max}=\frac{1}{2}m_{\mathrm{eq}}\dot{q}_{\max}^2=\frac{1}{2}m_{\mathrm{eq}}\omega_0^2A^2$$

$$V_{\max}=\frac{1}{2}k_{\mathrm{eq}}q_{\max}^2=\frac{1}{2}k_{\mathrm{eq}}A^2$$

无阻尼自由振动中没有机械能的补充和损耗，仅有动能和势能的转换，所以

$$T_{\max}=V_{\max}$$

即

$$\frac{1}{2}m_{\mathrm{eq}}\omega_0^2A^2=\frac{1}{2}k_{\mathrm{eq}}A^2$$

这样，由系统机械能守恒同样可得到固有频率的计算公式 $\omega_0=\sqrt{k_{\mathrm{eq}}/m_{\mathrm{eq}}}$，这也正是用能量法计算固有频率的基本思想，在多自由度系统固有频率的近似计算中有着广泛的应用。

[例题 14-8]　图 14-14a 所示提升系统，钢丝绳的刚度系数 $k=2.312\times10^6$ N/m。起吊的重物质量 $m=6\ 000$ kg，并以 $v=0.25$ m/s 匀速下降，在降至 $l=25$ m 时，钢丝绳上端突然被卡住。试求重物的振动规律及钢丝绳中最大张力。

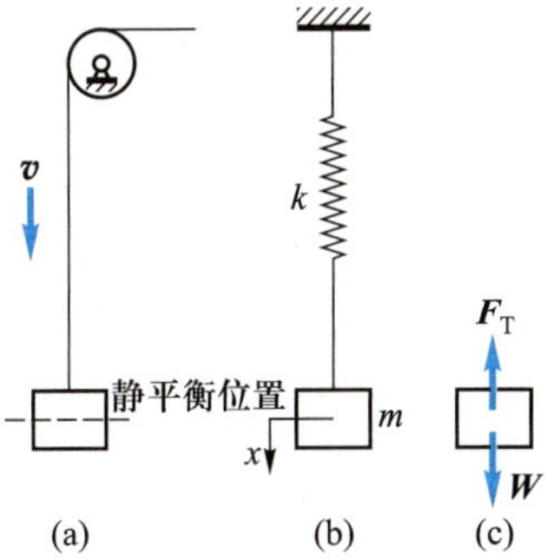

图 14-14　例题 14-8 图

解：钢丝绳和重物可简化为图 14-14b 所示的弹簧质量系统，设绳上端被卡住时刻为 $t=0$，此时重物所在位置为广义坐标 x 的原点，则系统的振动微分方程为

$$m\ddot{x}+kx=0$$

由初始条件 $x_0=0$ 和 $\dot{x}_0=v$ 可解得重物的运动规律为

$$x=a\sin(\omega_0 t)$$

将已知数据代入后，得

$$\omega_0=\sqrt{\frac{k}{m}}=\sqrt{\frac{2.312\times10^6\ \mathrm{N/m}}{6\ 000\ \mathrm{kg}}}=19.63\ \mathrm{s}^{-1}$$

$$a=\frac{v}{\omega_0}=0.012\ 7\ \text{m}$$

为求钢丝绳张力,分析重物受力

$$W-F_T=m\ddot{x}$$

即

$$F_T=W-m\ddot{x}=W+m\omega_0^2 a\sin(\omega_0 t)$$
$$=W+ka\sin(\omega_0 t)$$

可见,绳中张力有两部分,一部分等于 W,称为静张力,另一部分是时间的简谐函数,称为动张力,动张力的幅值为 ka。所以,

$$T_{\max}=W+ka=6\ 000\ \text{kg}\times 9.8\ \text{m/s}^2+2.312\times 10^6\ \text{N/m}\times 0.012\ 7\ \text{m}$$
$$=(58.8+29.4)\ \text{kN}=88.2\ \text{kN}$$

根据本例给定的数据,算得的动张力将近静张力的一半,是一个不小的数值,因此工程中要考虑出现这种动张力后对安全问题的影响。

讨论:为保证安全,应该考虑哪些措施?

[例题 14-9] 某地震仪中的摆振系统,长度为 l 的刚性摆杆一端铰支,另一端有质量块 m。距铰支端 a 处连有刚度系数为 k 的弹簧。静平衡时杆处于水平位置(图 14-15a)。刚性摆杆连同质量块对铰支端的转动惯量为 J,试求系统微振动的固有频率。

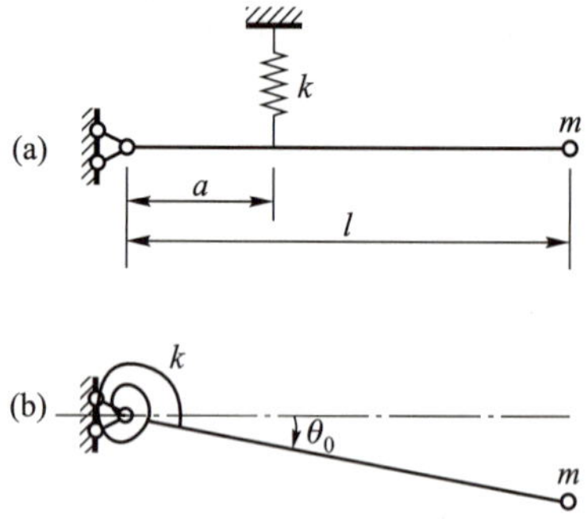

图 14-15 例题 14-9 图

解:用能量法计算固有频率。

摆杆作无阻尼自由振动,根据通解式(14-23),设摆角 θ 的变化规律为

$$\theta=A\sin(\omega_0 t+\varphi)$$

则系统最大动能为

$$T_{\max}=\frac{1}{2}J\dot{\theta}_{\max}^2=\frac{1}{2}J(A\omega_0)^2$$

摆杆的最大角位移为 A,若以静平衡位置为系统势能零位置,计算系统势能时可以不管重力,而由平衡位置计算弹簧变形的弹性势能,其最大值为

$$V_{\max}=\frac{1}{2}k(aA)^2$$

由机械能守恒定律有

$$T_{\max}=V_{\max}$$

即

$$\frac{1}{2}J(A\omega_0)^2=\frac{1}{2}k(aA)^2$$

解得固有频率

$$\omega_0=a\sqrt{k/J}$$

讨论:在铰支端用一个扭转弹簧代替原系统中的线弹簧,静平衡时杆与水平线成夹角 θ_0(图 14-15b),此时系统微振动的固有频率为多少?

14-4-2 单自由度系统的有阻尼自由振动

在前面的自由振动中都没有考虑运动过程中的阻力。而在实际系统中存在各种各样的阻力,例如干摩擦力、润滑表面阻力、液体或气体等介质的阻力、材料的内部阻力等。这些阻力统称为阻尼(damping)。其中,物体沿润滑表面运动的阻力 F_c 的大小与速度成线性比例,即 $F_c=-c\dot{x}$,称为黏性阻尼(viscous damping)或线性阻尼(linear damping);系数 c 称为黏阻系数(coefficient of viscous damping)。本节仅研究线性阻尼对自由振动的影响。

在弹簧质量振子模型中加上黏性阻尼器就构成单自由度系统有阻尼自由振动最简单的模型,如图 14-16 所示。

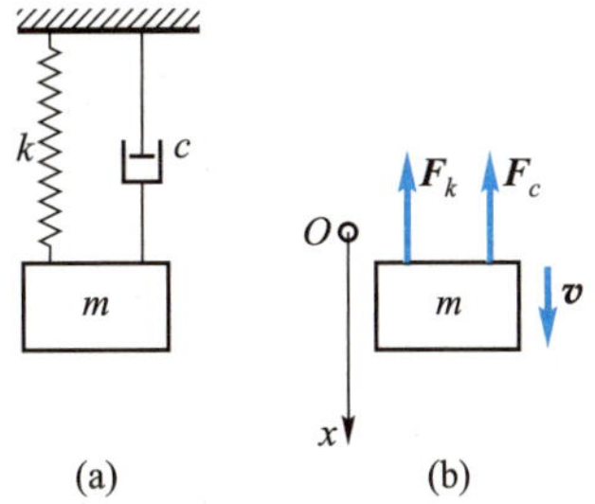

图 14-16

取静平衡位置为坐标原点建立振子振动的微分方程,这时重力不需再考虑:

$$m\ddot{x}=-F_k-F_c=-kx-c\dot{x}$$

即

$$m\ddot{x}+c\dot{x}+kx=0 \tag{14-25}$$

方程(14-25)为单自由度系统有阻尼自由振动微分方程标准形式,对比无阻尼自由振动微分方程(14-11),多出中间的一个线性阻尼项。上式还可表达为对应于式(14-21)的另一种常用的标准形式:

$$\ddot{x}+2n\dot{x}+\omega_0^2x=0 \tag{14-26}$$

其中,$\omega_0=\sqrt{k/m}$,仍为系统固有频率;$n=c/(2m)$,称为阻尼系数。方程(14-26)仍是一个二阶线性齐次常系数微分方程,设解为

$$x=e^{st}$$

代入方程(14-26),得特征方程

$$s^2+2ns+\omega_0^2=0$$

引入阻尼比

$$\zeta=\frac{n}{\omega_0}$$

解得特征根为

$$s_{1,2}=-\zeta\omega_0\pm\omega_0\sqrt{\zeta^2-1}$$

特征根及方程(14-26)的通解随阻尼的大小不同而有不同的形式:

(1) 大阻尼($\zeta>1$,即 $n>\omega_0$)

此时特征根为两个不等的实数

$$s_{1,2}=-\zeta\omega_0\pm\omega_0\sqrt{\zeta^2-1} \tag{14-27}$$

方程(14-26)的通解为

$$x=C_1\mathrm{e}^{-s_1t}+C_2\mathrm{e}^{-s_2t} \tag{14-28}$$

(2) 临界阻尼($\zeta=1$,即 $n=\omega_0$)

此时特征根为两个相等的实数

$$s_1=s_2=-\omega_0 \tag{14-29}$$

对应的通解为

$$x=(C_1+C_2t)\mathrm{e}^{-\omega_0t} \tag{14-30}$$

大阻尼和临界阻尼时物体运动时程曲线见图 14-17,从图中看出,运动不再具有周期性,而是按指数衰减的蠕动。

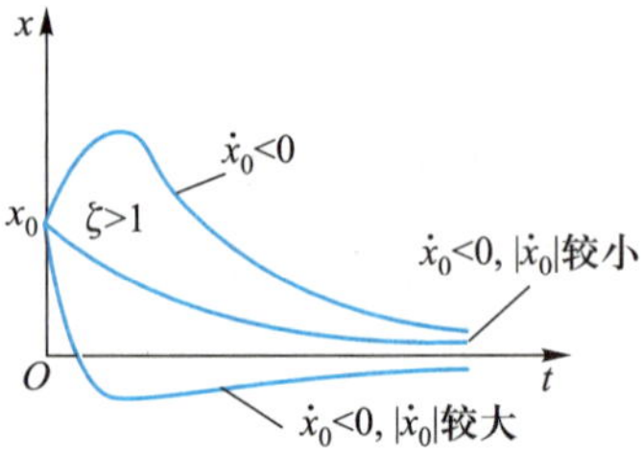

图 14-17 $x_0>0$ 时大阻尼和临界阻尼系统的运动形态

(3) 小阻尼($\zeta<1$,即 $n<\omega_0$)

此时特征根为一对共轭复数

$$s=-\zeta\omega_0\pm\mathrm{i}\omega_\mathrm{d} \tag{14-31}$$

式中,

$$\omega_\mathrm{d}=\omega_0\sqrt{1-\zeta^2}=\sqrt{\omega_0^2-n^2} \tag{14-32}$$

称为有阻尼自由振动频率,它小于无阻尼系统固有频率 ω_0。这时方程(14-26)的通解可写为

$$x=\mathrm{e}^{-\zeta\omega_0t}(C_1\cos(\omega_\mathrm{d}t)+C_2\sin(\omega_\mathrm{d}t)) \tag{14-33}$$

或写成与无阻尼自由振动类似的形式

$$x=A\mathrm{e}^{-\zeta\omega_0t}\sin(\omega_\mathrm{d}t+\varphi) \tag{14-34}$$

式中,$A\mathrm{e}^{-\zeta\omega_0t}$ 和 φ 为有阻尼自由振动的振幅和初相位。

给定初始条件 $x(0)=x_0$ 和 $\dot{x}(0)=\dot{x}_0$,有

$$\left.\begin{aligned}A&=\sqrt{x_0^2+\left(\frac{\dot{x}_0+\zeta\omega_0x_0}{\omega_\mathrm{d}}\right)^2}=\sqrt{x_0^2+\left(\frac{\dot{x}_0+nx_0}{\omega_\mathrm{d}}\right)^2}\\ \varphi&=\arctan\frac{\omega_\mathrm{d}x_0}{\dot{x}_0+\zeta\omega_0x_0}=\arctan\frac{\omega_\mathrm{d}x_0}{\dot{x}_0+nx_0}\end{aligned}\right\} \tag{14-35}$$

从式(14-34)可以看出,有阻尼自由振动已不是等幅简谐运动,而是振幅按指数规律衰减的衰减振动。衰减振动的频率为 ω_d,振幅衰减的快慢决定于 $\zeta\omega_0$,即阻尼系数 n,这正是特征根 s 的虚部和实部。衰减振动的时程曲线见图 14-18。图中振幅的包络线的表达式为 $A\mathrm{e}^{-\zeta\omega_0t}$,是衰减函数,$T_\mathrm{d}$ 称衰减振动周期。

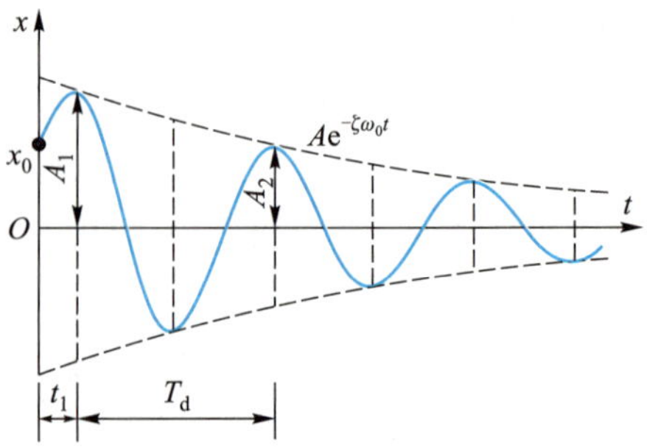

图 14-18 小阻尼衰减振动的时程曲线

$$T_\mathrm{d}=\frac{2\pi}{\omega_\mathrm{d}} \tag{14-36}$$

相邻两个振幅之比称为减缩系数,记作 η,即

$$\eta=\frac{A_i}{A_{i+1}}=\frac{Ae^{-\zeta\omega_0 t_i}}{Ae^{-\zeta\omega_0(t_i+T_d)}}=e^{\zeta\omega_0 T_d}=e^{nT_d} \tag{14-37}$$

为应用方便，常引入对数减缩 Λ，即

$$\Lambda=\ln\,\eta=nT_d=\frac{2\pi\zeta}{\sqrt{1-\zeta^2}}$$

也是反应阻尼特性的一个参数。当 ζ 较小时，有

$$\Lambda\approx 2\pi\zeta \tag{14-38}$$

综上所述，有阻尼系统的运动形态取决于阻尼的大小。当阻尼较小时，系统形成衰减振动，且随阻尼的增大，振幅的衰减加剧，振动频率下降；当阻尼增大超过临界值后，系统则一次也不能形成往复运动，直接向零衰减。

§14-5 单自由度线性系统的受迫振动

受迫振动是系统在外界激励下所产生的振动。激励的形式可以是力（直接作用力，如电磁力、风力，或惯性力，如偏心转子），也可以是运动（如系统基础的位移、速度或加速度）。外界激励一般为时间的函数，最简单的形式是简谐激励，当然，也可以是一般周期函数，甚至可以是非周期性的。周期性激励可以通过傅里叶级数展开成一系列简谐激励的叠加。本节将对简谐激励的响应分析进行较为深入的研究。至于非周期性激励的响应，可用单位脉冲响应的卷积方法研究，限于篇幅而不在本书中讨论。

14-5-1 简谐激励的响应（全解）

阻尼系统在简谐激励力 $F_0\sin(\omega t)$ 作用下，系统的振动微分方程和初始条件为

$$\left.\begin{aligned} &m\ddot{x}+c\dot{x}+kx=F_0\sin(\omega t)\\ &x(0)=x_0,\qquad \dot{x}(0)=\dot{x}_0\end{aligned}\right\} \tag{14-39}$$

根据微分方程解的理论，其通解由两部分组成

$$x=x_1+x_2$$

其中，x_1 为方程(14-39)的齐次通解，即上一节讨论的阻尼自由振动解，在小阻尼时为

$$x_1(t)=Ae^{-\zeta\omega_0 t}\sin(\omega_d t+\varphi)$$

x_2 为方程(14-39)的一个非齐次特解，可设为

$$x_2=B\sin(\omega t-\psi) \tag{14-40}$$

代入运动微分方程，即

$$(k-m\omega^2)B\sin(\omega t-\psi)+c\omega B\cos(\omega t-\psi)=F_0\sin(\omega t)$$

移项后改写为

$$[(k-m\omega^2)B-F_0\cos\,\psi]\sin(\omega t-\psi)+(c\omega B-F_0\sin\,\psi)\cos(\omega t-\psi)=0$$

对任意瞬时 t,上式都必须是恒等式,则有

$$(k-m\omega^2)B-F_0\cos\psi=0$$

$$c\omega B-F_0\sin\psi=0$$

联立解得

$$B=\frac{F_0}{\sqrt{(k-m\omega^2)^2+(c\omega)^2}},\qquad \psi=\arctan\frac{c\omega}{k-m\omega^2}\tag{14-41}$$

或

$$B=\frac{F_0/m}{\sqrt{(\omega_0^2-\omega^2)^2+4n^2\omega^2}},\qquad \psi=\arctan\frac{2n\omega}{\omega_0^2-\omega^2}\tag{14-41'}$$

引入量纲一的参数 $\lambda=\frac{\omega}{\omega_0}$(频率比),$\zeta=\frac{c}{2m\omega_0}$(阻尼比),则有

$$B=\frac{F_0}{k}\cdot\frac{1}{\sqrt{(1-\lambda^2)^2+(2\zeta\lambda)^2}},\qquad \psi=\arctan\frac{2\zeta\lambda}{1-\lambda^2}\tag{14-41''}$$

这样,方程(14-39)的解为

$$x(t)=Ae^{-\zeta\omega_0 t}\sin(\omega_d t+\varphi)+B\sin(\omega t-\psi)\tag{14-42}$$

称为系统的响应。其中 A 和 φ 为积分常数,可由系统初始条件确定,B 和 ψ 由式(14-41)确定。

由式(14-42)可见,总的响应由两部分组成:前一部分(齐次通解)是自由振动(频率 ω_d),且由于阻尼的作用,是衰减振动,暂态的①;后一部分(非齐次特解)是受迫振动,以激励频率作简谐振动,其振幅不会随时间衰减,称稳态解或稳态响应。

14-5-2　简谐激励的响应(稳态响应)

有阻尼系统简谐激励响应中的特解就是不随时间衰减的稳态响应,因此它在响应研究中尤为重要。

特解表达式(14-40)

$$x_2=B\sin(\omega t-\psi)$$

表明稳态受迫振动是与激励频率相同的谐振动,其中 B 称为稳态受迫振动的振幅,ψ 称为滞后相位差。对简谐激励力,它们的表达式为

$$B=\frac{F_0}{k}\frac{1}{\sqrt{(1-\lambda^2)^2+(2\zeta\lambda)^2}}$$

$$\psi=\arctan\frac{2\zeta\lambda}{1-\lambda^2}$$

上述二式表明,振幅和滞后相位差均与初始条件无关,仅取决于系统和激励的特性。在振幅

---

① 更细的分析还包含自由振动响应和伴随振动响应两部分。

表达式中，若令 $B_0=\dfrac{F_0}{k}$，并引入振幅放大因子 $\beta=\dfrac{B}{B_0}$，则有

$$\beta=\frac{1}{\sqrt{(1-\lambda^2)^2+(2\zeta\lambda)^2}} \tag{14-43}$$

对于不同的 ζ 值，可分别作出 $\beta-\lambda$ 曲线族和 $\psi-\lambda$ 曲线族，称为**幅频特性曲线**和**相频特性曲线**。二者分别如图 14-19 和图 14-20 所示。

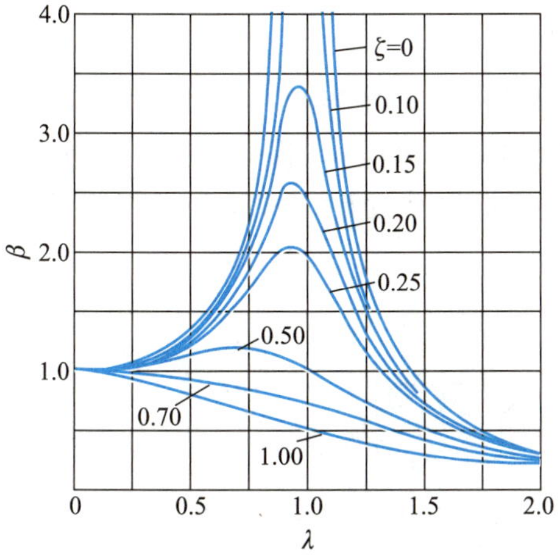

图 14-19　幅频特性曲线

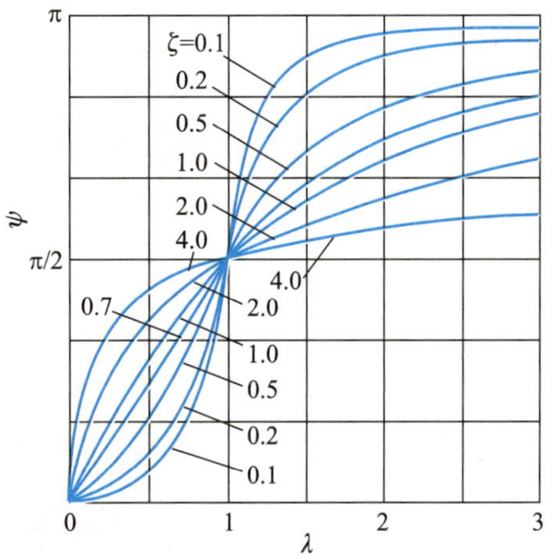

图 14-20　相频特性曲线

幅频特性和相频特性表明：

(1) 在 $\lambda=0$ 附近（即 $\omega\ll\omega_0$，称为低频区或弹性控制区），$\beta\approx1$，而 $\psi=0$，响应与激励同相。对应于不同的 ζ 值，曲线较密集，说明阻尼影响不大。

(2) 在 $\lambda\gg1$（即 $\omega\gg\omega_0$，称为高频区或惯性控制区），$\beta\approx0$，而 $\psi\approx\pi$，响应与激励反相，阻尼的影响也不大。

因此，在低频区和高频区，当 $\zeta\ll1$ 时，由于阻尼影响不大，为简化计算，可将系统简化为无阻尼系统。

(3) 在 $\lambda=1$ 附近（即 $\omega\approx\omega_0$，称为共振区），β 急剧增大并在 $\lambda=1$ 略微偏左处有峰值。通常将 $\lambda=1$，即 $\omega=\omega_0$ 称为共振频率。阻尼对 β_{max} 的影响显著，且阻尼越小幅频响应曲线越陡峭。在相频特性图上则可看出，无论阻尼为何值，$\lambda=1$ 时总有 $\psi=\dfrac{\pi}{2}$，这也是共振时的重要现象之一。当无阻尼共振时：

$$x_2=B\sin(\omega t-\psi)=\frac{F_0\omega_0}{2k}\frac{\sin(\omega t-\psi)}{\omega_0-\omega}$$

$$\lim_{\omega\to\omega_0}x_2=-\frac{F_0\omega_0}{2k}t\cos(\omega t-\psi)$$

这说明无阻尼系统共振时，振幅将随时间无限地增大，如图 14-21 所示。

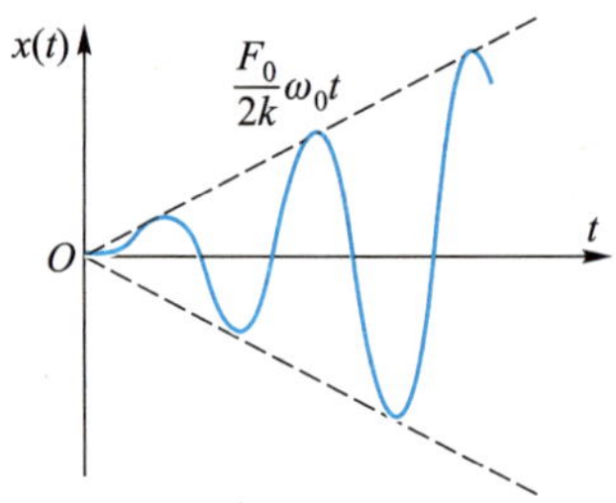

图 14-21　无阻尼系统的共振

图 14-19 和图 14-20 所示之幅频特性和相频特性曲线以及上述讨论是对应于激励的幅值与激励频率无关的情形。工程中还有很多激励幅值与激励频率有关的问题。例如,偏心转子产生的激励力幅值与激励频率平方成正比;支承运动对系统的激励,若研究系统的相对运动则激励力幅值也与激励频率平方成正比;若研究系统的绝对运动则情形又有所不同。因此,凡激励力幅值与激励频率有关时都需另外研究其幅频特性。

[例题 14-10]　一转速可变的电机安装在简支梁中点,如图 14-22a 所示,电机总质量为 m_0,偏心质量和偏心距分别为 m 和 e;简支梁长 l,弯曲刚度为 EI。若不计质量,试求当电机转动角速度为 ω 时,梁中点稳态振动位移幅值(电机振动过程中所受阻尼用阻尼器 c 模拟)。

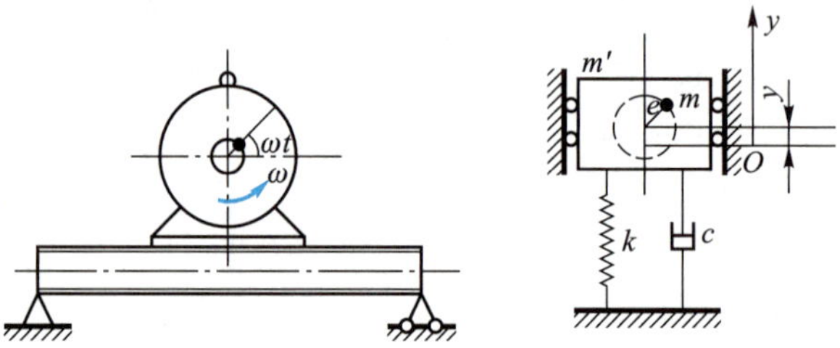

图 14-22　例题 14-10 图

解:该系统可简化为图 14-22b 所示之力学模型,其等效刚度 $k=\frac{48EI}{l^3}$,设电机离开平衡位置的铅垂位移为 y,质点系动量定理在 y 方向上的投影表达式为

$$(m_0-m)\ddot{y}+m\frac{\mathrm{d}^2}{\mathrm{d}t^2}(y+e\sin(\omega t))+c\dot{y}+ky=0$$

即有

$$m_0\ddot{y}+c\dot{y}+ky=m\omega^2 e\sin(\omega t)$$

令

$$\omega_0^2=\frac{k}{m_0},\qquad \zeta=\frac{c}{2m_0\omega_0},\qquad \lambda=\frac{\omega}{\omega_0}$$

则系统的稳态响应为

$$y=B\sin(\omega t-\varphi)$$

其中

$$B=\frac{m}{m_0}e\cdot\frac{\lambda^2}{\sqrt{(1-\lambda^2)^2+(2\zeta\lambda)^2}},\qquad \psi=\arctan\frac{2\zeta\lambda}{1-\lambda^2}$$

引入量纲一的参数 $\beta=\dfrac{B}{e(m/m_0)}$，相应的幅频特性曲线如图 14-23 所示；相频特性曲线仍与图 14-20 所示相同。

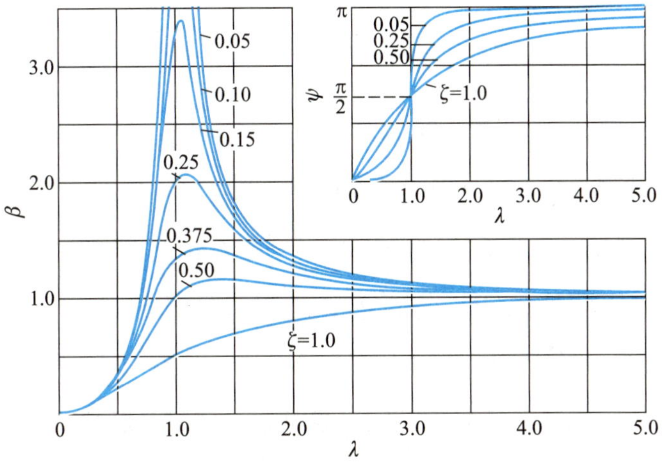

图 14-23　偏心转子激励的幅频特性曲线和相频特性曲线

与图 14-19 所示之幅频特性曲线不同的是，本例中的幅频特性曲线在低频区 $\lambda \ll 1$ 时，$\beta \approx 0$；而在高频区当 $\lambda \gg 1$ 时，$\beta \approx 1$。这正是由于本例中激励力幅值与 ω^2 成正比所引起的。当电机转动角速度 ω 比系统固有频率 ω_0 稍大一些时，系统振幅达到最大，工程上称 ω_0 为系统转子临界转速（角速度），$\lambda=1$ 附近为共振区，共振振幅为

$$B_{\max}=\frac{me}{2\zeta m_0}=\frac{m\omega_0 e}{c}$$

工程上要避免出现共振，转子转速不能在临界转速附近。

讨论：在电机物理参数不变的条件下，如何才能降低共振幅值？若电机参数、梁的物理和几何参数以及阻尼都不能改变，又如何才能降低共振幅值？

［例题 14-11］　惯性式测振仪器内部安置一质量块 m、弹簧 k 和阻尼 c，其简图如图 14-24 所示。测振时仪器外壳安置在被测物体上。仪器内置质量块相对于外壳的运动量被转变成电信号输出。试分析当被测物体以 $x_e=a\sin(\omega t)$ 振动时，仪器内置质量块相对外壳的振动。

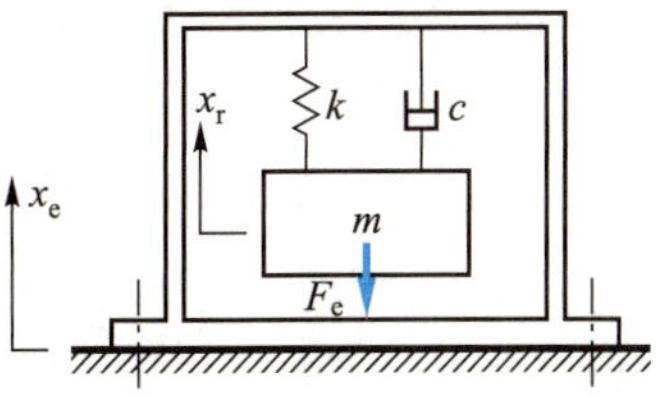

图 14-24　例题 14-11 图

解：在仪器外壳上固结动坐标系，牵连运动为平移。以质量块相对外壳的位移 x_r 为广义坐标。系统运动为非惯性系中的运动，可以应用达朗贝尔原理，在质量块上添加牵连惯性力，建立系统的动力学微分方程

$$m\ddot{x}_r+c\dot{x}_r+kx_r=-F_e$$

即

$$m\ddot{x}_r+c\dot{x}_r+kx_r=m\omega^2 a\sin(\omega t)$$

其稳态响应为

$$x_r = B\sin(\omega t-\psi)$$

其中

$$B = a\frac{\lambda^2}{\sqrt{(1-\lambda^2)^2+(2\zeta\lambda)^2}},\qquad \psi = \arctan\frac{2\zeta\lambda}{1-\lambda^2}$$

幅频特性曲线与图 14-23 所示相同。

进一步研究:若要求质量块 m 的相对位移幅值与被测物体的位移幅值成正比(这种仪器称为位移计),则应如何设计该仪器的固有频率和阻尼?

显然,从幅频特性曲线可以看出,当 $\lambda \gg 1$ 时,$\frac{B}{a}\approx 1$,因此,设计时须使仪器本身固有频率较低,这样才可能有较大的 λ 值。被测频率越高,测量精度也就越高;相反,被测频率较低,精度就较差。因此,位移计有一个适用频率的下限。从幅频特性曲线还可看出,对于同一 λ 值,阻尼越大,$\frac{B}{a}$就越接近于 1,因此增大仪器内部阻尼可以扩大仪器的使用范围。例如,取 $\zeta=0.6$,当 $\lambda=2.5$ 时,$\frac{B}{a}\approx 1.03$,仍有很好的精度。

讨论:为了使位移计本身固有频率较低,势必增加其质量,从而使位移计较为笨重。为避免这一缺点,可以设计使质量块相对位移幅值与被测物体加速度幅值成正比,称为“加速度计”。加速度计的固有频率和阻尼应如何设计?

对于惯性式测振仪器,激励源是支承的运动,研究的是相对运动。有时感兴趣的是支承运动激励产生的绝对运动,这时的稳态响应幅值则又有所不同。

[例题 14-12] 如图 14-25 所示,工作台上安置某种精密仪器,为减少工作台本身振动对仪器的影响,在仪器和台面间设置弹簧阻尼垫。设仪器质量为 m,弹簧阻尼垫的刚度系数为 k,阻尼为 c,工作台面本身以 $x_e = a\sin\omega t$ 运动。试分析仪器的稳态响应。

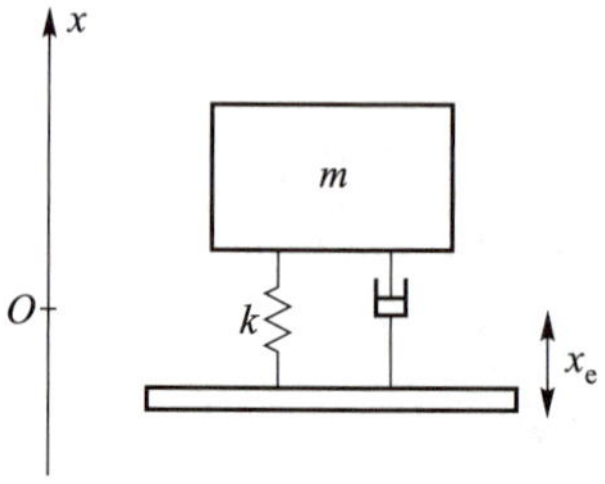

图 14-25 例题 14-12 图

解:在认为不动的地面观察仪器的运动。设其铅垂方向的绝对运动为广义坐标 x,以平衡位置为其原点。振动微分方程可写为

$$m\ddot{x}+c(\dot{x}-\dot{x}_e)+k(x-x_e)=0$$

即

$$m\ddot{x}+c\dot{x}+kx = ka\sin(\omega t)+c\omega a\cos(\omega t)$$

可见,激励由两部分组成:一部分是弹簧端的运动激励,其幅值与激励频率无关;另一部分是阻尼端的运动激励,其幅值与激励频率成正比,且相位比弹簧端激励超前$\frac{\pi}{2}$。根据叠加原理,稳态响应也由两部分叠加而成

$$x=B_1\sin(\omega t-\psi_1)+B_2\cos(\omega t-\psi_2)$$

对于仅有弹簧端的运动激励，可用式(14-41″)直接计算其稳态响应幅值 B_1 和滞后相位差 ψ_1

$$B_1=\frac{ka}{k}\frac{1}{\sqrt{(1-\lambda^2)^2+(2\zeta\lambda)^2}}=a\frac{1}{\sqrt{(1-\lambda^2)^2+(2\zeta\lambda)^2}}$$

$$\psi_1=\arctan\frac{2\zeta\lambda}{1-\lambda^2}$$

对于仅有阻尼端的运动激励，稳态响应幅值和滞后相位角为

$$B_2=\frac{c\omega a}{k}\frac{1}{\sqrt{(1-\lambda^2)^2+(2\zeta\lambda)^2}}=a\frac{2\zeta\lambda}{\sqrt{(1-\lambda^2)^2+(2\zeta\lambda)^2}}$$

$$\psi_2=\arctan\frac{2\zeta\lambda}{1-\lambda^2}$$

二者相加，得

$$x=B_1\sin(\omega t-\psi_1)+B_2\cos(\omega t-\psi_2)=B\sin(\omega t-\psi)$$

式中

$$B=a\sqrt{\frac{1+(2\zeta\lambda)^2}{(1-\lambda^2)^2+(2\zeta\lambda)^2}},\qquad \psi=\arctan\frac{2\zeta\lambda^3}{(1-\lambda^2)^2+(2\zeta\lambda)^2}$$

幅频特性和相频特性曲线如图 14-26 所示。

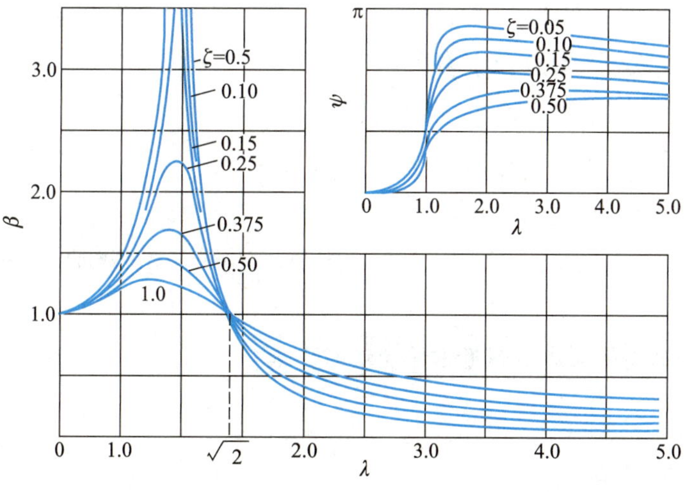

图 14-26　隔振问题的幅频特性曲线和相频特性曲线

讨论：本例所研究的实际上是**隔振问题**，将外界振源尽可能与研究对象隔离(称为被动隔振)。为起到隔振效果，即使仪器振幅 B 小于振源振幅 a，应当如何设计隔振层的刚度系数 k? 对于隔振效果，阻尼大一点好还是小一点好?

§14-6 本章讨论与小结

14-6-1 歼击机(或强击机)飞行员的“黑晕”与“红视”现象

歼击机(或强击机)爬高时,若其加速度 a_e 过大(一般 $a_e>5$ g,g 为重力加速度的数值),飞行员便会由于脑部失血,出现眼睛失明现象,这种现象称为“黑晕”;同样,在飞机俯冲时,若其加速度过大(一般 $a_e>2$ g)也会使飞行员由于大脑充血,而使他视物变红,这种现象称为“红视”。

以飞行员由心脏向大脑供血的动脉血管中的血流质点为所考察的动点,以飞机为动系,地球为定系。当飞机爬高时,其上与该血流质点相重合的一点的加速度(即牵连加速度 a_e)如图 14-27a 所示,$a_e=a_e^t+a_e^n$,a_e^t 与 a_e^n 分别为牵连切向与法向加速度。这样,在所考察的血流质点上便受到过大的牵连惯性力 F_{Ie} 的作用。F_{Ie} 使由下(心脏)向上(大脑)流动的血流质点受阻,因此出现由于脑部失血而造成的“黑晕”。同理,飞机俯冲时,作用在血流质点上的 F_{Ie} 使之由下向上加速流动,从而造成飞行员大脑充血,出现“红视”(图 14-27b)。

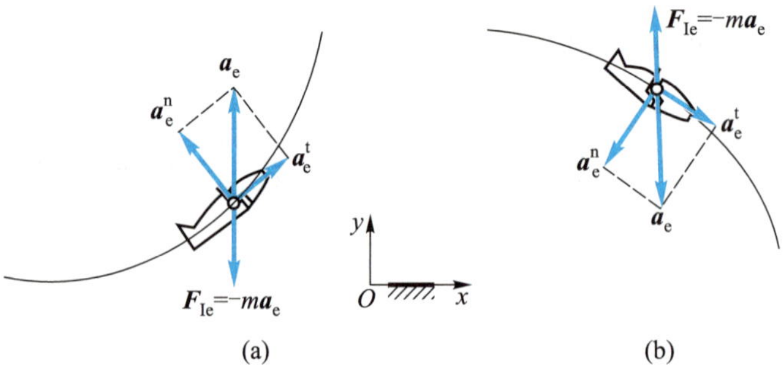

图 14-27 歼击机(或强击机)爬高与俯冲的力学分析

14-6-2 地球自转对地球附近物体运动的影响

(1) 落体偏东

具体分析见例 14-5。

(2) 北半球炮弹偏右

具体分析见例 14-5。在第一次世界大战期间,英国炮手在福克兰群岛海战中发射的炮弹经常落在德国战舰的左方而不能命中。瞄准器的设计者了解科氏力的作用,并把这个因素考虑在内。问题在于他们是按照在英国本土(约北纬 50°)附近进行,并作了向左的校正,但福克兰群岛却位于南美洲(约南纬 50°),设计者没有把校正的方法告诉炮手们,结果产生了双倍的向左误差。

此外在北半球河流右岸比左岸冲刷严重也是同样的道理。

（3）傅科摆

法国物理学家**傅科**（J. B. L. Foucault）于 1851 年在巴黎（北纬 49°）用特制的单摆做实验，以证实地球的自转（图 14-28）。单摆悬挂在地表上方点 B，摆锤 A 为质量 $m_A=28$ kg 的铁球。摆线 BA 为长度 $l=70$ m 的钢丝，即摆线很长。当将摆锤从其平衡位置 O' 在轴 x 上移动略大于 150 mm 的距离，再静止释放后，单摆在其摆动平面内作周期性摆动的同时，还出现了由轴 $O'z$ 的正方向看去摆动平面 ABO' 沿顺时针方向进动的现象。图 14-29a 为单摆摆动了约 5 个周期时，摆锤在平面 $O'xy$ 上画出的轨迹。傅科测得的单摆摆动周期 $T=17$ s；摆动平面进动周期 $T=32$ h。傅科用来演示地球有自转的这种特制单摆称为**傅科摆**（Foucault pendulum）。

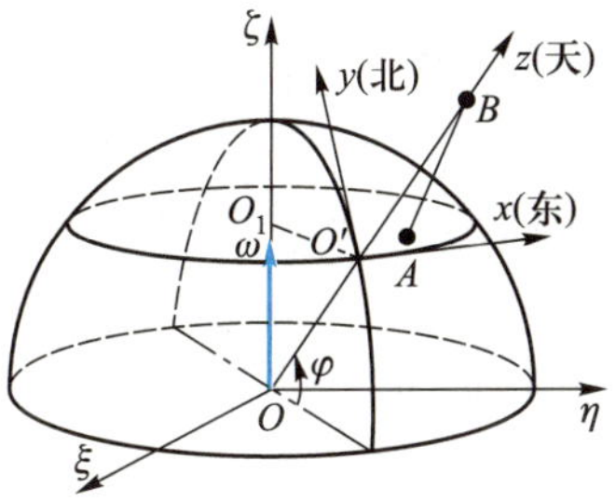

图 14-28　在北纬 49°的傅科摆

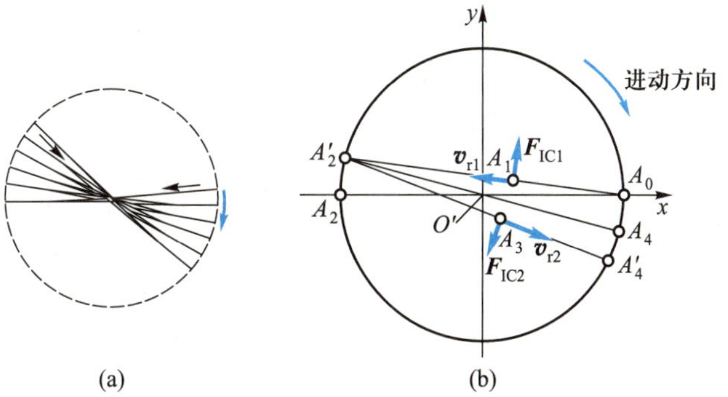

图 14-29　傅科摆锤在地球水平面上的轨迹图

傅科摆的摆动平面相对地球产生进动现象是由科氏力 F_{IC} 造成的。为了分析这种力学现象，仍选地心参考系为惯性系，地球相对此参考系以角速度 $\boldsymbol{\omega}$ 作定轴转动（图 14-28）。如图 14-29b 所示，摆锤由位置 A_0 无初速地向直线段 $A_0O'A_2$ 的另一端 A_2 摆动的这前半个周期中，以任意位置 A_1 为例，由于它受到垂直于相对速度 $\boldsymbol{v}_{r1}$ 的 $\boldsymbol{F}_{IC1}$ 的作用，所以只能到达位置 A_2'；同样，在由 A_2' 向直线段 $A_2'O'A_4$ 的另一端 A_4 摆动的后半个周期中，以任意位置 A_3 为例，也由于受到垂直于 $\boldsymbol{v}_{r2}$ 的 $\boldsymbol{F}_{IC2}$ 的作用，摆锤只能到达 A_4' 点。于是，在傅科摆摆动的上述一个周期中，由于摆动平面的进动，就使摆锤由点 A_0 移至 A_4'。

在纽约的联合国总部大厅内安装的傅科摆为质量 $m_A=90$ kg 的镀金球，摆线为长度 $l=23$ m 的不锈钢丝；在北京天文馆的门厅内也有傅科摆供人参观。

（4）北半球的热带气旋均为右旋（逆时针方向）

当局部地面温度很高时，空气受热上升，周围的空气补进，形成水平方向的气流。在科氏力作用下，气流逐渐偏右，最后形成右旋气流（图 14-30）。由于同样的原因，在北半球，海洋环流亦均为右旋（逆时针方向）。

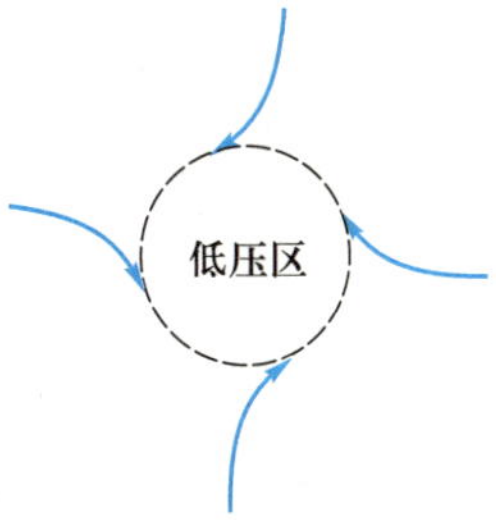

图 14-30　热带气旋

14-6-3 受迫振动中的能量关系

在无阻尼自由振动中，系统机械能守恒，既无能量的损耗又无外界能量的输入，一个周期内仅有系统动能和势能的转换。在有阻尼自由振动中，阻尼不断耗散能量，而外界又无能量补充，因此振动幅值随时间衰减。在受迫振动中，又有怎样的能量关系呢？惯性力、阻尼力、弹性恢复力和激励力在一个周期内怎样做功呢？

在 $\mathrm{d}t$ 时间内，力 F 的元功为

$$\mathrm{d}W = Fv\mathrm{d}t$$

当力和速度同相位时，每一时刻都做正功，而当力和速度反相位时，每一时刻都做负功。阻尼力和速度反相，因此始终做负功，在一个周期内所做的负功为

$$W_c = \int_0^T F_c\dot{x}\mathrm{d}t = \int_0^T c\dot{x}^2\mathrm{d}t = c\omega^2B^2\int_0^{\frac{2\pi}{\omega}}\cos^2(\omega t - \varphi)\mathrm{d}t = \pi c\omega B^2$$

若力与速度相位差 $\frac{\pi}{2}$，则该力在一个周期内做功为零。图 14-31 形象地说明了这一点。在前半个周期内，力 $F(t)$ 对纵轴 $t=\frac{T}{4}$ 对称，速度 $v(t)$ 则是反对称的，函数 $F(t)v(t)$ 则也应该反对称，它对横坐标轴所围的面积即半个周期内做的功显然为零。在后半个周期内同样也是如此。惯性力和弹性恢复力都与速度相位差 $\frac{\pi}{2}$，因此它们在一个周期内做功分别为零。

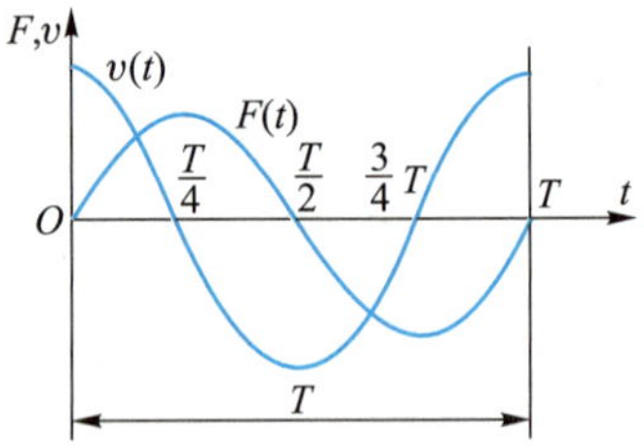

图 14-31 与速度相位差 $\frac{\pi}{2}\left(\text{时间差}\frac{T}{4}\right)$ 的力在一个周期内做功为零的示意图

激励力比位移超前相位 ψ，可将它写成分别与速度和位移同相位的两部分。对于微分方程（14-39）的简谐激励力，可以有

$$\begin{aligned} F_0\sin\omega t &= F_0\sin(\omega t-\psi+\psi) \\ &= F_0\sin\psi\cos(\omega t-\psi) + \\ &\quad F_0\cos\psi\sin(\omega t-\psi) \end{aligned}$$

第二部分与位移同相位，一个周期内做功为零。这样，激励力在一个周期内所做之功为

$$\begin{aligned} W_F &= \int_0^T F_0\sin\psi\cos(\omega t - \psi)\dot{x}\mathrm{d}t \\ &= \omega BF_0\sin\psi\int_0^T\cos^2(\omega t - \psi)\mathrm{d}t \\ &= \pi BF_0\sin\psi \end{aligned}$$

而在推导稳态响应幅值的表达式（14-40）的过程中曾有

$$F_0\sin\psi = c\omega B$$

代入上式后，得

$$W_F = \pi BF_0\sin\psi = \pi c\omega B^2 = W_c$$

这表明，稳态受迫振动一个周期内激励力所作之功等于阻尼力耗散的能量。这就可以解释

为什么有阻尼系统受迫振动的稳态响应有一个稳定的振幅。

因为在一个周期内激励力所做之功与振幅成正比，而阻尼耗散的能量与振幅平方成正比（图 14-32），当振动幅值还未达到稳定值 B_0 时，激励力所做之功大于阻尼耗散的能量，振幅将增加。当振幅到达 B_0 时，激励力所做之功与阻尼耗散的能量相等，系统能维持等幅振动。若由于某种干扰使振幅大于 B_0 时，阻尼耗散的能量大于激励力所做之功，振幅又会衰减，直至在 B_0 处又维持稳定的振幅。

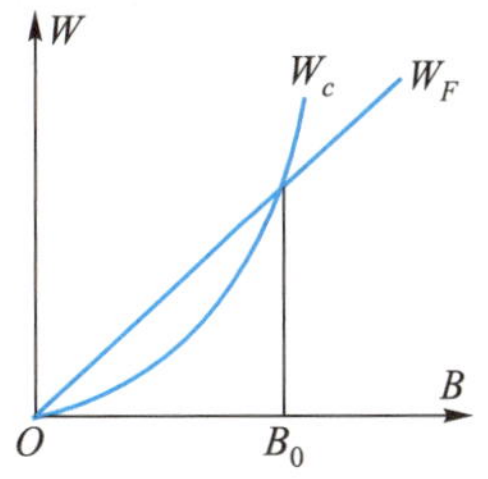

图 14-32　激励力及阻尼力做的功与振幅的关系

对于有阻尼系统的受迫振动，一个周期内激励力做的功等于阻尼耗散的能量；那么对于无阻尼系统，激励力一个周期内不做功还是说依旧做功且没被耗散？

14-6-4　关于多自由度线性系统自由振动的初步讨论

单自由度线性系统的自由振动是简谐振动。对于多自由度线性系统，自由振动是否仍为简谐振动？讨论这一问题之前，先观察一个简单的二自由度线性系统的自由振动实验。

两个摆长均为 l、质量均为 m 的单摆在距悬挂点 a 处用刚度系数很小的弹簧 k 连接。

（1）令摆 A 和摆 B 有相同的初始条件（偏角相等、方向相同）（图 14-33a），然后放开。这时可以观察到，两个摆的位移在振动过程中始终相同，系统的运动为简谐振动；振动频率为 $\omega_1=\sqrt{\dfrac{g}{l}}$。

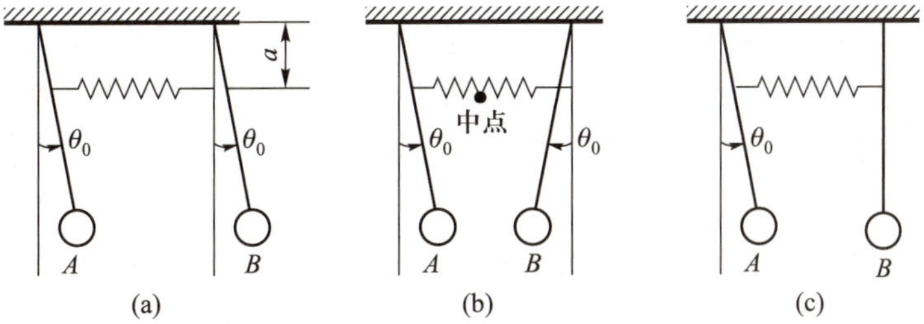

图 14-33　弹簧联结的两个单摆组成的系统自由振动实验

（2）令两个摆有对称的初始条件（偏角相等、方向相反）（图 14-33b），然后放开。这时可以看到，两个摆的运动也是同频率简谐振动，但运动方向始终相反，弹簧的中点始终不动（对称中心）。两个摆如同弹簧中点被固定的两个独立系统，振动频率为 $\omega_2=\sqrt{\dfrac{g}{l}+\dfrac{2ka^2}{ml^2}}$。

（3）令摆 A 有一个偏角 θ_0，而摆 B 无偏角（图 14-33c），然后放开。此时发生一个有趣的现象：开始时只有摆 A 振动，摆 B 几乎不动（弹簧较软）；逐渐地摆 A 振幅越来越小，而摆 B 开始振动，且振幅越来越大；一段时间后摆 A 几乎不动而摆 B 振幅达到最大值；之后，摆 B 振幅又逐渐变小而摆 A 又重新振动，且振幅越来越大；如此周而复始，如果记录摆 A 或摆 B 的位移随时间变化曲线，得到的是一种称为“拍”的振动曲线（图 14-34）。

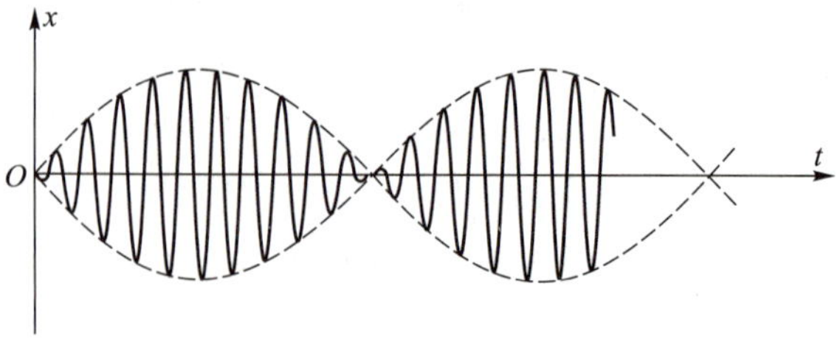

图 14-34 拍振曲线

可见，只有在特定条件下多自由度线性系统的自由振动才是简谐振动，如上述（1）、（2）。此时各广义坐标同步到达平衡位置或最大偏移位置。这种振动形态称为系统的**主振动**（principal vibration）。主振动时的频率称为多自由度系统的固有频率，按从低到高的顺序排列，如上文中的 ω_1、ω_2，又称**主频率**（principal frequency）。各广义坐标振动幅值之比称为**主振型**（natural modes of vibration），简称振型或**模态**（mode）。有 n 个自由度的系统有 n 阶固有频率和相应的振型。一般情况下**多自由度线性系统的自由振动是各阶主振动的叠加**。这些都是多自由度系统振动与单自由度系统的重要区别。

前面实验中，第一、第二种情况两个摆初速度为零，初位移正好分别是第一阶、第二阶主振型，因此激发出第一阶和第二阶主振动，使运动具有简谐振动形态。第三种情况激发的自由振动是这两阶主振动的叠加。由于弹簧很软，系统的两个主频率 ω_1 和 ω_2 很接近，这样的叠加结果产生拍振。

对于弹性体或弹性结构，理论上有无限多自由度，因此有无穷多阶固有频率和主振型，但越高阶的主振动对系统实际振动响应的贡献越小，所以工程上一般以考虑低阶主振动的影响为主，而且通过有限元分析方法可将连续体离散化，使系统简化为有限自由度进行分析。

如何计算多自由度系统的固有频率和振型，以及自由振动和受迫振动的响应，有兴趣的读者可参阅有关振动力学的专著。

14-6-5 本章小结

- **变质量质点动力学微分方程**

$$m\frac{\mathrm{d}\boldsymbol{v}}{\mathrm{d}t}=\boldsymbol{F}^{\mathrm{e}}+\boldsymbol{F}_{\Phi}$$

其中，$\boldsymbol{F}_{\Phi}=\frac{\mathrm{d}m}{\mathrm{d}t}(\boldsymbol{v}_1-\boldsymbol{v})$ 称为反推力，火箭就是靠反推力加速的。

- **质点在非惯性系中的动力学方程**

$$m\boldsymbol{a}_{\mathrm{r}}=\boldsymbol{F}+\boldsymbol{F}_{\mathrm{Ie}}+\boldsymbol{F}_{\mathrm{Ir}}$$

其中，$\boldsymbol{F}_{\mathrm{Ie}}=-m\boldsymbol{a}_{\mathrm{e}}$，称为牵连惯性力；$\boldsymbol{F}_{\mathrm{IC}}=-m\boldsymbol{a}_{\mathrm{C}}$，称为科氏力。

- **关于振动的概念**

本章将振动的概念从以往单个质点扩展到系统。该系统可以是单自由度,也可以是多自由度,乃至无限多自由度。系统要产生振动必须有内因和外因。内因是系统本身既要有弹性又要有惯性,二者缺一不可。对有阻尼系统,仅在弱阻尼时运动才有振动形态。外因是系统要受到激励。按激励不同,可将振动分为自由振动,受迫振动和自激振动等,若按系统特性分类,则可分为线性振动和非线性振动。

- **关于振动微分方程**

(1) 建立系统振动方程就是动力学中已知主动力求运动的问题。主要过程与解动力学其他问题相似,但振动问题还要注意广义坐标原点的选择,通常以静平衡位置为广义坐标原点。

(2) 单自由度系统的振动微分方程的标准形式为

$$m_{eq}\ddot{q}+c_{eq}\dot{q}+k_{eq}q=F_Q(t)$$

其中,m_{eq} 和 k_{eq} 分别是系统的等效质量和等效刚度,可分别由系统动能和势能表达式得到;c_{eq} 和 $F_Q(t)$ 分别是系统的广义阻力系数和广义力,可分别由系统阻尼力和激励力的元功表达式得到。

- **单自由度线性系统的自由振动**

(1) 固有频率是系统的固有属性,它仅与系统的等效刚度和等效质量有关。

(2) 无阻尼系统的自由振动是简谐振动,其频率就是固有频率 ω_0,振幅和初相位取决于初始条件,振动过程中没有能量的补充或耗散。

(3) 有阻尼系统仅在弱阻尼时才有振动形态,阻尼使自由振动频率略有降低,使振幅按指数衰减,振动过程中有能量耗散。

- **单自由度线性系统简谐激励的受迫振动**

(1) 简谐激励的响应包括两部分:

一是系统的自由振动响应,频率为 ω_d,对有阻尼系统,它们的振幅随时间衰减。一是激励引起的稳态受迫振动,即微分方程的特解。振动频率为激励频率 ω,即使系统有阻尼,振幅也不会随时间衰减。稳态受迫振动中最重要的是共振区、弹性区和惯性区的幅频特性和相频特性研究。

(2) 稳态响应的振幅是稳定的,不会因受干扰而偏离;无阻尼系统共振时,振幅将越来越大。这些现象都可以由稳态受迫振动中的能量关系加以解释。

习　题

选择填空题

14-1　在图示机构中,O_1A 平行且等于 O_2B,杆 O_1A 以等角速度 ω 绕水平轴 O_1 转动,在图示瞬时,质量

为 m 的动点 M 沿半圆板运动至最高点,则该点的牵连惯性力的方向是(　　)。

① 沿 O_1M 方向　　② 沿 O_2M 方向

③ 平行 O_1A 向上　　④ 平行 O_1A 向下

14-2 如图所示,单摆由无重刚杆 OA 和质量为 m 的小球 A 构成。小球上连接有两个刚度系数为 k 的水平弹簧,则单摆微振动的固有频率为(　　)。

① $\sqrt{\dfrac{k}{m}}$　　② $\sqrt{\dfrac{2k}{m}}$

③ $\sqrt{\dfrac{g}{L}+\dfrac{2k}{m}}$　　④ $\sqrt{\dfrac{g}{L}+\dfrac{k}{m}}$

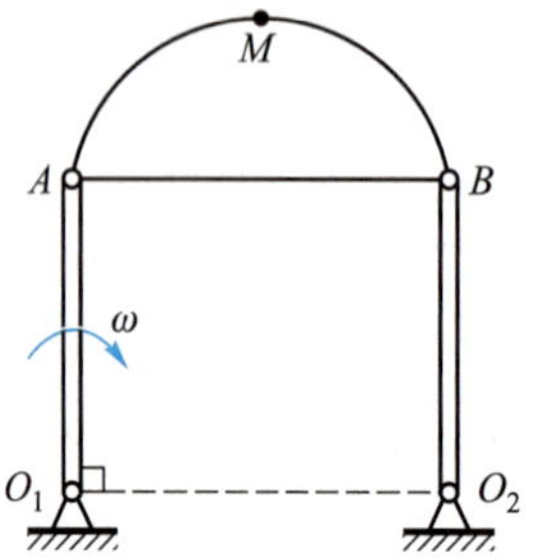

习题 14-1 图

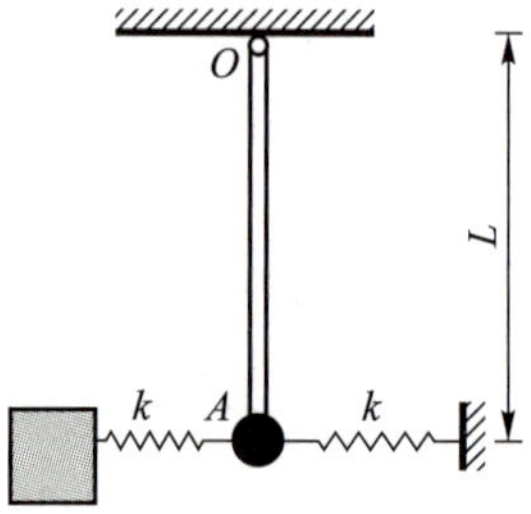

习题 14-2 图

14-3 图示质量弹簧系统,已知物块的质量为 m,弹簧的刚度系数为 k,静伸长为 δ_s,原长是 l_0。若以弹簧未伸长的下端点为坐标原点 O,则物块的振动微分方程为(　　)。

① $\ddot{x}+\dfrac{k}{m}x=0$　　② $\ddot{x}+\dfrac{k}{m}(x-\delta_s)=0$

③ $\ddot{x}+\dfrac{k}{m}(x-\delta_s)=g$　　④ $\ddot{x}+\dfrac{k}{m}(x+\delta_s)=0$

14-4 在图示中,当把弹簧原长的中点 O 固定后,系统的固有频率与原来固有频率的比值为(　　)。

① $\dfrac{1}{2}$　　② 2　　③ $\sqrt{2}$　　④ 4

14-5 图示弹簧秤,秤盘重未知,当盘上放一重 P 的物体时,测得振动周期为 T_1;换一重 W 的物体时,其振动周期为 T_2,则弹簧的刚度系数 $k=$(　　)。

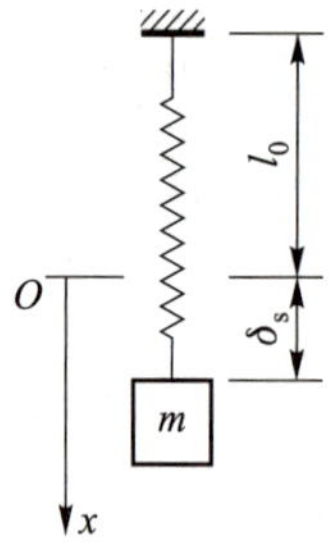

习题 14-3 图

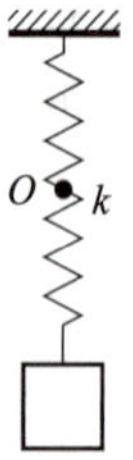

习题 14-4 图

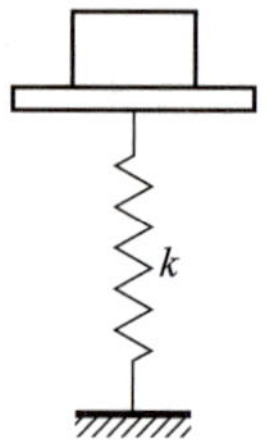

习题 14-5 图

14-6 图中所示 7 组振动模型中,两个系统具有相同固有频率的是(　　)。

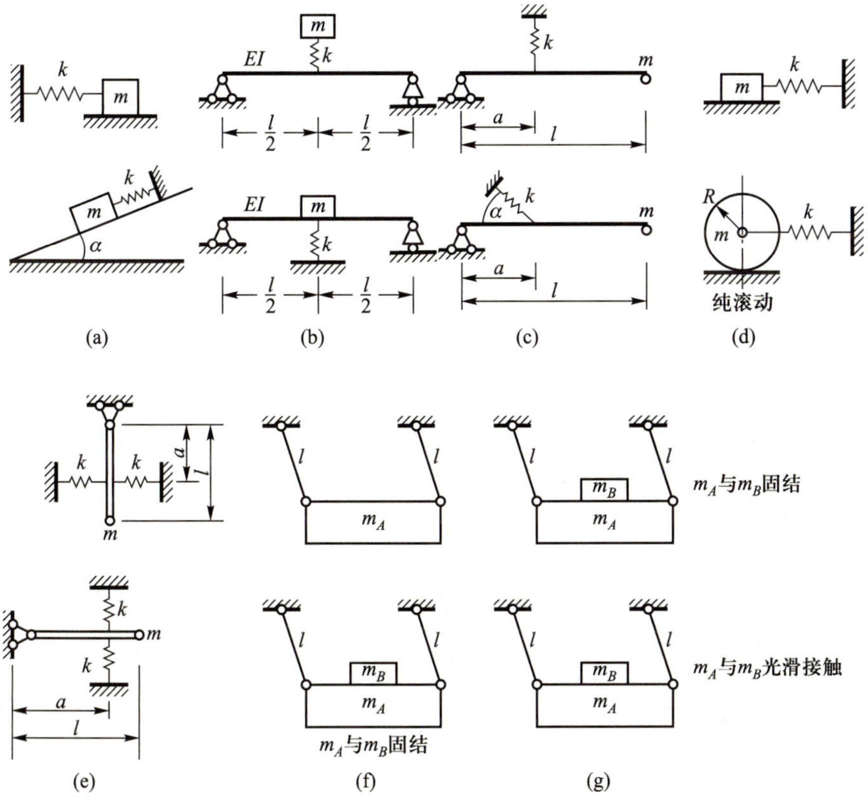

习题 14-6 图

14-7　已知图示弹簧质量系统中弹簧端点 A 的运动为 $x_e = a\sin\omega t$。对于质量为 m 的物块的稳态响应，下列结论正确的是（　　）。

① 增大 m，物块振动频率降低

② 增大 m，物块振幅降低

③ 加大阻尼，物块振幅降低

④ 加大阻尼，物块振动频率降低

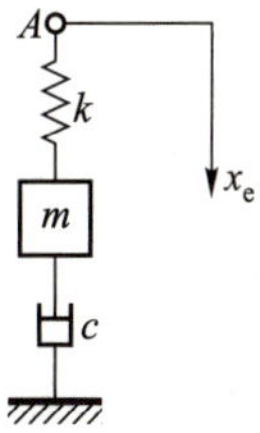

习题 14-7 图

分析计算题

14-8　质量为 m 的质点置于光滑的小车上，且以刚度系数为 k 的弹簧与小车相连。若小车以水平等加速度 a 作直线运动，开始时小车及质点均处于静止状态，试求质点的相对运动方程（不计摩擦）。

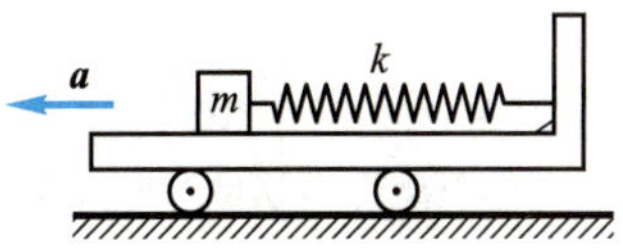

习题 14-8 图

14-9　图示为可绕定轴 O 转动的大圆盘。盘上在点 O_1、O_2 处各装一个小圆盘，并各可绕动轴 O_1、O_2 转动。二小盘之间绕有胶带。与小盘 O_1 同轴地装有小型电动机。先保持大圆盘不动，启动电动机，使小盘 O_1 相对大盘以角速度 ω_r 转动，并靠二小盘与胶带间的摩擦力带动胶带以相对大盘的速度 v_r 运动。试问这时若按图示两种方向轻轻拨动大圆盘，使之各获得绕轴 O 转动的角速度 ω_{e1}、ω_{e2}（均远小于 ω_r），胶带将各产生什么变化？

14-10　图示单摆的悬挂点沿水平线作直线简谐运动，运动方程为 $x = a\sin\omega t$。若摆长为 l，单摆相对于动坐标系在最低位置由静止开始运动，求单摆的相对运动方程。

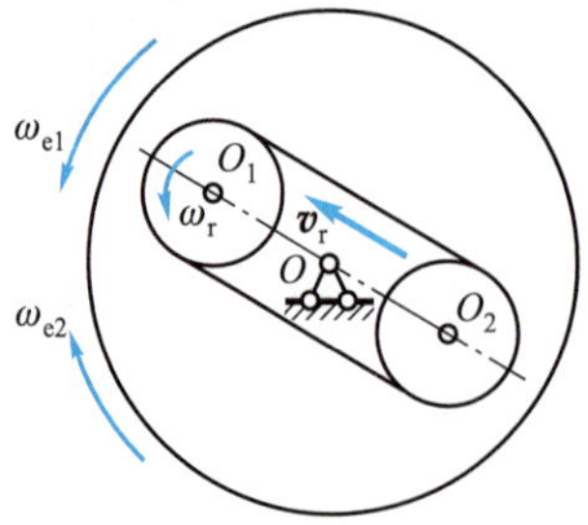

习题 14-9 图

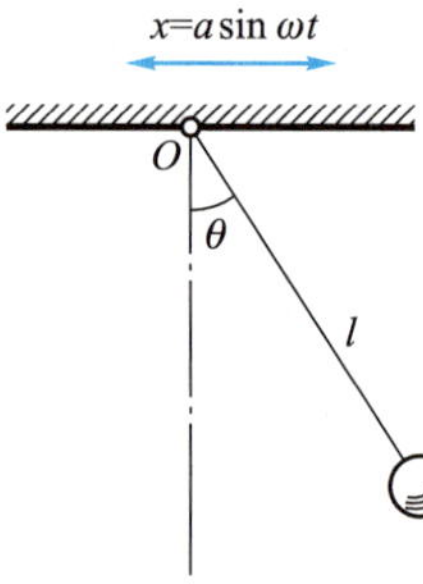

习题 14-10 图

14-11 图示一倾斜式摆动筛，筛面可近似地认为沿 x 轴作往复运动。曲柄的转速为 n（对应的角速度为 ω）。如曲柄长度远小于连杆时，筛面的运动方程可近似地视为 $x=r\sin \omega t$（r 为曲柄的长度）。已知颗粒料与筛面间的摩擦角为 φ_{m}，筛面的倾斜角为 α，且 $\alpha<\varphi_{\mathrm{m}}$。求不能通过筛孔的颗粒能自动沿筛面下滑时曲柄的转速 n。

14-12 现有若干刚度系数均为 k 且长度相等的弹簧，另有若干质量均为 m 的物块，试任意组成两个固有频率分别为 $\sqrt{\dfrac{2k}{3m}}$ 和 $\sqrt{\dfrac{3k}{2m}}$ 的弹簧质量系统，并画出示意图。

14-13 图示均质圆盘直径为 D，质量为 m，可在水平面上作纯滚动，两个刚度系数均为 k 的弹簧水平安置在距圆盘圆心为 a 处。试求圆盘微振动的固有频率。

14-14 图示均质摇杆 OA 质量为 m_1，长为 l，均质圆盘质量为 m_2，当系统平衡时摇杆处在水平位置，而弹簧 BD 处于铅垂位置，且静伸长为 δ_{st}，设 $OB=a$，圆盘在滑道中作纯滚动。试求系统微振动的固有频率。

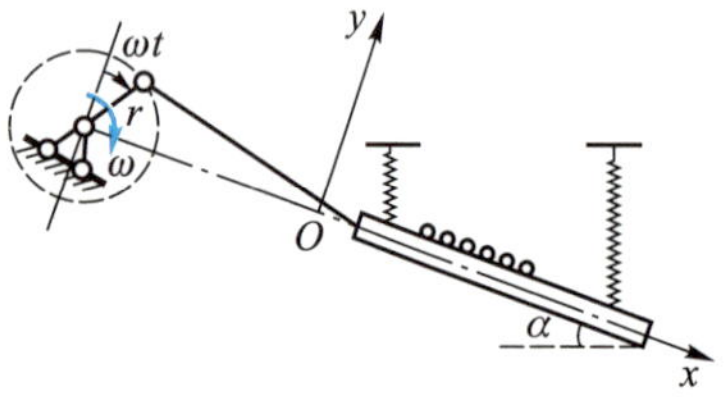

习题 14-11 图

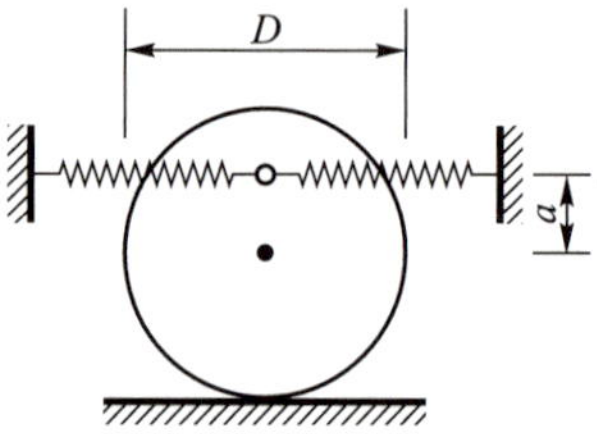

习题 14-13 图

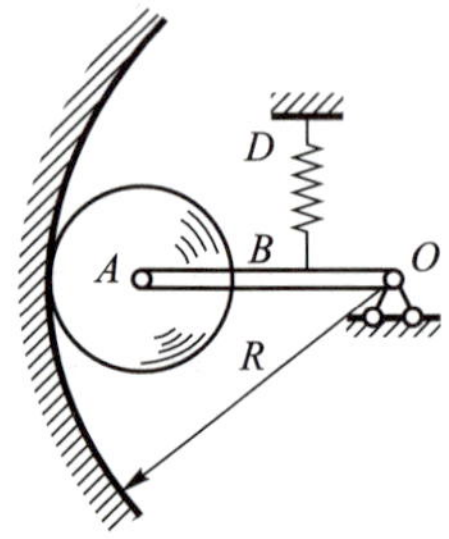

习题 14-14 图

14-15 一种测振仪的力学模型如图所示。摆的质量为 m，对 O 点的转动惯量为 J，摆的重心到转动轴 O 点的距离为 l，摆由一刚度系数为 k 的扭簧支承，静平衡时摆与铅垂线成 α 角度。试求该测振仪的固有频率。

14-16 均质直杆长为 l，质量为 m，以圆柱铰 O 与铅垂轴铰接并随轴以等角速度 ω 转动，如图所示。试求杆稳定的相对平衡位置 θ_0 及在平衡位置附近微振动的固有频率。

14-17 长为 l、质量为 m 的均质杆两端用滑轮 A 和 B 安置在光滑的水平和铅垂滑道内滑动，并联有刚度系数为 k 的弹簧，如图所示。当杆处于水平位置时，弹簧长度为原长。不计滑轮 A 和 B 的质量，试求 AB 杆绕平衡位置微振动的固有频率。

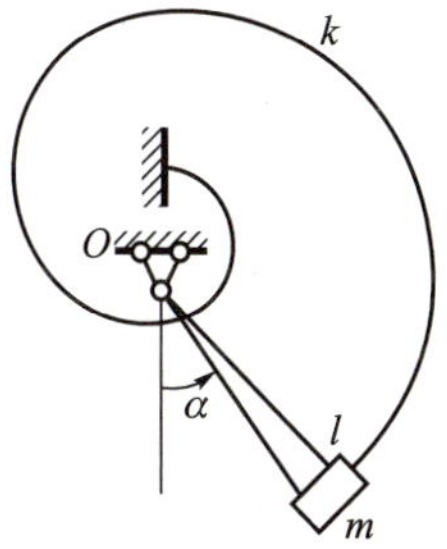

习题 14-15 图

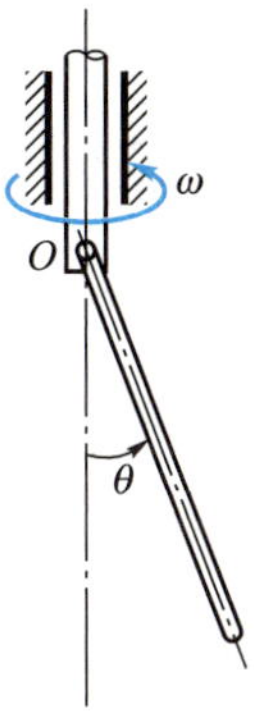

习题 14-16 图

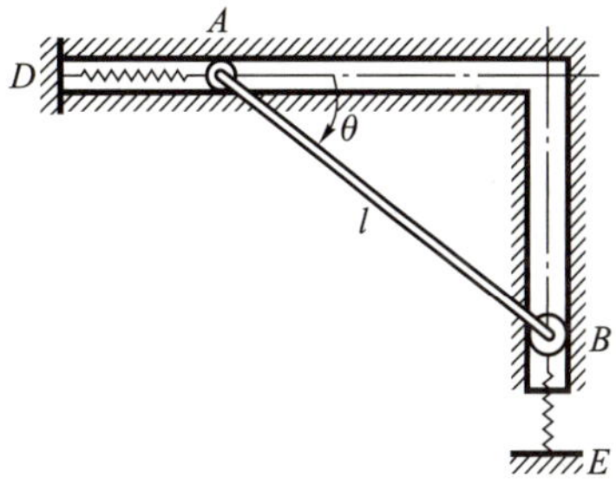

习题 14-17 图

14-18　不计质量的刚性杆上固结一质量为 m 的小球,小球距杆两端距离分别为 l_1 和 l_2,杆两端连有刚度系数为 k_1 和 k_2 的弹簧,如图所示。设杆可在铅垂平面内作微幅振动,试求系统振动的固有频率。

14-19　质量为 m_1 的质块用刚度系数为 k 的弹簧悬挂,在 m_1 静止不动时有另一质量为 m_2 的物块在距 m_1 高度为 h 处落下,如图所示。m_2 撞到 m_1 后不再分开。试求系统的振动频率和振幅。

14-20　图示质量为 m 的平板置于两个反向转动的滑轮上,两轮间的距离为 $2d$,半径为 R。若将板的重心推出,使其距离原对称位置 O 为 x,然后无初速地释放,则板将在动滑动摩擦力的作用下作简谐振动。板与两滑轮间的动摩擦因数为 f,不计板的厚度,试求板振动的运动规律和周期。

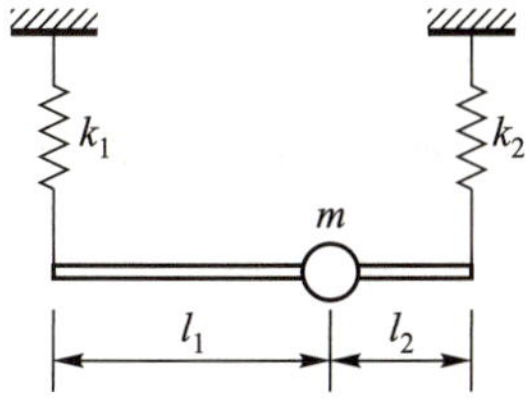

习题 14-18 图

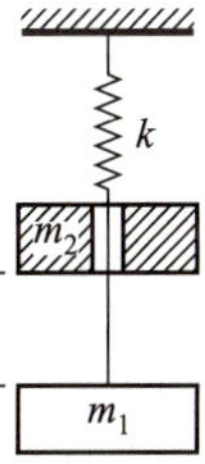

习题 14-19 图

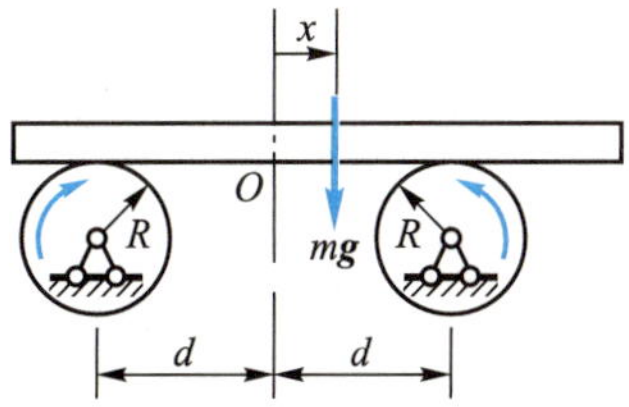

习题 14-20 图

14-21　图示质量为 m 的薄板悬挂在刚度系数为 k 的弹簧下端,在空气中的振动周期为 T_1,在某种液体中的振动周期为 T_2。薄板与液体接触的总面积为 $2A$,薄板在空气中的阻力可以不计,而在液体中的阻力可表示为 $F_d=\eta 2Av$,其中 v 为薄板运动速度。证明系数 η 为

$$\eta=\frac{2\pi m}{AT_1T_2}\sqrt{T_2^2-T_1^2}$$

14-22　图示为某门式起重机示意图。设计时要求水平振动的振幅在 25 s 内衰减到最大振幅的 5%,已知起重机等效质量 $m=24\ 500$ kg,实测得到对数减缩 $\Lambda=0.10$。则起重机水平方向的总刚度系数 k 至少应为多少?

14-23　写出图示系统的振动微分方程,并计算其固有频率。

14-24　图示为一振动台力学模型。振动台质量为 15 kg,安放在片状弹簧上,弹簧片的静止挠度 $\delta_s=0.02$ cm,振动台下端连接一刚度系数 $k=4\ 000$ N/m 的弹簧,弹簧下端连接在由马达带动的曲轴上。这样,弹簧下端的位移可表示为 $x_0=e\sin\omega t$。若已知 $e=5$ mm,马达转速 $n=1\ 500$ r/min。问:(1) 振动台的振幅为多大?(2) 马达转速为何值时振动台振幅最大?

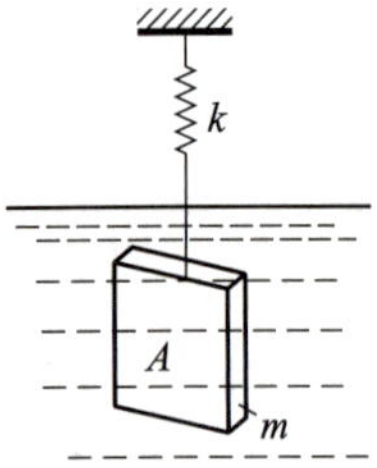

习题 14-21 图

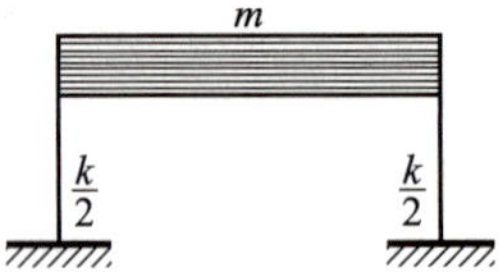

习题 14-22 图

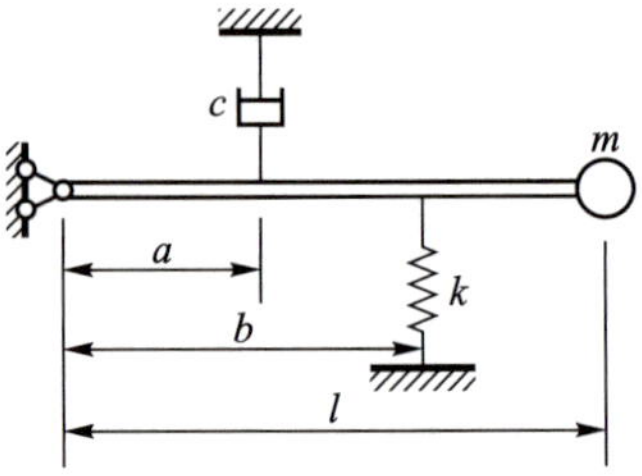

习题 14-23 图

14-25 沿凹凸不平直线道路行驶的拖车，其力学模型如图所示。道路的纵剖面可简化为正弦波形，波长 1 200 mm，波峰与波谷高度差 50 mm。拖车用板簧支承在车轴上，若在拖车上加 750 N 载荷时，板簧向下变形 3 mm。拖车质量 500 kg，以 $v = 25$ km/h 的速度匀速行驶。不计阻尼和车轮质量，并设拖车行驶中始终保持与道路接触，试求拖车铅垂振动的振幅并求拖车速度为何值时振幅最大。

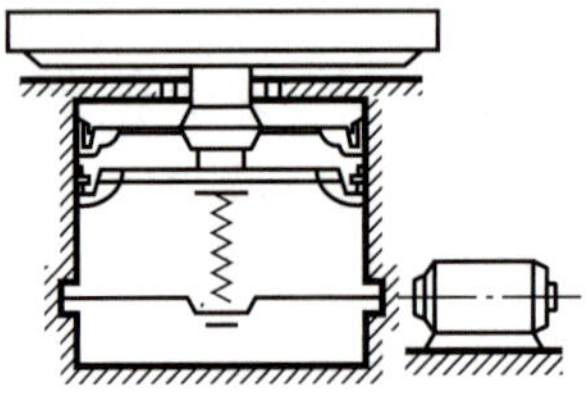

习题 14-24 图

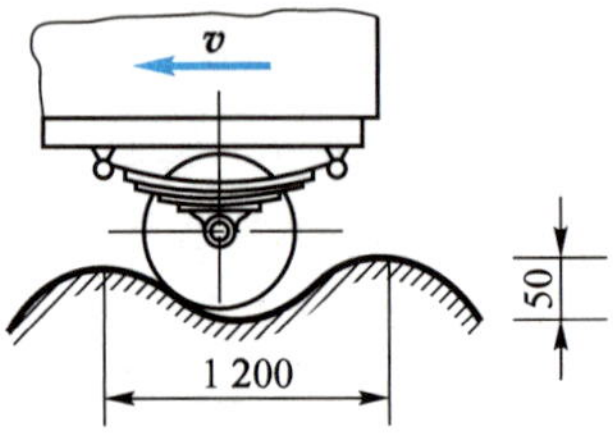

习题 14-25 图

14-26 图中所示之直角架 AOB 相对于 O 轴的转动惯量为 J_O，A 端连接质量为 m 的小球，B 端连接刚度系数为 k 的弹簧和黏滞系数为 c 的阻尼器。弹簧另端 D 作简谐运动 $x_D = a\sin\omega t$。试写出系统的振动微分方程并求其稳态响应。

14-27 图中所示单摆，摆长为 l，摆锤质量为 m，悬挂点沿水平方向作简谐运动，运动规律为 $x_s = a\sin\omega t$。试求：

（1）偏角 θ 的稳态受迫振动；

（2）节点的位置（在地面上可观察到在摆长或其延长线上有一点在摆的过程中始终不动，这一点为节点）。

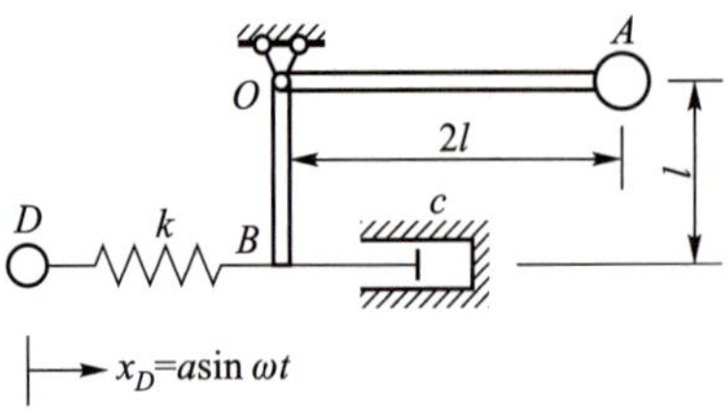

习题 14-26 图

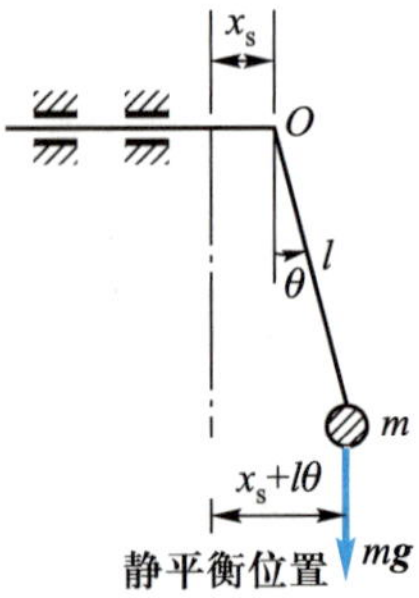

习题 14-27 图

第 15 章

运动学和动力学计算机辅助分析

第 6 章和第 9 章分别介绍了刚体平面运动的运动学和动力学。本章以此为理论基础，以 MATLAB/Simulink 为分析平台，充分利用 MATLAB/Simulink 提供的有关模块和功能，介绍单个刚体和两个相互约束刚体的加速度分析通用子模型和动力学分析通用子模型的构建方法。利用这些通用子模型，就可以非常方便地构造有关系统运动学和动力学过程分析的 Simulink 模型，进行运动学和动力学过程的计算机辅助分析。由于本章介绍的子模型是完全开放的，所以读者可以根据需要对这些子模型进行修改、扩展，甚至创建自己的子模型。本章所介绍的方法具有普遍性，是进行工程问题运动学和动力学计算机辅助分析的一种有效手段。

15-1 MATLAB/Simulink 应用基础

§15-1 瞬时分析与过程分析

在前面的运动学中，主要研究了运动学瞬时分析，即主要研究机构在某个特定时刻或特定位置的运动学问题，这对我们理解许多运动学的基本概念是很有帮助的。但在工程实际中，常常需要进行运动学过程分析，也就是说需要研究系统在运动过程中有关运动量随着时间连续变化的情况，这时借助于计算机来分析就显得非常方便。事实上，近年来随着计算机的普及和计算技术的发展，计算机辅助工程分析已经越来越广泛地应用于各个工程领域。

在前面的动力学中，主要介绍了矢量动力学和分析动力学的理论和方法，运用这些理论和方法可以推导出系统的动力学微分方程（组），然而，仅有这些方程（组）是不够的，还必须对这些方程（组）求解，才能全面了解和掌握系统的整个动力学的过程。事实上，除少数简单情况外，这些动力学微分方程（组）常常不存在解析解，必须利用计算机进行数值求解。有时这些动力学微分方程（组）的数目小于未知量的数目，这时还需要补充运动学的代数关系，将动力学微分方程（组）和运动学代数方程（组）联立构成微分-代数方程组，一般说来，这些

15-2 契比谢夫机构的过程分析

微分-代数方程组比较复杂，也只能进行数值求解。

在工程实际中，常常需要研究系统的动力学过程，也就是说需要研究系统在运动过程中有关运动量与受力随着时间连续变化的情况，这时借助于计算机来分析就显得非常方便。事实上，由于没有进行过程分析，有时还会导致完全错误的结论。例如，对于图 15-1 所示的系统，质量为 m、长为 L 的均质杆 OA 在 O 点光滑铰支，C 为 OA 的中点，弹簧 BC 的刚度系数为 k，且当杆 OA 处于铅垂位置时弹簧 BC 无变形，$OB=OC$，研究杆 OA 在铅垂位置应具有多大的初始角速度 ω_0 才能使其恰好转到水平位置。求解这一问题的一个常见的做法是，由于杆 OA 在 O 处的约束为理想约束，且所受的主动力均为有势力，根据机械能守恒，可得

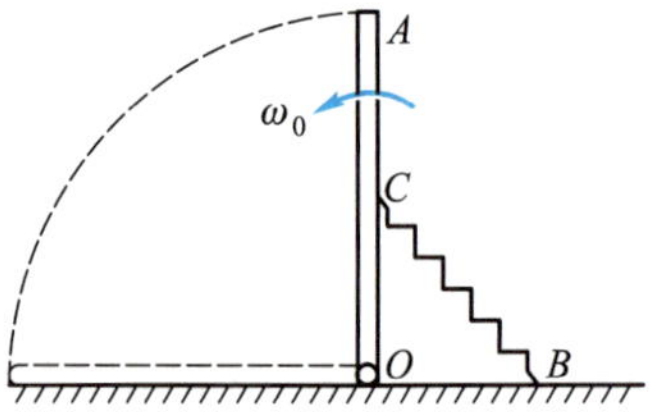

图 15-1　一个典型系统

$$\frac{1}{2}\cdot\frac{1}{3}mL^2\omega^2+mg\frac{1}{2}\sin\theta+\frac{1}{2}k\left(L\sin\frac{\theta}{2}-L\sin\frac{\pi}{4}\right)^2=\frac{1}{2}\cdot\frac{1}{3}mL^2\omega_0^2+mg\frac{L}{2} \quad (15-1)$$

其中 θ 为 OA 与 OB 之间的夹角。在上式中令 $\theta=\pi$，$\omega=0$，并给定有关数据（见例题 15-3），解得 $\omega_0=3.33$ rad/s，但是，由例题 15-3 的分析可知，这一结论是错误的，当 $\omega_0=3.33$ rad/s 时，杆 OA 并不能转到水平位置。相反，如果能对杆 OA 的动力学过程进行分析，这类错误是完全可以避免的，有关本问题的动力学过程分析及错误的原因详见例题 15-3。

§15-2　单个刚体的加速度分析通用子模型

15-2-1　平面运动刚体的加速度分析通用子模型

如图 15-2 所示刚体在平面 Oxy 内作平面运动，其上任一点 B 关于基点 A 的矢径为 $\boldsymbol{r}$，$\boldsymbol{r}$ 与 x 轴正向的夹角为 θ，根据刚体平面运动加速度分析的基点法，有

$$\boldsymbol{a}_B=\boldsymbol{a}_A+\boldsymbol{a}_{BA}^{\mathrm{t}}+\boldsymbol{a}_{BA}^{\mathrm{n}} \quad (15-2)$$

将上式向 x 轴和 y 轴投影，得

$$\left.\begin{aligned}\ddot{x}_B&=\ddot{x}_A+r\ddot{\theta}\cos\left(\theta+\frac{\pi}{2}\right)+r\dot{\theta}^2\cos(\theta+\pi)\\ \ddot{y}_B&=\ddot{y}_A+r\ddot{\theta}\sin\left(\theta+\frac{\pi}{2}\right)+r\dot{\theta}^2\sin(\theta+\pi)\end{aligned}\right\} \quad (15-3)$$

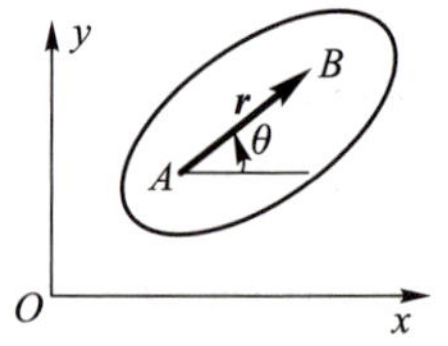

图 15-2　刚体的平面运动

式中 $\ddot{x}_A=a_{Ax}$，$\ddot{x}_B=a_{Bx}$，$\ddot{y}_A=a_{Ay}$，$\ddot{y}_B=a_{By}$。式（15-3）可以写成

$$\left.\begin{aligned}r\cos\left(\theta+\frac{\pi}{2}\right)\ddot{\theta}+\ddot{x}_A-\ddot{x}_B&=-r\dot{\theta}^2\cos(\theta+\pi)\\ r\sin\left(\theta+\frac{\pi}{2}\right)\ddot{\theta}+\ddot{y}_A-\ddot{y}_B&=-r\dot{\theta}^2\sin(\theta+\pi)\end{aligned}\right\} \quad (15-4)$$

进一步将式(15-4)写成以下的矩阵形式：

$$\begin{pmatrix} r\cos\left(\theta+\dfrac{\pi}{2}\right) & 1 & 0 & -1 & 0 \\ r\sin\left(\theta+\dfrac{\pi}{2}\right) & 0 & 1 & 0 & -1 \end{pmatrix}\begin{pmatrix} \ddot{\theta} \\ \ddot{x}_A \\ \ddot{y}_A \\ \ddot{x}_B \\ \ddot{y}_B \end{pmatrix}=\begin{pmatrix} -r\dot{\theta}^2\cos\ (\theta+\pi) \\ -r\dot{\theta}^2\sin\ (\theta+\pi) \end{pmatrix} \tag{15-5}$$

即

$$\underline{A}\underline{X}=\underline{B} \tag{15-6}$$

其中 $\underline{X}=(\ddot{\theta}\quad \ddot{x}_A\quad \ddot{y}_A\quad \ddot{x}_B\quad \ddot{y}_B)^{\mathrm{T}}$。为区别起见，本书用带下画线的字母代表矩阵。进行加速度分析时，位置和速度是已知的，即 r、θ 和 $\dot{\theta}$ 是已知的，因此在式(15-5)或式(15-6)中，若已知 $\ddot{\theta}$、$\ddot{x}_A$、$\ddot{y}_A$、$\ddot{x}_B$、$\ddot{y}_B$ 五个(角)加速度中的任意三个，即可求出其他的两个。

根据上述分析，应用 MATLAB/Simulink 构建的平面运动刚体加速度分析通用子模型 acc_plane 如图 15-3 所示，其输入 r、theta、dtheta、ddtheta、ddxA、ddyA、ddxB、ddyB 分别代表 r、θ、$\dot{\theta}$、$\ddot{\theta}$、$\ddot{x}_A$、$\ddot{y}_A$、$\ddot{x}_B$、$\ddot{y}_B$。双击 MATLAB function 模块 accplane，将其中的参数 MATLAB function 设置为 accplane，Output dimensions 设置为 2，其他参数不变。根据式(15-5)或式(15-6)编写的平面运动刚体加速度分析通用子模型中的 MATLAB 函数 accplane. m 如下：

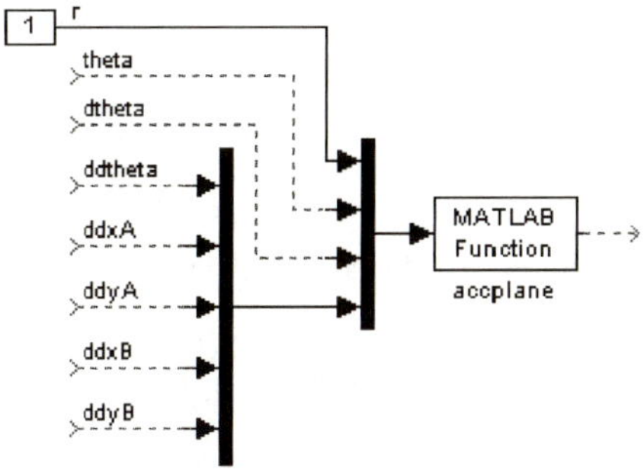

图 15-3　平面运动刚体加速度分析通用子模型 acc_plane

```
function acc = accplane(u)
%
% Function to analyze the acceleration of a rigid body in plane motion
%
r=u(1);    theta=u(2);    dtheta=u(3);
num=8;     n_vari=5;      n_unknow=2;
%
a=zeros(n_unknow, n_vari);
```

```
a(1,1)=r * cos(theta+pi/2);    a(1,2)= 1;    a(1,4)= -1;
a(2,1)=r * sin(theta+pi/2);    a(2,3)= 1;    a(2,5)= -1;
b=zeros(n_unknow,1);
b(1,1)= -r * dtheta^2 * cos(theta+pi);
b(2,1)= -r * dtheta^2 * sin(theta+pi);
acc=solution(num, n_vari, n_unknow, u, a, b);
```

其中 num 为模块 accplane 的输入的数目，n_vari 为列阵 $\underline{X}$ 中变量的数目，n_unknow 为可以求解的未知量的数目，在本章介绍的加速度分析通用子模型中，n_unknow = 2，函数 solution. m 是本章所有通用子模型用到的一个通用核心函数，用于求解式(15-5)中的未知量。为了区分列阵 $\underline{X}$ 中哪些变量是未知的，也就是说，为了区分模块输入中哪些是未知输入，本章中将未知输入均设置为 Inf(Inf 在 MATLAB 中表示无穷大，这里表示未知)，这些未知输入同时也就是该模块的输出，参见图 15-4。通用求解函数 solution. m 如下：

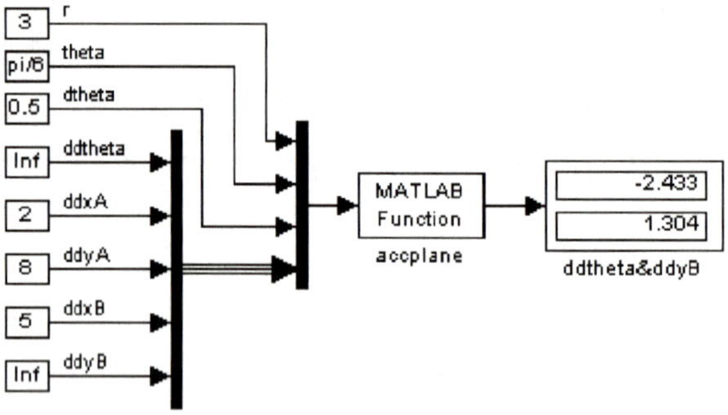

图 15-4 一个简单的 Simulink 分析模型

```
function x=solution(num, n_vari, n_unknow, u, a, b)
%
% Function to solve unknowns
%
n_temp=num-n_vari+1;
k=1;
a1=zeros(n_unknow, n_unknow);
for i=1:n_vari
    if u(n_temp)= =Inf
        a1(:,k)=a(:,i);
        k=k+1;
```

```
        else
            b=b-a(:,i) * u(n_temp);
        end
        n_temp=n_temp+1;
    end
    x=inv(a1) * b;
```

例如,对于如图 15-2 所示作平面运动的刚体,假设 $r=3$ m,$\theta=30°$,$\dot{\theta}=0.5$ rad/s,$\ddot{x}_A=2$ m/s^2,$\ddot{y}_A=8$ m/s^2,$\ddot{x}_B=5$ m/s^2,应用平面运动刚体加速度分析通用子模型在 MATLAB/Simulink 中建立的分析模型如图 15-4 所示,仿真计算后数值显示模块 ddtheta&ddyB 显示 $\ddot{\theta}=-2.433$ rad/s^2,$\ddot{y}_B=1.304$ m/s^2,其中负号表示角加速度的转向为顺时针。

15-2-2 定轴转动刚体的加速度分析通用子模型

在图 15-2 中,若刚体绕点 A 作定轴转动,则有 $\ddot{x}_A=\ddot{y}_A\equiv 0$,于是式(15-5)成为

$$\begin{pmatrix} r\cos\left(\theta+\dfrac{\pi}{2}\right) & -1 & 0 \\ r\sin\left(\theta+\dfrac{\pi}{2}\right) & 0 & -1 \end{pmatrix}\begin{pmatrix} \ddot{\theta} \\ \ddot{x}_B \\ \ddot{y}_B \end{pmatrix}=\begin{pmatrix} -r\dot{\theta}^2\cos(\theta+\pi) \\ -r\dot{\theta}^2\sin(\theta+\pi) \end{pmatrix} \tag{15-7}$$

上式同样可以写成式(15-6)的矩阵形式,其中 $\underline{X}=(\ddot{\theta} \quad \ddot{x}_B \quad \ddot{y}_B)^{\mathrm{T}}$。进行加速度分析时,位置和速度是已知的,即 r、θ 和 $\dot{\theta}$ 是已知的,因此在式(15-7)中,若已知 $\ddot{\theta}$、$\ddot{x}_B$、$\ddot{y}_B$ 三个(角)加速度中的任意一个,即可求出其他的两个。

根据上述分析,对图 15-3 所示的平面运动刚体加速度分析通用子模型进行修改,并双击 MATLAB function 模块 accaxis,将其中的参数 MATLAB function 设置为 accaxis,其他参数不变,即可得到如图 15-5 所示的定轴转动刚体加速度分析通用子模型 acc_axis。根据式(15-7)编写的定轴转动刚体加速度分析通用子模型中的 MATLAB 函数 accaxis.m 如下:

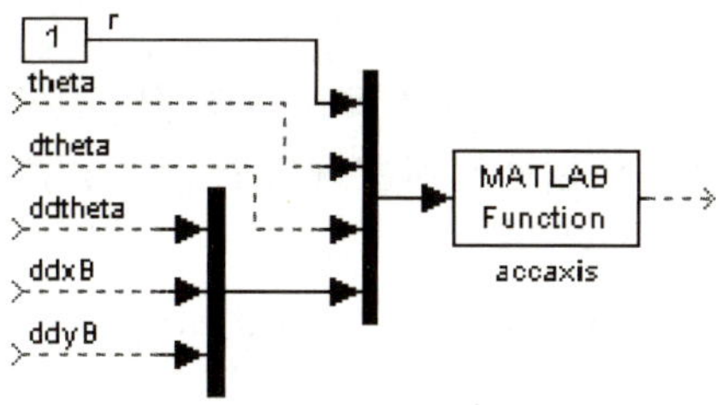

图 15-5 定轴转动刚体加速度分析通用子模型 acc_axis

```
function acc = accaxis( u)
%
%Function to analyze the acceleration of a rigid body rotated about a
%fixed axis
%
r = u(1);    theta = u(2);    dtheta = u(3);
num = 6;    n_vari = 3;    n_unknow = 2;
%
a = zeros( n_unknow, n_vari);
a(1, 1) = r * cos( theta+pi/2);    a(1, 2) = -1;
a(2, 1) = r * sin( theta+pi/2);    a(2, 3) = -1;
b = zeros( n_unknow, 1);
b(1, 1) = -r * dtheta^2 * cos( theta+pi);
b(2, 1) = -r * dtheta^2 * sin( theta+pi);
acc = solution( num, n_vari, n_unknow, u, a, b);
```

当然,也可以将刚体的定轴转动视为刚体平面运动的特例,直接应用刚体平面运动的加速度分析通用子模型进行刚体定轴转动的加速度分析。

§15-3 两个相互约束刚体的加速度分析通用子模型

在工程中,刚体与刚体之间往往通过约束(也称为运动副)相互连系,组成机构。如图 15-6 所示,假设两个作平面运动的刚体 i 和刚体 j 通过点 D 相互连系,点 D 既可以相对刚体 i 沿其上的直线 AE 运动,又可以相对刚体 j 沿其上的直线 BG 运动。现讨论刚体 i 和刚体 j 的有关加速度之间的关系。

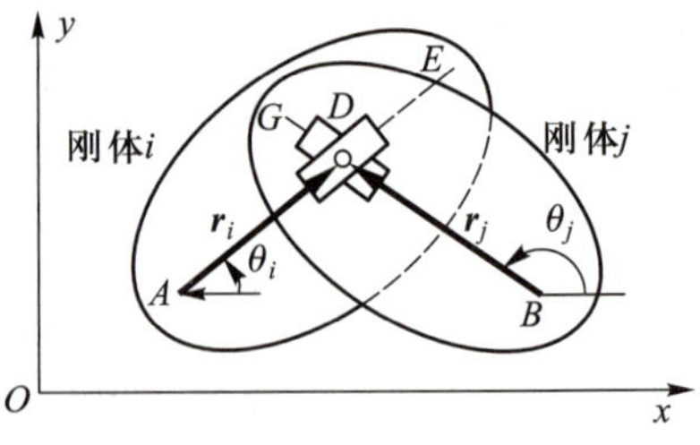

图 15-6 两个相互约束的刚体

假设图示瞬时刚体 i 上与点 D 重合的点为 D',应用点的加速度合成定理和刚体平面运动加速度分析的基点法,可得

$$\boldsymbol{a}_D=\boldsymbol{a}_A+\boldsymbol{a}^{\mathrm{t}}_{D'A}+\boldsymbol{a}^{\mathrm{n}}_{D'A}+\boldsymbol{a}_{\mathrm{r}i}+\boldsymbol{a}_{Ci} \tag{15-8}$$

其中 $a^{\mathrm{t}}_{D'A}=r_i\ddot{\theta}_i$, $a^{\mathrm{n}}_{D'A}=r_i\dot{\theta}_i^2$, $a_{\mathrm{r}i}=\ddot{r}_i$, $a_{Ci}=2\dot{\theta}_i\dot{r}_i$。

另一方面,假设此时刚体 j 上与点 D 重合的点为 D'',与式(15-8)同样的道理,可得

$$\boldsymbol{a}_D=\boldsymbol{a}_B+\boldsymbol{a}^{\mathrm{t}}_{D''B}+\boldsymbol{a}^{\mathrm{n}}_{D''B}+\boldsymbol{a}_{\mathrm{r}j}+\boldsymbol{a}_{Cj} \tag{15-9}$$

其中 $a^{t}_{D''B}=r_j\ddot{\theta}_j$，$a^{n}_{D''B}=r_j\dot{\theta}_j^2$，$a_{rj}=\ddot{r}_j$，$a_{Cj}=2\dot{\theta}_j\dot{r}_j$。

于是由式(15-8)和式(15-9)，得

$$\boldsymbol{a}_A+\boldsymbol{a}^{t}_{D'A}+\boldsymbol{a}^{n}_{D'A}+\boldsymbol{a}_{ri}+\boldsymbol{a}_{Ci}=\boldsymbol{a}_B+\boldsymbol{a}^{t}_{D''B}+\boldsymbol{a}^{n}_{D''B}+\boldsymbol{a}_{rj}+\boldsymbol{a}_{Cj} \tag{15-10}$$

将上式向 x 轴和 y 轴上投影，得

$$\left.\begin{aligned}&\ddot{x}_A+r_i\ddot{\theta}_i\cos\left(\theta_i+\frac{\pi}{2}\right)+r_i\dot{\theta}_i^2\cos(\theta_i+\pi)+\ddot{r}_i\cos\theta_i+2\dot{\theta}_i\dot{r}_i\cos\left(\theta_i+\frac{\pi}{2}\right)\\&=\ddot{x}_B+r_j\ddot{\theta}_j\cos\left(\theta_j+\frac{\pi}{2}\right)+r_j\dot{\theta}_j^2\cos(\theta_j+\pi)+\ddot{r}_j\cos\theta_j+2\dot{\theta}_j\dot{r}_j\cos\left(\theta_j+\frac{\pi}{2}\right)\\&\ddot{y}_A+r_i\ddot{\theta}_i\sin\left(\theta_i+\frac{\pi}{2}\right)+r_i\dot{\theta}_i^2\sin(\theta_i+\pi)+\ddot{r}_i\sin\theta_i+2\dot{\theta}_i\dot{r}_i\sin\left(\theta_i+\frac{\pi}{2}\right)\\&=\ddot{y}_B+r_j\ddot{\theta}_j\sin\left(\theta_j+\frac{\pi}{2}\right)+r_j\dot{\theta}_j^2\sin(\theta_j+\pi)+\ddot{r}_j\sin\theta_j+2\dot{\theta}_j\dot{r}_j\sin\left(\theta_j+\frac{\pi}{2}\right)\end{aligned}\right\} \tag{15-11}$$

进一步将上式改写为

$$\left.\begin{aligned}&\cos\theta_i\,\ddot{r}_i+r_i\cos\left(\theta_i+\frac{\pi}{2}\right)\ddot{\theta}_i-\cos\theta_j\,\ddot{r}_j-r_j\cos\left(\theta_j+\frac{\pi}{2}\right)\ddot{\theta}_j+\ddot{x}_A-\ddot{x}_B\\&=r_j\dot{\theta}_j^2\cos(\theta_j+\pi)+2\dot{\theta}_j\dot{r}_j\cos\left(\theta_j+\frac{\pi}{2}\right)-r_i\dot{\theta}_i^2\cos(\theta_i+\pi)-2\dot{\theta}_i\dot{r}_i\cos\left(\theta_i+\frac{\pi}{2}\right)\\&\sin\theta_i\,\ddot{r}_i+r_i\sin\left(\theta_i+\frac{\pi}{2}\right)\ddot{\theta}_i-\sin\theta_j\,\ddot{r}_j-r_j\sin\left(\theta_j+\frac{\pi}{2}\right)\ddot{\theta}_j+\ddot{y}_A-\ddot{y}_B\\&=r_j\dot{\theta}_j^2\sin(\theta_j+\pi)+2\dot{\theta}_j\dot{r}_j\sin\left(\theta_j+\frac{\pi}{2}\right)-r_i\dot{\theta}_i^2\sin(\theta_i+\pi)-2\dot{\theta}_i\dot{r}_i\sin\left(\theta_i+\frac{\pi}{2}\right)\end{aligned}\right\} \tag{15-12}$$

式中，$\ddot{x}_A=a_{Ax}$，$\ddot{x}_B=a_{Bx}$，$\ddot{y}_A=a_{Ay}$，$\ddot{y}_B=a_{By}$。进行加速度分析时，位置和速度是已知的，即 r_i、θ_i、r_j、θ_j、$\dot{r}_i$、$\dot{\theta}_i$、$\dot{r}_j$和 $\dot{\theta}_j$是已知的，因此，在 $\ddot{r}_i$、$\ddot{\theta}_i$、$\ddot{r}_j$、$\ddot{\theta}_j$、$\ddot{x}_A$、$\ddot{y}_A$、$\ddot{x}_B$和 $\ddot{y}_B$ 八个(角)加速度中，若已知其中的任意六个，即可由式(15-11)求出其他的两个。

转动副、移动副以及移动-转动副是工程中常见的两个刚体之间的约束关系，下面分别讨论，并在 MATLAB/Simulink 环境下构建相应的加速度分析通用子模型。

15-3-1　转动副约束两刚体的加速度分析通用子模型

在图 15-6 中，若 $\dot{r}_i=\dot{r}_j=\ddot{r}_i=\ddot{r}_j\equiv0$，即刚体 i 上的点 D 始终与刚体 j 上的点 D 重合，这时刚体 i 和刚体 j 之间只有绕点 D 的相对转动，这就是工程中常见的转动副，此时两刚体的约束关系如图 15-7 所示。由式(15-12)并注意到 $\dot{r}_i=\dot{r}_j=\ddot{r}_i=\ddot{r}_j\equiv0$，可得

$$\left.\begin{aligned}&r_i\cos\left(\theta_i+\frac{\pi}{2}\right)\ddot{\theta}_i-r_j\cos\left(\theta_j+\frac{\pi}{2}\right)\ddot{\theta}_j+\ddot{x}_A-\ddot{x}_B=r_j\dot{\theta}_j^2\cos(\theta_j+\pi)-r_i\dot{\theta}_i^2\cos(\theta_i+\pi)\\&r_i\sin\left(\theta_i+\frac{\pi}{2}\right)\ddot{\theta}_i-r_j\sin\left(\theta_j+\frac{\pi}{2}\right)\ddot{\theta}_j+\ddot{y}_A-\ddot{y}_B=r_j\dot{\theta}_j^2\sin(\theta_j+\pi)-r_i\dot{\theta}_i^2\sin(\theta_i+\pi)\end{aligned}\right\} \tag{15-13}$$

类似地，可将上式写成式(15-5)　的矩阵形式，其中 $\underline{X}=(\ddot{\theta}_i\quad\ddot{\theta}_j\quad\ddot{x}_A\quad\ddot{y}_A\quad\ddot{x}_B\quad\ddot{y}_B)^{\mathrm{T}}$。式(15-13)给出了转动副约束刚体的(角)加速度 $\ddot{\theta}_i$、$\ddot{\theta}_j$、$\ddot{x}_A$、$\ddot{y}_A$、$\ddot{x}_B$ 和 $\ddot{y}_B$ 之间的关系，在已

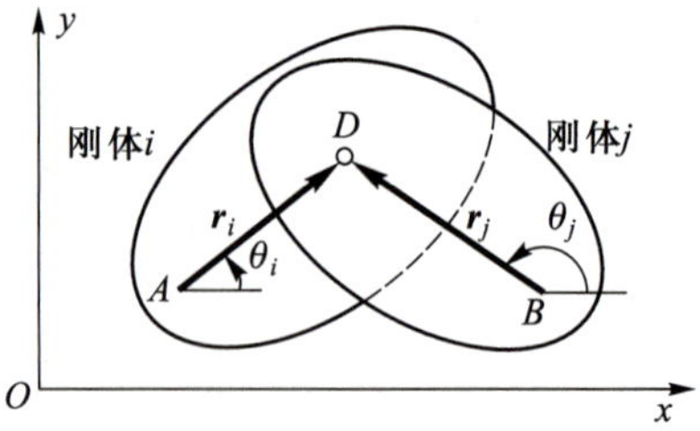

图 15-7　转动副约束的两个刚体

知其中四个量的情况下,即可求出另外的两个。

根据上述分析,在 MATLAB/Simulink 环境下建立的转动副约束两刚体的加速度分析通用子模型 acc_rot 如图 15-8 所示,其输入 ri&rj、thetai、thetaj、dthetai、dthetaj、ddthetai、ddthetaj、ddxA、ddyA、ddxB 和 ddyB 分别代表 r_i、r_j、θ_i、θ_j、$\dot{\theta}_i$、$\dot{\theta}_j$、$\ddot{\theta}_i$、$\ddot{\theta}_j$、$\ddot{x}_A$、$\ddot{y}_A$、$\ddot{x}_B$和 $\ddot{y}_B$。双击 MATLAB function 模块 accrot,将其中的参数 MATLAB function 设置为 accrot,Output dimensions 设置为 2,其他参数不变。根据式(15-13)编写的转动副约束两刚体的加速度分析通用子模型中的 MATLAB 函数 accrot. m 如下:

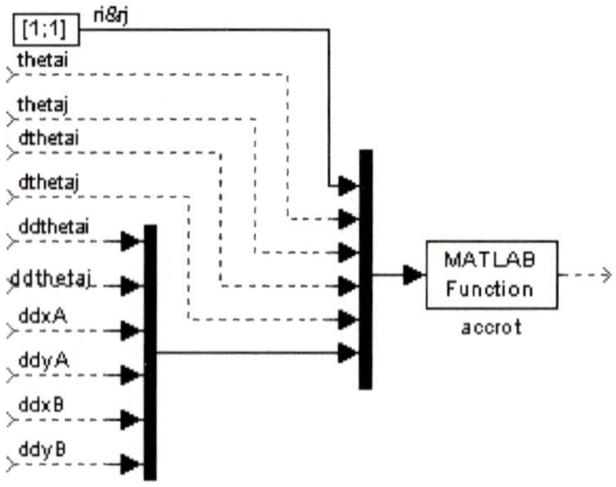

图 15-8　转动副约束两刚体的加速度分析通用子模型 acc_rot

```
function acc=accrot(u)
%
% Function to analyze the acceleration of two rigid bodys with relative
% rotation
%
ri=u(1);    rj=u(2);
thetai=u(3);    thetaj=u(4);    dthetai=u(5);    dthetaj=u(6);
num=12;    n_vari=6;    n_unknow=2;
%
```

```
a=zeros(n_unknow, n_vari);
a(1,1)=ri * cos(thetai+pi/2);    a(1,2)=-rj * cos(thetaj+pi/2);
a(1,3)=1;    a(1,5)=-1;
a(2,1)=ri * sin(thetai+pi/2);    a(2,2)=-rj * sin(thetaj+pi/2);
a(2,4)=1;    a(2,6)=-1;
b=zeros(n_unknow, 1);
b(1,1)=rj * dthetaj^2 * cos(thetaj+pi)-ri * dthetai^2 * cos(thetai+pi);
b(2,1)=rj * dthetaj^2 * sin(thetaj+pi)-ri * dthetai^2 * sin(thetai+pi);
acc=solution(num, n_vari, n_unknow, u, a, b);
```

15-3-2 移动副约束两刚体的加速度分析通用子模型

在图 15-6 中，若 $\dot{r}_j=\ddot{r}_j\equiv 0$，且 $\theta_j\equiv\theta_i+\varphi$，其中 φ 为矢量 $\boldsymbol{r}_j$ 关于 $\boldsymbol{r}_i$ 的夹角，始终保持不变，即 $\dot{\varphi}=\ddot{\varphi}\equiv 0$。这时刚体 j 相对刚体 i 只有沿刚体 i 上直线 AE 的相对移动，这就是工程中常见的移动副，此时两刚体的约束关系如图 15-9 所示。由式(15-12)并注意到 $\dot{r}_j=\ddot{r}_j\equiv 0$，$\theta_j\equiv\theta_i+\varphi$ 以及 $\dot{\theta}_j\equiv\dot{\theta}_i$，$\ddot{\theta}_j\equiv\ddot{\theta}_i$，可得

$$\left.\begin{aligned}&\cos\theta_i\,\ddot{r}_i+\left(r_i\cos\left(\theta_i+\frac{\pi}{2}\right)-r_j\cos\left(\theta_i+\varphi+\frac{\pi}{2}\right)\right)\ddot{\theta}_i+\ddot{x}_A-\ddot{x}_B\\&=r_j\dot{\theta}_i^2\cos(\theta_i+\varphi+\pi)-r_i\dot{\theta}_i^2\cos(\theta_i+\pi)-2\dot{\theta}_i\dot{r}_i\cos\left(\theta_i+\frac{\pi}{2}\right)\\&\sin\theta_i\,\ddot{r}_i+\left(r_i\sin\left(\theta_i+\frac{\pi}{2}\right)-r_j\sin\left(\theta_i+\varphi+\frac{\pi}{2}\right)\right)\ddot{\theta}_i+\ddot{y}_A-\ddot{y}_B\\&=r_j\dot{\theta}_i^2\sin(\theta_i+\varphi+\pi)-r_i\dot{\theta}_i^2\sin(\theta_i+\pi)-2\dot{\theta}_i\dot{r}_i\sin\left(\theta_i+\frac{\pi}{2}\right)\end{aligned}\right\}\tag{15-14}$$

类似地，可将上式写成式(15-6)的矩阵形式，其中 $\underline{X}=(\ddot{r}_i\quad\ddot{\theta}_i\quad\ddot{x}_A\quad\ddot{y}_A\quad\ddot{x}_B\quad\ddot{y}_B)^{\mathrm{T}}$。式(15-14)给出了移动副约束刚体的(角)加速度 $\ddot{r}_i$、$\ddot{\theta}_i$、$\ddot{x}_A$、$\ddot{y}_A$、$\ddot{x}_B$和 $\ddot{y}_B$ 之间的关系，在已知其中四个量的情况下，即可求出另外的两个。

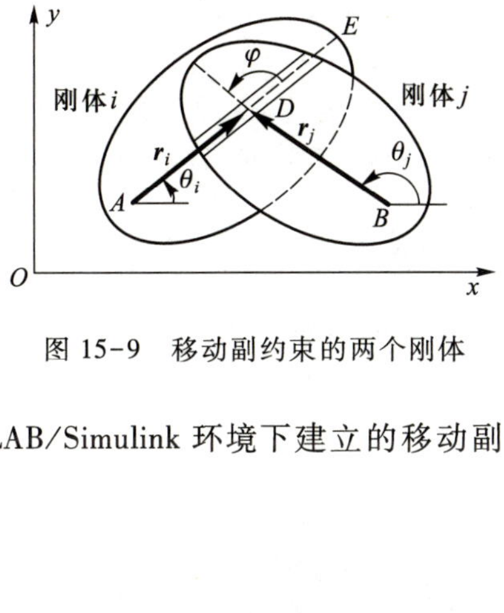

图 15-9 移动副约束的两个刚体

根据上述分析，在 MATLAB/Simulink 环境下建立的移动副约束两刚体的加速度分析通

用子模型 acc_tran 如图 15-10 所示，其输入 rj&phi、ri、thetai、dri、dthetai、ddri、ddthetai、ddxA、ddyA、ddxB 和 ddyB 分别代表 r_j、φ、r_i、θ_i、$\dot{r}_i$、$\dot{\theta}_i$、$\ddot{r}_i$、$\ddot{\theta}_i$、$\ddot{x}_A$、$\ddot{y}_A$、$\ddot{x}_B$和 $\ddot{y}_B$。双击 MATLAB function 模块 acctran，将其中的参数 MATLAB function 设置为 acctran，Output dimensions 设置为 2，其他参数不变。根据式(15-14)编写的移动副约束两刚体的加速度分析通用子模型中的 MATLAB 函数 acctran.m 如下：

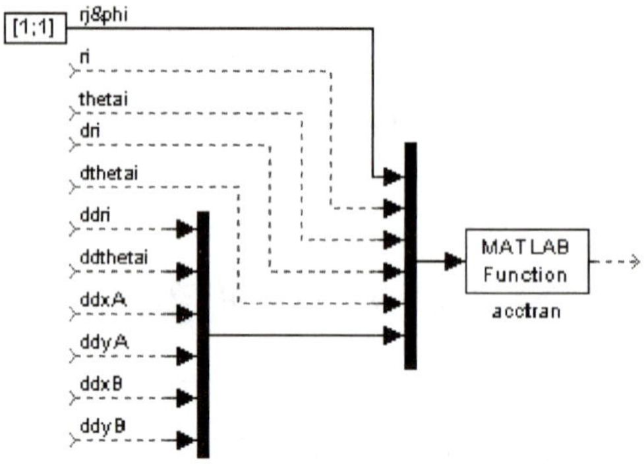

图 15-10 移动副约束两刚体加速度分析通用子模型 acc_tran

```
function acc=accrot(u)
%
% Function to analyze the acceleration of two rigid bodys with relative
% translation
%
rj=u(1);    phi=u(2);
ri=u(3);    thetai=u(4);    dri=u(5);    dthetai=u(6);
num=12;    n_vari=6;    n_unknow=2;
%
a=zeros(n_unknow, n_vari);
a(1,1)=cos(thetai);
a(1,2)=ri*cos(thetai+pi/2)-rj*cos(thetai+phi+pi/2);
a(1,3)=1;    a(1,5)=-1;
a(2,1)=sin(thetai);
a(2,2)=ri*sin(thetai+pi/2)-rj*sin(thetai+phi+pi/2);
a(2,4)=1;    a(2,6)=-1;
b=zeros(n_unknow,1);
b(1,1)=rj*dthetai^2*cos(thetai+phi+pi)...
-ri*dthetai^2*cos(thetai+pi)-2*dthetai*dri*cos(thetai+pi/2);
```

```
b(2,1)=rj * dthetai^2 * sin(thetai+phi+pi)...
-ri * dthetai^2 * sin(thetai+pi)-2 * dthetai * dri * sin(thetai+pi/2);
acc=solution(num, n_vari, n_unknow, u, a, b);
```

在图 15-6 中,若 $\dot{r}_j=\ddot{r}_j\equiv 0$,即刚体 j 上的点 D 始终位于刚体 i 上的直线 AE 上,也就是说,刚体 j 相对刚体 i 既有沿刚体 i 上的直线 AE 的相对移动,又有绕点 D 的相对转动,这就是工程中常见的移动-转动副。对移动-转动副约束两刚体的加速度分析模块有兴趣的读者可自己研究,限于篇幅,此处不再讨论。

§ 15-4　基于 MATLAB/Simulink 的运动学过程分析示例

前面两节主要讨论了单个刚体和两个相互约束刚体的加速度分析通用子模型,利用这些子模型可以非常方便地进行一些工程问题的(角)加速度分析,在此基础上对(角)加速度积分可以求得(角)速度,进一步积分可以求得(角)位移,这就是本章运动学过程分析的基本思路。需要指出的是,对(角)加速度积分需要给定初始(角)速度,对(角)速度积分需要给定初始位置,也就是说,需要设定 MATLAB/Simulink 积分模块的初值,因此,在进行运动学过程分析之前首先必须进行初始位置和初始(角)速度分析。初始位置分析常常涉及非线性方程组的求解,可以利用 MATLAB/Simulink 的代数约束模块实现,而初始(角)速度分析可以借助于前面几章介绍的瞬时速度分析方法完成,这里不再赘述。

[例题 15-1]　如图 15-11 所示为一两连杆平面机械臂,大臂 AB 长 1 m,小臂 BC 长 1.5 m,若大臂和小臂的角加速度均为 0,初始角速度分别为 $\dot{\theta}_{10}=0.5$ rad/s 和 $\dot{\theta}_{20}=0.8$ rad/s,由 $\theta_{10}=\theta_{20}=0$ 的位置抓取物体,试利用前述有关加速度分析通用子模型在 MATLAB/Simulink 中建立分析模型,研究手端 C 在 2 s 内的位置、速度及加速度随时间的变化情况。

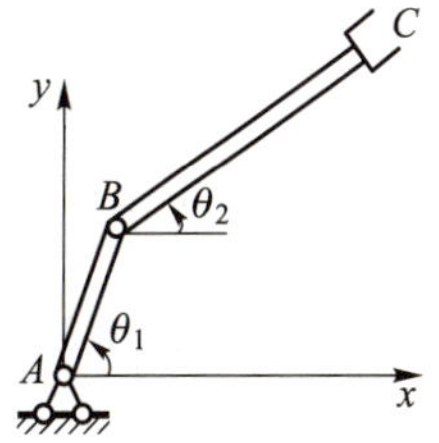

图 15-11　两连杆机械臂

解:本题中大臂 AB 作定轴转动,角加速度已知,可以利用定轴转动刚体加速度分析通用子模型求出点 B 的加速度。小臂 BC 作平面运动,可以利用平面运动刚体加速度分析通用子模型求出手端 C 的加速度。再利用 MATLAB/Simulink 提供的积分模块对手端 C 的加速度积分可得速度,对手端 C 的速度进一步积分得到手端 C 的位移。

在 MATLAB/Simulink 中建立的分析模型如图 15-12 所示。模块 To Workspace 用于将计算结果存入工作空间以便在 MATLAB 中绘制相应的曲线,模块 To Workspace 的参数 variable name 和 save format 分别设置为 result 和 Array,其他参数不变。通过初始时刻的位置和速度分析可知,手端 C 的初始位置为 $x_{C0}=2.5$ m,$y_{C0}=0$,初始速度为 $\dot{x}_{C0}=0$,$\dot{y}_{C0}=1.7$ m/s。设定仿真参数的 start time 为 0,stop time 为 2 s,relative tolerance 和 absolute tolerance 均为 1e-8,仿真计算后手端 C 的位置、速度及加速度存储于变量 result 中,而时间变量自动存储于

变量 tout 中。在 MATLAB 中使用下述命令:

```
plot( tout( : , 1), result( : , 1) )
xlabel( ' time( s)' )
ylabel( ' x( m)' )
```

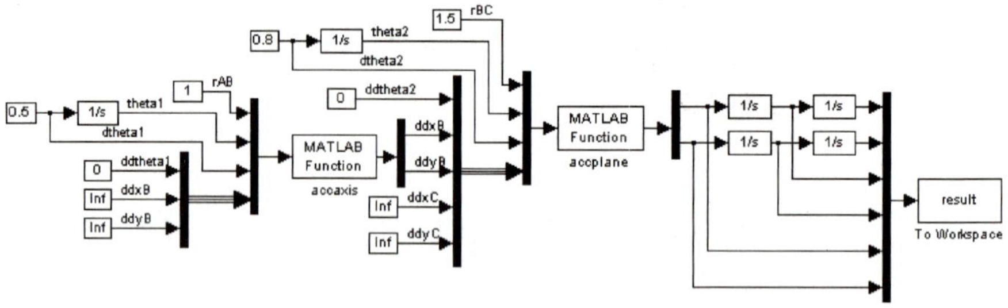

图 15-12 例题 15-1 的 MATLAB/Simulink 分析模型

即可得到手端 C 的 x 坐标随时间的变化历程,如图 15-13a 所示。类似地,可以绘出手端 C 的 y 坐标及速度和加速度随时间的变化历程,如图 15-13b、图 15-14 和图 15-15 所示。当然,也可以在分析模型中加入 MATLAB/Simulink 的信号显示器模块(Scope 模块)直接观察变量随时间的变化情况。

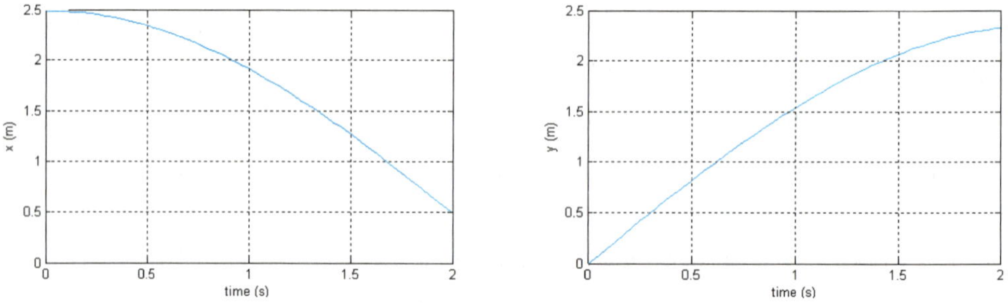

(a) (b)

图 15-13 手端 C 的坐标随时间的变化历程

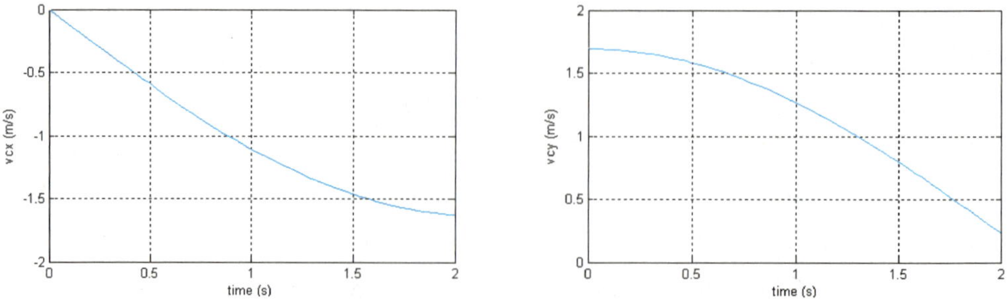

(a) (b)

图 15-14 手端 C 的速度随时间的变化历程

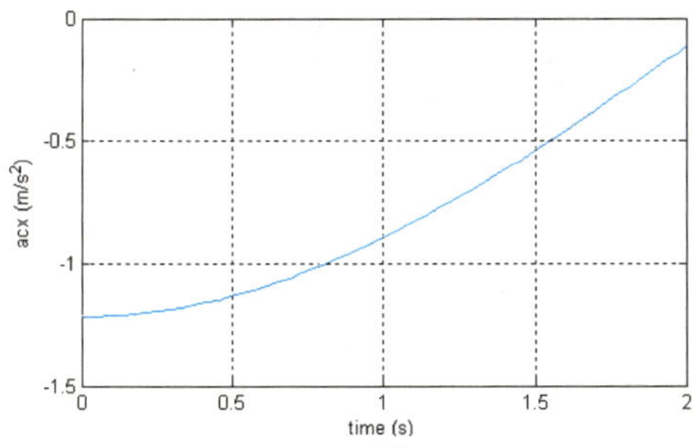

(a)

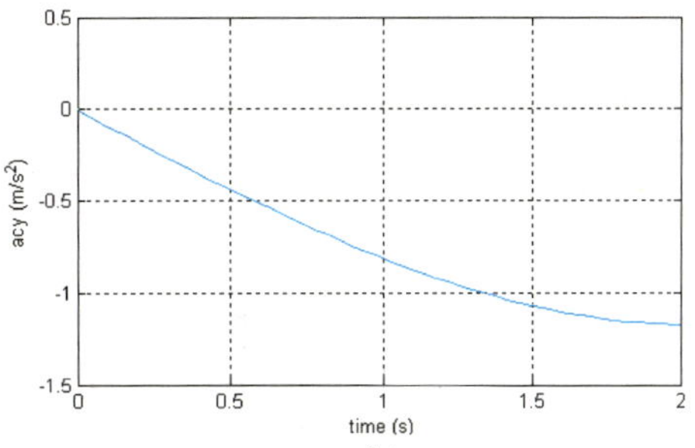

(b)

图 15-15　手端 C 的加速度随时间的变化历程

思考:本题亦可利用转动副约束两刚体的加速度分析通用子模型求解,请读者自行完成。

[例题 15-2]　在图 15-16 所示的四连杆机构中,若 $AB=1$ m,$BC=2.5$ m,$CD=2.5$ m,$AD=2$ m,连杆 AB 的角加速度 $\alpha_1=1.0$ rad/s^2,初始静止且 $\theta_1=90°$,试利用前述有关加速度分析通用子模型在 MATLAB/Simulink 环境中建立分析模型,研究连杆 CD 在 5 s 内的运动过程。

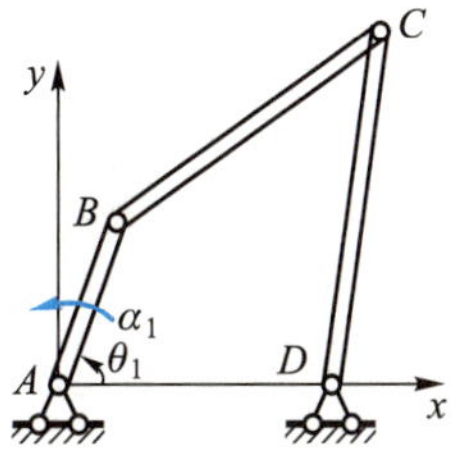

图 15-16　四连杆机构

解:本题中连杆 AB 作定轴转动,角加速度已知,可以利用定轴转动刚体加速度分析通用子模型求出点 B 的加速度。连杆 BC 与连杆 CD 通过转动副相互连接,且点 D 的加速度始终为 0,从而可以利用转动副约束两刚体的加速度分析通用子模型求出连杆 BC 与连杆 CD 的角加速度。再利用 MATLAB/Simulink 提供的积分模块对连杆 BC 与连杆 CD 的角加速度积分可得连杆 BC 与连杆 CD 的角速度,对连杆 BC 与连杆 CD 的角速度进一步积分得到连杆 BC 与连杆 CD 的角位移。

在 MATLAB/Simulink 环境下建立的分析模型如图 15-17 所示。模块 To Workspace 用于将计算结果存入工作空间以便在 MATLAB 中绘制相应的曲线,而模块 RtoD 用于将弧度转换为度。通过初始时刻的位置和速度分析可知,连杆 BC 的初始角度为 $\arccos\dfrac{4}{5}$ rad,初始角速度为 0,连杆 CD 的初始角度为$\dfrac{\pi}{2}$ rad,初始角速度为 0。设定仿真参数的 start time 为 0,stop time 为 5 s,relative tolerance 和 absolute tolerance 均为 1e-8,仿真计算后,连杆 CD 的角位移、角速度及角加速度存储于变量 result 中,而时间变量自动存储于变量 tout 中。在 MATLAB 中使用 plot 命令即可绘出连杆 CD 的转角、角速度及角加速度随时间的变化历程,如图 15-18 所示。

讨论:在上述四连杆机构中,若将连杆 BC 延长至点 E,使得 $CE=BC$,即为契比谢夫直线机构,如图 15-19 所示,分析点 E 的轨迹。

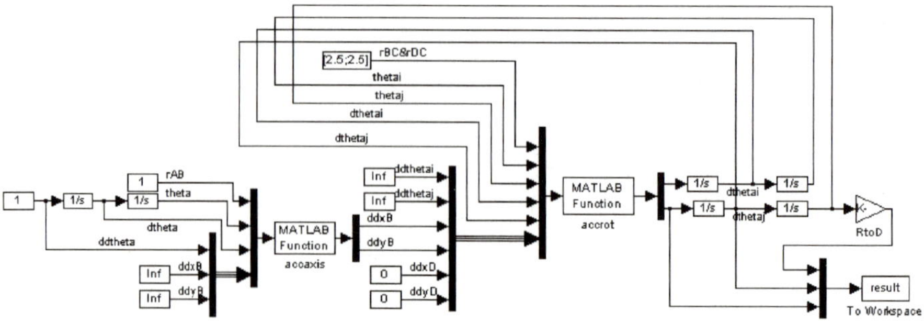

图 15-17　例题 15-2 的 Simulink 分析模型

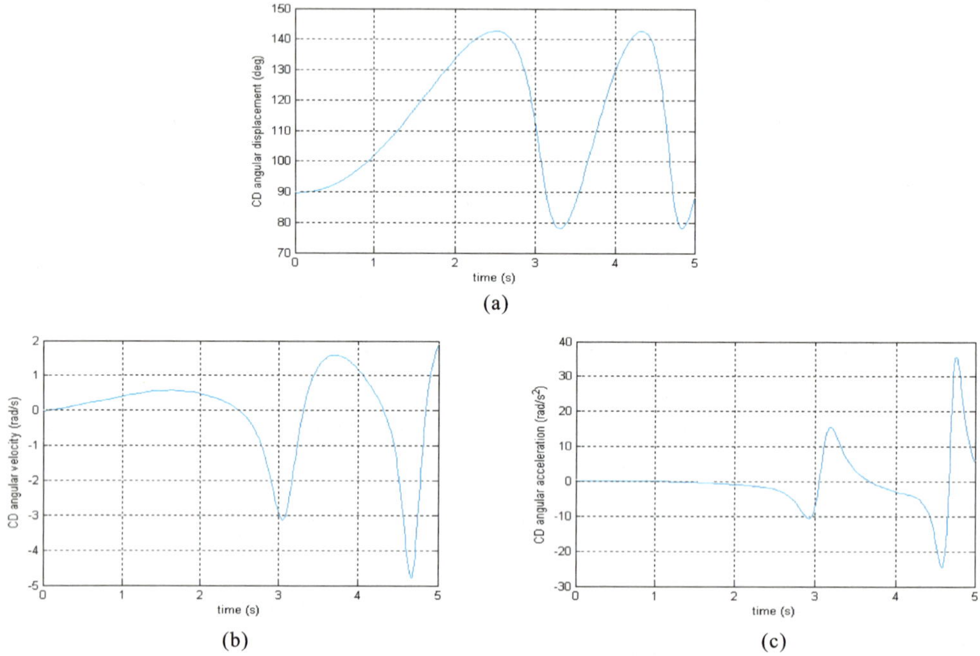

图 15-18　连杆 *CD* 的转角、角速度和角加速度随时间的变化历程

连杆 *BC* 作平面运动，根据上面的分析，点 *B* 的加速度及连杆 *BC* 的角加速度已经求出，因此利用刚体平面运动的加速度分析模块可以求出点 *E* 的加速度，两次积分后可得点 *E* 的位置随时间的变化情况，从而最终绘出点 *E* 的轨迹。

为此，将图 15-17 所示的四连杆机构的 Simulink 分析模型进行必要的修改，即可得到如图 15-20 所示的契比谢夫直线机构的 Simulink 分析模型，其中虚框部分为增加的内容。由初始位置和初始速度分析可知，点 *E* 的初始位置为(4,4)，初始速度为 0，仿真计算后，由 MATLAB 的 plot 命令可得点 *E*

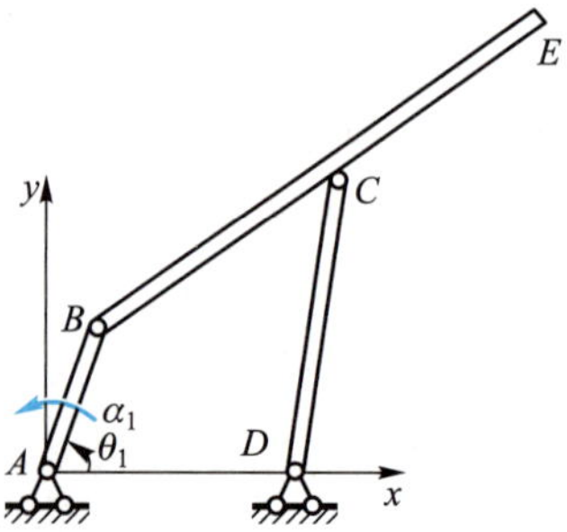

图 15-19　契比谢夫直线机构

的轨迹如图 15-21 所示，可见，当 $90° \leqslant \theta_1 \leqslant 270°$ 时，点 E 的轨迹近似为一直线，其中点 E 的铅垂坐标 y_E 的变化不到 0.01 m。当然，也可以在分析模型中加入 MATLAB/Simulink 的 XY Graph 模块（需要设定 x 轴和 y 轴的取值范围）直接观察点 E 的轨迹。

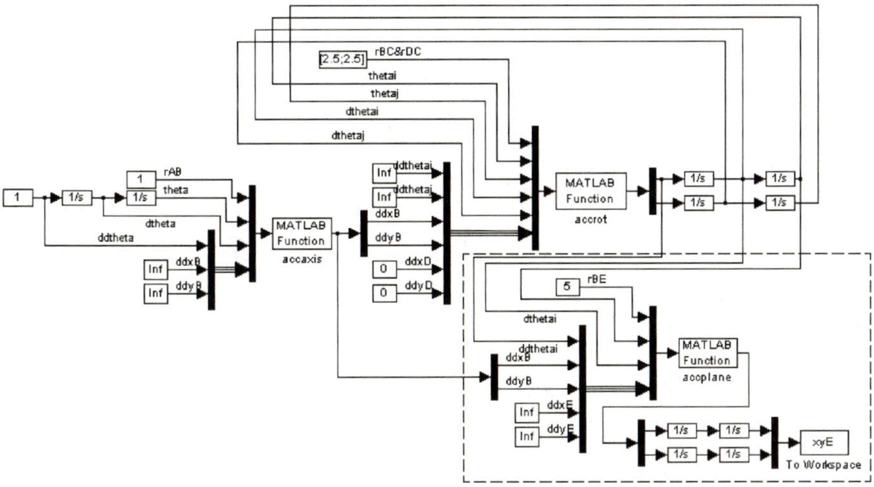

图 15-20　契比谢夫直线机构的 Simulink 分析模型

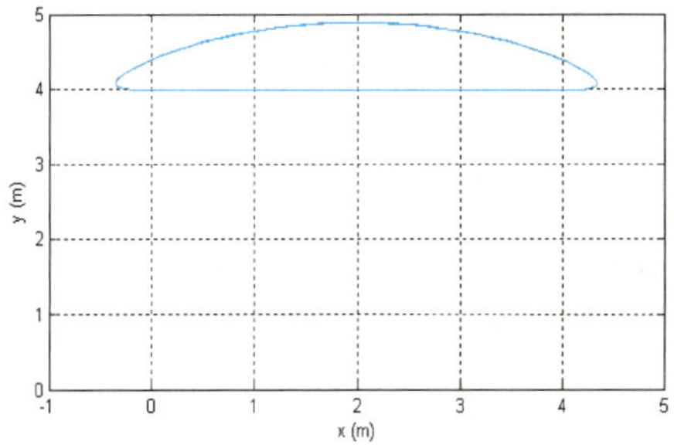

图 15-21　点 E 的轨迹

§ 15-5　单个刚体的动力学分析通用子模型

15-5-1　平面运动刚体的动力学分析通用子模型

如图 15-22 所示，质量为 m、对通过质心 C 且与运动平面垂直的轴的转动惯量为 $\boldsymbol{J}_C$ 的刚体在平面 Oxy 内作平面运动，假设 A、B、C 三点位于同一直线上，点 B 关于点 A 的矢径为 $\boldsymbol{r}$，质心 C 关于点 A 的矢径为 $\boldsymbol{r}_{AC}$，$\boldsymbol{r}$ 与 x 轴正向的夹角为 θ，刚体在质心 C 受到沿 x 轴的力 $\boldsymbol{F}_x$、沿 y 轴的力 $\boldsymbol{F}_y$ 及力偶 M 的作用，在点 A 和点 B 分别受到沿 x 轴的力 $\boldsymbol{F}_{Ax}$、$\boldsymbol{F}_{Bx}$ 和沿 y 轴

的力 $\boldsymbol{F}_{Ay}$、$\boldsymbol{F}_{By}$ 的作用，根据刚体平面运动动力学微分方程，有

$$\left.\begin{aligned} m\ddot{x}_C &= F_x+F_{Ax}+F_{Bx} \\ m\ddot{y}_C &= F_y+F_{Ay}+F_{By} \\ J_C\ddot{\theta} &= M+r_{AC}\sin\theta F_{Ax}-r_{AC}\cos\theta F_{Ay}- \\ &\quad (r-r_{AC})\sin\theta F_{Bx}+(r-r_{AC})\cos\theta F_{By} \end{aligned}\right\} \tag{15-15}$$

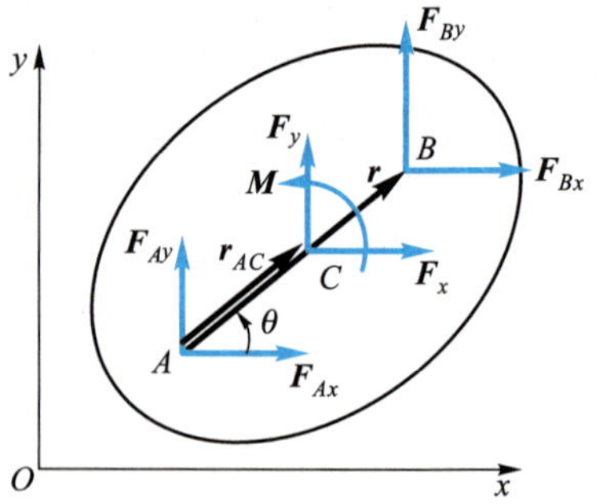

图 15-22 刚体平面运动的受力分析

注意，按照上述定义，当 $\boldsymbol{r}_{AC}$ 与 $\boldsymbol{r}$ 方向相同时，r_{AC} 为正，否则为负。又由平面运动刚体的运动学可知

$$\boldsymbol{a}_C=\boldsymbol{a}_A+\boldsymbol{a}_{CA}^{\mathrm{t}}+\boldsymbol{a}_{CA}^{\mathrm{n}} \tag{15-16}$$

将上式向 x 轴和 y 轴投影，得

$$\left.\begin{aligned} \ddot{x}_C &= \ddot{x}_A+r_{AC}\ddot{\theta}\cos\left(\theta+\frac{\pi}{2}\right)+r_{AC}\dot{\theta}^2\cos(\theta+\pi) \\ \ddot{y}_C &= \ddot{y}_A+r_{AC}\ddot{\theta}\sin\left(\theta+\frac{\pi}{2}\right)+r_{AC}\dot{\theta}^2\sin(\theta+\pi) \end{aligned}\right\} \tag{15-17}$$

将上式代入式(15-15)得

$$\left.\begin{aligned} & m\left(\ddot{x}_A+r_{AC}\ddot{\theta}\cos\left(\theta+\frac{\pi}{2}\right)+r_{AC}\dot{\theta}^2\cos(\theta+\pi)\right)=F_x+F_{Ax}+F_{Bx} \\ & m\left(\ddot{y}_A+r_{AC}\ddot{\theta}\sin\left(\theta+\frac{\pi}{2}\right)+r_{AC}\dot{\theta}^2\sin(\theta+\pi)\right)=F_y+F_{Ay}+F_{By} \\ & J_C\ddot{\theta}=M+r_{AC}\sin\theta F_{Ax}-r_{AC}\cos\theta F_{Ay}-(r-r_{AC})\sin\theta F_{Bx}+(r-r_{AC})\cos\theta F_{By} \end{aligned}\right\} \tag{15-18}$$

将上式整理后，得

$$\left.\begin{aligned} & mr_{AC}\cos\left(\theta+\frac{\pi}{2}\right)\ddot{\theta}+m\ddot{x}_A-F_x-F_{Ax}-F_{Bx}=-mr_{AC}\dot{\theta}^2\cos(\theta+\pi) \\ & mr_{AC}\sin\left(\theta+\frac{\pi}{2}\right)\ddot{\theta}+m\ddot{y}_A-F_y-F_{Ay}-F_{By}=-mr_{AC}\dot{\theta}^2\sin(\theta+\pi) \\ & J_C\ddot{\theta}-M-r_{AC}\sin\theta F_{Ax}+r_{AC}\cos\theta F_{Ay}+(r-r_{AC})\sin\theta F_{Bx}-(r-r_{AC})\cos\theta F_{By}=0 \end{aligned}\right\} \tag{15-19}$$

上式可以进一步写成 $\underline{A}\underline{X}=\underline{B}$ 的矩阵形式，其中 $\underline{X}=(\ddot{\theta}\quad \ddot{x}_A\quad \ddot{y}_A\quad F_x\quad F_y\quad M\quad F_{Ax}\quad F_{Ay}\quad F_{Bx}\quad F_{By})^{\mathrm{T}}$。动力学分析主要是研究加速度和受力之间的关系，因此在式(15-19)中，若已知 $\ddot{x}_A$、$\ddot{y}_A$、$\ddot{\theta}$、F_x、F_y、M、F_{Ax}、F_{Ay}、F_{Bx}、F_{By} 十个量中的任意七个，即可求出其他的三个。

根据上述分析，应用 MATLAB/Simulink 构建的平面运动刚体动力学分析通用子模型 dyn_plane 如图 15-23 所示，其输入 m、Jc、r、rac、theta、dtheta、ddtheta、ddxA、ddyA、Fx、Fy、M、FAx、FAy、FBx、FBy 分别代表 m、J_C、r、r_{AC}、θ、$\dot{\theta}$、$\ddot{\theta}$、$\ddot{x}_A$、$\ddot{y}_A$、F_x、F_y、M、F_{Ax}、F_{Ay}、F_{Bx}、F_{By}。双击 MATLAB function 模块 dynplane，将其中的参数 MATLAB function 设置为 dynplane，Output dimensions 设置为 3，其他参数不变。根据式(15-19)编写的平面运动刚体动力学分析通用

子模型中的 MATLAB 函数 dynplane. m 如下：

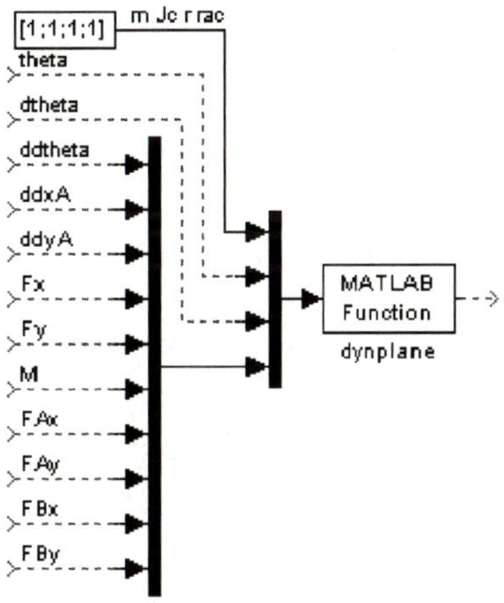

图 15-23　平面运动刚体动力学分析通用子模型

```
function dyn=dynplane(u)
%
% Function to analyze the dynamics of a rigid body in plane motion
%
m=u(1);    Jc=u(2);    r=u(3);    rac=u(4);
theta=u(5);    dtheta=u(6);
num=16;    n_vari=10;    n_unknow=3;
%
a=zeros(n_unknow, n_vari);
a(1,1)=m*rac*cos(theta+pi/2);    a(1,2)=m;    a(1,4)=-1;
a(1,7)=-1;    a(1,9)=-1;
a(2,1)=m*rac*sin(theta+pi/2);    a(2,3)=m;    a(2,5)=-1;
a(2,8)=-1;    a(2,10)=-1;
a(3,1)=Jc;    a(3,6)=-1; a(3,7)=-rac*sin(theta);
a(3,8)=rac*cos(theta);
a(3,9)=(r-rac)*sin(theta);    a(3,10)=-(r-rac)*cos(theta);
b=zeros(n_unknow, 1);
b(1,1)=-m*rac*dtheta^2*cos(theta+pi);
b(2,1)=-m*rac*dtheta^2*sin(theta+pi);
dyn=solution(num, n_vari, n_unknow, u, a, b);
```

15-5-2 定轴转动刚体的动力学分析通用子模型

在图 15-22 中,若刚体绕点 A 作定轴转动,则有 $\ddot{x}_A=\ddot{y}_A\equiv 0$,于是式(15-19)成为

$$\left.\begin{aligned}&mr_{AC}\cos\left(\theta+\frac{\pi}{2}\right)\ddot{\theta}-F_x-F_{Ax}-F_{Bx}=-mr_{AC}\dot{\theta}^2\cos(\theta+\pi)\\&mr_{AC}\sin\left(\theta+\frac{\pi}{2}\right)\ddot{\theta}-F_y-F_{Ay}-F_{By}=-mr_{AC}\dot{\theta}^2\sin(\theta+\pi)\\&J_C\ddot{\theta}-M-r_{AC}\sin\theta F_{Ax}+r_{AC}\cos\theta F_{Ay}+(r-r_{AC})\sin\theta F_{Bx}-(r-r_{AC})\cos\theta F_{By}=0\end{aligned}\right\}\tag{15-20}$$

上式同样可以写成 $\underline{A}\underline{X}=\underline{B}$ 的矩阵形式,其中 $\underline{X}=(\ddot{\theta}\quad F_x\quad F_y\quad M\quad F_{Ax}\quad F_{Ay}\quad F_{Bx}\quad F_{By})^{\mathrm{T}}$。因此根据式(15-20),在 $\ddot{\theta}$、F_x、F_y、M、F_{Ax}、F_{Ay}、F_{Bx}、F_{By} 八个量中,若已知其中的任意五个,即可求出另外的三个。

根据上述分析,对图 15-23 的平面运动刚体动力学分析通用子模型 dyn_plane 进行修改,并双击 MATLAB function 模块 dynaxis,将其中的参数 MATLAB function 设置为 dynaxis,其他参数不变,即可得到如图 15-24 所示的定轴转动刚体动力学分析通用子模型 dyn_axis。根据式(15-20),修改平面运动刚体动力学分析通用子模型中的 MATLAB 函数 dynplane. m,即可得定轴转动刚体动力学分析通用子模型中的 MATLAB 函数 dynaxis. m 如下:

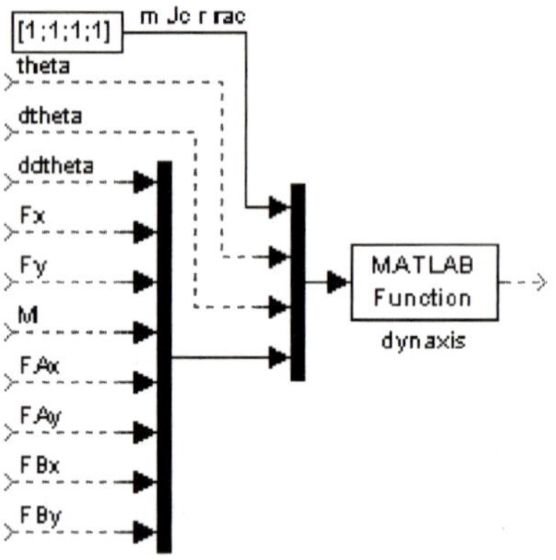

图 15-24 定轴转动刚体动力学分析通用子模型 dyn_axis

```
function dyn=dynaxis(u)
%
% Function to analyze the dynamics of a rigid body rotated about a fixed
% axis
%
m=u(1);   Jc=u(2);   r=u(3);   rac=u(4);
```

```
theta=u(5);    dtheta=u(6);
num=14;    n_vari=8;    n_unknow=3;
%
a=zeros(n_unknow, n_vari);
a(1,1)=m*rac*cos(theta+pi/2);    a(1,2)=-1;    a(1,5)=-1;
a(1,7)=-1;
a(2,1)=m*rac*sin(theta+pi/2);    a(2,3)=-1;    a(2,6)=-1;
a(2,8)=-1;
a(3,1)=Jc;    a(3,4)=-1; a(3,5)=-rac*sin(theta);
a(3,6)=rac*cos(theta);
a(3,7)=(r-rac)*sin(theta);    a(3,8)=-(r-rac)*cos(theta);
b=zeros(n_unknow, 1);
b(1,1)=-m*rac*dtheta^2*cos(theta+pi);
b(2,1)=-m*rac*dtheta^2*sin(theta+pi);
dyn=solution(num, n_vari, n_unknow, u, a, b);
```

当然,也可以将刚体的定轴转动视为刚体平面运动的特例,直接应用刚体平面运动的动力学分析通用子模型来进行刚体定轴转动的动力学分析。

15-5-3 平行移动刚体的动力学分析通用子模型

在图 15-22 中,若刚体作平行移动,则 $\dot{\theta}=\ddot{\theta}\equiv 0$,$\theta$ 为常数,并注意到 $\ddot{x}_A=\ddot{x}_C$、$\ddot{y}_A=\ddot{y}_C$,于是由式(15-19)得

$$\left.\begin{aligned}&m\ddot{x}_C-F_x-F_{Ax}-F_{Bx}=0\\&m\ddot{y}_C-F_y-F_{Ay}-F_{By}=0\\&-M-r_{AC}\sin\theta F_{Ax}+r_{AC}\cos\theta F_{Ay}+(r-r_{AC})\sin\theta F_{Bx}-(r-r_{AC})\cos\theta F_{By}=0\end{aligned}\right\}\tag{15-21}$$

上式同样可以写成 $\underline{A}\underline{X}=\underline{B}$ 的矩阵形式,其中 $\underline{X}=(\ddot{x}_C\quad \ddot{y}_C\quad F_x\quad F_y\quad M\quad F_{Ax}\quad F_{Ay}\quad F_{Bx}\quad F_{By})^{\mathrm{T}}$。因此在上式中,若已知 $\ddot{x}_C$、$\ddot{y}_C$、F_x、F_y、M、F_{Ax}、F_{Ay}、F_{Bx}、F_{By} 九个量中的任意六个,即可求出其他的三个。

根据上述分析,对图 15-23 的平面运动刚体动力学分析通用子模型进行修改,并双击 MATLAB function 模块 dynparal,将其中的参数 MATLAB function 设置为 dynparal,其他参数不变,即可得到如图 15-25 所示的平行移动刚体动力学分析通用子模型 dyn_paral。根据式(15-21),修改平面运动刚体动力学分析通用子模型中的 MATLAB 函数 dynplane. m,即可得平行移动刚体动力学分析通用子模型中的 MATLAB 函数 dynparal. m 如下:

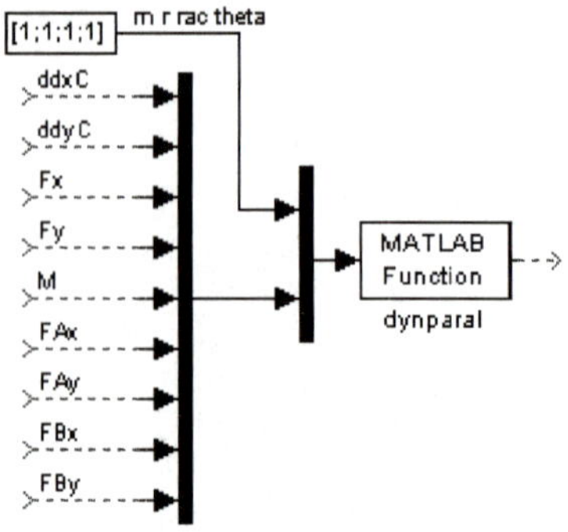

图 15-25 平行移动刚体动力学分析通用子模型 dyn_paral

```
function dyn=dynparal(u)
%
% Function to analyze the dynamics of a rigid body in translate motion
%
m=u(1);   r=u(2);   rac=u(3);   theta=u(4);
num=13;   n_vari=9;   n_unknow=3;
%
a=zeros(n_unknow, n_vari);
a(1,1)=m;   a(1,3)=-1;   a(1,6)=-1;   a(1,8)=-1;
a(2,2)=m;   a(2,4)=-1;   a(2,7)=-1;   a(2,9)=-1;
a(3,5)=-1;   a(3,6)=-rac * sin(theta);   a(3,7)=rac * cos(theta);
a(3,8)=(r-rac) * sin(theta);   a(3,9)=-(r-rac) * cos(theta);
b=zeros(n_unknow, 1);
dyn=solution(num, n_vari, n_unknow, u, a, b);
```

§15-6 两个相互约束刚体的动力学分析通用子模型

上一节讨论了单个刚体的动力学分析通用子模型，本节主要讨论通过转动副或移动副相互约束的两个刚体的动力学分析通用子模型。

15-6-1 转动副约束两刚体的动力学分析通用子模型

如图 15-26 所示，刚体 i 与刚体 j 在图示平面内作平面运动，并通过光滑转动副 D 相互约束。刚体 i 的质量为 m_i，对通过质心 C_i 且与图示平面垂直的轴的转动惯量为 J_{Ci}，假设质

心 C_i 位于直线 AD 上，点 D 关于点 A 的矢径为 $\boldsymbol{r}_i$，质心 C_i 关于点 A 的矢径为 $\boldsymbol{r}_{AC}$，$\boldsymbol{r}_i$ 与 x 轴正向的夹角为 θ_i。刚体 j 的质量为 m_j，对通过质心 C_j 且与图示平面垂直的轴的转动惯量为 J_{Cj}，假设质心 C_j 位于直线 BD 上，点 D 关于点 B 的矢径为 $\boldsymbol{r}_j$，质心 C_j 关于点 B 的矢径为 $\boldsymbol{r}_{BC_j}$，$\boldsymbol{r}_j$ 与 x 轴正向的夹角为 θ_j。

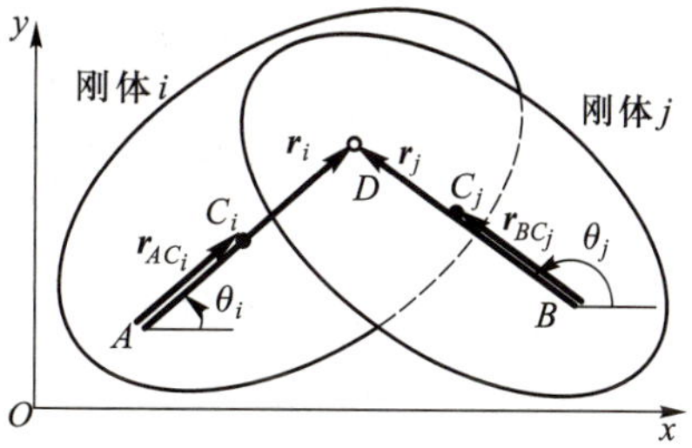

图 15-26 转动副约束的两个刚体

假设刚体 i 在质心 C_i 受到沿 x 轴的力 $\boldsymbol{F}_{ix}$、沿 y 轴的力 $\boldsymbol{F}_{iy}$ 以及力偶 M_i 的作用，在点 A 受到沿 x 轴的力 $\boldsymbol{F}_{Ax}$ 和沿 y 轴的力 $\boldsymbol{F}_{Ay}$ 的作用，刚体 j 在质心 C_j 受到沿 x 轴的力 $\boldsymbol{F}_{jx}$、沿 y 轴的力 $\boldsymbol{F}_{jy}$ 以及力偶 M_j 的作用，在点 B 受到沿 x 轴的力 $\boldsymbol{F}_{Bx}$ 和沿 y 轴的力 $\boldsymbol{F}_{By}$ 的作用，分别取刚体 i 与刚体 j 为研究对象，其受力如图 15-27 所示。对于刚体 i，应用刚体平面运动动力学微分方程，有

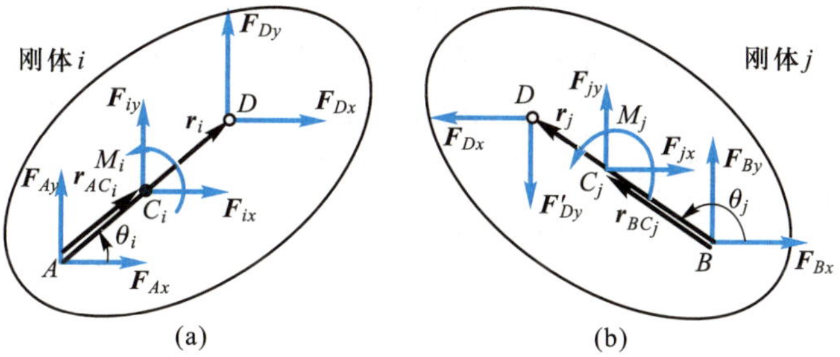

图 15-27 刚体 i 与刚体 j 的受力分析

$$\left.\begin{aligned}&m_i\ddot{x}_{C_i}=F_{ix}+F_{Ax}+F_{Dx}\\&m_i\ddot{y}_{C_i}=F_{iy}+F_{Ay}+F_{Dy}\\&J_{C_i}\ddot{\theta}_i=M_i+r_{AC_i}\sin\theta_iF_{Ax}-r_{AC_i}\cos\theta_iF_{Ay}-(r_i-r_{AC_i})\sin\theta_iF_{Dx}+(r_i-r_{AC_i})\cos\theta_iF_{Dy}\end{aligned}\right\}\tag{15-22}$$

注意，当 $\boldsymbol{r}_{AC_i}$ 与 $\boldsymbol{r}_i$ 方向相同时，$\boldsymbol{r}_{AC_i}$ 为正，否则为负。又由刚体平面运动加速度的基点法，可知

$$\boldsymbol{a}_{C_i}=\boldsymbol{a}_A+\boldsymbol{a}^{\mathrm{t}}_{C_iA}+\boldsymbol{a}^{\mathrm{n}}_{C_iA}\tag{15-23}$$

将上式向 x 轴和 y 轴上投影，得

$$\left.\begin{aligned}&\ddot{x}_{C_i}=\ddot{x}_A+r_{AC_i}\ddot{\theta}_i\cos\left(\theta_i+\frac{\pi}{2}\right)+r_{AC_i}\dot{\theta}_i^2\cos(\theta_i+\pi)\\&\ddot{y}_{C_i}=\ddot{y}_A+r_{AC_i}\ddot{\theta}_i\sin\left(\theta_i+\frac{\pi}{2}\right)+r_{AC_i}\dot{\theta}_i^2\sin(\theta_i+\pi)\end{aligned}\right\}\tag{15-24}$$

将上式代入式(15-22)，得

$$\left.\begin{aligned}&m_i\left(\ddot{x}_A+r_{AC_i}\ddot{\theta}_i\cos\left(\theta_i+\frac{\pi}{2}\right)+r_{AC_i}\dot{\theta}_i^2\cos(\theta_i+\pi)\right)=F_{ix}+F_{Ax}+F_{Dx}\\&m_i\left(\ddot{y}_A+r_{AC_i}\ddot{\theta}_i\sin\left(\theta_i+\frac{\pi}{2}\right)+r_{AC_i}\dot{\theta}_i^2\sin(\theta_i+\pi)\right)=F_{iy}+F_{Ay}+F_{Dy}\\&J_{C_i}\ddot{\theta}_i=M_i+r_{AC_i}\sin\theta_iF_{Ax}-r_{AC_i}\cos\theta_iF_{Ay}-(r_i-r_{AC_i})\sin\theta_iF_{Dx}+(r_i-r_{AC_i})\cos\theta_iF_{Dy}\end{aligned}\right\}\tag{15-25}$$

类似地,对于刚体 j,应用刚体平面运动动力学微分方程,有

$$\left.\begin{aligned}&m_j\ddot{x}_{C_j}=F_{jx}+F_{Bx}-F_{Dx}\\&m_j\ddot{y}_{C_j}=F_{jy}+F_{By}-F_{Dy}\\&J_{C_j}\ddot{\theta}_j=M_j+r_{BC_j}\sin\theta_jF_{Bx}-r_{BC_j}\cos\theta_jF_{By}+(r_j-r_{BC_j})\sin\theta_jF_{Dx}-(r_j-r_{BC_j})\cos\theta_jF_{Dy}\end{aligned}\right\}\tag{15-26}$$

注意上式中应用了 $F'_{Dx}=F_{Dx}$,$F'_{Dy}=F_{Dy}$,且当 $\boldsymbol{r}_{BC_j}$ 与 $\boldsymbol{r}_j$ 方向相同时,$\boldsymbol{r}_{BC_j}$ 为正,否则为负。又由刚体平面运动加速度的基点法,可知

$$\boldsymbol{a}_{C_j}=\boldsymbol{a}_D+\boldsymbol{a}^{\mathrm{t}}_{C_jD}+\boldsymbol{a}^{\mathrm{n}}_{C_jD}\tag{15-27}$$

根据刚体 i 上点 D 与点 A 的加速度关系,可得点 D 的加速度

$$\boldsymbol{a}_D=\boldsymbol{a}_A+\boldsymbol{a}^{\mathrm{t}}_{DA}+\boldsymbol{a}^{\mathrm{n}}_{DA}\tag{15-28}$$

将式(15-28)代入式(15-27),得

$$\boldsymbol{a}_{C_j}=\boldsymbol{a}_A+\boldsymbol{a}^{\mathrm{t}}_{DA}+\boldsymbol{a}^{\mathrm{n}}_{DA}+\boldsymbol{a}^{\mathrm{t}}_{C_jD}+\boldsymbol{a}^{\mathrm{n}}_{C_jD}\tag{15-29}$$

将上式向 x 轴和 y 轴上投影,得

$$\left.\begin{aligned}\ddot{x}_{C_j}=&\ddot{x}_A+r_i\ddot{\theta}_i\cos\left(\theta_i+\frac{\pi}{2}\right)+r_i\dot{\theta}_i^2\cos(\theta_i+\pi)+(r_j-r_{BC_j})\cdot\\&\ddot{\theta}_j\cos\left(\theta_j+\frac{3\pi}{2}\right)+(r_j-r_{BC_j})\dot{\theta}_j^2\cos\theta_j\\\ddot{y}_{C_j}=&\ddot{y}_A+r_i\ddot{\theta}_i\sin\left(\theta_i+\frac{\pi}{2}\right)+r_i\dot{\theta}_i^2\sin(\theta_i+\pi)+(r_j-r_{BC_j})\cdot\\&\ddot{\theta}_j\sin\left(\theta_j+\frac{3\pi}{2}\right)+(r_j-r_{BC_j})\dot{\theta}_j^2\sin\theta_j\end{aligned}\right\}\tag{15-30}$$

将上式代入式(15-26),得

$$\left.\begin{aligned}&m_j\left(\ddot{x}_A+r_i\ddot{\theta}_i\cos\left(\theta_i+\frac{\pi}{2}\right)+r_i\dot{\theta}_i^2\cos(\theta_i+\pi)+(r_j-r_{BC_j})\ddot{\theta}_j\cos\left(\theta_j+\frac{3\pi}{2}\right)+\right.\\&\left.(r_j-r_{BC_j})\dot{\theta}_j^2\cos\theta_j\right)=F_{jx}+F_{Bx}-F_{Dx}\\&m_j\left(\ddot{y}_A+r_i\ddot{\theta}_i\sin\left(\theta_i+\frac{\pi}{2}\right)+r_i\dot{\theta}_i^2\sin(\theta_i+\pi)+(r_j-r_{BC_j})\ddot{\theta}_j\sin\left(\theta_j+\frac{3\pi}{2}\right)+\right.\\&\left.(r_j-r_{BC_j})\dot{\theta}_j^2\sin\theta_j\right)=F_{jy}+F_{By}-F_{Dy}\\&J_{C_j}\ddot{\theta}_j=M_j+r_{BC_j}\sin\theta_jF_{Bx}-r_{BC_j}\cos\theta_jF_{By}+(r_j-r_{BC_j})\sin\theta_jF_{Dx}-(r_j-r_{BC_j})\cos\theta_jF_{Dy}\end{aligned}\right\}\tag{15-31}$$

最后,将方程(15-25)和(15-31)联立,得到转动副约束两刚体的动力学方程:

$$
\left.\begin{aligned}
&m_i\left(\ddot{x}_A+r_{AC_i}\ddot{\theta}_i\cos\left(\theta_i+\frac{\pi}{2}\right)+r_{AC_i}\dot{\theta}_i^2\cos(\theta_i+\pi)\right)=F_{ix}+F_{Ax}+F_{Dx}\\
&m_i\left(\ddot{y}_A+r_{AC_i}\ddot{\theta}_i\sin\left(\theta_i+\frac{\pi}{2}\right)+r_{AC_i}\dot{\theta}_i^2\sin(\theta_i+\pi)\right)=F_{iy}+F_{Ay}+F_{Dy}\\
&J_{C_i}\ddot{\theta}_i=M_i+r_{AC_i}\sin\theta_iF_{Ax}-r_{AC_i}\cos\theta_iF_{Ay}-(r_i-r_{AC_i})\sin\theta_iF_{Dx}+\\
&\quad(r_i-r_{AC_i})\cos\theta_iF_{Dy}\\
&m_j\left(\ddot{x}_A+r_i\ddot{\theta}_i\cos\left(\theta_i+\frac{\pi}{2}\right)+r_i\dot{\theta}_i^2\cos(\theta_i+\pi)+(r_j-r_{BC_j})\cdot\right.\\
&\quad\left.\ddot{\theta}_j\cos\left(\theta_j+\frac{3\pi}{2}\right)+(r_j-r_{BC_j})\dot{\theta}_j^2\cos\theta_j\right)=F_{jx}+F_{Bx}-F_{Dx}\\
&m_j\left(\ddot{y}_A+r_i\ddot{\theta}_i\sin\left(\theta_i+\frac{\pi}{2}\right)+r_i\dot{\theta}_i^2\sin(\theta_i+\pi)+(r_j-r_{BC_j})\cdot\right.\\
&\quad\left.\ddot{\theta}_j\sin\left(\theta_j+\frac{3\pi}{2}\right)+(r_j-r_{BC_j})\dot{\theta}_j^2\sin\theta_j\right)=F_{jy}+F_{By}-F_{Dy}\\
&J_{C_j}\ddot{\theta}_j=M_j+r_{BC_j}\sin\theta_jF_{Bx}-r_{BC_j}\cos\theta_jF_{By}+(r_j-r_{BC_j})\sin\theta_jF_{Dx}-(r_j-r_{BC_j})\cos\theta_jF_{Dy}
\end{aligned}\right\}\quad(15-32)
$$

上式整理后得到转动副约束两刚体的动力学方程的最终形式如下：

$$
\left.\begin{aligned}
&m_ir_{AC_i}\cos\left(\theta_i+\frac{\pi}{2}\right)\ddot{\theta}_i+m_i\ddot{x}_A-F_{ix}-F_{Ax}-F_{Dx}=-m_ir_{AC_i}\dot{\theta}_i^2\cos(\theta_i+\pi)\\
&m_ir_{AC_i}\sin\left(\theta_i+\frac{\pi}{2}\right)\ddot{\theta}_i+m_i\ddot{y}_A-F_{iy}-F_{Ay}-F_{Dy}=-m_ir_{AC_i}\dot{\theta}_i^2\sin(\theta_i+\pi)\\
&J_{C_i}\ddot{\theta}_i-M_i-r_{AC_i}\sin\theta_iF_{Ax}+r_{AC_i}\cos\theta_iF_{Ay}+(r_i-r_{AC_i})\sin\theta_iF_{Dx}-(r_i-r_{AC_i})\cos\theta_iF_{Dy}=0\\
&m_jr_i\cos\left(\theta_i+\frac{\pi}{2}\right)\ddot{\theta}_i+m_j(r_j-r_{BC_j})\cos\left(\theta_j+\frac{3\pi}{2}\right)\ddot{\theta}_j+m_j\ddot{x}_A-F_{jx}-F_{Bx}+F_{Dx}\\
&\quad=-m_jr_i\dot{\theta}_i^2\cos(\theta_i+\pi)-m_j(r_j-r_{BC_j})\dot{\theta}_j^2\cos\theta_j\\
&m_jr_i\sin\left(\theta_i+\frac{\pi}{2}\right)\ddot{\theta}_i+m_j(r_j-r_{BC_j})\sin\left(\theta_j+\frac{3\pi}{2}\right)\ddot{\theta}_j+m_j\ddot{y}_A-F_{jy}-F_{By}+F_{Dy}\\
&\quad=-m_jr_i\dot{\theta}_i^2\sin(\theta_i+\pi)-m_j(r_j-r_{BC_j})\dot{\theta}_j^2\sin\theta_j\\
&J_{C_j}\ddot{\theta}_j-M_j-r_{BC_j}\sin\theta_jF_{Bx}+r_{BC_j}\cos\theta_jF_{By}-(r_j-r_{BC_j})\sin\theta_jF_{Dx}+(r_j-r_{BC_j})\cos\theta_jF_{Dy}=0
\end{aligned}\right\}\quad(15-33)
$$

上式同样可以写成 $\underline{A}\underline{X}=\underline{B}$ 的矩阵形式，其中 $\underline{X}=(\ddot{\theta}_i\quad\ddot{\theta}_j\quad\ddot{x}_A\quad\ddot{y}_A\quad F_{ix}\quad F_{iy}\quad M_i\quad F_{jx}\quad F_{jy}\quad M_j\quad F_{Ax}\quad F_{Ay}\quad F_{Bx}\quad F_{By}\quad F_{Dx}\quad F_{Dy})^{\mathrm{T}}$。因此，在方程(15-33)中，若已知 $\ddot{\theta}_i$、$\ddot{\theta}_j$、$\ddot{x}_A$、$\ddot{y}_A$、F_{ix}、F_{iy}、M_i、F_{jx}、F_{jy}、M_j、F_{Ax}、F_{Ay}、F_{Bx}、F_{By}、F_{Dx}、F_{Dy} 十六个量中的任意十个，即可求出其他的六个。

根据上述分析，应用 MATLAB/Simulink 构建的转动副约束两刚体动力学分析通用子模型 dyn_rot 如图 15-28 所示，其输入 mi、Jci、ri、raci、mj、Jcj、rj、rbcj、thetai、thetaj、dthetai、 dthetaj、ddthetai、ddthetaj、ddxA、ddyA、Fix、Fiy、Mi、Fjx、Fjy、Mj、FAx、FAy、FBx、FBy、FDx、FDy 分别代表 m_i、J_{C_i}、r_i、r_{AC_i}、m_j、J_{C_j}、r_j、r_{BC_j}、θ_i、θ_j、$\dot{\theta}_i$、$\dot{\theta}_j$、$\ddot{\theta}_i$、$\ddot{\theta}_j$、$\ddot{x}_A$、$\ddot{y}_A$、F_{ix}、F_{iy}、M_i、F_{jx}、F_{jy}、M_j、F_{Ax}、F_{Ay}、F_{Bx}、F_{By}、F_{Dx}、F_{Dy}。双击 MATLAB function 模块 dynrot，将其中的参数 MATLAB function 设置为 dynrot，Output dimensions 设置为 6，其他参数不变。根据式(15-33)编写的转动副约束两刚体动力学分析通用子模型中的 MATLAB 函数 dynrot. m 如下：

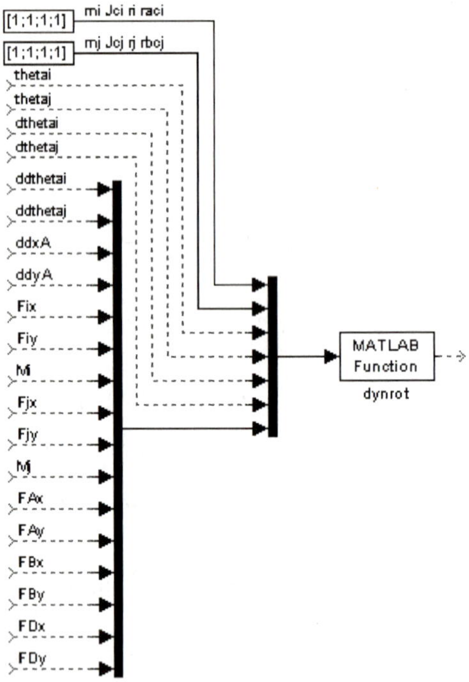

图 15-28 转动副约束两刚体动力学分析通用子模型 dyn_rot

```
function dyn=dynrot(u)
%
% Function to analyze the dynamics of two rigid bodys with relative
% rotation
%
mi=u(1);    Jci=u(2);    ri=u(3);    raci=u(4);
mj=u(5);    Jcj=u(6);    rj=u(7);    rbcj=u(8);
thetai=u(9);    thetaj=u(10);    dthetai=u(11);    dthetaj=u(12);
num=28;    n_vari=16;    n_unknow=6;
%
a=zeros(n_unknow, n_vari);
a(1,1)=mi*raci*cos(thetai+pi/2);    a(1,3)=mi;    a(1,5)=-1;
```

```
a(1,11)=-1;   a(1,15)=-1;
a(2,1)=mi*raci*sin(thetai+pi/2);   a(2,4)=mi;   a(2,6)=-1;
a(2,12)=-1;   a(2,16)=-1;
a(3,1)=Jci;   a(3,7)=-1;   a(3,11)=-raci*sin(thetai);
a(3,12)=raci*cos(thetai);
a(3,15)=(ri-raci)*sin(thetai);   a(3,16)=-(ri-raci)*cos(thetai);
a(4,1)=mj*ri*cos(thetai+pi/2);
a(4,2)=mj*(rj-rbcj)*cos(thetaj+3*pi/2);
a(4,3)=mj;   a(4,8)=-1;   a(4,13)=-1;   a(4,15)=1;
a(5,1)=mj*ri*sin(thetai+pi/2);
a(5,2)=mj*(rj-rbcj)*sin(thetaj+3*pi/2);
a(5,4)=mj;   a(5,9)=-1;   a(5,14)=-1;   a(5,16)=1;
a(6,2)=Jcj;   a(6,10)=-1;   a(6,13)=-rbcj*sin(thetaj);
a(6,14)=rbcj*cos(thetaj);
a(6,15)=-(rj-rbcj)*sin(thetaj);
a(6,16)=(rj-rbcj)*cos(thetaj);
b=zeros(n_unknow,1);
b(1,1)=-mi*raci*dthetai^2*cos(thetai+pi);
b(2,1)=-mi*raci*dthetai^2*sin(thetai+pi);
b(4,1)=-mj*ri*dthetai^2*cos(thetai+pi)...
        -mj*(rj-rbcj)*dthetaj^2*cos(thetaj);
b(5,1)=-mj*ri*dthetai^2*sin(thetai+pi)...
        -mj*(rj-rbcj)*dthetaj^2*sin(thetaj);
dyn=solution(num,n_vari,n_unknow,u,a,b);
```

15-6-2 移动副约束两刚体的动力学分析通用子模型

如图 15-29 所示，刚体 i 与刚体 j 在图示平面内作平面运动，并通过光滑移动副 D 相互约束，即刚体 j 相对刚体 i 沿刚体 i 上的直线 AE 相对移动。刚体 i 的质量为 m_i，对通过质心 C_i 且与图示平面垂直的轴的转动惯量为 J_{C_i}，假设质心 C_i 位于直线 AE 上，点 D 关于点 A 的矢径为 $\boldsymbol{r}_i$（注意，由于存在相对移动，因此 $\boldsymbol{r}_i$ 不仅方向随时间变化，而且大小亦随时间变化），质心 C_i 关于点 A 的矢径为 $\boldsymbol{r}_{AC_i}$，$\boldsymbol{r}_i$ 与 x 轴正向的夹角为 θ_i。刚体 j 的质量为 m_j，对通过质心 C_j 且与图示平

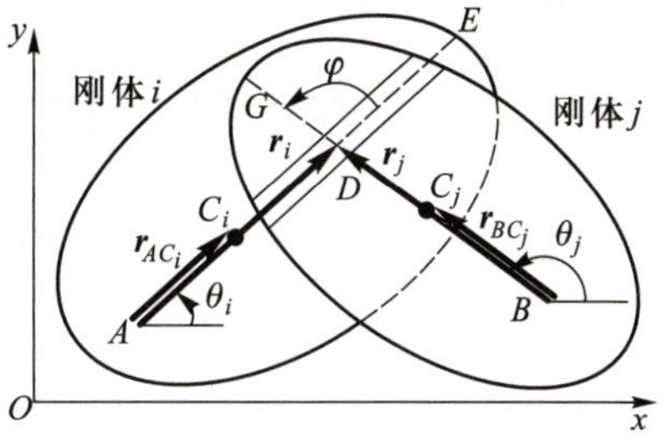

图 15-29 移动副约束的两个刚体

面垂直的轴的转动惯量为 J_{Cj}，假设质心 C_j 位于直线 BG 上，点 D 关于点 B 的矢径为 $\boldsymbol{r}_j$，质心 C_j 关于点 B 的矢径为 $\boldsymbol{r}_{BC_j}$，$\boldsymbol{r}_j$ 与 x 轴正向的夹角为 θ_j。若矢量 $\boldsymbol{r}_j$ 关于 $\boldsymbol{r}_i$ 的夹角为 φ，则 φ 始终保持不变，且由图 15-29 可见，$\theta_j \equiv \theta_i+\varphi$。

假设刚体 i 在质心 C_i 受到沿 x 轴的力 $\boldsymbol{F}_{ix}$、沿 y 轴的力 $\boldsymbol{F}_{iy}$ 以及力偶 M_i 的作用，在点 A 受到沿 x 轴的力 $\boldsymbol{F}_{Ax}$ 和沿 y 轴的力 $\boldsymbol{F}_{Ay}$ 的作用，刚体 j 在质心 C_j 受到沿 x 轴的力 $\boldsymbol{F}_{jx}$、沿 y 轴的力 $\boldsymbol{F}_{jy}$ 以及力偶 M_j 的作用，在点 B 受到沿 x 轴的力 $\boldsymbol{F}_{Bx}$ 和沿 y 轴的力 $\boldsymbol{F}_{By}$ 的作用，分别取刚体 i 与刚体 j 为研究对象，其受力如图 15-30 所示。对于刚体 i，应用刚体平面运动动力学微分方程，有

$$\left.\begin{aligned} m_i \ddot{x}_{C_i} &= F_{ix}+F_{Ax}+\cos\left(\theta_i+\frac{\pi}{2}\right)F_D \\ m_i \ddot{y}_{C_i} &= F_{iy}+F_{Ay}+\sin\left(\theta_i+\frac{\pi}{2}\right)F_D \\ J_{C_i}\ddot{\theta}_i &= M_i+r_{AC_i}\sin\theta_i F_{Ax}-r_{AC_i}\cos\theta_i F_{Ay}+M_D+r_iF_D \end{aligned}\right\} \tag{15-34}$$

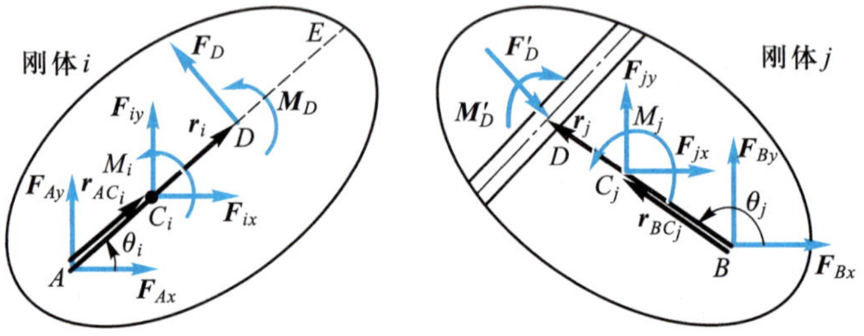

图 15-30 刚体 i 与刚体 j 的受力分析

注意，当 $\boldsymbol{r}_{AC_i}$ 与 $\boldsymbol{r}_i$ 方向相同时，r_{AC_i} 为正，否则为负。将式(15-24)代入上式，得到刚体 i 的动力学微分方程为

$$\left.\begin{aligned} m_i\left(\ddot{x}_A+r_{AC_i}\ddot{\theta}_i\cos\left(\theta_i+\frac{\pi}{2}\right)+r_{AC_i}\dot{\theta}_i^2\cos(\theta_i+\pi)\right) &= F_{ix}+F_{Ax}+\cos\left(\theta_i+\frac{\pi}{2}\right)F_D \\ m_i\left(\ddot{y}_A+r_{AC_i}\ddot{\theta}_i\sin\left(\theta_i+\frac{\pi}{2}\right)+r_{AC_i}\dot{\theta}_i^2\sin(\theta_i+\pi)\right) &= F_{iy}+F_{Ay}+\sin\left(\theta_i+\frac{\pi}{2}\right)F_D \\ J_{C_i}\ddot{\theta}_i = M_i+r_{AC_i}\sin\theta_i F_{Ax}-r_{AC_i}\cos\theta_i F_{Ay}+M_D+r_iF_D & \end{aligned}\right\} \tag{15-35}$$

类似地，对于刚体 j，应用刚体平面运动动力学微分方程，有

$$\left.\begin{aligned} m_j \ddot{x}_{C_j} &= F_{jx}+F_{Bx}-\cos\left(\theta_i+\frac{\pi}{2}\right)F_D \\ m_j \ddot{y}_{C_j} &= F_{jy}+F_{By}-\sin\left(\theta_i+\frac{\pi}{2}\right)F_D \\ J_{C_j}\ddot{\theta}_j &= M_j+r_{BC_j}\sin\theta_j F_{Bx}-r_{BC_j}\cos\theta_j F_{By}-M_D+ \\ &\quad \left(\sin\theta_j\cos\left(\theta_i+\frac{\pi}{2}\right)-\cos\theta_j\sin\left(\theta_i+\frac{\pi}{2}\right)\right)(r_j-r_{BC_j})F_D \end{aligned}\right\} \tag{15-36}$$

注意上式中应用了 $F_D'=F_D$，$M_D'=M_D$，且当 $\boldsymbol{r}_{BC_j}$ 与 $\boldsymbol{r}_j$ 方向相同时，$\boldsymbol{r}_{BC_j}$ 为正，否则为负。将 $\theta_j\equiv\theta_i+\varphi$，$\ddot{\theta}_j=\ddot{\theta}_i$ 代入上式，得

$$\left.\begin{aligned}
&m_j\ddot{x}_{C_j}=F_{jx}+F_{Bx}-\cos\left(\theta_i+\frac{\pi}{2}\right)F_D\\
&m_j\ddot{y}_{C_j}=F_{jy}+F_{By}-\sin\left(\theta_i+\frac{\pi}{2}\right)F_D\\
&J_{C_j}\ddot{\theta}_i=M_j+r_{BC_j}\sin(\theta_i+\varphi)F_{Bx}-r_{BC_j}\cos(\theta_i+\varphi)F_{By}-M_D+\\
&\quad\left(\sin(\theta_i+\varphi)\cos\left(\theta_i+\frac{\pi}{2}\right)-\cos(\theta_i+\varphi)\sin\left(\theta_i+\frac{\pi}{2}\right)\right)(r_j-r_{BC_j})F_D
\end{aligned}\right\}\tag{15-37}$$

对于刚体 j，由刚体平面运动加速度的基点法，可知

$$\boldsymbol{a}_{C_j}=\boldsymbol{a}_D+\boldsymbol{a}^{\mathrm{t}}_{C_jD}+\boldsymbol{a}^{\mathrm{n}}_{C_jD}\tag{15-38}$$

假设图示瞬时刚体 i 上与点 D 重合的点为 D'，应用点的加速度合成定理和刚体平面运动加速度分析的基点法，可得

$$\boldsymbol{a}_D=\boldsymbol{a}_A+\boldsymbol{a}^{\mathrm{t}}_{D'A}+\boldsymbol{a}^{\mathrm{n}}_{D'A}+\boldsymbol{a}_{\mathrm{r}i}+\boldsymbol{a}_{Ci}\tag{15-39}$$

其中 $a^{\mathrm{t}}_{D'A}=r_i\ddot{\theta}_i$，$a^{\mathrm{n}}_{D'A}=r_i\dot{\theta}_i^2$，$a_{\mathrm{r}i}=\ddot{r}_i$，$a_{Ci}=2\dot{\theta}_i\dot{r}_i$。

将式(15-39)代入式(15-38)，得

$$\boldsymbol{a}_{C_j}=\boldsymbol{a}_A+\boldsymbol{a}^{\mathrm{t}}_{D'A}+\boldsymbol{a}^{\mathrm{n}}_{D'A}+\boldsymbol{a}_{\mathrm{r}i}+\boldsymbol{a}_{Ci}+\boldsymbol{a}^{\mathrm{t}}_{C_jD}+\boldsymbol{a}^{\mathrm{n}}_{C_jD}\tag{15-40}$$

将上式向 x 轴和 y 轴上投影，得

$$\left.\begin{aligned}
&\ddot{x}_{C_j}=\ddot{x}_A+r_i\ddot{\theta}_i\cos\left(\theta_i+\frac{\pi}{2}\right)+r_i\dot{\theta}_i^2\cos(\theta_i+\pi)+\ddot{r}_i\cos\theta_i+2\dot{\theta}_i\dot{r}_i\cdot\\
&\quad\cos\left(\theta_i+\frac{\pi}{2}\right)+(r_j-r_{BC_j})\ddot{\theta}_j\cos\left(\theta_j+\frac{3\pi}{2}\right)+(r_j-r_{BC_j})\dot{\theta}_j^2\cos\theta_j\\
&\ddot{y}_{C_j}=\ddot{y}_A+r_i\ddot{\theta}_i\sin\left(\theta_i+\frac{\pi}{2}\right)+r_i\dot{\theta}_i^2\sin(\theta_i+\pi)+\ddot{r}_i\sin\theta_i+2\dot{\theta}_i\dot{r}_i\cdot\\
&\quad\sin\left(\theta_i+\frac{\pi}{2}\right)+(r_j-r_{BC_j})\ddot{\theta}_j\sin\left(\theta_j+\frac{3\pi}{2}\right)+(r_j-r_{BC_j})\dot{\theta}_j^2\sin\theta_j
\end{aligned}\right\}\tag{15-41}$$

再将 $\theta_j\equiv\theta_i+\varphi$，$\dot{\theta}_j=\dot{\theta}_i$，$\ddot{\theta}_j=\ddot{\theta}_i$ 代入上式，可得

$$\left.\begin{aligned}
&\ddot{x}_{C_j}=\ddot{x}_A+r_i\ddot{\theta}_i\cos\left(\theta_i+\frac{\pi}{2}\right)+r_i\dot{\theta}_i^2\cos(\theta_i+\pi)+\ddot{r}_i\cos\theta_i+2\dot{\theta}_i\dot{r}_i\cos\left(\theta_i+\frac{\pi}{2}\right)+\\
&\quad(r_j-r_{BC_j})\ddot{\theta}_i\cos\left(\theta_i+\varphi+\frac{3\pi}{2}\right)+(r_j-r_{BC_j})\dot{\theta}_i^2\cos(\theta_i+\varphi)\\
&\ddot{y}_{C_j}=\ddot{y}_A+r_i\ddot{\theta}_i\sin\left(\theta_i+\frac{\pi}{2}\right)+r_i\dot{\theta}_i^2\sin(\theta_i+\pi)+\ddot{r}_i\sin\theta_i+2\dot{\theta}_i\dot{r}_i\sin\left(\theta_i+\frac{\pi}{2}\right)+\\
&\quad(r_j-r_{BC_j})\ddot{\theta}_i\sin\left(\theta_i+\varphi+\frac{3\pi}{2}\right)+(r_j-r_{BC_j})\dot{\theta}_i^2\sin(\theta_i+\varphi)
\end{aligned}\right\}\tag{15-42}$$

将上式代入式(15-37),得到刚体 j 的动力学微分方程为

$$\left.\begin{aligned}
&m_j\left(\ddot{x}_A+r_i\ddot{\theta}_i\cos\left(\theta_i+\frac{\pi}{2}\right)+r_i\dot{\theta}_i^2\cos\left(\theta_i+\pi\right)+\ddot{r}_i\cos\theta_i+2\dot{\theta}_i\dot{r}_i\cos\left(\theta_i+\frac{\pi}{2}\right)+\right.\\
&\quad\left.(r_j-r_{BC_j})\ddot{\theta}_i\cos\left(\theta_i+\varphi+\frac{3\pi}{2}\right)+(r_j-r_{BC_j})\dot{\theta}_i^2\cos\left(\theta_i+\varphi\right)\right)=F_{jx}+F_{Bx}-\cos\left(\theta_i+\frac{\pi}{2}\right)F_D\\
&m_j\ddot{y}_A+r_i\ddot{\theta}_i\sin\left(\theta_i+\frac{\pi}{2}\right)+r_i\dot{\theta}_i^2\sin\left(\theta_i+\pi\right)+\ddot{r}_i\sin\theta_i+2\dot{\theta}_i\dot{r}_i\sin\left(\theta_i+\frac{\pi}{2}\right)+\\
&\quad(r_j-r_{BC_j})\ddot{\theta}_i\sin\left(\theta_i+\varphi+\frac{3\pi}{2}\right)+(r_j-r_{BC_j})\dot{\theta}_i^2\sin\left(\theta_i+\varphi\right)=F_{jy}+F_{By}-\sin\left(\theta_i+\frac{\pi}{2}\right)F_D\\
&J_{C_j}\ddot{\theta}_i=M_j+r_{BC_j}\sin\left(\theta_i+\varphi\right)F_{Bx}-r_{BC_j}\cos\left(\theta_i+\varphi\right)F_{By}-M_D+\\
&\quad\left(\sin\left(\theta_i+\varphi\right)\cos\left(\theta_i+\frac{\pi}{2}\right)-\cos\left(\theta_i+\varphi\right)\sin\left(\theta_i+\frac{\pi}{2}\right)\right)(r_j-r_{BC_j})F_D
\end{aligned}\right\}\quad(15-43)$$

最后,将方程(15-35)和(15-43)联立,得到移动副约束两刚体的动力学方程如下:

$$\left.\begin{aligned}
&m_i\left(\ddot{x}_A+r_{AC_i}\ddot{\theta}_i\cos\left(\theta_i+\frac{\pi}{2}\right)+r_{AC_i}\dot{\theta}_i^2\cos\left(\theta_i+\pi\right)\right)=F_{ix}+F_{Ax}+\cos\left(\theta_i+\frac{\pi}{2}\right)F_D\\
&m_i\left(\ddot{y}_A+r_{AC_i}\ddot{\theta}_i\sin\left(\theta_i+\frac{\pi}{2}\right)+r_{AC_i}\dot{\theta}_i^2\sin\left(\theta_i+\pi\right)\right)=F_{iy}+F_{Ay}+\sin\left(\theta_i+\frac{\pi}{2}\right)F_D\\
&J_{C_i}\ddot{\theta}_i=M_i+r_{AC_i}\sin\theta_iF_{Ax}-r_{AC_i}\cos\theta_iF_{Ay}+M_D+r_iF_D\\
&m_j\left(\ddot{x}_A+r_i\ddot{\theta}_i\cos\left(\theta_i+\frac{\pi}{2}\right)+r_i\dot{\theta}_i^2\cos\left(\theta_i+\pi\right)+\ddot{r}_i\cos\theta_i+2\dot{\theta}_i\dot{r}_i\cos\left(\theta_i+\frac{\pi}{2}\right)+\right.\\
&\quad\left.(r_j-r_{BC_j})\ddot{\theta}_i\cos\left(\theta_i+\varphi+\frac{3\pi}{2}\right)+(r_j-r_{BC_j})\dot{\theta}_i^2\cos\left(\theta_i+\varphi\right)\right)=F_{jx}+F_{Bx}-\cos\left(\theta_i+\frac{\pi}{2}\right)F_D\\
&m_j\ddot{y}_A+r_i\ddot{\theta}_i\sin\left(\theta_i+\frac{\pi}{2}\right)+r_i\dot{\theta}_i^2\sin\left(\theta_i+\pi\right)+\ddot{r}_i\sin\theta_i+2\dot{\theta}_i\dot{r}_i\sin\left(\theta_i+\frac{\pi}{2}\right)+\\
&\quad(r_j-r_{BC_j})\ddot{\theta}_i\sin\left(\theta_i+\varphi+\frac{3\pi}{2}\right)+(r_j-r_{BC_j})\dot{\theta}_i^2\sin\left(\theta_i+\varphi\right)=F_{jy}+F_{By}-\sin\left(\theta_i+\frac{\pi}{2}\right)F_D\\
&J_{C_j}\ddot{\theta}_i=M_j+r_{BC_j}\sin\left(\theta_i+\varphi\right)F_{Bx}-r_{BC_j}\cos\left(\theta_i+\varphi\right)F_{By}-M_D+\\
&\quad\left(\sin\left(\theta_i+\varphi\right)\cos\left(\theta_i+\frac{\pi}{2}\right)-\cos\left(\theta_i+\varphi\right)\sin\left(\theta_i+\frac{\pi}{2}\right)\right)(r_j-r_{BC_j})F_D
\end{aligned}\right\}\quad(15-44)$$

整理式(15-44),得到移动副约束两刚体的动力学方程的最终形式如下：

$$
\left.\begin{aligned}
& m_i r_{AC_i}\cos\left(\theta_i+\frac{\pi}{2}\right)\ddot{\theta}_i+m_i\ddot{x}_A-F_{ix}-F_{Ax}-\cos\left(\theta_i+\frac{\pi}{2}\right)F_D=-m_i r_{AC_i}\dot{\theta}_i^2\cos\left(\theta_i+\pi\right)\\
& \quad m_i r_{AC_i}\sin\left(\theta_i+\frac{\pi}{2}\right)\ddot{\theta}_i+m_i\ddot{y}_A-F_{iy}-F_{Ay}-\sin\left(\theta_i+\frac{\pi}{2}\right)F_D=-m_i r_{AC_i}\dot{\theta}_i^2\sin\left(\theta_i+\pi\right)\\
& \quad J_{C_i}\ddot{\theta}_i-M_i-r_{AC_i}\sin\theta_i F_{Ax}+r_{AC_i}\cos\theta_i F_{Ay}-r_i F_D-M_D=0\\
& m_j\cos\theta_i\,\ddot{r}_i+m_j\left(r_i\cos\left(\theta_i+\frac{\pi}{2}\right)+(r_j-r_{BC_j})\cos\left(\theta_i+\varphi+\frac{3\pi}{2}\right)\right)\ddot{\theta}_i+\\
& \quad m_j\ddot{x}_A-F_{jx}-F_{Bx}+\cos\left(\theta_i+\frac{\pi}{2}\right)F_D\\
& \quad =-m_j r_i\dot{\theta}_i^2\sin\left(\theta_i+\pi\right)-2m_j\dot{\theta}_i\dot{r}_i\cos\left(\theta_i+\frac{\pi}{2}\right)-m_j(r_j-r_{BC_j})\dot{\theta}_i^2\cos\left(\theta_i+\varphi\right)\\
& m_j\sin\theta_i\,\ddot{r}_i+m_j\left(r_i\sin\left(\theta_i+\frac{\pi}{2}\right)+(r_j-r_{BC_j})\sin\left(\theta_i+\varphi+\frac{3\pi}{2}\right)\right)\ddot{\theta}_i+\\
& \quad m_j\ddot{y}_A-F_{jy}-F_{By}+\sin\left(\theta_i+\frac{\pi}{2}\right)F_D\\
& \quad =-m_j r_i\dot{\theta}_i^2\sin\left(\theta_i+\pi\right)-2m_j\dot{\theta}_i\dot{r}_i\sin\left(\theta_i+\frac{\pi}{2}\right)-m_j(r_j-r_{BC_j})\dot{\theta}_i^2\sin\left(\theta_i+\varphi\right)\cdot\\
& J_{C_j}\ddot{\theta}_i-M_j-r_{BC_j}\sin\left(\theta_i+\varphi\right)F_{Bx}+r_{BC_j}\cos\left(\theta_i+\varphi\right)F_{By}-\\
& \quad \left(\sin\left(\theta_i+\varphi\right)\cos\left(\theta_i+\frac{\pi}{2}\right)-\cos\left(\theta_i+\varphi\right)\sin\left(\theta_i+\frac{\pi}{2}\right)\right)(r_j-r_{BC_j})F_D+M_D=0
\end{aligned}\right\}\qquad(15-45)
$$

式(15-45)同样可以写成 $\underline{A}\underline{X}=\underline{B}$ 的矩阵形式,其中 $\underline{X}=(\ddot{r}_i\ \ \ddot{\theta}_i\ \ \ddot{x}_A\ \ \ddot{y}_A\ \ F_{ix}\ \ F_{iy}\ \ M_i\ \ F_{jx}\ \ F_{jy}\ \ M_j\ \ F_{Ax}\ \ F_{Ay}\ \ F_{Bx}\ \ F_{By}\ \ F_D\ \ M_D)^{\mathrm{T}}$。因此在方程(15-45)中若已知 $\ddot{r}_i$、$\ddot{\theta}_i$、$\ddot{x}_A$、$\ddot{y}_A$、F_{ix}、F_{iy}、M_i、F_{jx}、F_{jy}、M_j、F_{Ax}、F_{Ay}、F_{Bx}、F_{By}、F_D、M_D 十六个量中的任意十个,即可求出其他的六个。

根据上述分析,应用 MATLAB/Simulink 构建的移动副约束两刚体动力学分析通用子模型 dyn_tran 如图 15-31 所示,其输入 mi、Jci、raci、phi、mj、Jcj、rj、rbcj、ri、thetai、dri、dthetai、ddri、ddthetai、ddxA、ddyA、Fix、Fiy、Mi、Fjx、Fjy、Mj、FAx、FAy、FBx、FBy、FD、MD 分别代表 m_i、J_{C_i}、r_{AC_i}、φ、m_j、J_{C_j}、r_j、r_{BC_j}、r_i、θ_i、$\dot{r}_i$、$\dot{\theta}_i$、$\ddot{r}_i$、$\ddot{\theta}_i$、$\ddot{x}_A$、$\ddot{y}_A$、F_{ix}、F_{iy}、M_i、F_{jx}、F_{jy}、M_j、F_{Ax}、F_{Ay}、F_{Bx}、F_{By}、F_D、M_D。双击 MATLAB function 模块 dyntran,将其中的参数 MATLAB function 设置为 dyntran,Output dimensions 设置为 6,其他参数不变。根据式(15-45)编写的移动副约束两刚体动力学分析通用子模型中的 MATLAB 函数 dyntran. m 如下：

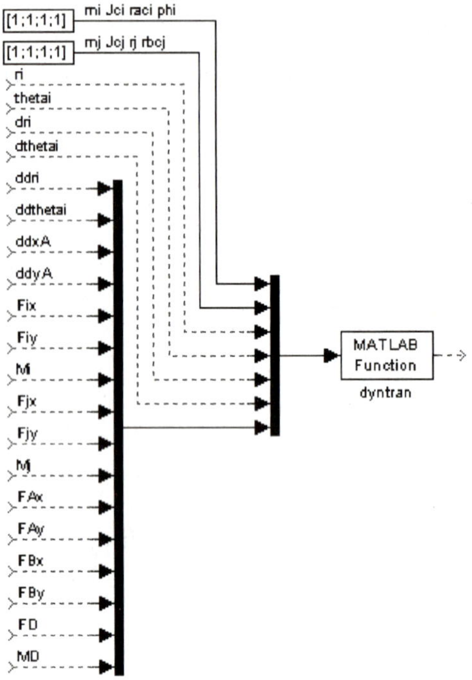

图 15-31 移动副约束两刚体动力学分析通用子模型 dyn_tran

```
function dyn=dyntran(u)
%
% Function to analyze the dynamics of two rigid bodys with relative
% translation
%
mi=u(1);    Jci=u(2);    raci=u(3);    phi=u(4);
mj=u(5);    Jcj=u(6);    rj=u(7);    rbcj=u(8);
ri=u(9);    thetai=u(10);    dri=u(11);    dthetai=u(12);
num=28;    n_vari=16;    n_unknow=6;
%
a=zeros(n_unknow, n_vari);
a(1,2)=mi * raci * cos(thetai+pi/2);    a(1,3)=mi;    a(1,5)=-1;
a(1,11)=-1;
a(1,15)=-cos(thetai+pi/2);
a(2,2)=mi * raci * sin(thetai+pi/2);    a(2,4)=mi;    a(2,6)=-1;
a(2,12)=-1;
```

```
a(2,15)=-sin(thetai+pi/2);
a(3,2)=Jci;   a(3,7)=-1;   a(3,11)=-raci * sin(thetai);
a(3,12)=raci * cos(thetai);   a(3,15)=-ri;   a(3,16)=-1;
a(4,1)=mj * cos(thetai);
a(4,2)=mj * (ri * cos(thetai+pi/2)...
        +(rj-rbcj) * cos(thetai+phi+3 * pi/2);
a(4,3)=mj;   a(4,8)=-1;   a(4,13)=-1;
a(4,15)=cos(thetai+pi/2);
a(5,1)=mj * sin(thetai);
a(5,2)=mj * (ri * sin(thetai+pi/2)...
        +(rj-rbcj) * sin(thetai+phi+3 * pi/2);
a(5,4)=mj;   a(5,9)=-1;   a(5,14)=-1;
a(5,15)=sin(thetai+pi/2);
a(6,1)=Jcj;   a(6,10)=-1;
a(6,13)=-rbcj * sin(thetai+phi);   a(6,14)=rbcj * cos(thetai+phi);
a(6,15)=-(sin(thetai+phi) * cos(thetai+pi/2)...
        -cos(thetai+phi) * sin(thetai+pi/2)) * (rj-rbcj);
a(6,16)=1;
b=zeros(n_unknow,1);
b(1,1)=-mi * raci * dthetai^2 * cos(thetai+pi);
b(2,1)=-mi * raci * dthetai^2 * sin(thetai+pi);
b(4,1)=-mj * ri * dthetai^2 * cos(thetai+pi)...
        -2 * mj * dthetai * dri * cos(thetai+pi/2)...
        -mj * (rj-rbcj) * dthetai^2 * cos(thetai+phi);
b(5,1)=-mj * ri * dthetai^2 * sin(thetai+pi)...
        -2 * mj * dthetai * dri * sin(thetai+pi/2)...
        -mj * (rj-rbcj) * dthetai^2 * sin(thetai+phi);
dyn=solution(num,n_vari,n_unknow,u,a,b);
```

§15-7 基于 MATLAB/Simulink 的动力学过程分析示例

前面两节主要讨论了单个刚体和两个相互约束刚体的动力学分析通用子模型，利用这些子模型以及 §15-2 和 §15-3 介绍的加速度分析通用子模型，可以非常方便地构造许多工程问题的 Simulink 分析模型，进行动力学分析，求解有关的力和（角）加速度，在此基础上对(角)加速度积分可以求得(角)速度,进一步积分可以求得(角)位移,这就是本章动力学过程分析的基本思路。同样,对(角)加速度积分需要给定初始(角)速度,对(角)速度积分需要给定初始位置,也就是说,需要设定MATLAB/Simulink积分模块的初值,因此,在进行动力学过程分析之前常常必须进行初始位置和初始(角)速度分析。

[例题15-3] 在图15-1所示的系统中,假设均质杆 OA 的质量 $m=29.24$ kg,长度 $L=2.44$ m,C 为 OA 的中点,弹簧 BC 的刚度系数 $k=2\,627.48$ N/m,且当杆 OA 处于铅垂位置时弹簧无变形,$OB=OC$。试利用定轴转动刚体的动力学分析通用子模型在MATLAB/Simulink中建立分析模型,研究杆 OA 在铅垂位置应具有多大的初始角速度 ω_0 才能使其恰好转到水平位置。

解:本题中杆 OA 作定轴转动,在质心 C 除受到重力的作用外,还受到弹簧的弹性力 $\boldsymbol{F}_k$ 的作用,且

$$\left.\begin{aligned}F_{kx}&=kL\left(\sin\frac{\theta}{2}-\sin\frac{\pi}{4}\right)\sin\frac{\theta}{2}\\F_{ky}&=-kL\left(\sin\frac{\theta}{2}-\sin\frac{\pi}{4}\right)\cos\frac{\theta}{2}\end{aligned}\right\}\tag{a}$$

其中 θ 为杆 OA 与 x 轴正向的夹角。因此可以利用定轴转动刚体的动力学分析通用子模型求出杆 OA 的角加速度 $\ddot{\theta}$ 及 O 处的约束力,再利用MATLAB/Simulink提供的积分模块对杆 OA 的角加速度 $\ddot{\theta}$ 积分可得角速度 $\dot{\theta}$,再积分可得杆 OA 的转角 θ。

在MATLAB/Simulink中建立的分析模型如图15-32所示。与前面类似,将模块dynaxis的输入中的未知输入ddtheta、FOx、FOy设置为Inf(Inf在MATLAB中表示无穷大,此处表示未知),这些未知输入同时也就是该模块的输出。模块Fcn1和Fcn2为表达式模块,其中的参数expression分别为2 627.48 * 2.44 * (sin(u(1)/2)-sin(pi/4)) * sin(u(1)/2)和-29.24 * 9.8-2 627.48 * 2.44 * (sin(u(1)/2)-sin(pi/4)) * cos(u(1)/2),代表质心 C 受到的水平力和铅垂力。模块To Workspace用于将计算结果存入工作空间以便在MATLAB中绘制相应的曲线,模块To Workspace的参数variable name和save format分别设置为result和Array,其他参数不变。积分模块Integrator1用于将角加速度 $\ddot{\theta}$ 积分为角速度 $\dot{\theta}$,积分模块Integrator2用于将角速度 $\dot{\theta}$ 积分为角度 θ。模块RtoD用于将弧度转换为度。

设定积分模块Integrator1的参数Initial condition分别为3.33和3.591 5,即杆 OA 的初始角速度 ω_0 分别为3.33 rad/s和3.591 5 rad/s,积分模块Integrator1的参数Initial condition为pi/2。最后设定仿真参数的start time为0,stop time为10 s,relative tolerance和absolute tolerance均为1e-8,仿真计算后杆 OA 的转角存储于变量result中,而时间变量自动存储于变量tout中。在MATLAB中利用绘图命令plot即可得到杆 OA 的初始角速度 ω_0 分别为3.33 rad/s和3.591 5 rad/s时,其转角随时间的变化历程如图15-33所示。由图15-33可见,当杆 OA 的初始角速度 $\omega_0=3.33$ rad/s时,杆 OA 并不能转到水平位置,而当杆 OA 的初始角速度 $\omega_0=3.591\,5$ rad/s时,杆 OA 恰好能转到水平位置。

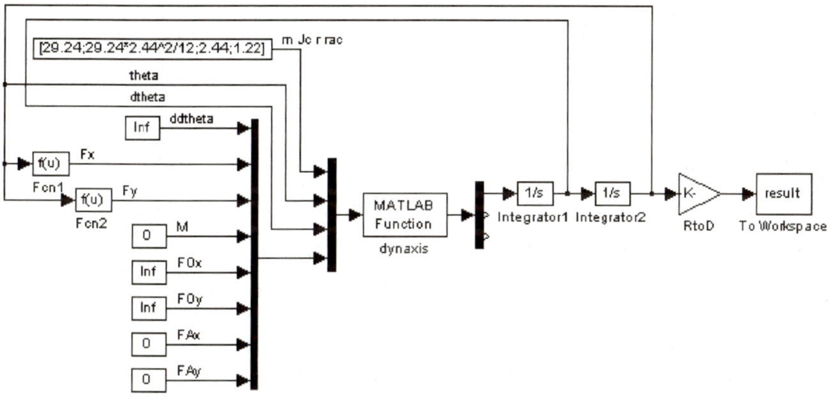

图 15-32 例题 15-3 的 MATLAB/Simulink 分析模型

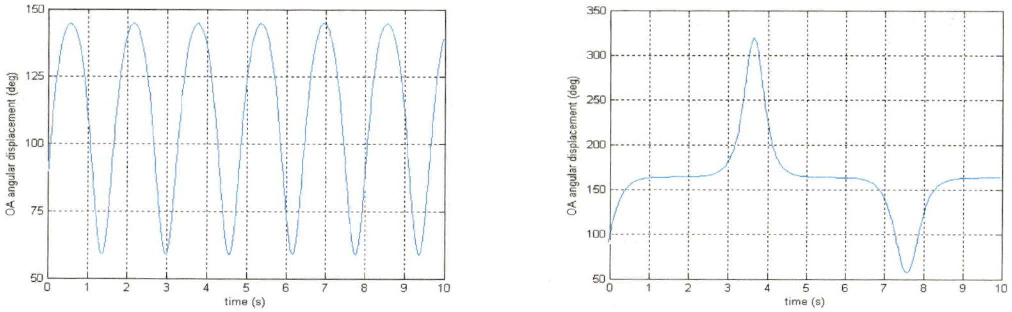

(a) ω_0=3.33 rad/s (b) ω_0=3.591 5 rad/s

图 15-33 杆 OA 不同初始角速度时其转角随时间的变化历程

那么，本章开始根据机械能守恒计算得到杆 OA 的初始角速度 $\omega_0=3.33$ rad/s，又错在何处呢？根据式(15-1)，杆 OA 在运动过程中其动能可写为

$$T_{OA}=\frac{1}{2}\cdot\frac{1}{3}mL^2\omega^2=\frac{1}{2}\cdot\frac{1}{3}mL^2\omega_0^2+mg\frac{L}{2}(1-\sin\theta)-\frac{1}{2}k\left(L\sin\frac{\theta}{2}-L\sin\frac{\pi}{4}\right)^2 \quad \text{(b)}$$

在上式中分别取 $\omega_0=3.33$ rad/s 和 $\omega_0=3.591\ 5$ rad/s，利用 MATLAB/Simulink 构建相应的计算模型（请读者自己完成），可得到 $\theta=90°\sim180°$ 时杆 OA 的动能 T_{OA} 与 θ 的关系如图 15-34 所示，其中虚线对应于 $\omega_0=3.33$ rad/s，实线对应于 $\omega_0=3.591\ 5$ rad/s。由图 15-34 可见，若杆 OA 的初始角速度 $\omega_0=3.33$ rad/s，则当杆 OA 运动至 $\theta=144°$ 时，其动能为零，即角速度为零，而在 $\theta=144°\sim180°$之间，动能为负，这显然是不可能的，故杆 OA 不可能运动到水平位置。而当杆 OA 的初始角速度 $\omega_0=3.591\ 5$ rad/s 时，杆 OA 的动能始终大于

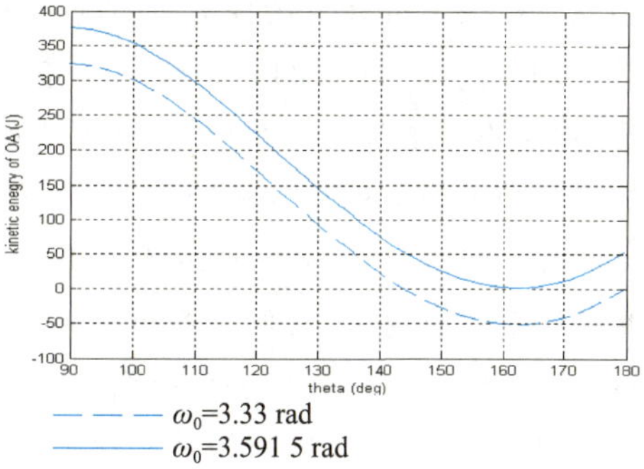

图 15-34 杆 OA 的动能与转角 θ 的关系

零，故杆 OA 能够运动到水平位置。

［例题 15-4］　在图 15-35 所示的曲柄滑块机构中，已知曲柄 OA 的质量为 1.5 kg，长度为 2 m，连杆 AB 的质量为 2.5 kg，长度为 4 m，滑块 B 的质量为 10 kg，曲柄 OA 和连杆 AB 视为均质细直杆，曲柄 OA 以等角速度 $\omega=0.4\pi$ rad/s 由图示位置开始转动，且滑块 B 上作用有大小为 $F=100\sin\omega t$ N 的水平力，不计各处摩擦。试利用有关的运动学和动力学分析通用子模型在 MATLAB/Simulink 中建立分析模型，计算 0～10 s 内曲柄 OA 上的驱动力偶 M 及滑道对滑块 B 的铅垂约束力 F_N。

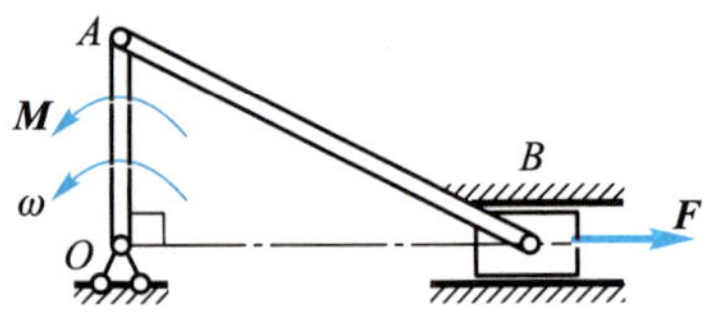

图 15-35　曲柄滑块机构

解：本题中曲柄 OA 作定轴转动，角加速度已知，可以利用定轴转动刚体加速度分析通用子模型求出点 A 的加速度。连杆 AB 与滑块 B 通过转动副相互连接，且滑块 B 的角加速度及 B 点的铅垂加速度始终为 0，从而可以利用转动副约束两刚体的加速度分析通用子模型求出连杆 AB 的角加速度和滑块 B 的水平加速度。然后利用转动副约束两刚体的动力学分析通用子模型求出滑道对滑块 B 的铅垂约束力以及铰链 A 处的约束力，最后由定轴转动刚体动力学分析通用子模型即可求出曲柄 OA 上的驱动力偶 M。分析思路如图 15-36 所示。

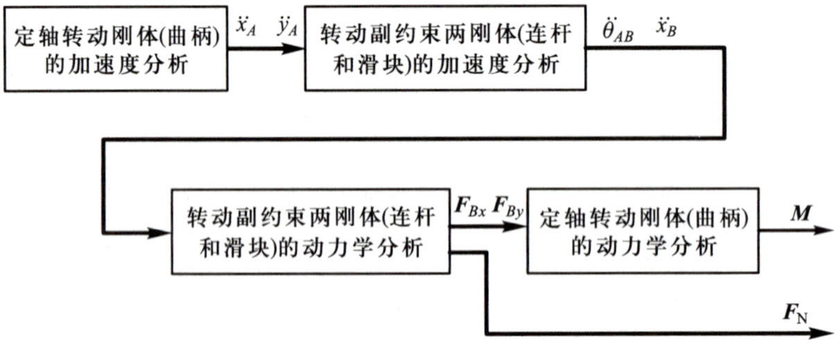

图 15-36　例题 15-4 的分析思路

在 MATLAB/Simulink 中建立的分析模型如图 15-37 所示，其中 Clock 模块输出时间，而表达式模块 Fun 计算滑块上所受的水平力 F，两个增益模块的参数 Gain 均为-1，表示铰链 A 处作用于曲柄 OA 上的力与作用于连杆 AB 上的力大小相等，方向相反。与上例同样的道理，由于不考虑滑块的大小，故模块 dyn_rot 的输入 Mj 必须设为 Inf 而不是零。注意正确设置有关积分模块的积分初始条件，并设定仿真参数的 start time 为 0，stop time 为 10 s，relative tolerance 和 absolute tolerance 均为 1e-8，仿真计算后曲柄 OA 上的驱动力偶 M 及滑道对滑块 B 的铅垂约束力 F_N 存储于模块 To Workspace 的变量 result 中，而时间变量自动存储于变量 tout 中。在 MATLAB 中利用绘图命令 plot 即可得到曲柄 OA 上的驱动力偶 M 及滑道对滑块 B 的铅垂约束力 F_N 随时间的变化历程，如图 15-38 所示。

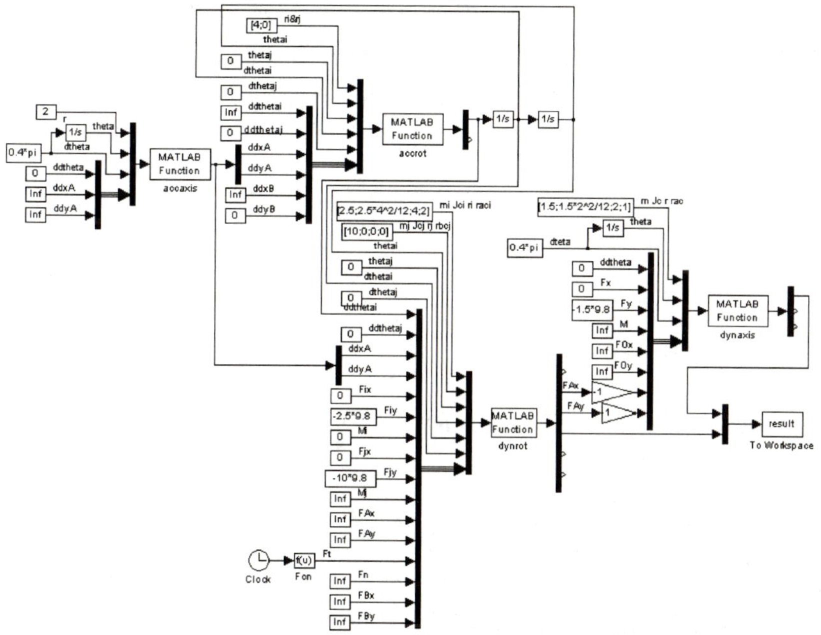

图 15-37　例题 15-4 的 MATLAB/Simulink 分析模型

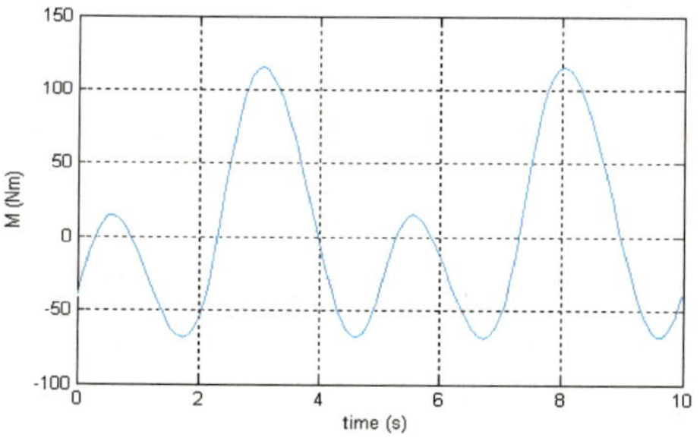

(a)

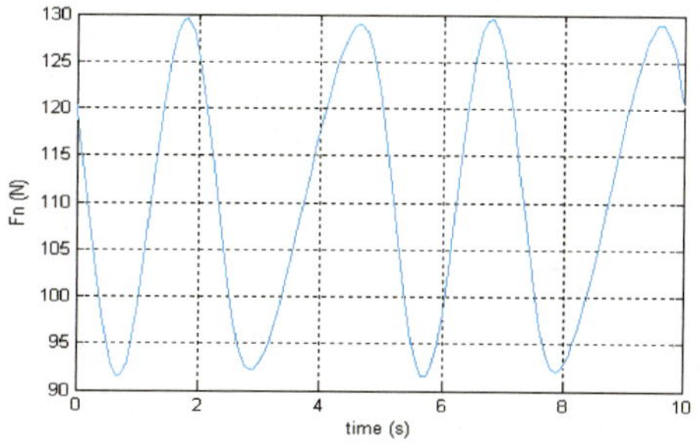

(b)

图 15-38　力偶 M 和约束力 F_N 随时间的变化历程

§ 15-8　本章讨论与小结

15-8-1　关于运动学过程分析的进一步讨论

本章利用 MATLAB/Simulink 提供的有关功能，构建单个刚体及两个相互约束刚体的加速度分析通用子模型，基于这些子模型，可以非常方便地构造许多工程问题的 Simulink 分析模型，求得相关的(角)加速度，对这些(角)加速度进行积分即可求得相应的(角)速度，进一步积分可以得到相应的(角)位移，这就是本章运动学问题计算机辅助过程分析的基本思路。

事实上，对于有些问题，也可以很方便地写出有关运动学的解析表达式，直接利用这些表达式在 MATLAB/Simulink 中建立分析模型，进行分析。例如，对于图 15-39 所示的凸轮机构，$OA=e$，凸轮 A 的半径为 R，若已知凸轮 A 的运动规律，要求分析顶杆 BC 的运动过程。根据图 15-39 可以写出 B 点的 y 坐标为

$$y_B=e\sin\theta+\sqrt{R^2-(e\cos\theta)^2}$$

上式对时间求二阶导数，从而得到顶杆 BC 的加速度与凸轮 A 的运动之间的关系为

$$\ddot{y}_B=e\cos\theta\ddot{\theta}-e\sin\theta\dot{\theta}^2+\frac{e^2}{4}\cdot\frac{2(\sin 2\theta\ddot{\theta}+2\cos 2\theta\dot{\theta}^2)[R^2-(e\cos\theta)^2]-(e\sin 2\theta\dot{\theta})^2}{[R^2-(e\cos\theta)^2]^{\frac{3}{2}}}$$

根据上式，可以在 MATLAB/Simulink 中建立分析模型，分析顶杆 BC 的运动过程，请读者自己完成。

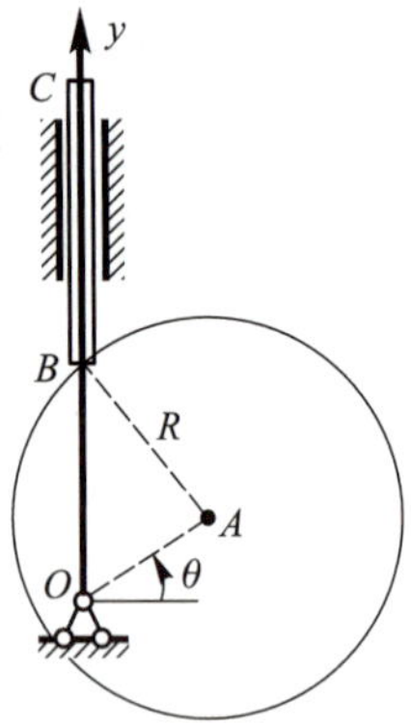

图 15-39　凸轮机构

15-8-2　关于动力学过程分析的进一步讨论

本章利用 MATLAB/Simulink 提供的有关功能，构建单个刚体及两个相互约束刚体的动力学分析通用子模型，基于这些子模型及 § 15-2 和 § 15-3 介绍的加速度分析通用子模型，可以非常方便地构造许多工程问题的 MATLAB/Simulink 动力学分析模型，求解有关的(角)加速度和受力，对这些(角)加速度进行积分即可求得相应的(角)速度，进一步积分可以求得相应的(角)位移，这就是本章动力学问题计算机辅助过程分析的基本思路。

事实上，有些问题既可以利用上面介绍的动力学分析通用子模型进行分析，也可以根据有关的力学理论写出动力学方程，直接利用这些方程在 MATLAB/Simulink 中建立分析模型，进行分析。例如，对于习题 15-2 的双摆，既可以利用转动副约束两刚体的动力学分析通用子模型进行分析，也可以应用拉格朗日第二类方程导出其动力学方程，再根据这些方程建立 MATLAB/Simulink 分析模型进行分析。

而对于另外一些问题，不便利用本章介绍的动力学分析通用子模型进行分析，这时可以根据有关的力学理论写出动力学方程，利用这些方程直接在 MATLAB/Simulink 中建立分析模型，进行分析。例如，图 15-40a 所示为一质量为 m、半径为 r 的均质圆柱由图示位置静止释放，在半径为 R 的圆槽中作纯滚动，求圆柱运动至任意位置时对圆槽的正压力和摩擦力。圆柱的受力如图 15-40b 所示，根据刚体平面运动微分方程可以写出圆柱在圆槽中作纯滚动的动力学方程如下：

$$\begin{cases}mR\ddot{\theta}=F_s-mg\sin\theta\\ mR\dot{\theta}^2=F_N-mg\cos\theta\\ \dfrac{1}{2}mr^2\dfrac{(R-r)\ddot{\theta}}{r}=-F_s r\end{cases}$$

根据上式，可以在 MATLAB/Simulink 中建立分析模型，分析圆柱的动力学过程，请读者自己完成。

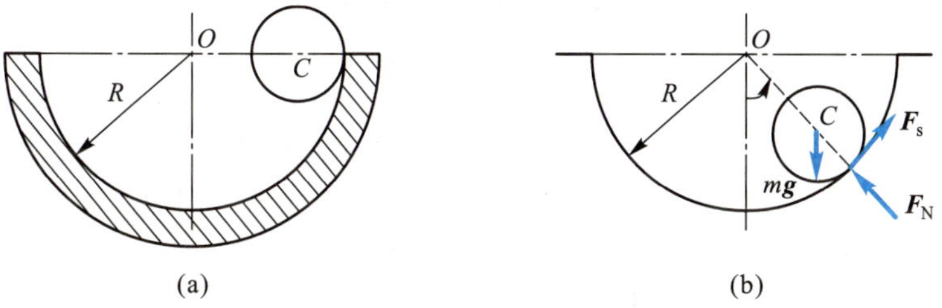

图 15-40　圆柱沿圆槽的滚动

习　题

分析计算题

15-1　在图示的曲柄摇杆机构中，已知 $O_1O_2=200$ mm，曲柄 O_1A 以初始角速度 $\omega_0=1.5$ rad/s 及匀角加速度 $\alpha=0.5$ rad/s^2 由图示位置开始转动，试利用本章有关加速度分析通用子模型在 MATLAB/Simulink 中建立分析模型，研究摇杆 O_2B 在 8 s 内的运动过程及摇杆 O_2B 的转角随曲柄 O_1A 的转角变化的情况。

15-2　图示为一双摆，D、E 分别为 AB 和 BC 的质心，有关参数如下：$AB=1$ m，$AD=0.4$ m，$BC=0.8$ m，$BE=0.5$ m，质量分别为 $m_{AB}=1$ kg，$m_{BC}=0.6$ kg，对质心的转动惯量分别为 $J_D=0.1$ kg · m^2，$J_E=0.05$ kg · m^2，初始时 $\theta_{10}=\dfrac{5\pi}{3}$，$\theta_{20}=\dfrac{\pi}{2}$，系统静止，不计各处摩擦，试利用本章介绍的动力学分析通用子模型在 MATLAB/Simulink 中建立分析模型，研究双摆的动力学过程。

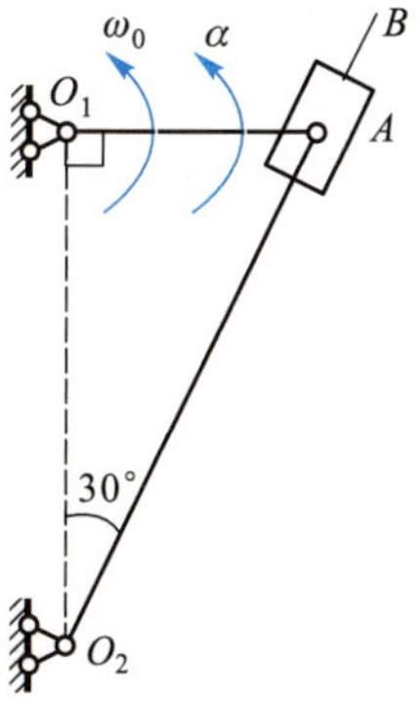

习题 15-1 图

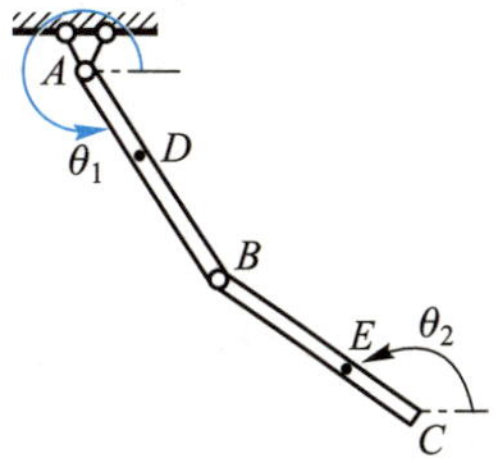

习题 15-2 图

15-3　图示两个自由度振动系统，$m_1=4$ kg，$m_2=2$ kg，$k_1=12$ N/m，$k_2=8$ N/m，$c_1=0.5$ N · s/m，$c_2=0.1$ N · s/m，初始系统静止，弹簧 k_1 无变形，弹簧 k_2 伸长 0.2 m，不计两物块与水平面的摩擦，试利用本章介绍的动力学分析通用子模型在 MATLAB/Simulink 中建立分析模型，研究该系统的动力学过程。

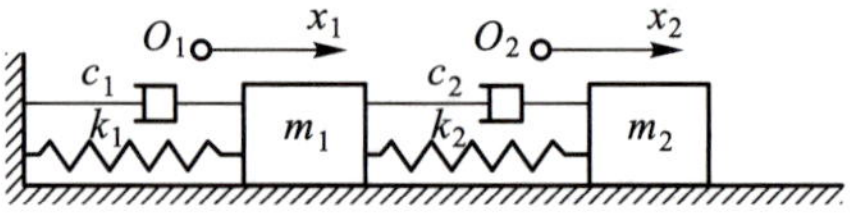

习题 15-3 图

15-4 假设自由质点在地球表面北纬 $\varphi=40°$附近运动，质点的质量为 50 kg，质点运动时受到的空气阻力 $\boldsymbol{F}_R$ 的大小与其速度的二次方成正比，比例系数为 0.005 N · s²/m²。若将地球视为定轴转动刚体，研究地球自转对自由质点运动的影响。

（1）质点由 1 000 m 的高处静止落下；

（2）质点（如炮弹）以初速 $v_{r0}=1\ 500$ m/s、发射角 $\theta=45°$向正北方向发射。

15-5 研究在纽约的联合国总部大厅内安装的傅科摆的运动情况，并画出其在地球水平面上的轨迹图。假设摆球质量 $m=90$ kg，摆线长度 $l=23$ m。

15-6 在习题 9-26 中，自行设定需要的参数，分析细杆 AB 倒下至水平位置的全过程。给定 A 端与铅垂墙壁、B 端与水平地面的滑动摩擦因数，再分析杆 AB 倒下的全过程。

15-7 在习题 13-9 中，自行设定需要的参数，分析系统的动力学过程。

15-8 数值模拟 14-6-4 小节中介绍的弹簧连接的两个单摆组成系统的振动过程。

附录　习题参考答案

附录　习题参考答案

参考文献

[1] 罗远祥,官飞.理论力学:上册,中册,下册[M].3版.北京:高等教育出版社,1981.

[2] 朱照宣,周起钊,殷金生.理论力学:上册,下册[M].北京:北京大学出版社,1982.

[3] 王琪,谢传锋.理论力学[M].3版.北京:高等教育出版社,2021.

[4] 刘延柱,杨海兴.理论力学[M].北京:高等教育出版社,1991.

[5] 哈尔滨工业大学理论力学教研室.理论力学:Ⅰ,Ⅱ[M].9版.北京:高等教育出版社,2023.

[6] 洪嘉振,刘铸永,杨长俊.理论力学[M].5版.北京:高等教育出版社,2023.

[7] 李俊峰.理论力学[M].北京:清华大学出版社,2001.

[8] 王烈,官飞,薛克宗,等.理论力学[M].北京:清华大学出版社,1990.

[9] Meriam J L,Kraige L G. Engineering mechanics:Vol 1 Statics and Vol 2 Dynamics[M]. 3rd ed. New York:JohnWiley&Sons Inc,1992.

[10] Bedford A,Fowler W. Engineering mechanics:Vol 1 Statics and Vol 2 Dynamics[M]. New York:Addison-Wesley Publishing Company Inc,1995.

[11] Hibbeler R C. Engineering mechanics:Vol 1 Statics and Vol 2 Dynamics[M]. 6th ed. New York:Mcmillan Publishing Company,1992.

[12] Riley W F,Sturges L D. Engineering mechanics:Vol 1 Statics and Vol 2 Dynamics[M]. 2nd ed. New York. John Wiley&Sons Inc.,1996.

[13] 贾书惠.刚体动力学[M].北京:高等教育出版社,1987.

[14] 王照林.运动稳定性及其应用[M].北京:高等教育出版社,1992.

[15] 梅凤翔,刘桂林.分析力学基础[M].西安:西安交通大学出版社,1987.

[16] 郑兆昌.机械振动:上册,中册[M].北京:机械工业出版社,1980,1988.

[17] 中国大百科全书总编辑委员会《力学》编辑委员会.中国大百科全书:力学卷[M].北京:中国大百科全书出版社,1985.

[18] 中国大百科全书总编辑委员会《航空航天》编辑委员会.中国大百科全书:航空航天卷[M].北京:中国大百科全书出版社,1985.

[19] Kleppner D,Kolenkow R J.力学引论[M].宁远源,刘爱晖,译.北京:人民教育出版社,1980.

[20] Rosenberg R M.离散系统分析动力学[M].程逼巽,郭坤,译.北京:人民教育出版社,1981.

[21] ГантмахерФ P.分析力学讲义[M].钟奉俄,薛向西,译.北京:人民教育出版社,1963.

[22] 卢德明,李良标,苏品.运动生物力学[M].北京:人民体育出版社,1982.

[23] 倪振华.振动力学[M].西安:西安交通大学出版社,1989.

[24]《力学词典》编辑部.力学词典[M].北京:中国大百科全书出版社,1990.

主 编 简 介

范钦珊(1937 年 1 月—2022 年 5 月),清华大学教授,博士生导师,享受国务院政府特殊津贴,首届国家级教学名师奖获得者。历任教育部工科力学课程教学指导委员会副主任、基础力学课程指导组组长。

长期从事“非线性屈曲理论与应用”“反应堆结构力学”等方面的研究。从事“材料力学”“工程力学”课程等本科生教学工作与教学软件研制。主持教育部面向 21 世纪“力学系列课程改革项目”;主持清华大学 211 工程、985 力学教学项目建设,带领清华大学、南京航空航天大学、北京工业大学三校“创新教学团队”,从事“互联网时代及人工智能时代材料力学教学与自主学习”方面的研究与学习系统的开发,取得了一批创新性成果。

在国内外发表论文 70 余篇,出版教材、专著与译著 30 余部,研发课堂教学软件 10 多套;研制“新世纪网络课程”——工程力学(1)(2),创建我国第一个多媒体工程力学教学资源库;建立了清华大学力学教学基地网站。主持建设清华大学材料力学精品课程,以及国家工科基础课程(力学)教学基地。

获全国优秀科技图书奖 1 项;国家级优秀教学成果奖一等奖 1 项、二等奖 3 项;省部级科技进步一等奖 1 项、二等奖 2 项;优秀教材一等奖 1 项、二等奖 2 项;全国高校自然科学二等奖 1 项;国家科技进步二等奖 1 项。

在高等教育的岗位上工作 61 年,为清华大学、北京交通大学、南京航空航天大学、河海大学、南京工业大学等院校的万余名本科生授过课,培养硕士生和博士生 18 名。在全国 26 个省、自治区、直辖市作 300 多场关于教学改革的报告与示范教学,主持全国性研讨会、培训班 15 次,培训青年教师 150 余人。

范钦珊教授心系力学教育事业的发展,捐赠 500 万元给清华大学、南京航空航天大学、北京航空航天大学、河海大学等,成立“范钦珊力学教育教学奖教奖学金”,旨在奖励在基础力学教学方面做出突出贡献的教师和基础力学成绩优秀的本科生。

主编简介

陈建平 博士，南京航空航天大学教授，教育部力学基础课程教学指导分委员会委员，《力学与实践》编委。主讲“理论力学”“材料力学”“工程力学”“多体系统动力学”等本科生和研究生课程，主持和参加省部级教改项目7项，编写出版教材和教学参考书4部，获省级及以上教学优秀成果奖6项，主持的理论力学课程被评为国家级一流课程。长期从事多体系统动力学和航天返回与回收方面的研究，发表科研和教学论文40多篇。